תלמוד בבלי

— מהדורת נאה —

סוטה חלק ג

Steinsaltz Center

KOREN

ease note that the number ranges that appear at the bottom of each daf of the Vilna pages
dicate the corresponding pages of the Koren Talmud Bavli translation and commentary.

תלמוד בבלי

הוצאת קורן ירושלים

מהדורת נאה

מסכת סוטה
דף לב. עד דף מט:

COMMENTARY BY

Rabbi Adin Even-Israel Steinsaltz

EDITOR-IN-CHIEF

Rabbi Dr Tzvi Hersh Weinreb

EXECUTIVE EDITOR

Rabbi Joshua Schreier

STEINSALTZ CENTER

KOREN PUBLISHERS JERUSALEM

גמרא

וְהָכָא בְּמַאי עָסְקִינַן — כְּגוֹן דְּאָתַאי אִשָּׁה מֵעִיקָּרָא. וְתִרְצָה לְדְרַבִּי נְחֶמְיָה הָכִי: ר' נְחֶמְיָה אוֹמֵר: כָּל מָקוֹם שֶׁהֶאֱמִינָה תּוֹרָה עֵד אֶחָד — הַלֵּךְ אַחַר רוֹב דֵּיעוֹת, וְעָשׂוּ שְׁתֵּי נָשִׁים בְּאִשָּׁה אַחַת כִּשְׁנֵי אֲנָשִׁים בְּאִישׁ אֶחָד, אֲבָל שְׁתֵּי נָשִׁים בְּאִישׁ אֶחָד — כִּי פַּלְגָא וּפַלְגָא דָּמֵי. וְתַרְתֵּי בִּפְסוּלֵי עֵדוּת לָמָּה לִי? מַהוּ דְּתֵימָא: כִּי אָזְלִינַן בָּתַר רוֹב דֵּיעוֹת — לְחוּמְרָא, אֲבָל לְקוּלָּא — לָא אָזְלִינַן, קמ"ל.§

הדרן עלך מי שקינא

אֵלּוּ *נֶאֱמָרִין בְּכָל לָשׁוֹן: [א]פָּרָשַׁת סוֹטָה, [ב]וִידּוּי מַעֲשֵׂר, [ג]קְרִיַּת שְׁמַע, [ד]וּתְפִלָּה, [ה]וּבִרְכַּת הַמָּזוֹן, [ו]וּשְׁבוּעַת הָעֵדוּת, [ז]וּשְׁבוּעַת הַפִּיקָּדוֹן. וְאֵלּוּ נֶאֱמָרִין בִּלְשׁוֹן הַקּוֹדֶשׁ: [ח]מִקְרָא בִיכּוּרִים, [ט]וַחֲלִיצָה, בְּרָכוֹת וּקְלָלוֹת, [י]בִּרְכַּת כֹּהֲנִים, וּבִרְכַּת כֹּהֵן גָּדוֹל, [כ]וּפָרָשַׁת הַמֶּלֶךְ, [ל]וּפָרָשַׁת עֶגְלָה עֲרוּפָה, [מ]וּמְשׁוּחַ מִלְחָמָה בְּשָׁעָה שֶׁמְּדַבֵּר אֶל הָעָם. מִקְרָא בִיכּוּרִים כֵּיצַד? (דברים כו) °"וְעָנִיתָ וְאָמַרְתָּ לִפְנֵי ה' אֱלֹהֶיךָ", וּלְהַלָּן הוּא אוֹמֵר (שם כז) °"וְעָנוּ הַלְוִיִּם וְאָמְרוּ", מַה לְּהַלָּן בִּלְשׁוֹן הַקּוֹדֶשׁ — אַף כָּאן בִּלְשׁוֹן הַקּוֹדֶשׁ. חֲלִיצָה כֵּיצַד? (שם כה) °"וְעָנְתָה וְאָמְרָה", וּלְהַלָּן הוּא אוֹמֵר "וְעָנוּ הַלְוִיִּם וְאָמְרוּ", מַה לְּהַלָּן בִּלְשׁוֹן הַקּוֹדֶשׁ — אַף כָּאן בִּלְשׁוֹן הַקּוֹדֶשׁ. ר' יְהוּדָה אוֹמֵר: "וְעָנְתָה וְאָמְרָה כָּכָה" — עַד שֶׁתֹּאמַר בַּלָּשׁוֹן הַזֶּה. בְּרָכוֹת וּקְלָלוֹת כֵּיצַד? כֵּיוָן שֶׁעָבְרוּ יִשְׂרָאֵל אֶת הַיַּרְדֵּן וּבָאוּ אֶל הַר גְּרִיזִים וְאֶל הַר עֵיבָל שֶׁבְּשׁוֹמְרוֹן, שֶׁבְּצַד שְׁכֶם, שֶׁבְּאֵצֶל אֵלוֹנֵי מוֹרֶה, שֶׁנֶּאֱמַר: (שם יא) °"הֲלֹא הֵמָּה בְּעֵבֶר הַיַּרְדֵּן" וגו', וּלְהַלָּן הוּא אוֹמֵר: (בראשית יב) °"וַיַּעֲבֹר אַבְרָם בָּאָרֶץ עַד מְקוֹם שְׁכֶם עַד אֵלוֹן מוֹרֶה", מָה אֵלוֹן מוֹרֶה הָאָמוּר לְהַלָּן — שְׁכֶם, אַף אֵלוֹן מוֹרֶה הָאָמוּר כָּאן — שְׁכֶם. שִׁשָּׁה שְׁבָטִים עָלוּ לְרֹאשׁ הַר גְּרִיזִים וְשִׁשָּׁה שְׁבָטִים עָלוּ לְרֹאשׁ הַר עֵיבָל, וְהַכֹּהֲנִים וְהַלְוִיִּם וְהָאָרוֹן עוֹמְדִים לְמַטָּה בָּאֶמְצַע. הַכֹּהֲנִים מַקִּיפִין אֶת הָאָרוֹן, וְהַלְוִיִּם אֶת הַכֹּהֲנִים, וְכָל יִשְׂרָאֵל מִכָּאן וּמִכָּאן, שֶׁנֶּאֱמַר: (יהושע ח) °"וְכָל יִשְׂרָאֵל וּזְקֵנָיו וְשֹׁטְרָיו וְשֹׁפְטָיו עֹמְדִים מִזֶּה וּמִזֶּה לָאָרוֹן" וגו'. הָפְכוּ פְּנֵיהֶם כְּלַפֵּי הַר גְּרִיזִים וּפָתְחוּ בִּבְרָכָה: "בָּרוּךְ הָאִישׁ אֲשֶׁר לֹא יַעֲשֶׂה פֶסֶל וּמַסֵּכָה", וְאֵלּוּ וָאֵלּוּ עוֹנִין אָמֵן. הָפְכוּ פְּנֵיהֶם כְּלַפֵּי הַר עֵיבָל וּפָתְחוּ בִּקְלָלָה: (דברים כז) °"אָרוּר הָאִישׁ אֲשֶׁר יַעֲשֶׂה פֶסֶל וּמַסֵּכָה", וְאֵלּוּ וָאֵלּוּ עוֹנִין אָמֵן, עַד שֶׁגּוֹמְרִין בְּרָכוֹת וּקְלָלוֹת. וְאַחַר כָּךְ הֵבִיאוּ אֶת הָאֲבָנִים, וּבָנוּ אֶת הַמִּזְבֵּחַ, וְסָדוּהוּ בְּסִיד, וְכָתְבוּ עָלָיו אֶת כָּל דִּבְרֵי הַתּוֹרָה בְּשִׁבְעִים לָשׁוֹן, שֶׁנֶּאֱמַר: (שם) °"בַּאֵר הֵיטֵב". וְנָטְלוּ אֶת הָאֲבָנִים וּבָאוּ וְלָנוּ

רש"י

וְהָכָא בְּמַאי עָסְקִינַן. דְּקָתָנֵי: עֵד אֶחָד אוֹמֵר "נִטְמֵאת" וּשְׁנַיִם אוֹמְרִים "לֹא נִטְמֵאת" הָיְתָה שׁוֹתָה, וְאוֹקֵימְנָא בִּפְסוּלֵי עֵדוּת וּבֵין בְּבַת אַחַת בֵּין בָּזֶה אַחַר זֶה, כְּר' נְחֶמְיָה. וְעַל כָּרְחָךְ דְּבָזֶה אַחַר זֶה אִיצְטְרִיךְ עִיקָּר לְאַשְׁמוּעִינַן, דְּאִי בְּבַת אַחַת — מַאי הַלֵּךְ אַחַר רוֹב דֵּיעוֹת אִיכָּא? בְּחַד וְחַד נַמִי הָיְתָה שׁוֹתָה! [אֶלָּא] בְּהָכִי עָסְקִינַן; דְּהַהוּא דַּאֲתָא מֵעִיקָּרָא וְאָמַר "נִטְמֵאת" — אִשָּׁה הֲוַאי. הִילְכָּךְ אֲפִי' בָּזֶה אַחַר זֶה — אָתוּ תַּרְתֵּי וּמְבַטְּלֵי לַהּ. וְתִרְצָה לְדְרַבִּי נְחֶמְיָה הָכִי כו'. דְּהָא דַּאֲמַרַן לְעֵיל: וְעָשׂוּ שְׁתֵּי נָשִׁים כְּאִישׁ אֶחָד כו' — לָאו סֵיפָא דְּמִילְּתֵיהּ דְּרַבִּי נְחֶמְיָה הוּא, אֶלָּא פֵּירוּשָׁא דְּמִילְּתֵיהּ הוּא, דְּהָנוּ פָּרְשִׁין לָהּ הָכִי. כִּי **פַּלְגָא וּפַלְגָא** דָּמֵי. כְּלוֹמַר, כִּי חַד וְחַד. וְאִי בְּבַת אַחַת אָתוּ — אוֹקֵי תְּרֵי לְגַבֵּי חַד, וְאוֹקְמֵיהּ אַסְּפֵיקָא. וְאִי בָּזֶה אַחַר זֶה, וְהַהוּא דְּהֶאֱמִינָהּ תּוֹרָה קָדַם וַאֲתָא בְּרֵישָׁא — הֲוָה לֵיהּ כִּשְׁנַיִם, וְהָנָךְ כְּחַד, וְאֵין דִּבְרֵיהֶם בִּמְקוֹמוֹ. וְהֵיכָא דִּשְׁתַּיִם אוֹמְרוֹת "נִטְמֵאת" וְעֵד אֶחָד כָּשֵׁר אוֹמֵר "לֹא נִטְמֵאת" — הָיְתָה שׁוֹתָה, דְּכִי חַד וְחַד נִינְהוּ. וּמַתְנִיתִין דְּקָתָנֵי: לֹא הָיְתָה שׁוֹתָה — כְּגוֹן דְּהַהוּא חַד הֲוָה פָּסוּל. וְתַרְתֵּי בִּפְסוּלֵי עֵדוּת לָמָּה לִי. לְמִתְנֵי מַתְנִי' הַלֵּךְ אַחַר רוֹב דֵּיעוֹת?. לְחוּמְרָא. שֶׁתִּשְׁתֶּה. לְקוּלָּא. לְהָקֵל מֵעָלֶיהָ, שֶׁלֹּא תִּשְׁתֶּה. לָא אָזְלִינַן. בָּתַר רוֹב דֵּיעוֹת בִּפְסוּלֵי עֵדוּת, וְהֵיכָא דִּשְׁתַּיִם אוֹמְרוֹת "נִטְמֵאת" וְאֶחָד אוֹמֵר "לֹא נִטְמֵאת", כֵּיוָן דְּאִיכָּא הַכְחָשָׁה כָּל דְּהוּ — נֵימָא: אוֹקֵי הַאי לְגַבֵּי הָנָךְ, וְאוֹקֵי מִילְּתָא אַסְּפֵיקָא וְתִשְׁתֶּה, קָא מַשְׁמַע לָן.

הדרן עלך מי שקינא

אֵלּוּ נֶאֱמָרִין *(בְּכָל לָשׁוֹן) גָּרְסִינַן. **פָּרָשַׁת סוֹטָה.** מַה שֶּׁהַכֹּהֵן אוֹמֵר לָהּ, וְלָא אָמְרִי' צָרִיךְ לְאוֹמְרָהּ בִּלְשׁוֹן הַקּוֹדֶשׁ כְּדֶרֶךְ שֶׁנִּכְתַּב. וּבְסִפְרִי אָמְרִי' דְּאִי לָא כְּתִיב קְרָא לְהַתִּיר בְּכָל לָשׁוֹן כִּדְלְקַמָּן — ה"א נִיגְמַר מִיְּבָמָה בְּקַל וָחוֹמֶר; וּמַה יְּבָמָה קַלָּה לֹא עָשָׂה בָּהּ כָּל הַלְּשׁוֹנוֹת כִּלְשׁוֹן הַקּוֹדֶשׁ — סוֹטָה חֲמוּרָה לֹא כָּל שֶׁכֵּן. **וִידּוּי מַעֲשֵׂר.** בַּשָּׁנָה הַשְּׁלִישִׁית: "בִּעַרְתִּי הַקֹּדֶשׁ מִן הַבַּיִת" (דברים כו). שֶׁהוּא מוֹצִיא כָּל מַעַשְׂרוֹתָיו וּמְבַעֲרָן מִבֵּיתוֹ, וְאֵין יָכוֹל עוֹד לְהַשְׁהוֹתָם, וְנוֹתֵן מַעֲשֵׂר רִאשׁוֹן לַלֵּוִי, וּמַעֲשַׂר עָנִי לַעֲנִיִּים, וּמַעֲשֵׂר שֵׁנִי שֶׁל שְׁתֵּי שָׁנִים שֶׁעָבְרוּ — מַעֲלֵיהוּ לִירוּשָׁלַיִם עַכְשָׁיו אִם לֹא הֶעֱלָהוּ, וּמִתְוַדֶּה: "בִּעַרְתִּי הַקֹּדֶשׁ" — זֶה מַעֲשֵׂר שֵׁנִי, "וְגַם נְתַתִּיו לַלֵּוִי" — זֶה מַעֲשֵׂר רִאשׁוֹן, "לַגֵּר לַיָּתוֹם וְלָאַלְמָנָה" — זֶה מַעֲשַׂר עָנִי. וְאוֹמְרוֹ בְּכָל לָשׁוֹן, כִּדְיָלֵיף לְקַמָּן, וְלָא אָמְרִינַן: בַּלָּשׁוֹן זֶה הִזְקִיקוֹ הַכָּתוּב לְאוֹמְרָהּ בלה"ק. **וּשְׁבוּעַת הָעֵדוּת וּשְׁבוּעַת הַפִּקָּדוֹן.** בְּכָל לָשׁוֹן שֶׁהִשְׁבִּיעוּהוּ וְכָפַר וְלֹא הוֹדָה — חַיָּיב קָרְבַּן עוֹלֶה וְיוֹרֵד הָאָמוּר בִּשְׁבוּעַת הָעֵדוּת, וַאֲשַׁם גְּזֵילוֹת בִּשְׁבוּעַת הַפִּקָּדוֹן. **וְאֵלּוּ נֶאֱמָרִין בלה"ק.** וְלָא אָמְרִינַן: נִגְמַר מֵהָנָךְ דִּלְעֵיל שֶׁנִּכְתַּב וְנִסְדַּר עֲלֵיהֶן כָּל מִלְוַת דִּיבּוּרָם וְאֵין צָרִיךְ לְאוֹמְרָן בלה"ק, כִּדְכְתִיב בְּכוּלְּהוּ. מִשּׁוּם דִּבְהָנֵי כְּתִיב עִיכּוּבָא. **מִקְרָא בִיכּוּרִים.** שֶׁהָיָה קוֹרֵא מֵ"אֲרַמִּי אוֹבֵד אָבִי" עַד סוֹף כָּל הַפָּרָשָׁה. **וַחֲלִיצַת יְבָמָה.** הִיא אוֹמֶרֶת "מֵאֵן יְבָמִי" וגו', וְהוּא אוֹמֵר "לֹא חָפַצְתִּי לְקַחְתָּהּ", וְאַחַר הַחֲלִיצָה הִיא אוֹמֶרֶת "כָּכָה יֵעָשֶׂה לָאִישׁ" וגו'. **בְּרָכוֹת וּקְלָלוֹת.** שֶׁאֲמָרָן יְהוֹשֻׁעַ וְיִשְׂרָאֵל בְּהַר גְּרִיזִים וְהַר עֵיבָל. **בִּרְכַּת כֹּהֲנִים.** נְשִׂיאוּת כַּפַּיִם. **בִּרְכַּת כֹּהֵן גָּדוֹל.** בְּיוֹם הַכִּפּוּרִים, אַחַר עֲבוֹדַת הַיּוֹם, שֶׁלִּפְנַי וְלִפְנִים הָיָה קוֹרֵא בַּתּוֹרָה אֶת הַפָּרָשָׁה, וּמְבָרֵךְ שְׁמוֹנֶה בְּרָכוֹת, כִּדְמְפָרֵשׁ בְּמַתְנִיתִין. **וּפָרָשַׁת הַמֶּלֶךְ.** מְפָרֵשׁ בְּסוֹף פִּירְקָא, וְהִיא פָּרָשַׁת הַקְהֵל*. **וּפָרָשַׁת עֶגְלָה עֲרוּפָה.** "יָדֵינוּ לֹא שָׁפְכוּ" וגו', "כַּפֵּר לְעַמְּךָ יִשְׂרָאֵל" וגו' (דברים כא). **פָּרָשַׁת מְשׁוּחַ מִלְחָמָה.** (שם כ) "וְהָיָה כְּקָרָבְכֶם אֶל" וגו', "שְׁמַע יִשְׂרָאֵל אַתֶּם קְרֵבִים הַיּוֹם" וגו', "כִּי ה' אֱלֹהֵיכֶם" וגו'. **כֵּיצַד.** כְּמוֹ מְנַיִן. **וּלְהַלָּן הוּא אוֹמֵר.** בִּבְרָכוֹת וּקְלָלוֹת שֶׁל הַר גְּרִיזִים. וּלְקַמָּן *מְפָרֵשׁ הָתָם גּוּפֵיהּ מְנָא לָן (א). *) **אֵינוֹ צָרִיךְ.** לְלָמְדָהּ בִּגְזֵרָה שָׁוָה, שֶׁמֵּעַצְמָהּ הִיא לְמֵידָה. **וְעָנְתָה וְאָמְרָה כָּכָה.** *דְּמַשְׁמַע: כַּלָּשׁוֹן זֶה תֹּאמַר. **שֶׁבְּשׁוֹמְרוֹן.** אֵצֶל שׁוֹמְרוֹן. **לְמַטָּה בָּאֶמְצַע.** בֵּין שְׁנֵי הֶהָרִים. **מִכָּאן וּמִכָּאן.** עַל הֶהָרִים. **הָפְכוּ.** הַלְוִיִּם פְּנֵיהֶם כְּלַפֵּי הַר גְּרִיזִים, וּפָתְחוּ בִּבְרָכָה; כָּל הָאֲרוּרִים הָיוּ אוֹמְרִים תְּחִלָּה בִּלְשׁוֹן בְּרָכָה. **אֵלּוּ וָאֵלּוּ.** שֶׁבְּהַר גְּרִיזִים וְשֶׁבְּהַר עֵיבָל. וְהָא דִּכְתִיב: "וְאֵלֶּה יַעַמְדוּ לְבָרֵךְ" — לֹא שֶׁהָיוּ הַשְּׁבָטִים מְבָרְכִין וּמְקַלְּלִין, אֶלָּא הַלְוִיִּם הָעוֹמְדִים בֵּין שְׁנֵי הֶהָרִים, הוֹפְכִין פְּנֵיהֶם לְהַר גְּרִיזִים בִּבְרָכָה וּלְהַר עֵיבָל בִּקְלָלָה. **הֵבִיאוּ אֶת הָאֲבָנִים.** כִּדְכְתִיב: "וּבָנִיתָ שָּׁם מִזְבֵּחַ וגו' וְכָתַבְתָּ עֲלֵיהֶן אֶת כָּל דִּבְרֵי הַתּוֹרָה הַזֹּאת בַּאֵר הֵיטֵב". **וְנָטְלוּ אֶת הָאֲבָנִים.** סָתְרוּ אֶת הַמִּזְבֵּחַ לְאַחַר שֶׁהֶעֱלוּ הָעוֹלוֹת וְהַשְּׁלָמִים, כִּדְכְתִיב: "וְהַעֲלִיתָ עָלָיו עוֹלוֹת" (שם כז).

*) עיין רש"א

תוספות

מַהוּ דתימא כי אזלינן בתר רוב דיעות לחומרא אבל לקולא לא קמ"ל. ואם תאמר: הא ממתני' בפרק "האשה שהלכה" (יבמות ד' קיז:) וממתני' דפרק "עגלה ערופה" (לקמן דף מז.) שמעינן להו! י"ל: דהכא איצטריך, דאפילו לקולא, אע"ג דרגלים לדבר. ועוד: דלא תנא פסולי העדות בהדיא במתני', להכי תנא גבי כל חד וחד.

הדרן עלך מי שקנא

ה"ג בסדר המשנה

אלו נאמרין בלשונם. ופירוש: כל אדם בלשונו שהוא שומע. לאפוקי לְמָדִי שאינו אומר בלשון פרסי, אם אינו שומעו. אבל בכל לשון – משמע בין שומע בין אינו שומע. ובגמרא לא משמע הכי. **קרית** שמע ותפלה. תימה: אמאי שייר הלל, וקידוש של שבת, וברכת הפירות, וברכת המצות? וליכא למימר דלא נקט אלא דאורייתא, דהא בפרק "מי שמתו" (ברכות דף כא.) משמע דתפלה וקרית שמע דרבנן! ועוד: דהתם (דף כ:) משמע דקידוש דאורייתא, והכי משמע נמי בריש מסכת נזיר (דף ג:) בשלמא מקרא מגילה איכא למימר: להכי שייר, דתנא בפ"ב דמגילה (דף יז.): הלועז ששמע אשורית – יצא. אלא הני אמאי שייר?! ונראה דהני נאמרים בכל לשון אפי' אינו שומע, הלכך לא דמו להני דמתני', דנאמרין דוקא בלשונם*.

איהו

עין משפט נר מצוה

א א מיי' פ"ג מהל' סוטה הל"ז סמג עשין נו:
ב ב מיי' פי"א מהל' מעשר שני הל"ה סמג עשין קלח:
ג ג מיי' פ"ב מהל' ק"ש הל"י סמג עשין יח טוש"ע או"ח סי' סב סעי' ב [וברב אלפס ברכות ר"פ שני דף ט. וברא"ש שם סי' ב]:
ד ד טוש"ע א"ח סי' קא סעי' ד:
ה ה מיי' פי"א מהל' ברכות הל"ז סמג עשין כו טוש"ע או"ח סי' קפה סעי' א:
ו ו מיי' פ"ט מהל' שבועות הלי"ב סמג לאוין רמא:
ז ז מיי' שם פ"ז הל' ז סמג שם:
ח ח מיי' פ"ג מהל' ביכורים הל"י סמג עשין קמ:
ט ט מיי' פ"ד מהל' יבום וחליצה הל"ח סמג עשין נב טוש"ע אה"ע סי' קסט סעי' כט ובסדר חליצה סעי' מח ובפי' סדר חליצה סעי' סז:
י י מיי' פי"ד מהל' נשיאות כפים הלכה יא סמג עשין כ טוש"ע או"ח סי' קכח סעי' יד:
יא כ מיי' פ"ג מהל' חגיגה הל"ה סמג עשין רל:

[והא דלא תני במתני' שבועת הדיינין ושבועת ביטוי ע' תוס' שבועות לט. ד"ה ואלו נאמרין וכו' וע' תוי"ט ד"ה ושבועת הפקדון]

יב ל מיי' פ"ט מהל' רוצח ושמירת נפש הל"ג סמג עשין עח:
יג מ מיי' פ"ז מהל' מלכים הל"ג סמג עשין קכ:

מסורת הש"ס

ברכות מ: שבועות לט.

רש"א מ"ז

[דברים לא]

[דף לג.]

דרוש ככה כלשון זה רש"א

הגהות הב"ח

(א) רש"י ד"ה ולהלן וכו' מנא לן הס"ד ואח"כ מ"ה וענתה ואמרה ככה אינו צריך וכו' היא למידה וענתה כנ"ל והד"א:

תוספות שאנ"ץ

והב"ע כגון דההיא דאתא מעיקרא אשה הואי. הילכך בזה אחר זה אתו תרתי ומבטלי ליה: ותרצה לדר' נחמיה. דאמר עשו שתי נשים כאיש אחד לאו סיפיה דמלתיה דר' נחמיה הוא אלא פירוש דמלתא היא דאנן פרשי לה הכי: כי פלגא ופלגא כחד וחד ואי בבת אחת אתו אוקי חד להדי חד ואוקמי' אספיקא ואי בזה אחר זה וההוא דהאמינה תורה קדם ברישא הוה ליה איהו כשנים והנך כחד ואין דבריהם במקומו. והיכא דשנים אומרים שנטמאת ועד אחד כשר אומר שלא נטמאת היתה שותה דכי חד וחד נינהו ומתני' דקתני לא היתה שותה כגון דההוא חד הוי פסול:

סליק פירקא

אלו נאמרין בכל לשון פרשת סוטה מה שהכהן אומר לה. ולא אמרינן שצריך לאומרם בלשון הקדש כדרך שנכתב שנצטווה לאומרו ובספרי אמרי' דאי לא כתב קרא להתיר בכל לשון ה"א דנגמר מיבמה מק"ו ומה יבמה קלה לא עשה בה כל הלשונות כלשון הקדש סוטה שהיא חמורה לא כל שכן ל"ה. וא"ת אמאי לא חשיב שבועת הדיינין דאמר בפ' שבועת הדיינין דאף היא בכל לשון נאמרה. וי"ל דתנא ושייר ומה שייר דהא שייר שבועת הביטוי דאף היא בכל לשון נאמרה. וא"ת תנא תאני אלו ואת אמרת תנא ושייר דה"נ פריך פ"ק דקידושין. וי"ל דכל היכא דליכא אלא חד אלו איכא למימר בדוקא תני אבל היכא דתני אלו ואלו שונה ומשייר דהא (א) אלו לאו דוקא. והא דנקט אלו ברישא

א) נראה דל"ל דהא ע"כ חד אלו לאו דוקא.

ולנו במקומן.§ **גמ'** פרשת סוטה מנלן? דכתיב: °"ואמר הכהן לאשה" – בכל לשון שהוא אומר. תנו רבנן: משמיעין אותה, בכל לשון שהיא שומעת, על מה היא שותה, ובמה היא שותה, על מה נטמאת, ובמה היא נטמאת. על מה היא שותה – על עסקי קינוי וסתירה, ובמה היא שותה – במקידה של חרש, על מה נטמאת – על עסקי שחוק וילדות, ובמה היא נטמאת – בשוגג או במזיד, באונס [או] ברצון. וכל כך למה – שלא להוציא לעז על מים המרים.§ "וידוי מעשר".§ מנלן? דכתיב: °"ואמרת לפני ה' אלהיך בערתי הקודש מן הבית", ויליף אמירה מסוטה, בכל לשון שהוא אומר. א"ל רב זביד לאביי: ולילף אמירה מלוים, מה להלן בלשון הקודש – אף כאן בלשון הקודש! דנין *אמירה גרידתא מאמירה גרידתא, ואין דנין אמירה גרידתא מעניה ואמירה. תניא, רשב"י אומר: אדם אומר שבחו בקול נמוך וגנותו בקול רם. שבחו בקול נמוך – מן וידוי המעשר, גנותו בקול רם – ממקרא ביכורים. וגנותו בקול רם?! והאמר רבי יוחנן משום רבי שמעון בן יוחי: מפני מה תקנו [א]תפלה בלחש? כדי שלא לבייש את עוברי עבירה, שהרי לא חלק הכתוב מקום בין חטאת לעולה! לא תימא גנותו, אלא אימא צערו. *כדתניא: °"וטמא טמא יקרא" – [ב]צריך להודיע צערו לרבים, ורבים מבקשים עליו רחמים. וכל מי שאירע בו דבר – צריך להודיע לרבים, ורבים מבקשים עליו רחמים. גופא, א"ר יוחנן משום רבי שמעון בן יוחי: מפני מה תיקנו תפלה בלחש – שלא לבייש את עוברי עבירה, שהרי [ג]לא חלק הכתוב מקום בין חטאת לעולה. ולא? והא איכא דמים, *[ד]דם חטאת למעלה [ה]ודם עולה למטה! התם כהן הוא דידע. והאיכא [ו]חטאת נקבה, [ז]עולה זכר! התם מיכסיא באליה. תינח כבשה, שעירה מאי איכא למימר? התם איהו דקא מיכסיף נפשיה, דאיבעי ליה לאיתויי כבשה וקא מייתי שעירה. חטאת דעבודה זרה, דלא סגי דלאו שעירה מאי איכא למימר! התם ניכסיף וניזיל, כי היכי דנכפר ליה.§ "קריאת שמע".§ מנלן? דכתיב: °"שמע ישראל" – בכל לשון שאתה שומע. תנו רבנן: *קריאת שמע ככתבה, דברי רבי. וחכמים אומרים: [ח]בכל לשון. מאי טעמא דרבי? אמר קרא: °"והיו" – בהווייתן יהו. ורבנן: אמר קרא "שמע" – בכל לשון שאתה שומע. ורבנן נמי, הא כתיב "והיו"! ההוא, [ט]שלא יקראנה למפרע. ורבי, שלא יקראנה למפרע מנליה? נפקא ליה מ"דברים", "הדברים" – [•]ורבנן? "דברים" "הדברים" לא משמע להו. ורבי נמי, הכתיב "שמע"! ההוא מיבעי ליה [י]להשמיע לאזניך מה שאתה מוציא מפיך. ורבנן סברי לה כמאן דאמר: [כ]הקורא את שמע ולא השמיע לאזנו – יצא. לימא קסבר רבי: כל

במדבר ה | דברים כו | ויקרא יג | דברים ו | שם

ולנו במקומן. בבית מלונס בגלגל, ושם הקימו את האבנים. **גמ'** ה"ג: ואמר אל האשה בכל לשון שהיא שומעת. ומהאי קרא יליף לה בספרי. ול"ג: ואמר הכהן לאשה. **אל האשה.** משמע דברים הנכנסין בלבה, שאתה מכרת בלשון. על מה היא שותה. כדמפרש ואזיל, שאומר לה: פריצות גרם ליך שתשתה. **ובמה היא שותה.** בכלי מאוס, במקידה של חרש. **ועל מה נטמאת.** מי הביאה לידי טומאה – שחוק וקלות ראש. כדי ליסר את הנשים שלא יקלו ראשן עם האנשים, שעל ידי כך באות לידי "ולבשה בטנה". **ובמה היא נטמאת.** משמיעין אותה הלכות המים המאררים על איזו טומאה הן בודקין אותה; שאם נטמאה והיא מזידה וברצון – בדקוה, ואם שוגגת, כגון אמרו לה "מת בעליך" או אנוסה – לא יבדקוה. וכל כך למה. לנו להודיע בהלכות המים? בשלמא הנך קמייתא – משום "ונוסרו כל הנשים" (יחזקאל כג) אלא הך, למה. **שלא להוציא לעז.** שאם נטמאת באונס או שוגגת, ולא נבדקת – שלא תהא סבורה: אילו נטמאתי מזידה גם כן לא היו בודקים אותי. ה"ג: וידוי מעשר מנלן? דכתיב: "ואמרת" וגו', ויליף אמירה אמירה מסוטה: א"ל רב זביד לאביי: ונילף אמירה אמירה מלוים? א"ל: דנין אמירה גרידתא מאמירה גרידתא, ואין דנין אמירה גרידתא מעניה ואמירה. **שבחו.** "לא עברתי ממצותיך ולא שכחתי" (דברים כו), היינו שבח עצמו. **בקול נמוך.** מדלא כתיב ביה עניה. **וגנותו.** כגון "ארמי אובד אבי" – היינו גנותו, שמתודין שאביהן לבן הארמי היה רשע. **מפני מה תקנו.** שיהא אדם אומר תפלתו בלחש, כדאשכחנא בחנה "וקולה לא ישמע" (שמואל א א). **שלא לבייש את עוברי עבירה.** המתוודים בתפלתם על עבירות שבידם. **צערו.** צרות שעברו עליו. דהיינו צרות שעברו על ישראל: צרת לבן הארמי, צרת מצרים. **שהרי לא חלק הכתוב מקום בין חטאת לעולה.** לא קבע לשחיטת חטאת מקום בפני עצמו, שלא ידינו שהיא חטאת, ומתבייש. **טמא טמא יקרא.** כלומר: סורו מעליו שטמא הוא. **והאיכא** כו'. כלומר, והרי יש סימנים אחרים להכירה! **למעלה** מחוט הסיקרא. דכתיב (ויקרא ד): "על קרנות", ובעולה לא כתב קרנות, והוא נותן דמים למטה מחוט הסיקרא, וכן שאר כל הדמים. **התם כהן.** לחודיה הוא דידע, ולא שאר כל העולם, ואין בושת בכך. **מכסיא.** הנקבות של נקבה. **באליה.** בזנב, ולא ניכר. **שעירה מאי איכא למימר.** שאין לה זנב, וניכר הנקבות. **דאיבעיא ליה לאתויי כשבה.** אם היה לו בשת. שהרי כל החטאות של יחיד, רצה – כשבה, רצה – שעירה, חוץ מחטאת עבודה זרה שכתיב בה "עז בת שנתה" בפרשת "שלח לך אנשים". **התם** נייתי וניכסיף. הטיל עליו הכתוב שיתבייש, שתהא לו כפרה מעונש גדול כזה. **ככתבה.** בלשון הקודש. **הקורא את שמע צריך שישמיע לאזנו.** פלוגתא היא במסכת ברכות (דף טו.). לימא

איהו הוא דקא מכסיף נפשיה. תימה: והא אמר בשמעתא קמייתא דמנחות (דף ג.) דבין זכרים לנקיבות לאו דעתייהו דאינשי! ואמר רבי: התם דווקא אמרי [הכי] דאין מעשיו מוכיחים, מפני שסומכין השומעין על דבורו שהוא שוחט חטאת לשם עולה, אבל בסתמא, כי הכא – ודאי מרגישים בדבר.

ליכסיף וליזיל כי היכי דליכפר ליה. וא"ת: יחלוק כמו כן בקביעות מקום שחיטתה, כי היכי דליהוי ליה כפרה גמורה! י"ל: כיון שחלק הכתוב בדבר אחד, שיש היכר בדבר, מה צריך יותר. מ"ר.

ורבי שלא יקראנה למפרע מנליה. תימה: דהכא משמע דבין רבי ובין רבנן אית להו דקריאת שמע דאורייתא. וכן תנאי דפליגי התם* בקורא את שמע ולא השמיע לאזנו. וכן ב"ש וב"ה התם בפרק קמא דברכות (דף י:) דתנן: בית שמאי אומרים בערב כל אדם יטה ויקרא ובבקר יעמוד, שנאמר: "בשכבך ובקומך", וב"ה אומרים: בשעה שבני אדם שוכבין. אלמא דתרוייהו סבירא להו דקרא משתעי בק"ש. וסתמא דגמרא נמי התם *פריך: תנא היכא קאי דקתני מאימתי – תנא אקרא קאי, דכתיב: "בשכבך ובקומך". ותו בפ"ב (שם דף יג:) בפלוגתא דרבי זוטרא ורבי יאשיה, דתניא: "והיו" – שלא יקראם למפרע, "הדברים על לבבך" רבי זוטרא אמר: עד כאן מצות כוונה, מכאן ואילך מצות קריאה. רבי יאשיה אומר: עד כאן מצות קריאה, מכאן ואילך מצות כוונה. אמר מר רבי זוטרא וכו'. מ"ש מכאן ואילך מצות קריאה – דכתיב "לדבר בם", ה"נ הא כתיב "ודברת בם" וכו'. אמר מר רבי יאשיה וכו'. מ"ש מכאן ואילך מצות כוונה – דכתיב "על לבבכם", ה"נ כתיב "על לבבך"! אלא עד כאן מצות כוונה וקריאה, מכאן ואילך כוונה בלא קריאה. מ"ש עד כאן מצות כוונה וקריאה – דכתיב "ודברת בם", ה"נ כתיב "לדבר בם"! ההוא בדברי תורה כתיב. מדקאמר: ההוא בדברי תורה – מכלל "ודברת בם" – דוקא בק"ש. ותו התם:* הפועלים שעשו מלאכה עם בעל הבית – קורין ק"ש ומברכין לפניה ולאחריה, ואוכלים ומברכין לאחריה שתים. כיצד? ברכה ראשונה כתיקנה, שניה כולל בונה ירושלים בברכת הארץ, ולא מברך "הטוב והמטיב" משום דמדרבנן היא, דבינה תקנוה מכלל דק"ש דחייב לקרות – דאורייתא. ובפרק "מי שמתו" (ברכות ד' כא.*) בגמרא בעל קרי, פריך סתמא דגמרא: קריאת שמע דרבנן! – אהא דקאמר דק"ש וברכת המזון דאורייתא. ותו, אמרינן התם (דף כא. ע"ש): אמר שמואל: ספק קרא ק"ש ספק לא קרא – אינו חוזר וקורא, ספק אמר אמת ויציב ספק לא אמר – חוזר ואומר. מאי טעמא – ק"ש מדרבנן! ודוחק לומר דכל הני דמשמע מינייהו דמדאורייתא הוי אסמכתא בעלמא, דאין שיטת הגמרא א) לדייק כל כך על אסמכתא רבי ורבנן. ועוד, דאמר: לימא קסבר כל התורה בכל לשון נאמרה, ואי הוי אסמכתא בעלמא – לא הוה צריך למידק מיניה ב).

ורבנן סברי לה כמ"ד הקורא את שמע ולא השמיע לאזנו יצא. תימה: מאי דוחקיה למימר הכי? הוה מצי למימר: ורבנן תרתי שמעינן מיניה, כדאמר בפרק "היה קורא" (ברכות דף טו.), דתנן: הקורא את שמע ולא השמיע לאזנו יצא, רבי יוסי אומר: לא יצא. ומפרש בגמרא: מ"ט דר' יוסי – משום דכתיב: "שמע" – השמיע לאזניך, ות"ק: "שמע" – בכל לשון שאתה שומע. ואידך – תרתי ש"מ.

א) [וע' היטב תוס' עירובין כג: ד"ה פשטיה וב"ב קמז. ד"ה מנין]: ב) [וע' תוס' ברכות כא. ד"ה ה"ג ובד"ה ההוא וכתו' מנחות מג: ד"ה ואיזו]

כל

יד א מיי' פ"ה מהל' תפלה הל"ט סמג עשין יח טוש"ע או"ח סי' קא סעי' ב:
טו ב מיי' פ"י מהל' טומאת צרעת הל"ח:
טז ג מיי' פ"ה מהל' מעשה הקרבנות הל' ב ג סמג עשין קסג:
יז ד מיי' שם הל"ז:
יח ה מיי' שם הל"ו:
יט ו מיי' שם פ"א הל"ט:
כ ז מיי' שם הל"ח:
כא ח מיי' פ"ב מהל' ק"ש הל"י סמג עשין יח טוש"ע או"ח סי' סב סעי' ב:
כב ט מיי' שם הל"א וסמג שם טוש"ע או"ח סי' סד סעי' א:
כג י כ מיי' שם הל"ח וסמג שם טוש"ע או"ח סי' סב סעי' ג:

[ברכות טו.] | [דף כ.] | [דף טז.] | [ע"ש ברש"י ותוס' ד"ה הכי גרסינן]

[נ"א ענייה ואמירה מענייה ואמירה]

שבת סז. מו"ק ה. חולין עח. נדה סו.

[קנים ריש פ"א]

ברכות יג. מגילה יז.

גליון הש"ס
גמ' ורבנן דברים הדברים לא משמע להו. עיין לעיל דף יז ע"ב תד"ה דכתיב:

תוספות שאנץ
ברישא אבג דנקטיה בסיפא **גמ'** ה"ג ואמר הכהן אל האשה בכל לשון שהוא שומע' ומהאי קרא יליף לה בספרי ול"נ ואמר הכהן לאשה: אל האשה משמע דברים הנכנסין בלבה כדמפרש ואזיל ומיהו מה שפ"ה דמהאי קרא יליף לה בספרי אינה ראיה ואין בכך למחוק גירסת הספרים דמצינו בכמה מקומות שחולק על תלמוד שלנו כגון גבי האי דאמר בגמ' לק' בפ' בתרא שאם נמצא ההורג אחר שנתערפה העגלה הורגין אותו ונפקא לן מן ולארץ לא יכופר ובספרי מפיק לה מן ואתה תבער הדם הנקי. אבל ק' מאי סביר' ליה להאי תנא דמתני' אי סבירא ליה דכל התורה כלה בכל לשון נאמרה א"כ למה לי קרא לאיתויי בגמ' למימר להכשירה בכל לשון. ואי סבירא ליה דבלשון הקדש נאמרה למה לי קרא במתני' בהני דנאמרין בלשון הקדש. לכ"נ א) דמהני סביר' ליה דכל התורה בכל לשון נאמרה מדמייתי קרא במתני' שנ' בכל לשון אבל התלמוד מפרש כן אליבא דמ"ד בלשון הקדש נאמרה. וכל כך למה. למה לנו להודיעה הלכות המים בשלמא הנך קמייתא משום ונוסרו כל הנשים. אלא הך למאי: ומשני שלא להוציא לעז שאם נטמאת באונס או שוגגת ולא נבדקה שלא תהי סבורה אילו נטמאת מזידה אף הם לא היו בודקין אותה ל"ה: וגנותו בקול רם ממקרא בכורים דכתיב ארמי אובד אבי והיינו גנותן שמתודין שאביהם לבן הארמי היה רשע ל"ה. ורבנן סברי לה כמאן דאמר הקורא את שמע ולא השמיע לאזנו יצא. נראה מכאן דכן הלכה מדלא אמר ורבנן תרתי ש"מ בכל לשון שאתה שומע והשמיע לאזנך מה שאתה מוציא מפיך אלא קאמר דסבירא להו (כרבנן) [כמ"ד כו'] א"כ משמע דכן הלכה דאוקמי' רבנן מילתייהו אליבא דהלכתא ועוד דיחיד ורבים הלכה כרבי' וה"נ פסקינן בברכות פ' היה קורא. ותו דהתם קאמר תלמודא ור' יוסי תרתי ש"מ ולא קאמר דר' יוסי סבר לה כו' משמע דדחיק ליה לאוקומי מילתא אליבא דהלכתא וכן פי' בפ' הקורא את המגלה למפרע: לימ' קסבר ר' כל

א) נראה דל"ל דודאי תנא דמתני' ס"ל דכל התורה בכל לשון נאמרה מדלא מייתי ראיה מקרא במתני' להני דנאמרו בכל לשון אבל התלמוד וכו'.

כד א ב טוש"ע א"ח סי' קא סעיף ד וע"ש:

כָּל הַתּוֹרָה בְּכָל לָשׁוֹן נֶאֶמְרָה. דְּאִי סָלְקָא דַּעְתָּךְ בִּלְשׁוֹן הַקּוֹדֶשׁ נֶאֶמְרָה — "וְהָיוּ" דִּכְתַב רַחֲמָנָא לָמָּה לִי? אִיצְטְרִיךְ, מִשּׁוּם דִּכְתִיב "שְׁמַע". לֵימָא קָסָבְרִי רַבָּנַן כָּל הַתּוֹרָה כּוּלָּהּ בִּלְשׁוֹן קוֹדֶשׁ נֶאֶמְרָה, דְּאִי סָלְקָא דַּעְתָּךְ בְּכָל לָשׁוֹן — "שְׁמַע" דִּכְתַב רַחֲמָנָא לָמָּה לִי? אִיצְטְרִיךְ, מִשּׁוּם דִּכְתִיב "וְהָיוּ".§ "תְּפִלָּה".§ רַחֲמֵי הִיא, כָּל הֵיכִי דְּבָעֵי מְצַלֵּי. וּתְפִלָּה בְּכָל לָשׁוֹן? *וְהָאָמַר רַב יְהוּדָה: אלְעוֹלָם אַל יִשְׁאַל אָדָם צְרָכָיו בִּלְשׁוֹן אֲרַמִּית, דְּאָמַר רַבִּי יוֹחָנָן: כָּל הַשּׁוֹאֵל צְרָכָיו בִּלְשׁוֹן אֲרַמִּי — אֵין מַלְאֲכֵי הַשָּׁרֵת נִזְקָקִין לוֹ, לְפִי שֶׁאֵין מַלְאֲכֵי הַשָּׁרֵת מַכִּירִין בִּלְשׁוֹן אֲרַמִּי! לָא קַשְׁיָא; בהָא — בְּיָחִיד, הָא — בְּצִבּוּר. וְאֵין מַלְאֲכֵי הַשָּׁרֵת מַכִּירִין בִּלְשׁוֹן אֲרַמִּי? וְהָתַנְיָא: *יוֹחָנָן כֹּהֵן גָּדוֹל שָׁמַע ב"ק מִבֵּית קֹדֶשׁ הַקֳּדָשִׁים שֶׁהוּא אוֹמֵר: נִצְחוּ טַלְיָא דְּאָזְלוּ לַאֲגָחָא קְרָבָא לְאַנְטוֹכְיָא. וְשׁוּב מַעֲשֶׂה בְּשִׁמְעוֹן הַצַּדִּיק שֶׁשָּׁמַע בַּת קוֹל מִבֵּית קֹדֶשׁ הַקֳּדָשִׁים, שֶׁהוּא אוֹמֵר: בְּטֵילַת עֲבִידְתָּא דַּאֲמַר שַׂנְאָה לְאַיְיתָאָה עַל הֵיכְלָא, וְנֶהֱרַג גַּסְקַלְגָּס, וּבָטְלוּ גְּזֵירוֹתָיו. וְכָתְבוּ אוֹתָהּ שָׁעָה וְכִיוְּונוּ. וּבִלְשׁוֹן אֲרַמִּי הָיָה אוֹמֵר! אִי בָּעֵית אֵימָא: בַּת קוֹל שָׁאנֵי, דִּלְאַשְׁמוּעֵי עֲבִידָא. וְאִי בָּעֵית אֵימָא: גַּבְרִיאֵל הֲוָה, דְּאָמַר מָר: *בָּא גַּבְרִיאֵל וְלִימְּדוֹ שִׁבְעִים לָשׁוֹן.§ "בִּרְכַּת הַמָּזוֹן".§ דִּכְתִיב: °"וְאָכַלְתָּ וְשָׂבָעְתָּ וּבֵרַכְתָּ אֶת ה' אֱלֹהֶיךָ" — בְּכָל לָשׁוֹן שֶׁאַתָּה מְבָרֵךְ.§ "שְׁבוּעַת הָעֵדוּת".§ דִּכְתִיב: °"וְנֶפֶשׁ כִּי תֶחֱטָא וְשָׁמְעָה קוֹל אָלָה" — בְּכָל לָשׁוֹן שֶׁהִיא שׁוֹמַעַת.§ "שְׁבוּעַת הַפִּקָּדוֹן".§ אָתְיָא "תֶּחֱטָא" "תֶּחֱטָא" מִשְּׁבוּעַת הָעֵדוּת.§ "וְאֵלּוּ נֶאֱמָרִין בִּלְשׁוֹן הַקּוֹדֶשׁ: מִקְרָא בִּיכּוּרִים וַחֲלִיצָה" כו', עַד "מִקְרָא בִּיכּוּרִים" כֵּיצַד? °"וְעָנִיתָ וְאָמַרְתָּ לִפְנֵי ה' אֱלֹהֶיךָ" וּלְהַלָּן הוּא אוֹמֵר °"וְעָנוּ הַלְוִיִּם וְאָמְרוּ אֶל כָּל אִישׁ יִשְׂרָאֵל", מָה עֲנִיָּיה הָאֲמוּרָה לְהַלָּן בִּלְשׁוֹן הַקּוֹדֶשׁ — אַף כָּאן בלה"ק. וּלְוִיִּם גּוּפַיְיהוּ מְנָלַן? אָתְיָא, "קוֹל" "קוֹל" מִמֹּשֶׁה, כְּתִיב הָכָא "קוֹל רָם" וּכְתִיב הָתָם °"מֹשֶׁה יְדַבֵּר וְהָאֱלֹהִים יַעֲנֶנּוּ בְקוֹל", מַה לְּהַלָּן בִּלְשׁוֹן הַקּוֹדֶשׁ — אַף כָּאן בִּלְשׁוֹן הַקּוֹדֶשׁ.§ "חֲלִיצָה כֵּיצַד" וכו'.§ וְרַבָּנַן, הַאי "כָּכָה" מַאי עָבְדִי לֵיהּ? מִיבָּעֵי לְהוּ *לְדָבָר שֶׁהוּא מַעֲשֶׂה מְעַכֵּב. וְר' יְהוּדָה: מִ"כֹּה" "כָּכָה". גוְרַבָּנַן: "כֹּה" "כָּכָה" לָא מַשְׁמַע לְהוּ. וְרַבִּי

תורה אור: דברים ח; ויקרא ה; דברים כו; שם כז; שמות יט

[שבת יב:] [תוספתא פי"ג] [לקמן לו:] [שבועות לג. כריתות ט.] [יבמות קו:]

רש"י

לֵימָא קָסָבַר רַבִּי. מִדְּאִיצְטְרִיךְ קְרָא שֶׁתְּהֵא קְרִיַּת שְׁמַע כִּלְשׁוֹנָהּ. כָּל הַתּוֹרָה בְּכָל לָשׁוֹן נֶאֶמְרָה. לִקְרוֹת בְּבֵית הַכְּנֶסֶת. מִשּׁוּם דִּכְתִיב שְׁמַע. אִיצְטְרִיךְ "וְהָיוּ". דְּלָא תִּדְרְשֵׁיהּ לִקְרִיַּת שְׁמַע בְּכָל לָשׁוֹן, אֶלָּא לְהַשְׁמִיעַ לְאָזְנָיו. תְּפִלָּה. דְּקָתָנֵי מַתְנִי': בְּכָל לָשׁוֹן – לָא צָרִיךְ קְרָא, דְּהָא רַחֲמֵי נִינְהוּ, וְהַהוּא לִישָּׁנָא דְּיָדַע לְכַוֵּין לִבּוֹ לִיצְלֵי. יָחִיד. צָרִיךְ שֶׁיְּסַיְּיעוּהוּ מַלְאֲכֵי הַשָּׁרֵת, גצִיבּוּר לָא צְרִיכֵי לְהוּ, דִּכְתִיב (איוב לו): "הֵן אֵל כַּבִּיר לֹא יִמְאָס" – אֵינוֹ מוֹאֵס בִּתְפִלָּתָן שֶׁל רַבִּים. נִצְחוּ טַלְיָא דְּאָזְלוּ לַאֲגָחָא קְרָבָא בְּאַנְטוֹכְיָא. שֶׁהָלְכוּ פִּרְחֵי כְהוּנָּה בְּנֵי בֵּית חַשְׁמוֹנַאי לְהִלָּחֵם עִם יְוָונִים לִפְנֵי יוֹם הַכִּפּוּרִים, וְנִלְחֲמוּ בְּיוֹם הַכִּפּוּרִים, וְשָׁמַע יוֹחָנָן בַּת קוֹל כְּשֶׁהָיָה עוֹבֵד עֲבוֹדַת יוֹם הַכִּפּוּרִים. עֲבִידְתָּא. חַיִל, לְשׁוֹן "הֶעֱבִיד אֶת חֵילוֹ עֲבוֹדָה גְדוֹלָה" (יחזקאל כט). גַּסְקַלְגָּס. שֵׁם מֶלֶךְ יָוָן. שָׁאנֵי גבַּת קוֹל. אוֹתָהּ מִידָּה הַמְּמוּנָּה עַל כָּךְ יוֹדַעַת בְּשִׁבְעִים לְשׁוֹנוֹת, מִפְּנֵי שֶׁעֲשׂוּיָה לְהַשְׁמִיעַ, וְהִיא מִשְׁתַּלַּחַת לְכָל הַלְּשׁוֹנוֹת, פְּעָמִים לָזֶה וּפְעָמִים לָזֶה. דְּאָמַר מָר. לְקַמָּן בְּפִרְקָא (דף לו:). וְלִמְּדוֹ. לְיוֹסֵף, שִׁבְעִים לְשׁוֹנוֹת: ה"ג בִּרְכַּת הַמָּזוֹן דִּכְתִיב וּבֵרַכְתָּ וְלָא גָּרְסִינַן "מְנָלַן". דְּלָא בָּעְיָא קְרָא, דְּמֵהֵיכָא תֵּיתֵי דְּבָעֵינַן לְשׁוֹן קוֹדֶשׁ?. בְּכָל לָשׁוֹן שֶׁהָיָה מְבָרֵךְ. לֹא קָבַע לוֹ הַכָּתוּב לָשׁוֹן. שְׁבוּעַת הָעֵדוּת מְנָלַן. דְּאִי לֹא כָּתַב קְרָא, אִיכָּא לְמֵימַר דְּבָעֵינַן דּוּמְיָא דִּשְׁבוּעַת הַר גְּרִיזִים וְהַר עֵיבָל, שֶׁהוּא בִּלְשׁוֹן הַקּוֹדֶשׁ. וְשָׁמְעָה. מִדְּלָא כְּתִיב "וְהִשְׁבִּיעוּהָ בְּאָלָה". יַעֲנֶנּוּ בְקוֹל. בְּמַתַּן תּוֹרָה, וּבִלְשׁוֹן הַקּוֹדֶשׁ נִיתְּנָה. לְדָבָר שֶׁהוּא מַעֲשֶׂה מְעַכֵּב. דָּבָר, כְּגוֹן חֲלִיצָה וּרְקִיקָה. דְּ"כָכָה" מַשְׁמַע עִיכּוּבָא, דְּאָסוּר לְשַׁנּוֹת. וְסָמְכוּ לְ"יֵעָשֶׂה", לוֹמַר שֶׁהַמַּעֲשֶׂה מְעַכֵּב. וְרַבִּי

תוספות

כל התורה כולה בכל לשון נאמרה. פי' ר"ת: הא פשיטא דבשעת מ"ת ניתנו למשה בלשון קודש. והאי דקאמר הכא – (א) היינו אם ניתנה להעתיקה בלשון אחר או לא. ומפירושו נשמע דלמ"ד לא ניתנה להעתיקה בלשון אחר – לא ניתנה לקרות כמו כן בלשון אחר. דמי שהיה קורא אותה בלשון פרסי והיא כתובה לשון עברי – כאילו היה קורא בעל פה. כדאמרינן בפ' שני דמגילה (דף יח.): קראה תרגום לא יצא. היכי דמי? אילימא דכתיבא מקרא וקא קרי תרגום – היינו על פה הוא. לא צריכא דכתיבא תרגום וקא קרי תרגום. ולא ידענא לפירושו היכי סלקא דעתיה למימר אליבא דרבי דבכל לשון ניתנה ליכתב. אם כן, הא דאמר רבי ק"ש ככתבה – היינו בכל לשון, שהרי בכל לשון ניתנה ליכתב – אם כן היינו רבנן! ותו, תפשוט מיהא התם דאליבא דרבי בלשון הקודש נאמרה. ותו, מאי קמבעיא ליה? והא פלוגתא היא בפ"ק דמגילה (דף ח:), תנן: אין בין ספרים למזוזות ותפילין אלא שהספרים נכתבין בכל לשון ותפילין ומזוזות אינן נכתבין אלא אשורית בלבד, רשב"ג אומר: אף ספרים לא התירו שיכתבו אלא יוונית בלבד! וי"ל: מהא דאמר רבי קרית שמע ככתבה – ליכא למידק מיניה, דאיכא למימר: ככתבה המיוחד לה כשנכתבה יחידי, כגון במזוזות ותפילין, דכ"ע מודו דבלשון הקודש. והא דקאמר: לימא קסבר רבי כל התורה בכל לשון נאמרה – ה"פ: ולית ליה דרשב"ג דאמר דוקא יוונית. ולרבנן דאמרי בלשון הקודש – לית להו דרבנן דאמרי ספרים נכתבים בכל לשון. כך צריך לפרש לפי פירוש ר"ת. **ברכת** המזון דכתיב ואכלת ושבעת. רש"י שיבש הגירסא, דלא גרס "מנלן". ופי': משום דלא בעי קרא, דמהיכא תיתי דליבעי לשון הקודש? ומיהו, נראה עיקר כגירסת הספרים דגרסי בהו "מנלן". דסד"א נילף ברכה מברכות הר גריזים, דכתיב בהו: "אלה יעמדו לברך" (דברים כז), מה להלן בלשון קודש – אף כאן, דהא בהאי ג"ש ילפינן בפירקין (לקמן דף לח.) ברכת כהנים דבלשון הקודש – להכי כתיב: "וברכת את ה'". כלומר, מאחר שהברכה והשבח כלפי השכינה – תוכל לברך בכל לשון שתרצה, ומסתמא בלשון שאתה מכיר, שתתן שבח להקב"ה בלבב שלם להנאתך. והכי נמי איתא בירושלמי [דפרקין, דאמר התם]: "וברכת" – כדי שיהא יודע למי מברך. [ומשמע בפרק "כיצד מברכין"] (ברכות דף מ:): אפילו אמרה בלשון חול שלא כתיקונה – יצא, דומיא דבנימין רעיא כרך ריפתא, בתר דכרך אמר "בריך רחמנא מריה דהאי פיתא" ואמר רב דיצא ידי ברכה ראשונה. ומ"ואמרת לפני ה' אלהיך" דכתיב גבי וידוי [מעשר – לא יליף, דלא] דמי להאי, דהכא כתיב "את ה'", אבל התם "לפני ה'", דלהכי כתיב "לפני ה'" דמשמע דבעזרה היה מתודה, ולהכי איצטריך גזירה שוה דאמירה אמירה. **שבועת** העדות מנא לן. נראה לפרש: אי לאו קרא הוה אמינא נילף "קול" "קול" ממשה, להכי כתיב "ושמעה" דמשמע בכל לשון שהיא שומעת, מדלא כתיב "והשביעה בשבועת האלה". אבל לפירוש רש"י, דפי': אי לאו קרא הוה אמינא דומיא דשבועת הר גריזים והר עיבל שהיו בלשון הקודש – אדרבה, נילף משבועת סוטה שהיא בלשון חול! ועוד, נילף "אלה" "אלה" מסוטה דכתיב בה "בשבועת האלה"! להכי אית לך למימר: אי לאו דכתיב "ושמעה" – לא הוה ידענא אי הוה לן למילף "קול" "קול" או "אלה" "אלה". **אתיא** תחטא תחטא. נראה דהא גזירה שוה לאו דוקא נקט לה הכא, דהא מהיכא תיתי דנבעי בלשון קודש? אדרבה, בלא גזירה שוה ד"תחטא" "תחטא" הוה משמע טפי דבכל לשון, דהוה ילפינן מעילה מעילה מסוטה, אלא אגב דילפינן בשבועות (דף לד.) בהא גזירה שוה, דבתביעת ממון הכתוב מדבר – נקט לה נמי הכא. **וענית** ואמרת ולהלן הוא אומר וענו הלוים ואמרו. תימה: אדרבה, נילף "ואמרת לפני ה' אלהיך" מוידוי מעשר, דהא מדדמי ליה ילפינן! ואם תאמר: הכא עניה עניה גמיר – הא לעיל פריך: ונילף אמירה מלוים, *ומהדר: דנין עניה ואמירה מעניה ואמירה, ואין דנין עניה גרידתא מעניה גרידתא (נ"א: ואין דנין אמירה גרידתא מעניה ואמירה)! **אתיא** קול קול. אין לומר: אדרבה, נילף "קול" "קול" משבועת הפקדון! דעניה וקול מעניה וקול גמיר, ואין דנין עניה וקול מקול גרידא. **ורבי** יהודה מכה ככה. לא ידענא אי דריש ר' יהודה מ"כה" "ככה" דכל האמור בפרשה אפילו קריאה מעכבא, דאין לשנות מכל האמור, דלהכי אהני "כה" "ככה", וממילא הוי לשון קודש נמי עיכובא, דפרשה נאמרה בלשון קודש. ותימה לומר כן: דא"כ כמאן מרבותיו ס"ל? לא כרבי אליעזר ולא כר' עקיבא, דתרוייהו מודו דקריאה לא מעכבא, ולא פליגי אלא ברקיקה (יבמות דף קד:), דלר' אליעזר מעכבא כיון דהוי מעשה, ולרבי עקיבא לא מעכבא, מעשה באיש בעי'. *ואם אית לך למימר דרבי יהודה סבר דדוקא בלשון קודש מעכב, אבל אם לא קראה כלל אינו מעכב – גם הוא סברא תמוה. שאם לא קראה כלל – אינו מעכב ואם קראה בלשון חול – מעכב? ומסתברא טפי למימר דסבירא ליה דקריאה מעכב, ופליג אתנא דמתניתין בפרק "מצות חליצה" (שם דף קד:), דקא סבר רבי יהודה לא נחלקו רבי עקיבא ורבי אליעזר בדבר זה. והכי אמר בעלמא, כגון בפרק "רבי אליעזר דמילה" (שבת דף קלה:) גבי פלוגתא דב"ש

נ"א ואין לומר

תוספות שאנץ

כל התורה בכל לשון נאמרה פ"ה כגון קריאת התורה ול"נ דמקריאה אי אפשר להיות דאין חיובא אלא מדרבנן ותקנת עזרא. לכ"נ לפ' כל הפרשיות שצריכות לקרות כגון פרשת זכור א) ופרשת עגלה ערופה והני דמפרש במתני' דצריכין לקרותן בלשון הקדש אי ליכא קרא ב) דמרבי להו לקרותה בכל לשון גם זה פי' פרק הקורא [במגילה דף יז]. שאין מלאכי השרת מכירין בלשון ארמי. י"מ פ"ק דשבת דמכירין בו אבל אינן חוששין בו ואין נראה מכאן דמשמע בסמוך דאין מכירין בו כלל. ברכת המזון דכתיב ואכלת ושבעת וברכת ה"ג ול"נ מנא לן דלא בעי קרא דמהיכא תיתי דניבעי לשון הקדש אבל גבי שבועת העדות גר' מנא לן דאי לא כתיב קרא איכא למימר דבעי דומיא דשבועת הר גריזים והר עיבל שהיא בלשון הקדש. ל"ה. יש אומר בפשט שצריך לברך בעל הבית דכתיב וברכת את ואת ריבויא הוא לרבות את בעל הבית:

א) אולי צ"ל ופרשת פרה אדומה ועי' ברא"ש בברכות בר"פ היה קורא.
ב) אולי צ"ל אי ליכא קרא דקמרבי להו היה מותר לקרותן בכל לשון.

הגהות הב"ח

(א) תוס' ד"ה כל וכו' דקאמר הכא בכל לשון היינו אם:

גליון הש"ס

גמ' ורבנן כה ככה לא משמע להו. עיין לקמן דף לח ע"א תד"ה ורי"א: **רש"י** ד"ה יחיד וכו' צבור לא צריכי להו. עיין בספר בתי כהונה ח"ב בית אבות דף ל ע"א: **ד"ה** שאני בת קול. ע' סנהדרין דף יא ע"א תד"ה בת קול ובתוי"ט פט"ז מ"ו דיבמות:

גי' רש"א וי"ל דנין וכו' ע"ש

תורה אור

(דברים כה) וְרַבִּי יְהוּדָה, הַאי "וְעָנְתָה וְאָמְרָה" מַאי עָבֵיד לֵיהּ? מִיבָּעֵי לֵיהּ לְאַגְמוֹרֵי לַלְוִיִּם דִּבְלָשׁוֹן הַקּוֹדֶשׁ. וְלֵילַף "קוֹל" מִמֹּשֶׁה! עֲנִיָּיה עֲנִיָּיה — גָּמֵיר, "קוֹל", "קוֹל" — לָא גָּמֵיר. תַּנְיָא נַמִי הָכִי, רַבִּי יְהוּדָה אוֹמֵר: כׇּל מָקוֹם שֶׁנֶּאֱמַר "כֹּה" "כָּכָה", עֲנִיָּיה וַאֲמִירָה — אֵינוֹ אֶלָּא לְשׁוֹן הַקּוֹדֶשׁ; "כֹּה" — "כֹּה תְבָרְכוּ", (במדבר ו) (דברים כה) "כָּכָה" — דַּחֲלִיצָה, עֲנִיָּיה וַאֲמִירָה — דִּלְוִיִּם.§ "בְּרָכוֹת וּקְלָלוֹת כֵּיצַד? כֵּיוָן שֶׁעָבְרוּ יִשְׂרָאֵל אֶת הַיַּרְדֵּן" כו'.§ תָּנוּ רַבָּנַן: (שם יא) "הֲלֹא הֵמָּה בְּעֵבֶר הַיַּרְדֵּן" — מֵעֵבֶר לַיַּרְדֵּן וְאֵילָךְ, דִּבְרֵי רַבִּי יְהוּדָה. (שם) "אַחֲרֵי דֶּרֶךְ מְבוֹא הַשֶּׁמֶשׁ" — מָקוֹם שֶׁחַמָּה זוֹרַחַת. (שם) "בְּאֶרֶץ הַכְּנַעֲנִי הַיּוֹשֵׁב בָּעֲרָבָה" — אֵלּוּ הַר גְּרִיזִים וְהַר עֵיבָל שֶׁיּוֹשְׁבִין בָּהֶם כּוּתִיִּים, (שם) "מוּל הַגִּלְגָּל" — סָמוּךְ לַגִּלְגָּל. (שם) "אֵצֶל אֵלוֹנֵי מוֹרֶה" — שְׁכֶם, וּלְהַלָּן (בראשית יב) הוּא אוֹמֵר: "וַיַּעֲבֹר אַבְרָם בָּאָרֶץ עַד מְקוֹם שְׁכֶם עַד אֵלוֹן מוֹרֶה", מָה אֵלוֹן מוֹרֶה הָאָמוּר לְהַלָּן שְׁכֶם — אַף כָּאן שְׁכֶם. (א) תַּנְיָא, אָמַר רַבִּי אֶלְעָזָר בְּרַבִּי יוֹסֵי: בְּדָבָר זֶה זִיַּיפְתִּי סִפְרֵי כוּתִיִּים. אָמַרְתִּי לָהֶם: זִיַּיפְתֶּם תּוֹרַתְכֶם וְלֹא הֶעֱלֵיתֶם בְּיֶדְכֶם כְּלוּם. שֶׁאַתֶּם אוֹמְרִים אֵלוֹנֵי מוֹרֶה שְׁכֶם — אַף אָנוּ מוֹדִים שֶׁאֵלוֹנֵי מוֹרֶה שְׁכֶם. אָנוּ לְמַדְנוּהָ בִּגְזֵרָה שָׁוָה, אַתֶּם בַּמֶּה לְמַדְתּוּם? רַבִּי אֱלִיעֶזֶר אָמַר: "הֲלֹא הֵמָּה בְּעֵבֶר הַיַּרְדֵּן" — סָמוּךְ לַיַּרְדֵּן, (ב) דְּאִי מֵעֵבֶר הַיַּרְדֵּן וְאֵילָךְ — הֲלֹא כְּתִיב: (דברים כז) "וְהָיָה בְּעׇבְרְכֶם אֶת הַיַּרְדֵּן". "אַחֲרֵי דֶּרֶךְ מְבוֹא הַשֶּׁמֶשׁ" — מָקוֹם שֶׁהַחַמָּה שׁוֹקַעַת. "בְּאֶרֶץ הַכְּנַעֲנִי" — אֶרֶץ חִוִּי הִיא! "הַיּוֹשֵׁב בָּעֲרָבָה" — וַהֲלֹא בֵּין הָרִים וּגְבָעוֹת הֵן יוֹשְׁבִין! "מוּל הַגִּלְגָּל" — וַהֲלֹא לֹא רָאוּ אֶת הַגִּלְגָּל! רַבִּי אֱלִיעֶזֶר ב"י אוֹמֵר: לֹא בָּא הַכָּתוּב אֶלָּא לְהַרְאוֹת לָהֶן דֶּרֶךְ בַּשְּׁנִיָּה כְּדֶרֶךְ שֶׁהֶרְאָה לָהֶן בָּרִאשׁוֹנָה: "דֶּרֶךְ" — בַּדֶּרֶךְ לְכוּ, וְלֹא בְּשָׂדוֹת וּכְרָמִים, "הַיּוֹשֵׁב" — בַּיִּשּׁוּב לְכוּ, וְלֹא בַּמִּדְבָּרוֹת, "בָּעֲרָבָה" — בָּעֲרָבָה לְכוּ, וְלֹא בֶּהָרִים וּגְבָעוֹת. תָּנוּ רַבָּנַן: *כֵּיצַד עָבְרוּ יִשְׂרָאֵל אֶת הַיַּרְדֵּן? בְּכׇל יוֹם אָרוֹן נוֹסֵעַ אַחַר שְׁנֵי דְגָלִים, וְהַיּוֹם נָסַע תְּחִילָּה, שֶׁנֶּאֱמַר: (יהושע ג) "הִנֵּה אֲרוֹן הַבְּרִית אֲדוֹן כׇּל הָאָרֶץ עוֹבֵר לִפְנֵיכֶם". בְּכׇל יוֹם וָיוֹם לְוִיִּם נוֹשְׂאִין אֶת הָאָרוֹן, וְהַיּוֹם נְשָׂאוּהוּ כֹּהֲנִים, שֶׁנֶּאֱמַר: (שם) "וְהָיָה כְּנוֹחַ כַּפּוֹת רַגְלֵי הַכֹּהֲנִים נוֹשְׂאֵי אֲרוֹן ה'" וגו'. תַּנְיָא: *רַבִּי יוֹסֵי אוֹמֵר: בִּשְׁלֹשָׁה מְקוֹמוֹת נָשְׂאוּ כֹּהֲנִים אֶת הָאָרוֹן; כְּשֶׁעָבְרוּ אֶת הַיַּרְדֵּן, וּכְשֶׁהֵסֵיבּוּ אֶת יְרִיחוֹ, וּכְשֶׁהֶחֱזִירוּהוּ לִמְקוֹמוֹ.

וְכֵיוָן

ור' יְהוּדָה הַאי. גְּזֵירָה שָׁוָה דַּעֲנִיָּיה וַאֲמִירָה מַאי עָבֵיד לֵיהּ?. עֲנִיָּיה עֲנִיָּיה גָּמַר. גְּזֵירָה שָׁוָה דַּעֲנִיָּיה עֲנִיָּיה לָמַד מֵרַבּוֹ, ג"ש ד"קוֹל" "קוֹל" – לֹא שָׁמַע, וְאֵין הָאָדָם דָּן גז"ש אא"כ קִבְּלָהּ. כׇּל מָקוֹם שֶׁנֶּאֱמַר כֹּה כָּכָה עֲנִיָּיה וַאֲמִירָה. בְּדָבָר הַתָּלוּי בְּדִיבּוּר – אֵינוֹ אֶלָּא לְשׁוֹן קוֹדֶשׁ: ה"ג כֹּה כֹּה תְּבָרְכוּ. כְּלוֹמַר, לְעִנְיַן נְשִׂיאוּת כַּפַּיִם אִיתְּמַר, דְּיָלְפִי לָהּ רַבָּנַן לְקַמָּן (דף לח.) בִּגְזֵירָה שָׁוָה, וַאֲתָא ר' יְהוּדָה לְמֵימַר: בְּגוּפָהּ כְּתִיב. ה"ג: כָּכָה דַּחֲלִיצָה עֲנִיָּיה וַאֲמִירָה דִּלְוִיִּם וְלָא גָּרְסִינַן "מִלְוִיִּם". כְּלוֹמַר: לְעִנְיַן לְוִיִּם אָמַר דְּיָלְפִי לָהּ רַבָּנַן בְּ"קוֹל" "קוֹל", וַאֲתָא אִיהוּ לְמֵימַר דְּמֵעֲנִיָּיה עֲנִיָּיה יָלְפָהּ מִיבָּמָה, דִּכְתִיב בָּהּ "כָּכָה". הֲלֹא הֵמָּה בְּעֵבֶר הַיַּרְדֵּן. כְּשֶׁהָיוּ יִשְׂרָאֵל בַּמִּדְבָּר נֶאֱמַר לָהֶם סִימָנֵי הַר גְּרִיזִים וְעֵיבָל וּמְקוֹמָם שֶׁהֵם בָּעֵבֶר הַשֵּׁנִי שֶׁל יַרְדֵּן. יִשְׂרָאֵל הָיוּ לְמִזְרַח הַיַּרְדֵּן, כִּדְכְתִיב: בְּנֵי גָד וּבְנֵי רְאוּבֵן לָקְחוּ נַחֲלָתָן "מֵעֵבֶר לַיַּרְדֵּן יְרִיחוֹ קֵדְמָה מִזְרָחָה" (יהושע יג), וְנֶאֱמַר לָהֶם שֶׁהֶהָרִים הָאֵלֶּה בְּמַעֲרַב הַיַּרְדֵּן (ג) וְאֵילָךְ הַרְבֵּה לְהַלָּן מִן הַיַּרְדֵּן לְצַד מַעֲרָב, וְלֹא סָמוּךְ לַיַּרְדֵּן. אַחֲרֵי דֶּרֶךְ מְבוֹא הַשֶּׁמֶשׁ. וּמַהוּ "מְבוֹא הַשֶּׁמֶשׁ" – זֶהוּ מִזְרָח, שֶׁהַשֶּׁמֶשׁ בָּאָה מִשָּׁם. כְּלוֹמַר, רָחוֹק מִמִּזְרָחוֹ שֶׁל יַרְדֵּן. וּמָצִינוּ בִּבְרֵאשִׁית רַבָּה: כׇּל מָקוֹם שֶׁנֶּאֱמַר "אַחֲרֵי" – מוּפְלָג. שֶׁיּוֹשְׁבִים בָּהֶם כּוּתִיִּים. עַכְשָׁיו הֵן יוֹשְׁבִין בָּהֶן. שֶׁהוֹשִׁיבָן בָּהֶם סַנְחֵרִיב כְּשֶׁהִגְלָה עֲשֶׂרֶת הַשְּׁבָטִים, דִּכְתִיב: "וַיָּבֵא מֶלֶךְ אַשּׁוּר (ד) אֲנָשִׁים מִבָּבֶל וּמִכּוּתָה וּמֵעַוָּא וגו' וַיּוֹשִׁבֵם בְּעָרֵי שֹׁמְרוֹן" (מלכים ב יז). וְהָנָךְ עָרֵי שׁוֹמְרוֹן נִינְהוּ, כִּדְתַנְיָא בְּמַתְנִיתִין "שֶׁבְּשׁוֹמְרוֹן": תַּנְיָא לָא גָּרַס, דְּכוּלָּהּ חֲדָא מַתְנִיתָא הִיא בְּסִפְרֵי. סִפְרֵי כּוּתִיִּים. שֶׁיֵּשׁ לָהֶם תּוֹרָה שֶׁבִּכְתָב, וְאֵינָן מַאֲמִינִים בַּתּוֹרָה שֶׁבְּעַל פֶּה. בְּעׇבְרְכֶם. מַשְׁמַע: בּוֹ בַּיּוֹם תָּקִימוּ אֶת הָאֲבָנִים בְּהַר עֵיבָל. אַחֲרֵי דֶּרֶךְ. מוּפְלָג מִן הַמַּעֲרָב דְּ"אַחֲרֵי" לְשׁוֹן הַפְלָגָה, וְהַאי "מְבוֹא הַשֶּׁמֶשׁ" – מַעֲרָב הוּא, לְשׁוֹן "כִּי בָא הַשֶּׁמֶשׁ" (בראשית כח), מָקוֹם שֶׁחַמָּה שׁוֹקַעַת, מוּפְלָג מִשְּׁקִיעָתָהּ. וְהַיְינוּ לְצַד מִזְרָח, סָמוּךְ לַיַּרְדֵּן מִיָּד. בְּאֶרֶץ הַכְּנַעֲנִי אֶרֶץ הַחִוִּי הִיא. בְּנִיחוּתָא; אֵינָהּ אֶרֶץ הַכְּנַעֲנִי אֶלָּא אֶרֶץ הַחִוִּי, דְּהָא שְׁכֶם חִוִּי הָיָה, דִּכְתִיב (שם לג): "וַיָּבֹא יַעֲקֹב שָׁלֵם" וגו', וּכְתִיב (שם לד): "שְׁכֶם בֶּן חֲמוֹר הַחִוִּי נְשִׂיא הָאָרֶץ". הַיּוֹשֵׁב בָּעֲרָבָה. אֵינוֹ, אֶלָּא הָרִים. מוּל הַגִּלְגָּל. רְחוֹקִים מִן הַגִּלְגָּל הֵם. וְהַסִּימָנִים הַלָּלוּ לֹא עֲלֵיהֶם נֶאֶמְרוּ, וְלָמָּה נֶאֶמְרוּ?. ר"א בֶּן יַעֲקֹב אוֹמֵר לֹא בָּא הַכָּתוּב כו'. וְרַבִּי אֶלְעָזָר נַמִי אַדְּרַבִּי אֱלִיעֶזֶר בֶּן יַעֲקֹב סָמַךְ, וּכְווֹתֵיהּ מְפָרֵשׁ לִקְרָא. כְּדֶרֶךְ שֶׁהֶרְאָה לָהֶם בָּרִאשׁוֹנָה. כְּלֶכְתָּם מִמִּצְרַיִם, בְּעַמּוּד עָנָן לְנַחוֹתָם הַדֶּרֶךְ – כָּךְ בָּא עַכְשָׁיו לְיַישֵּׁר דַּרְכֵיהֶם וּלְהוֹרוֹתָם הַדֶּרֶךְ. לְפִי שֶׁגָּלוּי לְפָנָיו שֶׁעָתִיד הֶעָנָן לִפְסוֹק בְּמִיתַת מֹשֶׁה וְלֹא יֵלֵךְ עִם יְהוֹשֻׁעַ, הוֹרָה לָהֶם: לְאַחַר שֶׁיַּעַבְרוּ אֶת הַיַּרְדֵּן לִכְבּוֹשׁ אֶת הָאָרֶץ יֵלְכוּ דֶּרֶךְ כְּבוּשָׁה, וְדֶרֶךְ *יִישּׁוּב, וְדֶרֶךְ אֶרֶץ הַכְּנַעֲנִי שֶׁהִיא עֲרָבָה, וְאַל יַקִּיפוּ סָמוּךְ לִשְׂפַת הַיַּרְדֵּן דֶּרֶךְ אֶרֶץ הַחִוִּי שֶׁהִיא הָרִים וּגְבָעוֹת, אֶלָּא יִכָּנְסוּ לְתוֹכָהּ מִצַּד מַעֲרָב רָחוֹק מִן הַיַּרְדֵּן, וְיַקִּיפוּ וְיִכְבְּשׁוּ. אַחַר שְׁנֵי דְגָלִים. כִּדְכְתִיב בְּפָרָשַׁת "נָשֹׂא" גַּבֵּי מַסָּעוֹת דְּגָלִים. לִפְנֵיכֶם. מַשְׁמַע: לִפְנֵי כּוּלְּכֶם. בְּכׇל יוֹם הָיוּ הַלְוִיִּם נוֹשְׂאִים. בְּנֵי קְהָת, כִּדְכְתִיב: "וּמִשְׁמַרְתָּם הָאָרוֹן וְהַשֻּׁלְחָן" וגו' (במדבר ג). וּכְשֶׁסִּיבְּבוּ אֶת יְרִיחוֹ. כִּדְכְתִיב: "וַיִּקְרָא יְהוֹשֻׁעַ בִּן נוּן אֶל הַכֹּהֲנִים וַיֹּאמֶר אֲלֵיהֶם שְׂאוּ אֶת אֲרוֹן בְּרִית ה'" וגו': וּכְשֶׁהֶחֱזִירוּהוּ לִמְקוֹמוֹ. בִּימֵי שְׁלֹמֹה לְבֵית קׇדְשֵׁי הַקֳּדָשִׁים, דִּכְתִיב: "וַיָּבֹאוּ כֹּל זִקְנֵי יִשְׂרָאֵל וַיִּשְׂאוּ הַכֹּהֲנִים אֶת הָאָרוֹן" (מלכים א ח) וְהַיְינוּ הֶחֱזִירוּהוּ לִמְקוֹמוֹ, שֶׁכְּשֶׁהִגְלָה בִּימֵי עֵלִי מִתּוֹךְ בֵּית קׇדְשֵׁי הַקֳּדָשִׁים שֶׁל מִשְׁכָּן שֶׁעָשָׂה מֹשֶׁה – מִשָּׁם נוּטַל. שֶׁהַמִּשְׁכָּן נִקְבַּע בְּשִׁילֹה, וּכְשֶׁהֶחֱזִירוּהוּ פְּלִשְׁתִּים לֹא הָיָה לוֹ מָקוֹם קָבוּעַ, שֶׁהֲרֵי חָרַב מִשְׁכַּן שִׁילֹה. וְנִשְׁתְּהָא בְּבֵית אֲבִינָדָב, וּמִשָּׁם הֱבִיאוֹ דָּוִד לְסוֹף עֶשְׂרִים שָׁנָה לְבֵית עוֹבֵד אֱדוֹם, וּמִשָּׁם לְעִיר דָּוִד, עַד שֶׁבָּנָה שְׁלֹמֹה אֶת בֵּית הַמִּקְדָּשׁ, וּבָנָה לוֹ הַדְּבִיר לִפְנִים מִן הַהֵיכָל, וְאַמָּה טְרַקְסִין חוֹלֶקֶת בִּמְקוֹם הַפָּרוֹכֶת, וְהוּא קָרוּי מְקוֹמוֹ הַמְיוּחָד, כִּדְכְתִיב: "וַיָּבִיאוּ הַכֹּהֲנִים אֶת אֲרוֹן בְּרִית ה' אֶל מְקוֹמוֹ אֶל דְּבִיר הַבַּיִת" וגו' (שם).

וְכֵיוָן

דב"ש וב"ה. תמיה לרבי: כיון דהטיל הכתוב "ככה" בין קריאה למעשה, [נימא] דלעכבו תרווייהו! ותו איכא למיתמה: אדרבה, הוה לן למימר אליבא דרבי יהודה: אפילו אי לא הוה כתיב אלא "כה" – דקריאה מעכבא ולא מעשה. דהא שמעינן ליה בפ"ק דר"ה (דף ט:) דמקרא נדרש לפניו ולא לאחריו, דאמר: "יובל" – אע"פ שלא שמטו, אע"פ שלא תקעו. יכול אע"פ שלא שילחו – ת"ל "היא", דברי רבי יהודה. ומפרש טעמא: מקרא נדרש לפניו ולא לאחריו, ולא לפני פניו. כלומר, עיכובא ד"היא" נדרש דוקא א"וקראתם דרור" שלפניו, ולא א"ושבתם איש אל אחוזתו" של אחריו, ולא אתקיעה שלפני פניו! וי"ל דה"פ: ורבי יהודה האי דמעשה מעכב – מ"כה" "ככה". דאי לא הוי כתיב אלא "כה" ה"א דדרשינן ליה דוקא אקריאה שלפניו – להכי כתיב "ככה" יתירא, למדרשיה נמי אמעשה שלאחריו.

מול הגלגל סמוך לגלגל. משמע: מקום הרואה את הגלגל, כדאמר (חולין דף יט:): "ממול ערפו" – מול הרואה את העורף. ולהכי אמר רבי אלעזר: מול הגלגל – והלא לא ראו את הגלגל. ירושלמי: מה מקיים ר"א הר גריזים והר עיבל – שתי גבשושית היו עשוי, וקראו זה הר גריזים וזה הר עיבל. על דעתיה דרבי יהודה – מאה ועשרים מיל הלכו באותו היום, על דעת ר"א – לא זזו ממקומם. ותו בירושלמי: דר' ישמעאל אומר: כל ביאות שנאמרו בתורה לאחר י"ד שנים נאמרו, ז' שנים שכיבשו ושבע שנים שחילקו. ודכוותיה לא נאמר ברכות וקללות אלא לאחר י"ד שנים. היתיב ר' חנינא קמיה ר' מנא: והכתיב "והיה בעברכם את הירדן תקימו את האבנים האלה"! א"ל: אבנים הקימו אותם מיד, ברכות וקללות – לאחר י"ד שנים נאמרות.

וכשהחזירוהו למקומו. ואי קשה: והא בדברי הימים (ב ה) כתיב "וישאו הלוים את הארון"! תריץ: דהאי אחד מכ"ד מקומות שנקראו הכהנים לוים. דהא כתיב התם: "ויעלו את הארון ואת אהל מועד" וגו', וכתיב: "העלו אותם הכהנים הלוים", ופירוש: הכהנים – הארון, והלוים – אהל מועד וכליו. וכתיב: "ויביאו הכהנים את ארון ברית ה' אל מקומו", וכתיב במלכים: "וישאו הכהנים את הארון", וכתיב: "ויעלו את ארון ה' ואת אהל מועד" וגו', וכתיב: "ויעלו אותם הכהנים והלוים". אי נמי: הכהנים נטלוהו ממקומו אשר נטה לו דוד ומסרוהו ללוים, והלוים נשאו עד ההיכל, והכניסוהו הכהנים לדביר. הרי כל המקראות מקויימים, ועל זה אמר רבי יוסי "כשהחזירוהו למקומו".

יותר

הגהות הב"ח

(א) גמ' אף כאן שכם (תניא) תז"מ ונ"ב רש"ל ל"ג ליה ובילקוט פ' ראה נמי ליתיה: (ב) שם סמוך לירדן דכתיב והיה בעברכם כצ"ל ותיבות דאי מעבר הירדן ואילך הלא נמחק ונ"ב כך הוא בילקוט: (ג) רש"י ד"ה הלא המה וכו' במערב הירדן מעבר הירדן ואילך הרבה: (ד) ד"ה שיושבין וכו' מלך אשור מבבל ומכותא ומעוא וגו' וישב בערי כצ"ל ותיבת אנשים נמחק:

גליון הש"ס

גמ' רבי אלעזר אמר וכו'. עיין בבכור שור ריש ברכות: רש"י ד"ה וכשהחזירוהו למקומו. ומצינו עוד שנשאוהו הכהנים כשהיה דוד בורח מפני אבשלום דכתיב בשמואל ב' ט"ו וישב לדוק ואביתר את ארון אלהים ירושלים וצ"ל כיון דנכלל בכלל החזרת מקומו מקרי חד. ועיין רד"ק ביהושע ג' בפסוק והכהנים הלוים נושאים אותו:

(תוספתא פ"ח) [שם] ס"א מישור

תורה אור

וְכֵיוָן שֶׁנִּיטְבְּלוּ רַגְלֵי כֹהֲנִים בַּמַּיִם חָזְרוּ הַמַּיִם לַאֲחוֹרֵיהֶם, שֶׁנֶּאֱמַר: °"וּכְבוֹא נוֹשְׂאֵי הָאָרוֹן עַד הַיַּרְדֵּן וגו' וַיַּעַמְדוּ הַמַּיִם הַיּוֹרְדִים מִלְמַעְלָה קָמוּ נֵד אֶחָד". וְכַמָּה גּוֹבְהָן שֶׁל מַיִם – שְׁנֵים עָשָׂר מִיל עַל שְׁנֵים עָשָׂר מִיל, כְּנֶגֶד מַחֲנֵה יִשְׂרָאֵל, דִּבְרֵי ר' יְהוּדָה. אָמַר לוֹ ר' אֶלְעָזָר בְּר' שִׁמְעוֹן: לִדְבָרֶיךָ, אָדָם קַל אוֹ מַיִם קַלִּים? הֱוֵי אוֹמֵר מַיִם קַלִּים, אִם כֵּן בָּאִין מַיִם וְשׁוֹטְפִין אוֹתָן! אֶלָּא מְלַמֵּד, שֶׁהָיוּ מַיִם נִגְדָּשִׁין וְעוֹלִין כֵּיפִּין עַל גַּבֵּי כֵּיפִּין, יָתֵר מִשְּׁלֹשׁ מֵאוֹת מִיל, עַד שֶׁרָאוּ אוֹתָן כָּל מַלְכֵי מִזְרָח וּמַעֲרָב, שֶׁנֶּאֱמַר: °"וַיְהִי כִשְׁמוֹעַ כָּל מַלְכֵי הָאֱמוֹרִי אֲשֶׁר בְּעֵבֶר הַיַּרְדֵּן יָמָּה וְכָל מַלְכֵי הַכְּנַעֲנִי אֲשֶׁר עַל הַיָּם אֵת אֲשֶׁר הוֹבִישׁ ה' אֶת מֵי הַיַּרְדֵּן מִפְּנֵי בְנֵי יִשְׂרָאֵל עַד עָבְרָם וַיִּמַּס לְבָבָם וְלֹא הָיָה בָם עוֹד רוּחַ מִפְּנֵי בְּנֵי יִשְׂרָאֵל". וְאַף רָחָב הַזּוֹנָה אָמְרָה לִשְׁלוּחֵי יְהוֹשֻׁעַ: °"כִּי שָׁמַעְנוּ אֵת אֲשֶׁר הוֹבִישׁ ה' אֶת מֵי יַם סוּף" וגו', וּכְתִיב: °"וַנִּשְׁמַע וַיִּמַּס לְבָבֵנוּ וְלֹא קָמָה עוֹד" וגו'. *עוֹדָם בַּיַּרְדֵּן אָמַר לָהֶם יְהוֹשֻׁעַ: דְּעוּ עַל מָה אַתֶּם עוֹבְרִים אֶת הַיַּרְדֵּן – עַל מְנָת שֶׁתּוֹרִישׁוּ אֶת יוֹשְׁבֵי הָאָרֶץ מִפְּנֵיכֶם, שֶׁנֶּאֱמַר: °"וְהוֹרַשְׁתֶּם אֶת כָּל יוֹשְׁבֵי הָאָרֶץ מִפְּנֵיכֶם" וגו'. אִם אַתֶּם עוֹשִׂין כֵּן – מוּטָב, וְאִם לָאו – בָּאִין מַיִם וְשׁוֹטְפִין אוֹתִיכֶם. מַאי "אוֹתִיכֶם" – אוֹתִי וְאֶתְכֶם. עוֹדָם בַּיַּרְדֵּן אָמַר לָהֶן יְהוֹשֻׁעַ: "הָרִימוּ לָכֶם אִישׁ אֶבֶן אַחַת עַל שִׁכְמוֹ לְמִסְפַּר שִׁבְטֵי יִשְׂרָאֵל" וגו', וּכְתִיב: °"לְמַעַן תִּהְיֶה זֹאת אוֹת בְּקִרְבְּכֶם כִּי יִשְׁאָלוּן בְּנֵיכֶם מָחָר לֵאמֹר מָה הָאֲבָנִים הָאֵלֶּה לָכֶם" וגו' – סִימָן לְבָנִים שֶׁעָבְרוּ אָבוֹת אֶת הַיַּרְדֵּן. עוֹדָם בַּיַּרְדֵּן אָמַר לָהֶן יְהוֹשֻׁעַ: °"שְׂאוּ לָכֶם מִזֶּה מִתּוֹךְ הַיַּרְדֵּן מִמַּצַּב רַגְלֵי הַכֹּהֲנִים הָכֵן שְׁתֵּים עֶשְׂרֵה אֲבָנִים וְהַעֲבַרְתֶּם אוֹתָם עִמָּכֶם וְהִנַּחְתֶּם אוֹתָם בַּמָּלוֹן אֲשֶׁר תָּלִינוּ בוֹ הַלָּיְלָה" וגו'. יָכוֹל בְּכָל מָלוֹן וּמָלוֹן – ת"ל: "אֲשֶׁר תָּלִינוּ בוֹ הַלָּיְלָה". אָמַר רַבִּי *יְהוּדָה: אַבָּא חֲלַפְתָּא, וְרַבִּי אֱלִיעֶזֶר בֶּן מַתְיָא, וַחֲנַנְיָא בֶּן חֲכִינַאי, עָמְדוּ עַל אוֹתָן אֲבָנִים וְשִׁיעֲרוּם, כָּל אַחַת וְאַחַת שְׁקוּלָה כְּאַרְבָּעִים סְאָה, וּגְמִירִי דְּטְעוּנָא דְּמַדְלֵי אִינִישׁ לְכַתְפֵּיהּ תִּילְתָּא דִּטְעוּנֵיהּ הָוֵי, מִכָּאן אַתָּה מְחַשֵּׁב לָאֶשְׁכּוֹל, שֶׁנֶּאֱמַר: °"וַיִּשָּׂאֻהוּ בַמּוֹט בִּשְׁנָיִם".

מִמַּשְׁמַע שֶׁנֶּאֱמַר "בַּמּוֹט" אֵינִי יוֹדֵעַ שֶׁבִּשְׁנַיִם? מַה תַּלְמוּד לוֹמַר "בִּשְׁנָיִם" – בִּשְׁנֵי מוֹטוֹת. אָמַר רַבִּי יִצְחָק: טוּרְטָנֵי וְטוּרְטָנֵי דְּטוּרְטָנֵי. הָא כֵּיצַד? שְׁמֹנָה נָשְׂאוּ אֶשְׁכֹּל, אֶחָד נָשָׂא רִימּוֹן, וְאֶחָד נָשָׂא תְּאֵנָה. יְהוֹשֻׁעַ וְכָלֵב לֹא נָשְׂאוּ כְּלוּם, אִי בָּעֵית אֵימָא – מִשּׁוּם דַּחֲשִׁיבֵי, וְאִי בָּעֵית אֵימָא – שֶׁלֹּא הָיוּ בְּאוֹתָהּ עֵצָה. פְּלִיגִי בָּהּ רַבִּי אַמִי וְרַבִּי יִצְחָק נַפָּחָא; חַד אָמַר: לְדִבְרֵי רַבִּי יְהוּדָה כַּחֲנָיָיתָן

[Margin: יהושע ג; שם ה; שם ב; שם; במדבר לג; יהושע ד; שם; במדבר יג]

רש"י

וְכֵיוָן שֶׁנִּיטְבְּלוּ כו'. בִּשְׂפַת מִזְרָחִית בִּכְנִיסָתָן לְתוֹכוֹ – חָזְרוּ הַמַּיִם לַאֲחוֹרֵיהֶם, שֶׁלֹּא הָיוּ יוֹרְדִין מִן הַכֹּהֲנִים וּלְמַטָּן, אֶלָּא שָׁם עוֹמְדִים, וְהַמַּיִם הַבָּאִים תָּמִיד נִגְבָּהִים וְעוֹלִין לְמַעְלָה, כִּדְכְתִיב: "קָמוּ נֵד אֶחָד". וְהַכֹּהֲנִים עָמְדוּ שָׁם עַד שֶׁעָבְרוּ כּוּלָּם: כַּמָּה גּוֹבְהָן שֶׁל מַיִם גָּרַס. י"ב מִיל כְּנֶגֶד מַחֲנֵה יִשְׂרָאֵל. שֶׁהָיוּ שְׁנֵים עָשָׂר מִיל עַל שְׁנֵים עָשָׂר מִיל, וְהֵם עָבְרוּ כַּחֲנָיָיתָם – רוֹחַב מַחֲנֵיהֶם עָבְרוּ יַחַד כְּמוֹת שֶׁהוּא, רוֹחַב שְׁנֵים עָשָׂר מִיל. נִמְצָא שֶׁלֹּא שָׁהוּ בְּעָבְרָן אֶלָּא מַהֲלַךְ שְׁנֵים עָשָׂר מִיל שֶׁל אוֹרֶךְ מַחֲנֵיהֶם, עַד שֶׁעָלוּ אַחֲרוֹנִים שֶׁל סוֹף הַמַּחֲנֶה, וּכְנֶגְדָּן גָּבְהוּ הַמַּיִם. הֱוֵי אוֹמֵר מַיִם קַלִּים. לָרוּץ מִן הָאָדָם. וְא"כ שֶׁהַמַּיִם לֹא גָּבְהוּ אֶלָּא שְׁנֵים עָשָׂר מִיל וְחָזְרוּ לִמְקוֹמָם – נִמְצָא שֶׁעֲדַיִין לֹא הִסְפִּיקוּ לַעֲבוֹר, וּבָאִין מַיִם וְשׁוֹטְפִין אוֹתָן. כֵּיפִּין. אוֹלָמוֹת, אַרְקוּוֹלוּ"ד. וְאַף רָחָב אָמְרָה לִשְׁלוּחֵי יְהוֹשֻׁעַ. קוֹדֶם שֶׁעָבְרוּ אֶת הַיַּרְדֵּן, שֶׁעַל קְרִיעַת יַם סוּף הָיוּ מִתְפַּחֲדִין עֲדַיִין. עוֹדָם בַּיַּרְדֵּן אָמַר לָהֶן יְהוֹשֻׁעַ כו'. כִּדְכְתִיב: "וְהַכֹּהֲנִים נוֹשְׂאֵי הָאָרוֹן עוֹמְדִים בְּתוֹךְ הַיַּרְדֵּן עַד תֹּם כָּל הַדְּבָרִים אֲשֶׁר צִוָּה ה' אֶת יְהוֹשֻׁעַ לְדַבֵּר אֶל הָעָם". וְזֶהוּ הַדָּבָר, דְּהָכִי כְּתִיב בְּמֹשֶׁה: "כִּי אַתֶּם עוֹבְרִים אֶת הַיַּרְדֵּן אֶל אֶרֶץ כְּנַעַן וְהוֹרַשְׁתֶּם" וגו'. כְּלוֹמַר, כְּשֶׁיַּעַבְרוּ אֶת הַיַּרְדֵּן הִתְנָה עִמָּהֶם עַל מְנָת לְהוֹרִישָׁם: וְשׁוֹטְפִין אוֹתִיכֶם גָּרְסִינַן בַּבָּרַיְיתָא. הָרִימוּ לָכֶם וגו'. הֵם הָאֲבָנִים שֶׁהֵקִימוּ תַּחַת מַצַּב רַגְלֵי הַכֹּהֲנִים לְזִכָּרוֹן, לִהְיוֹת סִימָן לַבָּנִים שֶׁעָבְרוּ אָבוֹת אֶת הַיַּרְדֵּן. שְׂאוּ מִזֶּה מִתּוֹךְ הַיַּרְדֵּן מִמַּצַּב וכו'. הֵם שֶׁהֵקִימוּ בְּהַר עֵיבָל וּבָנוּ הַמִּזְבֵּחַ, וְקִפְּלוּם וּקְבָעוּם בַּגִּלְגָּל. דְּמַדְלֵי אִינִישׁ אַכַּתְפֵּיהּ. שֶׁהָאָדָם עַצְמוֹ מַגְבִּיהוֹ עַל כְּתֵיפוֹ וְאֵין אַחֵר מְסַיְּיעוֹ. תִּילְתָּא דִּטְעוּנֵיהּ הוּא. אֵינוֹ אֶלָּא שְׁלִישׁ מַשּׂאוֹי שֶׁנּוֹשֵׂא כְּשֶׁמַּטְעִינוֹ אַחֵר. נִמְצָא שֶׁהָיָה כָּל אֶחָד מֵהֶן נוֹשֵׂא מַשָּׂא ק"ך סְאִין. וּמִכָּאן אַתָּה מְחַשֵּׁב. כַּמָּה הָיָה בָּאֶשְׁכּוֹל שֶׁנְּשָׂאוּהוּ שְׁמֹנָה אֲנָשִׁים, וְהָיוּ מְסַיְּיעִין זֶה אֶת זֶה כְּשֶׁמְּרִימִין אוֹתוֹ עַל כְּתֵיפָן: מִמַּשְׁמַע שֶׁנֶּאֱמַר *"וַיִּשָּׂאֻהוּ" אֵינִי יוֹדֵעַ שֶׁבִּשְׁנַיִם. אָמַר רַבִּי יִצְחָק טוּרְטָנֵי וְטוּרְטָנֵי דְּטוּרְטָנֵי. מַשּׂאוֹי וּמַשּׂאוֹי תַּחַת מַשּׂאוֹי. שֶׁהַתַּחְתּוֹנִים מְסַיְּיעִין אֶת הָעֶלְיוֹנִים, וּבְכָל אֶחָד הָיוּ שְׁנֵי מוֹטוֹת. כֵּיצַד? שְׁנֵי מוֹטוֹת הוֹלְכִין זֶה אֵצֶל זֶה וְאַרְבָּעָה נוֹשְׂאִין אוֹתָם, וּשְׁנֵי מוֹטוֹת אֲחֵרִים וְאַרְבָּעָה בְּנֵי אָדָם נוֹשְׂאִין אוֹתָם, וְהֵם בַּאֲלַכְסוֹן מִתַּחַת שְׁנַיִם הָעֶלְיוֹנִים, מוֹט אֶחָד לְרֹאשׁ הָאֶחָד וּמוֹט אֶחָד לְרֹאשׁ הַשֵּׁנִי, וְהוֹלְכִין בַּאֲלַכְסוֹן. וְרַבִּי יִצְחָק לָאו מִקְרָא שָׁמִיעַ לֵיהּ, אֶלָּא דִּפְשִׁיטָא לֵיהּ דְּרִימּוֹן וּתְאֵינָה סַגֵּי בִּשְׁנַיִם, וִיהוֹשֻׁעַ וְכָלֵב לֹא נָשְׂאוּ כְּלוּם – פָּשׁוּ לְהוּ תְּמַנְיָא לָאֶשְׁכּוֹל, וְאִם לָאו מִדְרָשׁ הָרִאשׁוֹן הַמְלַמְּדֵנוּ דְּלָאו מוֹט אֶחָד קָאָמַר קְרָא – לֹא הָיִינוּ יוֹדְעִים לְכַוֵּין שְׁמֹנָה בְּנֵי אָדָם לְמַשָּׂאוֹ, אֶלָּא דְּשָׁמְעִינַן מִינֵּיהּ דִּשְׁנֵי מוֹטוֹת הָיוּ, וַאֲתָא רַבִּי יִצְחָק לְאַשְׁמוּעִינַן דִּשְׁנֵי מַשָּׂאוֹת הָיוּ שָׁם, וְכָל אֶחָד שְׁנֵי מוֹטוֹת. שֶׁלֹּא הָיוּ בְּאוֹתָהּ עֵצָה. לְהָבִיא אֶשְׁכּוֹל מְשׁוּנֶּה כָּזֶה. שֶׁהַמְרַגְּלִים לְרָעָה נִתְכַּוְּונוּ, לוֹמַר: כְּשֵׁם שֶׁפֵּירוֹתֶיהָ מְשׁוּנִּים כָּךְ יוֹשְׁבֶיהָ מְשׁוּנִּים, וְגִבּוֹרִים וּגְבוֹהִים. לְדִבְרֵי רַבִּי יְהוּדָה. שֶׁאָמַר: לֹא גָּבְהוּ הַמַּיִם אֶלָּא שְׁנֵים עָשָׂר מִילִין כְּאוֹרֶךְ מַחֲנֵיהֶם – דֶּרֶךְ חֲנָיָיתָם עָבְרוּ בַּיַּרְדֵּן, כָּל רוֹחַב מַחֲנֵיהֶם עָבְרוּ יַחַד. הִילְכָּךְ לֹא הָיָה אוֹרֶךְ הַעֲבָרָה אֶלָּא שְׁנֵים עָשָׂר מִילִין. וּלְדִבְרֵי

[Margin: (תוספתא פ"ח); ס"א במוט; [נ"ל רבי יוסי]]

תוספות

יותר משלש מאות מיל. תימה לר"י: והא ליכא מעיבא לארעא אלא תלתא פרסי!* וי"ל: שהיו נגדשין והולכין למעלה מן העננים. ירושלמי, רבי לוי אומר: עד לבו של רקיע. תמן אמרינן: עד בבל, נאמר כאן "הרחק" ונאמר להלן "מארץ רחוקה מבבל".

עודם בירדן אמר להם יהושע. [ירושלמי], אמר ריש לקיש: בירדן קיבלו עליהן את הנסתרות. אמר להן יהושע: אם אין אתם מקבלין את הנסתרות – המים באין ושוטפין אתכם. אמר רבי סימון ב"ר זביד: ויאות, תדע לך שהוא כן, שהרי עכן חטא ורובם של סנהדרין נפלה בעי. אמר ר' לוי: בינה הותרה הרצועה, יצתה בת קול ואמרה: אין לכם עסק בנסתרות. **גמירי** כל טונא. ירושלמי: לא דמי ההוא דטעין מן ארעא אל ארכבותיה, ומן ארכבותיה לכתיפיה, לההוא דתלי ליה [מן ארעא על כתיפיה], ולא דמי ההוא דתלי ליה לההוא [דאוחרן טעין ליה].

טורטני וטורטני דטורטני. פירש ר"ח: דטורטני בלשון יון קנה של מאזנים. וכיצד נשאוהו? הביאו שני עמודים וסירגום בחבלים, ונתנו האשכול על גבי חבלים, ונתנו מוטות בחבלים בקצה העמודים המסורגים והאשכול. נתן מוט א' מן הקצה מזה הראש, וכיוצא בה בראש מקצה האחר. נמצאו שתי מוטות בראש העמודים המסורגים בחבלים, והאשכול נתון בחבלים. *ועל כל מוט מאלו המוטות שתי מוטות פחותין מהן, מוט בראש זה ומוט בראש זה, נמצאו ארבע מוטות בראשי שני מוטות הנתונים בראשי העמודים. וכל מוט ומוט מאלו ד' מוטות היו טוענים אותן שני אנשים, נמצא שמנה סובלין את האשכול. וזה פירוש טורטני וכו' – כלומר, מוטות ומוטות על מוטות. ירושלמי: כתיב "איש אחד איש אחד למטה", על דעתיה דרבי ישמעאל דו אומר לשונות ריבוי הן – שנים עשר היו; שמנה באשכול, ארבעה בתאנים ורימונים ובנושאי כלים. על דעתיה דרבי עקיבא דו אומר ⊕לשונות כפולים – עשרים וארבעה היו; ט"ז באשכול, שמנה בתאנים ורימונים ונושאי כלים. על דעתיה דרבי ישמעאל טורטרין, על דעתיה דרבי עקיבא טורטרין וטורטרי טורטרין.

כחנייתן

[Margin: [וכדאיתא ב"ב עה:]; ושוב נתנו מוט אחד מן הקלה כו'. רש"ל]

תוספות שאנץ

ממשמע שנאמר במוט איני יודע שבשנים אמר ר' יצחק טורטני וטרטוני דטורטני משוי ומשוי תחת משוי שהתחתונים מסייעים את העליונים ובכל מוט אחד היה מוטות קטנים אחד לראש האחד ואחד לראש השני והולכין באלכסון (כזה). וד' בני אדם נושאים מוט אחד וד' אחרים נושאים מוט האחר ור' יצחק לא מקרא שמיע ליה. וא"ת מנא לן דבעי ח' בני אדם דלמא ה"פ איני יודע שבשנים א) דצריך בני אדם למוט אחד ולשני מוטות ד' בני אדם ופר"ח הכי ומה ת"ל בשני מוטו' דצריך לכל מוט ומוט ב' מוטות לב' ראשי המוט ולא היו המוטות באלכסון כדי שלא יפול האשכול לארץ אלא האשכול היתה מונחת על המוטות כמין דף שהולכת מזה לזה (כזה). וצריך שני בני אדם לד' ראשי המוטות ואם כן הוו ח' בני אדם. ור"ת פי' דנפקא לן במוט ר"ל שנים דשני בדין היו למזבח הזהב אחד מימין ואחד משמאל וידעינן ליה מדכתיב ועל מזבח הזהב יפרשו בגד תכלת ושמו את בדיו ואחר כך כתיב ונתנו על המוט משמע דהמוט זהו מה שאמור למעלה ושמו את בדיו אם כן מצינו מוט דקרא ר"ל שנים:

שלח

א) נראה דצ"ל דצריך ב' בני אדם למוט אחד אלא בשנים בב' מוטות והיינו ד' בני אדם ופר"ח.

גליון הש"ס

תום' ד"ה טורטני וכו' לשונות כפולים כ"ד היו. עי' במתני' ריש סנהדרין ומנין לעדה כו':

כה א מיי' פ"ו מהל' איסורי מזבח הל' ב סמג עשין קיט:

כְּחֶנְיָיתָן עָבְרוּ, לְדִבְרֵי רַבִּי אֶלְעָזָר בְּר' שִׁמְעוֹן בָּזֶה אַחַר זֶה עָבְרוּ. וְחַד אָמַר: בֵּין מָר וּבֵין מָר כְּחֶנְיָיתָן עָבְרוּ. מָר סָבַר: אָדָם קַל, וּמָר סָבַר: מַיִם קַלִּים. "שְׁלַח לְךָ אֲנָשִׁים", אָמַר רֵישׁ לָקִישׁ: שְׁלַח לְךָ – מִדַּעְתְּךָ, וְכִי אָדָם זֶה בּוֹרֵר חֵלֶק רַע לְעַצְמוֹ? וְהַיְינוּ דִּכְתִיב: "וַיִּיטַב בְּעֵינַי הַדָּבָר", (א) אָמַר רֵישׁ לָקִישׁ: בְּעֵינַי, וְלֹא בְּעֵינָיו שֶׁל מָקוֹם. "וְיַחְפְּרוּ לָנוּ אֶת הָאָרֶץ", אָמַר ר' חִיָּיא בַּר אַבָּא: מְרַגְּלִים לֹא נִתְכַּוְּונוּ אֶלָּא לְבוּשְׁתָּהּ שֶׁל אֶרֶץ יִשְׂרָאֵל, כְּתִיב הָכָא: "וְיַחְפְּרוּ לָנוּ אֶת הָאָרֶץ", וּכְתִיב הָתָם: "וְחָפְרָה הַלְּבָנָה וּבוֹשָׁה הַחַמָּה" וגו'. "וְאֵלֶּה שְׁמוֹתָם לְמַטֵּה רְאוּבֵן שַׁמּוּעַ בֶּן זַכּוּר", אָמַר רַבִּי יִצְחָק: דָּבָר זֶה מָסוֹרֶת בְּיָדֵינוּ מֵאֲבוֹתֵינוּ: מְרַגְּלִים עַל שֵׁם מַעֲשֵׂיהֶם נִקְרְאוּ, וְאָנוּ לֹא עָלְתָה בְּיָדֵינוּ אֶלָּא אֶחָד: "סְתוּר בֶּן מִיכָאֵל", סְתוּר – שֶׁסָּתַר מַעֲשָׂיו שֶׁל הקב"ה, מִיכָאֵל – שֶׁעָשָׂה עַצְמוֹ מָךְ, אָמַר רַבִּי יוֹחָנָן: אַף אָנוּ נֹאמַר: "נַחְבִּי בֶּן וָפְסִי", נַחְבִּי – שֶׁהֶחְבִּיא דְּבָרָיו שֶׁל הקב"ה, וָפְסִי – שֶׁפִּיסֵּעַ עַל מִדּוֹתָיו שֶׁל הקב"ה. "וַיַּעֲלוּ בַנֶּגֶב וַיָּבֹא עַד חֶבְרוֹן". "וַיָּבֹאוּ" מִבְּעֵי לֵיהּ! אָמַר רָבָא: מְלַמֵּד שֶׁפֵּירַשׁ כָּלֵב מֵעֲצַת מְרַגְּלִים, וְהָלַךְ וְנִשְׁתַּטֵּחַ עַל קִבְרֵי אָבוֹת. אָמַר לָהֶן: אֲבוֹתַי! בַּקְּשׁוּ עָלַי רַחֲמִים שֶׁאֶנָּצֵל מֵעֲצַת מְרַגְּלִים. יְהוֹשֻׁעַ, כְּבָר בִּקֵּשׁ מֹשֶׁה עָלָיו רַחֲמִים, שֶׁנֶּאֱמַר: "וַיִּקְרָא מֹשֶׁה לְהוֹשֵׁעַ בִּן נוּן יְהוֹשֻׁעַ" – יָהּ יוֹשִׁיעֲךָ מֵעֲצַת מְרַגְּלִים. וְהַיְינוּ דִּכְתִיב: "וְעַבְדִּי כָלֵב עֵקֶב הָיְתָה רוּחַ אַחֶרֶת עִמּוֹ" וגו'. "וְשָׁם אֲחִימַן שֵׁשַׁי וְתַלְמַי" וגו'. *אֲחִימָן – מְיוּמָּן שֶׁבְּאֶחָיו, שֵׁשַׁי – שֶׁמְּשִׂים אֶת הָאָרֶץ כִּשְׁחָתוֹת, תַּלְמַי – שֶׁמְּשִׂים אֶת הָאָרֶץ תְּלָמִים תְּלָמִים. ד"א: אֲחִימָן בָּנָה עֲנָת, שֵׁשַׁי בָּנָה אָלָשׁ, תַּלְמַי בָּנָה תַּלְבּוּשׁ. "יְלִידֵי הָעֲנָק" – שֶׁמַּעֲנִיקִין חַמָּה בְּקוֹמָתָן. *"וְחֶבְרוֹן שֶׁבַע שָׁנִים נִבְנְתָה". [מַאי נִבְנְתָה?] אִילֵימָא נִבְנְתָה מַמָּשׁ – אֶפְשָׁר אָדָם בּוֹנֶה בַּיִת לִבְנוֹ קָטָן קוֹדֶם לִבְנוֹ גָּדוֹל?! דִּכְתִיב: "וּבְנֵי חָם כּוּשׁ וּמִצְרַיִם" וגו', אֶלָּא שֶׁהָיְתָה מְבוּנָּה עַל אֶחָד מִשִּׁבְעָה בְּצוֹעַן. וְאֵין לְךָ טְרָשִׁים בְּכָל א"י יָתֵר מֵחֶבְרוֹן, (מִשּׁוּם) דְּקָבְרֵי בָּהּ שִׁכְבֵי. וְאֵין לְךָ מְעוּלָּה בְּכָל הָאֲרָצוֹת יָתֵר מֵאֶרֶץ מִצְרַיִם, שֶׁנֶּאֱמַר: "כְּגַן ה' כְּאֶרֶץ מִצְרַיִם", וְאֵין לְךָ מְעוּלָּה בְּכָל אֶרֶץ מִצְרַיִם יָתֵר מִצּוֹעַן, דִּכְתִיב: "כִּי הָיוּ בְצוֹעַן שָׂרָיו" – וְאַפִּילּוּ הָכִי חֶבְרוֹן מְבוּנָּה אֶחָד מִשִּׁבְעָה בְּצוֹעַן. וְחֶבְרוֹן טְרָשִׁים הֲוַי?! וְהָא כְּתִיב: "וַיְהִי מִקֵּץ אַרְבָּעִים שָׁנָה וַיֹּאמֶר אַבְשָׁלוֹם אֶל הַמֶּלֶךְ אֵלְכָה נָּא" וגו', וְאָמַר *רַב אִוְיָא וְאִיתֵּימָא רַבָּה בַּר בַּר חָנָה: שֶׁהָלַךְ לְהָבִיא כְּבָשִׂים מֵחֶבְרוֹן. *וְתַנְיָא: "אֵילִים מִמּוֹאָב, כְּבָשִׂים מֵחֶבְרוֹן"! מִינָהּ, אַיְּדֵי דְּקַלִּישָׁא אַרְעָא – עָבְדָה רְעָיָא, וְשַׁמֵּן קִנְיָינָא. "וַיָּשֻׁבוּ מִתּוּר הָאָרֶץ וַיֵּלְכוּ"

רש"י

ולדברי ר"א בר שמעון. דאמר יותר משלש מאות מיל, בזה אחר זה עברו איש אחר איש, נמצאו ששהו הרבה לעבור. דאי כחנייתן עברו – משום קולא דמים מאדם לא נגהרין כל כך. מים קלים. הרבה הם קלים מן האדם. ומר סבר: אדם קל לרוץ כמו המים. מדעתך. אני איני מצוה אותך, אבל ישראל הם אומרים לך. כדכתיב (דברים א): "ותקרבון אלי כולכם" וגו' – אני איני מעכב על ידך. כלום יש אדם. כלומר, אם הקב"ה צוה – כלום היה אומר לו לעשות דבר שסופו לבא לידי תקלה? לבושתה של ארץ ישראל. (ב) אותה שאלה ששאלו תחילה, שלוח המרגלים. [לא עלה בידינו. אין אנו יודעין לדרוש]. סתר דבריו. הכחיש ועשה שונאו [של הקב"ה] בדאי. שעשה שונאו של הקב"ה מך. חלש, כדאמרי' לקמן: אפילו בעל הבית אינו יכול להוציא כליו משם. שהחביא דבריו. ולא אמרן כמות שהן. שפיסע. דילג, שלא אמרן כאשר הם. יהושע. לא הוצרך לילך, שכבר ביקש עליו משה רחמים. והיינו דכתיב ועבדי כלב וגו'. "והביאותיו אל הארץ אשר בא שמה", והיא חברון, כדכתיב (יהושע יד): "ויתן את חברון לכלב", ש"מ כלב הוא דאזיל לחברון. מיומן. גבור שבהם, כמו שיד הימין מיומנת מן השמאל. שעושה את הארץ כשחיתות. שמקום רגליו מעמיק בארץ מרוב כובדו ונעשה שם כגומא ובשוחה. ולשון ששי לא פורש לנו מאי דמי לשחיתות. ונראה: לשון "עמודי שש", שהם כבדים, ומקום מעמדם ניכר. תלמים. כתלם המחרישה שמעלה העפר ומעמיק בארץ. שהיו מעניקים את החמה בקומתן. מרוב גובה קומתן דומין כאילו נוגעים ענק וענק בגלגל שהחמה יוצאה בו. לבנו קטן. כנען קטן הבנים של חם היה, ומצרים שני לבנים. מבונה. לשון "אבנה ממנה" (בראשית טז), כלומר מיושבת בפירות. טרשים. סלעים, שאין עושין פירות לפי שאין הארץ לחה. דקברי בה שכבי. לא גרסינן: מ"מ. אלא ה"ק: ותדע דטרשין היא ואינה ראויה לפירות ככל שאר הארץ, לפיכך יחדוה לקבורת מתים. כי היו בצוען שריו. של מלך ישראל, שהולכים אל פרעה לעזור לו על מלך אשור. אלמא פרעה בצוען יתיב, ושם הולכין לבקשו. אלכה נא ואשלם את נדרי (ג). אלכה נא בחברון ואשלם הנדר שנדרתי בגשור, כדכתיב בתריה: "כי נדר נדר עבדך בשבתי בגשור". ובחברון מאי בעי? והלא לא היה שם המזבח, כי אם בגבעון. להביא כבשים לעולה. דאמר מר במס' מנחות: כבשים מחברון. אלמא ארץ מרעה היתה. מינה. כלומר, מתשובתך אתה מסייעני, שלא היתה משובחת לזרע כשאר הארץ, מאחר שהיא בת טרשים, כדאמרי' בבבא מציעא ב"השוכר" (דף פ): ואי ארעא דמחזקת בגרונדי [היא – שניים משלמין]. דקלישא ארעא. עפר של טרשים דק וקלוש ומועט הוא, ומתוך כך לא היו חורשים וזורעים אותה תבואה מחמת הכלאים. ועבדה רעיא. מלמחת ומעלה עשבים, ואוכלים הצאן. ושמן קנייני. התקנה, הצאן, שכן דרך הצאן להשביח בארץ יבשה וטרשים יותר מארץ לחה. וילכו

תוספות

כחנייתן עברו. י"ל: הראשונים לעולם כשהיו מגיעין לשפת עבר השני לצד מערב, היו הולכין למטה בירדן ועושין מקום מעמד לבאין אחריהם, שהרי רוחב מחנה ישראל היה שנים עשר מיל, ורוחב הירדן לא היה כ"א חמשים אמה, ומיל הוא אלפים אמה! וי"ל, דלוקא באורך ורוחב חנייתן נכנסו בירדן, אבל לאחר שנכנסו בירדן – נמשכו זה אצל זה וצמצמו עצמן. שאם לא תאמר כן, אלא כדרך חנייתן עמדו בירדן – אם כן לא עמדו כולם בירדן בשעה שהתנה יהושע עמהן, שהרי אתה מוצא ברוחב שנים עשר מיל ת"פ רצועות רחבות חמשים אמה כרוחב הירדן, ואורך כל רצועה י"ב מיל על רוחב נ' אמה. ואם היה לך להקיף אותן ת"פ רצועות מדת ארכן זו אצל זו – היה אורכו קרוב לאלף ומ' (ומ') פרסאות כאורך הירדן, והירדן לא נכרת כי אם עד ים הערבה ויוצא הוא ממערת פמייס שהוא בחלק דן, כדאיתא בפ' "מעשר בהמה" (בכורות דף נה.), ואורך כל ארץ ישראל לא היה כ"א ת' פרסאות. ועוד: דהיאך היו יכולין לשמוע התנאים מפי יהושע? אלא ע"כ בירדן לא היו עומדים כדרך חנייתן אלא מצומצמין. ותימה לר"י: נהי דדרך חנייתן עברו, מ"מ הלא עמדו בירדן עד שגמר יהושע התנאים, ונטלו האבנים, ולא חזר לאיתנו עד שעברו כולן – א"כ אותם נ' אמה של ירדן ושהות זה שעברו היו המים נגדשין ועולין יותר על י"ב מיל! וי"ל: אותו גודש שהיה מיותר על י"ב מיל לא הגיע לכלל גובה מיל, ולהכי לא חשיב ליה. בזה אחר זה עברו. תימה: א"כ אמאי תלי ליה ר' אלעזר בקלות המים? והלא אינו תלויה אלא בעיכוב העברתם! וי"ל: דבתרתי פליגי, על מה שמשוה קלות האדם לקלות המים – אמר: זה אינו, שאפילו אם היו עוברין דרך חנייתן היו המים נגדשין יותר *מי"ג מיל, והוא לא אמר אלא י"ב. ועוד: שבזה אחר זה עברו. ועל זה תמיה רבי: אם בזה אחר זה עברו – מה קפידא שייך, דקאמר שלש מאות? שלפי חשבון גודל המים היו עוברים ברוחב חצי מיל שהוא אורך ג' מאות חסר י"ב. כיצד? שתעשה י"ב רצועות מי"ב מיל על י"ב מיל, וכל רצועה ברוחב מיל ואורך י"ב מיל, וכשתרכס זו אצל זו באורך – יהיה אורך קמ"ד מיל על רוחב מיל. תחלוק רוחב הרצועות ותצרפנה לאורך – יהיה אורך רפ"ח מיל על רוחב חצי מיל. והא מנא ליה שכך עברו! ונראה לר"י דלר"א בר שמעון לא עברו כלל דרך חנייתן, שהרי בשעת חנייתן היו מפוזרים, מפני שהיו נוטים אהליהם זה רחוק מזה כדרך חניית שיירות. אבל כשעברו – נמשכין כולן זה אצל זה, ושמא לא היה כל ישראל כי אם ברוחב חצי מיל על חצי מיל, וכשעברו זה אחר זה כדרך בני אדם העוברין דרך שביל אחד, בעשרה בני אדם זה אצל זה – יכול להיות כשיעור ש' ריבוא שהוזכרו בהעברתן כל כך. מר סבר אדם קל. נראה דה"פ: אע"פ שהדבר ידוע שמים קלים – היינו דוקא כשהן יורדין כדי דרך מרוצתן, אבל כאן נגדשין ועולין – שיעור קלות מים ושיעור קלות אדם שוה. אבותי בקשו עלי רחמים. וא"ת: והאמר בפרק "מי שמתו" (ברכות דף יח.) דמיתי לא ידעי מידי, ומשמע במסקנא* דאפילו אבות העולם! יש לומר: דעל ידי תפלה שזה מתפלל – מודיעין להן שכך נתפלל. והכי אמר בפרק שני דתענית (דף טז.): למה יוצאין לבית הקברות – כדי שיבקשו עליהם מתים רחמים. וכן בפרקי דחסידים,* בעובדא דרבי מנא דאשתטח אמערתא דלחוי. ואמר רב אויא ואיתימא רבה בר בר חנן שהלך להביא כבשים מחברון. אע"ג דמסיק בפרק שני דתמורה (דף יד:) דלאקרובי אזל, מיהו שמעינן מיהת דשמן קניינא, מדסלקא דעתך למימר שהלך להביא כבשים. מלמד

תוספות שאנץ

שלח לך אנשים לדעתך איני מצוה לך אבל יש' הם אומר' שתשלחם כדכתיב ותקרבון אלי כלכם: וכי יש אדם כו' כלומר אם צוה הקב"ה [היה מצוה] לעשות לי דבר שסופו לבא לידי תקלה. וייטב בעיני הדבר ולא בעיני המקום ובמדרש רבה מפרש שאף בעיני משה לא היטיב אלא משל לאדם האומר לחבירו מכור לי חמורך ואנסנו ואמר לו הולכיו בהר ובבקעה ואמר כיון שאין אתה מעכב על ידי שלא עשה ממנו מה שארצה לנסותו לא אנסנו וכן היה משה סבור שיאמרו לו ישר' כיון שאתה מודה לשלוח מרגלים לא תשלח עוד והק' הבא וייטב בעיני והק' שהיה סבור שניחנו מלשלוח כי היה להם להאמין במקום ב"ה. אבל לא בעיני המקום שהיה גלוי לפניו שתשלחו ותבאו לידי תקלה. א"נ י"ל דהמד"ר חולק עם תלמוד שלנו. מרגלים לא נתכונו בו. אינו רוצה לומר מרגלים ממש אלא אותן שאלו תחלה שילוח מרגלים:

עצמו מך משונאו של הקב"ה כביכול כדאמר לקמן אפילו בעל הבית אינו יכול להוציא כליו משם: שעושה הארץ כשחיתות שמקום רגליו מעמיק הארץ מרוב כובדו. ופ"ה לשון ששי לא פורש לי מאי דמי לשחיתות ונ"ל לשון עמודי שש שהם כבדים ומקום מעמדם ניכר ל"ה. אלימא נבנתה ממש. וחולק התלמוד על המדרש דאיתא התם מפני מה זכו הכנענים לישב בארצם מ"ז שנים יותר ממצרים בשבר שכבדו הזקן אברהם אבינו שאמרו לו

הגהות הב"ח

(א) גמ' וייטב בעיני הדבר ואמר ר"ל: (ב) רש"י ד"ה לבושתה וכו' אותה שאלה לבושתה כצ"ל ותיבת שאלה נמחק: (ג) ד"ה אלכה נא ואשלם את נדרי אלכה נא בחברון אלכה נא:

מסורת הש"ס

רש"ל מ"ז. [בכורות דף נה.]. כ"א מי"ג. וכ"ה בע"י הכא שבריא כשיש. יומא י. כתובות קיב. [תמורה יד: ע"ש]. מנחות פז. [ד' יט. ע"ש הטוב ומגוה לייבש]. [תענית כג:].

וַיֵּלְכוּ וַיָּבֹאוּ". א"ר יוֹחָנָן מִשּׁוּם רַבִּי שִׁמְעוֹן בֶּן יוֹחַי: מַקִּישׁ הֲלִיכָה לְבִיאָה, מַה בִּיאָה בְּעֵצָה רָעָה — אַף הֲלִיכָה בְּעֵצָה רָעָה. °"וַיְסַפְּרוּ לוֹ וַיֹּאמְרוּ בָּאנוּ" וגו', וּכְתִיב: "אֶפֶס כִּי עַז הָעָם". אָמַר רַבִּי יוֹחָנָן (סִימָן: אמ"ת לבד"ו לוי"ה) מִשּׁוּם ר"מ: כָּל לָשׁוֹן הָרָע שֶׁאֵין בּוֹ דְּבַר אֱמֶת בִּתְחִילָּתוֹ — אֵין מִתְקַיֵּים בְּסוֹפוֹ. °"וַיַּהַס כָּלֵב אֶת הָעָם אֶל מֹשֶׁה". אָמַר רַבָּה: שֶׁהֱסִיתָן בִּדְבָרִים. *פָּתַח יְהוֹשֻׁעַ, דְּקָא מִשְׁתָּעֵי אָמְרִי לֵיהּ: דֵּין *רֹאשׁ קְטִיעָה יְמַלֵּל! אֲמַר: אִי מִשְׁתָּעֵינָא — אָמְרִי בִּי מִילְּתָא וְחָסְמִין לִי. אֲמַר לְהֶן: וְכִי זוֹ בִּלְבַד עָשָׂה לָנוּ בֶּן עַמְרָם?! סָבְרִי בִּגְנוּתֵיהּ קָא מִשְׁתָּעֵי, אִישְׁתִּיקוּ. אֲמַר לְהוּ: הוֹצִיאָנוּ מִמִּצְרַיִם, וְקָרַע לָנוּ אֶת הַיָּם, וְהֶאֱכִילָנוּ אֶת הַמָּן. אִם יֹאמַר: עֲשׂוּ סוּלָּמוֹת וַעֲלוּ לָרָקִיעַ, לֹא נִשְׁמַע לוֹ? °"עָלֹה נַעֲלֶה וְיָרַשְׁנוּ אוֹתָהּ" וגו'! "וְהָאֲנָשִׁים אֲשֶׁר עָלוּ עִמּוֹ אָמְרוּ: לֹא נוּכַל" וגו'. אָמַר *רַבִּי חֲנִינָא בַּר פַּפָּא: דָּבָר גָּדוֹל דִּבְּרוּ מְרַגְּלִים בְּאוֹתָהּ שָׁעָה; "כִּי חָזָק הוּא מִמֶּנּוּ" — *אַל תִּקְרֵי "מִמֶּנּוּ" אֶלָּא "מִמֶּנּוּ", כִּבְיָכוֹל, אֲפִילּוּ בַּעַל הַבַּיִת אֵינוֹ יָכוֹל לְהוֹצִיא כֵּלָיו מִשָּׁם. °"אֶרֶץ אוֹכֶלֶת יוֹשְׁבֶיהָ הִיא" דָּרַשׁ רָבָא: אָמַר הקב"ה אֲנִי חֲשַׁבְתִּיהָ לְטוֹבָה, וְהֵם חָשְׁבוּ לְרָעָה. אֲנִי חֲשַׁבְתִּיהָ לְטוֹבָה — דְּכָל הֵיכָא דְּמָטוּ — מֵת חֲשִׁיבָא דִּידְהוּ, כִּי הֵיכִי דְּנִיטְרְדוּ וְלָא לִשְׁאֲלוּ אַבַּתְרַיְיהוּ. וְאִיכָּא דְּאָמְרִי: *אִיּוֹב נָח נַפְשֵׁיהּ, וְאִטְרִידוּ כּוּלֵּי עָלְמָא בְּהֶסְפֵּידָא. הֵם חָשְׁבוּ לְרָעָה — "אֶרֶץ אוֹכֶלֶת יוֹשְׁבֶיהָ הִיא". °"וַנְּהִי בְעֵינֵינוּ כַּחֲגָבִים וְכֵן הָיִינוּ" וגו'. אָמַר רַב מְשַׁרְשְׁיָא: מְרַגְּלִים שַׁקְרֵי הֲווֹ; בִּשְׁלָמָא "וַנְּהִי בְעֵינֵינוּ כַּחֲגָבִים" — לַחַיֵּי, אֶלָּא "וְכֵן הָיִינוּ בְּעֵינֵיהֶם" — מְנָא הֲווֹ יָדְעִי? וְלָא הִיא, כִּי הֲווֹ מַבְרֵי אֲבֵילֵי — תּוּתֵי אַרְזֵי הֲווֹ מַבְרֵי, וְכִי חֲזֵינְהוּ — סָלְקוּ יָתְבִי בְּאִילָנֵי, שָׁמְעֵי דְּקָאָמְרִי: קָחָזֵינַן אֱנָשֵׁי דְּדָמוּ לְקַמְצֵי בְּאִילָנֵי. °"וַתִּשָּׂא כָּל הָעֵדָה וַיִּתְּנוּ אֶת קוֹלָם וַיִּבְכּוּ" *אָמַר רַבָּה אָמַר רַבִּי יוֹחָנָן: אוֹתוֹ *הַיּוֹם [עֶרֶב] תִּשְׁעָה בְּאָב הָיָה. אָמַר הקב"ה: הֵן בָּכוּ בְּכִיָּה שֶׁל חִנָּם — וַאֲנִי אֶקְבַּע לָהֶם בְּכִיָּה לְדוֹרוֹת. "וַיֹּאמְרוּ כָּל הָעֵדָה לִרְגּוֹם אוֹתָם בָּאֲבָנִים", וּכְתִיב: °"וּכְבוֹד ה' נִרְאָה בְּאֹהֶל מוֹעֵד". אָמַר רַבִּי חִיָּיא בַּר אַבָּא: מְלַמֵּד שֶׁנָּטְלוּ אֲבָנִים וּזְרָקוּם כְּלַפֵּי מַעְלָה. °"וַיָּמוּתוּ הָאֲנָשִׁים מוֹצִיאֵי דִבַּת הָאָרֶץ רָעָה בַּמַּגֵּפָה", אָמַר רַבִּי שִׁמְעוֹן בֶּן לָקִישׁ: שֶׁמֵּתוּ מִיתָה מְשׁוּנָּה. אָמַר רַבִּי חֲנִינָא בַּר פַּפָּא, דָּרַשׁ ר' שֵׁילָא אִישׁ כְּפַר תְּמַרְתָּא: מְלַמֵּד שֶׁנִּשְׁתַּרְבֵּב לְשׁוֹנָם וְנָפַל עַל טִיבּוּרָם, וְהָיוּ תּוֹלָעִים יוֹצְאוֹת מִלְּשׁוֹנָם וְנִכְנָסוֹת בְּטִיבּוּרָם, וּמִטִּיבּוּרָם וְנִכְנָסוֹת בִּלְשׁוֹנָם. וְרַב נַחְמָן בַּר יִצְחָק אָמַר: בְּאַסְכָּרָה מֵתוּ.§ וְכֵיוָן שֶׁעָלָה הָאַחֲרוֹן שֶׁבְּיִשְׂרָאֵל מִן הַיַּרְדֵּן חָזְרוּ מַיִם לִמְקוֹמָן, שֶׁנֶּאֱמַר: °"וַיְהִי בַּעֲלוֹת הַכֹּהֲנִים נוֹשְׂאֵי אֲרוֹן בְּרִית ה' מִתּוֹךְ הַיַּרְדֵּן נִתְּקוּ כַּפּוֹת רַגְלֵי הַכֹּהֲנִים אֶל הֶחָרָבָה וַיָּשׁוּבוּ מֵי הַיַּרְדֵּן לִמְקוֹמָם וַיֵּלְכוּ כִתְמוֹל שִׁלְשׁוֹם עַל כָּל גְּדוֹתָיו", נִמְצָא אָרוֹן וְנוֹשְׂאָיו וְכֹהֲנִים מִצַּד אֶחָד וְיִשְׂרָאֵל מִצַּד אֶחָד. נָשָׂא אָרוֹן אֶת נוֹשְׂאָיו וְעָבַר, שֶׁנֶּאֱמַר: °"וַיְהִי כַּאֲשֶׁר תַּם כָּל הָעָם לַעֲבוֹר וַיַּעֲבוֹר אֲרוֹן ה' וְהַכֹּהֲנִים לִפְנֵי הָעָם". וְעַל דָּבָר זֶה נֶעֱנַשׁ עוּזָּא, שֶׁנֶּאֱמַר: °"וַיָּבֹאוּ עַד גּוֹרֶן כִּידוֹן וַיִּשְׁלַח עוּזָּא אֶת יָדוֹ לֶאֱחוֹז אֶת הָאָרוֹן", אָמַר לוֹ הקב"ה: עוּזָּא! נוֹשְׂאָיו נָשָׂא, עַצְמוֹ לֹא כָּל שֶׁכֵּן?! °"וַיִּחַר אַף ה' בְּעוּזָּא, וַיַּכֵּהוּ שָׁם עַל הַשַּׁל" וגו'. רַבִּי יוֹחָנָן וְר"א; חַד אָמַר: עַל עִסְקֵי שָׁלוֹ, וְחַד אָמַר: שֶׁעָשָׂה צְרָכָיו בְּפָנָיו. °"וַיָּמָת שָׁם עִם אֲרוֹן הָאֱלֹהִים" א"ר יוֹחָנָן: עוּזָּא בָּא לְעוה"ב, שֶׁנֶּאֱמַר: "עִם אֲרוֹן הָאֱלֹהִים", מָה אָרוֹן לְעוֹלָם קַיָּים — אַף עוּזָּא בָּא לְעוה"ב. °"וַיִּחַר לְדָוִד עַל אֲשֶׁר פָּרַץ ה' פֶּרֶץ בְּעוּזָּא"? א"ר אֶלְעָזָר: שֶׁנִּשְׁתַּנּוּ פָּנָיו כַּחֲרָרָה. אֶלָּא מֵעַתָּה, כָּל הֵיכָא דִּכְתִיב "וַיִּחַר" ה"נ? הָתָם כְּתִיב "אַף", הָכָא לָא כְּתִיב "אַף". דָּרַשׁ רָבָא: מִפְּנֵי מָה נֶעֱנַשׁ דָּוִד — מִפְּנֵי שֶׁקָּרָא לְדִבְרֵי תוֹרָה •זְמִירוֹת, שֶׁנֶּאֱמַר: °"זְמִירוֹת הָיוּ לִי חוּקֶּיךָ בְּבֵית מְגוּרָי". אָמַר לוֹ הקב"ה: ד"ת שֶׁכָּתוּב בָּהֶן °"הֲתָעִיף עֵינֶיךָ בּוֹ וְאֵינֶנּוּ" אַתָּה קוֹרֵא אוֹתָן "זְמִירוֹת"?! הֲרֵינִי מַכְשִׁילְךָ בְּדָבָר שֶׁאֲפִילּוּ תִּינוֹקוֹת שֶׁל בֵּית רַבָּן יוֹדְעִין אוֹתוֹ, אדִּכְתִיב: °"וְלִבְנֵי קְהָת לֹא נָתַן כִּי עֲבוֹדַת הַקּוֹדֶשׁ" וגו', וְאִיהוּ אַתְיֵיהּ בַּעֲגָלְתָא. °"וַיַּךְ בְּאַנְשֵׁי בֵית שֶׁמֶשׁ כִּי רָאוּ בָּאָרוֹן". מִשּׁוּם דְּרָאוּ — "וַיַּךְ" (אֱלֹהִים)?! רַבִּי אַבָּהוּ וְרַבִּי אֶלְעָזָר; חַד אָמַר: קוֹצְרִין וּמִשְׁתַּחֲוִים הָיוּ, וְחַד אָמַר: מִילֵּי נַמִי אֲמוּר:

מַאן

וַיֵּלְכוּ וַיָּבֹאוּ. לָא גָּרְסִינַן "וּכְתִיב", *[אֶלָּא] "וַיֵּלְכוּ" — יְתֵירָא הוּא. כֵּיוָן דִּכְתִיב [לְעֵיל] "וַיָּשׁוּבוּ" — לָא הֲוָה לֵיהּ לְמֵימַר אֶלָּא "וַיָּבֹאוּ אֶל מֹשֶׁה" וגו'. מַקִּישׁ הֲלִיכָתָן. שֶׁהָלְכוּ לָתוּר, לְבִיאָתָן. אַף הֲלִיכָתָן בְּעֵצָה רָעָה. שֶׁמִּתְּחִילָּה לְהוֹצִיא דִּבָּה נִתְכַּוְּונוּ. אֵינוֹ מִתְקַיֵּים. שֶׁמַּחֲזִיקִין אוֹתָן הַשּׁוֹמְעִין כְּבַדָּאִין, לְפִיכָךְ אוֹמֵר דְּבַר אֱמֶת תְּחִילָּה כְּדֵי שֶׁיַּאֲמִינוּ. וְאַף מְרַגְּלִים לְכָךְ פָּתְחוּ בְּשֶׁבַח הָאָרֶץ תְּחִילָּה. וַיַּהַס. שֶׁיִּשְׁתּוֹק. אֶל מֹשֶׁה. בִּדְבָרִים. שֶׁהִתְחִיל לְדַבֵּר בְּמֹשֶׁה, וְהָיוּ סְבוּרִים שֶׁבִּגְנוּתוֹ רוֹצֶה לְסַפֵּר. שֶׁהֱסִיתָם בִּדְבָרִים. כִּדְמְפָרֵשׁ וְאָזֵיל. דַּחֲזְיֵיהּ. כָּלֵב לִיהוֹשֻׁעַ שֶׁרָצָה לְדַבֵּר, וְשִׁיתְּקוּהוּ בִּנְזִיפָה, וְאָמְרוּ לוֹ: רֹאשׁ הַקָּטוּעַ יְדַבֵּר?! מִי שֶׁרֹאשׁוֹ קָטוּעַ, שֶׁאֵין לוֹ בָּנִים לִיטּוֹל חֵלֶק בָּאָרֶץ, הוּא יְדַבֵּר בְּפָנֵינוּ?! וְחָסְמִין לִי. מְשַׁתְּקִין אוֹתִי. עָלֹה נַעֲלֶה. אַף לַשָּׁמַיִם אִם יְצַוֶּה עָלֵינוּ. מִמֶּנּוּ. מִן הקב"ה. אַל תִּקְרֵי. לָא גָּרַס, שֶׁאֵין הֶפְרֵשׁ קְרִיָּיה בֵּין "מִמֶּנּוּ" הַנֶּאֱמַר עַל יָחִיד שֶׁמְּדַבְּרִים עָלָיו, לְ"מִמֶּנּוּ" שֶׁל רַבִּים שֶׁאוֹמְרִים עַל עַצְמָן. אֵינוֹ יָכוֹל לְהוֹצִיא כֵּלָיו. אִם הִפְקִידָם שָׁם. בַּעַל הַבַּיִת. אֲדוֹן הָעוֹלָם. אֲנִי חֲשַׁבְתִּיהָ לְטוֹבָה. שֶׁהֶרְאֵיתִיהָ לָהֶם כְּאוֹכֶלֶת יוֹשְׁבֶיהָ, שֶׁמֵּתִים בָּהּ תָּדִיר. שְׁכִיב אִיּוֹב. שֶׁלֹּא תָּגֵן זְכוּתוֹ עֲלֵיהֶם. וְהַיְינוּ דְּקָאָמַר כָּלֵב: "סָר צִלָּם מֵעֲלֵיהֶם". ה"ג וְלָא הִיא כִּי הֲווֹ מַבְרֵי אֲבֵילֵי תּוּתֵי אַרְזֵי הֲווֹ מַבְרֵי. וְלֹא הָיוּ שַׁקְרָנִים בְּזֹאת, (וְלֹא הָיוּ נִרְאִים בָּהֶן שַׁקְרָנִים), דְּאִינְהוּ שְׁמָעִינְהוּ לָאֱמוֹרִיִּים שֶׁקּוֹרִין אוֹתָן חֲגָבִים. דְּכִי הָווּ אֱמוֹרִיִּים מַבְרִין אֶת אֲבֵילֵיהֶם כְּשֶׁחוֹזְרִין מִן הַקֶּבֶר, כְּדְאָמַר לְעֵיל דְּכָל הֵיכָא דְּמָטוּ שְׁכִיב חֲשִׁיבָא מִנַּיְיהוּ, וּמַבְרִין לְאָבֵל סְעוּדָה לְנַחֲמוֹ, תּוּתֵי אַרְזֵי הָווּ מַבְרֵי לְהוּ. וְכִדְחָזִינְהוּ. וְהֵם יְרֵאִים לַעֲמוֹד לִפְנֵיהֶם, סָלְקִי וְיָתְבִי בְּאִילָנֵי. וּזְרָקוּם כְּלַפֵּי מַעְלָה. (שָׁדֵי) לִרְגּוֹם אוֹתָם, [וְקָאֵי] נַמִי אַכְּבוֹד ה'. בַּמַּגֵּפָה. מִדְּלָא קָרֵינַן בְּמַגֵּפָה — מַשְׁמַע בַּמְּיוּחֶדֶת וּרְאוּיָה לָהֶם, בְּמִדָּה כְּנֶגֶד מִדָּה. בְּאַסְכָּרָה מֵתוּ. שֶׁהִיא בָּאָה עַל לָשׁוֹן הָרַע, כִּדְאָמְרִינַן בְּ"בַמֶּה מַדְלִיקִין" (שבת דף לג:). וְכֵיוָן שֶׁעָלָה כו'. סֵיפָא דְּבָרַיְיתָא דִּלְעֵיל הִיא. אֶלָּא אַיְּידֵי דִּתְנָא בָּהּ: וּמִכָּאן אַתָּה מְחַשֵּׁב לְאֶשְׁכּוֹל נָקַט לָהּ לְפָרָשַׁת מְרַגְּלִים הָכָא. שָׁבוּ הַמַּיִם לִמְקוֹמָם. שֶׁהַכֹּהֲנִים עָמְדוּ בִּמְקוֹמָם עַד שֶׁעָבְרוּ כָּל הָעָם, וּכְשֶׁעָבְרוּ — נִתְּקוּ כַּפּוֹת רַגְלֵי הַכֹּהֲנִים אֶל הֶחָרָבָה, וְנִמְשְׁכוּ לַאֲחוֹרֵיהֶם פְּסִיעָה אַחַת, נִמְצְאוּ כֹּהֲנִים מִצַּד זֶה כו'. וְאַע"ג דְּהַהוּא קְרָא דְּ"וַיְהִי כַּאֲשֶׁר תַּם כָּל הָעָם לַעֲבוֹר" קָדֵים, דְּמַשְׁמַע דְּהַאי "נִתְּקוּ רַגְלֵי הַכֹּהֲנִים" בָּעֵבֶר הַשֵּׁנִי כְּתִיב — לָא הֲוֵי הָכִי, אֶלָּא אֵין מוּקְדָּם וּמְאוּחָר. דְּאִי כְּסִדְרָן כְּתִיב — הָא נָפְקִי לְהוּ מִן הַיַּרְדֵּן, דִּכְתִיב: "וַיַּעֲבוֹר אֲרוֹן ה' וְהַכֹּהֲנִים לִפְנֵי הָעָם" וְהָעָם עָלוּ, וְכֵיוָן דְּאָרוֹן וְהַכֹּהֲנִים עָלוּ וְעָבְרוּ אַחֲרֵיהֶם עַד שֶׁבָּאוּ לִפְנֵיהֶם — הֲרֵי יָצְאוּ מִן הַיַּרְדֵּן, וּמַאי תּוּ דְּקָאָמַר: "וַיְצַו יְהוֹשֻׁעַ אֶת הַכֹּהֲנִים לֵאמֹר עֲלוּ מִן הַיַּרְדֵּן"? אֶלָּא אֵין מוּקְדָּם וּמְאוּחָר, וְהַאי "עֲלוּ מִן הַיַּרְדֵּן" דְּקָאָמַר לְהוּ — הָכִי קָאָמַר לְהוּ: סַלְּקוּ רַגְלֵיכֶם לַאֲחוֹרֵיכֶם, וְעוֹדָם בָּעֵבֶר הַמִּזְרָחִית, וּכְתִיב בַּתְרֵיהּ: "נִתְּקוּ כַּפּוֹת רַגְלֵי הַכֹּהֲנִים אֶל הֶחָרָבָה, וַיָּשׁוּבוּ מֵי הַיַּרְדֵּן אֶל מְקוֹמָם". נָשָׂא אָרוֹן אֶת נוֹשְׂאָיו וְעָבַר. וְהַיְינוּ קְרָא קַמָּא דִּכְתִיב: "וַיְהִי כַּאֲשֶׁר תַּם כָּל הָעָם לַעֲבוֹר [וַיַּעֲבוֹר] אֲרוֹן ה'" וגו'. עַל עִסְקֵי שָׁלוֹ. שְׁגָגָה, שֶׁשָּׁגַג לֶאֱחוֹז בּוֹ. שֶׁעָשָׂה צְרָכָיו. וְ"שַׁל" — לְשׁוֹן "כִּי יִשַּׁל זֵיתֶךָ" (דברים כח) "וּבְשִׁלְיָיתָהּ" (שם) — דָּבָר הַמּוּטָּל מִלְמַעְלָה לְמַטָּה. הָאָרוֹן קַיָּים לְעוֹלָם. שֶׁהֲרֵי נִגְנַז, כִּדְאָמַר בְּיוֹמָא (דף נג:) שֶׁגְּנָזוֹ יֹאשִׁיָּהוּ. חֲרָרָה. עוּגָה שֶׁאוֹפִין עַל פְּנֵי הַגֶּחָלִים. נֶעֱנַשׁ דָּוִד. שֶׁמֵּת עוּזָּא עַל יָדוֹ. זְמִירוֹת הָיוּ לִי חוּקֶּיךָ בְּבֵית מְגוּרָי. כְּשֶׁהָיִיתִי בּוֹרֵחַ מִפְּנֵי אוֹיְבַי וְאָגוּר מִפְּנֵיהֶם — הָיִיתִי מִשְׁתַּעֲשֵׁעַ בְּחוּקֶּיךָ, וְהָיוּ לִי לִזְמִירוֹת לְשַׁעְשְׁעֵנִי. הֲתָעִיף. לְשׁוֹן [כָּפוּל]. "וְכַפֹּלֶת" מְתַרְגְּמִינַן וְתֵיעוּף (שמות כו). שֶׁאִם תַּכְפִּיל עֵינֶיךָ לִסְתּוֹם עַיִן בְּהֶסַּח הַדַּעַת מֵהִסְתַּכֵּל בָּהֶן — מִיָּד "וְאֵינֶנּוּ". לֹא נָתַן. עֲגָלוֹת. מֹשֶׁה לִבְנֵי קְהָת, לְפִי שֶׁיֵּשׁ עֲלֵיהֶם לָשֵׂאת בַּכָּתֵף, כִּי לֹא הָיוּ מְמוּנִּים אֶלָּא עַל דְּבַר קְדוּשַּׁת הָאָרוֹן וְהַשֻּׁלְחָן [וְהַמְּנוֹרָה וּמִזְבַּח הַזָּהָב]. וַיַּךְ בְּאַנְשֵׁי בֵית שֶׁמֶשׁ. לָא בְּתוֹךְ הַכָּאָה דְּדָוִד כְּתִיב, אֶלָּא כְּשֶׁהֱבִיאוּהוּ הַפָּרוֹת מִפְּלִשְׁתִּים. וְאַיְּידֵי דְּאַיְּירֵי בָּאָרוֹן נָקַט לָהּ. מִשּׁוּם דְּרָאוּ. וְנִסְתַּכְּלוּ בּוֹ — וַיַּךְ? בִּתְמִיָּה. קוֹצְרִין וּמִשְׁתַּחֲוִים הָיוּ. לֹא בָּטְלוּ מִמְּלַאכְתָּן לִכְבוֹדוֹ, וְהַאי "רָאוּ" — לְשׁוֹן בִּזָּיוֹן, כְּמוֹ "אַל תִּרְאוּנִי שֶׁאֲנִי שְׁחַרְחוֹרֶת" (שיר א).

מַאן

מלמד שמתו מיתה משונה. נראה ד"רעה במגפה" דרש.

שלשה

כו א מיי' פ"ב מהל' כלי המקדש הלכה יב סמג עשין קסח:

[ע' פרש"י דהכא ותוס' ערכין טו: ד"ה אל תקרי וכו' וכן בשאלתות ליתא]

תוספות שאנץ

לו נשיא אלהים אתה בתוכנו: וילכו ויבאו. ל"ג וכתיב [אלא] וילכו יתירא הוא כיון דכתיב וישובו לא הוה ליה למימ' אלא ויבאו אל משה: ראש קטיעא מי שאין לו בנים ליטול חלק בארץ הוא ידבר בפנינו: אל תקרי ממנו ל"ג שאין הפרש ממנו דיחיד לממנו דרבים ל"ה. וא"ד איוב נח נפשיה שלא תגין זכותו עליהם. והיינו דאמר איוב בימי משה היה והיינו דכתיב היש בה עץ (אם) [עץ] זה איוב כלומר העודנו חי ולמה נקרא עץ שהיה מגין עליהם בזכותו כעץ: ה"ג ולא היא כי הוו מברי ואכלי. כי הוו אמוריים מברין מלאכל סעודת אבלים כשחוזרין מן הקבר דאמר לעיל בכל דוכתא דמטו שכיב חשיבא מינייהו: כד חזנהו. מרגלים והיו יראים לעמוד בפניהם סלקי ויתבי באילנות. לקומצי איתא במדרש מעשה בבתו של ענה שהלכה לפרדס אביה ולקטה רמון מן האילן וזרקה הקליפה והיה שם אחד מן המרגלים ונכנס בתוכה והיתה יראה פן יבוא אביה בפרדס ויראה הקליפה ונטלה הקליפה וזרקה חוץ מן הפרדס ויצא המרגל משם והלך לו: במגפה. מדלא כתיב במגפה משמע במיתה מיוחדת ומשונה: באסכרה. שהיא באה על לשון הרע. וכיון שעלה אחרון שבישראל כו'. סיפיה דברייתא דלעיל היא אלא איידי דתנא בה ומכאן אתה מחשב לאשכול נקט לפרשת מרגלי' חבא ואחר כך חוזר לדיבורו: נמצא ארון ונושאיו וכהנים מצד אחד כו'. דאע"ג דההוא קרא דויהי כאשר תמו כל העוברים לעבור קדים דמשמע דהאי נתקו רגלי הכהנים בעבר השני א) הא נפקי להו מן הירדן דכתיב ויעבור ארון ה' והכהנים לפני העם והעם כבר עלו וכיון דארון וכהנים עברו אחריהם עד שבא לפניהם הרי יצאו להם מן הירדן ומאי תו דקאמר ויצו יהושע את הכהנים לומר עלו מן הירדן אלא אין מוקדם ומאוחר בתורה והאי עלו מן הירדן דקאמר להו ה"ק להו סלקו רגליכם לאחוריכם ועודם בעבר המזרחי וכתיב בתריה נתקו כפות רגלי הכהנים אל החרבה ויצאו מי הירדן למקומם: נשא ארון את נושאיו ועבר והיינו קרא קמא דכתיב ויהי כאשר תמו כל העוברים לעבור ל"ה. ויך באנשי בית שמש לא בתוך הכאה דדוד כתיב אלא כשהביאו הפרות מפלשתים ואיידי דאיירי בארון נקט לה: משום דראו בו ונסתכלו [ויך בתמי']. קוצרים ומשתחוים היו ולא בטלו מן המלאכה לכבודו

א) נראה דל"ל כתיב לא הוי הכי אלא אין מוקדם ומאוחר בתורה דאי כסדרן כתיב הא נפקי וכו'.

רש"ל נ"א אלא כתיב

במדבר יג | שם | שם | ס"א דחזייה ליהושע | [פי' להכי קרי ליה ריש קטיעה לפי שקראו משה יהושע כלומר ראש שמו קטוע לפי שהיו"ד אות קטיעה היא. ערוך ערך רש ב] | שם | [מנחות נג: ערכין טו.] | שם | שם | שם יד | נ"י שרעו | [שבת דף לג:] | [תענית כט. סנהדרין קד:] | ס"א הלילה ליל | שם | שם | יהושע ד | שם | דה"א יג | שמואל ב ו | שם | שם | תהלים קיט | משלי כג | במדבר ז | שמואל א ו

גליון הש"ס

גמ' זמירות שנאמר וכו'. עי' עירובין יח ע"ב ובמהרש"א בח"א שם:

[ע' ב"ב טו:]

מַאן אַמְרִיךְ (לְהָא) דְּאִימְרַיְית, וּמַאן אֲתָא
ש"א ו עֲלָךְ דְּאִיפַּיְיסַתְּ. °"וַיַּךְ בָּעָם שִׁבְעִים אִישׁ וַחֲמִשִּׁים
אֶלֶף אִישׁ" רַבִּי אַבָּהוּ וְרַבִּי אֶלְעָזָר, חַד אָמַר:
שִׁבְעִים אִישׁ הָיוּ, ^בוְכָל אֶחָד וְאֶחָד שָׁקוּל
כַּחֲמִשִּׁים אֶלֶף, וְחַד אָמַר: חֲמִשִּׁים אֶלֶף הָיוּ, וְכָל
ש"ב ו אֶחָד וְאֶחָד שָׁקוּל כְּשִׁבְעִים סַנְהֶדְרִין. °"וַיְהִי כִּי
צָעֲדוּ נוֹשְׂאֵי אֲרוֹן ה' שִׁשָּׁה צְעָדִים וַיִּזְבַּח שׁוֹר
דה"א טו וּמְרִיא", וּכְתִיב: °"שִׁבְעָה פָרִים וְשִׁבְעָה אֵילִים".
אָמַר רַב פַּפָּא בַּר שְׁמוּאֵל: עַל כָּל פְּסִיעָה
וּפְסִיעָה — שׁוֹר וּמְרִיא, עַל כָּל שֵׁשׁ וְשֵׁשׁ פְּסִיעוֹת
— שִׁבְעָה פָּרִים וְשִׁבְעָה אֵילִים. אֲמַר לֵיהּ רַב
חִסְדָּא: אִם כֵּן, מִילֵּאתָ אֶת כָּל אֶרֶץ יִשְׂרָאֵל
בָּמוֹת! אֶלָּא אָמַר רַב חִסְדָּא: עַל כָּל שֵׁשׁ וָשֵׁשׁ
פְּסִיעוֹת — שׁוֹר וּמְרִיא, עַל כָּל שִׁשָּׁה סְדָרִים שֶׁל
שֵׁשׁ פְּסִיעוֹת — שִׁבְעָה פָּרִים וְשִׁבְעָה אֵילִים.
דה"א יג כְּתִיב: °"כִּידוֹן" וּכְתִיב °"נָכוֹן". אָמַר רַבִּי יוֹחָנָן: ש"ב ו
בַּתְּחִלָּה כִּידוֹן, וּלְבַסּוֹף נָכוֹן.§ *נִמְצֵאתָ אַתָּה
אוֹמֵר שְׁלֹשָׁה מִינֵי אֲבָנִים הָיוּ; אֶחָד שֶׁהֵקִים
דברים א מֹשֶׁה (א) בְּאֶרֶץ מוֹאָב, שֶׁנֶּאֱמַר: °"בְּעֵבֶר הַיַּרְדֵּן
בְּאֶרֶץ מוֹאָב הוֹאִיל מֹשֶׁה בֵּאֵר" וגו', וּלְהַלָּן הוּא
שם כז אוֹמֵר: °"וְכָתַבְתָּ עֲלֵיהֶן אֶת כָּל דִּבְרֵי הַתּוֹרָה
הַזֹּאת" וגו', וְאָתְיָא "בֵּאֵר" "בַּאֵר". וְאֶחָד שֶׁהֵקִים
יהושע ד יְהוֹשֻׁעַ בְּתוֹךְ הַיַּרְדֵּן, שֶׁנֶּאֱמַר: °"וּשְׁתֵּים עֶשְׂרֵה
אֲבָנִים הֵקִים יְהוֹשֻׁעַ בְּתוֹךְ הַיַּרְדֵּן". וְאֶחָד שֶׁהֵקִים
שם בַּגִּלְגָּל, שֶׁנֶּאֱמַר: °"וְאֵת שְׁתֵּים עֶשְׂרֵה הָאֲבָנִים
הָאֵלֶּה אֲשֶׁר לָקְחוּ" וגו'. ת"ר: כֵּיצַד כָּתְבוּ יִשְׂרָאֵל
אֶת הַתּוֹרָה? *רַבִּי יְהוּדָה אוֹמֵר: עַל גַּבֵּי אֲבָנִים
דברים כז כְּתָבוּהָ, שֶׁנֶּאֱמַר: °"וְכָתַבְתָּ עַל הָאֲבָנִים אֶת כָּל
דִּבְרֵי הַתּוֹרָה הַזֹּאת" וגו', וְאַחַר כָּךְ סָדוּ
אוֹתָן בְּסִיד. אָמַר לוֹ רַבִּי שִׁמְעוֹן: לִדְבָרֶיךָ,
הֵיאַךְ לָמְדוּ אוּמּוֹת שֶׁל אוֹתוֹ הַזְּמַן? תּוֹרָה? אָמַר
לוֹ: בִּינָה יְתֵירָה נָתַן בָּהֶם הקב"ה, וְשִׁיגְּרוּ
נוֹטִירִין שֶׁלָּהֶן, וְקִילְּפוּ אֶת הַסִּיד וְהִשִּׁיאוּהָ. וְעַל
דָּבָר זֶה נִתְחַתֵּם גְּזַר דִּינָם לִבְאֵר שַׁחַת, שֶׁהָיָה
לָהֶן לִלְמֹד וְלֹא לָמְדוּ. ר' שִׁמְעוֹן אוֹמֵר: עַל גַּבֵּי
שם כ סִיד כְּתָבוּהָ, וְכָתְבוּ לָהֶן לְמַטָּה: °"לְמַעַן אֲשֶׁר
לֹא יְלַמְּדוּ אֶתְכֶם לַעֲשׂוֹת כְּכֹל" וגו'. הָא לָמַדְתָּ
שֶׁאִם הָיוּ חוֹזְרִין בִּתְשׁוּבָה — הָיוּ מְקַבְּלִין אוֹתָן.
אָמַר רָבָא בַּר שֵׁילָא: מ"ט דְּרַבִּי שִׁמְעוֹן —
ישעיה לג דִּכְתִיב: °"וְהָיוּ עַמִּים מִשְׂרְפוֹת סִיד" — עַל עִסְקֵי
סִיד. וְר' יְהוּדָה: כִּי סִיד; מַה סִּיד אֵין לוֹ תַּקָּנָה
אֶלָּא שְׂרֵיפָה — אַף אוֹתָם אוּמּוֹת הָעוֹלָם אֵין לָהֶם
תַּקָּנָה אֶלָּא שְׂרֵיפָה. כְּמַאן אָזְלָא הָא דְּתַנְיָא
דברים כא °"וְשָׁבִיתָ שִׁבְיוֹ" — לְרַבּוֹת כְּנַעֲנִים שֶׁבְּחוּצָה
לָאָרֶץ, שֶׁאִם חוֹזְרִין בִּתְשׁוּבָה — מְקַבְּלִין אוֹתָן?
כְּמַאן

תורה אור

רש"י

מַאן אַמְרִיךְ דְּאִימְרַיְית. מִי הִכְעִיסְךָ כְּשֶׁכָּעַסְתָּ וְלֹא הִצַּלְתָּ אֶת עַמְּךָ מִן הַשִּׁבְיָה, וְעַתָּה מִי מְפַיֶּיסְךָ כְּשֶׁנִּתְפַּיַּיסְתָּ לָבֹא מֵאֵלֶיךָ?. וּכְתִיב שִׁבְעָה פָּרִים וְשִׁבְעָה אֵילִים. בְּדִבְרֵי הַיָּמִים. וְהָכִי רֵישֵׁיהּ דִּקְרָא: "וַיְהִי בֶּעְזוֹר הָאֱלֹהִים אֶת הַלְוִיִּם נוֹשְׂאֵי אֲרוֹן בְּרִית ה' וַיִּזְבְּחוּ שִׁבְעָה פָרִים וְשִׁבְעָה אֵילִים". מִילֵּאתָ כָּל אֶרֶץ יִשְׂרָאֵל בָּמוֹת. מִזְבָּחוֹת, דְּעַל כָּל פְּסִיעָה מִזְבֵּחַ. כְּתִיב כִּידוֹן. בְּדִבְרֵי הַיָּמִים כְּתִיב: "וַיָּבֹאוּ עַד גּוֹרֶן כִּידוֹן וַיִּשְׁלַח עוּזָּא" וגו' וּבִשְׁמוּאֵל כְּתִיב: "גּוֹרֶן נָכוֹן". בַּתְּחִלָּה. כְּשֶׁבָּא הָאָרוֹן שָׁם – נַעֲשָׂה לָהֶם כְּכִידוֹן הַהוֹרֵג שֶׁהָרַג עוּזָּא. וּלְבַסּוֹף. לְאַחַר שֶׁנִּשְׁתָּהָה שָׁם שִׁשָּׁה חֳדָשִׁים בְּבֵית עוֹבֵד אֱדוֹם – נַעֲשָׂה נָכוֹן, שֶׁהֵכִין אֶת בֵּיתוֹ, דִּכְתִיב (שמואל ב ו): "וַיְבָרֶךְ ה' אֶת עוֹבֵד אֱדוֹם" (אִשְׁתּוֹ וּשְׁמֹנֶה כַּלּוֹתֶיהָ). אִשְׁתּוֹ שֶׁל עוֹבֵד אֱדוֹם וּשְׁמֹנֶה כַּלּוֹתֶיהָ יָלְדוּ *שִׁשָּׁה שִׁשָּׁה בְּכֶרֶס אֶחָד, וְהַיְינוּ דִּכְתִיב: "פְּעֻלְּתַי הַשְּׁמִינִי כִּי בֵרְכוֹ אֱלֹהִי" (דה"א כו), וּכְתִיב אח"כ: "שִׁשִּׁים וּשְׁנַיִם לְעוֹבֵד אֱדוֹם". וְשָׁמַעְתִּי בְּשֵׁם ר' מְנַחֵם בַּר' חֶלְבּוֹ: גּוֹרֶן נָכוֹן הוּא גּוֹרֶן אֲרַוְנָה הַיְבוּסִי. וְא"כ הוּא ה"ג: בַּתְּחִילָּה נָכוֹן וּלְבַסּוֹף כִּידוֹן. עַל שֵׁם הַמִּזְבֵּחַ שֶׁתְּחִילָּתוֹ בָּנוּי וְסוֹפוֹ חָרֵב. וְכִידוֹן – לְשׁוֹן שֶׁבֶר וְחוּרְבָּן הוּא, כְּמוֹ "יִרְאוּ עֵינָיו כִּידוֹ" (איוב כא). נִמְצֵאתָ. סֵיפָא דִּבְרַיְיתָא דִּלְעֵיל הוּא, אֶלָּא מִשּׁוּם דְּתָנָא בָּהּ: וְעַל דָּבָר זֶה נֶעֱנַשׁ עוּזָּא – אַפְסְקֵיהּ בְּכָל הָנֵי. שֶׁהֶעֱמִיד מֹשֶׁה בְּעֵבֶר הַיַּרְדֵּן בְּעַרְבוֹת מוֹאָב. וְתַנָּא דִּבְרַיְיתָא, כִּי קָאֵי בְּאֶרֶץ כְּנַעַן קָרֵי עֵבֶר הַמִּזְרָח עֵבֶר הַיַּרְדֵּן, וְכִי קָאֵי בְּעַרְבוֹת מוֹאָב אוֹ בִּשְׁאָר הַמַּסָּעוֹת קָרֵי אֶרֶץ כְּנַעַן עֵבֶר הַיַּרְדֵּן, וְהוּא עֵבֶר הַמַּעֲרָבִי. בַּגִּלְגָּל. לְאַחַר שֶׁבָּנוּ מֵהֶן הַמִּזְבֵּחַ בְּהַר עֵיבָל, קִיפְּלוּם וֶהֱבִיאוּם לַגִּלְגָּל, וּקְבָעוּם שָׁם. כֵּיצַד כָּתְבוּ. עַל הַמִּזְבֵּחַ בְּהַר עֵיבָל?. הֵיאַךְ לָמְדוּ אוּמּוֹת הָעוֹלָם. הָעֲתִּיקוּת תּוֹרָה? הֲלֹא לֹא נִצְטַוּוּ לְכוֹתְבָהּ בְּשִׁבְעִים לָשׁוֹן אֶלָּא לָבֹא וּלְלַמְּדָהּ כָּל הָרוֹצֶה, שֶׁלֹּא יְהֵא פִּתְחוֹן פֶּה לְאוֹתָם הָאוּמּוֹת לוֹמַר: לֹא הָיָה לָנוּ מֵהֵיכָן לְלוֹמְדָהּ. נוֹטִירִין שֶׁלָּהֶן. סוֹפְרִים שֶׁלָּהֶם, וְהֵם קוֹרִין אוֹתָן נוֹטִירִין. וְהִשִּׁיאוּהָ. וְהֶעֱתִּיקוּהָ. כְּלוֹמַר, נְטָלוּהָ מִשָּׁם ע"י הַעְתָּקָה. וְכָתְבוּ מִלְּמַטָּה. בְּסוֹף הַדַּף: "לְמַעַן אֲשֶׁר לֹא יְלַמְּדוּ עוֹד" וגו'. לְעֵיל מִינֵּיהּ כְּתִיב: "כִּי הַחֲרֵם תַּחֲרִימֵם". וְדָבָר זֶה כָּתְבוּ לְמַטָּה לְהוֹדִיעַ לְשִׁבְעָה אוּמּוֹת הַיּוֹשְׁבִים חוּץ מִגְּבוּלֵי יִשְׂרָאֵל, שֶׁלֹּא נִצְטַוּוּ לְהַחֲרִימָם, אֶלָּא אוֹתָן שֶׁבְּתוֹךְ גְּבוּלָם נִצְטַוּוּ לְהַחֲרִים, כְּדֵי שֶׁלֹּא יְלַמְּדוּ אוֹתָנוּ מַעֲשֵׂיהֶם הַמְקוּלְקָלִים. אֲבָל אַתֶּם הַיּוֹשְׁבִים חוּצָה לָהּ, אִם אַתֶּם חוֹזְרִין בִּתְשׁוּבָה – נְקַבֵּל אֶתְכֶם. וְשֶׁבְּתוֹכָהּ אֵין מְקַבְּלִין, שֶׁמֵּחֲמַת יִרְאָה עוֹשִׂין. וְה"ג לָהּ בְּהֶדְיָא בַּתּוֹסֶפְתָּא (פ"ח): אִם אַתֶּם חוֹזְרִין בָּכֶם – אָנוּ מְקַבְּלִים אֶתְכֶם. מ"ט דר"ש. דְּאָמַר: עַל גַּבֵּי סִיד כְּתָבוּהָ. עַל עִסְקֵי סִיד. שֶׁהַתּוֹרָה נִכְתְּבָה עָלָיו, וְהָיְתָה מְגוּלָּה לִפְנֵיהֶם, וְלֹא לְמָדוּהָ. אֶלָּא שְׂרֵיפָה. גֵּיהִנֹּם. שֶׁכָּל זְמַן שֶׁאֵין מִתְגַּיְּירִין וְהֵם קְרוּיִין עַמִּים אֵין חֶלְקָם אֶלָּא מִשְׂרְפוֹת הַסִּיד: ה"ג וְשָׁבִיתָ שִׁבְיוֹ לְרַבּוֹת כְּנַעֲנִים שֶׁבְּחו"ל. דִּקְרָא בְּחו"ל כְּתִיב: "כִּי תֵצֵא לַמִּלְחָמָה" – מֵאֶרֶץ לְחוּצָה לָאָרֶץ. וְהָכִי תַּנְיָא בְּסִפְרֵי: "כִּי תֵצֵא לַמִּלְחָמָה" – בְּמִלְחֶמֶת הָרְשׁוּת הַכָּתוּב מְדַבֵּר. ד"כִּי תֵצֵא" מַשְׁמַע: כְּשֶׁתַּעֲלֶה עַל דַּעְתְּךָ לָצֵאת. "וְשָׁבִיתָ שִׁבְיוֹ" – לְרַבּוֹת כְּנַעֲנִים שֶׁבְּתוֹכָהּ. בָּא הַכָּתוּב לְהַתִּיר כְּנַעֲנִים שֶׁבְּחוּצָה לָאָרֶץ וּלְקַיֵּים מֵהֶם יְפַת תֹּאַר, שֶׁלֹּא יִהְיוּ בִּכְלַל "לֹא תְחַיֶּה כָּל נְשָׁמָה". דְּהַאי "וְשָׁבִיתָ" קְרָא יְתֵירָא הוּא.
כְּמַאן

תוספות שאנץ

שלשה מיני אבנים היו. ירושלמי: ג' מיני אבנים הן; אבני המלון, ואבנים שהניחום יהושע תחת כפות רגלי הכהני', ואיסטליות שנתן להם משה. אמר רבי יצחק: פשוט לן, ארבעה מיני אבנים הוה. אמר ר' סימן בר זבידא: ויאות, אין תימר אבני המלון – לשעה היו ונגנזו, אין תימר אבנים שהקים יהושע תחת כפות רגלי הכהנים – משוקעות הן במים, אין תימר איסטליות שנתן להן משה – כבר נכנסו עמהן לארץ. אלא אם כן במה אנו קיימין – באבנים שהקים יהושע להן על גב הירדן. **כיצד** כתבו ישראל את התורה. בתוספתא, רבי יהודה אומר: על גבי המזבח כתבוה. אבל בירושלמי תני: על אבני המלון נכתבו, דברי ר' יהודה, ר' יוסי אמר: על אבני מזבח נכתבו. מאן דאמר על אבני המלון – בכל יום ויום אומות העולם היו משלחין נוטירין ומשיאין את התורה, שהיתה כתובה בשבעים לשון. מ"ד על אבני המזבח לא לשעה היו ונגנזו? [עוד הוא מעשה נסים, נתן הקב"ה בינה בלב כל אומה ואומה והשיאו את התורה שהיתה כתובה בע' לשון. מ"ד על אבני המלון נכתבו – ניחא "ושדת אותם בסיד", אלא] מאן דאמר על אבני המזבח [נכתבו, מאי] ושדת בסיד? בין כל אבן ואבן. **ועל** דבר זה נתחתם גזר דינם לבאר שחת. ואם תאמר: תיפוק ליה דבשעת מתן תורה החזירה הקב"ה על כל אומה ולשון ולא קבלוה! וי"ל: דעונש זה גדול הוא, שלאחר שהיתה כתובה בידם ולא רצו ללמוד. ומיהו, תימה: והאמר בפ"ק דמסכת ע"ז (דף ג:) דעדיין יש להן פתחון פה, שיאמרו: כלום כפית עלינו הר כגיגית כישראל? וכל זמן שיש להן פתחון פה – איך נחתם גזר דינם? **לרבות** כנענים שבחוצה לארץ. תימה: היאך קבלוה לרחב, שהרי היא היתה מכנענים שבתוכה, כדאיתא בספרי בפרשת "בהעלותך": ומה אם מי שהיתה מעם שנאמר בו: "לא תחיה כל נשמה" [על שקירבה עצמה – כך קירבה המקום] וארחב קאי. ואמרינן נמי במס' מגילה (דף יד:*) שנתגיירה ונסבה יהושע. והכא משמע דכנענים שבתוכה לדברי הכל שאין מקבלין אותן! ושמא על פי הדיבור היה. *ואמר לו שקודם שהתחילו המלחמה היו מקבלין – שהרי כתיבת התורה על גבי האבנים היה קודם שהתחילו במלחמה, ואפילו הכי לא היו מקבלין אלא היושבים חוץ לגבול ישראל, כמו שפרש"י. *ואי הוה מצינו למימר דאם היו חוזרין אז בתשובה בשעה שכתבו את התורה, אפילו כנענים שבתוכה היו מקבלין, ואפילו לר' יהודה, ו"למען אשר לא ילמדו אתכם לעשות" קאי נמי אשבעה אומות. והכי משמע נמי לשון הספרי בפרשת "שופטים ושוטרים": "למען אשר לא ילמדו אתכם לעשות" – [מלמד] שאם עושין תשובה אין נהרגין. אין מקבלין אותן לא קתני, אלא אין נהרגין. משמע, אותם שצוה הקב"ה "לא תחיה כל נשמה" – אין נהרגין. ולא נאמר "לא תחיה כל נשמה" אלא לאחר שהתחיל יהושע במלחמה, שהרי יהושע *שלח שלש פרוזטגמאות: הרוצה להשלים – ישלים, להלחם – ילחם. אלמא אותן שהיו רוצין להשלים לא היה הורגן. [וצריך לומר] אותן שהיו רוצין להשלים קודם שהתחיל במלחמה ראשונה, ואף רחב קיבלה עליה קודם שהתחילו במלחמה. ולא נחלקו רבי יהודה ורבי שמעון אלא באותן כנענים שחוץ לגבולים, אם מקבלים אותם לאחר מכאן; דרבי שמעון לא איצטריך למימר: הא למדת שאם חוזרים בתשובה מקבלין אותן, אלא אכנענים שבחוצה לארץ, ולאחר שהתחילו במלחמה, שדינם כדין [שאר] אומות, שמקבלין מהן לעולם.
כמאן

לכבודו: מאן אמריך דאמרת. מי הכעיסך שהכעסת ולא הצלת את עמך מן השביה. ועוד מי פייסך שנתפייסת. ל"ה. כתיב כידון בדברי הימים ויבאו עד גורן כידון ובשמואל כתיב גורן נכון. בתחלה כשבא הארון שם נעשה להם ככידון ההורג שהרג את עוזה ולאחר שנשתהה שם ו' חדשים בבית עובד אדום נעשה להם נכון שהכין את ביתו כדכתיב ויברך ה' את עובד אדום. ושמעתי בשם רבי מנחם בר' חלבו גרן נכון הוא גרן ארונה היבוסי. וא"כ הוא (גרן) [ה"ג] בתחלה נכון ולבסוף כידון על שם המזבח שתחלתו בנוי ולבסוף חרוב וכידון לשון שבר וחורבן הוא כמו יראו עיניו כידו. כפ"ה: וכתבו להם למטה למען אשר לא ילמדו אתכם וגו'. לעיל מיניה [כתיב] כי החרם תחרימם ודבר זה כתבו למטה להודיע לז' אומות היושבין חוץ מגבולי ארץ ישראל שלא נצטוינו להחרימם אלא על אותם שבתוך הגבולים נצטוינו להחרימם כדי שלא ילמדו אותנו מעשיהם המקולקלין אבל אותן היושבין בחוצה לארץ אם חוזרין בתשובה נקבל אותם ושבתוכה אין מקבלין דמחמת יראה הם עושים וה"ג בתוס' אם אתם חוזרין בכם אנו מקבלין אתכם. ל"ה: ה"ג ושבית שביו לרבות כנענים שבחוצה לארץ. [דקרא בחו"ל כתיב] כי תצא למלחמה מארץ לחוצה לארץ והכי תני בספרי כי תצא למלחמה במלחמת הרשות הכתוב מדבר כי תצא משמע כשתעלה על דעתך [לצאת]: ושבית

רש"ל

[וע"ש תוס' ד"ה דאגיירה]

גירסת רש"א ואין לומר

גירסת רש"א ומיהו מליצו

[ע' תוס' גיטין מו. ד"ה כיון] רש"ל

מסורת הש"ס

[כדאיתא ברכות סג.]

[תוספתא פ"ח]

[תוספתא שם]

הגהות הב"ח

(א) גמ' שהקים משה בעבר הירדן בארץ מואב:

כְּמַאן כְּר' שִׁמְעוֹן. דְּאָמַר שֶׁכָּתַב לָהֶם שֶׁיַּחְזְרוּ בִּתְשׁוּבָה וִיקַבְּלוּם. אַלְמָא לֹא הָיוּ הָעוֹמְדִין חוּץ לַגְּבוּלִין בִּכְלַל "לֹא תְחַיֶּה כָּל נְשָׁמָה". אֲבָל לְר' יְהוּדָה כּוּלָּן בִּכְלַל "לֹא תְחַיֶּה". נִתְרָז. מִתְקַלְקֵל מֵעָיו. וְהַמּוֹתִי. לְשׁוֹן מְהוּמָה וְעִירְבּוּב הַגּוּף וּמַה שֶּׁבְּתוֹכוֹ. בִּיאָה רִאשׁוֹנָה. בִּימֵי יְהוֹשֻׁעַ. בִּיאָה שְׁנִיָּה. בִּימֵי עֶזְרָא. לַעֲשׂוֹת לָהֶם נֵס. לַעֲלוֹת בִּזְרוֹעַ, וְלֹא יִהְיוּ מִשְׁתַּעְבְּדִים לַמַּלְכוּת. אֶלָּא שֶׁגָּרַם חֶטְאָם שֶׁל יִשְׂרָאֵל בִּימֵי בַּיִת רִאשׁוֹן, וְנִגְזַר עֲלֵיהֶם שֶׁלֹּא יַעֲלוּ אֶלָּא בִּרְשׁוּת, כִּדְכְתִיב: "מִי בָכֶם מִכָּל עַמּוֹ" (עזרא א). פִּרְיוֹ מִמַּעַל. עֵינָיו. וְשָׁרָשָׁיו מִתָּחַת. סֵירוּס. (א) וְהֶעֱלוּ עוֹלוֹת וּשְׁלָמִים. שֶׁכָּךְ נִצְטַוּוּ בְּאוֹתָהּ פָּרָשָׁה: "אֲבָנִים שְׁלֵמוֹת תִּבְנֶה וגו' וְזָבַחְתָּ שְׁלָמִים" וגו'. מַאי וְהֶחֱצְיוֹ. בִּיהוֹשֻׁעַ הָכִי כְּתִיב כְּהַאי קְרָא דְּמַתְנִי': "וְכָל יִשְׂרָאֵל וגו' חֶצְיוֹ אֶל מוּל הַר גְּרִיזִים וְהַחֶצְיוֹ אֶל מוּל הַר עֵיבָל". לָמָּה לִי לְמִיכְתַּב "וְהַחֶצְיוֹ" דְּמַשְׁמַע אוֹ חֶצְיוֹ הַמְיוּחָד, אוֹ חֶצְיוֹ הַנִּזְכָּר בְּמָקוֹם אַחֵר?. כְּדֶרֶךְ שֶׁחֲלוּקִין. הַשְּׁבָטִים בְּהַר גְּרִיזִים וְהַר עֵיבָל, כִּדְכְתִיב (דברים כז) (ו): "אֵלֶּה יַעַמְדוּ לְבָרֵךְ אֶת הָעָם" וגו' "וְאֵלֶּה יַעַמְדוּ עַל הַקְּלָלָה" — כָּךְ חֲלוּקִים בְּאַבְנֵי אֵפוֹד שֶׁאָמוּר בָּהֶן "שִׁשָּׁה מִשְּׁמוֹתָם" וגו', הָנָךְ שִׁשָּׁה דְּהַר גְּרִיזִים כְּתוּבִים עַל הָאַחַת וְשִׁשָּׁה דְּהַר עֵיבָל כְּתוּבִין עַל הַשֵּׁנִית. וְהַיְינוּ דִּכְתִיב "וְהַחֶצְיוֹ" — אוֹתוֹ חֶצְיוֹ הֶחָקוּק בְּאַחַת מִן הָאֲבָנִים. כְּתוֹלְדוֹתָם. כְּסֵדֶר לֵידָתָן. שִׁשָּׁה הָאַחֲרוֹנִים כְּסִדְרָן: גָּד וְאָשֵׁר יִשָּׂשכָר וּזְבוּלֻן יוֹסֵף וּבִנְיָמִין, זֶהוּ סֵדֶר לֵידָתָן. וְשִׁשָּׁה רִאשׁוֹנִים נִכְתְּבוּ כָּךְ: יְהוּדָה רְאוּבֵן שִׁמְעוֹן וְלֵוִי דָּן וְנַפְתָּלִי, כְּסֵדֶר לֵידָתָן חוּץ מִיהוּדָה. וְעֶשְׂרִים וַחֲמִשָּׁה עַל אֶבֶן זוֹ. לְקַמָּן פָּרֵיךְ: שִׁשָּׁה אַחֲרוֹנִים עֶשְׂרִים וְאַרְבַּע הוּא דְּהָווּ!. לֹא

תורה אור

כְּמַאן? כְּר' שִׁמְעוֹן. *בֹּא וּרְאֵה כַּמָּה נִסִּים נַעֲשׂוּ בְּאוֹתוֹ הַיּוֹם: עָבְרוּ יִשְׂרָאֵל אֶת הַיַּרְדֵּן, וּבָאוּ לְהַר גְּרִיזִים וּלְהַר עֵיבָל יָתֵר מִשִּׁשִּׁים מִיל, וְאֵין כָּל בְּרִיָּה יְכוֹלָה לַעֲמוֹד בִּפְנֵיהֶם, וְכָל הָעוֹמֵד בִּפְנֵיהֶם מִיָּד נִתְרָז. שֶׁנֶּאֱמַר: °"אֶת אֵימָתִי אֲשַׁלַּח לְפָנֶיךָ וְהַמֹּתִי אֶת כָּל הָעָם אֲשֶׁר תָּבֹא בָּהֶם" וגו'. וְאוֹמֵר: °"תִּפֹּל עֲלֵיהֶם אֵימָתָה וָפַחַד עַד יַעֲבֹר עַמְּךָ ה'" — זוֹ *בִּיאָה רִאשׁוֹנָה. "עַד יַעֲבֹר עַם זוּ קָנִיתָ" — זוֹ בִּיאָה שְׁנִיָּה. אֱמוֹר מֵעַתָּה: רְאוּיִין הָיוּ יִשְׂרָאֵל לַעֲשׂוֹת לָהֶם נֵס בְּבִיאָה שְׁנִיָּה כְּבִיאָה רִאשׁוֹנָה, אֶלָּא שֶׁגָּרַם הַחֵטְא. וְאַחַר כָּךְ הֵבִיאוּ אֶת הָאֲבָנִים, וּבָנוּ אֶת הַמִּזְבֵּחַ, וְסָדוּהוּ בְּסִיד, וְכָתְבוּ עֲלֵיהֶם אֶת כָּל דִּבְרֵי הַתּוֹרָה בְּשִׁבְעִים לָשׁוֹן, שֶׁנֶּאֱמַר: °"בַּאֵר הֵיטֵב". וְהֶעֱלוּ עוֹלוֹת וּשְׁלָמִים, וְאָכְלוּ וְשָׁתוּ וְשָׂמְחוּ, וּבֵרְכוּ וְקִלְּלוּ, •וְקִיפְּלוּ אֶת הָאֲבָנִים וּבָאוּ וְלָנוּ בַּגִּלְגָּל, שֶׁנֶּאֱמַר: °"וְהַעֲבַרְתֶּם אוֹתָם עִמָּכֶם וְהִנַּחְתֶּם אוֹתָם בַּמָּלוֹן". יָכוֹל בְּכָל מָלוֹן וּמָלוֹן — ת"ל: "אֲשֶׁר תָּלִינוּ בוֹ הַלָּיְלָה", וּכְתִיב: °"וְאֵת שְׁתֵּים עֶשְׂרֵה הָאֲבָנִים הָאֵלֶּה אֲשֶׁר לָקְחוּ" וגו'. תָּנָא: צִרְעָה לֹא עָבְרָה עִמָּהֶם. וְלָא? וְהָא כְּתִיב: °"וְשָׁלַחְתִּי אֶת הַצִּרְעָה לְפָנֶיךָ"! אָמַר ר' שִׁמְעוֹן בֶּן לָקִישׁ: עַל שְׂפַת יַרְדֵּן עָמְדָה וְזָרְקָה בָּהֶן מָרָה. וְסִימְּתָה עֵינֵיהֶן מִלְמַעְלָה, וְסֵירַסְתָּן מִלְּמַטָּה, שֶׁנֶּאֱמַר: °"וְאָנֹכִי הִשְׁמַדְתִּי אֶת הָאֱמֹרִי מִפְּנֵיהֶם אֲשֶׁר כְּגֹבַהּ אֲרָזִים גָּבְהוֹ וְחָסֹן הוּא כָּאַלּוֹנִים וָאַשְׁמִיד פִּרְיוֹ מִמַּעַל וְשָׁרָשָׁיו מִתָּחַת" וגו'. רַב פָּפָּא אָמַר: שְׁתֵּי צִרְעוֹת הֲוַאי, חֲדָא דְּמֹשֶׁה וַחֲדָא דִּיהוֹשֻׁעַ, דְּמֹשֶׁה לָא עָבַר, דִּיהוֹשֻׁעַ עָבַר.§

"שִׁשָּׁה שְׁבָטִים עָלוּ לְרֹאשׁ הַר גְּרִיזִים" כו'.§ מַאי °"וְהַחֶצְיוֹ"? אָמַר רַב כָּהֲנָא: כְּדֶרֶךְ שֶׁחֲלוּקִין כָּאן כָּךְ חֲלוּקִין בְּאַבְנֵי אֵפוֹד. מֵיתִיבֵי: *שְׁתֵּי אֲבָנִים טוֹבוֹת הָיוּ לוֹ לְכֹהֵן גָּדוֹל עַל כְּתֵפָיו, אַחַת מִכָּאן וְאַחַת מִכָּאן, וּשְׁמוֹת שְׁנֵים עָשָׂר שְׁבָטִים כָּתוּב עֲלֵיהֶם, שִׁשָּׁה עַל אֶבֶן זוֹ וְשִׁשָּׁה עַל אֶבֶן זוֹ, שֶׁנֶּאֱמַר: °"שִׁשָּׁה מִשְּׁמֹתָם עַל הָאֶבֶן הָאֶחָת" וגו'. שְׁנִיָּה כְּתוֹלְדוֹתָם וְלֹא רִאשׁוֹנָה כְּתוֹלְדוֹתָם, מִפְּנֵי שֶׁיְּהוּדָה מוּקְדָּם. וַחֲמִשִּׁים אוֹתִיּוֹת הָיוּ, עֶשְׂרִים וְחָמֵשׁ עַל אֶבֶן זוֹ וְעֶשְׂרִים וְחָמֵשׁ עַל אֶבֶן זוֹ. רַבִּי חֲנִינָא בֶּן גַּמְלִיאֵל אוֹמֵר: לֹא

כמאן כר"ש. וא"ת: דלמא ביפת תואר אפילו ר' יהודה מודה? דהא לא דברה תורה אלא כנגד היצר, והואיל והותרו שאר נכריות, דהלכה למשה מסיני דקנאין פוגעין בו, כדאיתא בפרק שני דע"ז (דף לו:) – הותרו אפילו כנענים שבחוצה לארץ במקום שהותרה יפת תואר! דאמר בפ"ק דקידושין (דף כא:): איבעיא להו, כהן מהו ביפת תואר? רב אמר: מותר, ושמואל אמר: אסור. בביאה ראשונה – כ"ע לא פליגי דשרי, שלא דברה תורה אלא כנגד היצר הרע! ועוד: אפילו ר"ש מה הוצרך להתירה? מאי שנא מכהן, אע"ג דזונה היא – לא איצטריך קרא למשרייה, הואיל ולא דברה תורה אלא כנגד היצר הרע! וי"ל: כיון דלא התיר יפת תואר אלא במלחמות הרשות שבו הכתוב מדבר – שמע מינה דגבי כנענים לא אמרינן: לא דברה תורה אלא כנגד היצה"ר. דאע"ג דאיכא יצר – אמר "לא תחיה" אפילו במקום יפת תואר. הלכך, לרבי יהודה דאית ליה כנענים שבחוצה לה נמי בכלל "לא תחיה" ואין מקבלין אותן – לא היה מתיר במקום יפת תואר. מיהו, איכא למיתמה: לר"ש, דאמר מקבלים אותם ואינם בכלל "לא תחיה", למה לי קרא "ושבית שביו" לרבות יפת תואר? ואכתי *נימא איפכא: דדוקא לרבי יהודה איצטריך, וגזירת הכתוב הוא גבי יפת תואר שבחוצה לה, אע"פ שכנענים אחרים שבחוצה לה הם בכלל "לא תחיה"! וי"ל: דעיקר טעמא דר"ש – אקרא "ושבית שביו" סמיך. דאי מההיא קרא "למען אשר לא ילמדו" – איכא למימר כר' יהודה דאתא למשרייה, או שאר אומות, או כנענים קודם שהתחילו במלחמה. ואחר כך הביאו את האבנים. ה"ג בתוספתא (פ"ח): והביאו את האבנים שהעלו מן הירדן, ובנו את המזבח, והעלו עולות ושלמים. ולא גרסינן: וכתבו עליו את התורה.

*מאי והחציו חציו של מול הר גריזים מרובה מחציו של הר עיבל. לשון הירושלמי מיושב יותר, דגרסינן התם: מה תלמוד לומר "והחציו" – מלמד שמעוטין בהר גריזים ומרובין דהר עיבל. למה – שאין שבטו של לוי כולו שם, שאם היה כל שבט לוי שם – היו שוין. ר' שמואל בר נחמני בשם ר' יונתן אמר: אילו היה כל שבטו של לוי שם – לא היו שוין, למה – שכבר נפלו משבטו של שמעון עשרים וארבעה אלף בשטים. א"ר יוסי בר בון: אילו היה שם כל שבטו של לוי היו שוין, למה – שלא בא משבט ראובן וגד אלא מ' אלף חלוצי צבא. והשתא אתי שפיר "והחציו אל מול הר עיבל" – חציו המבורר שהוא הרוב, דהוי חציו בשבטים ורובא בגברי. ומיהו, כשתדקדק במנין אחרון שנאמר בו "לאלה תחלק הארץ" (במדבר כו) לאחר שמתו מרגלים, כדכתיב "ובאלה לא היה איש" וגו', והיה בשנת הארבעים, לאחר פטירת אהרן דכתיב ביה "ויעל אהרן הכהן וגו' וימת שם בשנת הארבעים לצאת בני ישראל מארץ מצרים בחדש החמישי" (שם לג), והכי מוכח בסדר עולם – תמצא במנין שבטים שעמדו על הר גריזים עודף על אותן שעמדו בהר עיבל תשע אלף חסר ק"ל. ואפילו אם עמדו לוים למטה שמנה אלף – עדיין היו מרובין של הר גריזים קרוב לאלף, שהרי אתה מוצא בפרטן של אותן שבטים שעמדו על הר עיבל שלש מאות ושבעת אלפים ותתק"ל, ובפרטן של הר גריזים ג' מאות וששה עשר אלף ות"ת! וי"ל: הא דאמרינן בירושלמי שאם היה שם כל שבט לוי היו שוין – לאו דוקא שוין, שהרי מרובין היו, אלא כלומר, לא היו של הר גריזים פחותין. [והשתא שלא היו כל שבט לוי שם – צריך לומר] שעמדו לוים למטה תשע אלף או יותר. אבל הא דאמר רבי שמואל בר נחמני בשם ר' יונתן: אילו היה שם כל שבטו של לוי לא היו שוין, למה שכבר נפלו משבטו של שמעון עשרים וארבעה אלף – קשיא, שהרי המנין היה אחרי כן, כדכתיב: "ויהי אחרי המגפה" וגו' (שם כה). ומה שחלק עליו ר' יוסי בר בון לפי שלא בא משבט ראובן וגד אלא מ' אלף חלוצי צבא – א"כ לא נשארו משבט ראובן אלא ג' אלף ותש"ל, שהרי כל פקודי שבט [ראובן] לא היו כי אם מ"ג אלף ותש"ל, והיאך היו אותן ג' אלף ותש"ל של ראובן שנשארו מעבר לירדן ממלאין לכ"ד אלף שנפלו משמעון שהיה בשנת הארבעים? מיהו, הא לא קשיא, דאיכא למימר דהכי קאמר: מחמת חסרון משבט שמעון שנפלו במגפה, אפילו היה שם שבטו של לוי לא היו שוין, דמתוך כך היו של הר גריזים מועטין. ולא שיחסרו מהן עשרים וארבעה אלף משמעון [אלא ג' אלפים או פחות]. ועלה קאי רבי יוסי בר בון: אפילו לדבריך, כשאתה מחסר כנגדו ג' אלף ותש"ל משבט ראובן שנשארו מעבר לירדן, והיו שוין, שמחמת חסרון משבט שמעון אין חסר יותר מג' אלף ותש"ל. אבל ההיא דר' שמואל בר נחמני תיקשי, כדפרישית, שהמגפה היתה קודם למנין. עשרים וחמש על אבן זו ועשרים וחמש על אבן זו. ירושלמי: והלא אינן אלא כ"ג מכאן וכ"ז מכאן! פי': לתנא דתני התם כשם שחלוקים כאן כך חלוקין באבני אפוד, מקשה: א"כ על אותה אבן שהיו עליה של הר גריזים *היו כ"ג ועל השניה כ"ז, וזבולון מלא! ומשני, א"ר יוחנן: בנימין היה חצי מכן, וצ"ל דעל השניה שכתובין עליה אותו של הר עיבל היה כתוב "ב"נ" ועל הראשונה "ימ"ן". א"ר זבידא: ויאות, מי כתיב "ששה שמותם"? לא כתיב אלא "ששה משמותם", משמותם ולא כל שמותם. לעשות

תוספות שאנץ

שביו לרבות כנענים שבתוכם. בא הכתוב להתיר כנענים שבחוצה לארץ ולקיים מהם יפת תואר שלא יהא בכלל לא תחיה כל נשמה: כמאן כר' שמעון שכתב להם שיחזרו בתשובה ודוקא אותם העומדין בגבולין אבל העומדין חוץ לגבולין לא היו בכלל לא תחיה כל נשמה. שאם היו רוצים לפנות את ארצם והולכין להם לא נצטוו להחרימם כמו שפינה הגרגשי והלך לו. (אלא) [אבל] לר' יהודה כולם בכלל דלא תחיה וא"ת לר' יהודה דאמר דנצטוו להחרימם כל הכנענים שבחוצה לארץ למה לי קרא דלא תתחתן בם תיפוק לי' מלא תחיה כל נשמה. וי"ל דאיצטריך כגון אותן שלא יוכלו להחרימם כדאי' בספר שופטים וכגון הגרגשי שפינה והלך לו: דמשה לא עבו' ויהושע עבר. תי' פשיטא דשל משה לא עבר דלמה היתה עוברת הירדן והלא לא כבשו אז אלא ארץ סיחון ועוג ושמא אותן שנמלטו מארץ סיחון ועוג לעבר הירדן של ארץ כנען לא הזיקה הצרעה עד יהושע:

ואין

כז א מיי' פ"ט מהל' כלי המקדש הל' ט וע"ש בכ"מ:

[תוספתא פ"ח]

סנהדרין לח: ברכות ז.

שמות כג | שם טו | דברים כז | יהושע ד | שם | שמות כג | עמוס ב | יהושע ח | שמות כח

הגהות הב"ח

(א) רש"י ד"ה והעלו נ"ל קודם ד"ה פריו:

איפכא דר' יהודה איצטריך דוקא וגזה"כ גבי יפ"ת כו' כ"ה בס"י

שייך לע"ב

גליון הש"ס

גמ' וקיפלו את האבנים. כמו וקלפו רש"י חולין מד ע"א ד"ה לאקפל:

רש"ל

רש"ל ועי' רש"א

היו כ"ג ועל הראשונה רש"ל ובמהרש"א הגיה של הר גריזים היו כ"ז ועל השניה כ"ג וזבולן כו'

אלא כדרך שחלוקין בחומש הפקודים חלוקין באבני אפוד, אלא כדרך שחלוקין בחומש שני. כיצד? בני לאה כסידרן, בני רחל אחד מכאן ואחד מכאן, ובני שפחות באמצע. ואלא מאי אני מקיים "כתולדותם" — כשמותן שקרא להן אביהן, ולא כשמות שקרא להן משה: ראובן ולא ראובני, שמעון ולא שמעוני, דן ולא הדני, גד ולא הגדי, תיובתא דרב כהנא! תיובתא. ואלא מאי "והחציו"? תנא: חציו של מול הר גריזים מרובה מחציו של הר עיבל, מפני שלוי למטה. אדרבה, מפני שלוי למטה בצרי להו! הכי קאמר: אף על פי שלוי למטה — בני יוסף עמהם, שנאמר: °"וידברו בני יוסף את יהושע לאמר מדוע נתתה לי נחלה גורל אחד וחבל אחד ואני עם רב ויאמר אליהם יהושע אם עם רב אתה עלה לך היערה", אמר להן: לכו והחבאו עצמכם ביערים, שלא תשלוט בכם עין הרע. אמרו ליה: *זרעיה דיוסף לא שלטא ביה עינא בישא, דכתיב: °"בן פורת יוסף בן פורת עלי עין" ואמר ר' אבהו: אל תהי קורא "עלי עין" אלא עולי עין. רבי יוסי בר' חנינא אמר: מהכא, °"וידגו לרוב בקרב הארץ" — מה דגים שבים מים מכסין עליהן ואין העין שולטת בהן, אף זרעו של יוסף אין העין שולטת בהן. הני חמשים אותיות? חמשים נכי חדא הויין! א"ר יצחק: יוסף הוסיפו לו אות אחת, שנאמר: °"עדות ביהוסף שמו בצאתו על ארץ מצרים". מתקיף לה רב נחמן בר יצחק: "כתולדותם" בעינן! אלא, כל התורה כולה בנימן כתיב, והכא בנימין שלם, כדכתיב: °"ואביו קרא לו בנימין". *אמר רב חנא בר ביזנא א"ר שמעון חסידא: יוסף שקידש שם שמים בסתר — הוסיפו עליו אות אחת משמו של הקב"ה, (א) יהודה שקידש שם שמים בפרהסיא — נקרא כולו על שמו של הקב"ה. יוסף מאי היא — דכתיב: °"ויהי כהיום הזה ויבא הביתה לעשות מלאכתו" א"ר יוחנן: מלמד ששניהם לדבר עבירה נתכוונו. "ויבא הביתה לעשות מלאכתו", *רב ושמואל; חד אמר: לעשות מלאכתו ממש, וחד אמר: לעשות צרכיו נכנס. "ואין איש מאנשי הבית" וגו'. אפשר בית גדול כביתו של אותו רשע לא היה בו איש?! תנא דבי ר' ישמעאל: אותו היום יום חגם היה, והלכו כולן לבית עבודה זרה שלהם, והיא אמרה להן חולה היא, אמרה: אין לי יום שניזקק לי יוסף כיום הזה. °"ותתפשהו בבגדו לאמר" וגו'. באותה שעה באתה דיוקנו של אביו ונראתה לו בחלון, אמר לו: יוסף! עתידין אחיך שיכתבו על אבני אפוד ואתה ביניהם, רצונך שימחה שמך מביניהם ותקרא רועה זונות? *דכתיב: °"ורועה זונות יאבד הון". מיד — °"ותשב באיתן קשתו", א"ר יוחנן משום ר' מאיר: ששבה קשתו לאיתנו. "ויפוזו זרועי ידיו" — נעץ ידיו בקרקע ויצאה שכבת זרעו מבין ציפורני ידיו. "מידי אביר יעקב", מי גרם לו שיחקק על אבני אפוד — אלא אביר יעקב. "משם רועה אבן ישראל" — משם זכה ונעשה רועה, שנאמר: °"רועה ישראל האזינה נוהג כצאן יוסף". תניא, היה ראוי יוסף לצאת ממנו י"ב שבטים כדרך שיצאו מיעקב אביו, שנאמר: °"אלה תולדות יעקב יוסף", אלא שיצא שכבת זרעו מבין ציפורני ידיו. ואעפ"כ יצאו מבנימין אחיו, וכולן נקראו על שמו, שנאמר: °"ובני בנימין בלע ובכר ואשבל" וגו'. "בלע" — שנבלע בין האומות, "ובכר" — בכור לאמו היה, "ואשבל" — ששבאו אל, "גרא" — שגר באכסניות, "ונעמן" — שנעים ביותר, "אחי וראש" — אחי הוא וראשי הוא, "מופים וחופים" — הוא לא ראה בחופתי ואני לא ראיתי בחופתו, "וארד" — שירד לבין אומות העולם. א"ד: "וארד" — *שפניו דומין לוורד. א"ר חייא בר אבא אמר רבי יוחנן: בשעה שאמר לו פרעה ליוסף: °"ובלעדיך לא ירים איש את ידו" וגו', אמרו איצטגניני פרעה: עבד שלקחו רבו בעשרים כסף תמשילהו עלינו? אמר להן: גנוני מלכות אני רואה בו. אמרו לו: א"כ, יהא יודע בשבעים לשון! בא גבריאל ולימדו שבעים לשון. לא הוה קגמר, הוסיף לו אות אחת משמו של הקב"ה, ולמד, שנאמר: °"עדות ביהוסף שמו בצאתו על ארץ מצרים, (שפת לא ידעתי אשמע".) ולמחר, כל לישנא דאישתעי פרעה בהדיה — אהדר ליה. אישתעי איהו בלשון הקודש — לא הוה קא ידע מאי הוה אמר. א"ל: אגמרי. אגמריה ולא גמר. אמר ליה: אישתבע לי דלא מגלית. אישתבע לו. כי א"ל °"אבי השביעני לאמור" — א"ל: זיל איתשיל אשבועתך. אמר ליה: ואיתשלי נמי אדידך? ואע"ג דלא ניחא ליה א"ל: "עלה וקבור את אביך כאשר השביעך". יהודה מאי היא — דתניא, היה ר"מ אומר: כשעמדו ישראל על הים היו שבטים מנצחים זה עם זה, זה אומר: אני יורד תחלה לים, וזה אומר: אני יורד תחלה לים, קפץ שבטו

לא כדרך שחלוקין בחומש הפקודים. כלומר, לא כדרך שסדורים בחומש הפקודים, הוא ספר "וידבר" שנסדרו בראשו "אלה שמות האנשים אשר יעמדו" וגו' (במדבר א). בחומש שני. בתחילת "ואלה שמות": ראובן שמעון לוי ויהודה ויששכר וזבולון באחד מהן, בשני: בנימין דן ונפתלי גד ואשר ויוסף. א"כ מה ת"ל כתולדותם. הואיל ולא כדרך לידתן נסדרו. תיובתא דרב כהנא. דלכולי עלמא אין זה סדר הר גריזים והר עיבל. דאילו סדר הר גריזים — שמעון ולוי ויהודה יששכר ויוסף ובנימין, ודהר עיבל — ראובן גד ואשר וזבולון דן ונפתלי. מרובה מחציו כו'. והיינו דקאמר "וחציו אל מול הר עיבל"; חציו — ממועט שבחציו*. מפני שלוי למטה. זקני כהונה ולויה היו עם הארון בין שני ההרים, כדלקמן. בל שכן דבצרי להו. חציו של הר גריזים, שהרי שבט לוי מהן היה. אלא הכי קאמר אע"פ ששבט לוי למטה. אפ"ה חציו של הר גריזים מרובה, מפני שיוסף עמהן, ומרובין היו. וידברו בני יוסף וגו'. סופו דקרא "ואני עם רב אשר עד כה ברכני ה'". עולי עין. עולין על העין, ואין העין עולה עליהם. וידגו לרוב. כן ברכן יעקב למנשה ואפרים. בציר חדא הוו. אבן השניה קאי. כתולדותם בעינן. כשמות אשר קרא להם אביהם. בסתר. שנתייחד עם הערוה, והעמיד על עצמו, וכבש את יצרו. יהודה שקידש שם שמים בפרהסיא. על הים כדלקמן. נקרא כולו. שם בן ארבעה אותיות כלול בשמו של יהודה. לדבר עבירה. והאי "מלאכתו" — תשמיש. מלאכתו ממש. מלאכה. צרכיו. תשמיש. יאבד הון. שם טוב, שהוא יקר מכל הון. קשתו. שכבת זרעו, על שם שיורה כחץ. ויפוזו. לשון ויפוצו שהזיי"ן והצד"י מתחלפין, כמו "זעקת" — צעקת. שנעץ אצבעותיו בקרקע. ונסמך עליהן, כדי שיתייסר ויטרד בצערו, ויעבור תוקף יצרו. מידי אבירותיו של יעקב. משם זכה להיות רועה, ומשם זכה להיות באבן מאבני ישראל. רועה ישראל האזינה. כלפי שכינה נאמר. נוהג כצאן יוסף. קרי "כצאן יוסף" — המנהיגים כצאנו של יוסף. אלמא מיקרו ישראל צאנו של יוסף, והוא הרועה. אלה תולדות יעקב יוסף. תולדות שיצאו מיעקב, כנגדן ראוי לצאת מיוסף. ואף על פי כן יצאו מבנימין אחיו. אותן עשרה שפיחתו מיוסף בעשר אצבעותיו. שגר באכסניא. בארץ נכריה. מופים. מפורש במדרש רבי תנחומא: שהיה פיו כפי יעקב אביו בהלכות שקיבל משם ועבר. איצטגנינות. חכמים וחוזים בכוכבים, ויודעים בחכמת המזלות. גנוני מלכות. גווני מלכות, בחכמה גבורה ויופי. עדות ביהוסף שמו. סיפיה דקרא "שפת לא ידעתי אשמע". איתשיל אשבועתך. השאל לחכמים שיתירוה לך. אושפיזכן

לעשות צרכיו. נראה, משום דהוליאו בלשון ביאה "ויבא הביתה" — קא דייק נמי דלעשות צרכיו נכנס. באותה שעה באתה דיוקנו של אביו. כתב רבינו משה הדרשן: "ואין איש מאנשי הבית [שם בבית" — דמשמע דוקא מאנשי הבית] לא היה שם, מכלל דאיש אחר שלא מאנשי הבית, כלומר חלוק ומופלג מתורת אנשי הבית — היה שם. וזהו דמות דיוקנו של אביו. ותימה קצת: מנלן דנראית לו בחלון? ושמא מדכתיב "בבית", דמשמע: בבית לא*. איתשיל נמי אדידך ואע"ג דלא ניחא ליה. ותימה: הלא לא היה יכול לישאל על נדרו כי אם מדעתו של פרעה, כמו ההוא מעשה דצדקיהו ונבוכדנצר דמייתי התם! *מיהו, מהכא משמע *דהוה בפניו, דאמר בפ' "ר' אליעזר" בנדרים (דף סה.): המודר הנאה מחברו אין מתירין לו אלא בפניו, פי': בפניו — ואפילו בעל כרחו. ומיהו, תימה לומר דהנודר על דעת חבירו מתירים לו שלא מדעת חבירו! ושמא אוקמיה במלתא דגיזוס בעלמא, שגיזמו כך. מיהו, לא היה יכול לישאל עליו אי לא ניחא ליה לפרעה.

והיו

כח א ב מיי' פ"ט מהל' כלי המקדש הל' ט וע"ש בכ"מ:

רש"ל

[נ"א אבל בחלון היה]

[בנדרים סה.]

[נ"ל דהאי]

הגהות הב"ח

(א) גמ' יהודה שקידש. נ"ב ע"ל בפ"ק דף י ע"ב:

תוספות שאנץ

ואין איש מאנשי הבית יש במדרש שבדק יוסף עצמו ולא מצא מעשה של איש שלא היה לו מילה שמצא עצמו טומטום: שגר באכסניות בארץ נכריה: מופים מפרש בתנחומא שהיה פיו כשל אביו בהלכות שקבל משם ועבר: אשתעי איהו בלשון הקדש. צ"ע אי הוו ע' לשון חוץ מלשון הקדש דהא הכא לא הוה ידע ליה ואמר בסוכה שע' פרים שמקריבין בחג הסוכות כנגד ע' אומות חוץ מישראל ואמר נמי בסדר פנחס דמונה ס"ה משפחות בישראל וע' באומות היינו דכתיב כי אתם המעט ה' משפחות מעט מכל העמים:

תורה אור: יהושע יז; בראשית מט; שם מח; תהלים פא; בראשית לה; שם לט; שם; משלי כט; בראשית מט; תהלים פ; בראשית לז; שם מו; שם מא; תהלים פא; בראשית נ

עי' פרש"י בע"ז

ב"ב קיח: ב"מ פד. ברכות כ. נה:

[לעיל י:]

שבת מט:

[ע' מה שכתבו תוס' גיטין סח. ד"ה וכתיב]

[שבת קיח:]

רש"ל מ"ז

תורה אור

שִׁבְטוֹ שֶׁל בִּנְיָמִין וְיָרַד לַיָּם תְּחִילָּה, שֶׁנֶּאֱמַר:
תהלים סח °"שָׁם בִּנְיָמִן צָעִיר רוֹדֵם", אַל תִּקְרֵי "רוֹדֵם" אֶלָּא
רֵד יָם. וְהָיוּ שָׂרֵי יְהוּדָה רוֹגְמִים אוֹתָם, שֶׁנֶּאֱמַר:
שם °"שָׂרֵי יְהוּדָה רִגְמָתָם". לְפִיכָךְ *זָכָה בִּנְיָמִין
הַצַּדִּיק וְנַעֲשָׂה אוּשְׁפִּיזְכָן לַגְּבוּרָה, שֶׁנֶּאֱמַר:
דברים לג °"וּבֵין כְּתֵפָיו שָׁכֵן". אָמַר לוֹ רַבִּי יְהוּדָה: לֹא כָּךְ
הָיָה מַעֲשֶׂה, אֶלָּא זֶה אוֹמֵר: אֵין אֲנִי יוֹרֵד
תְּחִילָּה לַיָּם, וְזֶה אוֹמֵר: אֵין אֲנִי יוֹרֵד תְּחִילָּה לַיָּם,
קָפַץ נַחְשׁוֹן בֶּן עֲמִינָדָב וְיָרַד לַיָּם תְּחִילָּה,
הושע יב שֶׁנֶּאֱמַר: °"סְבָבוּנִי בְכַחַשׁ אֶפְרַיִם וּבְמִרְמָה
בֵּית יִשְׂרָאֵל וִיהוּדָה עוֹד רָד עִם אֵל". וְעָלָיו
תהלים סט מְפָרֵשׁ בְּקַבָּלָה: °"הוֹשִׁיעֵנִי אֱלֹהִים כִּי בָאוּ מַיִם
עַד נָפֶשׁ טָבַעְתִּי בִּיוֵן מְצוּלָה וְאֵין מָעֳמָד וגו'
שם °"אַל תִּשְׁטְפֵנִי שִׁבֹּלֶת מַיִם וְאַל תִּבְלָעֵנִי
מְצוּלָה" וגו'. בְּאוֹתָהּ שָׁעָה הָיָה מֹשֶׁה מַאֲרִיךְ
בִּתְפִלָּה, אָמַר לוֹ הקב"ה: יְדִידַיי טוֹבְעִים בַּיָּם,
וְאַתָּה מַאֲרִיךְ בִּתְפִלָּה לְפָנַי?! אָמַר לְפָנָיו: רִבּוֹנוֹ
שמות יד שֶׁל עוֹלָם! וּמַה בְּיָדִי לַעֲשׂוֹת? אָמַר לוֹ: °"דַּבֵּר
אֶל בְּנֵי יִשְׂרָאֵל וְיִסָּעוּ וְאַתָּה הָרֵם אֶת מַטְּךָ
וּנְטֵה אֶת יָדְךָ" וגו'. לְפִיכָךְ זָכָה יְהוּדָה לַעֲשׂוֹת
תהלים קיד מֶמְשָׁלָה בְּיִשְׂרָאֵל, שֶׁנֶּאֱמַר: °"הָיְתָה יְהוּדָה
לְקָדְשׁוֹ יִשְׂרָאֵל מַמְשְׁלוֹתָיו"; מַה טַּעַם הָיְתָה
יְהוּדָה לְקָדְשׁוֹ וְיִשְׂרָאֵל מַמְשְׁלוֹתָיו — מִשּׁוּם
דְּ"הַיָּם רָאָה וַיָּנֹס". תַּנְיָא, *רַבִּי אֱלִיעֶזֶר בֶּן יַעֲקֹב
אוֹמֵר: אִי אֶפְשָׁר לוֹמַר לֵוִי לְמַטָּה — שֶׁכְּבָר נֶאֱמַר
לְמַעְלָה, וְאִי אֶפְשָׁר לוֹמַר לְמַעְלָה — שֶׁכְּבָר
נֶאֱמַר לְמַטָּה. הָא כֵּיצַד? זִקְנֵי כְהוּנָּה וּלְוִיָּה
לְמַטָּה, וְהַשְּׁאָר לְמַעְלָה. רַבִּי יֹאשִׁיָּה אוֹמֵר: כָּל
הָרָאוּי לְשָׁרֵת — לְמַטָּה. וְהַשְּׁאָר לְמַעְלָה. רַבִּי אוֹמֵר:
אֵלּוּ וְאֵלּוּ לְמַטָּה הֵן עוֹמְדִים, הָפְכוּ פְּנֵיהֶם כְּלַפֵּי
הַר גְּרִיזִים וּפָתְחוּ בִּבְרָכָה, כְּלַפֵּי הַר עֵיבָל
דברים כז וּפָתְחוּ בִּקְלָלָה. מַאי °"עַל" — עַל בְּסָמוּךְ. *כְּדִתַנְיָא:
ויקרא כד °"וְנָתַתָּ עַל הַמַּעֲרֶכֶת לְבוֹנָה זַכָּה", רַבִּי אוֹמֵר: *עַל
— בְּסָמוּךְ. אַתָּה אוֹמֵר עַל בְּסָמוּךְ, אוֹ אֵינוֹ אֶלָּא
שמות מ עַל מַמָּשׁ? כְּשֶׁהוּא אוֹמֵר °"וְסַכּוֹתָ עַל הָאָרֹן"*
הֱוֵי אוֹמֵר עַל — בְּסָמוּךְ.§ "הָפְכוּ פְּנֵיהֶם כְּלַפֵּי
הַר גְּרִיזִים וּפָתְחוּ בִּבְרָכָה" כו'.§ תָּנוּ רַבָּנַן: בָּרוּךְ
בִּכְלָל בָּרוּךְ בִּפְרָט, *אָרוּר בִּכְלָל אָרוּר
בִּפְרָט, לִלְמוֹד וּלְלַמֵּד לִשְׁמוֹר וְלַעֲשׂוֹת — הֲרֵי
אַרְבַּע

אוּשְׁפִּיזְכָן לַגְּבוּרָה. שֶׁבֵּית קָדְשֵׁי הַקֳּדָשִׁים בָּנוּי בְּחֶלְקוֹ. בְּכַחַשׁ אֶפְרַיִם. שֶׁיָּרְאוּ לִסְמוֹךְ עָלָיו, וְכִחֲשׁוּ בֶּאֱמוּנָתָם. רָד עִם אֵל. יָרַד בַּיָּם עַל שֶׁבָּטַח בְּהקב"ה. יִשְׂרָאֵל מַמְשְׁלוֹתָיו. דִּיהוּדָה, שֶׁנִּתְקַדֵּשׁ לִמְשׁוֹל בָּהֶן. שֶׁכְּבָר נֶאֱמַר לֵוִי לְמַעְלָה. מֹשֶׁה כָּתַב בַּתּוֹרָה: "אֵלֶּה יַעַמְדוּ לְבָרֵךְ וגו' שִׁמְעוֹן לֵוִי וִיהוּדָה". שֶׁכְּבָר נֶאֱמַר לֵוִי לְמַטָּה. בְּסֵפֶר יְהוֹשֻׁעַ, (ח) כְּדִכְתִיב: "וְכָל יִשְׂרָאֵל וּזְקֵנָיו עוֹמְדִים מִזֶּה וּמִזֶּה לָאָרוֹן נֶגֶד הַכֹּהֲנִים וְהַלְוִיִּם". אַלְמָא: כֹּהֲנִים וּלְוִיִּם לְמַטָּה הָיוּ. הָרָאוּי לְשָׁרֵת. לָשֵׂאת אֶת הָאָרוֹן, דְּהַיְינוּ מִבֶּן שְׁלֹשִׁים וְעַד בֶּן חֲמִשִּׁים. לְמַטָּה. אֵצֶל הָאָרוֹן. אֵלּוּ וְאֵלּוּ. יִשְׂרָאֵל וּלְוִיִּם, לְמַטָּה הָיוּ, כְּדִכְתִיב בְּסֵפֶר יְהוֹשֻׁעַ. עַל הַר גְּרִיזִים וְעַל הַר עֵיבָל. שֶׁכָּתַב מֹשֶׁה בַּתּוֹרָה, עַל — בְּסָמוּךְ, כְּדִמְפָרֵשׁ וְאָזֵיל. עַל בְּסָמוּךְ. שֶׁהָיָה מוֹשִׁיב שְׁנֵי בְּזִיכֵי לְבוֹנָה בֵּין שְׁנֵי הַסְּדָרִים. וְסַכּוֹתָ עַל הָאָרוֹן. עַל כָּרְחָךְ לָאו עַל מַמָּשׁ, דְּהַאי מְחִיצָּה הֲוַאי פָּרוֹכֶת וְלֹא הָיָה סָכָךְ. בָּרוּךְ בִּכְלָל בָּרוּךְ בִּפְרָט. כָּל הַבְּרָכוֹת וְהַקְּלָלוֹת נֶאֶמְרוּ בְּהַר גְּרִיזִים וּבְהַר עֵיבָל בִּכְלָל וּפְרָט: בָּרוּךְ אֲשֶׁר יָקִים אֶת דִּבְרֵי הַתּוֹרָה הַזֹּאת, אָרוּר אֲשֶׁר לֹא יָקִים — הֲרֵי בִּכְלָל. וְכָל אַחַת וְאַחַת בִּפְרָט, בָּרוּךְ וְאָרוּר. בָּרוּךְ אֲשֶׁר לֹא יַעֲשֶׂה פֶּסֶל וּמַסֵּכָה, אָרוּר אֲשֶׁר יַעֲשֶׂה פֶּסֶל וּמַסֵּכָה, וְכֵן כּוּלָּן. לִלְמוֹד וּלְלַמֵּד לִשְׁמוֹר וְלַעֲשׂוֹת. כָּל הַמִּצְוֹת כּוּלָּן טְעוּנוֹת אַרְבָּעָה אֵלֶּה: "וּלְמַדְתֶּם אוֹתָם וּשְׁמַרְתֶּם לַעֲשׂוֹתָם", וּכְתִיב: "וְלִמַּדְתֶּם אוֹתָם אֶת בְּנֵיכֶם" וגו' — הֲרֵי כָּאן אַרְבַּע מִצְוֹת לְכָל מִצְוָה. וְעַל אַרְבַּעְתָּן נִמְסְרוּ אָרוּר וּבָרוּךְ בִּכְלָל וּפְרָט: בָּרוּךְ אֲשֶׁר יִלְמְדוּ, אָרוּר אֲשֶׁר לֹא יִלְמְדוּ. וְכֵן לְלַמֵּד, וְכֵן לִשְׁמוֹר, וְכֵן לַעֲשׂוֹת. בְּכָל אֶחָד אַרְבַּע בְּרִיתוֹת; בְּרִית לְבָרוּךְ בִּכְלָל, בְּרִית לְבָרוּךְ בִּפְרָט, בְּרִית לְאָרוּר בִּכְלָל, בְּרִית לְאָרוּר בִּפְרָט. (זה הפירוש שייך לע"ב) אַרְבַּע וְאַרְבַּע. אַרְבַּע בְּרִיתוֹת לִלְמוֹד, וְאַרְבַּע לְלַמֵּד — הֲרֵי שְׁמוֹנֶה. שְׁמוֹנֶה וּשְׁמוֹנֶה. הָא אִיכָּא עוֹד שְׁמוֹנֶה, לִשְׁמוֹר וְלַעֲשׂוֹת. וְכֵן בְּסִינַי. כְּשֶׁנֶּאֶמְרוּ כָּל הַמִּצְוֹת לְמֹשֶׁה, נִתְּנוּ כּוּלָּן בְּאָרוּר וּבָרוּךְ, בִּכְלָל וּפְרָט. וְכֵן בְּעַרְבוֹת מוֹאָב. כְּשֶׁאֲמָרָהּ לְיִשְׂרָאֵל, כְּדִכְתִיב (דברים א): "בְּעֵבֶר הַיַּרְדֵּן בְּאֶרֶץ מוֹאָב הוֹאִיל מֹשֶׁה" וגו'. שֶׁנֶּאֱמַר אֵלֶּה דִבְרֵי הַבְּרִית וגו'. בָּתַר קְלָלוֹת וּבְרָכוֹת כְּתִיב "מִלְּבַד הַבְּרִית" וגו'. אַלְמָא, כִּבְרִית עַרְבוֹת מוֹאָב בִּבְרָכוֹת וּקְלָלוֹת כָּךְ בְּרִית בְּחוֹרֵב. דְּהַר גְּרִיזִים וּדְהַר עֵיבָל לָא אִיצְטְרִיךְ לְאֵתוּיֵי קְרָא, דַּעֲלָהּ קָאֵי, וּבָהּ אַיְירֵי. "וּשְׁמַרְתֶּם אֶת דִּבְרֵי הַבְּרִית הַזֹּאת" לָא גָּרַס לֵיהּ הָכָא.
אַרְבָּעִים

והיו שרי יהודה רגמתם רוגמין אותן. כך שנויה ברייתא במכילתין: משל למה הדבר דומה למלך בשר ודם שהיו לו שני בנים, אחד גדול ואחד קטן. אמר לקטן: העמידני עם הנץ החמה, אמר לגדול: העמידני בג' שעות. בא הקטן להעמידו עם הנץ החמה, ולא הניחו גדול, אמר לו: לא אמר לי אלא עד ג' שעות. והקטן אמר: לא אמר לי אלא עד הנץ החמה. מתוך שהיו עומדים להוכין נגער אביהן, אמר להן: בניי, מכל מקום שניכם לא כיוונתם אלא לכבודי — אף אני לא אקפח את שכרכם. מה שכר נטלו שבטו של בנימין שירד תחילה לים — ששרתה שכינה בחלקו, שנאמר וכו'. ומה שכר נטלו שבטו של יהודה — זכה למלכות, שנאמר: "שרי יהודה רגמתם" — אין רגמתם אלא מלכות, שנאמר" "באדין אמר בלשצר והלבישו לדניאל ארגוונא" (דניאל ה).

אי אפשר לומר לוי למטה וכו'. ירושלמי, ר"ש אומר: שמעון ולוי, מה שמעון כולו למעלה — אף לוי כולו למעלה. מה אני מקיים הדין תנייה "נגד הכהנים והלוים" — כדאמר ר' יהושע בן לוי: בעשרים וארבעה מקומות הכהנים נקראו לוים, וזה אחד מהן "והכהנים הלוים בני צדוק" (יבמות פו:).

מאי על על בסמוך כדתניא רבי אומר וכו'. האי דלא מייתי מתניתין בפרק "שתי הלחם" (מנחות נו.): אבא שאול אומר: שם היו נותנין בזיכי לבונה של לחם הפנים. ואטפחיים ריוח באמצע קאי, שהיו נותנין בזיכי לבונה של לחם הפנים. אמרו לו: והלא כבר נאמר "ונתת על המערכת לבונה זכה". אמר להם: והלא כבר נאמר "ועליו מטה מנשה". יש לומר: משום דברייתא מפרש בהדיא: "על" — בסמוך. ונראה, אפי' רבי מאיר ור' יהודה דפליגי התם אאבא שאול, ואמרי "על" ממש, והכי משמע נמי ב"הקומץ רבה" (שם כז.) כל היכא דאיכא למימר "על" ממש — דאמרי' ["על" ממש]. דבעי שם רבי יצחק: איברים שסדרן בגידי מערכה מהו? אליבא דמאן דאמר "על" ממש — לא תיבעי לך, ד"על העצים" כתיב. [מ"מ] הכא כולי עלמא מודו ד"על" בסמוך, ולא אמרי' המברכין על הר גריזים ממש והמקללים על הר עיבל. כדאמרינן בירושלמי: יכול אלו שבהר גריזים היו אומרים ברכות ואלו שבהר עיבל היו אומרים קללות — תלמוד לומר: "הברכות והקללות" — אלו ואלו היו אומרים ברכות, ואלו ואלו אומרים קללות. יכול אלו שבהר גריזים היו עונין אחר הברכות אמן, ואלו שבהר עיבל היו עונין אחר הקללות אמן — ת"ל: "וענו כל העם ואמרו אמן" — אלו ואלו היו עונין אחר הברכות והקללות אמן. הא כילד? בשעה שהיו אומרים ברכות — היו הופכין פניהם וכו'. ופלוגתא דרבי יוחנן וריש לקיש דפליגי בפרק "התודה" (שם דף עח.): השוחט את התודה לפנים ולחמה חוץ לחומה, וכן בפרק "תמיד נשחט" (פסחים דף סג:): השוחט הפסח על החמץ — לא שייכא להכא. ונראה לר"י: דרבי מודה נמי דכל "על" — לכתחלה ולמצוה "על" ממש, ושאני הכא דגזירת הכתוב היא, וכדפרישית, ודיעבד מכשר "על" בסמוך. דומיא דההיא דפרק "שתי הלחם" (מנחות דף נב.) דאם סידר מערכת לחם הפנים שתים של שבע שבע — [אמר רבי]: רואין את העליונות כאילו אינן. [והא בעינן "ונתת על המערכת לבונה"! מאי "על" — בסמוך. ורבי לטעמיה, דאמר: "על" בסמוך]. וגבי בזיכי לבונה טעמא נמי, כיון דמשמע "על" בסמוך — אמרינן דהאי "על" נמי לכתחילה בסמוך קאמר; חדא שלא יפרוס הלחם, ועוד, [דכי יהיב] בסמוך [הוי] דרך כבוד טפי לפני מלך מלכי המלכים הקדוש ברוך הוא, כדאמרינן ב"כל המנחות באות מצה" (שם סב.) גבי כבשי עצרת, דכתיב: "והניף הכהן אותם על לחם הביכורים", יכול יניח כבשים על גבי לחם — תלמוד לומר: "על שני כבשים". אי על שני כבשים, יכול לחם על גבי כבשים — תלמוד לומר: "על לחם הביכורים" וכו'. ר' חנינאי אומר: מניח הלחם בין שתי יריכותיהם של כבשים ומניף, ונמצא מקיים שני מקראות הללו. אמר רבי: לפני מלך ב"ו אין עושין [כן], לפני ממ"ה עושין כן? אלא מניח זה בלד זה ומניף. והא בעינן "על"? אמר רב חסדא לרב המנונא, ואמרי לה רב המנונא לרב חסדא: רבי לטעמיה, דתניא וכו'.
רבי

[עי' יומא יב. וזבחים נג.]

[תוספתא פ"ח ע"ש]

מנחות סב. לח.

[תוספתא פ"ח]

[מנחות כז. עח: פסחים סג: סנהדרין יג:]

[נ"ל את הפרוכת הוי אומר וכו']

רש"ל

אַרְבַּע, אַרְבַּע וְאַרְבַּע — הֲרֵי שְׁמוֹנֶה, שְׁמוֹנֶה וּשְׁמוֹנֶה הֲרֵי שֵׁשׁ עֶשְׂרֵה. וְכֵן בְּסִינַי, וְכֵן בְּעַרְבוֹת מוֹאָב, שֶׁנֶּא': °"אֵלֶּה דִבְרֵי הַבְּרִית אֲשֶׁר צִוָּה ה' אֶת מֹשֶׁה" וגו', וּכְתִיב: °"וּשְׁמַרְתֶּם אֶת דִּבְרֵי הַבְּרִית הַזֹּאת" וגו'. נִמְצָא מ"ח בְּרִיתוֹת עַל כָּל מִצְוָה וּמִצְוָה. ר"ש מוֹצִיא הַר גְּרִיזִים וְהַר עֵיבָל, וּמַכְנִים אֹהֶל מוֹעֵד שֶׁבַּמִּדְבָּר. וּבִפְלוּגְתָּא דְּהָנֵי תַּנָּאֵי. דְּתַנְיָא, רַבִּי יִשְׁמָעֵאל אוֹמֵר: *כְּלָלוֹת נֶאֶמְרוּ בְּסִינַי, וּפְרָטוֹת בְּאֹהֶל מוֹעֵד. ר' עֲקִיבָא אוֹמֵר: כְּלָלוֹת וּפְרָטוֹת נֶאֶמְרוּ בְּסִינַי, וְנִשְׁנוּ בְּאֹהֶל מוֹעֵד, וְנִשְׁתַּלְּשׁוּ בְּעַרְבוֹת מוֹאָב. *וְאֵין לְךָ כָּל דָּבָר מִצְוָה וּמִצְוָה שֶׁכְּתוּבָה בַּתּוֹרָה שֶׁלֹּא נִכְרְתוּ עָלֶיהָ אַרְבָּעִים וּשְׁמֹנֶה בְּרִיתוֹת. ר' שִׁמְעוֹן בֶּן יְהוּדָה אִישׁ כְּפַר עַכּוֹ אָמַר מִשּׁוּם רַבִּי שִׁמְעוֹן: אֵין לְךָ מִצְוָה וּמִצְוָה שֶׁכְּתוּבָה בַּתּוֹרָה, שֶׁלֹּא נִכְרְתוּ עָלֶיהָ אַרְבָּעִים וּשְׁמֹנֶה בְּרִיתוֹת שֶׁל שֵׁשׁ מֵאוֹת אֶלֶף וּשְׁלֹשֶׁת אֲלָפִים וַחֲמֵשׁ מֵאוֹת וַחֲמִשִּׁים. אָמַר רַבִּי: לְדִבְרֵי רַבִּי שִׁמְעוֹן בֶּן יְהוּדָה אִישׁ כְּפַר עַכּוֹ שֶׁאָמַר מִשּׁוּם רַבִּי שִׁמְעוֹן — אֵין לְךָ כָּל מִצְוָה וּמִצְוָה שֶׁבַּתּוֹרָה שֶׁלֹּא נִכְרְתוּ עָלֶיהָ אַרְבָּעִים וּשְׁמֹנֶה בְּרִיתוֹת שֶׁל שֵׁשׁ מֵאוֹת אֶלֶף וּשְׁלֹשֶׁת אֲלָפִים וַחֲמֵשׁ מֵאוֹת וַחֲמִשִּׁים, נִמְצָא לְכָל אֶחָד וְאֶחָד מִיִּשְׂרָאֵל שֵׁשׁ מֵאוֹת אֶלֶף וּשְׁלֹשֶׁת אֲלָפִים וַחֲמֵשׁ מֵאוֹת וַחֲמִשִּׁים. מַאי בֵּינַיְיהוּ? אָמַר רַב מְשַׁרְשִׁיָּא: עָרְבָא וְעָרְבָא דְּעָרְבָא אִיכָּא בֵּינַיְיהוּ. דָּרַשׁ רַבִּי יְהוּדָה בֶּן נַחְמָנִי מְתוּרְגְּמָנֵיהּ דְּרַבִּי שִׁמְעוֹן בֶּן לָקִישׁ: כָּל הַפָּרָשָׁה כּוּלָּהּ לֹא נֶאֶמְרָה אֶלָּא בְּנוֹאֵף וְנוֹאֶפֶת. °"אָרוּר הָאִישׁ אֲשֶׁר יַעֲשֶׂה פֶסֶל וּמַסֵּכָה" וגו', בְּ"אָרוּר" סַגִּי לֵיהּ?! אֶלָּא: זֶה הַבָּא עַל הָעֶרְוָה וְהוֹלִיד בֵּן, וְהָלַךְ לְבֵין אוּמּוֹת הָעוֹלָם, וְעָבַד עֲבוֹדָה זָרָה — אֲרוּרִין אָבִיו וְאִמּוֹ שֶׁל זֶה שֶׁכָּךְ גָּרְמוּ לוֹ. ת"ר: °"וְנָתַתָּ אֶת הַבְּרָכָה עַל הַר גְּרִזִים וְאֶת הַקְּלָלָה" וגו'. מַה תַּלְמוּד לוֹמַר? אִם לְלַמֵּד שֶׁתְּהֵא בְּרָכָה עַל הַר גְּרִזִים וּקְלָלָה עַל הַר עֵיבָל — הֲרֵי כְּבָר נֶאֱמַר: °"אֵלֶּה יַעַמְדוּ לְבָרֵךְ אֶת הָעָם עַל הַר גְּרִזִים", וּכְתִיב: °"וְאֵלֶּה יַעַמְדוּ עַל הַקְּלָלָה בְּהַר עֵיבָל". אֶלָּא, לְהַקְדִּים בְּרָכָה לִקְלָלָה. יָכוֹל יִהְיוּ כָּל הַבְּרָכוֹת קוֹדְמוֹת לַקְּלָלוֹת — תַּלְמוּד לוֹמַר: "בְּרָכָה" וּ"קְלָלָה", בְּרָכָה אַחַת קוֹדֶמֶת לִקְלָלָה, וְאֵין כָּל הַבְּרָכוֹת קוֹדְמוֹת לַקְּלָלוֹת. וּלְהַקִּישׁ בְּרָכָה לִקְלָלָה, לוֹמַר לְךָ: מַה קְּלָלָה בִּלְוִיִּם — אַף בְּרָכָה בִּלְוִיִּם, וּמַה קְּלָלָה בְּקוֹל רָם — אַף בְּרָכָה בְּקוֹל רָם, וּמַה קְּלָלָה בִּלְשׁוֹן הַקּוֹדֶשׁ — אַף בְּרָכָה בִּלה"ק, וּמַה קְּלָלָה בִּכְלָל וּפְרָט — אַף בְּרָכָה בִּכְלָל וּפְרָט, וּמַה קְּלָלָה אֵלּוּ וְאֵלּוּ עוֹנִין וְאוֹמְרִים אָמֵן — אַף בְּרָכָה אֵלּוּ וְאֵלּוּ עוֹנִין וְאוֹמְרִים אָמֵן.§

מתני' בִּרְכַּת כֹּהֲנִים כֵּיצַד? *[א]בַּמְּדִינָה אוֹמֵר אוֹתָהּ שָׁלֹשׁ בְּרָכוֹת, [ב]וּבַמִּקְדָּשׁ בְּרָכָה אַחַת. [ג]בַּמִּקְדָּשׁ אוֹמֵר אֶת הַשֵּׁם כִּכְתָבוֹ

רש"י

אַרְבָּעִים וּשְׁמֹנֶה בְּרִיתוֹת. לְכָל אֶחָד מִיִּשְׂרָאֵל. שֵׁשׁ עֶשְׂרֵה תְּלָתָא זִימְנֵי מ"ח הָוֵי. מוֹצִיא הַר גְּרִיזִים. לְפִי שֶׁלֹּא אָמַר יְהוֹשֻׁעַ עֲלֵיהֶן כָּל הַתּוֹרָה, אֶלָּא מִצְוֹת שֶׁבַּפָּרָשָׁה. וּמַכְנִים אֹהֶל מוֹעֵד. שֶׁלְּאַחַר שֶׁהוּקַם הַמִּשְׁכָּן נִדְבַּר הקב"ה עִם מֹשֶׁה בְּיִשּׁוּב וְלִמְּדוֹ כָּל הַתּוֹרָה, כְּדִכְתִיב: "וַיְדַבֵּר ה' אֵלָיו מֵאֹהֶל מוֹעֵד לֵאמֹר" (ויקרא א). כְּלָלוֹת נֶאֶמְרוּ בְּסִינַי. בִּסְתָם נֶאֶמְרָה תּוֹרָה בְּסִינַי וְלֹא נִתְפָּרְשָׁה לוֹ. כְּגוֹן בְּסִינַי נֶאֱמַר (שמות כ): "וְזָבַחְתָּ עָלָיו אֶת עוֹלֹתֶיךָ וְאֶת שְׁלָמֶיךָ", וְלֹא פֵּירֵשׁ מַתַּן דָּמִים כֵּיצַד, הַקְטָרַת אֵימוּרִים וְהֶפְשֵׁט וְנִתּוּחַ וְכָלִיל שֶׁל עוֹלָה, וּבְסֵפֶר וַיִּקְרָא בְּאֹהֶל מוֹעֵד פֵּירְשָׁהּ. וְנִשְׁתַּלְּשׁוּ בְּעַרְבוֹת מוֹאָב. מִפִּי מֹשֶׁה לְיִשְׂרָאֵל. ת"ק סְבִירָא לֵיהּ כְּר' יִשְׁמָעֵאל, הִלְכָּךְ הַר סִינַי וְאֹהֶל מוֹעֵד חֲדָא הִיא, וְר' שִׁמְעוֹן ס"ל כְּר"ע, הִלְכָּךְ תְּרֵי נִינְהוּ. ר"ש בְּרַבִּי יְהוּדָה אוֹמֵר אַרְבָּעִים וּשְׁמֹנֶה בְּרִיתוֹת. לְכָל אֶחָד שֶׁל שֵׁשׁ מֵאוֹת אֶלֶף וּשְׁלֹשֶׁת אֲלָפִים וַחֲמֵשׁ מֵאוֹת וַחֲמִשִּׁים, כְּמִנְיַן שֶׁהָיוּ (בְּסִינַי) [בַּמִּדְבָּר], שֶׁכָּל אֶחָד נַעֲשָׂה עָרֵב עַל כָּל אֶחָיו. ה"ג בַּתּוֹסֶפְתָּא (פ"ח, ע"ש), א"ר: לְדִבְרֵי ר"ש בֶּן יְהוּדָה אֵין לָנוּ כָּל מִצְוָה וּמִצְוָה שֶׁלֹּא נִכְרְתוּ עָלֶיהָ מ"ח בְּרִיתוֹת שֶׁל שֵׁשׁ מֵאוֹת אֶלֶף וּשְׁלֹשֶׁת אֲלָפִים וַחֲמֵשׁ מֵאוֹת וַחֲמִשִּׁים, וְיֵשׁ בְּכָל אַחַת שֵׁשׁ מֵאוֹת אֶלֶף וּשְׁלֹשֶׁת אֲלָפִים חֲמֵשׁ מֵאוֹת וַחֲמִשִּׁים. מַאי בֵּינַיְיהוּ. מַאי מוֹסִיף רַבִּי, וּבְמַאי פְּלִיגִי?. אָמַר רַב מְשַׁרְשִׁיָּא עָרְבָא וְעָרְבָא דְּעָרְבָא. אִם נַעֲשָׂה כָּל אֶחָד עָרֵב עַל עַרְבוּתוֹ שֶׁל חֲבֵירוֹ אוֹ לֹא. רַבִּי שִׁמְעוֹן בֶּן יְהוּדָה סָבַר: לֹא נַעֲשָׂה כָּל אֶחָד עָרֵב עַל חֲבֵירוֹ אֶלָּא שֶׁיִּשְׁמְרוּ אֶת הַמִּצְוֹת. נִמְצָא כָּל אֶחָד וְאֶחָד עָרֵב עַל מ"ח בְּרִיתוֹת שֶׁל כָּל אֶחָד וְאֶחָד, אֲבָל לֹא נַעֲשָׂה כָּל אֶחָד וְאֶחָד עָרֵב עַל עֲרֵבוּת שֶׁל חֲבֵירוֹ, אֶלָּא עַל חוֹבָתוֹ שֶׁל חֲבֵירוֹ. וַאֲתָא רַבִּי לְמֵימַר: לְדִבְרֵי ר' שִׁמְעוֹן שֶׁבָּא לִמְנוֹת אֶת בְּרִיתוֹת הָעֲרֵבוּת — יֵשׁ לוֹ לִמְנוֹת אַרְבָּעִים וּשְׁמֹנֶה בְּרִיתוֹת שֶׁל שִׁשִּׁים רִיבּוֹא לְכָל אֶחָד, וּבְכָל אֶחָד הָאֵלֶּה יֵשׁ שִׁשִּׁים רִיבּוֹא, שֶׁכּוּלָּם נִתְעָרְבוּ זֶה בָּזֶה עַל חוֹבוֹתָם וְעַל עַרְבוּתָם. נִמְצָא כָּל אֶחָד מְקַבֵּל עָלָיו עֲרֵבוּת שֶׁל שִׁשִּׁים רִיבּוֹא בִּשְׁבִיל חוֹבוֹת שֶׁל חֲבֵירוֹ, וְכָל אֶחָד מִשִּׁשִּׁים רִיבּוֹא הַלָּלוּ קִבֵּל עָלָיו בְּרִיתוֹת שִׁשִּׁים רִיבּוֹא בִּשְׁבִיל עֲרֵבוּת שֶׁנִּתְעָרְבוּ אֶחָיו עַל חֲבֵירֵיהֶם, וְזֶה קִבֵּל עָלָיו אַף עֲרֵבוּת שֶׁל עֲרֵבִים. כָּל הַפָּרָשָׁה. שֶׁל הַר גְּרִיזִים, לֹא נֶאֶמְרָה אֶלָּא בְּנוֹאֵף וְנוֹאֶפֶת. בְּאָרוּר סַגִּי לֵיהּ. בִּתְמִיָּה: כּוֹפֵר בָּעִיקָּר הוּא, וְסַגִּי לֵיהּ בְּאָרוּר?!. אֶלָּא זֶה הַבָּא עַל הָעֶרְוָה. אֵשֶׁת אִישׁ, וְהוֹלִיד מַמְזֵר. וּמִתּוֹךְ בּוּשְׁתּוֹ שֶׁאָסוּר לָבֹא בַּקָּהָל וְאֵינוֹ מוֹצֵא אִשָּׁה — הוּא הוֹלֵךְ לְבֵין הַגּוֹיִים וְעוֹבֵד עֲבוֹדָה זָרָה. אֲרוּרִים אֵלֶּה שֶׁעֲשָׂאוּהוּ לַעֲבוֹד פֶּסֶל וּמַסֵּכָה. וְכֵן דּוֹרֵשׁ אֶת כּוּלָּן כָּל אַחַת לְפִי פְּשָׁטָהּ: אוֹתוֹ שֶׁל עֲרָיוֹת כְּגוֹן שׁוֹכֵב עִם חוֹתַנְתּוֹ וְאֵשֶׁת אָבִיו וְעִם אֲחוֹתוֹ — כּוּלָּם בְּאֵשֶׁת אִישׁ, וּלְמֵיקַם בִּתְרֵי אֲרוּרֵי. שׁוֹכֵב עִם כָּל בְּהֵמָה — אֵשֶׁת אִישׁ שֶׁעָשְׂתָה מַעֲשֵׂה בְהֵמָה, שֶׁמְּנָאֶפֶת. מְקַלֵּל אָבִיו וְאִמּוֹ — הַבָּא עַל אֵשֶׁת אִישׁ מְזַלְזֵל בְּאָבִיו וּבְאִמּוֹ שֶׁגִּידְּלוּ גִּידּוּלִין רָעִים בְּבֵיתָם. מַשְׁגֶּה עִוֵּר — מְפַתֶּה אֵשֶׁת אִישׁ שֶׁהִיא סוּמָא בַּדָּבָר וְאֵינָהּ יוֹדַעַת עוֹנְשׁוֹ כָּמוֹהוּ. מַשִּׂיג גְּבוּל רֵעֵהוּ — בָּא עַל אִשְׁתּוֹ, הֲרֵי הוּא הִשִּׂיג גְּבוּל. מַכֵּה רֵעֵהוּ בַּסֵּתֶר — גּוֹרֵם לוֹ בְּלַחַשׁ סְתָרָיו שֶׁתָּמוּת בִּבְדִיקַת מַיִם הַמָּרִים. לוֹקֵחַ שׁוֹחַד לְהַכּוֹת נֶפֶשׁ — לוֹקֵחַ שׁוֹחַד לִהְיוֹת עוֹקֵב אַחַר הַמְנָאֵף וּלְפַתּוֹת לוֹ אֵשֶׁת אִישׁ, וְגוֹרֵם לוֹ מִיתָה. מַטֶּה מִשְׁפַּט גֵּר יָתוֹם — אֵינִי יוֹדֵעַ לְדוֹרְשׁוֹ. יָכוֹל כָּל הַבְּרָכוֹת כּוּלָּן קוֹדְמוֹת לַקְּלָלוֹת. שֶׁיִּגָּמְרוּ כָּל הַבְּרָכוֹת תְּחִילָּה עַד "בָּרוּךְ אֲשֶׁר יָקִים" וגו', וְאַחַ"כ יִפְתְּחוּ בִּקְלָלָה. בִּלְשׁוֹן הַקּוֹדֶשׁ. כִּדְיָלְפִינַן "קוֹל" "קוֹל" מִמֹּשֶׁה. **מתני'** הָכִי גָּרְסִינַן בְּמַתְנִי': בִּרְכַּת כֹּהֲנִים כֵּיצַד כו' בַּמְּדִינָה אוֹמֵר אוֹתָהּ שָׁלֹשׁ בְּרָכוֹת. שֶׁמַּפְסִיקִין הַכֹּהֲנִים בֵּין פָּסוּק לְפָסוּק, וְעוֹנִין הַצִּיבּוּר אָמֵן. בַּמִּקְדָּשׁ בְּרָכָה אַחַת. לְפִי שֶׁאֵין עוֹנִין אָמֵן בַּמִּקְדָּשׁ, וְאֵין צָרִיךְ כָּאן שׁוּם הֶפְסֵק, וְהָכִי מְפָרֵשׁ בַּגְּמָרָא. כִּכְתָבוֹ

תוספות

רבי שמעון מוציא הר גריזים. הכי מסיים לה בירושלמי: וכן היה ר"ש אומר: אין לך כל דבר ודבר מן התורה שאין כרות עליה תקע"ו בריתות: שתים עשרה בברוך. ולא ידענא אמאי י"ב, ושמא ברית כנגד כל שבט ושבט. וי"ב בארור. י"ב בכלל וי"ב בפרט — הרי מ"ח בריתות. ללמוד וללמד לשמור ולעשות — הרי קל"ב בריתות. וכן בהר סיני, וכן בערבות מואב — הרי תקע"ו בריתות.

ונשתלשו בערבות מואב. וא"ת: מאי איצטריך למימר שלישי דערבות מואב? והא לא איירי ר' ישמעאל בערבות מואב כלל! יש לומר: משום סיפא נקט לה, דבעי למימר: אין לך כל דבר מצוה ומצוה.

רבי שמעון בן יהודה אומר. ירושלמי: עד כדון דברים שנכללו ונפרטו, דברים שנכללו ולא נפרטו? [אמר ליה] כן אמר ר' יוחנן משום ר' ישמעאל: דבר שהיה בכלל ויצא מן הכלל ללמד — לא ללמד על עצמו יצא, אלא ללמד על הכלל כולו יצא. אמר לו: לא בדבר אחד, דילמא בשני דברים?! בתמיה, והכא בשני דברים אנן קיימין! אמר ר' תנחומא: מכיון דכתיב בסוף "אמן" — כמו שכולו דבר אחד. כתיב: "אשר לא יקים את דברי התורה", וכי יש תורה נופלת? רבי שמעון בן אליקים אומר: זה החזן שהוא עומד, רבי שמעון בן חלפתא אמר: זה *הבית שלמטה. דאמר רב הונא בר יהודה בשם שמואל דעל הדבר הזה קרע יאשיה, ואמר: עלי להקים, ר' אחא בשם ר' תנחום בר' חייא: למד ולימד, שמר ועשה, והיתה סיפקו בידו להחזיק ולא החזיק — הרי זה בכלל ארור. ר' ירמיה בשם רבי חייא בר' אבא: לא למד ולא לימד, לא שמר ולא עשה, ולא היתה סיפקו בידו להחזיק, והחזיק — הרי זה בכלל ברוך. דאמר רבי חנא א"ר ירמיה: עתיד הקב"ה לעשות צל לבעלי מצות בצילן של בעלי תורה, שנא' (קהלת ז): "כי בצל החכמה בצל הכסף", ואומר: "עץ חיים היא למחזיקים בה" (משלי ג).

אמר רב משרשיא ערבא וערבא דערבא. כמדומה דהכי בעי למימר: דלר"ש בן יהודה קבל עליו כל אחד מישראל לתרי"ג מצות *קל"ח ריבוא ריבואות וח' אלפים ריבואות ותי"ג ריבואות ושבע אלפים ומאתים בריתות, לשש מאות אלף ושלשת אלפים וחמשים וחמש מאות בשביל ערבותן, אם יעברו עליהן. ולרבי אליבא דרבי שמעון — ששים ריבוא פעמים ושלשת אלפים ותקנ"ה פעמים, חשבון זה בריתות קיבלו עליהן.

ברכה אחת קודמת לקללה. ירושלמי: יכול משהיו אומרים ברכות היו אומרים קללות — תלמוד לומר "הברכה" ו"הקללה", קללה באחת וברכה באחת. ונאמר

עין משפט נר מצוה

כט א מיי' פי"ד מהל' תפלה הל' ג סמג עשין כ טוש"ע א"ח סי' קכח סעיף יג:
ל ב מיי' שם הל' ט:
לא ג מיי' שם הלכה י:

תוספות שאנץ

אלא זה הבא על הערוה אשת איש והוליד ממזר ומתוך בושתו שאסור לבא בקהל ואינו מוצא אשה הולך לבין העמים ועובד עבודת כוכבים. וארורים אלו שעשאוהו לעבוד פסל ומסכה וכן דורש כלם כל אחת לפי פשטה אותן של עריות כגון שוכב עם חותנתו ואשת אביו ועם אחותו כלם באשת איש ולמיקם בתרי ארורי שוכב עם כל בהמה זו אשת איש שעשתה מעשה בהמה שמנאפת. מקלל אביו ואמו בא על אשת איש מוזלל באביו ואמו שגידלו למעשה רעים. משגה עור מפתה אשת רעהו שהיא סומא בדבר ואינה יודעת העונש כמוהו. משיג גבול רעהו בא על אשת רעהו הרי הוא מסיג גבול רעהו שנאסרה אשתו לו. מכה רעהו בסתר א) לוקח שוחד להרוג נפש להיות עוקבת אחר המנאף ולפתות לו אשת איש וגורם לו מיתה. מטה משפט גר יתום פ"ה איני יודע לדרשו. ורבינו שמשון מקוצי מפרש זה הבא על אשת איש והוליד ממנה בן ממזר ומתוך שבנו ממזר הולך לדור בעיר אחרת בארץ מרחק באשר ימצא. ונמצא שהוא גר ויתום שהוא כגר שאין לו אב שזה שהולידו אינו מודה שהוא בנו וגם אמו אלמנה שנאסרה על בעלה ויושבת עגונה כאלמנות חיות:

א) נ"ל מכה רעהו בסתר גורם לו בלחש סתריו שתמות בבדיקת מים המרים לוקח שוחד להכות נפש לוקח שוחד להיות עוקב אחר המנאף וכו'.

מה

מסורת הש"ס / הגהות

דברים כח — דברים כח
שם כט — שם כט
דברים כז — דברים כז
שם יא — שם יא
שם כז — שם כז
שם — שם
חגיגה ו. זבחים קטו:
[תוספתא פ"ח ע"ש]
רש"ל
נ"א הב"ד שלמטה. רש"א
קע"ג ריבוא ריבואות וה' אלפים ריבואות ות"ת ריבואות ועוד שלשים ריבואות וחמשים אלפים וה' אלפים ומאתים בריתות כו'. רש"ל
תמיד פ"ז מ"ב

תורה אור

כִּכְתָבוֹ, וּבַמְּדִינָה בְּכִינּוּיוֹ. אבַּמְּדִינָה — כֹּהֲנִים נוֹשְׂאִים אֶת יְדֵיהֶן כְּנֶגֶד כִּתְפֵיהֶן, בוּבַמִּקְדָּשׁ עַל גַּבֵּי רָאשֵׁיהֶן, גחוּץ מִכֹּהֵן גָּדוֹל שֶׁאֵינוֹ מַגְבִּיהַּ אֶת יָדָיו לְמַעְלָה מִן הַצִּיץ. ר' יְהוּדָה אוֹמֵר: אַף כֹּהֵן גָּדוֹל מַגְבִּיהַּ יָדָיו לְמַעְלָה מִן הַצִּיץ, שֶׁנֶּאֱמַר: (ויקרא ט) "וַיִּשָּׂא אַהֲרֹן אֶת יָדָיו אֶל הָעָם וַיְבָרְכֵם". § **גמ'** תָּנוּ רַבָּנַן: (במדבר ו) "כֹּה תְבָרְכוּ" — דבִּלְשׁוֹן הַקּוֹדֶשׁ. אַתָּה אוֹמֵר בִּלְשׁוֹן הַקּוֹדֶשׁ, אוֹ אֵינוֹ אֶלָּא בְּכָל לָשׁוֹן? נֶאֱמַר כָּאן "כֹּה תְבָרְכוּ" וְנֶאֱמַר לְהַלָּן (דברים כז) "אֵלֶּה יַעַמְדוּ לְבָרֵךְ אֶת הָעָם", מַה לְּהַלָּן בִּלְשׁוֹן הַקּוֹדֶשׁ — אַף כָּאן בִּלְשׁוֹן הַקּוֹדֶשׁ. רַבִּי יְהוּדָה אוֹמֵר: אֵינוֹ צָרִיךְ, הֲרֵי הוּא אוֹמֵר "כֹּה" — עַד שֶׁיֹּאמְרוּ בַּלָּשׁוֹן הַזֶּה. תַּנְיָא אִידָךְ: "כֹּה תְבָרְכוּ" — הבַּעֲמִידָה. אַתָּה אוֹמֵר בַּעֲמִידָה אוֹ אֵינוֹ אֶלָּא אֲפִי' בִּישִׁיבָה? נֶאֱמַר כָּאן "כֹּה תְבָרְכוּ" וְנֶאֱמַר לְהַלָּן "אֵלֶּה יַעַמְדוּ לְבָרֵךְ", מַה לְּהַלָּן בַּעֲמִידָה — אַף כָּאן בַּעֲמִידָה. ר' נָתָן אוֹמֵר: אֵינוֹ צָרִיךְ, הֲרֵי הוּא אוֹמֵר (שם י) "לְשָׁרְתוֹ וּלְבָרֵךְ בִּשְׁמוֹ", מַה ומְשָׁרֵת בַּעֲמִידָה — אַף מְבָרֵךְ בַּעֲמִידָה. (שם יח) וּמְשָׁרֵת גּוּפֵיהּ מְנָלַן? דִּכְתִיב: "לַעֲמוֹד לְשָׁרֵת". תַּנְיָא אִידָךְ: "כֹּה תְבָרְכוּ" — בִּנְשִׂיאוּת כַּפַּיִם. אַתָּה אוֹמֵר בִּנְשִׂיאוּת כַּפַּיִם, אוֹ אֵינוֹ אֶלָּא שֶׁלֹּא בִּנְשִׂיאוּת כַּפַּיִם? נֶאֱמַר כָּאן "כֹּה תְבָרְכוּ" וְנֶאֱמַר לְהַלָּן (ויקרא ט) "וַיִּשָּׂא אַהֲרֹן אֶת יָדָיו אֶל הָעָם וַיְבָרְכֵם", מַה לְּהַלָּן בִּנְשִׂיאוּת כַּפַּיִם — אַף כָּאן זבִּנְשִׂיאוּת כַּפַּיִם. קַשְׁיָא לֵיהּ לְר' יוֹנָתָן: אִי מַה לְּהַלָּן כֹּהֵן גָּדוֹל וְרֹאשׁ חוֹדֶשׁ וַעֲבוֹדַת צִבּוּר — אַף כָּאן כֹּהֵן גָּדוֹל וְרֹאשׁ חוֹדֶשׁ וַעֲבוֹדַת צִיבּוּר! ר' נָתָן אוֹמֵר: אֵינוֹ צָרִיךְ, הֲרֵי הוּא אוֹמֵר (דברים יח) "הוּא וּבָנָיו כָּל הַיָּמִים" — מַקִּישׁ בָּנָיו לוֹ, מַה הוּא בִּנְשִׂיאוּת כַּפַּיִם — אַף בָּנָיו בִּנְשִׂיאוּת כַּפַּיִם, וּכְתִיב "כָּל הַיָּמִים", וְאִיתְקַשׁ בְּרָכָה לְשֵׁירוּת. וְתַנְיָא אִידָךְ: "כֹּה תְבָרְכוּ אֶת בְּנֵי יִשְׂרָאֵל" — חבַּשֵּׁם הַמְפוֹרָשׁ. אַתָּה אוֹמֵר בַּשֵּׁם הַמְפוֹרָשׁ, אוֹ אֵינוֹ אֶלָּא בְּכִינּוּי? ת"ל: (במדבר ו) "וְשָׂמוּ אֶת שְׁמִי" — שְׁמִי הַמְיוּחָד לִי. יָכוֹל אַף בַּגְּבוּלִין כֵּן — נֶאֱמַר כָּאן "וְשָׂמוּ אֶת שְׁמִי" וְנֶאֱמַר לְהַלָּן (דברים יב) "לָשׂוּם אֶת שְׁמוֹ שָׁם", מַה לְּהַלָּן בֵּית הַבְּחִירָה — אַף כָּאן בְּבֵית הַבְּחִירָה. רַבִּי יֹאשִׁיָּה אוֹמֵר: אֵינוֹ צָרִיךְ, הֲרֵי הוּא אוֹמֵר (שמות כ) "בְּכָל הַמָּקוֹם אֲשֶׁר אַזְכִּיר אֶת שְׁמִי אָבוֹא אֵלֶיךָ", בְּכָל מָקוֹם ס"ד?! אֶלָּא מִקְרָא זֶה מְסוֹרָס הוּא; בְּכָל מָקוֹם אֲשֶׁר אָבוֹא אֵלֶיךָ וּבֵרַכְתִּיךָ — שָׁם אַזְכִּיר אֶת שְׁמִי. וְהֵיכָן אָבוֹא אֵלֶיךָ וּבֵרַכְתִּיךָ — בְּבֵית הַבְּחִירָה, שָׁם אַזְכִּיר אֶת שְׁמִי — בְּבֵית הַבְּחִירָה. תַּנְיָא אִידָךְ: "כֹּה תְבָרְכוּ אֶת בְּנֵי יִשְׂרָאֵל", אֵין לִי אֶלָּא בְּנֵי יִשְׂרָאֵל, גֵּרִים נָשִׁים וַעֲבָדִים מְשׁוּחְרָרִים מִנַּיִן? ת"ל: (במדבר ו) "אָמוֹר לָהֶם" — לְכוּלְּהוּ. תַּנְיָא אִידָךְ: "כֹּה תְבָרְכוּ" — טפָּנִים כְּנֶגֶד פָּנִים. אַתָּה אוֹמֵר פָּנִים כְּנֶגֶד פָּנִים, אוֹ אֵינוֹ אֶלָּא פָּנִים כְּנֶגֶד עוֹרֶף? ת"ל: "אָמוֹר לָהֶם" — כְּאָדָם הָאוֹמֵר לַחֲבֵירוֹ. תַּנְיָא אִידָךְ: "כֹּה תְבָרְכוּ" — יבְּקוֹל רָם. אוֹ אֵינוֹ אֶלָּא בְּלַחַשׁ? ת"ל: "אָמוֹר לָהֶם" — כְּאָדָם שֶׁאוֹמֵר לַחֲבֵירוֹ. אָמַר אַבַּיֵי: * כנָקְטִינַן, לִשְׁנַיִם קוֹרֵא "כֹּהֲנִים" וּלְא' אֵינוֹ קוֹרֵא "כֹּהֵן", שֶׁנֶּא': "אָמוֹר לָהֶם" — לִשְׁנַיִם. וְאָמַר רַב חִסְדָּא: נָקְטִינַן, כֹּהֵן קוֹרֵא "כֹּהֲנִים" וְאֵין יִשְׂרָאֵל קוֹרֵא "כֹּהֲנִים", שֶׁנֶּאֱמַר "אָמוֹר לָהֶם" — אֲמִירָה מִשֶּׁלָּהֶם

(רש"י [ד"ה] והאמר — פירושו תמצא בכת"י עירובין ה.)

רש"י

כִּכְתָבוֹ. בְּיוּ"ד הֵ"י. בְּכִינּוּיוֹ. בְּאָלֶ"ף דָּלֶ"ת. כְּנֶגֶד כִּתְפוֹתֵיהֶם. מִפְּנֵי שֶׁצָּרִיךְ נְשִׂיאוּת כַּפַּיִם, כִּדְאָמְרִי' בַּבָּרַיְיתָא בַּגְּמָרָא. וּבַמִּקְדָּשׁ. לְמַעְלָה מֵרָאשֵׁיהֶם, מִפְּנֵי שֶׁמְּבָרְכִין אֶת הָעָם בַּשֵּׁם הַמְפוֹרָשׁ, וּשְׁכִינָה לְמַעְלָה מִקִּשְׁרֵי אֶצְבְּעוֹתֵיהֶם. שֶׁאֵין מַגְבִּיהַּ לְמַעְלָה מִן הַצִּיץ אֶת יָדָיו. מִפְּנֵי שֶׁהַשֵּׁם כָּתוּב עָלָיו.

גמ' בִּנְשִׂיאוּת כַּפַּיִם. שֶׁיַּגְבִּיהוּ אֶת יְדֵיהֶם. קַשְׁיָא לֵיהּ לְרַבִּי יוֹנָתָן. אַהַךְ גְּזֵירָה שָׁוָה; אִי בִּגְזֵ"שׁ יָלְפַתְּ לָהּ — אֵיכָא לְמִיפְרַךְ: מַה לְּמִלּוּאִים — שֶׁכֵּן קָרְבַּן צִיבּוּר, כִּדְכְתִיב (ויקרא ט): "וַיֵּרֶד מֵעֲשׂוֹת הַחַטָּאת וְהָעוֹלָה וְהַשְּׁלָמִים", וְכוּלָּן שֶׁל צִיבּוּר, כִּדְכְתִיב: "קְחוּ שְׂעִיר עִזִּים" וגו'. וְרֹאשׁ חֹדֶשׁ הֲוָה, כִּדְכְתִיב: "בְּיוֹם הַחֹדֶשׁ הָרִאשׁוֹן בְּאֶחָד לַחֹדֶשׁ תָּקִים" וגו' (שמות מ), וְהוּא הָיָה יוֹם שְׁמִינִי לַמִּלּוּאִים, כִּדְתַנְיָא בְּסֵדֶר עוֹלָם: אוֹתוֹ הַיּוֹם נָטַל עֶשֶׂר עֲטָרוֹת. ר' נָתָן אוֹמֵר אֵינוֹ צָרִיךְ. מִשּׁוּם דִּפְרָכָא לֵיהּ גז"ש, מַיְיתֵי לֵיהּ בְּהֶקֵּישָׁא. אַף בָּנָיו בִּנְשִׂיאוּת כַּפַּיִם. וְלָא תִּיקְשֵׁי תּוּ "שֶׁכֵּן כ"ג", דְּאֵין מְשִׁיבִין עַל הַהֶיקֵּשׁ. וּכְתִיב כָּל הַיָּמִים. וְלָא תִּיקְשֵׁי לָךְ תּוּ רֹאשׁ חֹדֶשׁ וַעֲבוֹדַת צִבּוּר. וְאִיתְקַשׁ בְּרָכָה לְשֵׁירוּת. כְּלוֹמַר, וְאַע"ג דְּבְהַאי קְרָאֵי לָאו בְּרָכָה כְּתִיבָא אֶלָּא שֵׁירוּת "לַעֲמוֹד לְשָׁרֵת בְּשֵׁם ה' הוּא וּבָנָיו כָּל הַיָּמִים" — אִיתְקוּשׁ בְּרָכָה וְשֵׁירוּת בִּקְרָא אַחֲרִינָא, כִּדְאָמְרִי' לְעֵיל: "לְשָׁרְתוֹ וּלְבָרֵךְ בִּשְׁמוֹ". (א) בַּשֵּׁם הַמְיוּחָד. כִּכְתָבוֹ. בְּכָל הַמָּקוֹם ס"ד. וְכִי בְּכָל מָקוֹם שֵׁם הַמְיוּחָד נִזְכָּר? הָכְתִיב (שמות ג): "זֶה שְׁמִי" "וְזֶה זִכְרִי" — לֹא כְּשֶׁאֲנִי נִכְתָּב אֲנִי נִקְרָא (פסחים דף נ.)! וְעוֹד: וְכִי בְּכָל מָקוֹם שְׁכִינָה בָּאָה וְשׁוֹרָה, דִּכְתִיב: "אָבֹא אֵלֶיךָ"? וְהוּא לֹא יִחֵד מָקוֹם לְהַזְכָּרַת הַשֵּׁם!. מְסוֹרָס הוּא. מְהוּפָּךְ; "בְּכָל הַמָּקוֹם אֲשֶׁר אָבֹא אֵלֶיךָ" — בְּאֹהֶל מוֹעֵד שֶׁבַּמִּדְבָּר, וּבְשִׁילֹה וּבְבֵית עוֹלָמִים. אוֹ אֵינוֹ אֶלָּא אֲפִילוּ פָּנִים כְּנֶגֶד עוֹרֶף. שֶׁאֵין הַצִּיבּוּר צְרִיכִין לְהָסֵב פְּנֵיהֶם לְצַד הַכֹּהֲנִים. לִשְׁנַיִם קוֹרֵא כֹּהֲנִים. כְּשֶׁיֵּשׁ שָׁם שְׁנֵי כֹהֲנִים לְבָרֵךְ, שְׁלִיחַ צִבּוּר כְּשֶׁגָּמַר בִּרְכַּת הוֹדָאָה קוֹרֵא אוֹתָן "כֹּהֲנִים", וְהֵן הוֹפְכִין פְּנֵיהֶן שֶׁהָיוּ הֲפוּכִין לְצַד הַתֵּיבָה לְהִתְפַּלֵּל. (ב) דְּהָא אָמְרִינַן לְקַמָּן: יְהִי רָצוֹן מִלְּפָנֶיךָ שֶׁתְּהֵא בְּרָכָה זוֹ כו'. אָמוֹר לָהֶם. מִקְּרָא דְּ"לָהֶם" נָפְקָא לָן, שֶׁשְּׁלִיחַ צִבּוּר מַזְהִיר אוֹתָן לְבָרֵךְ. כֹּהֵן קוֹרֵא כֹּהֲנִים. אִם שְׁלִיחַ צִבּוּר כֹּהֵן הוּא — קוֹרֵא וּמַזְהִיר אֶת חֲבֵירָיו הָעוֹמְדִים לְפָנָיו לְהַחֲזִיר פְּנֵיהֶם וּלְבָרֵךְ אֶת יִשְׂרָאֵל, וְאִם יִשְׂרָאֵל הוּא — אֵינוֹ קוֹרֵא "כֹּהֲנִים". מִשֶּׁלָּהֶם

תוספות

ונאמר להלן אלה יעמדו לברך. תימה: אדרבה, אימא: ונאמר להלן "ואכלת ושבעת וברכת", מה להלן בכל לשון, כדאמר לעיל (דף לג.)! וי"ל: דמסתברא ליה טפי למילף ברכת כהנים מברכת הר גריזים, דשתיהן מפורש בתורה, דהברכות עצמן נמי מפורשות, שהיה היפך הקללות המפורשות "ארור האיש" — לברכה. אבל לשון ברכת המזון אינה מפורשת בתורה. **ורבי** יהודה אומר הרי הוא אומר כה. אבל לרבנן לא משמע להו עיכובא "כה", אלא "ככה".

קשיא ליה לר' יונתן. אינו לשון הברייתא, אלא לשון פי' הגמרא. וה"ג לה בסיפרי: ר' יונתן אומר אי מה להלן וכו'. **וכתיב** כל הימים. תימה: אכתי עבודת יחיד מהיכא לן דאיתרבי דאיכא נשיאות כפים? והא בכל הימים איכא נמי עבודת צבור, כגון תמיד! ונראה, דודאי לדברי הכל אימעיט עבודת יחיד מנשיאות כפים, ור' יונתן נמי, אגב שיטפיה נקט ליה. ולא הוה נשיאות כפים בכל יום אלא בעבודת תמיד, כדתנן בפ"ה דסדר תמיד (דף לג:) דלאחר שנתנו איברים על גבי כבש ומלחום ירדו ובאו להן ללשכת הגזית. אמר להן הממונה "ברכו ברכה אחת" והם ברכו. קראו עשרת הדברות, שמע, והיה אם שמוע, ויאמר. וברכו את העם ג' ברכות: אמת ויציב, ועבודה, וברכת כהנים. והוא הדין במוספין ובתמיד של בין הערבים.

ואיתקש ברכה לשירות. לעיל קאי, דקאמר מקיש בניו לו — אימא לענין שירות דוקא איתקוש! להכי קאמר: כיון דאיתקוש לשירות — הוא הדין לברכה, דהא איתקוש ברכה לשירות. **או** אינו אלא בכינוי. רבינו הלל פי' בספרי: בכינוי — כגון אל, אלהים, צבאות, ולא מסתבר, דהיכי תיסק אדעתא לשנויי קרא למימר "יברכך אלהים" במקום שם בן ארבע אותיות? אלא בכינוי יש לומר: כקריאתו באל"ף דל"ת. **הרי** הוא אומר בכל המקום אשר אבא אליך וברכתיך. הכי תני בספרי: בכל מקום אשר אני נגלה — שם תהא מזכיר את שמי. והיינו דקמתמה הכא: בכל מקום ס"ד? וכי בכל מקום אשר אני מצוה שמי להזכיר, דהיינו אפילו בגבולין, תברכו? ד"בכל מקום אשר אבא אליך" — משמע: אני בעצמי, שיהא שם גילוי שכינה! אלא מקרא מסורס הוא: בכל מקום אשר אבא אליך, שאני נגלה שם — שם אני מצוך להזכיר שמי המיוחד לי, והיינו דוקא בבית הבחירה. והיינו דקתני בספרי: בכל מקום אשר אני נגלה — שם תהא מזכיר את שמי. ונראה דמזה הטעם נמנעו כהנים לברך בשם המיוחד משמת שמעון הצדיק, כדאמרי' בפרק "טרף בקלפי" (יומא דף לט:) — לפי שלא זכו שוב לגילוי שכינה. ונראה לר"י: כהן שבירך ברכת כהנים בישיבה — לא עשה ולא כלום, הואיל ואיתקוש ברכה לשירות, וגבי שירות אמר בפ"ב דזבחים (דף כג:) דיושב מחלל עבודה, הילכך אף כאן צריך לחזור ולברך מעומד. **או** אינו אלא בלחש. תימה לר"י: אמאי לא נפקא לן מיניה מג"ש ד"ברכה" "ברכה" מהר גריזים: מה להלן בקול רם — אף כאן בקול רם? ומצינו למימר דלא איצטריך אלא לר"י, דלא יליף ליה מגזירה שוה אלא מ"כה". **לשנים** קורא כהנים. בירושלמי פרק "אין עומדין", אמר רב חסדא: צריך שיהא החזן ישראל. רב נחמן בר יצחק אומר: אם היה כהן א' — אומר "כהן", שנים אומר "כהנים". אמר רב חסדא: אפי' כהן קורא "כהנים", שאין קורא "כהנים" אלא לאותו השבט.

כל

עין משפט נר מצוה

לב א מיי' פי"ד מהל' תפלה הלכה ג סמג עשין כ טוש"ע א"ח סי' קכח סעיף יב [וברב אלפס פרק הקורא את המגילה דף רעד. וברא"ש שם סימן י"ח]:

לג ב ג מיי' שם הל' ט:

לד ד ה מיי' שם הלכה יא וסמג שם טוש"ע שם סעיף יד [וברב אלפס שם וברא"ש שם]:

לה ו מיי' פ"ה מהל' ביאת מקדש הלכה טז יז:

לו ז ח מיי' פי"ד מהל' נשיאות כפים הלכה י יא:

לז ט מיי' שם הל' ג יב סמג עשין כ טוש"ע א"ח סי' קכח סעיף י:

לח י מיי' שם הלכה יא טור ש"ע שם סעיף יד:

לט כ מיי' שם הלכה ח טוש"ע שם סעיף י:

תוספות שאנץ

מה משרת בעמידה אף מברך בעמידה י"מ דכהן בעל תשובה ראוי הוא לדוכן ולא מקשי' ליה לפסול עבודה דכהן שנשתמד דכתיב לא יקרב אלי לשרתני ותנן בפ' בתרא דמנחו' כהנים ששימשו בבית חוניו לא ישמשו בירושלם הא בנוב וגבעון מותרין וכ"ש בזמן הזה לדוכן ואמרי' נמי התם הרי אלו כבעלי מומין ולא מצינו בשום מקום שבעל מום שפסול לדוכן אלא א"כ היו מומין שבגלוי שהעולם מסתכלין בו. אף בניו בנשיאות כפים ולא תקשי תו שכן כהן גדול דאין משיבין על ההיקש וכתיב כל הימים ואל תקשי לך תו ראש חדש ועבודת צבור ל"ה: לשנים קורא כהנים פ"ה כשיש שם שני כהנים לברך שליח צבור כשגמר ברכת הודאה (עד חוץ מבית הכנסת) ל"ה:

הגהות הב"ח

(א) רש"י ד"ה ואיתקש וכו' בשמו הס"ד ואח"כ מ"ה בשם המפורש בשם המיוחד: (ב) ד"ה לשנים וכו' להתפלל הא דאמרי' וכו' זו כו'. נ"ב ס"א ואינו בכלל ברכה הא דאמרינן כה תברכו פנים בפנים:

גליון הש"ס

גמ' דכתיב לעמוד לשרת. מה דקשה הא באותו קרא כתיב לעמוד לפני ה' לשרתו ולברך בשמו. עי' בספר שבות יעקב ח"ב סי' א'. ובסמ"ג מ"ע מצוה כ' כתב להיפך ור' נתן נפקא ליה עמידה מדכתי' לעמוד לשרתו ולברך בשמו ע"ל ול"ע ועי' תוספות מנחות דף קט ע"א ד"ה לא:

עין משפט
נר מצוה

מ א מיי' פי"ד מהל' נשיאות כפים הל' ח סמג עשין כ טוש"ע א"ח סי' קכח סעיף י:

מא ב מיי' שם פט"ו הל' יב [וברב אלפס פרק הקורא את המגילה דף רעד. וברא"ש שם סימן כב]:

מב ג מיי' שם סמג שם טוש"ע א"ח סי' קכח סעיף ב:

מג ד ה מיי' שם הל' יא טוש"ע שם סעיף א:

מד ו מיי' שם הל' י סמג שם טוש"ע שם סעיף כ:

מה ז מיי' שם פט"ו הל' ט סמג שם טוש"ע שם סעיף כה:

מו ח ט מיי' שם הל' ח טוש"ע שם סעי' כד:

מז י מיי' שם הלכה ט טוש"ע שם סעי' כה:

מח כ ל מיי' שם הל' ח טוש"ע שם סעיף כד וסימן נה סעיף כ:

כל כהן שאינו עולה לדוכן עובר בשלשה עשה. ירושלמי במסכת נזיר פרק "כהן גדול": מהו שיטמא אדם לנשיאת כפים? אחוי דר' אבא בר כהן אמר קמיה ר' יוסי בשם ר' אחא: מטמא כהן לנשיאת כפים. שמע ר' אחא ואמר: אנא לא אמרי ליה כלום. חזר ואמר או דילמא לא שמע מיניה, אלא כיון דאמר ר' יהודה בר פזי בשם ר"א: כל כהן שעמד בבהכ"נ ואינו נושא את כפיו — עובר בעשה, וסבר למימר שמצות עשה דוחה למצות ל"ת, אמר אנא לא אמרית ליה, אייתוניה ואנא מלקי ליה. [ר' אבוה הוי יתיב ומתני רש"ל בבי כנישתא דקיסרין והוי תמן מיתנא, ואתא עונתא דנשיאת כפים ולא שאלון ליה], אתא עונתא דמיכליא ושאלון ליה. אמר להון: על נשיאות כפים לא שאילתון לי, ועל מיכלא אתון שאלון? כד שמעון כן הוה כל חד וחד מנהון משמט גרמיה וערק.

הא דסליק לפרקים. ה"ה אי לא סליק אלא דמחזיק נפשיה ע"י מתנות כהונה, כמו שאמר בפרק "הזרוע" (חולין דף קלג.): אמר אביי: מריש הוה חטיפנא מתנתא וכו', עד משקל נמי לא שקילנא לבר ממעלי יומא דכיפורי, לאחזוקי נפשי בכהני. ולפרוס ידיה? אנסי ליה עידניה. **הא** דאניסי הא דלא אניסי. בסוף מסכת ר"ה (דף לה.) אמרי' דדוקא הני שבשדות אניסי, אבל הני דקיימי במתא — לא אניסי.

מחיצה מאי. י"ל דדוקא בדלא אניסי קמבעיא ליה, אבל בדאניסי — פשיטא, דמי גרע מאחיהם שבשדות? וא"ת: אי לא אניסי אמאי עדיפי מעם שאחורי הכהנים בלא הפסק מחילה? י"ל: עם שאחורי הכהנים מראין בעצמן כאילו אין הברכה חשובה בעיניהם, דכתיב: "אמור להם" — פנים כנגד פנים, והן עומדים אחורי עורף. אבל בהפסק מחילה, כיון דלא קיימי אחורי עורף — לאו מילתא היא, דלא חזינן דקפיד קרא בהכי. מההיא דסוף מס' ר"ה (דף לה.) משמע דה"ה לתפלה, והכי משמע נמי בפרק "כילד צולין" (פסחים דף פה:), דתנן: אבר שיצא מקצתו לחוץ; מן האגף ולפנים — כלפנים, מן האגף ולחוץ — כלחוץ. אמר רב: וכן לתפלה. ופליגא דר' יהושע בן לוי, דאמר רבי יהושע בן לוי אפי' מחילה וכו'. מדקא פשיט סתמא דגמ' ממילת' דריב"ל — ש"מ דקיימא

תורה אור

משלהם תהא. והילכתא כוותיה דאביי, אולית הילכתא כוותיה דרב חסדא.§ (סימן: מתאו"ה לברכ"ה דוכ"ן בעבוד"ה כו"ם מכי"ר נהנ"ה בעגל"ה).§ אמר ר' יהושע בן לוי: מנין שהקב"ה מתאוה לברכת כהנים — שנאמר: °"ושמו את שמי על בני ישראל ואני אברכם". (במדבר ו) ואמר רבי יהושע בן לוי: בכל כהן שמברך — מתברך, ושאינו מברך — אין מתברך, שנאמר: °"ואברכה מברכיך". (בראשית יב) ואמר ר' יהושע בן לוי: *גכל כהן שאינו עולה לדוכן — עובר בשלשה עשה: "כה תברכו", "אמור להם", "ושמו את שמי". רב אמר: חוששין שמא בן גרושה או בן חלוצה הוא. ולא פליגי; הא — דסליק לפרקים, הא — דלא סליק לפרקים. ואמר ר' יהושע בן לוי: דכל כהן שאינו עולה בעבודה שוב אינו עולה, שנאמר: °"וישא אהרן את ידיו אל העם ויברכם וירד מעשות החטאת והעולה והשלמים". (ויקרא ט) מה להלן בעבודה — אף כאן בעבודה. איני? והא ר' אמי ורבי אסי סלקי! רבי אמי ורבי אסי מעיקרא הוו עקרי כרעייהו, ממטא לא הוה מטו התם. וכדתני ר' אושעיא: הלא שנו אלא שלא עקר את רגליו, אבל עקר את רגליו — עולה. *ותנן נמי: אם הבטחתו שנושא את כפיו וחוזר לתפלתו — רשאי, והוינן בה: הא לא עקר? אלא דנד פורתא, הכא נמי — דעקר פורתא. ואמר ריב"ל: אין נותנין כוס של ברכה לברך אלא לטוב עין, שנאמר: °"טוב עין הוא יבורך כי נתן מלחמו לדל" (משלי כב) אל תיקרי "יבורך" אלא "יברך". ואמר ר' יהושע בן לוי: מנין שאפי' עופות מכירין בצרי העין — שנאמר: °"כי חנם מזורה הרשת בעיני כל בעל כנף". (שם א) ואמר רבי יהושע בן לוי: כל הנהנה מצרי העין עובר בלאו, שנאמר °"אל תלחם את לחם רע עין (שם כג) וגו', כי כמו שער בנפשו כן הוא אכול ושתה יאמר לך" וגו'. רב נחמן בר יצחק אמר: עובר בשני לאוין, "אל תלחם" ו"אל תתאו". וא"ר יהושע בן לוי: אין עגלה ערופה באה אלא בשביל צרי העין, שנאמר: °"וענו ואמרו ידינו לא שפכו את הדם הזה". (דברים כא) וכי *על לבנו עלתה שזקני ב"ד שופכי דמים הם? אלא, לא בא לידינו ופטרנוהו, ולא ראינוהו והנחנוהו; לא בא לידינו ופטרנוהו בלא מזונות. לא ראינוהו והנחנוהו בלא לויה. אמר אדא א"ר שמלאי: יבית הכנסת שכולה כהנים — כולן עולין לדוכן. למי מברכין? אמר ר' זירא: לאחיהם שבשדות. איני?! *והתני אבא בריה דרב מנימין בר חייא: חעם שאחורי כהנים אינן בכלל ברכה! לא קשיא; טהא — דאניסי, הא — דלא אניסי. והתני רב שימי מבירתא דשיחורי: בית הכנסת שכולה כהנים — מקצתן עולין ומקצתן עונין אמן! לא קשיא; יהא — דאישתייר בי עשרה, הא — דלא אישתייר בי עשרה. גופא, תנא אבא בריה דרב מנימין בר חייא: עם שאחורי כהנים אינן בכלל ברכה. פשיטא; אריכי באפי גוצי — לא מפסקי, תיבה — לא מפסקא, מחיצה מאי? ת"ש, *דאמר רבי יהושע בן לוי: כאפילו מחיצה של ברזל אינה מפסקת בין ישראל לאביהם שבשמים. איבעיא להו: צדדין מהו? אמר אבא מר בר רב אשי: ת"ש, דתנן: לנתכוון *להזות לפניו
והזה

משלהם תהא. מזכרה זו הכהנים יזהירו. ושמו את שמי. תלה הכתוב הדבר בהן, להיות ברכה זו שימת שמו על עמו, ולא עשאה צורך ישראל אלא צורך מקום. ואברכה מברכיך. דאילו "ואני אברכם" אישראל קאי, כר"ע דאמר ב"אלו טריפות" (חולין דף מט.): למדנו ברכה לישראל מפי כהנים, מפי הגבורה לא למדנו, כשהוא אומר "ואני אברכם" הוי אומר הכהנים מברכים את ישראל, והקב"ה מסכים על ידם. לפרקים. בחגים ובמועדים. שאינו עולה בעבודה. קודם שיסיים שליח צבור "רצה" צריך לעלות על הדוכן. וירד מעשות. אלמא בעוד עבודה בידו בירך, ואח"כ "וירד מעשות". אלמא השתא הוא דגמר. מעיקרא הוו עקרי ברעייהו. ממקומן בעבודה, אבל רחוק היה מקומן מן הדוכן, ולא מטו עד דגמרה ברכת העבודה. ותנן נמי. בברכות: אם הבטחתו כו'. רישא הכי איתא: העובר לפני התיבה לא יענה אמן אחר הכהנים מפני הטירוף. ואם אין שם כהן אלא הוא — לא ישא את כפיו, שלא תיטרף דעתו בשובו לתפלתו ולא ידע להתחיל מיד ב"שים שלום". ואם הבטחתו, שהוא מלומד בדבר ולא תטרף דעתו — נושא את כפיו וחוזר לתפלתו. רשאי. לישא את כפיו. והא לא עלה בעבודה. אלא דעקר פורתא, וש"מ סגי בהכי שעוקר מעט רגליו לילך לצד הדוכן בעבודה. לברך. בהמ"ז. לטוב עין. שונאי בצע וגומלי חסד בממונן. מכירין בצרי עין. ואין אוכלים משלהם. כי חנם מזורה הרשת. לעיל מיניה משתעי בצרי עין: "נארבה לדם" וגו' "כל הון יקר נמצא" וגו' "כי חנם מזורה הרשת" — לשון "יזורה על נוהו גפרית", כך דרכם של ציידים לזרות חטים ושעורים ברשתם כדי שיבואו העופות לאכול, ואלו צרי העין חנם מאבדין מזונות שזורין ברשתם בעיני כל בעל כנף, שאף הן מכירין בהן ואין נהנין ממזונותיהן. כי כמו שער בנפשו. "שער" זה על כרחנו לשון פעל הוא, ונקודתו מוכחת עליו, שחליו קמץ וחליו פתח וטעמו למטה, כאילו זה האוכל מירר והשעיר בנפשו של צר עין, וכך הוא לשון "כתאנים השוערים" (ירמיה כט). ומנחם בן סרוק פירשו לשון שיעור — תמיד הוא משער כמה יאכל זה ועד מתי. ופטרנוהו בלא מזונות. כלומר, למזונות הוצרך ולא היה לו, וראה אחד נושא מזונות ובא לחוטפם ממנו לאונס רעבון, ועמד זה עליו והרגו. בלא לויה. חבורה שילך עמהם. שבשדות. דאניסי במלאכתן, ואין יכולין לבא. דלא אניסי. העומדין בבהכ"נ אחורי הכהנים לא אניסי, אלא שאין הברכה חשובה עליהם לעקור רגליהם ולבא לפני הכהנים להיות מתברכים פנים כנגד פנים כדת. הלכך אינם בכלל ברכה, כדאמרי': "כה תברכו" — פנים כנגד פנים. מבירתא דשחורי. לשון בירה. שחורי — מקום. אישתייר בי עשרה. מקצתן עולין לדוכן, והעשרה עונין אמן. לא אישתייר בי עשרה — לא חשיב לברכה לחודייהו, הילכך כולן עולין ומברכין לאחיהם שבשדות. אריכי באפי גוצי לא מפסקי. בין כהנים, מהיות בכלל ברכה, דאם כן אין לדבר סוף.
והזה

מסורת הש"ס: [מנחות מד.] | ברכות לד. | לקמן מה. | ר"ה לה. | פסחים פה. | פרה פרק יב מ"ב

תוספות שאנץ

ת"ש דא"ר יהושע בן לוי אפי' מחיצה של ברזל אינה מפסקת בין ישראל לאביהם שבשמי' וקשה דלענין מה מיירי אי לענין צירוף קשה מדאמרי' פרק כל גגות ציבור בקטנה ויחיד בגדולה אין מצטרפין וא"כ פליג עליה דר' יהושע בן לוי ואי לענין לצאת בו ידי חובתו א"ר יהושע בן לוי דאפי' מחיצה ברזל וכו' אבל לעולם אינו מצטרף וא"כ הכי קאמר רב התם וכן בתפלה פרק אין צולין גבי פסח הנאכל בחבורה מן האגף ולפנים כלפנים מן האגף ולחוץ כלחוץ אגף היינו משקוף ואמר רב עלה וכן לתפלה והיכי קאמר רב שלא יצא ידי חובתו והתנן היה עובר אחורי בית הכנסת ושמע קול שופר או קול מגילה אם כוון לבו יצא ופר"י דהתם עובר אחורי בית הכנסת ושמע קול א) מודה דיצא ידי חובתו אבל לענין דבר שבקדושה צריך כגון קדיש וברכו וקדושה לדין זה אמר רב דמפסקת:

א) נ"ל דלא בעי עשרה שפיר יצא יד"ח אבל לענין דבר שבקדושה לצריך עשרה כגון וכו'.

תורה אור

אוְהִזָּה לְאַחֲרָיו, לְאַחֲרָיו וְהִזָּה לְפָנָיו — הַזָּאָתוֹ פְּסוּלָה. לְפָנָיו וְהִזָּה עַל צְדָדִין שֶׁבְּפָנָיו — הַזָּאָתוֹ כְּשֵׁרָה. אָמַר רָבָא בַּר רַב הוּנָא: בכֵּיוָן שֶׁנִּפְתַּח סֵפֶר תּוֹרָה — אָסוּר לְסַפֵּר אֲפִילּוּ בִּדְבַר הֲלָכָה, נחמיה ח שֶׁנֶּאֱמַר: °"וּבְפִתְחוֹ עָמְדוּ כָל הָעָם", וְאֵין עֲמִידָה איוב לב אֶלָּא שְׁתִיקָה, שֶׁנֶּאֱ': °"וְהוֹחַלְתִּי כִּי לֹא יְדַבֵּרוּ כִּי עָמְדוּ לֹא עָנוּ עוֹד". ר' זֵירָא אָמַר רַב חִסְדָּא: נחמיה ח מֵהָכָא °"וְאָזְנֵי כָל הָעָם אֶל סֵפֶר הַתּוֹרָה". וְאָמַר ר' יְהוֹשֻׁעַ בֶּן לֵוִי: גכָּל כֹּהֵן שֶׁלֹּא נָטַל יָדָיו — לֹא תהלים קלד יִשָּׂא אֶת כַּפָּיו, שֶׁנֶּאֱמַר: °"שְׂאוּ יְדֵיכֶם קֹדֶשׁ וּבָרְכוּ אֶת ה'". *שָׁאֲלוּ תַּלְמִידָיו אֶת ר' אֶלְעָזָר בֶּן שַׁמּוּעַ: בַּמֶּה הֶאֱרַכְתָּ יָמִים? אָמַר לָהֶן: מִיָּמַי לֹא עָשִׂיתִי בֵּית הַכְּנֶסֶת קַפֶּנְדַּרְיָא, וְלֹא פָּסַעְתִּי עַל רָאשֵׁי עַם קוֹדֶשׁ, וְלֹא נָשָׂאתִי כַּפַּי בְּלֹא בְּרָכָה. מַאי מְבָרֵךְ? אָמַר רַבִּי זֵירָא אָמַר רַב חִסְדָּא: ד"אֲשֶׁר קִדְּשָׁנוּ בִּקְדוּשָּׁתוֹ שֶׁל אַהֲרֹן וְצִוָּנוּ לְבָרֵךְ אֶת עַמּוֹ יִשְׂרָאֵל בְּאַהֲבָה". כִּי עָקַר כַּרְעֵיהּ מַאי אָמַר? ה"יְהִי רָצוֹן מִלְּפָנֶיךָ ה' אֱלֹהֵינוּ שֶׁתְּהֵא בְּרָכָה זוֹ שֶׁצִּוִּיתָנוּ לְבָרֵךְ אֶת עַמְּךָ יִשְׂרָאֵל, לֹא יְהֵא בָּהּ מִכְשׁוֹל וְעָוֹן". וְכִי מְהַדַּר אַפֵּיהּ מִצִּיבּוּרָא מַאי אָמַר? אַדְבְּרֵיהּ רַב חִסְדָּא לְרַב עוּקְבָא, וְדָרַשׁ: ו"רִבּוֹנוֹ שֶׁל עוֹלָם, עָשִׂינוּ מַה שֶּׁגָּזַרְתָּ עָלֵינוּ, עֲשֵׂה עִמָּנוּ

מַה

וְהִזָּה לְאַחֲרָיו. וְאַף שָׁם הָיוּ כֵּלִים הַצְּרִיכִין הַזָּאָה. הַזָּאָתוֹ פְּסוּלָה. דְּבָעֵינַן כַּוָּונָה לְטָהֳרָה, כִּדְכְתִיב (במדבר יט): "וְהִזָּה הַטָּהוֹר עַל הַטָּמֵא" — שֶׁיְּהֵא מִתְכַּוֵּין לוֹ. עַל הַצְּדָדִין שֶׁבְּפָנָיו. לִצְדָדִין שֶׁיֵּשׁ מִמֶּנּוּ וּלְהַלָּן, וְלֹא לִצְדָדִין שֶׁיֶּשְׁנוֹ מִמֶּנּוּ וּלְאָחוֹר. וְהָכִי נַמִי, הָעוֹמְדִין בִּצְדָדִין שֶׁל כֹּהֵן הֵימֶנּוּ וּלְהַלָּן — בִּכְלַל בְּרָכָה הֵן, דִּכְלְפָנָיו דָּמֵי. אֲבָל שֶׁל אַחַר הֵימֶנּוּ, אע"פ שֶׁאֵינָן אֲחֲרֵיהֶן מַמָּשׁ — כִּלְאַחֲרָיו דָּמֵי. וּבְפִתְחוֹ. וּכְשֶׁהִתְחִיל, וּבְעֶזְרָא כְּתִיב. עָמְדוּ. שָׁתְקוּ. שֶׁלֹּא נָטַל יָדָיו. לִפְנֵי עֲלוֹתוֹ לַדּוּכָן. בַּמֶּה הֶאֱרַכְתָּ יָמִים. אֵיזֶה זְכוּת בְּיָדְךָ שֶׁהֶאֱרַכְתָּ יָמִים. קַפֶּנְדַּרְיָא. לְקַצֵּר דַּרְכּוֹ דֶּרֶךְ בהכ"נ לִיכָּנֵס בְּפֶתַח זֶה וְלָצֵאת כְּנֶגְדּוֹ. וּלְשׁוֹן קַפֶּנְדַּרְיָא מְפָרֵשׁ בִּבְרָכוֹת (דף סג:): אַדְּמַקִּיפְנָא אַדָּרֵי אֵיעוּל בְּהָא — עַד שֶׁאֲנִי מַקִּיף סְבִיב הַשּׁוּרוֹת הַלָּלוּ — אֶכָּנֵס בָּזֶה וַאֲקַצֵּר דַּרְכִּי. וְדָרֵי — שׁוּרוֹת בָּתִּים. וְלֹא פָּסַעְתִּי עַל רָאשֵׁי עַם קוֹדֶשׁ. שֶׁהָיוּ יוֹשְׁבִים הַתַּלְמִידִין בְּבֵית הַמִּדְרָשׁ עַל גַּבֵּי קַרְקַע, וְהַמְהַלֵּךְ בֵּינֵיהֶם כְּשֶׁהֵן יוֹשְׁבִין וְנִכְנָס לֵישֵׁב בִּמְקוֹמוֹ מַרְחִיב פְּסִיעוֹתָיו בְּעַל כָּרְחוֹ, וְהוּא לְשׁוֹן מְפַסֵּעַ, (א) וְנִרְאֶה כִּמְפַסֵּעַ עַל רָאשֵׁיהֶם. לְפִיכָךְ צָרִיךְ לְהַקְדִּים, אוֹ יֵשֵׁב לוֹ מִבַּחוּץ. וְלֹא נָשָׂאתִי כַּפַּי לְבָרֵךְ. שֶׁכֹּהֵן הָיָה. בְּלֹא בְּרָכָה. בְּרָכָה דִּמְפָרֵשׁ וְאָזֵיל מַאי מְבָרֵךְ. וְכִי עָקַר כַּרְעֵיהּ. בַּעֲבוֹדָה לְמֵיסַק, וְהוּא מַחֲזִיר פָּנָיו כְּלַפֵּי תֵּיבָה, מַאי אָמַר? וְכִי מְהַדַּר אַפֵּיהּ מִצִּיבּוּרָא. כְּשֶׁגּוֹמֵר בִּרְכוֹתָיו מַחֲזִיר פָּנָיו לְצַד הַתֵּיבָה עַד שֶׁיִּגְמוֹר שְׁלִיחַ צִבּוּר "הַמְבָרֵךְ אֶת עַמּוֹ יִשְׂרָאֵל בַּשָּׁלוֹם".

מַה

דקיימא לן כוותיה. וכמדומה דהכי פסק רבינו חננאל, דבכל דוכתא קי"ל כר' יהושע בן לוי. ומקשה מפ' "כל גגות" (עירובין דף צב.), דיתיב ר' זירא ורבה בר רב חנן, ויתיב אביי גבייהו, ויתבי וקאמרי: שמע מינה ממתני' דיורי גדולה בקטנה ואין דיורי קטנה בגדולה וכו' עד צבור בגדולה ושליח צבור בקטנה — יוצאין ידי חובתן, צבור בקטנה וש"צ בגדולה — אין יוצאין ידי חובתן. תשעה בגדולה וא' בקטנה — מצטרפין, תשעה בקטנה וא' בגדולה — אין מצטרפין. וה"ה גדולה בגדולה, דליכא למימר דיורי גדולה בגדולה. אלמא לענין תפלה לא אמר אפילו מחיצה של ברזל אין מפסקת! ונראה דלא דמי, דהיכא דאיכא עשרה בגדולה ושליח צבור עמהן, ואחד בגדולה כיוצא בה, מתוך שמוציא בני הגדולה — יוצא גם זה שבאחרת, כה"ג אמרינן דוקא אפילו מחיצה וכו', שהרי מוציא אפילו אחיו שבשדות, כדאיתא במסכת ראש השנה (דף לה.). אבל היכא דצריך לצרופינהו — ודאי לא מצטרפי. וההיא דפ' "אין עומדין" (ברכות דף לב:) דא"ר אלעזר: מיום שחרב בית המקדש נפסקה חומת ברזל בין ישראל לאביהן שבשמים — לא שייכא להכא. דההיא אמר לגבי הא שאין תפלתן מקובלת כמו בזמן שבהמ"ק קיים. מיהו, לענין זה אין מפסקת, אם יתברכו הצבור ע"י ברכת כהנים שעמהן בבית הכנסת, או יוציא ש"צ ידי חובתן — גם זה יתברך ויוצא ידי חובתו עמהן, דכלפי אבינו שבשמים לא תלי בהפסק מחיצה.

והזה על הצדדין שבפניו הזאתו כשרה. בירושלמי בפרק "אין עומדין" אמרי': הדא אמרה העומדין מן הצדדין — בכלל ברכה. **כיון** שנפתח ספר תורה אסור לספר אפי' בדבר הלכה. מקשינן מפרק קמא דברכות (דף ח.), דאמר: רב ששת הוה מהדר אפיה וגריס, אמר: אינהו בדידהו ואנן בדידן. ומצינו למימר דמהדר אפיה שאני. אי נמי רב ששת שאני, משום דהוה מאור עינים, והוה פטור מקריאה משום דהוה דברים שבכתב אי אתה רשאי לאומרן על פה, וכיון דפטור מקריאה — אפילו בשעת שמיעה היה יכול לעסוק בדבר הלכה. והיינו דקאמר: אנן בדידן, כגון דברי הלכה — (כגון) דברים דעל פה, ואינהו בדידהו — דברים שבכתב. מיהו, מסתברא כפירוש ר"ת, דפי' התם: דוקא רב ששת וכיוצא בו דתורתו אומנתו. אבל האידנא כרבא סבירא לן, דאמר רבא: כיון שנפתח ס"ת וכו'. והאי דהוה מהדר אפי' — י"ל דלא הויא אורחא דמילתא לאיעסוקי בדבר הלכה באנפי ליבורא בעוד שהן עסוקין בשמיעת התורה*.

[ועי' תוס' ברכות ח. ד"ה רב ששת]

כל כהן שלא נטל ידיו. פירש רש"י, אמר לי רבי: אם נטל ידיו שחרית ונטהר — כהן אינו צריך ליטול ידיו כשעולה לדוכן. וכמדומה שהועתק מהגהת תלמיד, שהרי אין לשונו משמע כך, דפירש שלא נטל ידיו — לפני עלותו לדוכן, משמע ממש סמוך. ועוד: דמייתי גמרא קרא: "שאו ידיכם קדש וברכו" — משמע תיכף לנטילת ידים ברכת כהנים, דמשמע ליה השתא דבברכת כהנים משתעי קרא, דהיא בנשיאות ידים. ומשמע בירושלמי פ"ח דברכות דבברכה דמשתעי קרא בעינן נטילת ידים סמוך לה, דמייתי לה התם אברכת המזון. והכי איתא: שלשה תכיפות הן; תיכף לסמיכה שחיטה, שנאמר: "וסמך ושחט". תיכף לנטילת ידים ברכה, שנא': "שאו ידיכם וברכו". תיכף לגאולה תפלה, שנא': "יהיו לרצון אמרי פי" וגו', וכתיב בתריה: "יענך ה' ביום צרה". ובפ' "כילד מברכין" (ברכות מב.) משמע דההיא ברכה איירי בברכת המזון, מיהו, שמעינן מינה דבעינן תיכף נטילת ידים בברכה דמשתעי ביה קרא, והכא מייתי לה אברכת כהנים. ועוד: אי מיירי הכא בשלא נטל ידיו בשחרית — אמאי נקט כהן לנשיאות כפים? תיפוק ליה משום דברי תורה, שצריך ליטול ידיו, כדאמרי' בפ"ק דברכות (דף יא:) ובפ"ב (שם יד:), אמר רבי חייא בר רב אשי: זימנין סגיאין הוה קאימנא קמיה דרב לתנויי לן פירקא בסיפרא דבי רב, ומקדים וקאי ומשי ידיה ומברך ומנח תפילין, והדר אמר לן! ואמר נמי התם *דבעי לאהדורי בתר מיא לנט"י לק"ש מיל, ומה לי ק"ש ומה לי ברכת כהנים? אי משום דצריך ברכה לפניה — הכא נמי [דף טו.] צריך ברכה לפניה, כדאמר לקמן! להכי מסתבר דהכא בנטילת ידים תיכף לברכה מיירי. ושיעור תכיפה איכא למישמע מתכיפת סמיכה לשחיטה, דאמרי' בפ' "כל הפסולין" (זבחים לג.): כל הסמיכות שהיו שם קורא אני בהם תיכף לסמיכה שחיטה, חוץ מזו שהיתה בשער נקנור, שאין מצורע יכול ליכנס שם. אלמא כדי מהלך משער נקנור עד בית המטבחים לא חשיבה תכיפה, ובמסכת מדות (פ"ה מ"א) משמע דלא הוי טפי מעשרים ושתים אמה, מקום דריסת רגלי ישראל ומקום דריסת רגלי הכהנים שכל אחד היו י"א אמה.

וכי מהדר אפיה מצבורא מאי אמר. סדר נשיאת כפים מפי' רבינו שלמה: עוקר רגליו בעבודה ממקומו, ובא לפני התיבה, ומתפלל "יהי רצון שתהא ברכה זו" וכו', ומאריך בה עד שיאמרו אמן של הודאה מפי הצבור. וקורא "כהנים" אם שנים הם, ואם אחד אינו קורא ש"צ, והוא מחזיר פניו מאליו, כדאביי, דאמר לעיל: לאחד אינו קורא. וכשכלה דבור מהקורא מברכין "אשר קדשנו" כו'. ואחר כך מתחילין בברכה. וכשכלה אמן אחרון מפי צבור הן מחזירין, וכופפין קשרי אצבעותיהן אם רוצין. ושליח צבור מתחיל "שים שלום", והכהנים יתפללו "רבונו של עולם עשינו מה שגזרת" וכו', ומאריכין בה עד שתכלה ברכה מפי שליח צבור, עוקרין רגליהן והולכין להן. בשאלתות פרשת "ויקח קרח": כהן שהשתמד — לא ישא את כפיו, דגרע מהורג את הנפש, דאמרינן בפ' "אין עומדין" (ברכות לב:): כהן שהרג את הנפש — לא ישא את כפיו. ורבינו גרשום מאור הגולה השיב בתשובותיו דנושא כפיו, וקורא ראשון בתורה. דכיון דחזר בתשובה — חוזר לקדושתו. דתנן בסוף מסכת מנחות (דף קט.): "אך לא יעלו כהני הבמות אל מזבח ה' בירושלים כי אם אכלו מצות בתוך אחיהם" — והרי הן כבעלי מומין שחולקין ואוכלין. וכשם שבעלי מומין נושאין את כפיהם וקורא ראשון בתורה — ואף זה. שאם לא תאמר כן — נמצאת מרפה ידיהן של בעלי תשובה, שיאמרו בשמדותן: אוי לאותה בושה אוי לאותה [סנהדרין קג.] כלימה, וימנעו מעשות תשובה. ואמר ר' יוחנן:* כל האומר מנשה אין לו חלק לעולם הבא — מרפה ידיהן של בעלי תשובה, ותנא דבי רבי ישמעאל:* [קדושין כ:] הואיל והלך זה ונעשה כומר לעבודה זרה, אדמה אבן אחר הנופל וכו'. [וע"ע תוס' מנחות קט. ד"ה לא ישמשו ותוס' תענית כז. ד"ה אי מה].

עד

מטא מיי' פ"י מהל' פרה אדומה הל' ז:
נ ב מיי' פי"ב מהל' תפלה הל' ט סמג עשין כה טוש"ע א"ח סימן קמו סעיף ב:
נא ג מיי' פט"ו מהל' נ"כ הל' ה סמג עשין כ טוש"ע א"ח סימן קכח סעיף ו:
נב ד מיי' שם פי"ד הלכה יב סמג שם טוש"ע שם סעיף יא:
נג ה מיי' שם טוש"ע שם סעיף ט:
נד ו מיי' שם טוש"ע שם סעיף טו:

מגילה כז:

הגהות הב"ח

(א) רש"י ד"ה ולא פסעתי וכו' לשון מפסע ואזיל ונראה. נ"ב עי' פ' מצות חליצה דף קה ע"ב:

תוספות שאנץ

כיון דנפתח ספר תורה אסור לדבר אפי' בדברי תורה. פי' רשב"ם אבל אי מהדר אפיה לית לן בה דאמר פ"ק דברכות רב ששת מהדר אפיה וגרים. ואינו נראה לר"ת דא"כ היה ליה לתלמודא לאיתויי הא דרב ששת ולומר שמותר בזה הענין. על כן נראה לי דרב ששת א) לא פליג דבדבר הלכה שרי:

א) נ"ל דרב ששת פליג וס"ל דלדבר הלכה שרי.

עין משפט
נר מצוה

נה א מיי' פי"ד מהל' נשיאות כפים הל' ו סמג עשין כ טוש"ע א"ח סימן קכח סעיף טז:
נו ב ג ד ה מיי' שם הלכה ה טוש"ע שם סעיף יח:
נז ו ז מיי' שם הלכה ו טוש"ע שם סעיף טז:
נח ח ט מיי' פי"ב מהל' תפלה הלכה ו סמג עשין כה טוש"ע א"ח סימן קמא סעיף ה:
נט י כ מיי' שם הלכה יא סמג שם טוש"ע א"ח סי' קמה סעיף א:
ס ל מיי' שם הל' יג סמג שם טוש"ע א"ח סימן רפב סעיף ה:
סא מיי' שם סמג שם טוש"ע א"ח סימן קמז סעיף ז וסי' רפב סעיף ו:
סב נ טוש"ע א"ח סימן קמח:
סג ס ע מיי' פי"ב מהל' תפלה הלכה כד סמג עשין כה טוש"ע א"ח סי' קמט:

מה שהבטחתנו. "השקיפה ממעון קדשך מן השמים" וגו' (דברים כו). אמר רב חסדא: [א]אין הכהנים רשאים לכוף קישרי אצבעותיהן עד שיחזרו פניהם מן הצבור. א"ר זירא א"ר חסדא: [ב]אין הקורא רשאי לקרות "כהנים" עד שיכלה "אמן" מפי הצבור, [ג]ואין הכהנים רשאין להתחיל בברכה עד שיכלה דיבור מפי הקורא, [ד]ואין הצבור רשאין לענות אמן עד שתכלה ברכה מפי הכהנים, [ה]ואין הכהנים רשאין להתחיל בברכה אחרת עד שיכלה אמן מפי הצבור. ואמר רבי זירא אמר רב חסדא: [ו]אין הכהנים רשאין להחזיר פניהם מן הצבור עד שיתחיל שליח צבור ב"שים שלום", [ז]ואינן רשאין לעקור רגליהם ולילך עד שיגמור שליח צבור "שים שלום". וא"ר זירא אמר רב חסדא: [ח]אין הצבור רשאין לענות אמן עד שתכלה ברכה מפי הקורא, [ט]ואין הקורא רשאי לקרות בתורה עד שיכלה אמן מפי הצבור, [י]ואין המתרגם רשאי להתחיל בתרגום עד שיכלה פסוק מפי הקורא, [כ]ואין הקורא רשאי להתחיל בפסוק אחר עד שיכלה תרגום מפי המתרגם. אמר רבי תנחום א"ר יהושע בן לוי: [ל]המפטיר בנביא צריך שיקרא בתורה תחילה. ואמר רבי תנחום אמר רבי יהושע בן לוי: אין [מ]המפטיר רשאי להפטיר בנביא עד שיגלל ס"ת. ואמר רבי תנחום אמר רבי יהושע בן לוי: [נ]אין שליח צבור רשאי להפשיט את התיבה בצבור, °מפני כבוד צבור. ואמר רבי תנחום אמר רבי יהושע בן לוי: [ס]אין הצבור רשאין לצאת עד שינטל ספר תורה *ויניח במקומו, ושמואל אמר: עד שיצא. ולא פליגי; [ע]הא — דאיכא פיתחא אחרינא, הא — דליכא פיתחא אחרינא. אמר רבא: בר אהינא אסברה לי: "אחרי ה' אלהיכם תלכו" (שם יג). בזמן שהכהנים מברכים את העם מה הן אומרים? אמר ר' זירא אמר רב חסדא: "ברכו ה' מלאכיו גבורי כח" וגו' (תהלים קג), "ברכו ה' כל צבאיו משרתיו עושי רצונו", "ברכו ה' כל מעשיו בכל מקומות ממשלתו ברכי נפשי את ה'". במוספי דשבתא מה הן אומרים? אמר רבי אסי: "שיר המעלות הנה ברכו את ה' כל עבדי ה'" וגו' (שם קלד), "שאו ידיכם קדש וברכו את ה'", "ברוך ה' מציון שוכן ירושלים הללויה" (שם קלה). ולימא נמי: "יברכך ה' מציון" (שם קלד) דכתיב בההוא ענינא! אמר יהודה בריה דר"ש בן פזי: מתוך שהתחיל בברכותיו של הקב"ה מסיים בברכותיו של הקב"ה. במנחתא דתעניתא מאי אמרי? אמר רב אחא בר יעקב: "אם עונינו ענו בנו ה' עשה למען שמך" (ירמיה יד), "מקוה ישראל מושיעו בעת צרה למה תהיה כגר בארץ" וגו' (שם), "למה תהיה כאיש נדהם כגבור לא יוכל להושיע" וגו'.
בנעילה

רש"י

מה שהבטחתנו. שמפשטים על ידינו, כדכתיב: "ואני אברכם" (במדבר ו). **לכוף קשרי אצבעותיהם.** שפושטין אצבעותיהם כשמברכין, ולאחר שגמרו סוגרין אגרוף שלהם כשאר בני אדם. קשרי אצבע הם החליות שכופפין ופושטין בהם. **אין הקורא.** שליח צבור שקורא "כהנים" שיחזרו פניהם לברך. **אמן.** של ברכת הודאה. **דיבור.** "כהנים". **לעקור רגליהם.** מן הדוכן, אלא עומדין כפופין לפני התיבה. יש ללמוד מכאן סדר נשיאות כפים כך הוא: עוקר רגליו בעבודה ממקומו, ובא לפני התיבה, ומתפלל "יהי רצון שתהא ברכה" כו' כדלעיל, ומאריך בה עד שתכלה אמן של הודאה מפי צבור. ושליח צבור קורא "כהנים" אם שנים הם, ואם יחיד הוא – אינו קורא, והוא מחזיר פניו מאליו, כדאביי דאמר לעיל (דף לח.): לאו' אין קורא "כהנים". (א) וכשכלה דיבור מפי קורא מברך "אשר קדשנו" כו', ואח"כ מתחילין בברכה, וכשכלה אמן אחרון מפי צבור, הן מחזירין פניהם, וכופפין קשריהם אם רוצים, ושליח צבור מתחיל "שים שלום", והכהנים מתפללין "רבש"ע עשינו מה שגזרת עלינו" כו', ומאריכין בה עד שתכלה ברכה מפי שליח צבור, ועוקרין רגליהם והולכין להם. **עד שיכלה אמן.** של ברכת התורה. **וכל הני** – משום דתרי קלי לא משתמעי. **עד שתגלל ס"ת.** במטפחותיו, כדי שלא יהו הגוללים טרודים מלשמוע הפטרה מפי המפטיר. **להפשיט את התיבה בצבור.** כל זמן שהצבור בבהכ"נ. שהיה דרכם להביא ס"ת מבית אחר שמשתמר בו לבית הכנסת, ופורסין בגדים נאים סביב התיבה ומניחין אותה בתוכה. וכשיוצאין משם ונוטלין ס"ת להוליכו לבית המשתמר בו – לא יפשיטו הבגדים מן התיבה בפני הצבור, שטורח לצבור לעכב שם עם ס"ת, אלא מוליך ס"ת לביתו ומניחו, והעם יוצאים אחריו, ואח"כ הוא בא ומפשיט את התיבה. **איכא פיתחא אחרינא.** משנטל ס"ת לצאת דרך פתחו, הרוצה לצאת בפתח אחר – יוצא, ואפי' לא יצא ס"ת. **ליכא פיתחא אחרינא** – נכון שיצא ס"ת תחילה, ולא יצא האדם בפתח לפני ס"ת. **בר אהינא אסברה לי.** חכם ששמו בר אהינא אסברה לי – הבינני טעמו של דבר. **העם מה הם אומרים.** שיראו מסבירי פנים, ומודים לפניו על ברכותיו, להראות שהן נוחות להן. **ברכו ה' מלאכיו ברכו ה' כל צבאיו ברכו ה' כל מעשיו.** שלש מקראות הן, כנגד ג' ברכות. **במוספי דשבתא.** שהוא נשיאת כפים חדש, שאינו בחול – צריך לחדש את דברי העם. **ברוך ה' מציון.** אינו באותו מזמור, והיינו דקא פריך: ונימא "יברכך ה' מציון" דכתיב בההוא ענינא! **במנחתא דתעניתא.** שנושאין בו כפים. מה שאין כן בשאר מנחות – משום שכרות, כדאמרינן במסכת תענית בפ' בתרא (דף כו:).
בהזכרת

תוספות

עד שיכלה אמן מפי הצבור. פירש ר"י: אע"ג דאמרינן בפרק "שלשה שאכלו" (ברכות דף מז.): אין הבוצע רשאי לבצוע עד שיכלה אמן מפי העונין, ואמר רב חסדא: מפי רוב העונין, דכל העונה אמן יותר מדאי אינו אלא טועה. מיהו, לענין ברכת כהנים כיון דמשום לשמוע הוא – לא משתמע כל זמן שעונין, דהוו להו תרי קלי – קולות העונין וקול כהנים המברכים, ולא משתמעי. ואי תקשי לדברי הרב: א"כ לא ישאו שנים כפיהם, דהא אמרינן בפ"ג דמגילה (דף כא:): בתורה אחד קורא ואחד מתרגם, וקתני סיפא דאפי' שנים בנביא אין קורין, וטעמא מפרש בירושלמי דפרק "אין עומדין" משום שאין שני קולות נכנסין באוזן אחד. ואנן אומרים לעיל: לשנים קורא כהנים! אלא מאי אית לך למימר – ברכות, איידי דחביבי להו – יהבו דעתייהו ומשתמעי תרי קלי, כדאמר גבי מגילה: קראוה שנים – יצא. גבי אמן נמי – יהבי דעתייהו, ולישתמע תרי קלי! תריך: דלא דמו תרי קלי וקורין דבר אחד, לתרי קלי שקורין שני דברים כגון אמן והני ברכות. כדתנן בפרק "ראוהו ב"ד" (ר"ה כז.): שופר של ר"ה של יעל פשוט ופיו מצופה זהב וב' חצוצרות מצדדיו, שמצות היום בשופר. ופריך בגמ' (שם כז.): ותרי קלי מי משתמעי? והתניא: "זכור" ו"שמור" בדיבור אחד נאמרו, מה שאין הפה יכול לדבר ומה שאין האוזן יכול לשמוע! ע"כ היכא דהקולות משונות כגון קול אחד "זכור" והשני "שמור" – אין האוזן יכולה לשמוע כלל. וקול שופר וקול חצוצרות י"ל דאין משונין, להכי מסיק התם דמשתמעי איידי דחביבי. אי נמי: בעי דלישמעי נמי הברכה הני דמאריכין באמן, אע"פ שטועין, וכל שעה שהן בעצמן עונין – אין שומעין קול חבריהם. ותפוס לשון אחרון, דהא מסיק התם: תרי קלי מחד גברא לא משתמעי, כגון "זכור" ו"שמור" מפי הגבורה, מתרי גברי משתמעי. משמע, אפי' דומיא ד"זכור" ו"שמור", איידי דחביבי. וקול שופר וקול חצוצרות תרי קלין משונין זה מזה, דומיא ד"זכור" ו"שמור", ומשתמעי איידי דחביב.

במנחתא דתעניתא מאי אמרי. אע"ג דפסקינן בפ' "בשלשה פרקים" (תענית ד' כו:) כר' יוסי דאמר: ליכא נשיאות כפים במנחתא דתעניתא, משום דשכיח שכרות, ואתי לאחלופי בשאר יומי – י"ל: הכא אליבא סתמא דמתני' דהתם בעי, דקתני ד' פעמים ביום. אי נמי אפי' לר' יוסי, כדאמר התם: מאחר דקי"ל כר' יוסי האידנא – מ"ט פרסי כהני ידייהו במנחתא דתעניתא? כיון דסמוך לשקיעת החמה קפרסי בתפלה – כתפלת נעילה דמי. **אם** עונינו ענו בנו. א"ת: הני פסוקים דמנחתא מאי הסברת פנים איכא בהו? י"ל: משום דהיו מתענין על הצרה שלא תבא על הצבור. ואמר בפ"ק דתענית (דף יב:) ובפ' בתרא דמגילה (דף ל:) דבריבעא בתרא דיומא בעי רחמי, דהיינו ממנחה ואילך, כדכתיב (עזרא ט): "ואני יושב משומם עד מנחת הערב ובמנחת הערב קמתי מתעניתי ובקרעי בגדי ומעילי ואכרע על ברכי ואפרוש כפי אל ה' אלקים". הלכך התירו למבעי רחמי בעידנא דפרסי ידייהו, דעת רצון הוא, וענו ליבורא אמן, כדמשמע בפ' "הרואה" (ברכות נה:): האי מאן דחזי חלמא ולא ידע מאי חזי – ליקו קמי כהני בעידנא דפרסי ידייהו, ולימא: רבון העולמים, חלום חלמתי וכו'.
בנעילה

תוספות שאנ"ץ

אין הכהנים רשאין לכוף קשרי אצבעותיהם. פ"ה שכופפין אותן וכו'. עד שיכלה אמן מפי הצבור: אין שליח צבור רשאי להפשיט את התיבה בצבור. פ"ה שהיה דרכם להביא ספר תורה מבית אחר שמשתמר לבית הכנסת ופורסין בגדים נאים סביב התיבה ומניחין אותה בתוכה וכשיוצאין משם ונוטלין ספר תורה להוליכו לבית המשתמר לא יפשיטו הבגדים בפני הצבור שטורח הצבור לעכב שם עם ספר תורה אלא מוליך ספר תורה והעם יוצאין אחריו ואחר כך בא ומפשיט התיבה:

הגהות הב"ח

(א) רש"י ד"ה לעקור וכו' וכשיכלה הדיבור מפי הקורא מברכים אשר:

גליון הש"ס

גמ' מפני כבוד צבור. מגילה דף כג ע"ב יומא ע ע"א גיטין דף ס ע"ב:

[ברי"ף וברא"ש בפרק הקורא את המגילה עומד וכן בטור א"ח סי' קמט ליתא להנך שתי תיבות ויניח במקומו וכן נראה מפירש"י ד"ה איכא פיתחא וכו' שלא היה גרסתם הכי ועיין בב"י ותמצא פרש"י מבואר על דרך זה]

בְּנְעִילָה דְּיוֹמָא דְּכִיפּוּרֵי מַאי אָמַר? אָמַר מָר זוּטְרָא, וְאָמְרִי לָהּ בְּמַתְנִיתָא: (א) °"הִנֵּה כִּי כֵן יְבֹרַךְ גָּבֶר יְרֵא ה'", "יְבָרֶכְךָ ה' מִצִּיּוֹן וּרְאֵה בְּטוּב יְרוּשָׁלָיִם כֹּל יְמֵי חַיֶּיךָ", "וּרְאֵה בָנִים לְבָנֶיךָ שָׁלוֹם עַל יִשְׂרָאֵל". הֵיכָן אוֹמְרָן? רַב יוֹסֵף אָמַר: בֵּין כָּל בְּרָכָה וּבְרָכָה, וְרַב שֵׁשֶׁת אָמַר: בְּהַזְכָּרַת הַשֵּׁם. פְּלִיגִי בָּהּ רַב מָרִי וְרַב זְבִיד; חַד אָמַר: פְּסוּקָא לְקָבֵל פְּסוּקָא, וְחַד אָמַר: אַכָּל פְּסוּקָא אָמַר לְהוּ לְכוּלְּהוּ. א"ר חִיָּיא בַּר אַבָּא: כָּל הָאוֹמְרָן בַּגְּבוּלִין — אֵינוֹ אֶלָּא טוֹעֶה. אָמַר רַבִּי חֲנִינָא בַּר פַּפָּא: תֵּדַע דְּבַמִּקְדָּשׁ נַמִי לָא מִיבָּעֵי לְמֵימְרִינְהוּ, אכְּלוּם יֵשׁ לְךָ עֶבֶד שֶׁמְּבָרְכִין אוֹתוֹ וְאֵינוֹ מַאֲזִין? א"ר אַחָא בַּר חֲנִינָא: תֵּדַע דְּבַגְּבוּלִין נַמִי מִיבָּעֵי לְמֵימְרִינְהוּ, כְּלוּם יֵשׁ עֶבֶד שֶׁמְּבָרְכִין אוֹתוֹ וְאֵין מַסְבִּיר פָּנִים? א"ר אַבָּהוּ: מֵרֵישׁ הֲוָה אָמִינָא לְהוּ, כֵּיוָן דַּחֲזֵינָא לֵיהּ לְרַבִּי אַבָּא דְּמִן עַכּוֹ דְּלָא אָמַר לְהוּ — אֲנָא נַמִי לָא אָמִינָא לְהוּ. וְאָמַר רַבִּי אַבָּהוּ: מֵרֵישׁ הֲוָה אָמִינָא עִנְוְתָנָא אֲנָא, כֵּיוָן דַּחֲזֵינָא לֵיהּ לְרַבִּי אַבָּא דְּמִן עַכּוֹ דַּאֲמַר אִיהוּ חַד טַעְמָא וַאֲמַר אָמוֹרֵיהּ חַד טַעְמָא, וְלָא קָפֵיד — אָמִינָא לָאו עִנְוְתָנָא אֲנָא. וּמַאי עִנְוְתָנוּתֵיהּ דְּרַבִּי אַבָּהוּ? דְּאָמְרָה לָהּ דְּבֵיתְהוּ דְּאָמוֹרֵיהּ דְּרַבִּי אַבָּהוּ לִדְבֵיתֵיהּ דְּרַבִּי אַבָּהוּ: הָא דִּידָן לָא צָרִיךְ לֵיהּ לְדִידָךְ, וְהַאי דְּגָחֵין וְזָקֵיף עֲלֵיהּ — יְקָרָא בְּעָלְמָא הוּא דְּעָבֵיד לֵיהּ. אָזְלָא דְּבֵיתְהוּ וְאָמְרָה לֵיהּ לְרַבִּי אַבָּהוּ. אֲמַר לָהּ: וּמַאי נָפְקָא לִיךְ מִינָּהּ? מִינִּי וּמִינֵּיהּ יִתְקַלֵּס עִילָּאָה. וְתוּ, רַבִּי אַבָּהוּ אִימְנוּ רַבָּנַן עֲלֵיהּ לְמִמְנְיֵיהּ בְּרֵישָׁא. כֵּיוָן דַּחֲזָיֵהּ לְר' אַבָּא דְּמִן עַכּוֹ (ב) דִּנְפִישׁי לֵיהּ בַּעֲלֵי חוֹבוֹת, אֲמַר לְהוּ: *אִיכָּא רַבָּה. ר' אַבָּהוּ וְר' חִיָּיא בַּר אַבָּא אִיקְלְעוּ לְהַהוּא אַתְרָא, רַבִּי אַבָּהוּ דָּרַשׁ בְּאַגַּדְתָּא, רַבִּי חִיָּיא בַּר אַבָּא דָּרַשׁ בִּשְׁמַעְתָּא. שַׁבְקוּהּ כּוּלֵּי עָלְמָא לְרַבִּי חִיָּיא בַּר אַבָּא, וַאֲזוּל לְגַבֵּיהּ דְּר' אַבָּהוּ. חֲלַשׁ דַּעְתֵּיהּ. אֲמַר לֵיהּ: אֶמְשׁוֹל לְךָ מָשָׁל לְמָה הַדָּבָר דּוֹמֶה — לִשְׁנֵי בְּנֵי אָדָם, אֶחָד מוֹכֵר אֲבָנִים טוֹבוֹת וְאֶחָד מוֹכֵר מִינֵי סִידְקִית, עַל מִי קוֹפְצִין — לֹא עַל זֶה שֶׁמּוֹכֵר מִינֵי סִידְקִית? כָּל יוֹמָא הֲוָה מְלַוֵּה רַבִּי חִיָּיא בַּר אַבָּא לְרַבִּי אַבָּהוּ עַד אוּשְׁפִּיזֵיהּ מִשּׁוּם יְקָרָא דְּבֵי קֵיסָר. הַהוּא יוֹמָא אַלְוְיֵהּ רַבִּי אַבָּהוּ לְרַבִּי חִיָּיא בַּר אַבָּא עַד אוּשְׁפִּיזֵיהּ, וַאֲפִילּוּ הָכִי לָא אִיתּוֹתַב דַּעְתֵּיהּ מִינֵּיהּ. בִּזְמַן שֶׁשְּׁלִיחַ צִבּוּר אוֹמֵר מוֹדִים, הָעָם מָה הֵם אוֹמְרִים? אָמַר רַב: מוֹדִים אֲנַחְנוּ לָךְ ה' אֱלֹהֵינוּ עַל שֶׁאָנוּ מוֹדִים לָךְ. וּשְׁמוּאֵל אָמַר: אֱלֹהֵי כָּל בָּשָׂר עַל שֶׁאָנוּ מוֹדִים לָךְ. רַבִּי סִימַאי אוֹמֵר: יוֹצְרֵנוּ יוֹצֵר בְּרֵאשִׁית עַל שֶׁאָנוּ מוֹדִים לָךְ. נְהַרְדְּעֵי אָמְרִי מִשְּׁמֵיהּ דְּרַבִּי סִימַאי: בְּרָכוֹת וְהוֹדָאוֹת לְשִׁמְךָ הַגָּדוֹל עַל שֶׁהֶחֱיִיתָנוּ וְקִיַּמְתָּנוּ עַל שֶׁאָנוּ מוֹדִים לָךְ. רַב אַחָא בַּר יַעֲקֹב מְסַיֵּים בַּהּ הָכִי: כֵּן תְּחַיֵּינוּ וּתְחָנֵּנוּ וּתְקַבְּצֵנוּ וְתֶאֱסוֹף גָּלֻיּוֹתֵינוּ לְחַצְרוֹת קָדְשֶׁךָ, לִשְׁמוֹר חוּקֶּיךָ וְלַעֲשׂוֹת רְצוֹנְךָ בְּלֵבָב שָׁלֵם, עַל שֶׁאָנוּ מוֹדִים לָךְ. •אָמַר רַב פַּפָּא: בהִילְכָּךְ נֵימְרִינְהוּ לְכוּלְּהוּ. אָמַר ר' יִצְחָק: לְעוֹלָם תְּהֵא אֵימַת צִבּוּר עָלֶיךָ, שֶׁהֲרֵי כֹּהֲנִים פְּנֵיהֶם כְּלַפֵּי הָעָם וַאֲחוֹרֵיהֶם כְּלַפֵּי שְׁכִינָה. רַב נַחְמָן אָמַר מֵהָכָא: °"וַיָּקָם *הַמֶּלֶךְ דָּוִד עַל רַגְלָיו וַיֹּאמֶר שְׁמָעוּנִי אַחַי וְעַמִּי", אִם אַחַי לָמָּה עַמִּי, וְאִם עַמִּי לָמָּה אַחַי? אָמַר רַבִּי אֶלְעָזָר: אָמַר לָהֶם דָּוִד לְיִשְׂרָאֵל: אִם אַתֶּם שׁוֹמְעִין לִי — אַחַי אַתֶּם, וְאִם לָאו — עַמִּי אַתֶּם, וַאֲנִי רוֹדֶה אֶתְכֶם בְּמַקֵּל. רַבָּנַן אָמְרִי מֵהָכָא:* (ג) גדְּאֵין הַכֹּהֲנִים רַשָּׁאִין לַעֲלוֹת בְּסַנְדְּלֵיהֶן לַדּוּכָן, דוְזֶהוּ אַחַת מִתֵּשַׁע תַּקָּנוֹת שֶׁהִתְקִין רַבָּן יוֹחָנָן בֶּן זַכַּאי. מַאי טַעְמָא — לָאו מִשּׁוּם כְּבוֹד צִבּוּר? אָמַר רַב אָשֵׁי: לָא, הָתָם שֶׁמָּא נִפְסְקָה לוֹ רְצוּעָה בְּסַנְדָּלוֹ וַהֲדַר אָזֵיל לְמִיקְטְרֵיהּ, וְאָמְרִי: בֶּן גְּרוּשָׁה אוֹ בֶּן חֲלוּצָה הוּא.§ "וּבַמִּקְדָּשׁ בְּרָכָה אַחַת" כו'.§

וְכָל

בְּהַזְכָּרַת הַשֵּׁם. כְּשֶׁהַכֹּהֲנִים מַזְכִּירִין אֶת הַשֵּׁם. פְּסוּקָא לְקָבֵל פְּסוּקָא. שֶׁהַכֹּהֲנִים אוֹמְרִים פָּסוּק רִאשׁוֹן וְהֵם אוֹמְרִים אֶחָד מֵאֵלּוּ. וּבַשֵּׁנִי הָיוּ אוֹמְרִים אֶת הַשֵּׁנִי, וּבַשְּׁלִישִׁי אֶת הַשְּׁלִישִׁי. וְכֵן בְּמוּסָף וְכֵן בְּמִנְחָה, שֶׁהֲרֵי כּוּלָּן שְׁלֹשָׁה שְׁלֹשָׁה הֵם. אֵינוֹ אֶלָּא טוֹעֶה. שֶׁלֹּא נִתְקְנוּ לוֹמַר אֶלָּא לִכְבוֹד שֵׁם הַמְיוּחָד הַנִּזְכָּר בַּמִּקְדָּשׁ. וְאֵינוֹ מַסְבִּיר פָּנִים. לְהַרְאוֹת שֶׁבִּרְכַּת רַבּוֹ חֲשׁוּבָה לוֹ וַעֲרֵיבָה עָלָיו, וְתִגָּמֵל לְרַבּוֹ עָלָיו בְּכָךְ. אָמוֹרֵיהּ. הַמְתַרְגֵּם לָרַבִּים מַה שֶּׁהוּא לוֹחֵשׁ לוֹ בִּשְׁעַת הַדְּרָשָׁה. לָא צָרִיךְ לְדִידָךְ. חָכָם הוּא כְּמוֹ בַּעֲלֵיךְ. יְקָרָא דְּמַלְכוּתָא. (ד) שֶׁהֲרֵי רַבִּי אַבָּהוּ נְשׂוּא פָּנִים בְּבֵית הַמֶּלֶךְ, כִּדְאָמְרִי' בַּחֲגִיגָה (דף יד.): "נְשׂוּא פָּנִים" — כְּגוֹן ר' אַבָּהוּ בֵּי קֵיסָר. וּבְסַנְהֶדְרִין (דף יד.) אָמַר דְּהָווּ נָפְקִי אַמְהָתָא דְּבֵי קֵיסָר לְאַפֵּיהּ, וּמְשָׁרִין קַמֵּיהּ "רַבָּה דְּעַמֵּיהּ מְדַבְּרָנָא דְּאוּמָּתֵיהּ". וְתוּ רַבָּנַן אִימְנוּ עֲלֵיהּ. וְעוֹד זוֹ מֵעַנְוְותָנוּתוֹ. דִּנְפִישֵׁי עֲלֵיהּ חוֹבוֹת. שֶׁהָיָה צָרִיךְ לִלְווֹת. אָמַר ר' אַבָּהוּ אִית לָן רַבָּה. חָכָם גָּדוֹל, וְרָאוּי לֵישֵׁב בָּרֹאשׁ יוֹתֵר מִמֶּנִּי — כְּדֵי שֶׁיּוֹשִׁיבוּהוּ בָּרֹאשׁ. וְנוֹתְנִין לוֹ מָנוֹת. וּמַעֲשִׁירִין אוֹתוֹ כְּדֵי שֶׁיְּהֵא חָשׁוּב וְיִשְׁמְעוּ דְּבָרָיו, כְּדְתַנְיָא: "וְהַכֹּהֵן הַגָּדוֹל מֵאֶחָיו" — גַּדְּלוּהוּ מִשֶּׁל אֶחָיו (יומא דף יח.). ה"ג רַבִּי אַבָּהוּ דָּרַשׁ בְּאַגַּדְתָּא שְׁמַעְתָּא. הֲלָכוֹת; דִּינִין, וְאִיסּוּר, וְטָהֳרוֹת. סִידְקִית. כְּלֵי מְלָאכוֹת נָשִׁים וַעֲנִיִּים, כְּגוֹן פְּלָכִים מְחָטִין וְלִינּוֹרוֹת. לֹא עַל מוֹכֵר סִידְקִית. בִּתְמִיָּה. מִתּוֹךְ שֶׁדְּמֵיהֶם קַלִּים יֵשׁ לָהֶם קוֹנִים הַרְבֵּה. וּלְהָפִיס דַּעְתּוֹ הוּא אוֹמֵר. עַל שֶׁאָנוּ מוֹדִים לָךְ. עַל שֶׁנָּתַתָּ בְּלִבֵּנוּ לִהְיוֹת (מוֹדִים לָךְ) דְּבוּקִים בְּךָ וּמוֹדִים לָךְ. רַבִּי סִימַאי. מוֹסִיף הוּא. וְכֵן כּוּלָּם מוֹסִיפִין הֵן עַל הָרִאשׁוֹנִים. שְׁמָעוּנִי אַחַי וְעַמִּי. מַזְהִירָם הָיָה לְהִתְנַדֵּב לְבֶדֶק הַבַּיִת לְבִנְיַן הַמִּקְדָּשׁ. אִם אַתֶּם שׁוֹמְעִים לִי. לִהְיוֹת שְׁלֵמִים לַמָּקוֹם — אַחַיי וַחֲבֵרַיי אַתֶּם. אַלְמָא, הַמֶּלֶךְ אֵימַת צִבּוּר עָלָיו אִם כְּשֵׁרִים הֵם. עַמִּי אַתֶּם. כְּבוּשִׁים תַּחְתַּי. לָאו מִשּׁוּם אֵימְתָא דְּצִיבּוּרָא. מִפְּנֵי שֶׁמִּסְתַּלְּקִין בְּגָדָיו הָעֲשׂוּיִין לְמִדָּתוֹ בְּהַגְבָּהַת יָדָיו, וְנִרְאִין סַנְדָּלָיו לַצִּבּוּר, וְהֵן אֵין רְאוּיִן לֵרָאוֹת, מִפְּנֵי טִיט שֶׁעֲלֵיהֶן. דִּילְמָא מִפְּסְקָא רְצוּעָה. וּגְנַאי הוּא לְעַצְמוֹ, וּמִתְלוֹצְצִים עָלָיו כְּשֶׁסַּנְדָּלוֹ מוּתֶּרֶת וְיָתֵיב לְמִקְטְרֵיהּ, וַחֲבֵירָיו מְבָרְכִין, וְאָתֵי לְמֵימַר: אֵינוֹ רָאוּי לִנְשִׂיאוּת כַּפַּיִם, וְהָלַךְ וְיָשַׁב לוֹ.

וְכָל

בנעילה דיומא דכיפורי מאי אמר. לא ידענא אמאי לא אמר בנעילה דתענית כי היכא דאמר במנחתא דתעניתא, דהא משמע בגמרא בפ' "בשלשה פרקים" (תענית כו:) דבתענית הוה נמי נעילה, אבל מוסף לא הוה בהו! **כל** האומרם בגבולין אינו אלא טועה. פירש ר"י: אע"ג דאמרי' בפרק "הרואה" (ברכות נה:): האי מאן דחזי חלמא וכו' — דהתם משום סכנה התירו, שמא חלום מסוכן הוא שצריך רפואה, דהא אפילו בשבת התירו להתענות תענית חלום. פירש ר"ח: הני כולהו, רבי חייא בר אבא ודרבי חיננא בר פפא ודרבי אבהו — הילכתא נינהו. **על** שאנחנו מודים לך. בערוך בערך הודאה פירש רב משה ראש ישיבה בן מרנא יעקב: דקא מודו צבור — על שליח צבור אינון סומכין, ומאי "על שאנו מודים לך" — על ההודאה דקאמר שליח צבור, וקא ענו אינון אמן. בירושלמי פ"ק דברכות איתא נמי: רבי אבא ב"ר זבדא בשם רב: מודים אנחנו לך שאנו חייבין להודות לך שמך, תרננה שפתי כי אזמרה לך וגו', בא"י האל ההודאות. ר' שמואל ב"ר אויא בשם רבי אחא: הודייה ושבח לשמך הגדול, לך גבורה לך תפארת, יהי רצון מלפניך ה' אלהינו ואלהי אבותינו שתסמכנו בתפלתנו, ותזקפנו מכפיפתנו, כי אתה הוא סומך נופלים וזוקף כפופים מלא רחמים ואין עוד מלבדך, בא"י האל ההודאות. בר קפרא אומר: לך כריעה לך ברכה לך כפופה לך השתחויה, כי לך תכרע כל ברך, וכל לשון לך תשבע, לך ה' הגדולה והגבורה וגו' והעושר והכבוד מלפניך וגו', ועתה ה' אלהינו בכל לב ובכל נפש לך משתחוים, כל עצמותי תאמרנה ה' מי כמוך, בא"י האל ההודאות. אמר רבי יודן: נהגין אמרי רבנן כולהון. ואית דאמר: או *אדה או אדה או אדה. **שמא** תפסוק רצועה בסנדלו. פירש ר"ח: שמע מינה דמותר ליכנס בבית הכנסת בסנדל ובמנעל, דלא אסרו אלא שלא לעלות לדוכן בסנדל. ורבי הביא כמו כן מפרק שלישי דמגילה (דף כד:): האומר איני עובר לפני התיבה בסנדל — אף יחף לא יעבור. אלמא דאפילו לפני התיבה מותר לעבור בסנדל. והכי מסיק בהדיא בפרק "הרואה" (ברכות דף סג.), אמר רבא: מה ביתו — אקפנדריא קפיד איניש, ארקיקה ומנעל לא קפיד איניש, אף בית הכנסת — קפנדריא אסור, ורקיקה ומנעל שרי.

וכל

תהלים קכח

ס"א ל"ג

ס"א אית לבו נ"א א"ל עד דמצלנא ליה לרבי אבא לא אתא עד דאציל ליה

דה"א כח

ר"ס לה:

[נ"ל הדא או הדא]

סד א מיי' פי"ד מהל' נשיאות כפים הלכה ז סמג עשין כ טוש"ע א"ח סימן קכח סעיף כו:
סה ב מיי' פ"ט מהל' תפלה הלכה ד סמג עשין יט טוש"ע א"ח סי' קכז סעיף א [וברב אלפס ברכות פ"ג דף טו: וברא"ש שם סי' כ]:
סו ג מיי' פי"ד מהל' נשיאות כפים הל' ו סמג עשין כ טוש"ע א"ח סי' קכח סעיף ה:
סז ד מיי' שם הלכה ו וע"ש בכ"מ:

הגהות הב"ח

(א) גמ' במתניתא תנא הנה: (ב) שם דמן עכו (דנפישי) תז"מ ונ"ב ס"א דתפישי: (ג) שם מהכא דת"ר אין הכהנים: (ד) רש"י ד"ה יקרא דמלכות שהיה ר' אבהו:

גליון הש"ס

גמ' אמר רב פפא הילכך נימרינהו לכולהו. כעין זה שבת דף כ ע"א חולין דף סה ע"א ובדף עו ע"ב:

וכל כך למה – *לפי שאין עונין אמן במקדש. תנו רבנן: מנין שאין עונין אמן במקדש – שנא': "קומו וברכו את ה' אלהיכם מן העולם ועד העולם". ומנין שעל כל ברכה וברכה תהלה – שנאמר: ["ויברכו שם כבודך] ומרומם על כל ברכה ותהלה", על כל ברכה וברכה תן לו תהלה.§ **מתני'** ברכות כהן גדול כיצד? *[א]חזן הכנסת נוטל ספר תורה ונותנה לו לראש הכנסת, וראש הכנסת נותנה לסגן, והסגן נותנה לכהן גדול, וכ"ג עומד ומקבל, וקורא "אחרי מות" ו"אך בעשור", וגולל את התורה ומניחה בחיקו, ואומר: יתר ממה שקריתי לפניכם כתוב כאן. "ובעשור" שבחומש הפקודים קורא על פה. ומברך עליה שמנה ברכות: על התורה, ועל העבודה, ועל ההודייה, ועל מחילת העון, ועל המקדש, ועל ישראל, ועל הכהנים, ועל ירושלים, *והשאר תפלה.§ **גמ'** *שמעת מינה חולקין כבוד לתלמיד במקום הרב. אמר אביי: כולה משום כבודו דכ"ג הוא.§ "וכ"ג עומד ומקבל וקורא" וכו'.§ עומד – מכלל דיושב הוא? והאמר מר: *[ב]אין ישיבה בעזרה אלא למלכי בית דוד בלבד, שנאמר: "ויבא המלך דוד וישב לפני ה' ויאמר מי אנכי" וגו'! כדאמר רב חסדא: בעזרת נשים, [ג]הכא נמי – בעזרת נשים.[א] מיתיבי: והיכן קורין בו – *בעזרה, רבי אליעזר בן יעקב אומר: בהר הבית, שנא': "ויקרא

(נחמיה ט) (שם) (ויקרא טז) (ויקרא כג) (במדבר כט) (ש"ב ז)

רש"י

וכל כך למה. שבמקדש אומר את שלשתן ברכה אחת?. שאין עונין אמן במקדש. ואין כאן במה להפסיק. קומו וברכו את ה' אלהיכם מן העולם ועד העולם. בספר עזרא כתיב, שכל ברכה שהיו מברכין במקדש כך היו מברכין: "ברוך ה' אלהי ישראל מן העולם ועד העולם" למגן אברהם, וכן למחיה המתים. ויברכו שם כבודך. ושאר העם יענו: בשכמל"ו, שהעם עונין להלל ולהודות. **מתני'** ברכות כ"ג. ביום הכפורים, לאחר שכלתה עבודת היום קורא בתורה, כדמפרש ואזיל, ומברך שמנה ברכות, כדבעינן למימר לקמן. חזן הכנסת. שמש הכנסת, שטורח עיסקי הכנסת עליו: להכנים ולהוציא, ולהפשיט את התיבה, ולהכין הכל. ראש הכנסת. על פיו נחתכין דברי הכנסת: מי יפטיר בנביא, מי יפרוס על שמע, מי ירד לפני התיבה. סגן. המוכן תחת כ"ג, שאם יארע בו פסול – ישמש תחתיו. וקורא אחרי מות. שהוא סדר יום הכפורים. ופרשה ראשונה לחודה קאמר. ואך בעשור. פרשת "שור או כשב" הסמוכה היא ל"אחרי מות", ויכול לגלול ס"ת לשם בעוד שהתורגמן מתרגם מקרא אחרון של פרשת "אחרי מות" ואין כאן שהות כדי שיפסיק מתרגם, ואין כאן גנאי לצבור. וגולל את התורה. ואע"פ שעדיין יקרא "בעשור" של חומש הפקודים – על פה יקרא אותה, ולא יגלל ס"ת לשם, מפני שהוא רחוק, ויש שהות שיפסיק מתרגם וישתוק לפניהם ואין מתחיל בפסוק אחר, ואיכא גנאי. ואומר יתר ממה שקריתי לפניכם כתוב כאן. אע"פ שאני עתיד לקרות עוד פרשה שלישית, אל תדמו לאמר שחסירה היא מן הספר הזה ולכך אני גוללו, דיותר ממה שקריתי לפניכם בענין היום כתוב בו. ובגמרא בעי: כל כך למה? ומשנינן: שלא להוציא לעז על ספר תורה. על התורה. ברכה של אחריה, ועל העבודה – רצה. ועל ההודאה – מודים. לפי שנגמרה העבודה, ואין עבודה בלא הודאה, כדאמרי' במסכת מגילה (דף יח.): "זובח תודה יכבדנני" – אחר זביחה הודאה. ועל מחילת העון. "אתה בחרתנו", שחותם "מלך מוחל וסולח לעונותינו ולעונות עמו" וגו'. ועל המקדש. מתפלל על המקדש, וחותם ב"ברוך אשר בחר במקדש". ועל ישראל. מתפלל על ישראל, וחותם "ברוך הבוחר בעמו ישראל". וכן על ירושלים. ובמסכת סוטה ירושלמית מפרש לה. ועל שאר התפלה. בגמרא מפרש לה. **גמ'** שמע מינה. מדקתני: חזן הכנסת נוטל ספר תורה ונותנו לראש הכנסת כו', ואין חזן הכנסת נותנה לכ"ג, אלא מכבד את ראש הכנסת בפני הסגן ובפני כהן גדול, וראש הכנסת מכבד הסגן בפני כ"ג – ש"מ חולקין כבוד לתלמיד; תלמיד קטן חולק כבוד לתלמיד גדול ממנו, ואע"פ שהרב שם, ואין גנאי לרב. וסתמא כמ"ד חולקין, דפלוגתא היא ב"יש נוחלין" גבי בנות צלפחד (ב"ב קיט:). כולה משום כבודו דכ"ג. ולעולם אין חולקין. והכא כולה משום יקרא דכ"ג הוא, שמראין את מעלותיו, מעלה למעלה ממעלה. אין ישיבה בעזרה. דאין כבוד שמים בכך, ואפי' מלאכי השרת אין להם שם ישיבה, דכתיב (ישעיה ו): "עומדים ממעל לו", ["קרבת] על חד מן קאמיא" (דניאל ז). אלא למלכי בית דוד. שחלק להם המקום כבוד, להראות שמלכותו שלימה. כדאמר רב חסדא. לקמן. בעזרת נשים. היו קורין בו. והיא היתה חול כשאר הר הבית, שלא נתקדש אלא מן החומה ולפנים. ואפילו חלל שער נקנור העולה מעזרת נשים לעזרת ישראל לא נתקדש.

(תורה אור) (תענית טז: ברכות סג.) (רש"א) (יומא סח:) [יומא סט. לקמן מא: ב"ב קיט:] [סנהדרין קא: ע"ש תמיד כז. ע"ש קדושין עח: יומא כה. ע"ש סט:] [שם ביומא סט: ע"ש תוספתא פ"ז]

תוספות

וכל כך למה לפי שאין עונין אמן במקדש. תימה: והלא היו עונין "ברוך שכמל"ו" כשהיו שומעים שם הקדוש, כדתנן בפרק "אמר להן הממונה" (יומא דף לה:) ובפרק "טרף בקלפי" (שם דף לט.), וזה היה הפסק גדול מעניית אמן! ועוד: שהיו נופלין על פניהם. שהרי כשהיו שומעין את השם מפי כהן גדול בשעת הגרלה היו נופלין על פניהם, כדאיתא בירושלמי: הקרובים היו נופלין על פניהם, והרחוקים היו אומרים "ברוך שם כבוד מלכותו לעולם ועד", ואלו ואלו לא היו זזין משם עד שהיה מתעלם מהן! ונראה דהתם ה"פ: הקרובים היו נופלים, וכ"ש שהיו אומרים "בשכמל"ו", אבל הרחוקים לא היו נופלין, אלא בלא נפילה היו אומרים, והיה שם הקדוש מתעלם ומשכח מן השומעים קודם שהיו זזין משם. מ"מ קשה אמאי חזינן שהיו מפסיקין בענייתן "בשכמל"ו"! ושמא היו עונין "בשכמל"ו" לאלתר, כשהיו שומעין שם הנכבד והנורא, ולא היו ממתינין עד סוף הפסוק. ולפי שלא היו מפסיקין בין פסוק לפסוק – חשוב להו כמו ברכה אחת. **ומנין** שעל כל ברכה תהלה שנא' ומרומם על כל ברכה ותהלה. ואותה תהלה מפרש בפ"ב דמסכת תענית (דף טז:), שהיא "בשכמל"ו". **שמעת** מינה חולקין כבוד לתלמיד במקום הרב. פי' הרב ר' יצחק בר מרדכי בפרק "בא לו" (יומא סט:): נראה דאסגן קאי, שמקבל ס"ת מראש הכנסת ואינה מקבלה מחזן בית הכנסת, נמצא שזה חלק לו לסגן כבוד, שראש הכנסת צריך לקבל מיד חזן הכנסת וליתן לסגן. ומשני אביי: כולה משום כבודו דכ"ג, דסופו לקבלה מיד הסגן, אע"פ שסגן חשוב ומכובד – עדיין כהן גדול מעולה ממנו. **שמעת** מינה. וא"ת: אמאי לא משני: כגון דפליג ליה כ"ג יקרא לסגן, וסגן לראש הכנסת, כדפסיק התם ב"יש נוחלין" (ב"ב דף קיט:): והילכתא חולקין והילכתא אין חולקין. קשיא הילכתא אהילכתא. ל"ק; הא – דפליג ליה רביה יקרא, הא – דלא פליג ליה? וי"ל: הכא בסתמא קתני, דלעולם היה המנהג כך, בין פליג בין לא פליג. ופלוגתייהו התם נמי בין פליג בין לא פליג. דאי פלוגתייהו בדפליג – לפסוק בהדיא כמ"ד חולקין, ואי בדלא פליג – לפסוק כמ"ד אין חולקין. **והאמר** מר אין ישיבה בעזרה. לא ידעתי מקומו. ומייתי לה בפ"ק דתמיד (דף כז.). ובפ' "עשרה יוחסין" (קדושין עח:), ובפ' ב' דיומא (דף כה.). ובתוספות רבי הראני ד"חלק" (סנהדרין קא:) בגמ' דג' מלכים מקומו. ומורי הרב רבי מאיר בר קלונימוס הראני מקומו בתוספתא דסנהדרין* בפרק "כהן גדול". ונראה דבתוספתא דר' חייא מקומה. דהא מקשה בירושלמי: לא כן תני רבי חייא: לא היתה ישיבה בעזרה אלא למלכי בית דוד. ואמר ר' אמי בשם ר"ל: אף למלכי בית דוד לא היתה ישיבה בעזרה. תיפתר שסמך לו בכותל וישב לו. והכתיב: "ויבא המלך דוד וישב לפני ה'"! אמר ר' אייבו ב"ר נגרי: שישב עצמו בתפלה. תמן תנינן: יצאת כת הראשונה וישבה לה בהר הבית, השניה בחיל, השלישית במקומה. רבי נחמיה בשם ר' מנא: מי תנינן ישבה לה *(לא) במקומה, עמדה לה במקומה. והא דרבי אמי דמייתי בירושלמי דאף למלכי בית דוד לא היתה ישיבה במקומה – בתחילת מדרש שוחר טוב, והתם משמע דלבית דוד היה מתוקן כסא ושם היתה ישיבה. וי"ל שאותו כסא היה חוץ לעזרה. והכי איתא התם: "אשרי האיש" זש"ה "ויבא המלך דוד וישב לפני ה'", וכן תני רבי חייא: אין ישיבה בעזרה אלא למלכות בית דוד. רבי אמי בשם ריש לקיש אמר: אין ישיבה בעזרה אלא במקום מלכות בית דוד בלבד. משמע דאותו מקום היתה ישיבה לכל אדם, ומינה דייק דכסאו היה נתון חוץ לעזרה, מכלל דאף לעצמו אין ישיבה בעזרה. ותו התם: וכן הוא אומר: "וישב לפני ה'". ולא כן א"ר הונא בשם רבי שמעון: אין ישיבה למעלה, שאין להם קפילת רגל, שנאמר: "ורגליהם רגל ישרה", וכתיב: "שרפים עומדים ממעל לו", וכתיב: "וכל צבא השמים עומדים מימינו ומשמאלו". למעלה אין ישיבה ודוד יושב?! אמר רבי אמי: אף למלכי בית דוד אין להן ישיבה בעזרה. מהו "וישב לפני ה'" – שסמך עצמו לכותל. ולמי היתה ישיבה בעזרה ובהיכל – הוי אומר לכ"ג, שנאמר: "ועלי הכהן יושב על הכסא", אם כן מהו "וישב" – שישב עצמו בתפלה. וקשה לר"י: אם לכ"ג היתה ישיבה, א"כ מאי מקשה הכא? והא תנן בכ"ג קיימינן! ותו *קשיא מפ' שני דזבחים (דף יט.), דאמר התם: כיצד קידש – מניח ידו הימנית על גבי רגלו הימנית ומקדש. אמר לו: הפלגת, אי אפשר לעשות כן. אמר רב יוסף: שפיר קאמר ליה. מאי ביניהו? עמידה מן הצד איכא בינייהו*.

כתב

(כ"א ועל שאר) [פ"ד] (ס"א חיצ) [עי' מהרש"א]

עין משפט נר מצוה

סח א מיי' פ"ג מהל' עבודת יוה"כ הל' י סמג עשין רט:

סט ב מיי' פ"ז מהלכות בית הבחירה הל' ו ופי"ד מהל' סנהדרין הל' יב ופ"ב מהל' מלכים הלכה ד:

ע ג מיי' פ"ג מהלכות עבודת יוה"כ הל' י:

הגהות מהר"ב רנשבורג

א] גמ' הכא נמי בעזרת נשים מיתיבי. מלת מיתיבי נמחק ונ"ב דתניא כצ"ל לענ"ד ועי' מה שכתבתי ביומא דף סט ע"ב ועי' שו"ת כנה"ג לא"ח בכללי הגמרא אות פ"א ומ"ש על סוגיין נ"ע:

ופריך וליתב מיתב ומשני אמר קרא לשרת. כצ"ל רש"א

"וַיִּקְרָא בוֹ לִפְנֵי הָרְחוֹב אֲשֶׁר לִפְנֵי שַׁעַר הַמַּיִם"! אָמַר רַב חִסְדָּא: בְּעֶזְרַת נָשִׁים.§ וְקוֹרֵא "אַחֲרֵי מוֹת" וְ"אַךְ בֶּעָשׂוֹר".§ וּרְמִינְהִי: *אמְדַלְּגִין בַּנָּבִיא וְאֵין מְדַלְּגִין בַּתּוֹרָה! אָמַר אַבַּיֵי: לָא קַשְׁיָא, כָּאן — בִּכְדֵי שֶׁיִּפְסוֹק הַתּוּרְגְּמָן, כָּאן — בִּכְדֵי שֶׁלֹּא יִפְסוֹק הַתּוּרְגְּמָן. וְהָא עֲלָהּ קָתָנֵי: מְדַלְּגִין בַּנָּבִיא וְאֵין מְדַלְּגִין בַּתּוֹרָה, וְעַד כַּמָּה מְדַלְּגִין — בעַד כְּדֵי שֶׁלֹּא יִפְסוֹק הַתּוּרְגְּמָן. מִכְּלָל דְּבַתּוֹרָה כְּלָל כְּלָל לֹא! אֶלָּא אָמַר אַבַּיֵי: לָא קַשְׁיָא; גכָּאן — בְּעִנְיָן אֶחָד, כָּאן — בִּשְׁנֵי עִנְיָנִין, וְהָתַנְיָא: מְדַלְּגִין בַּתּוֹרָה בְּעִנְיָן אֶחָד, וּבַנָּבִיא בִּשְׁנֵי עִנְיָנִין, וְכָאן וְכָאן בִּכְדֵי שֶׁלֹּא יִפְסוֹק הַתּוּרְגְּמָן. דוְאֵין מְדַלְּגִין מִנָּבִיא לְנָבִיא. הוּבַנָּבִיא שֶׁל שְׁנֵים עָשָׂר — מְדַלְּגִין, ווּבִלְבַד שֶׁלֹּא יְדַלֵּג מִסּוֹף הַסֵּפֶר לִתְחִילָּתוֹ.§ "וְגוֹלֵל אֶת הַתּוֹרָה וּמַנִּיחָהּ בְּחֵיקוֹ" כו'.§ וְכָל כָּךְ לָמָּה — שֶׁלֹּא לְהוֹצִיא לַעַז עַל ס"ת.§ "וּבֶעָשׂוֹר שֶׁבְּחוּמַּשׁ הַפְּקוּדִים קוֹרֵא עַל פֶּה".§ *וְלִיכְרְכֵיהּ לַסֵּפֶר וְלִיקְרֵי! א"ר הוּנָא בַּר יְהוּדָה א"ר שֵׁשֶׁת: זלְפִי שֶׁאֵין גּוֹלְלִין ס"ת בְּצִבּוּר. וְלֵיתֵי ס"ת אַחֲרִינָא וְלִיקְרֵי! רַב הוּנָא בַּר יְהוּדָה אָמַר: חמִשּׁוּם פְּגָמוֹ שֶׁל רִאשׁוֹן, ר"ש בֶּן לָקִישׁ אָמַר: לְפִי *שֶׁאֵין מְבָרְכִין בְּרָכָה שֶׁאֵינָהּ צְרִיכָה. וּמִי חָיְישִׁינַן לִפְגָמָא? *וְהָאָמַר רַבִּי יִצְחָק נַפָּחָא: טר"ח טֵבֵת שֶׁחָל לִהְיוֹת בְּשַׁבָּת מֵבִיא שָׁלֹשׁ תּוֹרוֹת, וְקוֹרֵא אַחַת מֵעִנְיָינוֹ שֶׁל יוֹם, וְאַחַת שֶׁל ר"ח, וְאַחַת בְּשֶׁל חֲנוּכָּה! יתְּלָתָא גַּבְרֵי בִּתְלָתָא סִיפְרֵי לֵיכָּא פְּגָמָא, כחַד גַּבְרָא בִּתְרֵי סִיפְרֵי — אִיכָּא פְּגָמָא.§ "וּמְבָרֵךְ עָלֶיהָ שְׁמֹנֶה בְּרָכוֹת" כו'.§ *ת"ר: [מְבָרְכִין] לעַל הַתּוֹרָה כְּדֶרֶךְ שֶׁמְּבָרְכִין בְּבהכ"נ, וְעַל הָעֲבוֹדָה, וְעַל הַהוֹדָאָה, וְעַל מְחִילַת עָוֹן כְּתִיקְנָן. עַל הַמִּקְדָּשׁ בִּפְנֵי עַצְמוֹ, וְעַל הַכֹּהֲנִים בִּפְנֵי עַצְמָן, עַל יִשְׂרָאֵל בִּפְנֵי עַצְמָן, וְעַל יְרוּשָׁלַיִם בִּפְנֵי עַצְמָהּ.§ "וְהַשְּׁאָר תְּפִלָּה".§ *ת"ר: מהַשְּׁאָר תְּפִלָּה "תְּחִנָּה רִנָּה וּבַקָּשָׁה שֶׁעַמְּךָ יִשְׂרָאֵל צְרִיכִין לְיִוָּושַׁע", וְחוֹתֵם בְּ"שׁוֹמֵעַ תְּפִלָּה". מִכָּאן וְאֵילָךְ, כָּל אֶחָד וְאֶחָד מֵבִיא סֵפֶר תּוֹרָה מִתּוֹךְ בֵּיתוֹ וְקוֹרֵא בּוֹ, וְכָל כָּךְ לָמָּה — כְּדֵי לְהַרְאוֹת חֲזוּתוֹ לָרַבִּים.§

מתני' פָּרָשַׁת הַמֶּלֶךְ כֵּיצַד? נמוֹצָאֵי יו"ט הָרִאשׁוֹן שֶׁל חַג, בַּשְּׁמִינִי, בְּמוֹצָאֵי שְׁבִיעִית, סעוֹשִׂין לוֹ בִּימָה שֶׁל עֵץ בָּעֲזָרָה, וְהוּא יוֹשֵׁב עָלֶיהָ, שֶׁנֶּאֱמַר: °"מִקֵּץ שֶׁבַע שָׁנִים בְּמוֹעֵד" וגו'. חַזַּן הַכְּנֶסֶת נוֹטֵל ס"ת וְנוֹתְנָהּ לְרֹאשׁ הַכְּנֶסֶת, וְרֹאשׁ הַכְּנֶסֶת נוֹתְנָהּ לַסְּגָן, וְהַסְּגָן נוֹתְנָהּ לְכֹהֵן גָּדוֹל, וְכ"ג נוֹתְנָהּ לַמֶּלֶךְ. וְהַמֶּלֶךְ עוֹמֵד וּמְקַבֵּל, וְקוֹרֵא יוֹשֵׁב. אַגְרִיפַּס הַמֶּלֶךְ עָמַד וְקִבֵּל, וְקָרָא עוֹמֵד, עוְשִׁבְּחוּהוּ חֲכָמִים. וּכְשֶׁהִגִּיעַ לְ°"לֹא תוּכַל לָתֵת עָלֶיךָ אִישׁ נָכְרִי" — זָלְגוּ עֵינָיו דְּמָעוֹת. אָמְרוּ לוֹ: "אַל תִּתְיָרֵא אַגְרִיפַּס, אָחִינוּ אַתָּה, אָחִינוּ אַתָּה"! וְקוֹרֵא מִתְּחִילַּת °"אֵלֶּה הַדְּבָרִים" עַד °"שְׁמַע", וּ"שְׁמַע", "וְהָיָה אִם שָׁמוֹעַ", "עַשֵּׂר תְּעַשֵּׂר", "כִּי תְכַלֶּה לַעְשֵׂר", וּפָרָשַׁת הַמֶּלֶךְ, וּבְרָכוֹת וּקְלָלוֹת, עַד שֶׁגּוֹמֵר כָּל הַפָּרָשָׁה. בְּרָכוֹת שֶׁכֹּהֵן גָּדוֹל מְבָרֵךְ אוֹתָן — הַמֶּלֶךְ מְבָרֵךְ אוֹתָן, אֶלָּא שֶׁנּוֹתֵן שֶׁל רְגָלִים תַּחַת מְחִילַת הֶעָוֹן.§

גמ' בַּשְּׁמִינִי סָלְקָא דַעְתָּךְ? אֵימָא: בַּשְּׁמִינִית. וְכָל הָנֵי לָמָּה לִי? צְרִיכִי, דְּאִי כָּתַב רַחֲמָנָא "מִקֵּץ" — הֲוָה אָמִינָא נִימְנוֹ מֵהַשְׁתָּא, וְאע"ג דְּלָא מִתְרַמֵּי בִּשְׁמִיטָּה, כָּתַב רַחֲמָנָא "שְׁמִטָּה". וְאִי כָּתַב רַחֲמָנָא "שְׁמִיטָּה" — ה"א בְּסוֹף שְׁמִיטָּה, כָּתַב רַחֲמָנָא "בְּמוֹעֵד". וְאִי כָּתַב "בְּמוֹעֵד" — ה"א מֵרֵישׁ שַׁתָּא, כָּתַב רַחֲמָנָא "בְּחַג הַסּוּכּוֹת". וְאִי כָּתַב רַחֲמָנָא "בְּחַג הַסּוּכּוֹת" — הֲוָה אָמִינָא אֲפִי' יו"ט אַחֲרוֹן, כָּתַב רַחֲמָנָא "בְּבוֹא כָל יִשְׂרָאֵל" — מֵאַתְחַלְתָּא

רש"י

וַיִּקְרָא כו'. בְּסֵפֶר עֶזְרָא כְּתִיב. קָתָנֵי מִיהָא לְרַבָּנַן: בַּעֲזָרָה הָיוּ קוֹרִאִים. מַתְנִי' בִּכְדֵי שֶׁלֹּא יִפְסוֹק הַתּוּרְגְּמָן הוּא. שֶׁפָּרָשַׁת "שׁוֹר אוֹ כֶשֶׂב" קְרוֹבָה לְפָרָשַׁת "אַחֲרֵי מוֹת", וְלֹא גָּמַר הַתּוּרְגְּמָן לְתַרְגֵּם עַד שֶׁזֶּה רוֹאֶה "אַךְ בֶּעָשׂוֹר", וּמַתְחִיל כְּשֶׁמַּפְסִיק זֶה. וְעַד כַּמָּה מְדַלְּגִין. בַּנָּבִיא. כָּאן בְּעִנְיָן אֶחָד. מְדַלְּגִין בַּתּוֹרָה. כְּגוֹן מַתְנִי', דְּתַרְוַיְיהוּ בְּעִנְיָנָא דְּיוֹה"כ נִינְהוּ, הִילְכָּךְ מְדַלְּגִין בִּכְדֵי שֶׁלֹּא יִפְסוֹק. וּבָרַיְיתָא דְּקָתָנֵי דַּאֲפִי' בִּכְדֵי שֶׁלֹּא יִפְסוֹק תּוּרְגְּמָן אֵין מְדַלְּגִין — בִּשְׁנֵי עִנְיָנִין, שֶׁזֶּה בְּעִנְיַן יוֹם הַכִּפּוּרִים וְזֶה בְּ"צַו אֶת אַהֲרֹן" אוֹ בְּפָרָשָׁה אַחֶרֶת. שֶׁאֵין הַלֵּב שֶׁהוּא נִמְשָׁךְ אַחַר עִנְיָן אֶחָד מְמַהֵר לָצֵאת מִמֶּנּוּ, לִשְׁמוֹעַ וּלְהָבִין דִּבְרֵי עִנְיָן אַחֵר, הִלְכָּךְ תּוֹרָה שֶׁהַמִּצְוֹת תְּלוּיוֹת בָּהּ וּמַשְׁמִיעִין אוֹתָהּ לַצִּבּוּר, וּפָסוּק אֶחָד שֶׁלֹּא יָבִין בּוֹ הוּא שׁוֹכְחוֹ וְעוֹבֵר עָלָיו וְאֵינוֹ מְקַיְּימוֹ, וּבָאָה תּוֹרָה עַל כָּךְ — לָכֵן אֵין מְדַלְּגִין מֵעִנְיָן לְעִנְיָן, וַאֲפִילּוּ אֵין הַתּוּרְגְּמָן מַפְסִיק. אֲבָל בַּנָּבִיא — שַׁפִּיר דָּמֵי. וְהָתַנְיָא. כְּנִיחוּתָא. וּבַנָּבִיא בִּשְׁנֵי עִנְיָנִין. וְכָל שֶׁכֵּן בְּעִנְיָן אֶחָד. וּבַנָּבִיא שֶׁל שְׁנֵים עָשָׂר מְדַלְּגִין. מִנָּבִיא לַחֲבֶרְתָּהּ, דְּכוּלֵּיהּ חַד סִפְרָא הוּא. מִסּוֹף הַסֵּפֶר לִתְחִלָּתוֹ. לְמַפְרֵעַ. וְכָל כָּךְ לָמָּה. לוֹ לוֹמַר לָהֶם? שֶׁלֹּא לְהוֹצִיא לַעַז. שֶׁלֹּא יֹאמְרוּ: פָּרָשָׁה שֶׁהוּא קוֹרֵא עַל פֶּה אֵינָהּ כְּתוּבָה בּוֹ, וְסֵפֶר מְשׁוּבָּשׁ הוּא. מִשּׁוּם פְּגָמוֹ. שֶׁל סֵפֶר תּוֹרָה רִאשׁוֹן, שֶׁלֹּא יֹאמְרוּ: מָצָא בּוֹ פְּסוּל. בְּעִנְיָינוֹ שֶׁל יוֹם. פָּרָשָׁה שֶׁל אוֹתָהּ שַׁבָּת לְפִי סֵדֶר פָּרָשִׁיּוֹת הַתּוֹרָה. ת"ר הַשְּׁאָר תְּפִלָּה. זוֹ הִיא, שֶׁיֵּשׁ בְּרָכָה אַחַת וּבוֹ תְּפִלָּה תְּחִנָּה רִנָּה וּבַקָּשָׁה שֶׁעַמְּךָ כו'. מִכָּאן וְאֵילָךְ. לְאַחַר שֶׁגָּמַר כֹּהֵן גָּדוֹל לִקְרוֹא פָּרָשָׁה בְּבִרְכוֹתֶיהָ, כָּל אֶחָד מִן הַצִּבּוּר מֵבִיא סֵפֶר תּוֹרָה מְבֵּיתוֹ לָעֲזָרָה. דְּקָסָבַר: *אֵין עֵירוּב וְהוֹצָאָה לְיוֹם הַכִּפּוּרִים. אִי נַמִי, *יְרוּשָׁלַיִם דַּלְתוֹתֶיהָ נְעוּלוֹת בַּלַּיְלָה וּמְעָרְבִין אֶת כּוּלָּהּ. לְהַרְאוֹת חֲזוּתוֹ. שֶׁל ס"ת, וְנוֹיוֹ. דְּאָמַר מָר (נזיר דף ב:): "זֶה אֵלִי וְאַנְוֵהוּ" — הִתְנָאֵה לְפָנָיו בְּמִצְוֹת, בְּס"ת נָאֶה, בְּצִיצִית נָאָה. **מתני'** בַּשְּׁמִינִי. בַּגְּמָרָא פָּרֵיךְ: בַּשְּׁמִינִי ס"ד? הָא אָמְרַתְּ: בְּמוֹצָאֵי יו"ט הָרִאשׁוֹן! וּמְשַׁנֵּינַן, אֵימָא: בַּשְּׁמִינִית, בְּמוֹצָאֵי שְׁבִיעִית, בְּסוּכּוֹת שֶׁבִּתְחִילַּת שָׁנָה שְׁמִינִית. בִּימָה. אִלְמֵבַּר"א. שֶׁנֶּאֱמַר מִקֵּץ שֶׁבַע שָׁנִים. בְּסוֹף שֶׁבַע שָׁנִים. וְאוֹתָהּ קְרִיָּיה עַל יַד מֶלֶךְ הִיא. כִּדְתַנְיָא בְּסִפְרֵי בְּפָרָשַׁת הַמֶּלֶךְ: "אֶת מִשְׁנֵה הַתּוֹרָה הַזֹּאת" — אֵין קוֹרִין בְּיוֹם הַקָּהֵל אֶלָּא בְּמִשְׁנֵה תוֹרָה. וְקוֹרֵא יוֹשֵׁב. וְקוֹרֵא בִּישִׁיבָה. אַגְרִיפַּס הַמֶּלֶךְ. מֶלֶךְ יִשְׂרָאֵל הָיָה, מִזַּרְעוֹ שֶׁל הוֹרְדוֹס, וְהוּא שֶׁנֶּחֱרַב בהמ"ק בְּיָמָיו. זָלְגוּ עֵינָיו דְּמָעוֹת. שֶׁהַמִּקְרָא הַזֶּה פּוֹסְלוֹ מִן הַמַּלְכוּת. אָחִינוּ אַתָּה. *שֶׁאִמּוֹ מִיִּשְׂרָאֵל. וְקוֹרֵא מִתְּחִילַּת אֵלֶּה הַדְּבָרִים עַד שְׁמַע. שֶׁבְּ"וָאֶתְחַנַּן". וּשְׁמַע וְהָיָה אִם שָׁמוֹעַ. ע"י דִּילּוּג, וּמִשָּׁם מְדַלֵּג לְ"עַשֵּׂר תְּעַשֵּׂר", וּמִשָּׁם מְדַלֵּג וְקוֹרֵא "כִּי תְכַלֶּה לַעְשֵׂר" וּבְרָכוֹת וּקְלָלוֹת, וּמִשָּׁם חוֹזֵר לְמַפְרֵעַ וְקוֹרֵא "אָשִׂימָה עָלַי מֶלֶךְ". "שְׁמַע" — קַבָּלַת מַלְכוּת שָׁמַיִם, "וְהָיָה אִם שָׁמוֹעַ" — קַבָּלַת עוֹל מִצְוֹת, כִּדְאָמַר בְּפֶ' שֵׁנִי דִּבְרָכוֹת (דף יג.), וְכֵן בְּרָכוֹת וּקְלָלוֹת — קַבָּלַת בְּרִיתוֹת שֶׁל תּוֹרָה. וּמַשְׁמִיעַ לָרַבִּים "עַשֵּׂר תְּעַשֵּׂר" "כִּי תְכַלֶּה לַעְשֵׂר" — מִפְּנֵי שֶׁהוּא זְמַן אָסִיף וּמַתְּנוֹת עֲנִיִּים וְהַפְרָשַׁת תְּרוּמוֹת וּמַעַשְׂרוֹת. וְאע"פ שֶׁפָּרָשַׁת הַמֶּלֶךְ מַפְסֶקֶת בֵּין "עַשֵּׂר" לְ"כִי תְכַלֶּה" — קוֹרֵא אֶת אֵלֶּה יַחַד, שֶׁלֹּא לְהַפְסִיק בְּמַעַשְׂרוֹת, וְאח"כ קוֹרֵא פָּרָשַׁת הַמֶּלֶךְ. וְאִי מִשּׁוּם דְּיֵשׁ כָּאן דִּילּוּג בַּתּוֹרָה *בִּכְדֵי (שֶׁלֹּא) יַפְסִיק הַתּוּרְגְּמָן — אֵין לַמֶּלֶךְ תּוּרְגְּמָן, וְאֵין מְתַרְגְּמִין אַחֲרָיו*. בְּרָכוֹת שֶׁכ"ג מְבָרֵךְ. בְּיוה"כ אַחַר מִקְרָא פָּרָשָׁה, כִּדְאָמְרַן (יומא סח.): מְבָרֵךְ עָלֶיהָ שְׁמֹנֶה בְּרָכוֹת. הַמֶּלֶךְ מְבָרֵךְ. אַחַר קְרִיאָתוֹ. שֶׁל רְגָלִים. "מְקַדֵּשׁ יִשְׂרָאֵל וְהַזְּמַנִּים" מְבָרֵךְ תַּחַת (א) בְּרָכוֹת שֶׁל מְחִילַת הֶעָוֹן שֶׁבְּיוה"כ. **גמ'** צְרִיכִי. כָּל הַסִּימָנִין הַלָּלוּ: מִקֵּץ שְׁנַת הַשְּׁמִיטָּה, וּבְחַג הַסּוּכּוֹת, וּבַמּוֹעֵד. שֶׁבְּעַרְבוֹת מוֹאָב נֶאֶמְרָה פָּרָשָׁה זוֹ. מִשְּׁנַת אַרְבָּעִים וָהָלְאָה. מִשְׁנַת הַשְׁתָּא. נִימְנוּהוּ מֵהַשְׁתָּא. וְאע"ג דְּלָא מִתְרַמֵּי בִּשְׁמִיטָּה, שֶׁלֹּא מָנוּ שְׁמִיטִּין עַד לְאַחַר שֶׁבַע שֶׁכִּיבְּשׁוּ וְשֶׁבַע שֶׁחִילְּקוּ, כִּדְאָמְרִי' (בקידושין) (דף מ:) [בערכין] (דף יב:). בְּסוֹף שְׁמִיטָּה. קוֹדֶם ר"ה שֶׁל שְׁמִינִית, דְּהָא "מִקֵּץ שֶׁבַע" — בְּסוֹף שָׁנָה מַשְׁמַע. מֵרֵישׁ שַׁתָּא. שֶׁכּוּלָּן נִקְרְאוּ מוֹעֵד, כִּדְכְתִיב (ויקרא כג): "אֵלֶּה מוֹעֲדֵי ה'", וְקָחָשֵׁיב נַמִי ר"ה. מֵאֵימַת

תוספות

כתב רחמנא בחג הסוכות. תימה: השתא דכתיב "בחג הסוכות" — "במועד" למה ליה? ועוד: לא ליכתוב אלא "מקץ שבע שנים שנת השמיטה בבא כל ישראל לראות", ואנא ידענא דלאו היינו מר"ה, דאז אינם באים לראות! וי"ל: אם כן הוה אמינא בחג המצות, להכי איצטריך בחג הסוכות. מיהו "במועד" לא הוה צריך. ונראה דלהכי איצטריך: משום ד"בבא כל ישראל לראות" משמע: מאתחלתא דמועד ביום ראשון — קמ"ל "במועד", דמשמע: בתוך המועד. ואהני "בבא כל ישראל" דמשמע: מאתחלתא דמועד — לא ביום ב' או ביום ג', אלא במוצאי יו"ט הראשון. אבל פי' רש"י תמוה, דפי' דמהאי טעמא ביום טוב ראשון לא — דתיקון בימה אינה דוחה יו"ט. כיון דגזירת הכתוב לקרות מאתחלתא דמועד — יקראו בלא בימה, מנלן דבימה מעכבת? להכי מסתבר כדפי'. ונראה דהיו בונין הבימה מעי"ט בנין של פרקים, ובחולו של מועד לא היו עושין שום בנין אלא מקימין אותה ומחברין הפרקים יחד. ואם לא בנו אותה מערב יו"ט — נראה דבנייה לא היה דוחה אפילו חולו של מועד.

מלוה

מסורת הש"ס: יומא סט: מגילה כג. | יומא ע. | שם ע"ב | [ברכות לג.] | מגילה כט: יומא ע. | יומא ע. | שם | יומא סו: כריתות יד. | עירובין ו: כב. קא. | [עי' תוספתא ב"ב ג: ד"ה כל לאמר וכו' השיגו על זה] | ס"א בכדי שיפסיק | [עי' תוי"ט ד"ה עשר]

תורה אור: נחמיה ח | דברים לא | שם יז | שם א | שם ו

עין משפט נר מצוה

עא א מיי' פי"ב מהל' תפלה הלכה ח יג סמג עשין יט טוש"ע א"ח סימן קמד סעיף א:
עב ב מיי' שם הל' יג:
עג ג ד ה ו מיי' וסמג שם טוש"ע שם:
עד ז מיי' שם הל"ג ופ"ג מהל' עבודת יוה"כ הלכה י סמג שם טוש"ע א"ח שם סעיף ג:
עה ח מיי' פ"ג מהל' עבודת יוה"כ שם:
עו ט מיי' פי"ג מהל' תפלה הלכה כד סמג עשין יט טוש"ע א"ח סימן תרפד סעיף ג:
עז י מיי' שם פי"ב הל' כג סמג שם טור ש"ע א"ח סימן קמד סעיף ד:
עח כ מיי' שם ופ"ג מהל' עבודת יוה"כ הלכה י סמג וטוש"ע שם:
עט ל מיי' פ"ג מהל' עבודת יוה"כ הל' יא סמג עשין רט:
פ נ מיי' פ"ג מהלכות חגיגה הלכה ג סמג עשין רל:
פא ס מיי' שם הל' ד:
פב ע מיי' שם הל' ג:

רש"ל

הגהות הב"ח

(א) רש"י ד"ה של רגלים וכו' תחת ברכת מחילת כצ"ל ותיבת של נמחק:

גליון הש"ס

רש"י ד"ה אחינו אתה שאמו מישראל. עי' ב"ק דף פח ע"א ועי' מהרש"א בח"א ריש ב"ב:

מאתחלתא דמועד.§ "וחזן הכנסת נוטל ס"ת ונותנו לראש הכנסת".§ *שמעת מינה חולקין כבוד לתלמיד במקום הרב – אמר אביי: [א]כולה משום כבודו דמלך.§ "והמלך עומד ומקבל וקורא יושב. אגריפס המלך עמד וקיבל וקרא עומד".§ עומד – מכלל דיושב? והאמר מר: *אין ישיבה בעזרה אלא למלכי בית דוד בלבד, שנא': °"ויבא המלך דוד וישב לפני ה' ויאמר" וגו'! כדאמר רב חסדא: בעזרת נשים, [ב]הכא נמי – בעזרת נשים.§ "ושבחוהו חכמים".§ שבחוהו – מכלל דשפיר עבד? האמר רב אשי: אפי' למ"ד *[ג]נשיא שמחל על כבודו כבודו מחול, [ד]מלך שמחל על כבודו – אין כבודו מחול, שנא': °"שום תשים עליך מלך" – שתהא אימתו עליך! מצוה שאני.§ "וכשהגיע ללא תוכל לתת".§ תנא *משמיה דרבי נתן: באותה שעה נתחייבו שונאי ישראל כלייה, [ה]שהחניפו לו לאגריפס. אמר ר' שמעון בן חלפתא: מיום שגבר אגרופה של חנופה נתעוותו (א) הדינין, ונתקלקלו המעשים, ואין אדם יכול לומר לחבירו "מעשי גדולים ממעשיך". דרש ר' יהודה בר מערבא, ואיתימא ר' שמעון בן פזי: מותר להחניף לרשעים בעולם הזה, שנאמר: °"לא יקרא עוד לנבל נדיב ולכילי לא יאמר שוע", מכלל דבעולם הזה שרי. ר' שמעון בן לקיש אמר, מהכא: °"כראות פני אלהים ותרצני". ופליגא דרבי לוי, דאמר רבי לוי: משל של יעקב ועשו למה הדבר דומה? לאדם שזימן את חבירו והכיר בו שמבקש להורגו, אמר לו: טעם תבשיל זה שאני טועם – כתבשיל שטעמתי בבית המלך. אמר: ידע ליה מלכא. מיסתפי ולא קטיל ליה. אמר רבי אלעזר: כל אדם שיש בו חנופה מביא אף לעולם, שנא': °"וחנפי לב ישימו אף", ולא עוד, אלא שאין תפלתו נשמעת, שנאמר: °"לא ישועו כי אסרם".§ סימן: א"ף עוב"ר גיהנ"ם ביד"ו ניד"ה גול"ה§ ואמר רבי אלעזר: כל אדם שיש בו חנופה – אפילו עוברין שבמעי אמן מקללין אותו, שנא': °"אומר לרשע צדיק אתה יקבוהו עמים יזעמוהו לאומים". *ואין קוב אלא קללה שנא': °"לא קבה אל", ואין לאום אלא עוברין, שנא': °"ולאום מלאום יאמץ". ואמר רבי אלעזר: כל אדם שיש בו חנופה נופל בגיהנם, שנא': °"הוי האומרים לרע טוב ולטוב רע" וגו', מה כתיב אחריו – "לכן כאכל קש לשון אש וחשש להבה ירפה" וגו'. ואמר רבי אלעזר: כל המחניף *לחבירו – סוף נופל בידו, ואם אינו נופל בידו – נופל ביד בניו, ואם אינו נופל ביד בניו – נופל ביד בן בנו, שנא': °"ויאמר ירמיה לחנניה אמן כן יעשה ה', יקם ה' את דבריך", וכתי': ויהי

(שמואל ב ז; דברים יז; ישעיה לב; בראשית לג; איוב לו; שם; משלי כד; במדבר כג; בראשית כה; ישעיה ה; ירמיה כח)

רש"י

מאימת דמתחיל מועד. ומיהו ביו"ט לא. שאין תיקון הבימה דוחה לא את השבת ולא יו"ט. ומאתמול נמי לא עבדינן לה, דדחקא לה עזרה. והאי טעמא מפרש בגמ' ירושלמי (פ"א) במס' מגילה, דקתני: הקהל מאחרין כשחל להיות בשבת, וקאמר: מפני הבימה. ונעבדה מאתמול! דחקא לה עזרה, אנקוברי"ר בלע"ז. למלכי בית דוד. אבל לא למלכי בית חשמונאי. אפי' למאן דאמר. בקידושין בפ"ק (דף לב:). אגרופה. כחה של חנופה. דאע"ג דאמו מישראל – אין ראוי למלכות, דעבד היה, וזילא מילתא. נתעוותו הדינין. שהחניפו הדיינין את בעלי הדין. ונתקלקלו המעשים. שהגדולים ראו עוברי עבירה ולא מיחו בידם, מפני חנופה. ואין אדם שיכול לומר לחבירו מעשי גדולים ממעשיך. שמתוך שלא מיחו בעוברי עבירה למדו הדורות את מעשיהם, ונמצא כולן עוברין. לכילי. לשון "כלתה נפשי" (תהלים קיט), שמתאוה לשתות יין תדיר. ופליגא. הא דריש לקיש, דאמר: להחניפו לעשו נתכוון, לומר לו: "ראיתי פניך כראות פני" וגו' – פליגא אדרבי לוי, דאמר: לא להחניפו נתכוין, אלא לאיים עליו, ולהודיעו שהוא רגיל לראות מלאכים. לא ישועו כי אסרם. כשיבואו עליהם יסורין לא יועילם שועה. ויאמר ירמיהו לחנניה הנביא. שאמר נבואת שקר על גלות יכניה וכלי הקודש שגלו עמו: בעוד שנתים ימים אני משיבם אל המקום הזה, "אמן כן יעשה ה'" – חנופה היא זו, שהיה לו לומר בהדיא: שקר אתה ניבא: *ויהי הוא בשער בנימין. לאחר כמה ימים היה ירמיה יוצא מירושלים ללכת ארץ בנימין לחלוק נחלה שנפלה לו, ותפסו יראייה ויאמר לו: אל הכשדים אתה נופל. גמולה

תוספות

מצוה שאני. והכי פרכינן נמי בפרק "כ"ג" בסנהדרין (דף יט:) גבי מלך, דתנן: לא חולץ ולא חולצין לאשתו, רבי יהודה אומר: אם רצה לחלוץ וליבם – זכור לטוב. אינִי? והאמר רב אשי וכו'! ומשני: מצוה שאני. וקשיא לר"י: אמאי לא משני הכי בפרק שני דכתובות (דף יז.): מעבירין את המת מלפני כלה, וזה וזה לפני מלך ישראל. אמרו עליו על אגריפס המלך שעבר לפני הכלה ושבחוהו חכמים. וקא פריך: מכלל דשפיר עבד? והאמר רב אשי וכו'! ומשני: פרשת דרכים הוה. ואמאי לא משני: מצוה שאני? ותו איכא למיתמה: והא ההיא גופיה דרב אשי איירי במקום מצוה. דמעיקרא אמרי':* אפי' למ"ד הרב שמחל על כבודו כבודו מחול – נשיא שמחל על כבודו אין כבודו מחול. ומותיב ליה: מעשה ברבי אליעזר ורבי יהושע ורבי צדוק שהיו מסובין בבית המשתה בנו של ר"ג ברבי, והיה ר"ג עומד ומשקה עליהן וכו'! אלא אי אתמר – הכי אתמר, אמר רב אשי: אפי' למ"ד נשיא שמחל על כבודו, דהיינו רבי יהושע שקבל הכוס מרבן גמליאל, וכן רבי (אלעזר בר) צדוק – מלך שמחל על כבודו אין כבודו מחול. משמע אפילו במקום מצוה, דומיא דנשיא, כההוא מעשה דרבן גמליאל שהיה סעודת מצוה ומחל על כבודו בשביל כבוד חכמים אורחין שהיו מסובין בסעודתו, דמייתי עליה דאברהם אבינו "והוא עומד עליהם". אלמא דאפי' במקום מצוה אמר רב אשי אין כבודו מחול! ונראה לתרץ: דדוקא הכא שייך למימר מצוה שאני, דמוחל על כבודו משום כבוד התורה, שהוא כבוד השכינה, וכן ההיא דפרק "כהן גדול" (סנהדרין יט:) דחולץ או מיבם – מוחל על כבודו כדי לקיים מצות מלך עולמים, ומראה בעצמו שאימת שכינה עליו. אבל ההיא דכתובות (דף יז.) ופ"ק דקידושין (דף לב:) שמוחל על כבודו כדי לחלוק כבוד לבשר ודם, כגון לכלה ות"ח – בזה גזירת הכתוב הוא שאינו מוחל, אפי' במקום מצוה. שהרי מצות כיבוד עצמו, שהן צריכין לעשות בו למלך כבוד – גדולה ממצות כיבוד שחייב המלך לנהוג בהו, שהרי גם עליהן אמרה תורה "שום תשים עליך מלך" שתהא אימתו עליך, ולא אימתך עליו. נמצא דמה שהמלך מכבדו – ליכא מצוה. **אותו** היום נתחייבו שונאי ישראל כלייה. ירושלמי: תני, רבי חנינא ברבי גמליאל אומר: הרבה חללים נפלו באותו יום שהחניפו לו. ודבר תמוה לומר, אם היה ראוי *מפני התורה כיון דאמו היתה מישראל, אלא משום דזילא מילתא, כמו שפירש"י – שיתחייבו על חנופה מועטת כזאת עונש גדול! (ב) ופירש ר"י: אע"ג דאמר בפרק "מצות חליצה" (יבמות קב.) ובפרק "החולץ" (שם מה:) גבי רב מרי דמנייה רבא אפורסי דבבל, וגבי אושפיזכניה דרב אדא בר אהבה: אם היתה אמו מישראל, "מקרב אחיך" קרינן ביה (קדושין דף עו:) – היינו דוקא גבי נשיאות ושררות בעלמא, דלינהג שררות במתא, דדרשינן: "שום תשים עליך מלך מקרב אחיך", מדסמך משימות ל"מקרב אחיך" – ש"מ דבעינן בהו מקרב אחיך קצת, כגון אמו מישראל. אבל מלך – חזר ושנה עליו: "מקרב אחיך תשים עליך מלך", דקפיד קרא גבי מלך עד שיהא ממש מקרב, ממוצע מאביו ואמו מישראל. וזו היתה החנופה, שמלך בזרוע שלא כדין תורה, והודו לו והחזיקו בכך. נהי שלא יוכלו למחות – היה להן לשתוק ולא להחזיקו. וזהו עונש החנופה בדבר עבירה, שמחניף לחבירו מחמת יראתו מפניו ואינו חושש על יראת הקב"ה, ועושה עין שלמעלה כאילו אינה רואה. בירושלמי ד"עשרה יוחסין" בגמרא "אין בודקין מן המזבח": כתיב "שום תשים עליך מלך". אין לי אלא מלך, מנין לרבות שוטרי הרבים וגבאי צדקה וסופרי דיינין ומכין ברצועות – ת"ל: "מקרב אחיך תשים עליך מלך", כל שתשימוהו עליך – לא יהא ◐אלא מן הברורין שבאחיך.

כל המחניף לחבירו. יש לפרש: שלא במקום סכנה. אבל ◐במקום סכנה – מותר. כי ההיא דפרק "ארבעה נדרים" (דף כב.): *עולא אזל לארעא דישראל, לוו בהדיה תרי בני חוזאי, קם חד שחטיה לחבריה. אמר ליה לעולא: יאות עבדי? אמר ליה: אין, ופרע לו בית השחיטה. כי אתא לקמיה דרבי יוחנן, אמר ליה: דלמא ח"ו אחזקית ידי עוברי עבירה? א"ל רבי יוחנן: נפשך הצלתה.

הדרן עלך אלו נאמרין

עין משפט נר מצוה

פג א מיי' פ"ג מהלכות חגיגה הלכה ד סמג עשין רל:
פד ב מיי' שם הל' ג:
פה ג מיי' פ"ו מהל' ת"ת הל' יב טוש"ע י"ד סימן רמב סעיף יד:
פו ד מיי' פ"ב מהל' מלכים הלכה ג:
פז ה עיין בס' יראים סימן נה שמנה אותו במנין תרי"ג מצות:

הגהות הב"ח

(א) גמ' נתעוותו (הדינין) תז"מ. ונ"ב גי' רש"י הדיינין: (ב) תוס' ד"ה אותו וכו' ופי' ר"י. נ"ב עיין בתוס' פרק החולץ דף מה פירשו בע"א בשם ר"ש:

גליון הש"ס

תוס' ד"ה אותו היום וכו' אלא מן הברורים שבאחיך. ועי' ב"ב דף ג ע"ב תד"ה כל: **ד"ה** כל המחניף וכו' במקום סכנה מותר. מג"א סימן קנ:

מסורת הש"ס

[לעיל מ: וש"נ]
[שם וש"נ]
סנהדרין יט: כתובות יז. קדושין לב:
[תוספתא פ"ז]
[קדושין לב:]
[סנהדרין לב.]
סייך לדף שאח"ז
[בכ"י איתא לרשע]
נ"א מדין
עי' במסורת המאור כלל ג פ"ב מד ע"א

תורה אור

ירמיה לז °"וַיְהִי הוּא בְּשַׁעַר בִּנְיָמִן וְשָׁם בַּעַל פְּקִידוּת וּשְׁמוֹ יִרְאִיָּה בֶּן שֶׁלֶמְיָה בֶּן חֲנַנְיָה וַיִּתְפֹּשׂ אֶת יִרְמְיָהוּ הַנָּבִיא לֵאמֹר אֶל הַכַּשְׂדִּים אַתָּה נֹפֵל. וַיֹּאמֶר (לו) יִרְמְיָהוּ שֶׁקֶר אֵינֶנִּי נֹפֵל *אֶל הַכַּשְׂדִּים" וגו', וּכְתִי' "וַיִּתְפֹּשׂ* (א) יִרְמְיָהוּ וַיְבִיאֵהוּ אֶל הַשָּׂרִים". אוְא"ר אֶלְעָזָר: כָּל עֵדָה שֶׁיֵּשׁ בָּהּ חֲנוּפָה — מְאוּסָה כְּנִדָּה, שֶׁנֶּאֱמַר: איוב טו °"כִּי עֲדַת חָנֵף גַּלְמוּד", *שֶׁכֵּן בִּכְרַכֵּי הַיָּם קוֹרִין לְנִדָּה גַּלְמוּדָה. מַאי גַּלְמוּדָה — גְּמוּלָה (ב) מִבַּעְלָהּ. וְאָמַר ר' אֶלְעָזָר: כָּל עֵדָה שֶׁיֵּשׁ בָּהּ חֲנוּפָה — לְסוֹף גּוֹלָה, כְּתִיב הָכָא: "כִּי עֲדַת חָנֵף גַּלְמוּד", וּכְתִי' הָתָם: ישעיה מט °"וְאָמַרְתְּ בִּלְבָבֵךְ מִי יָלַד לִי אֶת אֵלֶּה וַאֲנִי שְׁכוּלָה וְגַלְמוּדָה גּוֹלָה וְסוּרָה" וגו'. א"ר יִרְמְיָה בַּר אַבָּא: *אַרְבַּע כִּיתּוֹת אֵין מְקַבְּלוֹת פְּנֵי שְׁכִינָה: כַּת לֵיצִים, וְכַת חֲנֵיפִים, וְכַת *שַׁקָּרִים, וְכַת מְסַפְּרֵי לָשׁוֹן הָרָע. כַּת לֵיצִים — דִּכְתִיב: הושע ז °"מָשַׁךְ יָדוֹ אֶת לוֹצְצִים", כַּת חֲנֵיפִים — דִּכְתִיב: איוב יג °"כִּי לֹא לְפָנָיו חָנֵף יָבֹא", כַּת שַׁקָּרִים — דִּכְתִי': תהלים קא °"דּוֹבֵר שְׁקָרִים לֹא יִכּוֹן לְנֶגֶד עֵינָי", כַּת מְסַפְּרֵי לָשׁוֹן הָרַע — דִּכְתִיב: שם ה °"כִּי לֹא אֵל חָפֵץ רֶשַׁע אָתָּה לֹא יְגֻרְךָ רָע", *צַדִּיק אַתָּה ה', לֹא יָגוּר בִּמְגוּרְךָ רַע.§

הדרן עלך אלו נאמרין

מְשׁוּחַ מִלְחָמָה אבְּשָׁעָה שֶׁמְּדַבֵּר אֶל הָעָם — בִּלְשׁוֹן הַקּוֹדֶשׁ הָיָה מְדַבֵּר, שֶׁנֶּאֱמַר: דברים כ °"וְהָיָה כְּקָרָבְכֶם אֶל הַמִּלְחָמָה וְנִגַּשׁ הַכֹּהֵן" — זֶה כֹּהֵן מְשׁוּחַ מִלְחָמָה, שם °"וְדִבֶּר אֶל הָעָם" — בִּלְשׁוֹן הַקּוֹדֶשׁ. שם °"וְאָמַר אֲלֵיהֶם שְׁמַע יִשְׂרָאֵל" וגו'. "עַל אוֹיְבֵיכֶם" — וְלֹא עַל אֲחֵיכֶם. לֹא יְהוּדָה עַל שִׁמְעוֹן, וְלֹא שִׁמְעוֹן עַל בִּנְיָמִין, שֶׁאִם תִּפְּלוּ בְּיָדָם — יְרַחֲמוּ עֲלֵיכֶם, כְּמָה שֶׁנֶּאֱמַר: דה"ב כח °"וַיָּקוּמוּ הָאֲנָשִׁים אֲשֶׁר נִקְּבוּ בְשֵׁמוֹת וַיַּחֲזִיקוּ בַשִּׁבְיָה וְכָל מַעֲרוּמֵּיהֶם הִלְבִּישׁוּ מִן הַשָּׁלָל וַיַּלְבִּשׁוּם וַיַּנְעִלוּם וַיַּאֲכִילוּם וַיַּשְׁקוּם וַיְסֻכוּם וַיְנַהֲלוּם בַּחֲמוֹרִים לְכָל כּוֹשֵׁל וַיְבִיאוּם יְרֵחוֹ עִיר הַתְּמָרִים אֵצֶל אֲחֵיהֶם וַיָּשׁוּבוּ שֹׁמְרוֹן" וגו'. עַל אוֹיְבֵיכֶם אַתֶּם הוֹלְכִים, שֶׁאִם תִּפְּלוּ בְּיָדָם — אֵין מְרַחֲמִין עֲלֵיכֶם. (עניינ כ) °"אַל יֵרַךְ לְבַבְכֶם אַל תִּירְאוּ וְאַל תַּחְפְּזוּ" וגו'. "אַל יֵרַךְ לְבַבְכֶם" — מִפְּנֵי צַהֲלַת סוּסִים וְצִיחְצוּחַ חֲרָבוֹת, "אַל תִּירְאוּ" — מִפְּנֵי הֲגָפַת תְּרִיסִין וְשִׁפְעַת הַקַּלְגַּסִּין, "אַל תַּחְפְּזוּ" — מִקּוֹל קְרָנוֹת, "אַל תַּעַרְצוּ" — מִפְּנֵי קוֹל צְוָוחוֹת, דברים כ °"כִּי ה' אֱלֹהֵיכֶם הַהוֹלֵךְ עִמָּכֶם" — הֵם בָּאִין בְּנִצְחוֹנוֹ שֶׁל בָּשָׂר וָדָם, וְאַתֶּם בָּאִים בְּנִצְחוֹנוֹ שֶׁל מָקוֹם. פְּלִשְׁתִּים בָּאוּ בְּנִצְחוֹנוֹ שֶׁל גָּלְיָת, מֶה הָיָה סוֹפוֹ — לְסוֹף נָפַל בַּחֶרֶב וְנָפְלוּ עִמּוֹ. בְּנֵי עַמּוֹן בָּאוּ בְּנִצְחוֹנוֹ שֶׁל שׁוֹבָךְ, מֶה הָיָה סוֹפוֹ — לְסוֹף נָפַל בַּחֶרֶב וְנָפְלוּ עִמּוֹ. וְאַתֶּם אִי אַתֶּם כֵּן, "כִּי ה' אֱלֹהֵיכֶם הַהוֹלֵךְ עִמָּכֶם לְהִלָּחֵם לָכֶם" וגו' — זֶה מַחֲנֵה הָאָרוֹן.§ **גמ'** מַאי קָאָמַר? הָכִי קָאָמַר: שֶׁנֶּאֱמַר "וְדִבֶּר" וּלְהַלָּן אוֹמֵר שמות יט °"מֹשֶׁה יְדַבֵּר וְהָאֱלֹהִים יַעֲנֶנּוּ בְקוֹל", מַה לְהַלָּן בִּלְשׁוֹן הַקּוֹדֶשׁ — אַף כָּאן בִּלְשׁוֹן הַקּוֹדֶשׁ. תָּנוּ רַבָּנַן: "וְנִגַּשׁ הַכֹּהֵן וְדִבֶּר אֶל הָעָם". יָכוֹל כָּל כֹּהֵן שֶׁיִּרְצֶה — ת"ל: דברים כ °"וְדִבְּרוּ הַשּׁוֹטְרִים", מַה שּׁוֹטְרִים בִּמְמוּנֶּה — אַף כֹּהֵן בִּמְמוּנֶּה. וְאֵימָא כֹּהֵן גָּדוֹל! דּוּמְיָא דְּשׁוֹטֵר, מַה שּׁוֹטֵר שֶׁיֵּשׁ מְמוּנֶּה עַל גַּבָּיו — אַף כֹּהֵן שֶׁיֵּשׁ מְמוּנֶּה עַל גַּבָּיו. כֹּהֵן גָּדוֹל נַמִי, הָאִיכָּא מֶלֶךְ עַל גַּבָּיו! בַּעֲבוֹדָתוֹ קָאָמַר. וְאֵימָא סְגָן! סְגָן לָאו מְמוּנֶּה הוּא. דְּתַנְיָא, *אָמַר רַבִּי חֲנִינָא סְגַן הַכֹּהֲנִים: לָמָּה סְגָן מְמוּנֶּה — שֶׁאִם אֵירַע בּוֹ פְּסוּל בְּכֹהֵן גָּדוֹל נִכְנָס וּמְשַׁמֵּשׁ תַּחְתָּיו.§ "וְאָמַר אֲלֵיהֶם שְׁמַע יִשְׂרָאֵל".§ מַאי שְׁנָא "שְׁמַע יִשְׂרָאֵל"? אָמַר רַבִּי יוֹחָנָן מִשּׁוּם רַבִּי שִׁמְעוֹן בֶּן יוֹחַי, אָמַר לָהֶן הַקָּדוֹשׁ בָּרוּךְ הוּא לְיִשְׂרָאֵל: אֲפִילּוּ לֹא קִיַּימְתֶּם אֶלָּא קְרִיאַת שְׁמַע שַׁחֲרִית וְעַרְבִית — אִי אַתֶּם נִמְסָרִין בְּיָדָם.§ "אַל יֵרַךְ לְבַבְכֶם אַל תִּירְאוּ" כו'.§ תָּנוּ רַבָּנַן: בפַּעֲמַיִים מְדַבֵּר עִמָּם, אַחַת בַּסְּפָר וְאַחַת בַּמִּלְחָמָה. בַּסְּפָר מַה הוּא אוֹמֵר — שִׁמְעוּ

רש"י

גְּמוּלָה. בְּדוּלָה, כְּמוֹ "וַיִּגָּמַל" (בראשית כא). מָשַׁךְ יָדוֹ. הקב"ה מִהְיוֹת אֶת לוֹצְצִים. לֹא יְגוּרְךָ רָע. לֹא יָגוּר עִמְּךָ רַע. וְגַבֵּי מְסַפְּרֵי לָשׁוֹן הָרַע כְּתִיב, דִּכְתִיב בְּהַהוּא פָּרָשָׁה: "כִּי אֵין בְּפִיהוּ נְכוֹנָה" וגו'.

הדרן עלך אלו נאמרין

מְשׁוּחַ מִלְחָמָה. כֹּהֵן *שֶׁנִּתְרַבָּה לְכָךְ, שֶׁנֶּאֱמַר: "וְנִגַּשׁ הַכֹּהֵן" וגו'. וּבַגְּמָרָא פָּרֵיךְ: מַאי קָאָמַר?. וַיָּקוּמוּ הָאֲנָשִׁים. כְּתִיב גַּבֵּי פֶּקַח בֶּן רְמַלְיָהוּ שֶׁנִּלְחַם עִם אָחָז, בְּדִבְרֵי הַיָּמִים, שֶׁשָּׁבוּ מִבְּנֵי יְהוּדָה הַרְבֵּה, וְשָׁם הָיָה נָבִיא עוֹדֵד שְׁמוֹ, וְהוֹכִיחָם לִבְנֵי יִשְׂרָאֵל וְאָמַר לָהֶם: בַּחֲמַת ה' עַל בְּנֵי יְהוּדָה נְתָנָם בְּיֶדְכֶם וְהִכִּיתֶם בָּהֶם לְאֵין מַרְפֵּא וְעַתָּה אַתֶּם אוֹמְרִים לִכְבּוֹשׁ אוֹתָם לַעֲבָדִים שֶׁמָּעוּנִי וְהָשִׁיבוּ אֶת הַשִּׁבְיָה וגו'. לְכָל כּוֹשֵׁל. כָּל הַכּוֹשְׁלִים שֶׁבָּהֶם, שֶׁאֵינָן יְכוֹלִין לֵילֵךְ בְּרַגְלֵיהֶם. צַהֲלַת סוּסִים. נְגַף סוּסִים קָרוּי צָהֳלָה בִּלְשׁוֹן הַמִּקְרָא. קַלְגַּסִּין. חַיָּילוֹת. הֲגָפַת תְּרִיסִין. מַגִּיפִין וְסוֹגְרִין וּמְדַבְּקִין הַתְּרִיסִין זֶה סָמוּךְ לָזֶה, כְּדֵי שֶׁיִּנַּקְשׁוּ זֶה עַל זֶה. וְהַקּוֹל נִשְׁמָע כְּקוֹל הָמוֹן, לְאַיֵּים עַל שֶׁכְּנֶגְדָּם. שׁוֹבָךְ. שַׂר צְבָא הֲדַדְעֶזֶר. **גמ'** מַאי קָאָמַר. הֵיכִי יָלֵיף לְשׁוֹן הַקּוֹדֶשׁ מֵהָכָא?. דּוּמְיָא דְּשׁוֹטֵר. תֵּירוּצָא הִיא: הַשּׁוֹפֵט מְמוּנֶּה עַל הַשּׁוֹטֵר, שֶׁשּׁוֹטֵר עָשׂוּי לִנְגּוֹשׂ אֶת מִי שֶׁיְּצַוֶּה הַשּׁוֹפֵט לָכוֹף. וְאֵימָא סְגַן. מְדַבֵּר דְּבָרִים הַלָּלוּ, דְּהָא מְמוּנֶּה הוּא, וְיֵשׁ מְמוּנֶּה עַל גַּבָּיו. לָמָּה סְגַן מְמוּנֶּה. לְאֵיזֶה דָּבָר הוּא מְמוּנֶּה וּמוּכָן. שֶׁאִם אֵירַע בּוֹ'. אֲבָל בְּעוֹד שֶׁלֹּא אֵירַע פְּסוּל לְכֹהֵן גָּדוֹל — אֵין לַסְּגָן גְּדוּלָּה שֶׁל כְּלוּם. מַאי שְׁנָא שְׁמַע יִשְׂרָאֵל. לָמָּה מַתְחִיל בְּלָשׁוֹן זֶה?. פַּעֲמַיִים מְדַבֵּר עִמָּהֶם אַחַת בַּסְּפָר. כְּשֶׁיּוֹצְאִין מֵאַרְצָם. שִׁמְעוּ

תוספות

משוח מלחמה. נראה, האי דלא תנא הכי "משוח מלחמה בשעה שמדבר אל העם כילד", כדקתני בפרק "אלו נאמרין" (לעיל דף לב.) "מקרא בכורים כילד" – משום דהתם סליק מיניה, דתני לעיל מיניה "ואלו נאמרין בלשון קודש". אבל תימה: למה הקדים פרק זה קודם פרק "עגלה ערופה"? והלא שנה משוח מלחמה בבבא אחרונה אחרי כולן! ויש לומר: דהתם הקדים פרשת עגלה ערופה, משום דאיירי בפרשת המלך – נקט בתריה פרשת עגלה ערופה. אבל הכא, שבא לפרשה – מקדים משוח מלחמה משום דזוטרי מיליה, ופסיק ושדי להו. וא"ת: וליתני לעיל "פרשת משוח מלחמה" כדתני "פרשת עגלה ערופה"! יש לומר: דלא שייך למימר "פרשת משוח מלחמה", שהרי לא נתנה משום מלות קריאה אלא משום התראה. **הכי** קאמר שנאמר ודבר. ירושלמי: למה? בגין דכתי' "ודבר". הרי ק"ש, דכתי' בה "ודברת בס", והיא נאמרת בכל לשון! אלא בגין דכתיב בה אמירה. הרי פרשת ודוי מעשר, הרי כתיב בה אמירה והיא נאמרת בכל לשון! אמר רבי שגי: נאמר כאן הגשה ונאמר להלן הגשה: "ונגשו הכהנים בני לוי", מה נגישה שנא' להלן בלשון קודש – אף כאן בלשון קודש. עד כדון כרבי עקיבא, דאמר לשונות ריבויין הן, כרבי ישמעאל דאמר לשונות כפולין הן, כרם מאי? אמר ר' חייא בר אבא: נאמר כאן נגישה ונאמר להלן נגישה: "ונגש משה אל הערפל", מה לשם לשון הקודש – אף כאן לשון הקודש. *מסתברא דלא, "ופקדו שרי צבאות בראש העם" ואחרי כן "ונגש הכהן ודבר אל העם", בתר דמתקן להון הוא משמע לון.

סגן לאו ממונה הוא. ואם תאמר: הא אמרינן בסנהדרין, פרק "כהן גדול" (דף יט.): כשהוא מנחם אחרים – כל העם עוברין זה אחר זה, והממונה ממלעו. ותניא: כשהוא עומד בשורה לנחם את האחרים – סגן ומשוח מלחמה עומד בימינו. ואמר רב פפא, ש"מ מהא מתניתין תלת: שמע מינה – היינו סגן היינו ממונה! יש לומר: ודאי ממונה היה לדברים שמינוהו אחיו הכהנים, כדתנן (יומא דף כח.): "אמר להם הממונה", אבל מן התורה אין לו שום מנוי ושררה יותר על אחיו הכהנים, ואינו אלא עין מינוי אֲמַרְכָּל וגיזבר, שגידלוהו אחיו הכהנים*.

מאה

עין משפט נר מצוה

א א מיי' פ"ז מהלכות מלכים הלכה ג סמג עשין קכ:

ב ב מיי' שם הלכה ב:

הגהות הב"ח

(א) גמ' וכתיב ויתפש יראיה בן שלמיה בירמיהו ויביאהו: (ב) שם גמולה דא מבעלה:

[נ"ל לא]

[נ"ל שקרנים. כ"א בסנהדרין]

[ועי"ע תוס' יומא טו: ד"ה אמר להם ותוס' מנחות ק. ד"ה אמר]

מסורת הש"ס

נ"ל על

נ"ל יראיה בירמיהו

ס"א שנתברר [ר"ה כו.]

סנהדרין קג. ע"ש

שבת קמט: חגיגה יב: סנהדרין קג.] יומא לט. ע"ש נזיר מז: ע"ש]

תורה אור

שִׁמְעוּ דִּבְרֵי מַעַרְכֵי הַמִּלְחָמָה וְחִזְרוּ. בַּמִּלְחָמָה מַה הוּא אוֹמֵר — "אַל יֵרַךְ לְבַבְכֶם אַל תִּירְאוּ וְאַל תַּחְפְּזוּ וְאַל תַּעַרְצוּ", כְּנֶגֶד אַרְבָּעָה דְּבָרִים שֶׁאוּמּוֹת הָעוֹלָם עוֹשִׂין: מַגִּיפִין, וּמְרִיעִין, צוֹוְחִין וְרוֹמְסִין.§ "פְּלִשְׁתִּים בָּאוּ בְּנִצְחוֹנוֹ שֶׁל גָּלְיָת" כו'.§ גָּלְיָת, אָמַר רַבִּי יוֹחָנָן: שֶׁעָמַד בְּגִילּוּי פָּנִים לִפְנֵי הקב"ה, שֶׁנֶּאֱמַר: °"בְּרוּ לָכֶם אִישׁ וְיֵרֵד אֵלָי", *וְאֵין "אִישׁ" אֶלָּא הקב"ה, שֶׁנֶּאֱ': °"ה' אִישׁ מִלְחָמָה". אָמַר הקב"ה: הֲרֵינִי מַפִּילוֹ עַל יַד בֶּן אִישׁ, שֶׁנֶּאֱ': °"וְדָוִד בֶּן אִישׁ אֶפְרָתִי הַזֶּה". א"ר יוֹחָנָן מִשּׁוּם רַבִּי מֵאִיר: בִּשְׁלֹשָׁה מְקוֹמוֹת לְכָדוֹ פִּיו לְאוֹתוֹ רָשָׁע: אֶחָד — "בְּרוּ לָכֶם אִישׁ וְיֵרֵד אֵלָי"; וְאִידָךְ — "אִם יוּכַל לְהִלָּחֵם אִתִּי וְהִכָּנִי" וגו', וְאִידָךְ, דְּקָאָמַר לֵיהּ לְדָוִד °"הֲכֶלֶב אָנֹכִי כִּי אַתָּה בָא אֵלַי בַּמַּקְלוֹת". דָּוִד נַמִּי אֲמַר לֵיהּ °"אַתָּה בָּא אֵלַי בְּחֶרֶב בַּחֲנִית וּבְכִידוֹן"! (א) הֲדַר אֲמַר לֵיהּ "וְאָנֹכִי בָא אֵלֶיךָ בְּשֵׁם ה' צְבָאוֹת אֱלֹהֵי (יִשְׂרָאֵל) מַעַרְכוֹת יִשְׂרָאֵל אֲשֶׁר חֵרַפְתָּ". °"וַיִּגַּשׁ הַפְּלִשְׁתִּי הַשְׁכֵּם וְהַעֲרֵב", אָמַר ר' יוֹחָנָן: כְּדֵי לְבַטְּלָן מִקְּ"שׁ שַׁחֲרִית וְעַרְבִית. °"וַיִּתְיַצֵּב אַרְבָּעִים יוֹם", א"ר יוֹחָנָן: כְּנֶגֶד אַרְבָּעִים יוֹם שֶׁנִּתְּנָה בָּהֶן תּוֹרָה. °"וַיֵּצֵא אִישׁ הַבֵּינַיִם מִמַּחֲנוֹת פְּלִשְׁתִּים" וגו'. מַאי בֵּינַיִם? אָמַר רַב: שֶׁמְּבוּנֶּה מִכָּל מוּם, וּשְׁמוּאֵל אָמַר: בֵּינוֹנִי שֶׁבְּאֶחָיו, דְּבֵי רַבִּי שֵׁילָא אָמַר: שֶׁהוּא עָשׂוּי כְּבִנְיָן, רַבִּי יוֹחָנָן אָמַר: בַּר מֵאָה פַּפֵּי וַחֲדָא נָאנַאי. "וְגָלְיָת שְׁמוֹ מִגַּת", תָּנֵי רַב יוֹסֵף: שֶׁהַכֹּל דָּשִׁין אֶת אִמּוֹ כְּגַת. כְּתִיב: "מְעָרוֹת" וְקָרֵינַן: "מַעַרְכוֹת", תָּנֵי רַב יוֹסֵף: שֶׁהַכֹּל הֶעֱרוּ בְּאִמּוֹ. כְּתִיב: °"הָרָפָה" וּכְתִיב: "עָרְפָּה", רַב וּשְׁמוּאֵל; חַד אָמַר: הָרָפָה שְׁמָהּ, וְלָמָּה נִקְרָא שְׁמָהּ עָרְפָּה — שֶׁהַכֹּל עוֹרְפִין אוֹתָהּ מֵאַחֲרֶיהָ. וְחַד אָמַר: עָרְפָּה שְׁמָהּ, וְלָמָּה נִקְרָא שְׁמָהּ הָרָפָה — שֶׁהַכֹּל דָּשִׁין אוֹתָהּ כַּהֲרִיפוֹת, וְכֵן הוּא אוֹמֵר: °"וַתִּקַּח הָאִשָּׁה וַתִּפְרוֹשׂ הַמָּסָךְ עַל פְּנֵי הַבְּאֵר וַתִּשְׁטַח עָלָיו הָרִיפוֹת". וְאִי בָּעֵית אֵימָא מֵהָכָא: °"אִם תִּכְתּוֹשׁ אֶת הָאֱוִיל בַּמַּכְתֵּשׁ בְּתוֹךְ הָרִיפוֹת בַּעֱלִי". °"וְאֶת אַרְבַּעַת אֵלֶּה יוּלְּדוּ לְהָרָפָה בְּגַת וַיִּפְּלוּ בְיַד דָּוִד וּבְיַד עֲבָדָיו". מַאי נִינְהוּ? אָמַר רַב חִסְדָּא: סַף וּמָדוֹן גָּלְיָת וְיִשְׁבִּי בְּנוֹב. "וַיִּפְּלוּ בְיַד דָּוִד וּבְיַד עֲבָדָיו" — דִּכְתִיב: °"וַתִּשַּׁק עָרְפָּה לַחֲמוֹתָהּ וְרוּת דָּבְקָה בָּהּ", אָמַר רַבִּי יִצְחָק: אָמַר הַקָּדוֹשׁ בָּרוּךְ הוּא: יָבוֹאוּ בְּנֵי הַנְּשׁוּקָה וְיִפְּלוּ בְּיַד בְּנֵי הַדְּבוּקָה. דָּרַשׁ רָבָא: בִּשְׂכַר אַרְבַּע דְּמָעוֹת שֶׁהוֹרִידָה עָרְפָּה עַל חֲמוֹתָהּ זָכְתָה וְיָצְאוּ מִמֶּנָּה אַרְבָּעָה גִּבּוֹרִים, שֶׁנֶּאֱמַר: °"וַתִּשֶּׂאנָה קוֹלָן וַתִּבְכֶּינָה עוֹד". כְּתִיב: "חֵץ חֲנִיתוֹ" וְקָרֵינַן: "עֵץ חֲנִיתוֹ". אָמַר רַבִּי אֶלְעָזָר: עֲדַיִין לֹא הִגִּיעָנוּ לַחֲצִי שִׁבְחוֹ שֶׁל אוֹתוֹ רָשָׁע. מִכָּאן שֶׁאָסוּר לְסַפֵּר בְּשִׁבְחָן שֶׁל רְשָׁעִים. וְלָא לִפְתַּח בֵּיהּ כְּלָל! לְאוֹדוֹעֵי שִׁבְחֵיהּ דְּדָוִד.§ "בְּנֵי עַמּוֹן בָּאוּ בְּנִצְחוֹנוֹ שֶׁל שׁוֹבַךְ" כו'.§ כְּתִיב "שׁוֹבַךְ" וּכְתִיב "שׁוֹפַךְ", רַב וּשְׁמוּאֵל; חַד אָמַר: שׁוֹפַךְ שְׁמוֹ, וְלָמָּה נִקְרָא שְׁמוֹ שׁוֹבַךְ — שֶׁעָשׂוּי כְּשׁוֹבָךְ. וְחַד אָמַר: שׁוֹבַךְ שְׁמוֹ, וְלָמָּה נִקְרָא שְׁמוֹ שׁוֹפַךְ — שֶׁכָּל הָרוֹאֶה אוֹתוֹ, נִשְׁפָּךְ לְפָנָיו כְּקִיתוֹן. °"אַשְׁפָּתוֹ כְּקֶבֶר פָּתוּחַ כּוּלָּם גִּבּוֹרִים". רַב וּשְׁמוּאֵל, וְאָמְרִי לָהּ רַבִּי אַמֵּי וְרַבִּי אַסִּי; חַד אָמַר: בְּשָׁעָה שֶׁזּוֹרְקִין חֵץ — עוֹשִׂין אַשְׁפָּתוֹת שֶׁל חֲלָלִים, וְשֶׁמָּא תֹּאמַר שֶׁאוּמָּנִין בַּקְּרָב — ת"ל: "כּוּלָּם גִּבּוֹרִים". וְחַד אָמַר: בְּשָׁעָה שֶׁעוֹשִׂין צוֹרְכֵיהֶן — עוֹשִׂין אַשְׁפָּתוֹת שֶׁל זֶבֶל, וְשֶׁמָּא תֹּאמַר מִפְּנֵי שֶׁחוֹלֵי מֵעַיִים הֵם — תַּלְמוּד לוֹמַר: "כּוּלָּם גִּבּוֹרִים". אָמַר רַב מָרִי: שְׁמַע מִינָּהּ, הַאי מַאן דְּנָפִישׁ זִיבְלֵיהּ — חוֹלִי מֵעַיִים הוּא, לְמַאי נָפְקָא מִינָּהּ — לִיטְרַח בְּנַפְשֵׁיהּ. °"דְּאָגָה בְלֶב אִישׁ יַשְׁחֶנָּה". *ר' אַמֵּי וְרַבִּי אַסִּי; חַד אָמַר: יַשְׁחֶנָּה מִדַּעְתּוֹ, וְחַד אָמַר: יְשִׂיחֶנָּה לַאֲחֵרִים.§ "וְאַתֶּם אִי אַתֶּם כֵּן" כו'.§ וְכָל כָּךְ לָמָּה? מִפְּנֵי *שֶׁהַשֵּׁם וְכָל כִּינּוּיָו מוּנָּחִין

שִׁמְעוּ דִּבְרֵי מַעַרְכֵי מִלְחָמָה. מִי רָאוּי לַחֲזוֹר וּמִי רָאוּי לֵילֵךְ. וְחָזְרוּ הָרְאוּיִם לַחֲזוֹר, כְּגוֹן בָּנָה בַּיִת וְנָטַע כֶּרֶם וְאֵירַשׂ אִשָּׁה וְיָרֵא וְרַךְ הַלֵּבָב. וְאַע"ג דִּכְתִיב בָּהֶן: "וְדִבְּרוּ הַשּׁוֹטְרִים" — לְקַמָּן אָמְרִינַן דְּכֹהֵן קָאָמַר לְהוּ, אֶלָּא שֶׁהַשּׁוֹטְרִים מַשְׁמִיעִין דְּבָרָיו לָעָם. אַל יֵרַךְ לְבַבְכֶם אַל תִּירְאוּ וְאַל תַּחְפְּזוּ וְאַל תַּעַרְצוּ. אַרְבָּעָה אַזְהָרוֹת כְּנֶגֶד אַרְבָּעָה דְּבָרִים שֶׁאוּמּוֹת הָעוֹלָם הָיוּ עוֹשִׂין לְאַיֵּים: מַגִּיפִין בִּתְרִיסִין, וּמְרִיעִין בִּקְרָנוֹת, וְצוֹוְחִין בְּקוֹלָם, וְרוֹמְסִין בְּהַגְהָלַת סוּסֵיהֶן וְדַהֲרוֹתָם. אֲבָל לְחִלּוּחַ חֲרָבוֹת וְשִׁפְעַת קַלְגַּסִּים הֵן עִיקַּר הַמִּלְחָמָה, וְאֵינָן לְאַיֵּים. בְּגִילּוּי פָּנִים. בְּחוּצְפָּה. בְּרוּ. בַּחֲרוּ. לְכָדוֹ פִּיו. אָמַר פִּיו אֶת כִּשְׁלוֹנוֹ. וְיֵרֵד אֵלַי. מַשְׁמַע: עָלַי — שֶׁהוּא יִגְבַּר, דַּהֲוָה לֵיהּ לְמֵימַר "וְיִלָּחֵם אִתִּי". וְאִידָךְ וְהִכָּנִי. וְאַע"ג דַּהֲדַר אֲמַר "וְאִם אֲנִי אוּכַל לוֹ וְהִכִּיתִיו", מִכָּל מָקוֹם פְּתִיחַת פִּיו לְרָעָתוֹ (ב). דָּוִד הֲדַר קָאָמַר לֵיהּ וַאֲנִי בָא. וְאֵין זוֹ פְּתִיחַת פֶּה לְרָעָה, דְּאָמַר לֵיהּ: אַתָּה בָּא לְמְשׁוֹל בִּי עַל יְדֵי דָּבָר שֶׁאֵין בּוֹ מַמָּשׁ, וַאֲנִי בָּא לִמְשׁוֹל בְּךָ בַּשֵּׁם שֶׁהַנִּצָּחוֹן שֶׁלּוֹ. כְּנֶגֶד אַרְבָּעִים יוֹם. שֶׁאִיחֲרָה תּוֹרָה לְהִתְקַבֵּל, יִתֵּן לוֹ כֹּחַ לְהִתְיַצֵּב. מִכָּל מוּם. מְתוּקָּן וּמְנוּקֶּה מִכָּל מוּם שֶׁל כִּיעוּר. שֶׁבְּאֶחָיו. אַרְבָּעָה (ג) הָיוּ (לוֹ), כִּדְלְקַמָּן. בַּר מֵאָה פַּאפֵּי וַחַד נָאנַאי. בֶּן הַתַּעֲרוֹבֶת. שֶׁבָּאוּ הַרְבֵּה אֲנָשִׁים עַל אִמּוֹ בְּלַיְלָה אֶחָת וְנִתְעַבְּרָה מִן אֶחָד, נִמְצָא הָאֶחָד אָבִיו וְכוּלָּן מְנָאֲפִים. נָאנַאי. זֶהוּ אָב בִּלְשׁוֹן פַּרְסִי. פַּאפֵּי. פרשטר"א. וּלְשׁוֹן "אִישׁ הַבֵּינַיִם" — שֶׁיָּצָא מִבֵּין אֲנָשִׁים הַרְבֵּה. כְּתִיב מְעָרוֹת. מִמְּעָרוֹת פְּלִשְׁתִּים. כְּתִיב עָרְפָּה. "שֵׁם הָאַחַת עָרְפָּה" (רות א), וּכְתִיב "הָרָפָה" — "אֲשֶׁר בִּילִידֵי הָרָפָה". וְהִיא עָרְפָּה, כִּדְאָמְרִי' לְקַמָּן שֶׁנִּגְזַר עָלֶיהָ שֶׁיִּפְּלוּ בָּנֶיהָ בַּחֶרֶב בְּיַד בְּנֵי רוּת שֶׁדָּבְקָה בַּשְּׁכִינָה. עוֹרְפִין אוֹתָהּ. הִפְקִירָה עַצְמָהּ כִּבְהֵמָה, (ד) פָּנִים כְּנֶגֶד עוֹרֶף. כַּהֲרִיפוֹת. חִטִּין כְּתוּשִׁין. סַף וּמָדוֹן וְגָלְיָת וְיִשְׁבִּי. כּוּלָּם בְּסֵפֶר שְׁמוּאֵל*. בְּנֵי הַנְּשׁוּקָה. שֶׁנָּשְׁקָה לַחֲמוֹתָהּ לְהִפָּרֵד מֵעִמָּהּ, שֶׁלֹּא נִתְגַּיְּירָה. וַתִּבְכֶּינָה עוֹד. פַּעַם שְׁנִיָּה, דִּלְעֵיל מִינֵּי' כְּתִי': "וַתִּשֶּׂאנָה קוֹלָן וַתִּבְכֶּינָה". אַרְבַּע דְּמָעוֹת. שְׁתֵּי בְּכִיּוֹת מִשְּׁתֵּי עֵינַיִם. חֵץ. לָשׁוֹן חֵצִי, הוֹדִיעֲךָ הַכָּתוּב שֶׁלֹּא סִיפֵּר בַּחֲצִי גְּבוּרָתוֹ. לְאוֹדוֹעֵי שִׁבְחֵיהּ דְּדָוִד. שֶׁנִּלְחַם עִם גִּבּוֹר כָּמוֹהוּ. כְּתִיב שׁוֹבַךְ. בְּסֵפֶר שְׁמוּאֵל (ב' י), וּכְתִיב שׁוֹפַךְ בְּדִבְרֵי הַיָּמִים (א' יט). אַשְׁפָּתוֹ כְּקֶבֶר פָּתוּחַ. בְּחַיָּילוֹת שֶׁל נְבוּכַדְנֶצַּר כְּתִיב. וְאַיְּידֵי דְּנָקַט פְּלוּגְתָּא דְּרַב וּשְׁמוּאֵל בִּדְרָשׁוֹת דִּקְרָאֵי, נָקַט לָהּ. מִפְּנֵי שֶׁאוּמָּנִים. אֲבָל אֵינָם גִּבּוֹרִים. שֶׁל זֶבֶל. מֵחֲמַת שֶׁאוֹכְלִין הַרְבֵּה בִּגְבוּרָה. שְׁמַע מִינָּהּ. מִדְּקָאָמַר: שֶׁמָּא תֹּאמַר חוֹלֵי מֵעַיִים הֵם. לִיטְרַח בְּנַפְשֵׁיהּ. לְבַקֵּשׁ לוֹ רְפוּאוֹת, טֶרֶם יִכְבַּד חוֹלְיוֹ עָלָיו. דְּאָגָה בְלֶב אִישׁ יַשְׁחֶנָּה. יַסְחֶנָּה מִדַּעְתּוֹ. יְשִׂיחֶנָּה לַאֲחֵרִים. וְכָל כָּךְ לָמָּה. אוֹמֵר לָהֶם, וּמַה הִיא הַבְטָחָה הַזּוּ שֶׁהִבְטִיחָן "כִּי ה' אֱלֹהֵיכֶם הַהוֹלֵךְ", וְלֹא אָמַר "כִּי ה' אֱלֹהֵיכֶם עִמָּכֶם", וּמַה הִיא הֲלִיכָה זוֹ דְּמַשְׁמַע הוֹלֵךְ מַמָּשׁ? שֶׁהַשֵּׁם וְכָל כִּינּוּיָיו עוֹמְדִין בָּאָרוֹן. הַיּוֹצֵא עִמָּהֶם בַּמִּלְחָמָה. שֶׁפִּיטְפֵּט

[לקמן מח. סנהדרין צג:] [ב' כא] יומא עה. [סנהדרין ק:] [ב"ב יד:]

מאה פפי וחד נאנאי. בירושלמי בפרק "החולץ" אגמרא וחייבין אשם תלוי: את ש"מ [שהאשה] מתעברת וחוזרת ומתעברת, את ש"מ שאין האשה מתעברת משני בני אדם כאחת. ופליגי על רבנן דאגדתא, דרבנן דאגדתא אומרים: "וילא איש הביניס ממערכות פלשתים" — ממאה ערלות פלשתים, שהערו בה מאה ערלות פלשתים. אמר רבי מתניא: ולא פליגין, עד שלא נסרחה הזרע — האשה מתעברת משני בני אדם כאחת, ומשנסרח הזרע — אין האשה מתעברת משני בני אדם כאחת. זה משמע שכולן מאה היו אבותיו, שהרי מכולן נתעברה אמו. ולא כפי' רש"י שפירש וחד נאנאי — שאחד מהן אביו. ופי' הערוך:* נאנאי — כלב, שבאו עליה מאה אנשים וכלב אחד. וכן מפורש בויקרא רבה ובאגדה דשמואל, אמר ר' יצחק: אותה הלילה שפירשה ערפה מחמותה נתערבו בה גייס של מאה בני אדם, הדא דכתיב: "והוא מדבר עמם והנה איש הביניס וגו' ממערכות פלשתים", "ממערות" כתיב — ממאה ערלות פלשתים. רבי תנחומא אמר: אף כלב אחד, שנאמר: "ויאמר הפלשתי אל דוד הכלב אנכי" וגו'. ותו התם: "ויתילב ארבעים יום", אמר רבי ברכיה ב"ר יצחק: בשכר ארבעים פסיעות שהלכה ערפה עם חמותה, נתלה לבנה ארבעים יום. מפני שהשם וכל כנויו מונחים בארון. תוספתא (פ"ז ע"ש): "כי ה' אלהיכם ההולך עמכם" — זה השם הנתון בארון, שנאמר: "וישלח אותם משה" וגו' — מלמד שהיה פנחס משוח מלחמה, "וכלי הקודש" — זה הארון, ויש אומרים: אלו בגדי כהונה, שנא': "ובגדי הקודש אשר לאהרן". [רבי יהודה בן לקיש] אומר: ב' ארונות היו עמהם, זה שיולא עמהן למלחמה היו בו שברי לוחות, שנאמר: "ויסעו מהר ה'" וגו', זה שהיה עמהן היה בו ס"ת, שנאמר: "ויעפילו לעלות" וגו'. ובירושלמי אמרי': ארון אחד היה.

מאלו התוס' לא מצאתי יותר

[ערך בן ד']

(א) גמ' ובכידון דוד הדר אמר וכו' לבאות אלהי מערכות כל"ל ותיבת ישראל נמחק: (ב) רש"י ד"ה ואידך וכו' לרעתו הוא הס"ד: (ג) ד"ה שבאחיו ארבעה אחים היו: (ד) ד"ה עורפין וכו' כבהמה אף פנים:

מונָּחִין בָּאָרוֹן, וְכֵן הוּא אוֹמֵר: °"וַיִּשְׁלַח אוֹתָם מֹשֶׁה אֶלֶף לַמַּטֶּה לַצָּבָא אוֹתָם וְאֶת פִּינְחָס". "אוֹתָם" – אֵלּוּ סַנְהֶדְרִין, "פִּינְחָס" – זֶה מְשׁוּחַ מִלְחָמָה, "וּכְלֵי הַקּוֹדֶשׁ" – זֶה אָרוֹן וְלוּחוֹת שֶׁבּוֹ, "וַחֲצוֹצְרוֹת הַתְּרוּעָה" – אֵלּוּ הַשּׁוֹפָרוֹת. תָּנָא: לֹא לְחִנָּם הָלַךְ פִּינְחָס לַמִּלְחָמָה, אֶלָּא לִיפָּרַע דִּין אֲבִי אִמּוֹ, שֶׁנֶּאֱמַר: °"וְהַמְּדָנִים מָכְרוּ אוֹתוֹ אֶל מִצְרָיִם" וגו'. לְמֵימְרָא דְּפִינְחָס מִיּוֹסֵף אָתֵי? וְהָא כְּתִיב: °"וְאֶלְעָזָר בֶּן אַהֲרֹן לָקַח לוֹ מִבְּנוֹת פּוּטִיאֵל לוֹ לְאִשָּׁה", *מַאי לָאו – דְּאָתֵי מִיִּתְרוֹ שֶׁפִּיטֵּם עֲגָלִים לַעֲבוֹדָה זָרָה? לָא, מִיּוֹסֵף שֶׁפִּטְפֵּט בְּיִצְרוֹ. וַהֲלֹא שְׁבָטִים מְבַזִּין אוֹתוֹ: רְאִיתֶם בֶּן פּוּטִי זֶה, בֶּן שֶׁפִּיטֵּם אֲבִי אִמּוֹ עֲגָלִים לַעֲבוֹדָה זָרָה יַהֲרוֹג נָשִׂיא מִיִּשְׂרָאֵל! אֶלָּא, אִי אֲבוּהּ דְּאִימֵּיהּ מִיּוֹסֵף – אִימֵּיהּ דְּאִימֵּיהּ מִיִּתְרוֹ, וְאִי אִימֵּיהּ דְּאִימֵּיהּ מִיּוֹסֵף – אֲבוּהּ דְּאִימֵּיהּ מִיִּתְרוֹ. דַּיְקָא נַמִי, דִּכְתִיב: "מִבְּנוֹת פּוּטִיאֵל" – תְּרֵי מַשְׁמַע, שְׁמַע מִינָּהּ.§

מתני' °"וְדִבְּרוּ הַשּׁוֹטְרִים אֶל הָעָם לֵאמֹר מִי הָאִישׁ אֲשֶׁר בָּנָה בַיִת חָדָשׁ וְלֹא חֲנָכוֹ יֵלֵךְ וְיָשׁוֹב לְבֵיתוֹ" וגו'. [א]אֶחָד הַבּוֹנֶה בֵּית הַתֶּבֶן, בֵּית הַבָּקָר, בֵּית הָעֵצִים, בֵּית הָאוֹצָרוֹת. אֶחָד הַבּוֹנֶה, וְאֶחָד הַלּוֹקֵחַ, וְאֶחָד הַיּוֹרֵשׁ, וְאֶחָד שֶׁנִּתַּן לוֹ מַתָּנָה. °"וּמִי הָאִישׁ אֲשֶׁר נָטַע כֶּרֶם וְלֹא חִלְּלוֹ" וגו' – [ב]אֶחָד הַנּוֹטֵעַ כֶּרֶם, וְאֶחָד הַנּוֹטֵעַ חֲמִשָּׁה אִילָנֵי מַאֲכָל, וַאֲפִילּוּ מֵחֲמֵשֶׁת הַמִּינִין. אֶחָד הַנּוֹטֵעַ, וְאֶחָד הַמַּבְרִיךְ, וְאֶחָד הַמַּרְכִּיב, וְאֶחָד הַלּוֹקֵחַ, וְאֶחָד הַיּוֹרֵשׁ, וְאֶחָד שֶׁנִּתַּן לוֹ מַתָּנָה. °"וּמִי הָאִישׁ אֲשֶׁר אֵרַשׂ אִשָּׁה" וגו' – [ג]אֶחָד הַמְאָרֵס אֶת הַבְּתוּלָה וְאֶחָד הַמְאָרֵס אֶת הָאַלְמָנָה. אֲפִי' שׁוֹמֶרֶת יָבָם, וַאֲפִי' שָׁמַע שֶׁמֵּת אָחִיו בַּמִּלְחָמָה – חוֹזֵר וּבָא לוֹ. כָּל אֵלּוּ (א) וְאֵלּוּ שׁוֹמְעִין דִּבְרֵי כֹהֵן מֵעַרְכֵי מִלְחָמָה, וְחוֹזְרִין, וּמְסַפְּקִין מַיִם וּמָזוֹן, וּמְתַקְּנִין אֶת הַדְּרָכִים. וְאֵלּוּ שֶׁאֵינָן חוֹזְרִין: [ד]הַבּוֹנֶה בֵּית שַׁעַר, אַכְסַדְרָה וּמִרְפֶּסֶת, [ה]הַנּוֹטֵעַ אַרְבַּע אִילָנֵי מַאֲכָל, וַחֲמִשָּׁה אִילָנֵי סְרָק, [ו]הַמַּחֲזִיר אֶת גְּרוּשָׁתוֹ, אַלְמָנָה לְכֹהֵן גָּדוֹל, גְּרוּשָׁה וַחֲלוּצָה לְכֹהֵן הֶדְיוֹט, מַמְזֶרֶת וּנְתִינָה לְיִשְׂרָאֵל, בַּת יִשְׂרָאֵל לְמַמְזֵר וּלְנָתִין – לֹא הָיָה חוֹזֵר. רַבִּי יְהוּדָה אוֹמֵר: אַף הַבּוֹנֶה בַיִת עַל מְכוֹנוֹ לֹא הָיָה חוֹזֵר. ר' אֱלִיעֶזֶר אוֹמֵר: אַף הַבּוֹנֶה בֵּית לְבֵנִים בַּשָּׁרוֹן לֹא הָיָה חוֹזֵר. [ז]אֵלּוּ שֶׁאֵין זָזִין מִמְּקוֹמָן: בָּנָה בַיִת וַחֲנָכוֹ, נָטַע כֶּרֶם וְחִלְּלוֹ, הַנּוֹשֵׂא אֶת אֲרוּסָתוֹ, הַכּוֹנֵס אֶת יְבִמְתּוֹ. שֶׁנֶּאֱ': °"נָקִי יִהְיֶה לְבֵיתוֹ שָׁנָה אֶחָת". "לְבֵיתוֹ" – זֶה בֵּיתוֹ, "יִהְיֶה" – זֶה כַּרְמוֹ, "וְשִׂמַּח אֶת אִשְׁתּוֹ" – זוֹ אִשְׁתּוֹ, "אֲשֶׁר לָקָח" – לְהָבִיא אֶת יְבִמְתּוֹ. [ח]אֵין מְסַפְּקִין *(לָהֶם) מַיִם וּמָזוֹן וְאֵין מְתַקְּנִין אֶת הַדְּרָכִים.§

גמ' תָּנוּ רַבָּנַן: "וְדִבְּרוּ הַשּׁוֹטְרִים". יָכוֹל דְּבָרִים שֶׁל עַצְמָן? כְּשֶׁהוּא אוֹמֵר: °"וְיָסְפוּ הַשּׁוֹטְרִים" – הֲרֵי דְּבָרִים שֶׁל עַצְמָן אָמוּר, הָא מָה אֲנִי מְקַיֵּים "וְדִבְּרוּ הַשּׁוֹטְרִים" – בְּדִבְרֵי מְשׁוּחַ מִלְחָמָה הַכָּתוּב מְדַבֵּר. הָא כֵּיצַד? [ט]כֹּהֵן מְדַבֵּר, וְשׁוֹטֵר מַשְׁמִיעַ. תָּנֵי חֲדָא: כֹּהֵן מְדַבֵּר וְשׁוֹטֵר מַשְׁמִיעַ. וְתַנְיָא אִידָךְ: כֹּהֵן מְדַבֵּר וְכֹהֵן מַשְׁמִיעַ. וְתַנְיָא אִידָךְ: שׁוֹטֵר מְדַבֵּר וְשׁוֹטֵר מַשְׁמִיעַ. אָמַר אַבַּיֵי: הָא כֵּיצַד? [י]מִ"וְנִגַּשׁ" וְעַד "וְדִבְּרוּ" – כֹּהֵן מְדַבֵּר וְכֹהֵן מַשְׁמִיעַ. מִ"וְדִבְּרוּ" עַד "וְיָסְפוּ" – כֹּהֵן מְדַבֵּר וְשׁוֹטֵר מַשְׁמִיעַ, מִ"וְיָסְפוּ" וְאֵילָךְ – שׁוֹטֵר מְדַבֵּר וְשׁוֹטֵר מַשְׁמִיעַ.§ "מִי הָאִישׁ אֲשֶׁר בָּנָה בַיִת חָדָשׁ" כו'.§ תָּנוּ רַבָּנַן: "אֲשֶׁר בָּנָה". אֵין לִי אֶלָּא אֲשֶׁר בָּנָה, לָקַח וְיָרַשׁ וְנִיתַּן לוֹ בְּמַתָּנָה מִנַּיִן – ת"ל: "מִי הָאִישׁ אֲשֶׁר בָּנָה בַיִת". אֵין לִי אֶלָּא בַּיִת, מִנַּיִן לְרַבּוֹת בֵּית הַתֶּבֶן וּבֵית הַבָּקָר וּבֵית הָעֵצִים וּבֵית הָאוֹצָרוֹת – ת"ל: "אֲשֶׁר בָּנָה", מִכָּל מָקוֹם. יָכוֹל שֶׁאֲנִי מַרְבֶּה אַף הַבּוֹנֶה בֵּית שַׁעַר אַכְסַדְרָה וּמִרְפֶּסֶת – תַּלְמוּד לוֹמַר: "בַּיִת", מַה בַּיִת הָרָאוּי לְדִירָה – אַף כֹּל הָרָאוּי לְדִירָה. ר' אֱלִיעֶזֶר בֶּן יַעֲקֹב אוֹמֵר: "בַּיִת" – כְּמַשְׁמָעוֹ. "לֹא חֲנָכוֹ" "וְלֹא חֲנָכוֹ" – [כ]פְּרָט לְגַזְלָן. לֵימָא, דְּלָא כְּרַבִּי יוֹסֵי הַגְּלִילִי, דְּאִי *רַבִּי יוֹסֵי הַגְּלִילִי – הָא אָמַר: "וְרַךְ הַלֵּבָב" – זֶה הַמִּתְיָרֵא מֵעֲבֵירוֹת

רש"י

שֶׁפִּיטְפֵּט. זִילְזֵל וְכָבַשׁ אוֹתוֹ, וְלֹא *חֲטָאוֹ. וַהֲלֹא שְׁבָטִים מְבַזִּים אוֹתוֹ. כִּדְאָמְרִינַן בְּ"אֵלּוּ הֵן הַנִּשְׂרָפִין" (סנהדרין דף פב:), לְפִיכָךְ הוּלְרַךְ לְיַחֲסוֹ שָׁם: "פִּנְחָס בֶּן אֶלְעָזָר בֶּן אַהֲרֹן הַכֹּהֵן". תְּרֵי פּוּטֵי. מִדְּלָא כְּתִיב פּוּטְאֵל. **מתני'** בֵּית הָאוֹצָרוֹת. לְאוֹצַר יַיִן שֶׁמֶן וּתְבוּאָה. וְאֶחָד הַלּוֹקֵחַ. בַּיִת בָּנוּי, שֶׁהֲרֵי אֶצְלוֹ הוּא חָדָשׁ. וּבִגְמָרָא מְרַבִּינַן לֵיהּ מִקְּרָא. חֲמִשָּׁה אִילָנֵי מַאֲכָל. דִּבְהָכִי הָוֵי כֶּרֶם, שְׁתַּיִם כְּנֶגֶד שְׁתַּיִם וְאַחַת יוֹצְאָה זָנָב. כָּזֶה

* *

* *

*

וַאֲפִילּוּ מֵה' מִינִין. מִצְטָרְפִין. (ב) חִילְּלוֹ. בִּשְׁנַת הָרְבִיעִית לִנְטִיעָתוֹ, שֶׁחִלֵּל אֶת הַפֵּירוֹת בְּמָעוֹת כְּדֶרֶךְ מַעֲשֵׂר שֵׁנִי, וּמַעֲלֶה אֶת הַמָּעוֹת לִירוּשָׁלַיִם וְאוֹכְלָן, כִּדְכְתִיב (ויקרא יט): "קֹדֶשׁ הִלּוּלִים" וְגָמַר קֹדֶשׁ קֹדֶשׁ מִמַּעֲשֵׂר. ה"ג כָּל אֵלּוּ שׁוֹמְעִין דִּבְרֵי כֹּהֵן מַעַרְכֵי מִלְחָמָה וְחוֹזְרִין. כְּמוֹ: שׁוֹמְעִין דִּבְרֵי מַעַרְכֵי מִלְחָמָה שֶׁל כֹּהֵן. כְּלוֹמַר, שֶׁהַכֹּהֵן אוֹמֵר לָהֶן. סְרָק. כְּגוֹן אֲרָזִים וְשִׁקְמִים, שֶׁאֵינָן עֵץ פְּרִי. וְהַמַּחֲזִיר גְּרוּשָׁתוֹ. וְאֵירְסָהּ – אֵינוֹ חוֹזֵר, שֶׁאֵינָהּ חֲדָשָׁה לוֹ, וְקְרָא אַ"אִשָּׁה חֲדָשָׁה" קָפִיד, כִּדְכְתִיב: "כִּי יִקַּח אִישׁ אִשָּׁה חֲדָשָׁה" (דברים כד). אַלְמָנָה. וְאֵירְסָהּ כֹּהֵן גָּדוֹל – אֵינוֹ חוֹזֵר בִּשְׁבִילָהּ, דְּאִימְעוּט מִ"וְלֹא לְקָחָהּ", מִדְּלָא כְּתִיב "וְלֹא לָקַח". עַל מְכוֹנוֹ. סְתָרוֹ וּבְנָאוֹ בְּמִדָּה רִאשׁוֹנָה – אֵינוֹ חוֹזֵר, דְּלָאו חָדָשׁ הוּא, הוֹאִיל וְלֹא חִידֵּשׁ לְהוֹסִיף עָלָיו, וַאֲפִילּוּ אֶצְלוֹ אֵינוֹ חָדָשׁ, וְגָרַע מֵהַלּוֹקֵחַ וְהַיּוֹרֵשׁ. אַף הַבּוֹנֶה בֵּית לְבֵינִים בַּשָּׁרוֹן. מָקוֹם הוּא שֶׁשְּׁמוֹ שָׁרוֹן, וְאֵין הַקַּרְקַע יָפָה לִלְבֵנִים, וְלָא הָוֵי דָּבָר קַיָּימָא, שֶׁפַּעֲמַיִם צָרִיךְ לְחַדְּשָׁהּ בְּשֶׁבַע שָׁנִים. וְאֵלּוּ שֶׁאֵין זָזִין מִמְּקוֹמָן. דְּהָנָךְ דִּלְעֵיל הוֹלְכִין עַד לַסְּפָר, וְשָׁם שׁוֹמְעִין דִּבְרֵי כֹּהֵן וְחוֹזְרִין מִן הַמַּעֲרָכָה לְאֶרֶץ יִשְׂרָאֵל, וְאֵינָם חוֹזְרִין לְבָתֵּיהֶם, אֶלָּא עוֹסְקִין בְּסִיפּוּק מַיִם וּמָזוֹן לְהוֹלְכֵי מִלְחָמָה. וְאֵלּוּ אֵין זָזִין מִמְּקוֹמָן אֲפִילּוּ לָלֶכֶת עַד הַסְּפָר וְלָשׁוּב ע"פ כֹּהֵן. הַבּוֹנֶה בַּיִת וַחֲנָכוֹ. וְלֹא דָּר בּוֹ עֲדַיִין שָׁנָה. וְכֵן הַנּוֹטֵעַ כֶּרֶם וְחִילְּלוֹ. וַעֲדַיִין לֹא עָבְרָה שְׁנַת רְבִיעִית עָלָיו שְׁלֵימָה. נָקִי יִהְיֶה לְבֵיתוֹ. בִּשְׁבִיל בֵּיתוֹ. יִהְיֶה. רִבּוּיָא הוּא, הוֹסִיף לְךָ הֲוָיָה אַחֶרֶת לִהְיוֹת כָּזוֹ. **גמ'** יָכוֹל דְּבָרִים שֶׁל עַצְמָן. יָכוֹל שֶׁהַדְּבָרִים הַלָּלוּ שֶׁהֵם אוֹמְרִים "מִי הָאִישׁ אֲשֶׁר בָּנָה" וגו' – שֶׁל עַצְמָן הֵן, וְלֹא הָיָה כֹּהֵן אוֹמְרָן אֶלָּא הַשּׁוֹטְרִים? ת"ל וְיָסְפוּ הַשּׁוֹטְרִים. "לְדַבֵּר אֶל הָעָם וְאָמְרוּ מִי הָאִישׁ" וגו'. וְיָסְפוּ – מַשְׁמַע שֶׁדָּבָר זֶה הֵם מוֹסִיפִים מִשֶּׁלָּהֶם. הֲרֵי דְּבָרִים שֶׁל עַצְמָן אָמוּר. שֶׁהַדָּבָר זֶה לְבַדּוֹ הֵן מוֹסִיפִין עַל שֶׁל כֹּהֵן. מִדְּעַד הַשְׁתָּא גַּבֵּי נָטַע וְגַבֵּי אֵירַס אִשָּׁה לָא כְּתִיב "וְיָסְפוּ", וְהָכָא כְּתִיב "וְיָסְפוּ" – ש"מ עַד הֵנָּה דִּבְרֵי כֹהֵן, וְאֶת זוֹ הֵן מוֹסִיפִין. הָא מָה אֲנִי מְקַיֵּים וְדִבְּרוּ הַשּׁוֹטְרִים. בְּבָנָה וְנָטַע וְאֵירַס. בְּדִבְרֵי מְשׁוּחַ מִלְחָמָה הַכָּתוּב מְדַבֵּר. שֶׁהַכֹּהֵן אוֹמֵר וְהַשּׁוֹטְרִים מַשְׁמִיעִין אוֹתָן. מִוְּנִגַּשׁ עַד וְדִבְּרוּ. דְּהַיְינוּ "שְׁמַע יִשְׂרָאֵל אַתֶּם קְרֵבִים" וגו' עַד "לְהוֹשִׁיעַ אֶתְכֶם". מִי הָאִישׁ. רִיבּוּיָא הוּא, דְּמָצֵי לְמִיכְתַּב "מִי אֲשֶׁר בָּנָה", וּמִדְּלָא כְּתִיב "אֲשֶׁר בַּיִת בָּנָה" – דְּרוֹשׁ בֵּיהּ: בָּנָה מ"מ. וְהַאי דִּכְתִיב "בַּיִת" – לְמַעוּטֵי בֵּית שַׁעַר אַכְסַדְרָה וּמִרְפֶּסֶת, שֶׁהֵם עֲשׂוּיִם לִדְרִיסַת רֶגֶל, וְלֹא רְאוּיִם לָדוּר בָּהֶם. בֵּית שַׁעַר. בֵּית כְּנִיסַת שַׁעַר הֶחָצֵר, לְהִסְתּוֹפֵף שָׁם שׁוֹמֵר הַפֶּתַח. וְלֹא חֲנָכוֹ. מִדְּלָא כְּתִיב (ג) "חָנַךְ" – הָוֵי מִיעוּטָא: חֲנָכוֹ לָזֶה וְלֹא לְאַחֵר, פְּרָט לְגוֹזֵל בַּיִת. כְּרַבִּי יוֹסֵי הַגְּלִילִי. דְּמַתְנִי'. מֵעֲבֵירוֹת

תורה אור

במדבר לא · בראשית לז · שמות ו · ב"ב קטו: [סנהדרין פב:] · דברים כ · שם · שם · שם כד · [טעות הדפוס וכן במשנה ליתא] · שם כ · [לקמן מד.]

עין משפט נר מצוה

ג א מיי' פ"ז מהל' מלכים הל"ה סמג עשין קכ:
ד ב מיי' שם הל"ו:
ה ג מיי' שם הל"ז:
ו ד מיי' שם הל"ה:
ז ה מיי' שם הל"ו:
ח ו מיי' שם הל"ח:
ט ז מיי' שם הל"י:
י ח מיי' שם הלי"א:
יא ט י מיי' שם הל"ג:
יב כ מיי' שם הל' ה ו:

הגהות הב"ח

(א) במשנה כל אלו שומעין כל"ל ותיבת ואלו נמחק: (ב) רש"י ד"ה ואפילו וכו' מלטרפין הס"ד ואח"כ מ"ה ולא חיללו וכו' [illegible] הפירות. (ג) ד"ה ולא וכו' כתיב ולא חנך:

עין משפט נר מצוה

מסורת הש"ס

מעבירות שבידו! אפילו תימא רבי יוסי הגלילי, כגון דעבד תשובה ויהב דמי. אי הכי הוה ליה לוקח, וליהדר! כיון דמעיקרא בתורת גזילה אתא לידיה – לא.§ °"ומי האיש אשר נטע כרם" כו'.§ תנו רבנן: "אשר נטע". אין לי אלא נטע, לקח וירש וניתן לו במתנה מנין – תלמוד לומר: "ומי האיש אשר נטע כרם". אין לי אלא כרם, מנין לרבות חמשה אילני מאכל ואפילו משאר מינין – תלמוד לומר: "אשר נטע". יכול שאני מרבה הנוטע ארבעה אילני מאכל, וחמשה אילני סרק – תלמוד לומר: "כרם". רבי אליעזר בן יעקב אומר: "כרם" – כמשמעו. "לא חילל" "ולא חיללו" – פרט למבריך ולמרכיב. והא אנן תנן: אחד הנוטע ואחד המבריך ואחד המרכיב! אמר רבי זירא אמר רב חסדא: לא קשיא; כאן – *בהרכבת איסור, כאן – בהרכבת היתר. האי הרכבת היתר היכי דמי? אילימא ילדה בילדה – תיפוק לי' דבעי מיהדר משום ילדה ראשונה! אלא ילדה בזקינה – *והאמר רבי אבהו: ילדה שסיבכה בזקינה – *בטלה ילדה בזקינה ואין בה דין ערלה! אמר רבי ירמיה: לעולם ילדה בילדה, וכגון דנטע להך קמייתא לסייג ולקורות. *דתנן: הנוטע לסייג ולקורות – פטור מן הערלה. ומאי שנא ילדה בזקינה דבטלה, ומאי שנא ילדה בילדה דלא בטלה? התם, אי מימליך עלה – לאו בת מיהדר היא. הכא, אי מימליך עלה – בת מיהדר היא, [דהא מעיקרא לפירי קיימא], מידי דהוה אעלו מאיליהן. *דתנן: עלו מאיליהן – חייבין בערלה. ולוקמה בכרם של שני שותפין דהאי הדר אדידיה והאי הדר אדידיה? אמר רב פפא, זאת אומרת: כרם של שני שותפין – אין חוזרין עליו מערכי המלחמה. ומאי שנא *מחמשה אחין ומת אחד מהן במלחמה דכולן חוזרין? התם – כל חד וחד קרינא ביה "אשתו", הכא – כל חד וחד לא קרינא ביה "כרמו". רב נחמן בר יצחק אמר: במבריך אילן בירק. והאי תנא הוא, *דתניא: המבריך אילן בירק, רבן שמעון בן גמליאל מתיר משום רבי יהודה בן גמדא איש כפר עכו, וחכמים אוסרין. כי אתא רב דימי אמר רבי יוחנן: הא מני – רבי אליעזר בן יעקב היא; לא אמר רבי אליעזר בן יעקב התם "כרם" כמשמעו? הכא נמי "נטע" כמשמעו, נוטע – אין, מבריך ומרכיב – לא. כי אתא רב דימי אמר רבי יוחנן משום רבי אליעזר בן יעקב: ילדה פחותה מטפח – חייבת בערלה כל שנותיה, דמתחזיא כבת שתא. והני מילי – שתים כנגד שתים ואחת יוצאה זנב, אבל כוליה כרם – קלא אית ליה. כי אתא רב דימי אמר רבי יוחנן משום רבי אליעזר בן יעקב: *מת תופס ארבע אמות לק"ש, דכתיב: °"לועג לרש חרף עושהו". אמר רבי יצחק אמר רבי יוחנן משום רבי אליעזר בן יעקב: חורגתא הגדילה בין האחין – אסורה לינשא לאחין, דמתחזיא כי אחתייהו. °ולא היא, קלא אית ליה למילתא. ואמר *רבי יצחק אמר ר' יוחנן משום ר' אליעזר בן יעקב: לקט שכחה ופאה שעשאן בגורן – הוקבעו למעשר. אמר עולא: לא אמרן אלא בשדה, אבל בעיר – קלא אית ליה למילתא. ואמר רבי יצחק אמר רבי יוחנן משום ר' אליעזר בן יעקב: ילדה הפחותה מטפח – אינה מקדשת את הזרעים. והני מילי – שתים כנגד שתים ואחת יוצאה זנב, אבל כולי כרם – מקדיש. ואמר רבי יצחק אמר רבי יוחנן משום רבי אליעזר בן יעקב:

מת

מעבירות שבידו. והאי אית ליה למיהדר משום "הירא ורך הלבב". תלמוד לומר אשר נטע. מדלא כתיב "אשר כרם נטע" – דרוש ביה נמי נטע מכל מקום, ואפי' אינו כרם, שהרי לא הזכיר כרם עדיין. תלמוד לומר כרם. דדמי לכרם. ופחות שבכרמים חמשה גפנים הם. כרם כמשמעו. ולא שאר אילנות. חיללו. משמע מיעוטא: לזה ולא לאחר. כאן בהרכבת איסור. ברייתא בהרכבת איסור, מין בשאינו מינו ומעטיה קרא כדמעיט "ולא חנכו" גבי בית – פרט לגזלן. מבריך. שכופף [הזמורה או היחור] בארץ. מרכיב. שנוקב האילן ונוטל מן הרך שבענפי האילן ותוחב לתוכו, ועושה ענף בתוך הנקב, ונושא ממין אותו אילן שנוטל ממנו. וישראל מותר להרכיב משני אילנות שזה פירותיו גסין וזה פירותיו דקין דהוו ממין אחד, זה בזה. האי הרכבת היתר. דאוקמת מתני' בה, היכי דמי דחוזר מפני חילול ההרכבה?. אי נימא ילדה בילדה. שאף זו שבקרקע שהרכיב את הענף בה נטיעה היא, ועדיין לא הגיעה לשנה רביעית לחללה – הא לאו משום הרכבה הדר, דבלאו הרכבה נמי בעי למיהדר מן המלחמה, משום ילדה ראשונה!. בזקינה. שכבר נתחללה. שסיבכה. לשון "נאחז בסבך" (בראשית כב), שעשאה ענף בזקינה. בטלה לגבי זקינה. ואינה חייבת בערלה. ואין בה דין רבעי. וכי תנן במסכת ערלה דמרכיב חייב בערלה – [זקינה] בילדה תנן, שאף אותו ענף חייב בערלה, ואע"ג שקצצו מזקינה – נעשה עכשיו ילדה שזו היא נטיעתו. לעולם ילדה בילדה. ודקשיא לך: בלא הרכבה נמי בעי למיהדר ממערכי המלחמה אקמייתא. כגון דנטעה לקמייתא לסייג. כגון שהיתה פרלה בגדר שדהו ונטעה בפרלה לסתום, לשון "סוגה בשושנים" (שיר ז) – גדורה בשושנים. ולקורות. לקוץ ממנה קורות לכשתגדל. ומאי שנא ילדה בילדה. כי הך ילדה קמייתא, דכזקינה היא לענין ערלה, (דלא) בטלה הרכבה בה להפטר מן הערלה כמותה?. התם. גבי זקנה, לאו בת אימלוכי היא, לחזור ולהיות ילדה על שום מחשבה. אבל נטע לסייג, אי ממליך עלה בתוך שני ערלה לקיימה לפירות – חייבת בערלה. הילכך, ילדה דקא מרכיב בגווה לאכילה – חייבת בערלה. ואע"ג דלא אימליך אקמייתא, הא מיהא לאכילה הוא, ומהניא מחשבה. דעיקר דידה נמי, אי הוה חשיב עלה – הוה מהני מחשבה, ואע"ג דבשעת נטיעה לאו להכי נטעה. מידי דהוה אעלו מאיליהן. דבשעת נטיעה ליכא כוונה. ולוקמה בכרם של שני שותפין. למה לי לאהדורי אשינויא דחיקא, בנוטע לסייג ולקורות? לוקמה בנוטע לאכילה! ודקשיא

ודקשיא לך: תיפוק לי משום דבעי למהדר משום ראשונה – לישני: כגון שהנטיעה של ראובן ובא שמעון והרכיב בה להיות פירות הרכבה שלו!. ומאי שנא מחמשה אחין. ברייתא היא לקמן בפרקין (דף מד.). כולן חוזרין. מפני שהיא שומרת יבם לכולם. קרינא ביה אשתו. שאמה לזה תתייבם. כל חד וחד לא קרינא ביה כרמו. המיוחד לו, שאין לך בה גפן שאין לשנים חלק בה. רב נחמן אמר. הא דקתני מתני': מרכיב חוזר – במרכיב אילן בירק, דלא בעי למיהדר משום קמא. ואם תאמר: מין בשאינו מינו הוא, ואימעיטא לה הרכבת איסור מ"ולא חיללו" פרט למבריך ומרכיב – האי תנא הוא דאמר מותר. כפר עכו. כן שמה. הא מני. דקתני פרט למבריך ומרכיב לאו סתמא היא אלא סיפא דמילתא דרבי אליעזר בן יעקב היא ואפי' הרכבת היתר לא הדר עלה. פחותה מטפח. שהיא שפל קומה, ולא תגבה לעולם עד טפח. כל שנותיה. מדרבנן כל הימים ערלה נוהגת בה. דמתחזיא כבת שתא, והרואה שאוכלין פירותיה אומר שפירות ערלה מותרין. קלא אית ליה. הכל אומרים כרם יש לפלוני משונה מכל הכרמים, ויודעין שהיא זקינה. להכי נקט שתים כו' – דסבר לה כמאן דאמר במסכת ברכות (דף לה.): כרם רבעי תנן, שאין ערלה נוהגת בנטיעה אחת אלא בכרם שלם. לקריאת שמע. שאסור לקרות בארבע אמותיו, משום לועג לרש, שזה קורא וזה אינו יכול לקרות. חורגתא. בת אשתו. שגדלה בין האחין. בני הבעל מאשה אחרת. דמתחזיא כי אחתייהו. מי שאינו מכיר בה, ורואה אותה שגדלה אצלו, כסבור שהיא אחותו, ואומר שנושא אחותו. לקט שכחה ופאה שעשאן. העני גורן, שכינס הרבה כאחד ועשה מהן כרי. הוקבעו למעשר. מדרבנן, דמאן דחזי סבור שגדל בשדהו. וה"מ בשדה. שלא ידעו הכל, (א) שנכנסו מעט מעט, וסבורין שגדל שם. אבל בעיר – כל שכניו ראו שכינס על יד על יד, ויודעין שהן של לקט שכחה ופאה, ופטור מן המעשר. כדתניא בספרי: "ובא הלוי כי אין לו חלק ונחלה עמך" – כדבר שאין לו בו חלק ונחלה עמך הוא בא ונוטל מעשר ראשון שלו, יצא לקט שכחה ופאה שיש לו חלק ונחלה עמך, שאף לעניים לוים הם מופקרים כשאר עניי ישראל. אינה מקדשת את הזרעים. משום כלאי הכרם, דכתיב ביהו: "תקדש המלאה הזרע". ונראה לי דקסבר כדאמרינן במנחות (דף טו:): קנבוס ולוף אסרה תורה, שאר זרעים מדרבנן נינהו, ובכי האי כרם לא גזור רבנן אשאר זרעים. אבל כוליה כרם. (ב) גדול, שהיא שפלת קומה, הואיל וחשיבה גזור עליה.

מת

מדרבנן דמאן דחזי סבר שגדל בשדהו. וה"מ בשדה שכינסן בשדה ולא ידעו הכל שנתכנסו מעט מעט וסבורין שגדל שם אבל בעיר כל שכניו ראו שכינם על יד על יד ויודעין שהם של לקט שכחה ופאה ופטור מן המעשר כדאמרי' בסיפרי ובא הלוי כי אין לו חלק ונחלה עמך מי שאין לו חלק ונחלה הוא בא ונוטל מעשר ראשון שלו יצאו לקט שכחה ופאה שיש לו חלק ונחלה עמך שאף לעניי לוים הם מופקרין כלשאר עניי ישראל ל"ה:

יג א מיי' פ"ז מהל' מלכים הל"ט:
יד ב מיי' פ"ו מהל' מ"ש הל' יז סמג עשין קלו טוש"ע יו"ד סי' רלד סעי' כב:
טו ג מיי' שם הל"ב טוש"ע שם סעי' כג:
טז ד מיי' שם הל"ה טוש"ע שם סעי' כז:
יז ה מיי' פ"ז מהל' מלכים הל"ו:
יח ו מיי' שם הל"ז:
יט ז מיי' פ"א מהל' כלאים הל"ה סמג לאוין רפב טוש"ע יו"ד סי' רצה סעי' א וסעי' ג:
כ ח ט מיי' פ"י מהל' מ"ש הל"ט סמג עשין קלו טוש"ע יו"ד סי' רלד סעי' כא:
כא י מיי' פ"ג מהל' ק"ש הל"ב סמג עשין יח טוש"ע או"ח סי' עה סעי' ז וטוש"ע יו"ד סימן שסז סעיף ג ג ו:
כב כ טוש"ע אה"ע סי' טו סעי' יא וסעי' כב:
כג ל מ מיי' פ"ב מהל' תרומות הל"ט:
כד נ ס מיי' פ"ו מהל' כלאים הל"ט סמג לאוין רפ טוש"ע יו"ד סי' רצו סעי' כב:

תוספות שאנץ

זאת אומרת כרם של ב' שותפין לאו דוקא נקט זאת אומרת דאמתני' לא קאי אלא הני אמוראי דבי מדרשא דלא בעו לשנויי הכי סבירא להו הכי: וה"מ שתים כנגד שתים ואחת יוצאה זנב כזה. ולהכי נקט שתים כנגד שתים דסבי' ליה כמ"ד בברכות כרם רבעי שאין ערלה נוהגת בנטיעה אחת אלא בכרם שלם: חורגתא הגדילה בין האחין אסורה להנשא לאחין פ"ה בת אשתו הגדילה בין בני הבעל שיש לו מאשה אחרת דאיתחזיא כי אחתיהו מי שאינו מכיר בה סבור שנשא אחותו. ולא היא דחורגתא קלא אית לה ומותרת. ותי' לר"י דאמר בירושלמי אשת (חורגו) [חמיו] אסורה מפני מראית העין וכמאן אתיא וצ"ל דאתיא כר' אליעזר בן יעקב. ור"י אומר דאפי' למסקנא דהכא אתי שפיר דהאי חורגתא כשהיא גדילה בין האחין יודעין העולם שאינה אחותם אבל אשת (חורגו) [חמיו] שאינה עומדת אצלו אין נותנין העולם לב להבחין א"כ (איכא לאו כיון) [אתו למימר] שאשתו של זה אמו של זו. אבל אמרי' בירושלמי החורג והחורגת שגדלין זה עם זה אסורין לינשא ר' חנינא בן יודן או' יתנסבון באתרא דלא חכמין להון פי' ינשאו עצמן במקום שאין מכירים אותן וחולק על תלמוד שלנו שמתירין בלאו הכי: לקט שכחה ופיאה שעשאן בגורן הוקבעו. פ"ה עני שכנס הרבה ביחד ועשה מהן כרי הוקבעו למעשר

[עיין תוס' ר"ה ט: ד"ה מרכיב]

מנחות סט: ע"ש נדרים נז: ע"ש [עיין תוספות ע"ז מט. ד"ה שאם]

ערלה פ"א מ"א

שם מ"ב

[לקמן מד.]

תוספתא דכלאים פ"א

ברכות יח. משלי יז

[ברכות מ:]

הגהות הב"ח

(א) רש"י ד"ה וה"מ וכו' הכל שכנסו מעט: (ב) ד"ה אבל כוליה כרם כרם גדול:

גליון הש"ס

גמ' ולא היא קלא אית ליה. עיין יבמות דף כא ע"א תד"ה ומותר.

סח

מסורת הש"ס

עין משפט נר מצוה

אמת תופס ארבע אמות לטומאה. [א]*ותנא תונא: חצר הקבר — העומד בתוכה טהור, והוא — שיהו בה ארבע אמות, דברי בית שמאי. ב"ה אומרים: [ב]ארבעה טפחים. במה דברים אמורים — שפתחה מלמעלה, אבל פתחה מן הצד — דברי הכל ארבע אמות. כלפי לייא?! אדרבה, מן הצד — מידריד ונפיק, מלמעלה — אי אפשר דלא מאהיל! אלא, במה דברים אמורים — שפתחה מן הצד, אבל פתחה מלמעלה — ארבע אמות. והני מילי חצר הקבר, דמסיימא מחיצתא, אבל מת בעלמא — תפים.§ °"מי האיש אשר ארש אשה" כו'.§ ת"ר: אשר ארס[ב] — אחד המארס את הבתולה, ואחד המארס את האלמנה, ואחד שומרת יבם. ואפילו *חמשה אחין ומת אחד מהם במלחמה — כולן חוזרין. °"לא לקח" "ולא לקחה" — פרט לאלמנה לכהן גדול, גרושה וחלוצה לכהן הדיוט, ממזרת ונתינה לישראל, בת ישראל לממזר ולנתין. לימא דלא כרבי יוסי הגלילי, דאי רבי יוסי הגלילי הא אמר: °"הירא ורך הלבב" — זה המתירא מעבירות שבידו? אפילו תימא ר' יוסי הגלילי, כדרבה, *דאמר רבה: [ג]לעולם אינו חייב עד שיבעול. מה טעם "לא יקח" — משום "לא יחלל", משום הכי אינו לוקה עד שיבעול. תנו רבנן: "אשר בנה", "אשר נטע", "אשר ארש" — *[ד]לימדה תורה דרך ארץ: שיבנה אדם בית, ויטע כרם, ואח"כ ישא אשה. ואף שלמה אמר בחכמתו: °"הכן בחוץ מלאכתך ועתדה בשדה לך אחר ובנית ביתך". "הכן בחוץ מלאכתך" — זה בית, "ועתדה בשדה לך" — זה כרם, "אחר ובנית ביתך" — זו אשה. ד"א: "הכן בחוץ מלאכתך" — זה מקרא, "ועתדה בשדה לך" — זה משנה, "אחר ובנית ביתך" — זה גמ'. ד"א: "הכן בחוץ מלאכתך" — זה מקרא ומשנה, "ועתדה בשדה לך" — זה גמרא, "אחר ובנית ביתך" — אלו מעשים טובים. ר' אליעזר בנו של ר"י הגלילי אומר: "הכן בחוץ מלאכתך" — זה מקרא ומשנה וגמרא, "ועתדה בשדה לך" — אלו מעשים טובים, "אחר ובנית ביתך" — *דרוש וקבל שכר.§ "ואלו שאינן חוזרין הבונה בית שער" כו'.§ תנא: אם הוסיף בו דימוס אחד — חוזר.§ "ר' אליעזר אומר אף הבונה בית לבנים בשרון לא היה חוזר".§ תנא: מפני שמחדשין אותו פעמים בשבוע.§ "ואלו שאין זזין ממקומן בנה בית חדש וחנכו" וכו'.§ תנו רבנן: °"אשה חדשה". אין לי אלא אשה חדשה, אלמנה וגרושה מנין — תלמוד לומר: "אשה", מכל מקום. אם כן מה ת"ל "אשה חדשה" — מי שחדשה לו, יצא מחזיר גרושתו שאין חדשה לו. ת"ר: °"לא יצא בצבא". יכול בצבא הוא דלא יצא, אבל יספיק מים ומזון ויתקן הדרכים — תלמוד לומר: °"ולא יעבור עליו לכל דבר". יכול שאני מרבה אף הבונה בית ולא חנכו, נטע כרם ולא חללו, ארס אשה ולא לקחה — ת"ל: "עליו" — עליו אי אתה מעביר, אבל אתה מעביר על אחרים. ומאחר דכתב "לא יעבור", "לא יצא בצבא" למה לי? [ה]לעבור עליו בשני לאוין.§

מתני' °"ויספו השוטרים לדבר אל העם" וגו'. ר' עקיבא אומר: הירא ורך הלבב — [ו]כמשמעו, שאינו יכול לעמוד בקשרי המלחמה ולראות חרב שלופה. *רבי יוסי הגלילי אומר: הירא ורך הלבב — זהו המתירא מן העבירות שבידו, לפיכך תלתה לו התורה את כל אלו, שיחזור בגללן. רבי יוסי אומר: אלמנה לכהן גדול, גרושה וחלוצה לכהן הדיוט, ממזרת ונתינה לישראל, בת ישראל לממזר ולנתין — הרי הוא הירא ורך הלבב. °"והיה ככלות השוטרים לדבר אל העם ופקדו שרי צבאות בראש העם", ובעקיבו של עם; [ז]מעמידין זקיפין לפניהם, ואחרים מאחוריהם, וכשילין של ברזל בידיהן, וכל המבקש לחזור — הרשות בידו לקפח את שוקיו, שתחילת

מת תופס ארבע אמות לטומאה. חכמים גזרו שיהא המת מטמא כל הנכנס בארבע אמותיו, כדי שלא ירגילו אוכלי טהרות ליקרב לו, ויהא סבור שלא האהיל. ויש לחוש שמא יפשוט ידו ויאהיל ולאו אדעתיה. ותנא תונא. וכן תני תנא דידן במשנה השנויה בינינו בבית המדרש בסדר טהרות (אהלות פט"ו מ"ח). חצר הקבר. שלפני המערה. כדאמר סדר בנין הקברות בבבא בתרא (דף ק:) שעושין מערות גדולות של *שש על שש, וחופר בכותליה סביב כוכין ארוכות כמדת המת ותוחבו לתוכן. והמערה מקורה בתקרה וכיסוי. ועושה גומא רחבה בצד המערה, ופותח פי המערה לתוך הגומא בכותל המערה כמין פתח, ואותה גומא היא חצר הקבר. העומד בתוכו טהור. כל מקום שהוא עומד בה טהור. דכיון דמערה חלוקה הימנה ומחיצותיה ניכרות — לא גזור רבנן במתים שבתוכה שיתפסו ד' אמות סביבותיה לצד המערה. דכי גזור רבנן ארבע אמות — במת המוטל באויר, וכגון למעלה אצל גג המערה, כדי להרחיק את האדם מלהאהיל על הטומאה. אבל כאן יש היכר. והוא שיש בה ארבע אמות. הוא דחשיבא מקום לעצמה. אבל פחות מכאן — בטלה אצל המערה, ולא חשיבא למיהוי מקום לעצמה. וב"ה אומרים ארבעה טפחים. הוי מקום חשוב בכל דוכתא. במה דברים אמורים. ב"ה אמרו ליה. כשפתחה של חצר למעלה. שאין לה כניסת מדרון במעלות מן הצד, אלא כשיורדין לה — קופצין לה, וכשעולין מתוכה — מטפס ועולה. ולקמן פריך: איפכא מיסתברא. כלפי לייא. כנגד איפוא הפכת דבריך?! לייא — איפוא, כדאמר בברכות (דף נח.): כנגדי לייא — כדים שבורים להיכן הולכים. איפכא מסתברא; מן הצד, כשעשוי לחצר מדרון לצאת דרך לדדים — איכא למימר: כיון דלא גזור רבנן ארבע אמות במחיצות ניכרות — סגי להאי חצר בארבעה טפחים, והעומד בה הרי זה טהור, שאין לנו במה לטמאו, דאינו צריך לטפס ולעלות שיפשוט זרועותיו ויאהיל וכנפיו על חלל הפתח. דכי נפיק — מידדי ונפיק, נשמט ונמשך לו מן הפתח של מערה לצד פתח של חצר ויוצא לו. מלמעלה אי אפשר דלא מאהיל. כיון דאינו אלא ארבעה טפחים — אי אפשר לו לפרוש כנפיו ולטפס ולעלות אלא אם כן מאהיל על חלל הפתח! והני מילי כו'. השתא מהדר לפרושי סייעתיה מהכא; מדאיצטריך למיתני: העומד לתוכו טהור — ש"מ הני מילי חצר הקבר דמסיימא מחיצתא, דמערה לחודיה, ודחצר לחודיה, ויש היכר בדבר. אבל מת בעלמא, המוטל באויר — מודו בית הלל דתפיס ארבע אמות, מדאיצטריך למיתני: העומד לתוכו טהור. דאי בעלמא לא גזור — למה לי לאשמועינן הכא דטהור?. ואפי' היא לו שומרת יבם. שלא קדשה הוא, אלא מאת אחיו באה לו. לקחה. מדלא כתיב "לקח" — מיעוטא הוא למעוטי לקיחת איסור. כדרבה. דאמר: אין עבירה בקידושין עד שיבעול, שיביא זרעו או את האשה לידי חילול. וממזרת ונתינה אין עבירה בקידושין, דלא כתיב ביה "לא יקח", אלא "לא יבא" ו"לא תתחתן". אבל אלמנה כתיב בה "לא יקח", וקיחה היינו קידושין. ואיצטריך דרבה, דלא תימא מקידושין עבד ליה איסור. ונתינה. מן הגבעונים דכתיב בהו: "ויתנם יהושע לחוטבי עצים" (יהושע ט) והן משבעה אומות. ועתדה בשדה לך. ונכנה בשדה מלאכתך לך. גמרא. לתת סברא להבין בטעמי המשנה, והלכה כדברי מי. אם הוסיף בו דימוס אחד. שורה של אבנים, או בגובה או בעובי — תו לא הוי על מכונו, וקרינא ביה חדש. שמחדשין אותו. שאינו מתקיים. בשבוע. בשמיטה. אין לי אלא חדשה. בתולה. אלמנה וגרושה. מאחר, ונשאה זה. יכול אף בנה בית. חדש ולא חנכו יהא כזה, שיהא נקי מן הכל. **מתני'** ויספו השוטרים. על דברי כהן. בקשרי. כשמתקשרים לעמוד לפופים שלא יפרידום אויבים. לפיכך. שהירא זהו הירא מעבירות — תלה התורה בנה ונטע וארס לחזור בגללן, כדי שיתלה בכך החזרה, ולא יתבייש לומר מעבירות שבידו הוא ירא וחוזר. ר' יוסי אומר כו'. בגמרא מפרש במאי פליג אדרבי יוסי הגלילי. ובעקבו של עם. בסופו של עם, שעומדים שלא יחזרו אחרונים לאחריהם לנוס. מעמידין זקיפין מלפניהם. בראשה של צד המלחמה מעמידין בני אדם גבורים ממונים לכך, ויזקיפוהו, ויגבירו את אנשי הצבא בדבריהם: [ואחרים]. ואנשים אחרים מאחריהם. וכשילין של ברזל בידיהם. לשמור שלא ינוסו. וכשילין כעין תלין, שקורין וויי"ש. שתחילת

ב"ב קח. אהלות פט"ו מ"ח

נ"ל ד'

[לעיל מג.]

[קדושין עח. ע"ש]

[תוספתא פ"ז]

[סנהדרין נח: עח. זבחים מה.]

[לעיל מג.]

דברים כ — שם — שם — משלי כד — דברים כ — שם — שם — שם כ — שם

כה א מיי' פ"ג מהל' אבל הלי"ג סמג לאוין רלה טוש"ע יו"ד סי' שעא סעי' ה:

כו ב מיי' פ"ו מהל' טומאת מת הל"ט וע"ש בכ"מ:

[ב] מיי' פ"ז מהל' מלכים דין ז:

כז ג מיי' פט"ו מהל' איסורי ביאה הל"ב ופי"ז הל"ב:

כח ד מיי' פ"ה מהל' דעות הלי"א:

כט ה מיי' פ"ז מהל' מלכים הל' י"א:

ל ו מיי' שם הלט"ו:

לא ז מיי' שם הל"ד:

שֶׁתְּחִלַּת נִיסָה נְפִילָה, שֶׁנֶּאֱמַר: °"נָס יִשְׂרָאֵל לִפְנֵי פְלִשְׁתִּים וְגַם מַגֵּפָה גְדוֹלָה הָיְתָה בָעָם", וּלְהַלָּן הוּא אוֹמֵר: °"וַיָּנוּסוּ [אַנְשֵׁי] יִשְׂרָאֵל מִפְּנֵי פְלִשְׁתִּים וַיִּפְּלוּ חֲלָלִים" וגו'. אבד"א – בְּמִלְחֲמוֹת הָרְשׁוּת, אֲבָל בְּמִלְחֲמוֹת מִצְוָה – הַכֹּל יוֹצְאִין, אֲפִילּוּ חָתָן מֵחַדְרוֹ וְכַלָּה מֵחוּפָּתָהּ. אָמַר רַבִּי יְהוּדָה: בַּמֶּה דְּבָרִים אֲמוּרִים – בְּמִלְחֲמוֹת מִצְוָה, אֲבָל בְּמִלְחֲמוֹת חוֹבָה – הַכֹּל יוֹצְאִין, אֲפִי' חָתָן מֵחַדְרוֹ וְכַלָּה מֵחוּפָּתָהּ.§ **גמ'** מַאי אִיכָּא בֵּין רַבִּי יוֹסֵי לר"י הַגְּלִילִי? אִיכָּא בֵּינַיְיהוּ עֲבֵירָה דְּרַבָּנַן. כְּמַאן אָזְלָא הָא דְּתַנְיָא: *שָׂח בֵּין תְּפִילָּה לִתְפִילָּה – בעֲבֵירָה הִיא בְּיָדוֹ, וְחוֹזֵר עָלֶיהָ מֵעוֹרְכֵי הַמִּלְחָמָה. כְּמַאן – כר"י הַגְּלִילִי. מַאן תַּנָּא לְהָא דְּתָנוּ רַבָּנַן: שָׁמַע קוֹל קְרָנוֹת וְהֵרְתִּיעַ, הֲגָפַת תְּרִיסִין וְהֵרְתִּיעַ, צַחְצוּחַ חֲרָבוֹת וּמַיִם שׁוֹתְתִין לוֹ עַל בִּרְכָּיו – חוֹזֵר. כְּמַאן – לֵימָא, רַבִּי עֲקִיבָא הִיא וְלָא רַבִּי יוֹסֵי הַגְּלִילִי? בְּהָא אֲפִי' ר' יוֹסֵי הַגְּלִילִי מוֹדֶה, מִשּׁוּם דִּכְתִיב: °"וְלֹא יִמַּס אֶת לְבַב אֶחָיו כִּלְבָבוֹ".§ "וְהָיָה כְּכַלֹּת הַשּׁוֹטְרִים" כו'.§ הַאי מִפְּנֵי שֶׁתְּחִלַּת נִיסָה נְפִילָה – מִפְּנֵי שֶׁתְּחִלַּת נְפִילָה נִיסָה מִבְּעֵי לֵיהּ! אֵימָא: מִפְּנֵי שֶׁתְּחִילַּת נְפִילָה נִיסָה.§ "בד"א בְּמִלְחֲמוֹת הָרְשׁוּת" כו'.§ א"ר יוֹחָנָן: רְשׁוּת דְּרַבָּנַן – זוֹ הִיא מִצְוָה דְּרַבִּי יְהוּדָה, מִצְוָה דְּרַבָּנַן – זוֹ הִיא חוֹבָה דְּרַבִּי יְהוּדָה. אָמַר רָבָא: גמִלְחֲמוֹת יְהוֹשֻׁעַ לִכְבּשׁ – דִּבְרֵי הַכֹּל חוֹבָה, מִלְחֲמוֹת בֵּית דָּוִד לִרְוָוחָה – דִּבְרֵי הַכֹּל רְשׁוּת. כִּי פְּלִיגִי – לְמַעוּטֵי גּוֹיִם דְּלָא לֵיתֵי עֲלַיְיהוּ; מָר קָרֵי לָהּ מִצְוָה וּמָר קָרֵי רְשׁוּת. נָפְקָא מִינַּהּ *לְעוֹסֵק בְּמִצְוָה, שֶׁפָּטוּר מִן הַמִּצְוָה.§

הדרן עלך משוח מלחמה

עֶגְלָה עֲרוּפָה דבִּלְשׁוֹן הַקּוֹדֶשׁ, שֶׁנֶּאֱמַר: °"כִּי יִמָּצֵא חָלָל בָּאֲדָמָה וְיָצְאוּ זְקֵנֶיךָ וְשׁוֹפְטֶיךָ". שְׁלֹשָׁה מִבֵּית דִּין הַגָּדוֹל שֶׁבִּירוּשָׁלַיִם הָיוּ יוֹצְאִין, רַבִּי יְהוּדָה אוֹמֵר: החֲמִשָּׁה, שֶׁנֶּאֱמַר: "זְקֵנֶיךָ" – שְׁנַיִם, "וְשׁוֹפְטֶיךָ" – שְׁנַיִם, וְאֵין בֵּית דִּין שָׁקוּל – מוֹסִיפִין עֲלֵיהֶן עוֹד אֶחָד. ונִמְצָא טָמוּן בְּגַל, אוֹ תָלוּי בְּאִילָן, אוֹ צָף עַל פְּנֵי הַמַּיִם – לֹא הָיוּ עוֹרְפִין, שֶׁנֶּאֱמַר: "בָּאֲדָמָה" – וְלֹא טָמוּן בְּגַל, "נוֹפֵל" – וְלֹא תָלוּי בְּאִילָן, "בַּשָּׂדֶה" – וְלֹא צָף עַל פְּנֵי הַמַּיִם. זנִמְצָא סָמוּךְ לַסְּפָר אוֹ לְעִיר שֶׁרוּבָּהּ גּוֹיִם, אוֹ לְעִיר שֶׁאֵין בָּהּ ב"ד – לֹא הָיוּ (א) עוֹרְפִין. °חאֵין מוֹדְדִין אֶלָּא לְעִיר שֶׁיֵּשׁ בָּהּ ב"ד.§ **גמ'** מַאי קָאָמַר? אָמַר ר' אַבָּהוּ, ה"ק: שֶׁנֶּאֱמַר: "וְעָנוּ וְאָמְרוּ", וּלְהַלָּן הוּא אוֹמֵר: °"וְעָנוּ הַלְוִיִּם וְאָמְרוּ" וגו', מָה עֲנִיָּיה הָאֲמוּרָה לְהַלָּן בִּלְשׁוֹן הַקּוֹדֶשׁ – אַף כָּאן בִּלְשׁוֹן הַקּוֹדֶשׁ. וְסֵדֶר עֶגְלָה עֲרוּפָה כֵּיצַד – "כִּי יִמָּצֵא חָלָל בָּאֲדָמָה וְיָצְאוּ זְקֵנֶיךָ וְשׁוֹפְטֶיךָ", שְׁלֹשָׁה מִב"ד הַגָּדוֹל שֶׁבִּירוּשָׁלַיִם הָיוּ יוֹצְאִין.§ "רַבִּי יְהוּדָה אוֹמֵר חֲמִשָּׁה" וכו'.§ *ת"ר: "וְיָצְאוּ זְקֵנֶיךָ וְשׁוֹפְטֶיךָ", "זְקֵנֶיךָ" – שְׁנַיִם, "וְשׁוֹפְטֶיךָ" – שְׁנַיִם, וְאֵין בֵּית דִּין שָׁקוּל – מוֹסִיפִין עֲלֵיהֶן עוֹד אֶחָד, הֲרֵי כָּאן חֲמִשָּׁה, דִּבְרֵי ר' יְהוּדָה. ר' שִׁמְעוֹן אוֹמֵר: "זְקֵנֶיךָ" – שְׁנַיִם, וְאֵין ב"ד שָׁקוּל – מוֹסִיפִין עֲלֵיהֶן עוֹד אֶחָד, הֲרֵי כָּאן שְׁלֹשָׁה. וְר' שִׁמְעוֹן נַמִי, הָא כְּתִיב "וְשׁוֹפְטֶיךָ"! הַהוּא מִיבְּעֵי לֵיהּ: לִמְיוּחָדִין שֶׁבְּשׁוֹפְטֶיךָ. וְרַבִּי יְהוּדָה: מִ"זְּקֵנֵי" "זְקֵנֶיךָ" נָפְקָא. וְר' שִׁמְעוֹן? אִי כָּתַב רַחֲמָנָא "זִקְנֵי" – הֲוָה אָמֵינָא אֲפִי' זִקְנֵי הַשּׁוּק, כָּתַב רַחֲמָנָא "זְקֵנֶיךָ". וְאִי כָּתַב רַחֲמָנָא "זְקֵנֶיךָ" – הֲוָה אָמֵינָא אֲפִי' סַנְהֶדְרֵי קְטַנָּה, כָּתַב רַחֲמָנָא "וְשׁוֹפְטֶיךָ" – טלִמְיוּחָדִין שֶׁבְּשׁוֹפְטֶיךָ. וְר' יְהוּדָה: גָּמַר "זִקְנֵי" "זִקְנֵי" °מִזִּקְנֵי הָעֵדָה, מָה לְהַלָּן מְיוּחָדִין שֶׁבָּעֵדָה אַף כָּאן מְיוּחָדִין שֶׁבָּעֵדָה. אִי גָּמַר – לִגְמְרָהּ לְכוּלָּהּ מִילְּתָא מֵהָתָם, "זְקֵנֶיךָ וְשׁוֹפְטֶיךָ" לָמָּה לִי? אֶלָּא (ב) וָי"ו "וְשׁוֹפְטֶיךָ" לְמִנְיָינָא. *וְרַבִּי שִׁמְעוֹן? וָי"ו

תורה אור: שמואל א ד; שם לא; דברים כ; שם כא; שם כז; ויקרא ד

רש"י

שֶׁתְּחִלַּת נִיסָה נְפִילָה. בַּגְּמָ' פָּרֵיךְ: אִיפְּכָא מִבָּעֵי לֵיהּ, שֶׁהַנִּיסָה הִיא תְּחִילַּת הַנְּפִילָה. בד"א. דְּחוֹזְרִין מִן הַמַּעֲרָכָה, וְיֵשׁ שֶׁאֵינָן זָזִין מִמְּקוֹמָן – בְּמִלְחֲמוֹת הָרְשׁוּת. אֲבָל בְּמִלְחֲמוֹת מִצְוָה. כְּגוֹן כִּיבּוּשׁ אֶרֶץ יִשְׂרָאֵל בִּימֵי יְהוֹשֻׁעַ – הַכֹּל יוֹצְאִין. רַבִּי יְהוּדָה אוֹמֵר כו'. מְפָרֵשׁ בַּגְּמָ'.

גמ' עֲבֵירָה דְּרַבָּנַן. לר"י הַגְּלִילִי אֲפִי' עָבַר עַל דִּבְרֵי סוֹפְרִים חוֹזֵר, וּלְרַבִּי יוֹסֵי עַד שֶׁיַּעֲבוֹר עַל דְּבַר תּוֹרָה, דּוּמְיָא דְּאַלְמָנָה לְכֹהֵן גָּדוֹל. וּכְגוֹן שֶׁנְּשָׂאָהּ, דְּאִיכָּא אִיסּוּר. סָח בֵּין תְּפִילָּה לִתְפִילָּה. בֵּין הַנָּחַת תְּפִילִּין שֶׁל יָד לִתְפִילִּין שֶׁל רֹאשׁ. סָח. סִיפֵּר. עֲבֵירָה הִיא בְּיָדוֹ. אִם לֹא חָזַר וּבֵירַךְ. דְּהָכִי אָמְרִי' בִּמְנָחוֹת (דף לו.): סָח – מְבָרֵךְ שְׁתַּיִם, לֹא סָח – מְבָרֵךְ אַחַת. וּמַיִם שׁוֹתְתִין עַל בִּרְכָּיו. מֵי רַגְלַיִם, מֵחֲמַת יִרְאָה. מִפְּנֵי שֶׁתְּחִילַּת נְפִילָה נִיסָה מִבְּעֵי לֵיהּ. "תְּחִילַּת" מַשְׁמַע הַגְרָמַת הַדָּבָר, וְהָכִי אִיבָּעֵי לֵיהּ לְמֵימַר: כְּשֶׁהֵן נָסִין – זוֹ הִיא תְּחִילַּת הַגְרָמַת הַנְּפִילָה. וּבְנִיסָה לָא שַׁיָּיךְ לְמֵימַר "תְּחִילָּה", דְּהָא מַמָּשׁ קָא עָרְקֵי. רְשׁוּת דְּרַבָּנַן זוֹ הִיא מִצְוָה דְּר' יְהוּדָה. וּכְאוֹתָהּ מִלְחָמָה שֶׁאָמְרוּ חֲכָמִים שֶׁהִיא רְשׁוּת, וְאֵין חָתָן יוֹצֵא לָהּ – אָמַר נַמִי ר' יְהוּדָה דְּאֵין חָתָן יוֹצֵא לָהּ, אֶלָּא שֶׁרַבִּי יְהוּדָה קוֹרֵא אוֹתָהּ מִצְוָה. וְנָפְקָא מִינַּהּ לְפוֹטְרוֹ מִשְּׁאָר מִצְוֹת בְּעוֹדוֹ עָסוּק בָּהּ, כִּדְמְפָרֵשׁ רָבָא וְאָזֵיל. מִצְוָה דְּרַבָּנַן. דְּאָמְרוּ בָּהּ הַכֹּל יוֹצְאִין – אָמַר נַמִי ר' יְהוּדָה הַכֹּל יוֹצְאִין, אֶלָּא דְּקָרֵי לָהּ חוֹבָה. וְלָאו מִידֵּי אַשְׁמְעִינַן בְּהָא, אֶלָּא כּוּלָּהּ מִשּׁוּם מִצְוָה וּרְשׁוּת נָקְטוּ פְּלוּגְתַּיְיהוּ, אֶלָּא מִשּׁוּם דְּקָרוּ רַבָּנַן לְהָא רְשׁוּת – דַּי לָהֶם אִם קָרְאוּ אֶת זוֹ מִצְוָה, וַאֲפִילּוּ הִיא חוֹבָה, שֶׁהֲרֵי אֵין הַדָּבָר אֶלָּא לְהַעֲלוֹתָם מַעֲלָה אַחַת וְלוֹמַר: אֲבָל בָּזוֹ הַכֹּל יוֹצְאִין. וְגַבֵּי רְשׁוּת דַּיָּים לִקְרוֹת אֶת שֶׁלְּמַעְלָה מִמֶּנָּה מִצְוָה. וְרַבִּי יְהוּדָה דְּקָרֵי לְקַמַּיְיתָא מִצְוָה – לְאַשְׁמוּעִי' דְּהָעוֹסֵק בָּהּ פָּטוּר מִן הַמִּצְוָה. וְהוּלַךְ לְהַעֲלוֹת אֶת זוֹ מַעֲלָה אַחַת לוֹמַר: אֲבָל בָּזוֹ הַכֹּל יוֹצְאִין – הִילְכָּךְ קַרְיֵיהּ חוֹבָה, כִּדְאִיתָא. אָמַר רָבָא כו'. מִילְּתֵיהּ דְּרַבִּי יוֹחָנָן מְפָרֵשׁ וְאָזֵיל. וְקָאָמַר: דְּהָא דְּאָמַר רַבִּי יוֹחָנָן דְּאִיפְּלִיגוּ רַבָּנַן וְרַבִּי יְהוּדָה בְּאַחַת הַמִּלְחָמוֹת בִּקְרִיאַת הַשֵּׁם – נָפְקָא לָן מִינֵּיהּ לְעִנְיַן עוֹסֵק בַּמִּצְוָה, דְּלְמָר חוֹבָה וּלְמָר רְשׁוּת. וּפָרֵישׁ לָן נַמִי רָבָא בְּהֵי מִינַּיְיהוּ אִיפְּלִיגוּ. מִלְחֲמוֹת יְהוֹשֻׁעַ דְּלִכְבּשׁ. בְּהָא לֵיכָּא לְמַאן דְּקָרֵי רְשׁוּת, דַּאֲפִילּוּ חוֹבָה נַמִי אִיתָא, וְהָעוֹסֵק בָּהּ פָּטוּר מִן הַמִּצְוָה. וְרַבָּנַן הוּא דְּלָא אִיכְפַּת לְהוּ לִקְרוֹתָהּ חוֹבָה, דְּדַיָּים לִקְרוֹתָהּ מִצְוָה אֵצֶל הָרְשׁוּת, שֶׁהֲרֵי אֵין אָנוּ צְרִיכִין אֶלָּא לִמְנוֹת בָּהּ מַעֲלָה אַחַת, וּמִצְוָה לְגַבֵּי רְשׁוּת מַעֲלָה הִיא. וּמִלְחֶמֶת בֵּית דָּוִד. שֶׁנִּלְחַם בַּאֲרַם צוֹבָה לְהוֹסִיפָהּ עַל אֶרֶץ יִשְׂרָאֵל, וּבִשְׁאָר סְבִיבוֹתֶיהָ לְהַעֲלוֹת לוֹ מִנְחָה וּמַס עוֹבֵד. דִּבְרֵי הַכֹּל רְשׁוּת. וַאֲפִילּוּ רַבִּי יְהוּדָה לְהָא לָאו מִצְוָה קָרֵי לָהּ, וְהָעוֹסֵק בָּהּ אֵינוֹ פָּטוּר מִן הַמִּצְוָה. כִּי פְּלִיגִי. ר' יְהוּדָה וְרַבָּנַן בְּמִצְוָה וּרְשׁוּת, דְּלְמָר פָּטוּר מִן הַמִּצְוָה וּלְמָר חַיָּיב – בְּמִלְחָמָה שֶׁהִיא לְמַעוּטֵי נָכְרִים דְּלָא לֵיתוּ עֲלַיְיהוּ.

הדרן עלך משוח מלחמה

עֶגְלָה עֲרוּפָה בִּלְשׁוֹן הַקּוֹדֶשׁ. נֶאֱמֶרֶת. מַה שֶּׁהַזְּקֵנִים אוֹמְרִים "יָדֵינוּ לֹא שָׁפְכוּ" וְהַכֹּהֲנִים אוֹמְרִים "כַּפֵּר לְעַמְּךָ יִשְׂרָאֵל" – בִּלְשׁוֹן הַקּוֹדֶשׁ הוּזְקְקוּ מִן הַתּוֹרָה לְאָמְרָהּ. שֶׁנֶּאֱמַר כִּי **יִמָּצֵא** חָלָל. וּבַגְּמָרָא פָּרֵיךְ: הֵיכִי יָלֵיף מֵהָכָא? הָיוּ **יוֹצְאִין**. וּבָאִין שָׁם, וּמוֹדְדִין מִן הֶחָלָל לְצַד הָעֲיָירוֹת שֶׁסְּבִיבוֹתָיו, לֵידַע אֵיזוֹ קְרוֹבָה. בְּגַל. גַּל שֶׁל אֲבָנִים. **נִמְצָא** סָמוּךְ לַסְּפָר כו'. מְפָרֵשׁ טַעְמָא בַּגְּמָ'. **גמ'** מַאי קָאָמַר. הֵיכִי יָלֵיף לְשׁוֹן הַקּוֹדֶשׁ מֵהָכָא? וְאֵין ב"ד שָׁקוּל. אֵין עוֹשִׂין ב"ד שֶׁיְּהֵא יָכוֹל לֵיחָלֵק שָׁוֶה בְּשָׁוֶה, אֶלָּא שֶׁיְּהֵא הָרוֹב לְצַד אֶחָד, לְקַיֵּים "אַחֲרֵי רַבִּים לְהַטּוֹת" (שמות כג). לִמְיוּחָדִין. הָנָךְ דְּלִשְׁכַּת הַגָּזִית. מִזִּקְנֵי זְקֵנֶיךָ. מִדְּמָצֵי לְמִיכְתַּב "זִקְנֵי" וְכָתַב "זְקֵנֶיךָ" – מְיוּחָדִין שֶׁבִּזְקֵנֶיךָ. זִקְנֵי הַשּׁוּק. אע"פ שֶׁאֵינָן סַנְהֶדְרִין. שׁוֹפְטֶיךָ. זְקֵנִים שֶׁהֵם שׁוֹפְטִים אֶת יִשְׂרָאֵל. מִזִּקְנֵי הָעֵדָה. דִּסְמִיכַת פַּר הֶעְלֵם דָּבָר, וְאִיַּיתַּר לֵיהּ "שׁוֹפְטֶיךָ" לְהָבִיא עוֹד שְׁנַיִם. לִגְמְרָהּ לְכוּלָּהּ מִילְּתָא מֵהָתָם. דְּהָא רַבִּי יְהוּדָה הָתָם נַמִי חֲמִשָּׁה קָאָמַר, וְיָלֵיף לָהּ מִקְּרָאֵי בְּפ"ק דְּסַנְהֶדְרִין. אֶלָּא [וָי"ו] וְשׁוֹפְטֶיךָ לְמִנְיָינָא. כְּלוֹמַר, לָא גָּמִיר גז"ש, וְאִיצְטְרִי' "שׁוֹפְטֶיךָ" לְסַנְהֶדְרֵי גְּדוֹלָה כְּר"ש, וָי"ו

תוספות שאנץ

סח בין תפלה לתפלה עבירה היא בידו. פ"ה סח בין הנחת תפלין של יד להנחת תפלין של ראש עבירה היא בידו אם לא חזר וברך דהכי אמרי' במנחו' סח מברך שתים לא סח מברך אחת פ"ה במנחות בפ' הקומץ דמברכין להניח תפלין לשל יד [ועל של ראש] לא מברך כלל אם לא סח בנתים אבל אם סח מברך על של ראש על מצות תפלין. ול"נ לר"ת דבפ' הרואה דקא חשיב מאה ברכות דחייב אדם לברך בכל יום קא חשיב להניח תפלין ועל מצות תפלין וכי ס"ד דלא נתקן אלא היכא דסח בנתים. ומיהו י"ל דמיירי בשני בני אדם אחד יש לו תפלין של יד ואחד יש לו תפלין של ראש. ור"ת אומר דמברכין להניח תפלין לשל יד ועל מצות תפלין לשל ראש היכא דלא סח ואם סח בנתים מברך לשל ראש להניח תפלין ועל מצות תפלין. ולפי זה היכא דאין לו תפלין של יד מברך על של ראש שתים דהא הוי כאילו סח בנתים:

סליק

עין משפט נר מצוה

לב א מיי' פ"ז מהל' מלכים הל"ד:

לג ב מיי' פ"ד מהל' תפילין הל"ו וע"ש בכ"מ סמג עשין כב טוש"ע או"ח סי' כה סעי' ט:

לד ג מיי' פ"ה מהל' מלכים הל"א וע"ש בכ"מ סמג עשין קיז:

א ד מיי' פ"ט מהל' רוצח הל"ג סמג עשין עח:

ב ה מיי' שם הל"א:

ג ו מיי' שם הלי"א:

ד ז מיי' שם הל"ה:

ה ח מיי' שם הל"ד:

ו ט מיי' שם הל"א:

מסורת הש"ס

מנחות לו.

[סוכה כה.]

סנהדרין יז.

שם כז

סנהדרין יז.

ויקרא ד

[עמ"ש תוס' סנהדרין יז. ד"ה ורבי שמעון]

הגהות הב"ח

(א) במשנה לא היו (עורפין). תז"מ ונ"ב ס"א מודדין: (ב) גמ' למה לי אלא ושופטיך כר' שמעון ו' למניינא כצ"ל וכן ברש"י:

גליון הש"ס

מתני' אין מודדין. עיין מכות י ע"ב תד"ה חד אמר:

וי"ו לָא מַשְׁמַע לֵיהּ (מַאי קָאָמַר רַחֲמָנָא – הַמְיוּחָדִין שֶׁבְּשׁוֹפְטֶיךָ). אֶלָּא מֵעַתָּה "וְיָצְאוּ" שְׁנַיִם "וּמָדְדוּ" שְׁנַיִם – לְר' יְהוּדָה הֲרֵי כָּאן תִּשְׁעָה, לְרַבִּי שִׁמְעוֹן הֲרֵי כָּאן שִׁבְעָה! הַהוּא מִיבָּעֵי לֵיהּ לְכִדְתַנְיָא: °"וְיָצְאוּ" – [א]הֵן וְלֹא שְׁלוּחֵיהֶן, "וּמָדְדוּ" – [ב]שֶׁאֲפִי' נִמְצָא בַּעֲלִיל לָעִיר הָיוּ מוֹדְדִין, שֶׁמִּצְוָה לַעֲסוֹק בִּמְדִידָה. מַתְנִיתִין דְּלָא כְּר"א בֶּן יַעֲקֹב. דְּתַנְיָא, *ר' אֱלִיעֶזֶר בֶּן יַעֲקֹב אוֹמֵר: "זְקֵנֶיךָ" – זוֹ סַנְהֶדְרִין, "שׁוֹפְטֶיךָ" – זֶה מֶלֶךְ וְכֹהֵן גָּדוֹל; מֶלֶךְ – דִּכְתִיב: °"מֶלֶךְ בְּמִשְׁפָּט יַעֲמִיד אָרֶץ", כֹּהֵן גָּדוֹל – דִּכְתִיב: °"וּבָאתָ אֶל הַכֹּהֲנִים הַלְוִיִּם וְאֶל הַשֹּׁפֵט אֲשֶׁר יִהְיֶה" וגו'. אִיבַּעְיָא לְהוּ: רַבִּי אֱלִיעֶזֶר בֶּן יַעֲקֹב בְּמֶלֶךְ וְכֹהֵן גָּדוֹל הוּא דִּפְלִיג, אֲבָל בְּסַנְהֶדְרֵי – אִי כְּרַבִּי יְהוּדָה אִי כְּרַבִּי שִׁמְעוֹן סְבִירָא לֵיהּ, אוֹ דִּלְמָא בְּסַנְהֶדְרֵי נַמִי פָּלֵיג – עַד דְּאִיכָּא כּוּלָּהּ סַנְהֶדְרֵי? אָמַר רַב יוֹסֵף: ת"ש, *מְצָאָן זָקֵן מַמְרֵא אַבֵּי פַּגֵּי וְהִמְרָה עֲלֵיהֶן, יָכוֹל תְּהֵא הַמְרָאָתוֹ הַמְרָאָה – תַּלְמוּד לוֹמַר: °"וְקַמְתָּ וְעָלִיתָ אֶל הַמָּקוֹם", [ג]מְלַמֵּד שֶׁהַמָּקוֹם גּוֹרֵם. דִּנְפוּק כַּמָּה? אִילֵימָא דִּנְפוּק מִקְצָתָן – דִּלְמָא הָנָךְ דְּאִיכָּא גַּוָּאֵי כְּוָותֵיהּ סְבִירָא לְהוּ! אֶלָּא פְּשִׁיטָא – דִּנְפוּק כּוּלְּהוּ, וּלְמַאי? אִי לִדְבַר הָרְשׁוּת – מִי מָצוּ נָפְקִי? וְהָכְתִיב: °"שָׁרְרֵךְ אַגַּן הַסַּהַר אַל יֶחְסַר הַמָּזֶג", [ד]שֶׁאִם נִצְרַךְ אֶחָד מֵהֶם לָצֵאת, אִם יֵשׁ שָׁם עֶשְׂרִים וּשְׁלֹשָׁה כְּנֶגֶד סַנְהֶדְרֵי קְטַנָּה – יוֹצֵא, וְאִם לָאו – אֵינוֹ יוֹצֵא! אֶלָּא פְּשִׁיטָא – לִדְבַר מִצְוָה, לְמַאי – לָאו לִמְדִידַת עֶגְלָה, וְרַבִּי אֱלִיעֶזֶר בֶּן יַעֲקֹב הִיא? א"ל אַבַּיֵי: לָא, דִּלְמָא לְהוֹסִיף עַל הָעִיר וְעַל הָעֲזָרוֹת. *כִּדְתְנַן: [ה]אֵין מוֹסִיפִין עַל הָעִיר וְעַל הָעֲזָרוֹת אֶלָּא בְּבֵית דִּין שֶׁל שִׁבְעִים וְאֶחָד. תַּנְיָא כְּוָותֵיהּ דְּרַב יוֹסֵף: מְצָאָן אַבֵּית פַּגֵּי וְהִמְרָה עֲלֵיהֶן, כְּגוֹן שֶׁיָּצְאוּ לִמְדִידַת עֶגְלָה אוֹ לְהוֹסִיף עַל הָעִיר וְעַל הָעֲזָרוֹת, יָכוֹל תְּהֵא הַמְרָאָתוֹ הַמְרָאָה – ת"ל: "וְקַמְתָּ וְעָלִיתָ", מְלַמֵּד שֶׁהַמָּקוֹם גּוֹרֵם.§ "נִמְצָא טָמוּן בְּגַל אוֹ תָּלוּי בְּאִילָן".§ לֵימָא מַתְנִיתִין ר' יְהוּדָה הִיא וְלָא רַבָּנַן. דְּתַנְיָא: °"וְשָׁכַחְתָּ עוֹמֶר בַּשָּׂדֶה" – פְּרָט לְטָמוּן, דִּבְרֵי רַבִּי יְהוּדָה. וַחֲכ"א: "בַּשָּׂדֶה" – [ו]לְרַבּוֹת אֶת הַטָּמוּן? אָמַר רַב: אֲפִי' תֵּימָא רַבָּנַן, °הָכָא מֵעִנְיָינֵיהּ דִּקְרָא, הָתָם מֵעִנְיָינֵיהּ דִּקְרָא. (א) דִּכְתִיב: °"כִּי יִמָּצֵא חָלָל" – הֵיכָא דְּמִשְׁתַּכַּח, "בָּאֲדָמָה" – פְּרָט לְטָמוּן. וְהָתָם מֵעִנְיָינֵיהּ דִּקְרָא, דִּכְתִיב: °"כִּי תִקְצוֹר קְצִירְךָ בְשָׂדֶךָ וְשָׁכַחְתָּ עוֹמֶר", שִׁכְחָה דּוּמְיָא דְּקָצִיר, מָה קָצִיר בְּגָלוּי – אַף שִׁכְחָה בְּגָלוּי, כְּתַב רַחֲמָנָא "בַּשָּׂדֶה" – לְרַבּוֹת אֶת הַטָּמוּן. לְרַבִּי יְהוּדָה נַמִי תֵּיפוֹק לֵיהּ מִשִּׁכְחָה דּוּמְיָא דְּקָצִיר! אִין הָכִי נַמִי. וְאֶלָּא "בַּשָּׂדֶה" לָמָּה לִי? מִיבָּעֵי לֵיהּ [ז]לְרַבּוֹת שִׁכְחַת קָמָה. וְרַבָּנַן, שִׁכְחַת קָמָה מְנָא לְהוּ? נָפְקָא לְהוּ מִ"כִּי תִקְצוֹר קְצִירְךָ בְשָׂדֶךָ". (ב) וְר' יְהוּדָה – מִיבְּעֵי לֵיהּ לְכִדְרַבִּי אַבָּהוּ אָמַר ר' אֶלְעָזָר. דְּאָמַר רַבִּי אַבָּהוּ אָמַר ר"א: [ח]פְּרָט לְשֶׁצָּפוּ עוֹמָרִין לְתוֹךְ שְׂדֵה חֲבֵירוֹ. וְרַבָּנַן – מִ"בַּשָּׂדֶה" "בְּשָׂדְךָ". וְר' יְהוּדָה – "בַּשָּׂדֶה" "בְּשָׂדְךָ" לָא מַשְׁמַע לֵיהּ. בָּעֵי ר' יִרְמְיָה: *צָפוּ עוֹמָרִין לְתוֹךְ שָׂדֵהוּ מַהוּ? אֲוִיר שָׂדֶה כְּשָׂדֶה דָּמֵי, אוֹ לָאו כְּשָׂדֶה דָּמֵי? א"ל רַב כָּהֲנָא לְרַב פַּפִּי, וְאָמְרִי לַהּ רַב כָּהֲנָא לְרַב זְבִיד: תִּפְשׁוֹט לֵיהּ מִדְּרַבִּי אַבָּהוּ א"ר אֶלְעָזָר, דְּאָמַר: פְּרָט לְשֶׁצָּפוּ עוֹמָרִין לְתוֹךְ שְׂדֵה חֲבֵירוֹ, דַּחֲבֵירוֹ – אִין, [ט]לְתוֹךְ שָׂדֵהוּ – לָא. וְלִיטַעְמִיךְ, לְתוֹךְ שְׂדֵה חֲבֵירוֹ, צָפוּ – אִין, מוּנָּחִין – [י]לָא? וְהָא בָּעִינַן "בְּשָׂדְךָ" וְלֵיכָּא! אֶלָּא, לְתוֹךְ שְׂדֵה חֲבֵירוֹ – וַאֲפִילּוּ מוּנָּחִין, וְהַאי דְּקָאָמַר צָפוּ – דְּלָא מַשְׁכַּחַתְּ לַהּ אֶלָּא בְּצָפוּ. תָּא שְׁמַע: *עוֹמֶר שֶׁהֶחֱזִיק בּוֹ לְהוֹלִיכוֹ לָעִיר, וְהִנִּיחוֹ עַל גַּבֵּי חֲבֵירוֹ, וּשְׁכָחוֹ – הַתַּחְתּוֹן שִׁכְחָה, וְהָעֶלְיוֹן אֵינוֹ שִׁכְחָה. רַבִּי שִׁמְעוֹן בֶּן יְהוּדָה אוֹמֵר מִשּׁוּם רַבִּי שִׁמְעוֹן: שְׁנֵיהֶם אֵינָן שִׁכְחָה, הַתַּחְתּוֹן מִפְּנֵי שֶׁהוּא טָמוּן, וְהָעֶלְיוֹן מִפְּנֵי שֶׁהוּא צָף. עַד כָּאן לָא פְּלִיגִי אֶלָּא בְּתַחְתּוֹן, אֲבָל בְּעֶלְיוֹן – דִּבְרֵי הַכֹּל לָא הָוֵאי שִׁכְחָה! שָׁאנֵי הָתָם, כֵּיוָן דְּאַחֲזִיק בֵּיהּ – זָכָה בֵּיהּ. אִי הָכִי, מַאי אִירְיָא עַל גַּבֵּי חֲבֵירוֹ? אֲפִילּוּ בַּשָּׂדֶה נַמִי! אִין הָכִי נַמִי, וְהַאי דְּקָתָנֵי עַל גַּבֵּי חֲבֵירוֹ – מִשּׁוּם תַּחְתּוֹן. וְהָא מִפְּנֵי שֶׁהוּא צָף קָאָמַר! אֵימָא: מִפְּנֵי שֶׁהוּא כְּצָף. אָמַר אַבַּיֵי: *הֲרֵינִי כְּבֶן עַזַּאי בְּשׁוּקֵי טְבֶרְיָא. אֲמַר לֵיהּ הַהוּא מֵרַבָּנַן לְאַבַּיֵי: שְׁנֵי חֲלָלִים זֶה עַל גַּבֵּי זֶה, מֵהֵיכָן הוּא מוֹדֵד? מִין בְּמִינוֹ הָוֵי טָמוּן, וּמִין בְּמִינוֹ לָא הָוֵי צָף, [כ]וּמֵעֶלְיוֹן מוֹדֵד. אוֹ דִּלְמָא מִין בְּמִינוֹ הָוֵי צָף, וּמִין בְּמִינוֹ לָא הָוֵי טָמוּן, וּמִתַּחְתּוֹן מוֹדֵד. אוֹ דִּלְמָא מִין בְּמִינוֹ הָוֵי צָף, וּמִין בְּמִינוֹ הָוֵי טָמוּן, וְלֹא מִתַּחְתּוֹן מוֹדֵד וְלֹא מֵעֶלְיוֹן מוֹדֵד? א"ל:

תְּנֵיתוּהָ

וָי"ו דְּ"וְשׁוֹפְטֶיךָ" דָּרֵישׁ ר' יְהוּדָה לְמִנְיָנָא, לְהָבִיא עוֹד שְׁנַיִם. בַּעֲלִיל לָעִיר. בִּמְגוּלֶּה וּפָשׁוּט שֶׁאֵין עִיר קְרוֹבָה כָּזוֹ. מַתְנִי'. דְּלָא קָתָנֵי מֶלֶךְ וְכֹהֵן גָּדוֹל – דְּלָא כְּר' אֱלִיעֶזֶר בֶּן יַעֲקֹב. אִי כְּרַבִּי יְהוּדָה. חֲמִשָּׁה, אִי כְּרַבִּי שִׁמְעוֹן שְׁלֹשָׁה, וְלָא בָּעֵי כּוּלָּהּ סַנְהֶדְרִין. מְצָאָן זָקֵן מַמְרֵא. לְבֵ"ד הַגָּדוֹל, שֶׁאֵינוֹ נַעֲשֶׂה מַמְרֵא אֶלָּא בְּבֵ"ד שֶׁל שִׁבְעִים וְאֶחָד, כִּדְיָלֵיף בְּפֶרֶק קַמָּא דְּסַנְהֶדְרִין. אַבֵּי פַּאגֵי. כָּל שֶׁהוּא בְּתוֹךְ הֶיקֵּף הַחֵילוֹן שֶׁל יְרוּשָׁלַיִם קָרוּי בֵּי פַּאגֵי. וְלִי נִרְאֶה שֶׁהוּא לְשׁוֹן חֲבִישָׁה, כְּמוֹ שֶׁקּוֹרִין ליגל"א שֶׁל עִיר, כְּמוֹ חֲמוֹר וּבֵית פַּאגֵי (ב"מ דף ט.) – בשטדידור"א, בֵּית רֹאשׁ שֶׁל אַפְסָר קוֹרִין כֵּן. וְהִמְרָה עֲלֵיהֶן. כְּלוֹמַר, עַל מַה שֶּׁשָּׁאַל מֵהֶם שָׁם וְאָמְרוּ לוֹ הַהֲלָכָה – הָלַךְ לְעִירוֹ וְהוֹרָה לַעֲשׂוֹת כְּדֶרֶךְ שֶׁהָיָה מוֹרֶה בַּתְּחִלָּה, דַּהֲוָה לֵיהּ מַמְרֵא עַל פִּיהֶם. הַמָּקוֹם. הַמְיוּחָד לְמִשְׁפָּט, וְהוּא לִשְׁכַּת הַגָּזִית. דִּנְפִיק מִינַּיְיהוּ כַּמָּה. לְבֵי פַּאגֵי דְּאִיצְטְרִיךְ לְאַשְׁמוּעִינַן דְּפָטוּר מִשּׁוּם טַעְמָא דְּחוּץ לְבֵ"ד?. דִּלְמָא הָנָךְ דְּאִיכָּא גַּוָּואֵי כְּוָותֵיהּ סְבִירָא לְהוּ. וּמֵהֵיכָא תֵּיתֵי לַן חִיּוּבָא, דְּאִיצְטְרִיךְ קְרָא לְמִיפְטְרֵיהּ?. שָׁרְרֵךְ. זֶה סַנְהֶדְרִין, שֶׁיּוֹשֶׁבֶת בְּטִיבּוּרָהּ שֶׁל א"י. אַגַּן הַסַּהַר. שֶׁעֲשׂוּיִין כַּחֲצִי לְבָנָה עֲגוּלָּה בְּשׁוּרַת יְשִׁיבָתָן, כְּדֵי שֶׁיְּהוּ כּוּלָּן רוֹאִין זֶה אֶת זֶה. הַמָּזֶג. כְּשִׁיעוּר מֶזֶג, שְׁנֵי חֲלָקִים מַיִם וְאֶחָד יַיִן. וְאַף כָּאן צָרִיךְ שֶׁיִּשְׁתַּיֵּיר שְׁלִישׁ. עַל עִיר. עַל יְרוּשָׁלַיִם. תַּנְיָא כְּרַב יוֹסֵף. דְּאָמַר: רַבִּי אֱלִיעֶזֶר בֶּן יַעֲקֹב כּוּלְּהוּ סַנְהֶדְרֵי בָּעֵי. מַתְנִי'. דְּיָלֵיף פְּרָט לְטָמוּן – רַבִּי יְהוּדָה הִיא. בַּשָּׂדֶה. "וְשָׁכַחְתָּ עוֹמֶר בַּשָּׂדֶה" – לְרַבִּי יְהוּדָה מַשְׁמַע "בַּשָּׂדֶה" – עַל פְּנֵי הַשָּׂדֶה, וּלְרַבָּנַן מַשְׁמַע בְּתוֹךְ הַשָּׂדֶה. הָתָם מֵעִנְיָינֵיהּ דִּקְרָא. צְרִיכִין לְמִידְרְשֵׁיהּ, וְהָכָא מֵעִנְיָינֵיהּ דִּקְרָא תִּדְרוֹשׁ לֵיהּ. גַּבֵּי חָלָל כְּתִיב: "כִּי יִמָּצֵא חָלָל" – כָּל הֵיכָא דְּמִשְׁתַּכַּח, וַאֲפִי' טָמוּן, הִלְכָּךְ עַל כָּרְחָךְ כִּי אֲתָא "בָּאֲדָמָה" – לְמַעוּטֵי טָמוּן בָּא, דְּתִדְרוֹשׁ בֵּיהּ: עַל פְּנֵי הָאֲדָמָה. דְּאִי לְרַבּוּיֵי – לָא אִיצְטְרִיךְ. אַף שִׁכְחָה בְּגָלוּי. וַהֲוָה מְמַעֵט טָמוּן מִמַּשְׁמָעוּתָא אִי לָאו

דְּהָדַר רַבְּיֵהּ. לְשִׁכְחַת קָמָה. שֶׁאִם שָׁכַח זָוִית אַחַת לִקְצוֹר – קָאֵי עֲלָהּ בְּ"לֹא תָשׁוּב לְקַחְתּוֹ". וְהָכִי מַשְׁמַע: וְשָׁכַחְתָּ עוֹמֶר, אוֹ וְשָׁכַחְתָּ בַּשָּׂדֶה. נָפְקָא לְהוּ. מִ"בְּשָׂדְךָ וְשָׁכַחְתָּ", קָרֵי בֵּיהּ שֶׁשָּׁכַח אֶת קְצַת שָׂדֵהוּ. שֶׁצָּפוּ עוֹמָרִין לְתוֹךְ שְׂדֵה חֲבֵירוֹ. שֶׁנָּשְׁבָה הָרוּחַ וְהֵרִימָה אֶת הָעוֹמָרִין מִן הָאָרֶץ וְהִלִּיפָתָן לְתוֹךְ שְׂדֵה חֲבֵירוֹ וּשְׁכָחָן, כִּסְבוּר שֶׁאֵינָן שֶׁלּוֹ – נָפְקָא מִ"בְּשָׂדְךָ" וְלֹא בִּשְׂדֵה חֲבֵירְךָ, דְּלָא הָווּ שִׁכְחָה. וְרַבָּנַן. מִיעוּטָא דִּשְׂדֵה חֲבֵירוֹ נָפְקָא לְהוּ מִדַּהֲוָה לֵיהּ לְמִכְתַּב "כִּי תִקְצוֹר קְצִירְךָ בַּשָּׂדֶה וְשָׁכַחְתָּ" וּכְתִיב "בְּשָׂדְךָ". צָפוּ עוֹמָרִין לְתוֹךְ שָׂדֵהוּ. (ג) שֶׁהָיוּ מוּטָּלִים עַל גַּבֵּי אֶבֶן אוֹ עַמּוּד, אוֹ זוֹ עַל זוֹ. פְּרָט לְשֶׁצָּפוּ. וְקָא סָלְקָא דַּעְתָּךְ צָפוּ מַמָּשׁ, עַל גַּבֵּי אֶבֶן אוֹ עַל גַּבֵּי עַמּוּד. וְלִיטַעְמִיךְ לְתוֹךְ שְׂדֵה חֲבֵירוֹ. צָפוּ עַל גַּבֵּי אֶבֶן הוּא דְּמַעֵיט, אֲבָל מוּנָּחִים – לָא מִיעֵט? וְהָא "בְּשָׂדְךָ" כְּתִיב! אֶלָּא הָא דְּקָאָמַר צָפוּ – לָאו דַּוְקָא צָפוּ עַל שׁוּם דָּבָר קָאָמַר, דַּאֲפִי' מוּנָּחִים עַל גַּבֵּי קַרְקַע נַמִי קָאָמַר אֵינוֹ שִׁכְחָה. וְהַאי דְּקָאָמַר צָפוּ – דְּלָא מַשְׁכַּחַתְּ עוֹמָרִין לְתוֹךְ שְׂדֵה חֲבֵירוֹ אֶלָּא בְּצָפוּ, שֶׁהָרוּחַ מְצַפְתָּן עַל הָאָרֶץ וּמְבִיאָתָן לְשָׁם. שֶׁהֶחֱזִיק בּוֹ לְהוֹלִיכוֹ לָעִיר. ס"ד הַשְׁתָּא דְּאוֹרְחָא דְּמִילְּתָא נָקַט, וְלָאו דַּוְקָא. זָכָה בֵּיהּ. וְתוּ לָא הָוֵי שִׁכְחָה, דְּבָעֵינַן שָׁכוּחַ מֵעִיקָּרוֹ, כִּדְאָמַר בְּב"מ בְּפֶרֶק קַמָּא (דף יא.). מִפְּנֵי שֶׁהוּא כְּצָף. שֶׁהוּא פָּטוּר עַל שֶׁהֶחֱזִיק בּוֹ כְּאִילּוּ הָיָה עוֹדֶנּוּ צָף מֵעַל הַקַּרְקַע וּמוּנָּח בְּיָדוֹ. הֲרֵינִי כְּבֶן עַזַּאי בְּשׁוּקֵי טְבֶרְיָא. יוֹם אֶחָד הָיָה דַּעְתּוֹ צְלוּלָה, אָמַר: הֲרֵינִי כָּאן בְּפוּמְבְּדִיתָא מוּכָן לְהָשִׁיב דָּבָר לַשּׁוֹאֵל בְּעוֹמֶק וּבַחֲרִיפוּת, כְּבֶן עַזַּאי שֶׁהָיָה חָרִיף וְדוֹרֵשׁ בְּשׁוּקֵי טְבֶרְיָא. שְׁנֵי חֲלָלִים זֶה עַל גַּב זֶה. וְהָאֶחָד מָשׁוּךְ לְהַלָּן מֵחֲבֵירוֹ מְעַט, וְאִם תִּמְדּוֹד מִזֶּה – יִקְרַב לְעִיר אַחַת, וְאִם תִּמְדּוֹד מֵחֲבֵירוֹ – יִקְרַב לְעִיר אַחֶרֶת. וְלֹא מִזֶּה מוֹדֵד כו'. וְה"ה דְּמִיבָּעֵיא לֵיהּ נַמִי: אוֹ דִּלְמָא מִין בְּמִינוֹ לָא הָוֵי טָמוּן, מִין בְּמִינוֹ לָא הָוֵי צָף, וּמִשְּׁנֵיהֶם מוֹדֵד. אֶלָּא שֶׁהוּא בִּכְלַל אֵלּוּ.

תְּנֵיתוּהָ

מסורת הש"ם: ס"א ל"ג | [סנהדרין יד: כל הענין] | שם | שם | שבועות יז. סנהדרין ב. יד: | שם כח | שם כז | [גי' ערוך עפו וכ"ה בכ"מ הל' מ"ע הל"ה] | [תוספתא פאה פ"ג ע"ש] | [עירובין כט: קידושין כ. ערכין ל:]

תורה אור: משלי כט | דברים יז | שם | שיר ז | דברים כד | שם כא | שם כד

עין משפט נר מצוה:

ז א ב מיי' פ"ט מהל' רוצח הלכה א סמג עשין עח:

ח ג מיי' פ"ג מהלכות ממרים הלכה ה והל' ז סמג לאוין קסג:

ט ד מיי' פ"ג מהלכות סנהדרין הלכה ב:

י ה מיי' פ"ו מהל' בית הבחירה הלכה יא:

יא ו מיי' פ"ה מהלכות מתנות עניים הל' א:

יב ז מיי' שם פ"א הל' ו:

יג ח ט מיי' שם הלכה ה:

יד י מיי' שם הלכה ד וע"ש:

טו כ מיי' פ"ט מהלכות רוצח הלכה י:

הגהות הב"ח

(א) גמ' הכא מעניינה דקרא דכתיב כי ימצא חלל כל היכא וכו' עומר בשדה שכחה דומיא דקציר: (ב) שם קצירך בשדך ושכחת ור' יהודה: (ג) רש"י ד"ה צפו וכו' שדהו שמוטלין כצ"ל ותיבת שהיו נמחק:

גליון הש"ס

גמ' ויצאו הן ולא שלוחיהן. עיין יבמות דף קא ע"ב תד"ה וקראו לו ובערכין דף כ ע"א תד"ה קרבנו: שם הכא מענייני' דקרא. מכות דף ח ע"ב ערכין דף ל ע"ב:

תנה אור

תְּנִיתוּהָ: אעוֹמֶר שֶׁהֶחֱזִיק בּוֹ לְהוֹלִיכוֹ לָעִיר, וְהִנִּיחוֹ עַל גַּבֵּי חֲבֵירוֹ, וּשְׁכָחוֹ – הַתַּחְתּוֹן שִׁכְחָה, וְהָעֶלְיוֹן אֵינוֹ שִׁכְחָה. ר' שִׁמְעוֹן בֶּן יְהוּדָה אוֹמֵר מִשּׁוּם ר' שִׁמְעוֹן: שְׁנֵיהֶן אֵינָן שִׁכְחָה, הַתַּחְתּוֹן מִפְּנֵי שֶׁהוּא טָמוּן, וְהָעֶלְיוֹן מִפְּנֵי שֶׁהוּא צָף. סַבְרוּהָ דְּהָנֵי תַּנָּאֵי כְּר' יְהוּדָה סְבִירָא לְהוּ, דְּאָמַר: "בַּשָּׂדֶה" – פְּרָט לְטָמוּן. מַאי לָאו – בְּהָא קָא מִיפַּלְגִי, דְּמָר סָבַר: מִין בְּמִינוֹ הָוֵי טָמוּן, וּמָר סָבַר: לָא הָוֵי טָמוּן? לָא, אִי כְּר' יְהוּדָה סְבִירָא לְהוּ – דְּכ"ע מִין בְּמִינוֹ הָוֵי טָמוּן. וְהָכָא בִּפְלוּגְתָּא דְּרַבִּי יְהוּדָה וְרַבָּנַן קָמִיפַּלְגִי, דְּרַבָּנַן – כְּרַבָּנַן, וְר' שִׁמְעוֹן בֶּן יְהוּדָה – כְּרַבִּי יְהוּדָה. אִי הָכִי, מַאי אִירְיָא עַל גַּבֵּי חֲבֵירוֹ? אֲפִי' בְּעָפָר וּבִצְרוֹר נַמִי! אִין הָכִי נַמִי, וּלְהוֹדִיעֲךָ כֹּחוֹ דְּר' יְהוּדָה, דְּאָמַר: אֲפִי' מִין בְּמִינוֹ הָוֵי טָמוּן. תָּנוּ רַבָּנַן: א"חָלָל" – וְלֹא חָנוּק, "חָלָל" – וְלֹא מְפַרְפֵּר, "בָּאֲדָמָה" – וְלֹא טָמוּן בְּגַל, "נוֹפֵל" – וְלֹא תָּלוּי בְּאִילָן, "בַּשָּׂדֶה" – וְלֹא צָף עַל פְּנֵי הַמַּיִם. ר' אֶלְעָזָר אוֹמֵר: בְּכוּלָּן, אִם הָיָה חָלָל – עוֹרְפִין. תַּנְיָא, אָמַר רַבִּי יוֹסֵי בַּר יְהוּדָה: אָמְרוּ לוֹ לְר"א: אִי אַתָּה מוֹדֶה שֶׁאִם הָיָה חָנוּק וּמוּטָּל בָּאַשְׁפָּה שֶׁאֵין עוֹרְפִין? אַלְמָא: "חָלָל" – וְלֹא חָנוּק. הָכָא נַמִי "בָּאֲדָמָה" – וְלֹא טָמוּן בְּגַל, "נוֹפֵל" – וְלֹא תָּלוּי בְּאִילָן, "בַּשָּׂדֶה" – וְלֹא צָף עַל גַּבֵּי מַיִם. וְר"א: "חָלָל" יְתֵירָא כְּתִיב.§ "נִמְצָא סָמוּךְ לַסְּפָר אוֹ לְעִיר שֶׁרוּבָּהּ גּוֹיִם כו'.§ דִּכְתִיב: "כִּי יִמָּצֵא" – *פְּרָט לְמָצוּי.§ "אוֹ לְעִיר שֶׁאֵין בָּהּ ב"ד".§ דְּבָעֵינָא "זִקְנֵי הָעִיר", וְלֵיכָּא.§ "אֵין מוֹדְדִין אֶלָּא לְעִיר" כו'.§ פְּשִׁיטָא, כֵּיוָן דְּתָנָא "לְעִיר שֶׁאֵין בָּהּ ב"ד" – אֲנָא יָדַעְנָא דְּאֵין מוֹדְדִין אֶלָּא לְעִיר שֶׁיֵּשׁ בָּהּ בֵּית דִּין! הָא קָא מַשְׁמַע לָן כִּדְתַנְיָא: במִנַּיִן שֶׁאִם נִמְצָא סָמוּךְ לְעִיר שֶׁאֵין בָּהּ ב"ד, שֶׁמַּנִּיחִין אוֹתָהּ וּמוֹדְדִין לְעִיר שֶׁיֵּשׁ בָּהּ בֵּית דִּין – ת"ל: °"וְלָקְחוּ זִקְנֵי הָעִיר הַהִיא" – מִכָּל מָקוֹם.§

מתני' גנִמְצָא *מְכוּוָּן בֵּין שְׁתֵּי עֲיָירוֹת – שְׁתֵּיהֶן מְבִיאוֹת שְׁתֵּי עֲגָלוֹת, דִּבְרֵי רַבִּי אֱלִיעֶזֶר. *דוְאֵין יְרוּשָׁלַיִם מְבִיאָה עֶגְלָה עֲרוּפָה. נִמְצָא רֹאשׁוֹ בְּמָקוֹם אֶחָד וְגוּפוֹ בְּמָקוֹם אַחֵר – מוֹלִיכִין הָרֹאשׁ אֵצֶל הַגּוּף, דִּבְרֵי רַבִּי אֱלִיעֶזֶר. רַבִּי עֲקִיבָא אוֹמֵר: ההַגּוּף אֵצֶל הָרֹאשׁ. *מֵאַיִן הָיוּ מוֹדְדִין? רַבִּי אֱלִיעֶזֶר אוֹמֵר: מִטִּיבּוּרוֹ, רַבִּי עֲקִיבָא אוֹמֵר: ומֵחוֹטְמוֹ, רַבִּי אֱלִיעֶזֶר בֶּן יַעֲקֹב אוֹמֵר: מִמָּקוֹם שֶׁנַּעֲשָׂה חָלָל – מִצַּוָּארוֹ.§

גמ' מַאי טַעֲמָא דְּרַבִּי אֱלִיעֶזֶר – קָסָבַר: אֶפְשָׁר לְצַמְצֵם, וּ"קְרוֹבָה" – וַאֲפִילּוּ קְרוֹבוֹת.§ "וְאֵין יְרוּשָׁלַיִם מְבִיאָה עֶגְלָה עֲרוּפָה".§ דְּאָמַר קְרָא: °"לְרִשְׁתָּהּ", וְקָסָבַר: *זיְרוּשָׁלַיִם לֹא נִתְחַלְּקָה לִשְׁבָטִים.§ "נִמְצָא רֹאשׁוֹ בְּמָקוֹם" כו'.§ בְּמַאי קָמִיפַּלְגִי? אִילֵימָא לְעִנְיַן מְדִידָה קָמִיפַּלְגִי, הָא מִדְּקָתָנֵי סֵיפָא "מֵאַיִן הָיוּ מוֹדְדִין" – מִכְּלָל דְּרֵישָׁא לָאו בִּמְדִידָה עָסְקִינַן! אָמַר ר' יִצְחָק: *בְּמֵת מִצְוָה קָנָה מְקוֹמוֹ קָמִיפַּלְגִי, וְהָכִי קָאָמַר: לְקוֹבְרוֹ חקָנָה מְקוֹמוֹ, וְהֵיכָא דְּנִמְצָא רֹאשׁוֹ בְּמָקוֹם אֶחָד וְגוּפוֹ בְּמָקוֹם אַחֵר – מוֹלִיכִין הָרֹאשׁ אֵצֶל הַגּוּף, דִּבְרֵי ר' אֱלִיעֶזֶר. ר' עֲקִיבָא אוֹמֵר: טהַגּוּף אֵצֶל הָרֹאשׁ. בְּמַאי קָמִיפַּלְגִי – מָר סָבַר: גּוּפֵיהּ בְּדוּכְתֵּיהּ נָפֵיל, רֵישָׁא דְּנָאדֵי וְנָפֵיל. וּמָר סָבַר: רֵישָׁא הֵיכָא דְּנָפֵיל נָפֵיל, גּוּפָא הוּא דְּרָהֵיט אָזֵיל.§ "מֵאַיִן הָיוּ מוֹדְדִין".§ בְּמַאי קָמִיפַּלְגִי? מָר סָבַר: עִיקַּר חִיּוּתָא בְּאַפֵּיהּ, וּמָר סָבַר: עִיקַּר חִיּוּתָא בְּטִיבּוּרֵיהּ. לֵימָא כִּי הָנֵי תַּנָּאֵי: *מֵהֵיכָן הַוָּלָד נוֹצָר – מֵרֹאשׁוֹ, וְכֵן הוּא אוֹמֵר: °"מִמְּעֵי אִמִּי אַתָּה גוֹזִי", וְאוֹמֵר: °"גָּזִּי נִזְרֵךְ וְהַשְׁלִיכִי" וגו'. יאַבָּא שָׁאוּל אוֹמֵר: מִטִּיבּוּרוֹ, וּמְשַׁלֵּחַ שָׁרָשָׁיו אֵילָךְ וְאֵילָךְ. אֲפִילּוּ תֵּימָא אַבָּא שָׁאוּל, ע"כ לָא קָאָמַר אַבָּא שָׁאוּל אֶלָּא לְעִנְיַן יְצִירָה, דְּכִי מִיתְצַר וָלָד – מִמְּצִיעָתֵיהּ מִיתְצַר, אֲבָל לְעִנְיַן חִיּוּתָא – דְּכוּלֵּי עָלְמָא בְּאַפֵּיהּ הוּא, דִּכְתִיב: °"כֹּל אֲשֶׁר נִשְׁמַת רוּחַ חַיִּים בְּאַפָּיו" וגו'.§ "רַבִּי אֱלִיעֶזֶר בֶּן יַעֲקֹב אוֹמֵר: מִמָּקוֹם שֶׁנַּעֲשָׂה חָלָל – מִצַּוָּארוֹ".§ מַאי טַעֲמָא דְּרַבִּי אֱלִיעֶזֶר בֶּן יַעֲקֹב – כִּדְכְתִיב: °"לָתֵת אוֹתָךְ אֶל צַוְּארֵי חַלְלֵי רְשָׁעִים".§

מתני' כנִפְטְרוּ זִקְנֵי יְרוּשָׁלַיִם וְהָלְכוּ לָהֶן, לזִקְנֵי אוֹתָהּ הָעִיר מְבִיאִין עֶגְלַת בָּקָר אֲשֶׁר מלֹא מָשְׁכָה בְּעוֹל, נוְאֵין הַמּוּם פּוֹסֵל בָּהּ, סוּמוֹרִידִין אוֹתָהּ לְנַחַל אֵיתָן. אֵיתָן – כְּמַשְׁמָעוֹ, קָשֶׁה. אע"פ שֶׁאֵינוֹ אֵיתָן – כָּשֵׁר. נוְעוֹרְפִין אוֹתָהּ בְּקוֹפִיץ מֵאֲחוֹרֶיהָ. סוּמְקוֹמָהּ אָסוּר מִלִּזְרוֹעַ וּמִלַּעֲבוֹד, וּמוּתָּר לִסְרוֹק שָׁם פִּשְׁתָּן וּלְנַקֵּר שָׁם אֲבָנִים. עזִקְנֵי אוֹתָהּ הָעִיר רוֹחֲצִין אֶת יְדֵיהֶן בְּמַיִם בִּמְקוֹם עֲרִיפָה שֶׁל עֶגְלָה, וְאוֹמְרִים °"יָדֵינוּ לֹא שָׁפְכָה אֶת הַדָּם הַזֶּה וְעֵינֵינוּ לֹא רָאוּ". *וְכִי עַל דַּעְתֵּינוּ עָלְתָה שֶׁזִּקְנֵי ב"ד שׁוֹפְכֵי דָמִים הֵן? פאֶלָּא, שֶׁלֹּא בָא (א) עַל יָדֵינוּ וּפְטַרְנוּהוּ (בְּלֹא מָזוֹן), וְלֹא רְאִינוּהוּ וְהִנַּחְנוּהוּ (בְּלֹא לְוָיָה). וְהַכֹּהֲנִים

תְּנִיתוּהָ. לַחֲדָא מִינַּיְיהוּ, דִּפְלוּגְתָּא הִיא בְּטָמוּן. אֲבָל צָף לֹא פָּשַׁט לָהּ מִינָּהּ, דְּהָא אוֹקִימְנָא טַעְמָא דְּעֶלְיוֹן מִשּׁוּם דְּאַחֲזִיק בֵּיהּ הוּא, וְצָף לָא יָדְעִינַן מַאי הָוֵי עֲלָהּ. סַבְרוּהָ. רַבָּנַן דְּבֵי מִדְרָשָׁא, דְּבָעוּ לְמִיפְשַׁט מִינָּהּ דִּפְלוּגְתָּא בְּטָמוּן דְּמִין בְּמִינוֹ הוּא, דְּהָנֵי תַּנָּאֵי, אֲפִילּוּ תַּנָּא קַמָּא דְּאָמַר תַּחְתּוֹן שִׁכְחָה – כְּר' יְהוּדָה סְבִירָא לֵיהּ, דְּאָמַר "בַּשָּׂדֶה" – פְּרָט לְטָמוּן, וְטַעְמָא מִשּׁוּם דְּמִין בְּמִינוֹ לָא הָוֵי טָמוּן. חָלָל. לֹא מִקְרֵי אֶלָּא בִּכְלִי בַּרְזֶל, כְּעֵין חֶרֶב. בְּכוּלָּן. וַאֲפִי' מְפַרְפֵּר, צָף וְטָמוּן, וְתָלוּי. וּמוּטָּל בָּאַשְׁפָּה. דְּלָא הָוֵי צָף וְלֹא טָמוּן, וְלֹא תָּלוּי וַאֲפִי' הָכִי אֵין עוֹרְפִין, דְּחָלָל קָבָּעֵי. אַלְמָא קְרָא כִּדְכְתִיב בָּעֵית. חָלָל יְתֵירָא כְּתִיב. "הַקְּרוֹבִים אֶל הֶחָלָל", וְעוֹד חֲלָלִים טוּבָא, לְמִדְרַשׁ: חָלָל דַּוְקָא וְלֹא חָנוּק. פְּרָט לְמָצוּי. תָּדִיר, כְּגוֹן סְפָר, אוֹ עִיר שֶׁרוּבָּהּ נָכְרִים. קמ"ל כִּדְתַנְיָא כו'. וְהָכִי קָאָמַר: נִמְצָא סָמוּךְ לְעִיר שֶׁאֵין בָּהּ ב"ד – אֵין מוֹדְדִין לָהּ, אֶלָּא לְעִיר שֶׁיֵּשׁ בָּהּ ב"ד מוֹדְדִין, אֵיזוֹ הִיא עִיר שֶׁיֵּשׁ בָּהּ ב"ד קְרוֹבָה לוֹ. וְאִי לָא הֲדַר תַּנְיָא – הֲוָה אָמִינָא אֵין מוֹדְדִין כְּלָל. ת"ל וְלָקְחוּ זִקְנֵי הָעִיר מִכָּל מָקוֹם. דְּהַאי "הָעִיר" קְרָא יְתֵירָא הוּא, דְּמָצֵי לְמִכְתַּב (ב) "וְהָיְתָה הָעִיר הַקְּרוֹבָה אֶל הֶחָלָל וְלָקְחוּ זְקֵנֶיהָ עֶגְלַת בָּקָר". מתני' מְכוּוָּן. מְלוּמְצָם, שֶׁאֵין זוֹ קְרוֹבָה לוֹ מִזּוֹ אֲפִי' כִּמְלֹא חוּט. וְאֵין יְרוּשָׁלַיִם כו'. מְפָרֵשׁ טַעְמָא בַּגְּמָ'. מוֹלִיכִין הָרֹאשׁ אֵצֶל הַגּוּף. בַּגְּמָ' מְפָרֵשׁ לְמַאי הִלְכְתָא מוֹלִיכִין. גמ' אֶפְשָׁר לְצַמְצֵם. אֶפְשָׁר לְכַוֵּין הַמִּדָּה, וֶאֱמֶת מָדְדוּ – שֶׁאֵין זוֹ קְרוֹבָה לוֹ מִזּוֹ כְּלָל, וְהָווּ לְהוּ שְׁתֵּיהֶן קְרוֹבוֹת. וְקָסָבַר. נַמִי: "קְרוֹבָה" דִּכְתִיב בִּקְרָא – אֲפִילּוּ קְרוֹבוֹת בְּמַשְׁמַע, כְּמוֹ "וּבְהֵמָה רַבָּה" (יונה ד). דְּאִם"ד אִי אֶפְשָׁר לְצַמְצֵם – אֵין כָּאן קְרוֹבָה אֶלָּא אַחַת, וַאֲנַן הוּא דְּלָא יָדְעִינַן הֵי מִינַּיְיהוּ, וַהֲוָה לֵיהּ לְמֵימַר: (ג) יָבִיאוּ עֶגְלָה בְּשׁוּתָּפוּת וְיַתְנוּ: אִם שֶׁלָּנוּ קְרוֹבָה – חֶלְקְכֶם יְהֵא קָנוּי לָנוּ, וְאִם עִירְכֶם קְרוֹבָה – חֶלְקֵנוּ יְהֵא קָנוּי לָכֶם. אִילֵימָא לְעִנְיַן מְדִידָה. קָאָמַר: יָבִיאוּ הָרֹאשׁ אֵצֶל הַגּוּף, דְּמִמָּקוֹם שֶׁנִּמְצָא הַגּוּף שָׁם צָרִיךְ לִמְדּוֹד, וְיָבִיאוּ הָרֹאשׁ לְכָאן – וְהָא מִדְּקָתָנֵי כו'. קָנָה מְקוֹמוֹ. לְקוֹבְרוֹ שָׁם. דְּזֶה אֶחָד מִי' תְּנָאִים שֶׁהִתְנָה יְהוֹשֻׁעַ, בְּפֶרֶק "מְרוּבָּה" (ב"ק דף פא.). עִיקַּר חִיּוּתָא כו'. הִלְכָּךְ עִיקַּר חָלָל מִיקְרֵי, וּמוֹדְדִין מִינֵּיהּ, כִּדְכְתִיב: "אֶל הֶעָרִים אֲשֶׁר סְבִיבוֹת הֶחָלָל". אַתָּה גוֹזִי. אַתָּה מֵרָאשֵׁי, יָצַרְתָּ רָאשֵׁי תְּחִילָּה. דְּגוֹזִי לִישָּׁנָא דְּרֵישָׁא, כְּמוֹ "גָּזִּי נִזְרֵךְ" – שְׂעַר רֹאשֵׁךְ תִּלְשִׁי וְגַלִּי רֹאשֵׁךְ. אֲפִילּוּ תֵּימָא אַבָּא שָׁאוּל. כְּר' עֲקִיבָא סְבִירָא לֵיהּ. מ"ט דְּרַבִּי אֱלִיעֶזֶר בֶּן יַעֲקֹב. דְּאָמַר: מִן הַצַּוָּאר הוּא קָרוּי חָלָל. דִּכְתִיב אֶל צַוְּארֵי חַלְלֵי רְשָׁעִים. וְהִלְכָּךְ מִמֶּנּוּ מוֹדְדִין, כִּדְכְתִיב "אֶל הֶחָלָל". מתני' נִפְטְרוּ זִקְנֵי יְרוּשָׁלַיִם כו'. שֶׁאֵין עֲלֵיהֶם אֶלָּא לִמְדּוֹד, כִּדְכְתִיב: "וְיָצְאוּ זְקֵנֶיךָ וְשֹׁפְטֶיךָ וּמָדְדוּ". וְאע"פ שֶׁאֵינוֹ אֵיתָן כָּשֵׁר. דְּלָא כְּתִיב בֵּיהּ עִיכּוּבָא, וְלֹא נֶאֱמַר אֶלָּא לְמִצְוָה. בְּקוֹפִיץ. כְּמִין סַכִּין גָּדוֹל. מֵאֲחוֹרֶיהָ. מִמּוּל עָרְפָּהּ. מְקוֹמָהּ אָסוּר. לְעוֹלָם. וּמוּתָּר לִסְרוֹק שָׁם פִּשְׁתָּן. דַּוְקָא נָקַט עֲבוֹדָה שֶׁאֵינָהּ בְּגוּפָהּ שֶׁל קַרְקַע, כִּדְמְפָרֵשׁ בַּגְּמָרָא. לֹא בָא לְיָדֵינוּ וּפְטַרְנוּהוּ. בַּגְּמָ' מְפָרֵשׁ: "בְּלֹא מְזוֹנוֹת". וְהַיְינוּ "יָדֵינוּ לֹא שָׁפְכוּ" – לֹא נֶהֱרַג עַל יָדֵינוּ שֶׁפְּטַרְנוּהוּ בְּלֹא מְזוֹנוֹת וְהוּצְרַךְ לְלַסְטֵם אֶת הַבְּרִיּוֹת, וְעַל (ד) כָּךְ נֶהֱרַג. לֹא רְאִינוּהוּ וְהִנַּחְנוּהוּ. יְחִידִי בְּלֹא חֲבוּרָה, וְהַיְינוּ "וְעֵינֵינוּ לֹא רָאוּ".

הגהות הב"ח

(א) גמ' שלא בא לידינו כצ"ל ותיבת על נמחק: (ב) רש"י ד"ה ת"ל וכו' למכתב והיה העיר: (ג) ד"ה וקסבר וכו' והוה (והוה) ליה למימר יביאו נ"ב הכי איתא בפ' שני דבכורות דף יח: (ד) ד"ה לא בא וכו' ועל ידי כך נהרג:

גליון הש"ס

גמ' דכתיב כי ימצא פרט למצוי. עיין סנהדרין דף פ"ו ע"א תד"ה מונמלא: **שם** ומודדין לעיר שיש בה ב"ד. עיין ב"ב דף כג ע"ב תד"ה בדליכא: **שם** אבא שאול אומר מטבורו. עיין נדה דף כה ע"א תד"ה תחלת: **שם** זקני אותה העיר. עיין באר שבע הוריות דף ג ע"ב ד"ה ה"נ מסתברא: **רש"י** ד"ה וקסבר כו' כמו ובהמה רבה. עיין קידושין דף יח ע"א ברש"י ד"ה טובא משמע ועיין תמורה דף ט ע"א:

עין משפט נר מצוה

טז א מיי' פ"ט מה' רוצח הלכה יא:
יז ב מיי' שם הלכה ה:
יח ג מיי' שם הלכה ח:
יט ד מיי' שם הלכה ד ח ופ"ז מהל' בית הבחירה הלכה יד:
כ ה ו מיי' פ"ט מהל' רוצח הלכה ט:
כא ז מיי' שם הלכה ד ופ"ד מהל' עבודת כוכבים הל' ד ופ"ז מהל' בית הבחירה הל' יד ופי"ד מהל' טומאת צרעת הלכה יא:
כב ח מיי' פ"ה מהל' נזקי ממון הל' ג ופ"ח מה' טומאת מת הלכה ז טור ח"מ סימן רעד:
כג ט מיי' פ"ט מהל' רוצח הלכה ט י:
כד י מיי' שם הלכה ב סמג עשין עח:
כה כ מיי' שם פ"י הל' ג:
כו ל מיי' שם הלכה ב:
כז מ נ מיי' שם פ"ט הלכה ב ג סמג שם:
כח ס מיי' שם פ"י הלכה ט:
כט ע פ מיי' שם פ"ט הלכה ג:

מסורת הש"ס

[סנהדרין פו. ועי' תוס' שם ד"ה מונמלא ערכין לג:]
דברים כא
בכורות יז: תוספתא דנגעים פ"א
סנהדרין פח. ובכמה דוכתי
[יומא כג: ב"ק פב:]
דברים כא
[יומא יב. מגילה כו.]
ב"ק פא. [עירובין יז. סנהדרין מז:]
[יומא פה.]
תהלים עא
ירמיה ז
בראשית ז
יחזקאל כא
דברים כא
לעיל לח:
[בירושלמי ובע"י לא גרסי' וכ"ה ברש"י כאן ועי' תוי"ט]

דברים כא

והכהנים *אומרים: "כפר לעמך ישראל אשר פדית [ה'] ואל תתן דם נקי בקרב עמך ישראל". לא היו צריכין לומר "ונכפר להם הדם", אלא רוח הקודש מבשרתן: אימתי שתעשו ככה – הדם מתכפר להם.§ גמ' ויהא מום פוסל בעגלה מקל וחומר: ומה פרה שאין השנים פוסלות בה – מום פוסל בה, עגלה ששנים פוסלות בה – אינו דין שיהא מום פוסל בה! שאני התם, דאמר קרא: "אשר אין בה מום", בה – מום פוסל, ואין מום פוסל בעגלה. אלא מעתה, לא יהו שאר עבודות פוסלות בה, אלמה א"ר יהודה אמר רב: *הניח עליה עודה של שקין – פסולה, ובעגלה עד שתמשוך! שאני פרה, דילפינן "עול" "עול" מעגלה. עגלה נמי, תיתי "עול" "עול" מפרה! הא מיעט רחמנא "בה". בעגלה נמי כתיב "בה"! ההוא מיבעי ליה למעוטי קדשים, דלא פסלה בהו עבודה. סלקא דעתך אמינא ליתי בק"ו מעגלה: ומה עגלה שאין מום פוסל בה – עבודה פוסלת בה, קדשים שמום פוסלת בהן – אינו דין שעבודה פוסלת בהן? איכא למיפרך: מה לעגלה – שכן שנים פוסלות בה. אטו קדשים מי ליכא דפסלי בהו שנים? כי איצטריך קרא – להנך קדשים דפסלה בהו שנים. וקדשים דלא פסלה בהו עבודה מהכא נפקא? מהתם נפקא: "עורת או שבור או חרוץ או יבלת או גרב או ילפת לא תקריבו אלה לה'", אלה אי אתה מקריב, אבל אתה מקריב קדשים שנעבדה בהן עבודה! איצטריך, סד"א: ה"מ – היכא דעבד בהן עבודת היתר, אבל עבודת איסור – אימא ליתסרו, צריכא. והא נמי מהכא נפקא: "ומיד בן נכר לא תקריבו את לחם אלהיכם מכל אלה", אלה אי אתה מקריב, אבל אתה מקריב קדשים שנעבדה בהן עבודה! איצטריך, ס"ד אמינא: הני מילי – היכא דעבד בהן כשהן חולין, אבל עבד בהן כשהן קדשים – אימא ליתסרו, צריכא. גופא, אמר רב יהודה אמר רב: הניח עליה עודה של שקין – פסולה, ובעגלה – עד שתמשוך. מיתיבי: "עול" – אין לי אלא עול, שאר עבודות מנין? אמרת, ק"ו: ומה עגלה שאין מום פוסל בה – שאר עבודות פוסלות בה, פרה שמום פוסל בה – אינו דין ששאר עבודות פוסלין בה? ואם נפשך לומר: נאמר כאן "עול" ונאמר להלן "עול", מה להלן שאר עבודות פוסלות בה – אף כאן שאר עבודות פוסלות. מאי "אם נפשך לומר"? וכי תימא: איכא למיפרך; מה לעגלה שכן שנים פוסלות בה, אי נמי קדשים יוכיחו, שמום פוסל בהן ואין עבודה פוסלת בהן – נאמר כאן "עול" ונאמר להלן "עול", מה להלן שאר עבודות – אף כאן שאר עבודות. וממקום שבאתה; מה להלן עד שתמשוך – אף כאן עד שתמשוך! תנאי היא, דאיכא דמייתי לה מעגלה, איכא דמייתי לה מגופה דפרה. דתניא: "עול" – אין לי אלא עול, שאר עבודות מנין – ת"ל: "אשר לא עלה עליה עול" מכל מקום. (במדבר יט) אם כן מה ת"ל "עול" – עול פוסל בין בשעת עבודה בין שלא בשעת עבודה, שאר עבודות אין פוסלות אלא בשעת עבודה. ואימא: "אשר לא עלה עליה" – כלל, "עול" – פרט, כלל ופרט אין בכלל אלא מה שבפרט, עול – אין, מידי אחרינא – לא! "אשר" – רבויא הוא. ותניא נמי גבי עגלה כי האי גוונא: "עול" – אין לי אלא עול, שאר עבודות מנין – ת"ל: "אשר לא עובד בה" מ"מ. (דברים כא) א"כ מה ת"ל "עול" – עול פוסל בין בשעת עבודה בין שלא בשעת עבודה, שאר עבודות אין פוסלות אלא בשעת עבודה. ואימא "אשר לא עובד בה" – כלל, "עול" – פרט, כלל ופרט אין בכלל אלא מה שבפרט, עול – אין, מידי אחרינא – לא! "אשר" – רבויא הוא. א"ר אבהו, בעי מיניה מר' יוחנן: משיכת עול בכמה? א"ל: כמלא עול. איבעיא להו: לארכו או לרחבו? אמר להו ההוא מרבנן, ור' יעקב שמיה: לדידי מפרשא לי מיניה דרבי יוחנן: משיכת עול לרחבו, טפח. ולימא טפח! הא קמ"ל: שיעורא דעול – טפח הוי. למאי נפקא מינה – למקח וממכר. א"ר יוחנן בן שאול: מפני מה אמרה תורה: הביא עגלה בנחל? אמר הקב"ה: יבא דבר שלא עשה פירות, ויערף במקום שאין עושה פירות, ויכפר על מי שלא הניחו לעשות פירות. מאי פירות? אילימא פריה ורביה – אלא מעתה אזקן ואסרים ה"נ דלא ערפינן?! אלא מצות.§ "ומורידין אותה אל נחל איתן". איתן כמשמעו, קשה.§ [ר"ה יא. וש"נ] תנו רבנן: מנין *לאיתן שהוא קשה – שנאמר: איתן

(מראי מקומות בגליון: דברים כא; שם במדבר יט; ויקרא כב; שם; במדבר יט; דברים כא; [ר"ה יא. וש"נ])

רש"י

והכהנים אומרים. כדכתיב לעיל: "ונגשו הכהנים בני לוי", ולא פירש על (א) מי הם נגשים. ולא היו צריכים לומר ונכפר להם הדם. כלומר: "ונכפר" דכתיב בקרא – לאו א"וענו ואמרו" קאי, שיהא אף זה בכלל אמירה, אלא מילתא באנפי נפשה היא, שרוח הקודש בישר את ישראל ע"י משה רבינו: לכשיעשו כן – "ונכפר להם הדם". גמ' עגלה. בת שנתה היא, ואם עברה שנתה – פסולה. דכל מקום שנאמר בתורה עגל סתם – בן שנה הוא, *דיליף מ"ועגל וכבש (ב) בן שנה". פרה אדומה. אין שיעור לשנותיה. מום פוסל בה. דכתיב בפרה אדומה: "אין בה מום" (במדבר יט). בה. מיעוט. אלא מעתה. דכל היכא דכתב "בה" – מיעוטא הוא, ולא גמרינן מיניה בקל וחומר. לא יהו שאר עבודות פוסלות. בפרה, דהא "עול" בלבד כתיב בה. אלא דגמר לה בק"ו מעגלה, דכתיב (דברים כא): "אשר לא עובד בה" – כל עבודות במשמע. ואי "בה" מיעוטא – לא נגמר מיניה! אלמה אמר רב יהודה הניח. על פרה: עודה של שקין – אגודה של שקין, פסולה, ואע"ג דלאו עול הוא, ובעלייה לחודיה מיפסלא, כדכתיב בפרה במלאכת עול האמורה בה "אשר לא עלה" – בעלייה לחודה, ואפילו שלא משכה. ובעגלה עד שתמשוך. שתטלטל המשא מעט, דבעגלה כתיב "אשר לא משכה", ולקמן פריך: כיון דשאר עבודות בפרה לא כתיבי, ומעגלה ילפינן – אמאי מיפסל בעלייה לחודה דשאר משאוי שאינו עול ממש? מ"מ שמע מינה דגמר פרה מעגלה בק"ו בשאר עבודות, ואע"ג דכתיב בה מיעוטא. שאני פרה דילפינן עול עול. וכיון דגזירה שוה מופנה היא – הוה ליה כמאן דכתיב בגופה. ומיעוטא ד"בה" דריש ליה לדרשא אחרינא כדלקמן. עגלה נמי תיתי עול עול מפרה. למום. למעוטי קדשים דלא פסלה בהו עבודה. מהקרבה. אבל פרה לא ממעטא דאתיא מג"ש. מי ליכא דפסלי בהו שנים. והרי פסח וחטאת דכתיב בהו "בני שנתן", וכי איצטריך "בה" למעטינהו מפסול עבודה – להכי איצטריך, דאי לא מעטינהו – הוו גמרי בקל וחומר מעגלה. שנעבדה בהן עבודה גרסי'. עבודת איסור. כגון בשבת, או בכלאים בשור וחמור. עבודת איסור נמי מהאי קרא נפקא. דכיון דתרי קראי כתיבי – על כרחך חד מינייהו לעבודת איסור! עול. גבי פרה תניא. שאר עבודות פוסלות בה. דכתיב: "אשר לא עובד בה". ואם נפשך לומר. ואם יש לך להשיב על ק"ו זה – בא ולמד בג"ש: נאמר כאן "עול" כו'. מאי אם נפשך לומר. מאי הוה לך למיפרך, דשבקה תנא לאורחיה ויליף בגזירה שוה? נאמר כאן כו'. והאי "עול" יתירא הוא, דהא בכלל שאר עבודות הוא. וממקום שבאת. לאו תנא קתני לה, אלא תיובתיה קא מפרש ואזיל גמרא דקא מותיב לרב יהודה, דאמר לעיל שאר משאות פוסל בפרה בעלייה בעלמא: והא כיון דשאר משאוי בפרה לא כתיב, ומעגלה יליף לה בגזירה שוה – וממקום שבאת משם יש לך ללמוד נמי, דמה עגלה עד שתמשוך – אף פרה בשאר משאות, דילפינן מעגלה – עד שתמשוך!. ת"ל אשר לא עלה עליה עול מ"מ. דריש ליה: בלא עול, מדלא כתיב "אשר לא עלה עול עליה". ותו הדר כתיב "עול" לדרשא, כדדרשינא ואזיל. א"כ כו' שלא בשעת עבודה. ואפילו הניחו עליה להקל משא מידו, ולא למשוך. אלא בשעת עבודה. כלומר שעבודה זו לצורך היא. אבל אקראי בעלמא, שהניח שק עליה ולא להוליכו, אלא אקראי ואותיב לא פסלה. משיכת עול. לפסול בעגלה. שאינו עושה פירות. עגלה בת שנתה לא ילדה. במקום שאין עושה פירות. נחל איתן קשה. שלא הניחוהו. שהרגוהו.
איתן

(מראי מקומות בגליון: יומא לז.; [ר"ה י.]; ע"ז כג.)

עין משפט נר מצוה

ל א ב מיי' פ"ט מהל' רוצח הלכה ג סמג עשין סח:
לא ג מיי' פ"א מהל' פרה אדומה הלכה א סמג עשין רלב רלג:
לב ד מיי' שם הלכה ז:
לג ה מיי' פ"י מהלכות רוצח הלכה ב:
לד ו ז ח מיי' פ"א מהל' פרה אדומה הלכה ז:
לה ט מיי' פ"א מהל' איסורי מזבח הלכ' א:
לו י כ מיי' פ"א מהל' פרה אדומה הלכ' ז:
לז ל נ מיי' פ"י מהל' רוצח הלכה ג:

הגהות הב"ח

(א) רש"י ד"ה והכהנים וכו' על מה הם: (ב) ד"ה עגלה וכו' וכבש בני שנה:

תורה אור

°"איתן מושבך ושים בסלע קנך" ואומר °"שמעו הרים את ריב ה' והאיתנים מוסדי ארץ". אחרים אומרים: מנין לאיתן שהוא ישן — שנאמר: °"גוי איתן הוא גוי מעולם הוא".§ "ועורפין אותה בקופיץ מאחוריה".§ מ"ט — גמר "עריפה" "עריפה" מחטאת העוף.§ "ומקומה אסור מלזרוע ומליעבד".§ ת"ר: °"אשר לא יעבד בו ולא יזרע" — לשעבר, דברי רבי יאשיה. רבי יונתן אומר: להבא. *רבא אמר: להבא — דכ"ע לא פליגי, דכתיב "ולא יזרע". כי פליגי — לשעבר; רבי יאשיה סבר: מי כתיב "ולא (א) יעובד"? ורבי יונתן: מי כתיב "אשר לא נעבד"? ורבי יאשיה: "אשר" — לשעבר משמע, ור' יונתן: "אשר" רבויא הוא.§ "ומותר לסרוק שם פשתן ולנקר שם אבנים".§ ת"ר: "אשר לא יעבד בו ולא יזרע". אין לי אלא זריעה, שאר עבודות מנין — תלמוד לומר: "אשר לא יעבד בו" — מכל מקום. אם כן מה ת"ל "ולא יזרע" — לומר לך: מה זריעה מיוחדת שהיא בגופה של קרקע — אף כל שהיא בגופה של קרקע, יצא סריקת פשתן וניקור אבנים שאינן בגופה של קרקע. ואימא: "אשר לא יעבד בו" — כלל, "ולא יזרע" — פרט, כלל ופרט — אין בכלל אלא מה שבפרט, זריעה — אין, מידי אחרינא — לא! "אשר" רבויא הוא.§ "זקני העיר רוחצין ידיהן" כו'.§ ת"ר: °"וכל זקני העיר ההיא הקרובים אל החלל ירחצו את ידיהם על העגלה הערופה בנחל". שאין ת"ל "הערופה", ומה ת"ל "הערופה" — על מקום עריפתה של עגלה. "ואמרו ידינו לא שפכו את הדם הזה ועינינו לא ראו". וכי על לבנו עלתה שב"ד שופכין דמים? אלא, לא בא לידינו ופטרנוהו — בלא מזונות, ולא ראינוהו והנחנוהו — בלא לויה. תניא, היה ר"מ אומר: אכופין ללויה, ששכר הלויה אין לה שיעור, שנאמר: °"ויראו השומרים איש יוצא מן העיר ויאמרו לו הראנו נא את מבוא העיר ועשינו עמך חסד", וכתיב: "ויראם את מבוא העיר", ומה חסד עשו עמו — שכל אותה העיר הרגו לפי חרב, ואותו האיש ומשפחתו שלחו. °"וילך האיש ארץ החתים ויבן עיר ויקרא שמה לוז היא שמה עד היום הזה", תניא: היא לוז שצובעין בה תכלת, היא לוז שבא סנחריב ולא בלבלה, נבוכדנצר ולא החריבה, ואף מלאך המות אין לו רשות לעבור בה. אלא זקנים שבה, בזמן שדעתן קצה עליהן — יוצאין חוץ לחומה והן מתים. והלא דברים ק"ו: ומה כנעני זה שלא דיבר בפיו, ולא הלך ברגליו — גרם הצלה לו ולזרעו עד סוף כל הדורות, מי שעושה לויה ברגליו — על אחת כמה וכמה. במה הראה להם? חזקיה אמר: בפיו עקם להם, ר' יוחנן אמר: באצבעו הראה להם. תניא כוותיה דר' יוחנן: בשביל שכנעני זה הראה באצבעו — גרם הצלה לו ולזרעו עד סוף כל הדורות. *אמר רבי יהושע בן לוי: המהלך בדרך ואין לו לויה — יעסוק בתורה, שנאמר: °"כי לוית חן הם לראשך וענקים לגרגרותיך". ואמר ר' יהושע בן לוי: בשביל ארבעה פסיעות שלוה פרעה לאברהם, שנאמר: °"ויצו עליו פרעה אנשים" וגו' — נשתעבד בבניו ארבע מאות שנה, שנאמר: °"ועבדום וענו אותם ארבע מאות שנה". אמר רב יהודה אמר רב: כל המלוה את חבירו ארבע אמות בעיר — אינו ניזוק. רבינא אלוייה לרבא בר יצחק ד' אמות בעיר, מטא לידיה היזיקא ואיתציל. ת"ר: [ב]הרב לתלמיד — עד עיבורה של עיר, חבר לחבר — עד תחום שבת, תלמיד לרב — אין לו שיעור. וכמה? א"ר ששת: [ג]עד פרסה. ולא אמרן אלא רבו שאינו מובהק, [ד]אבל רבו מובהק — שלשה פרסאות. *רב כהנא אלוייה לרב שימי בר אשי מפום נהרא עד בי ציניתא דבבל. כי מטו התם אמר ליה: ודאי דאמריתו הני ציניתא דבבל משני אדם הראשון איתנהו? א"ל: אדכרתן מלתא דאמר רבי יוסי בר' חנינא: מאי דכתיב: °"בארץ לא עבר בה איש ולא ישב אדם שם", וכי מאחר שלא עבר — היכן ישב, (ומאחר שלא ישב — היכן עבר)? אלא, ארץ שגזר עליה אדם הראשון לישוב — נתישבה, ארץ שלא גזר עליה אדם הראשון — לא נתישבה. *רב מרדכי אלוייה לרב אשי מהגרוניא ועד בי כיפי, ואמרי לה עד בי דורא. אמר רבי יוחנן משום רבי מאיר: [ה]כל שאינו מלוה ומתלוה — כאילו שופך דמים. שאילמלי ליווהו אנשי יריחו לאלישע לא גירה דובים לתינוקות, שנאמר: °"ויעל משם בית אל והוא עלה בדרך ונערים קטנים יצאו מן העיר ויתקלסו בו ויאמרו לו עלה קרח עלה קרח", אמרו לו: עלה, שהקרחת עלינו את המקום. מאי "ונערים קטנים"? אמר ר' אלעזר: *שמנוערים מן המצות, קטנים — שהיו מקטני אמנה. תנא: נערים היו ובזבזו עצמן כקטנים. מתקיף לה רב יוסף: *ודלמא על שם מקומן? מי לא כתיב: °"וארם יצאו גדודים וישבו מארץ ישראל נערה קטנה", וקשיא לן: נערה וקטנה? ואמר ר' פדת: קטנה דמן נעורן! התם לא מפרש מקומה, הכא — מפורש מקומן. °"ויפן אחריו ויראם ויקללם בשם ה'". מה ראה? אמר רב: ראה ממש, כדתניא, רבן שמעון בן גמליאל אומר: *כל מקום שנתנו חכמים עיניהם — או מיתה או עוני, ושמואל אמר: ראה שכולן נתעברה בהן אמן ביום הכיפורים, ורבי יצחק נפחא אמר: בלורית ראה להן כגוים, ורבי יוחנן אמר: ראה שלא היתה בהן לחלוחית של מצוה. ודלמא בזרעייהו ניהוה הוה! אמר רבי אלעזר: לא בם ולא בזרעם, עד סוף כל הדורות.§ °"ותצאנה שתים דובים מן היער ותבקענה מהם ארבעים ושני ילדים".

רב

איתן מושבך ושים בסלע קנך. אלמא איתן הוא סלע. מוסדי ארץ. הם הרים, וכל הר — של אבנים הוא. שהוא ישן. ולא שהובא קרקעיתו מחדש מקרקע אחריתי. גוי מעולם הוא. היינו ישן. מחטאת עוף. דכתיב בה "ממול ערפו" (ויקרא ה). כולי עלמא לא פליגי. דהא כתיב "ולא יזרע" — משמע להבא, מדלא כתיב "ואשר לא יזרע", דלהוי משמע לשעבר: *מי כתיב ולא יעבד. אי הוה כתיב "אל נחל איתן ולא יעבד בו" — הוה משמע להבא, אבל השתא דכתיב (ג) "לא יעבד" — משמע לשעבר, ד"אשר" לאו לשון נוטה הוא. אשר לשעבר משמע. אע"ג ד"לא יעבד" להבא משמע — הני מילי בלאו "אשר", אבל השתא דכתיב "אשר" — על כרחיך מוכח עליה דלשעבר הוא. רבויא הוא. לא בא אלא לרבות כל עבודות כדלקמן, דלא תדרשיה בכלל ופרט. כופין ללויה. כופין את מי שאינו רוצה ללוות את חבירו לדרך, שילוהו. ויקרא שמה לוז. סיפיה דקרא "היא שמה עד היום הזה", ומיניה יליף דלא נתבלבלה ולא חרבה, כדאמרינן: *כל מקום שנאמר "עד היום הזה" — לעולם ולעולמי עולמים

הוא. שלא דבר בפיו. דלא כתיב אלא "ויראם" — באצבעו או בעקמימות שפתים, כדלקמן. ולזרעו. כדאמרינן שאין מלאך המות שולט בהם. שליוהו פרעה. כדכתיב: "ויצו עליו פרעה אנשים וישלחו אותו". אינו ניזוק. אותו היוצא לדרך. עד עיבורה של עיר. שהוא יוצא ממנה, והוא כבית החיצון שבתוך שבעים אמה ושירים לבתי העיר. בי ציניתא דבבל. מקום הוא ובו דקלים הרבה. כמו ליפי הר הברזל (סוכה דף כט:). לא נתיישב. והיינו "לא ישב אדם שם" — לא גזר אדם הראשון יישוב שם. והיינו דאמרי אינשי: איתנהו משני אדם הראשון, שגזר עליו אדם הראשון, יישוב דקלים ולא יישוב אחר. שהקרחת עלינו את המקום. שכשהיו המים רעים היתה פרנסתינו להביא מים ולמכור. מקטני אמנה. שהיו דואגים שפסקה פרנסתם בשביל שנתרפאו המים. ודלמא. קטנים ממש הוו, ועל שם מקומם נקראו נערים — שהיו מן נעורן? הכא מפרש מקומן. יריחו.

ליהוו

לח א ב ג ד מיי' פי"ד מהל' אבל הלכה ג סמג עשין ב:
לט ה מיי' שם הלכה ב:

עי' במהרש"א

[יומא נג. ע"ש ובע"ג]

חולין ה.

הגהות הב"ח

(א) גמ' ר' יאשיה סבר מי כתיב ולא יעבד אשר לא יעבד כתיב ור' יונתן סבר מי כתיב אשר לא נעבד אשר לא יעבד כתיב ור' יאשיה אשר לשעבר: (ב) רש"י ד"ה מי כתיב וכו' השתא דכתיב אשר לא יעבד:

במדבר כד | מיכה ו | ירמיה ה | דברים כא

[נ"ל אמר רבא כ"ל בילקוט]

שם | שופטים א | שם | עירובין נג. | משלי א | בראשית יב | שם טו | ברכות לא. | ירמיה ב | כ"א ל"ג | [ברכות לא. ע"ש] | מלכים ב ב | [חגיגה יז.] | מלכים ב ה | שם ב | חגיגה ה: מ"ק יז: נדרי ז: | מלכים ב ב

רב ושמואל; חד אמר: נס, וחד אמר: נס בתוך נס. מאן דאמר נס – יער הוה, דובים לא הוו. מ"ד נס בתוך נס – לא יער הוה ולא דובים הוו. וליהוי דובים ולא ליהוי יער? דבעיתי. אמר רבי חנינא: בשביל ארבעים ושנים קרבנות שהקריב בלק מלך מואב הובקעו מישראל ארבעים ושנים ילדים. איני? והאמר רב יהודה אמר רב:* לעולם יעסוק אדם בתורה ובמצות, ואע"פ שלא לשמה, שמתוך שלא לשמה – בא לשמה. שבשכר ארבעים ושנים קרבנות שהקריב בלק מלך מואב זכה ויצתה ממנו רות *שיצא ממנו שלמה, שכתוב ביה: °"אלף עולות יעלה שלמה". *ואמר רבי יוסי בן חוני: רות בתו של עגלון בנו של בלק היתה! תאוותו מיהא לקללה הוי. °"ויאמרו אנשי העיר אל אלישע הנה נא מושב העיר טוב כאשר אדוני רואה" וגו'. וכי מאחר דמים רעים וארץ משכלת, אלא מה טובתה? אמר רבי חנין: חן מקום על יושביו. אמר רבי *יוחנן: שלשה חינות הן: חן מקום על יושביו, חן אשה על בעלה, חן מקח על *מקחו. *תנו רבנן: שלשה חלאין חלה אלישע: אחד שגירה דובים בתינוקות, ואחד שדחפו לגחזי בשתי ידים, ואחד שמת בו, שנאמר: °"ואלישע חלה את חליו אשר ימות בו". תנו רבנן: *לעולם תהא שמאל דוחה וימין מקרבת. לא כאלישע שדחפו לגחזי בשתי ידיו, ולא כיהושע בן פרחיה שדחפו לישו הנוצרי בשתי ידיו. אלישע מאי היא – דכתיב: °"ויאמר נעמן הואל קח ככרים", וכתיב: "ויאמר אליו לא לבי הלך כאשר הפך איש מעל מרכבתו לקראתך העת לקחת את הכסף ולקחת בגדים וזיתים וכרמים וצאן ובקר ועבדים ושפחות?" ומי שקיל כולי האי? כסף ובגדים הוא דשקיל! אמר ר' יצחק: באותה שעה היה אלישע עוסק בשמנה שרצים, אמר לו: רשע, הגיע עת ליטול שכר שמנה שרצים "וצרעת נעמן תדבק בך ובזרעך לעולם". °"וארבעה אנשים היו מצורעים", אמר רבי יוחנן: זה גחזי ושלשת בניו. *°"וילך אלישע דמשק". למה הלך? אמר ר' יוחנן: שהלך להחזירו לגחזי בתשובה ולא חזר. אמר לו: חזור בך. אמר לו: כך מקובלני ממך: *כל מי שחטא והחטיא את הרבים – אין מספיקין בידו לעשות תשובה. מאי עבד? איכא דאמרי: אבן שואבת תלה לו לחטאת ירבעם והעמידו בין שמים לארץ, ואיכא דאמרי: שם חקק לה אפומה, והיתה אומרת "אנכי" ו"לא יהיה לך", ואיכא דאמרי: רבנן דחה מקמיה, דכתיב: °"ויאמרו בני הנביאים אל אלישע הנה נא המקום אשר אנחנו יושבים שם לפניך צר ממנו", מכלל דעד האידנא לא הוה דחיק. יהושע בן פרחיה מאי היא – כדהוה קא קטיל ינאי מלכא לרבנן, שמעון בן שטח אטמינהו אחתיה, ר' יהושע בן פרחיה אזל ערק לאלכסנדריא של מצרים. כי הוה שלמא שלח ליה שמעון בן שטח: מני ירושלים עיר הקודש לך אלכסנדריא של מצרים: אחותי! בעלי שרוי בתוכך ואני יושבת שוממה. אמר: ש"מ הוה ליה שלמא. כי אתא אקלע לההוא אושפיזא, קם קמייהו ביקרא שפיר, עבדי ליה יקרא טובא. יתיב וקא משתבח: כמה נאה אכסניא זו! א"ל ישו הנוצרי: רבי, עיניה טרוטות. א"ל: רשע, בכך אתה עוסק? אפיק ארבע מאה שיפורי ושמתיה. כל יומא אתא לקמיה ולא קבליה. יומא חד הוה קרי קריאת שמע, אתא לקמיה. הוה בדעתיה לקבוליה, אחוי ליה בידיה. סבר מדחא דחי ליה, אזל זקף לבינתא פלחא. אמר ליה: חזור בך! א"ל: כך מקובלני ממך: כל החוטא ומחטיא את הרבים – אין מספיקין בידו לעשות תשובה. דאמר מר: ישו הנוצרי כישף והסית והדיח והחטיא את ישראל. תניא, רבי שמעון בן אלעזר אומר: יצר, תינוק, ואשה – תהא שמאל דוחה וימין מקרבת.§ **מתני'** [א]נמצא ההורג עד שלא *נערפה העגלה – תצא ותרעה בעדר. [ב]משנערפה העגלה – תקבר במקומה, שעל ספק באתה מתחילתה, כיפרה ספיקה והלכה לה. [ג]נערפה העגלה ואחר כך נמצא ההורג – הרי זה יהרג. [ד]עד אחד אומר "ראיתי את ההורג" ועד אחד אומר "לא ראית", אשה אומרת "ראיתי" ואשה אומרת "לא ראית" – היו עורפין. [ה]עד אחד אומר "ראיתי" ושנים אומרים "לא ראית" – היו עורפין. [ו]שנים אומרים "ראינו", ואחד אומר להן "לא ראיתם" – לא היו עורפין. [ז]משרבו הרוצחנין בטלה עגלה ערופה. משבא אליעזר בן דינאי, ותחינה בן פרישה *היה נקרא, חזרו לקרותו בן הרצחן. [ח]משרבו המנאפים פסקו המים המרים. ורבי יוחנן בן זכאי הפסיקן, שנאמר: °"לא אפקוד על בנותיכם כי תזנינה ועל כלותיכם כי תנאפנה כי הם" וגו'. [ט]משמת יוסי *בן יועזר איש צרידה ויוסי בן (א) יהודה איש ירושלים בטלו האשכולות, שנאמר: °"אין אשכול לאכול בכורה אותה נפשי". *יוחנן כהן גדול העביר הודיית המעשר. אף הוא בטל את המעוררין ואת הנוקפין.

עד

ליהוו דובים ולא ליהוו יער. מאי עבד ליה יער דקרית ליה נס? דבעיתי. הדובים להתגרות בהם כשאין מקום קרוב להם לנוס ולהתחבאות, וכשהן קרובים ליער – יוצאין בהבטחה. זכה ויצתה ממנו רות. שיצאו ממנה דוד ושלמה שהרבו להקריב קרבנות. אלמא: זה היה שכרו. לקללה הוה. למעט את ישראל, ואותה כוונה כאן נתקיימה. ואלא מאי טיבותיה. דמקום, הואיל והמים רעים והארץ משכלת? חן מקום על יושביו. ואפילו הוא רע – נראה להם טוב. חן האשה. תמיד על בעלה, ואפי' היא מכוערת – נושאת חן בעיניו. אחד שגירה דובים. בעון שגירה דובים בתינוקות. חלה. חד, "את חליו" – תרי, וחד – "אשר ימות בו". מי שקיל כולי האי. בהאי קרא כתיב שמנה דברים: כסף ובגדים וצאן ובקר ועבדים ושפחות וזיתים וכרמים. כסף ובגדים הוא דשקל. דכתיב: "ויצר ככרים כסף בשני חריטים ושתי חליפות בגדים". בשמנה שרצים. בפרק "שמנה שרצים" (שבת קז.). הגיע עת ליטול שכר. תורתך בעולם הזה. אבן שואבת. שמגבהת את המתכת מן הארץ ומעמידתו באויר. [וע"י אותו אבן העמיד העגלים של ירבעם באויר]. רבנן דחה. דוחה היה את התלמידים מפני אלישע כשהיה משמש לפניו. דכתיב לאחר שפירש ממנו: "המקום אשר אנחנו יושבין" בית המדרש של רבנן – "צר ממנו", שנתוספו התלמידים שהיה גחזי דוחה. ינאי מלכא קטליה לרבנן. כדאמרינן בקידושין ב"האומר לשלוחו" (דף סו.). בעלי שרוי בתוכך. נשיא היה, כדאמרינן בחגיגה (דף טז:). קם קמייהו שפיר. כיבדתו. אכסניא זו יפה. במעשיה. טרוטות. עגולות. בכך אתה עוסק. מסתכל באשת איש. אחוי ליה בידיה. שיקבלנו. יצר. של תשמיש, תקרבנו בימין – שלא יקוץ בפריה ורביה, וכן תינוק – פן יברח ויאבד את עצמו, ואשה – אף היא דעתה קלה, ואם ירדפוה תלך לתרבות רעה. **מתני'** תצא ותרעה בעדר. כשאר חולין. והאי תנא לית ליה הא דאמרינן בכמה דוכתי: עגלה ערופה נאסרה מחיים, וירידתה לנחל איתן אוסרתה. ובמסכת כריתות מוקמינן לה למילתא בפלוגתא דתנאי בפרק בתרא (דף כה.). כיפרה ספיקה. היא עשתה את שלה, ואם לא נמצא ההורג – נתכפר הספק. ולכשנמצא – נעשה ודאי, ויהרג. ומיהו היא באיסור הנאה דידה קיימא, דכפרה כתיב בה כקדשים. שנים אומרים ראינו לא היו עורפין. דהא נודע מי הכהו, ואע"פ שאינו עכשיו בפנינו לדונו. בטלה עגלה ערופה. שהרי מכירין (הן) כהן מי הרגיל בהן להרוג. לא אפקוד. על ניאוף נשותיכם לבודקן. ומפני מה – "על בנותיכם כי תזנינה", ועוד "כי הם עם הזונות יפרדו" – הם עצמן נואפין כפרדים הללו. האשכולות. מפרש בגמרא: שהכל בהן. עד ימיהן לא היה מחלוקת בחכמי ישראל, כולן היו אומרים דברים כנתינתן למשה מסיני, והן הראשונים שנחלקו בסמיכת קרבנות ביו"ט, כדאמרינן בחגיגה (דף טז.), והוא היה מחלוקת ראשון שהיה בישראל בדברי תורה. העביר הודיית המעשר. שלא יהיו מתוודין "בערתי הקדש" כו'. ובגמרא מפרש טעמא. עוררין ונוקפין. בגמרא מפרש טעמא.

עד

תורה אור: מלכים א ג; שם ב כ; שם יג; מלכים ב ה; שם ז; שם ח; שם ו; הושע ד; מיכה ז

מסורת הש"ס: סנהדרין קה: פסחים נ: ערכין טז. לעיל כב: הוריות י: נזיר כג: | [הך מילתא שיצא ממנו וכו' יעלה שלמה ליתא בכל אותן מקומות הנרשמים בציוני לעיל כב: פסחים נ: וכו'] | [נ"ל לוקחו ערוך ערך חנא א] | [סנהדרין קז: ע"ש] | [נ"ל ויבא] | [יומא פז. וש"נ] | כריתות כה. חולין פב. | [נ"ל בן פרישה עי' כתו"ט] | תמורה טו: [ע"ש] | מעשר שני פ"ה מט"ו

[נזיר כג: ע"ש סנהדרין קה: ע"ש הוריות י: ע"ש] | גי' הערוך חנינא | סנהדרין קז: [ב"מ פז.]

עין משפט נר מצוה:
מ א ב ג מיי' פ"י מהל' רוצח הלכה ח:
מא ד מיי' שם פ"ט הלכה יג:
מב ה ו מיי' שם הלכ' יד:
מג ז מיי' שם הלכ' יב:
מד ח מיי' פ"ג מהל' סוטה הלכה יט:

הגהות הב"ח
(א) גמ' ויוסי בן (יהודה) תז"מ. ונ"ב ס"א יוחנן:

מה א מיי' פ"ט מהל' רוצח הלכה יא יב:
מו ב מיי' שם הלכ' יג:
מז ג מיי' שם הלכ' יד טו:
מח ד מיי' פי"א מהל' מעשר שני הלכ' יג:

*עד יָמָיו הָיָה פַּטִּישׁ מַכֶּה בִּירוּשָׁלַיִם, וּבְיָמָיו א"צ לִשְׁאוֹל עַל הַדְּמַאי.§ **גמ'** ת"ר: מִנַּיִן שֶׁאִם *נֶעֶרְפָה הָעֶגְלָה וְאח"כ נִמְצָא הַהוֹרֵג, שֶׁאֵין פּוֹטֶרֶת אוֹתוֹ — ת"ל: °"וְלָאָרֶץ לֹא יְכוּפַּר לַדָּם אֲשֶׁר שֻׁפַּךְ בָּהּ כִּי אִם בְּדַם שֹׁפְכוֹ".§ "עֵד אֶחָד אוֹמֵר רָאִיתִי אֶת הַהוֹרֵג" כו'.§ טַעֲמָא — דְּמַכְחִישׁ לֵיהּ, הָא לָא מַכְחִישׁ לֵיהּ — עֵד אֶחָד מְהֵימַן. מְנָהָנֵי מִילֵּי? דְּת"ר: °"לֹא *נוֹדַע מִי הִכָּהוּ", אהָא נוֹדַע מִי הִכָּהוּ, אֲפִילּוּ אֶחָד בְּסוֹף הָעוֹלָם — לֹא הָיוּ עוֹרְפִין. רַבִּי עֲקִיבָא אוֹמֵר: מִנַּיִן לְסַנְהֶדְרִין שֶׁרָאוּ אֶחָד שֶׁהָרַג אֶת הַנֶּפֶשׁ וְאֵין מַכִּירִין אוֹתוֹ, שֶׁלֹּא הָיוּ עוֹרְפִין — ת"ל: °"וְעֵינֵינוּ לֹא רָאוּ", וַהֲלֹא רָאוּ. הָשְׁתָּא דְּאָמְרַתְּ עֵד אֶחָד מְהֵימַן, אִידָךְ חַד הֵיכִי מָצֵי מַכְחִישׁ לֵיהּ? וְהָאָמַר עוּלָּא: כָּל מָקוֹם *שֶׁהֶאֱמִינָה תּוֹרָה עֵד אֶחָד — הֲרֵי כָּאן שְׁנַיִם, וְאֵין דְּבָרָיו שֶׁל אֶחָד בִּמְקוֹם שְׁנַיִם! אָמַר לָךְ עוּלָּא: תְּנֵי: לֹא הָיוּ עוֹרְפִין. וְכֵן א"ר יִצְחָק: תְּנֵי: לֹא הָיוּ עוֹרְפִין. וְר' חִיָּיא אָמַר: תְּנֵי: הָיוּ עוֹרְפִין. וּלְרַבִּי חִיָּיא קַשְׁיָא דְּעוּלָּא! לָא קַשְׁיָא; בכָּאן — בְּבַת אַחַת, כָּאן — בְּזֶה אַחַר זֶה. תְּנַן: עֵד אֶחָד אוֹמֵר "רָאִיתִי אֶת הַהוֹרֵג" וּשְׁנַיִם אוֹמְרִים "לֹא רָאִיתָ" — הָיוּ עוֹרְפִין. הָא חַד וְחַד — לֹא הָיוּ עוֹרְפִין, תְּיוּבְתָּא דְּרַבִּי חִיָּיא. וְלִיטַעֲמִיךְ אֵימָא סֵיפָא: שְׁנַיִם אוֹמְרִים "רָאִינוּ" וְעֵד אֶחָד אוֹמֵר "לֹא רְאִיתֶם" — לֹא הָיוּ עוֹרְפִין, הָא חַד וְחַד — הָיוּ עוֹרְפִין! אֶלָּא, מַתְנִי' כּוּלָּהּ בִּפְסוּלֵי עֵדוּת, וּכְדְרַבִּי נְחֶמְיָה דְּאָמַר: *כָּל מָקוֹם שֶׁהֶאֱמִינָה תּוֹרָה עֵד אֶחָד — הַלֵּךְ אַחַר רוֹב דֵּעוֹת, וְעָשׂוּ שְׁתֵּי נָשִׁים בְּאִישׁ אֶחָד כִּשְׁנֵי אֲנָשִׁים בְּאִישׁ אֶחָד. וְאִיכָּא דְּאָמְרִי: גכָּל הֵיכָא דַּאֲתָא עֵד אֶחָד כָּשֵׁר מֵעִיקָּרָא — אֲפִילּוּ *מֵאָה נָשִׁים כִּי אֶחָד דָּמְיָין, וְהָכָא בְּמַאי עָסְקִינַן — כְּגוֹן דַּאֲתַאי אִשָּׁה מֵעִיקָּרָא. וְתִרְצָה לִדְרַבִּי נְחֶמְיָה הָכִי; רַבִּי נְחֶמְיָה אוֹמֵר: כָּל מָקוֹם שֶׁהֶאֱמִינָה תּוֹרָה עֵד אֶחָד — הַלֵּךְ אַחַר רוֹב דֵּעוֹת, וְעָשׂוּ שְׁתֵּי נָשִׁים בְּאִשָּׁה אַחַת כִּשְׁנֵי אֲנָשִׁים בְּאִישׁ אֶחָד. אֲבָל שְׁתֵּי נָשִׁים בְּאִישׁ אֶחָד — כִּי פַּלְגָא וּפַלְגָא דָּמֵי. וְתַרְתֵּי פְּסוּלֵי עֵדוּת לָמָּה לִי? מַהוּ דְּתֵימָא: כִּי אָזְלִינַן בָּתַר רוֹב דֵּעוֹת — לְחוּמְרָא, אֲבָל לְקוּלָּא — לָא, קמ"ל.§ "מִשֶּׁרַבּוּ הָרוֹצְחִין" כו'.§ ת"ר: *מִשֶּׁרַבּוּ הָרוֹצְחָנִין בָּטְלָה עֶגְלָה עֲרוּפָה לְפִי שֶׁאֵינָהּ בָּאָה אֶלָּא עַל הַסָּפֵק; מִשֶּׁרַבּוּ הָרוֹצְחָנִין בְּגָלוּי בָּטְלָה עֶגְלָה עֲרוּפָה.§ "מִשֶּׁרַבּוּ הַנּוֹאֲפִין" כו'.§ *ת"ר: °"וְנִקָּה הָאִישׁ מֵעָוֹן", בִּזְמַן שֶׁהָאִישׁ מְנוּקֶּה מֵעָוֹן — הַמַּיִם בּוֹדְקִין אֶת אִשְׁתּוֹ, אֵין הָאִישׁ מְנוּקֶּה מֵעָוֹן — אֵין הַמַּיִם בּוֹדְקִין אֶת אִשְׁתּוֹ. וְאוֹמֵר °"לֹא אֶפְקוֹד עַל בְּנוֹתֵיכֶם כִּי תִזְנֶינָה" כו'. מַאי "וְאוֹמֵר"? וְכִי תֵּימָא: עֲוֹן דִּידֵיהּ — אִין, דִּבְנֵיהּ וּדְבְנָתֵיהּ — לָא, תָּא שְׁמַע: "לֹא אֶפְקוֹד עַל בְּנוֹתֵיכֶם כִּי תִזְנֶינָה וְעַל כַּלּוֹתֵיכֶם כִּי תְנָאַפְנָה". וְכִי תֵּימָא: עֲוֹן אֵשֶׁת אִישׁ — אִין, עֲוֹן דִּפְנוּיָה — לָא, ת"ש: "כִּי הֵם עִם הַזּוֹנוֹת יְפָרֵדוּ וְעִם הַקְּדֵשׁוֹת יְזַבֵּחוּ" וגו'. מַאי "וְעָם לֹא יָבִין *יִלָּבֵט"? אָמַר רַבִּי אֶלְעָזָר: אָמַר לָהֶם נָבִיא לְיִשְׂרָאֵל: אִם אַתֶּם מַקְפִּידִין עַל עַצְמְכֶם — מַיִם בּוֹדְקִין נְשׁוֹתֵיכֶם, וְאִם לָאו — אֵין הַמַּיִם בּוֹדְקִין נְשׁוֹתֵיכֶם. "מִשֶּׁרַבּוּ בַּעֲלֵי הֲנָאָה — נִתְעַוְּותוּ הַדִּינִין, וְנִתְקַלְקְלוּ הַמַּעֲשִׂים, וְאֵין נוֹחַ בָּעוֹלָם. מִשֶּׁרַבּוּ רוֹאֵי פָּנִים בַּדִּין — בָּטַל °"לֹא תָגוּרוּ", וּפָסַק "לֹא תַכִּירוּ", וּפָרְקוּ עוֹל שָׁמַיִם וְנָתְנוּ עֲלֵיהֶם עוֹל בָּשָׂר וָדָם. מִשֶּׁרַבּוּ לוֹחֲשֵׁי לְחִישׁוֹת בַּדִּין — רַבָּה חֲרוֹן אַף בְּיִשְׂרָאֵל, וְנִסְתַּלְּקָה הַשְּׁכִינָה, מִשּׁוּם שֶׁנֶּאֱמַר: *°"בְּקֶרֶב אֱלֹהִים יִשְׁפּוֹט". מִשֶּׁרַבּוּ °"אַחֲרֵי בִצְעָם לִבָּם הוֹלֵךְ" — רַבּוּ °"הָאוֹמְרִים לָרַע טוֹב וְלַטּוֹב רָע", מִשֶּׁרַבּוּ הָאוֹמְרִים לָרַע טוֹב וְלַטּוֹב רָע — רַבּוּ "הוֹי הוֹי" בָּעוֹלָם. מִשֶּׁרַבּוּ מוֹשְׁכֵי הָרוֹק — רַבּוּ הַיְּהִירִים, וְנִתְמַעֲטוּ הַתַּלְמִידִים, וְהַתּוֹרָה חוֹזֶרֶת עַל לוֹמְדֶיהָ. מִשֶּׁרַבּוּ הַיְּהִירִים — הִתְחִילוּ בְּנוֹת יִשְׂרָאֵל לְהִנָּשֵׂא לַיְּהִירִים, שֶׁאֵין דּוֹרֵינוּ רוֹאֶה אֶלָּא לְפָנִים. אִינִי?! וְהָאָמַר מָר: הַאי מַאן דְּמִיהַר — *אֲפִילּוּ אֱינָשֵׁי בֵיתֵיהּ לָא מִיקַּבֵּל, שֶׁנֶּאֱמַר: °"גֶּבֶר יָהִיר וְלֹא יִנְוֶה", לֹא יִנְוֶה — אֲפִי' בְּנָוֶה שֶׁלּוֹ! מֵעִיקָּרָא קָפְצָה עֲלֵיהּ, לְסוֹף מִיתְזִיל עֲלַיְיהוּ. מִשֶּׁרַבּוּ מְטִילֵי מְלַאי עַל בַּעֲלֵי בָתִּים — רַבָּה הַשּׁוֹחַד וְהַטָּיַית מִשְׁפָּט, וּפָסְקָה טוֹבָה. מִשֶּׁרַבּוּ "מְקַבְּלֵנִי טוֹבָתְךָ" וּ"מַחֲזִקְנִי טוֹבוֹתֶיךָ" — רַבּוּ °"אִישׁ הַיָּשָׁר בְּעֵינָיו יַעֲשֶׂה", שְׁפָלִים הוּגְבְּהוּ וְהַגְּבוֹהִים הוּשְׁפָּלוּ, וּמַלְכוּתָא אָזְלָא וְנָוְלָא. מִשֶּׁרַבּוּ צָרֵי עַיִן וְטוֹרְפֵי טֶרֶף — רַבּוּ מְאַמְּצֵי הַלֵּב וְקוֹפְצֵי יָדַיִם מִלְּהַלְווֹת, וְעָבְרוּ עַל מַה שֶּׁכָּתוּב בַּתּוֹרָה °"הִשָּׁמֶר לְךָ פֶּן" וגו'. מִשֶּׁרַבּוּ °"נְטוּיוֹת גָּרוֹן וּמְשַׂקְּרוֹת עֵינַיִם" — רַבּוּ מֵי הַמָּרִים, אֶלָּא שֶׁפָּסְקוּ. מִשֶּׁרַבּוּ מְקַבְּלֵי מַתָּנוֹת — נִתְמַעֲטוּ הַיָּמִים וְנִתְקַצְּרוּ הַשָּׁנִים, דִּכְתִיב: °"וְשׂוֹנֵא מַתָּנוֹת יִחְיֶה". *מִשֶּׁרַבּוּ זְחוּחֵי הַלֵּב — רַבּוּ מַחֲלוֹקֶת בְּיִשְׂרָאֵל. *מִשֶּׁרַבּוּ תַּלְמִידֵי שַׁמַּאי וְהִלֵּל שֶׁלֹּא שִׁמְּשׁוּ כָּל צוֹרְכָּן — רַבּוּ מַחֲלוֹקֶת בְּיִשְׂרָאֵל, וְנַעֲשֵׂית תּוֹרָה כִּשְׁתֵּי תוֹרוֹת. מִשֶּׁרַבּוּ מְקַבְּלֵי צְדָקָה מִן הַגּוֹיִם — הָיוּ יִשְׂרָאֵל לְמַעְלָה וְהֵם לְמַטָּה, יִשְׂרָאֵל לְפָנִים וְהֵם לְאָחוֹר.§ "מִשֶּׁמֵּת יוֹסֵי בֶּן יוֹעֶזֶר" כו'.§ מַאי אֶשְׁכּוֹלוֹת? *אָמַר רַב יְהוּדָה אָמַר שְׁמוּאֵל: אִישׁ שֶׁהַכֹּל בּוֹ.§ "יוֹחָנָן כֹּהֵן גָּדוֹל הֶעֱבִיר הוֹדָיַית הַמַּעֲשֵׂר" כו'.§ מ"ט? אָמַר רַבִּי יוֹסֵי בַּר' חֲנִינָא: דלְפִי שֶׁאֵין נוֹתְנִין אוֹתוֹ כְּתִיקּוּנוֹ, דְּרַחֲמָנָא אָמַר דְּיָהֲבֵי לַלְוִיִּם, וַאֲנַן

רש"י

עַד יָמָיו הָיָה פַּטִּישׁ מַכֶּה בִּירוּשָׁלַיִם. בְּבֵית הַנַּפָּחִים בְּחוּלּוֹ שֶׁל מוֹעֵד, לַעֲשׂוֹת מְלֶאכֶת דְּבַר הָאָבֵד שֶׁמּוּתֶּרֶת בַּמּוֹעֵד. וְעָמַד הוּא וְגָזַר עַל הַנַּפָּחִים אֲפִילּוּ בִּדְבַר הָאָבֵד, מִפְּנֵי שֶׁקּוֹלָן נִשְׁמָע לְמֵרָחוֹק, וְאֵין הַכֹּל יוֹדְעִין שֶׁהִיא לִדְבַר הָאָבֵד. וְהָכִי אָמְרִינַן לָהּ בְּמוֹעֵד קָטָן (יא.). כָּל יָמָיו לֹא הוּצְרַךְ אָדָם לִשְׁאֹל לַחֲבֵירוֹ עַל הַדְּמַאי. אִם מְעוּשָּׂר אִם לָאו, שֶׁהוּא הִתְקִין שֶׁיְּהוּ כָּל הַלּוֹקְחִין מֵעַם הָאָרֶץ מְעַשְּׂרִין. **גמ'** אֲפִילּוּ אֶחָד בְּסוֹף הָעוֹלָם. הִכִּיר בּוֹ. וְהָא אָמַר עוּלָּא כו'. סוּגְיָא זוֹ כּוּלָּהּ פֵּירַשְׁתִּיהָ בְּפֶרֶק "מִי שֶׁקִּינֵּא" (לעיל לא:), וְאֵינָהּ חֲלוּקָה כָּאן כְּלוּם. אֶלָּא עַל הַסָּפֵק. וְעַכְשָׁיו יוֹדְעִים אֶת הַהוֹרְגִים מִי הֵם. מְנוּקֶּה מֵעָוֹן. נִיאוּף בְּאִשָּׁה הָאֲסוּרָה לוֹ, בֵּין מִזּוֹ שֶׁנִּסְתְּרָה בֵּין מֵאַחֶרֶת. עֲוֹן דִּבְנֵיהּ וּדְבְנָתֵיהּ. שֶׁהֵם נוֹאֲפִין. לָא. אֵינוֹ מוֹנֵעַ אֶת אִשְׁתּוֹ מִלִּיבָּדֵק. תָּא שְׁמַע לֹא אֶפְקוֹד. לִבְדּוֹק אֶת הַנָּשִׁים, וּמַה טַּעַם — "עַל בְּנוֹתֵיכֶם כִּי תִזְנֶינָה". נִתְעַוְּותוּ הַדִּינִין. דְּמִתּוֹךְ שֶׁהֵם בַּעֲלֵי הֲנָאָה אֵין מַטְרִיחִין עַצְמָן לְעַיֵּין בַּדִּין, וּבְאִיסּוּר וְהֶיתֵּר לְהוֹרוֹת לַצִּיבּוּר, וּמִתּוֹךְ כָּךְ נִתְקַלְקְלוּ מַעֲשֵׂיהֶם. וְכֵיוָן שֶׁכֵּן — אֵין לְהקב"ה נַחַת רוּחַ בְּעוֹלָמוֹ, וְאֵין עוֹלָמוֹ נוֹחַ לוֹ. לוֹחֲשֵׁי לְחִישׁוֹת. עוֹרְכֵי הַדַּיָּינִין, וּמִתְלַחֲשִׁים עִם הַדַּיָּינִין לִפְתּוֹחַ לָהֶם פֶּתַח בִּזְכוּתוֹ שֶׁל זֶה וּבְחוֹבָתוֹ שֶׁל זֶה. רַבָּה חֲרוֹן אַף. שֶׁעַל הַטָּיַית הַמִּשְׁפָּט חֲרוֹן אַף בָּא, שֶׁנֶּאֱמַר (שמות כב): "אִם עַנֵּה תְעַנֶּה אוֹתוֹ וגו' וְחָרָה אַפִּי". נִצָּב בַּעֲדַת אֵל. בִּזְמַן שֶׁ"בְּקֶרֶב אֱלֹהִים יִשְׁפּוֹט". הוֹלְכֵי אַחַר בִּצְעָם. לַהֲנָאָתָם. הָאוֹמְרִים לָרַע טוֹב. שֶׁמְּשַׁבְּחִין אֶת הָרְשָׁעִים. רַבּוּ הוֹי הוֹי. דִּכְתִיב "הוֹי" "הוֹי" בְּהַהִיא פָּרָשָׁה טוּבָא. מוֹשְׁכֵי הָרוֹק. מַאֲרִיכִין הָרוֹק, וּמִדַּת גַּאֲוָה הוּא. וְנִתְמַעֲטוּ הַתַּלְמִידִים. כִּדְקי"ל (קידושין דף מט:): סִימָן לְגַסּוּת הָרוּחַ — עֲנִיּוּת שֶׁל תּוֹרָה. חוֹזֶרֶת עַל לוֹמְדֶיהָ. מְחַזֶּרֶת, אוּלַי תִּמְצָא לוֹמְדֶיהָ. וּלְבַסּוֹף מִתְזִיל עֲלַיְיהוּ. נִמְאָס בְּעֵינֵיהֶם. מְטִילֵי מְלַאי. הַדַּיָּינִים מַטִּילִין מְלַאי פְּרַקְמַטְיָא שֶׁלָּהֶם עַל בַּעֲלֵי בָתִּים הַיּוֹדְעִים בְּטִיב סְחוֹרָה, שֶׁיִּשְׂתַּכְּרוּ הַדַּיָּינִין עַל יָדוֹ. רַבּוּ אִישׁ הַיָּשָׁר בְּעֵינָיו יַעֲשֶׂה. שֶׁהָרוֹאֶה שֶׁהַדַּיָּינִין מַסְבִּירִים לוֹ פָּנִים מִפְּנֵי טוֹבָה שֶׁעָשָׂה לוֹ, וְאֵינוֹ מִתְיָירֵא מֵהֶם. שְׁפָלִים הוּגְבְּהוּ. שֶׁאֵין אֵימַת הַגְּדוֹלִים עַל הַקְּטַנִּים, וְאֵין נִיכָּר בֵּין גָּבוֹהַּ לְשָׁפֵל. וּמַלְכוּתָא. מַלְכוּתָם שֶׁל יִשְׂרָאֵל, אָזְלָא וְנָוְלָא — הוֹלֶכֶת וּמִתְנַוֶּולֶת. צָרֵי עַיִן. מְלַהֲטוֹת אַחֲרֵים בְּמָמוֹנָם. טוֹרְפֵי טֶרֶף. גַּזְלָנִים וּמְאַמְּצֵי הַלֵּב מִן הָעֲנִיִּים לְרַחֵם. רַבּוּ מֵי הַמָּרִים. רַבּוּ הַמְקַנְּאִים לִנְשׁוֹתֵיהֶם, וְהָיָה לַמַּיִם הַמָּרִים לְהַרְבּוֹת. אֶלָּא שֶׁפָּסְקוּ מִלְּהַשְׁקוֹתָם. כִּדְאָמְרִינַן, שֶׁאֵין הַמַּיִם בּוֹדְקִין מִשֶּׁרַבּוּ הַמְנָאֲפִים. זְחוּחֵי הַלֵּב. שֶׁאֵין מַטִּין אֶת אָזְנָם לִשְׁמוֹעַ יָפֶה מִפִּי רַבָּם, וְסוֹמְכִים עַל בִּינָתָם לְדַקְדֵּק שְׁמוּעָתָם. יִשְׂרָאֵל לְפָנִים. כִּינּוּי הוּא. שֶׁהַכֹּל בּוֹ. תּוֹרָה בַּאֲמִתָּהּ, וְאֵין דּוֹפִי וְשִׁכְחָה וּמַחֲלוֹקֶת.

תורה אור

מ"ק יא. | [תוספתא כריתות פ"ד כתובות לז: | יומא כג: | יבמות פח: קיז: כתובות כב: לעיל לא: | יבמות פח: לעיל לא [תוספתא יבמות פי"ד ע"ש | [לעיל לא: וש"נ | [תוס' פי"ד ע"ש כמה וכמה שינויים נכונים] לעיל כח. שבועות ה. קדושין כז: יבמות נח. | [פי' לשון טורח וליאות] | מפרש"י נראה דל"ל ג"כ רישא דקרא אלקים נצב בעדת אל | ב"ב צח. | [חולין ז.] | [סנהדרין פח.] | [תמורה טו: ע"ש]

במדבר לה | דברים כא | שם | במדבר ה | הושע ד | דברים א | תהלים פב | יחזקאל לג | ישעיה ה | חבקוק ב | שופטים יז | דברים טו | ישעיה ג | משלי טו

וַאֲנַן אִיקָא יָהֲבִינַן לַכֹּהֲנִים. וְלוֹדֵי אַשְּׁאָר מַעַשְׂרוֹת! אָמַר רֵישׁ לָקִישׁ: כׇּל בַּיִת שֶׁאֵין מִתְוַדֶּה עַל מַעֲשֵׂר רִאשׁוֹן — שׁוּב אֵין מִתְוַדֶּה עַל שְׁאָר מַעַשְׂרוֹת. מַאי טַעְמָא? אָמַר אַבַּיֵי: הוֹאִיל וּפָתַח בּוֹ הַכָּתוּב תְּחִילָּה. מִכְּלָל דְּאַפְרוּשֵׁי הָווּ מַפְרְשֵׁי? וְהָא תַּנְיָא: אַף הוּא בִּיטֵּל *אֶת הַוִּידּוּי, וְגָזַר עַל הַדְּמַאי. לְפִי שֶׁשָּׁלַח בְּכׇל גְּבוּל יִשְׂרָאֵל וְרָאָה שֶׁאֵין מַפְרִישִׁין אֶלָּא תְּרוּמָה גְּדוֹלָה בִּלְבַד, וּמַעֲשֵׂר רִאשׁוֹן וּמַעֲשֵׂר שֵׁנִי — *מִקְצָתָן מְעַשְּׂרִין וּמִקְצָתָן אֵין מְעַשְּׂרִין, אָמַר לָהֶם: בָּנַי, בּוֹאוּ וְאוֹמַר לָכֶם: כְּשֵׁם שֶׁתְּרוּמָה גְּדוֹלָה יֵשׁ בָּהּ עֲוֹן מִיתָה — כָּךְ תְּרוּמַת מַעֲשֵׂר וְטֶבֶל יֵשׁ בָּהֶן עֲוֹן מִיתָה. עָמַד וְהִתְקִין לָהֶם: הַלּוֹקֵחַ פֵּירוֹת מֵעַ"ה מַפְרִישׁ מֵהֶן מַעֲשֵׂר רִאשׁוֹן וּמַעֲשֵׂר שֵׁנִי; מַעֲשֵׂר רִאשׁוֹן — מַפְרִישׁ מִמֶּנּוּ תְּרוּמַת מַעֲשֵׂר *וְנוֹתְנָהּ לְכֹהֵן. וּמַעֲשֵׂר שֵׁנִי — עוֹלֶה וְאוֹכְלוֹ בִּירוּשָׁלַיִם. מַעֲשֵׂר רִאשׁוֹן וּמַעֲשֵׂר עָנִי — הַמּוֹצִיא מֵחֲבֵירוֹ עָלָיו הָרְאָיָה! תַּרְתֵּי תִּקֵּן: בִּיטֵּל וִידּוּי דַּחֲבֵירִים, וְגָזַר עַל דְּמַאי שֶׁל עַמֵּי הָאָרֶץ. § "וְאַף הוּא בִּיטֵּל אֶת הַמְעוֹרְרִים". § מַאי מְעוֹרְרִים? אָמַר רַחֲבָה: *בְּכׇל יוֹם וָיוֹם שֶׁהָיוּ עוֹמְדִים לְוִיִּם עַל דּוּכָן וְאוֹמְרִים: °"עוּרָה לָמָּה תִישַׁן ה'", אָמַר לָהֶן: וְכִי יֵשׁ שֵׁינָה לִפְנֵי הַמָּקוֹם? וַהֲלֹא כְּבָר נֶאֱמַר: °"הִנֵּה לֹא יָנוּם וְלֹא יִישָׁן שׁוֹמֵר יִשְׂרָאֵל"! אֶלָּא, בִּזְמַן שֶׁיִּשְׂרָאֵל שְׁרוּיִין בְּצַעַר וְגוֹיִם בְּנַחַת וְשַׁלְוָה — לְכָךְ נֶאֱמַר: "עוּרָה לָמָּה תִישַׁן ה'". § "וְאֶת הַנּוֹקְפִים". § מַאי נוֹקְפִים? אָמַר רַב יְהוּדָה אָמַר שְׁמוּאֵל: *שֶׁהָיוּ מְסָרְטִין לָעֵגֶל בֵּין קַרְנָיו כְּדֵי שֶׁיִּפּוֹל דָּם בְּעֵינָיו. אֲתָא אִיהוּ בַּטֵּיל, מִשּׁוּם דְּמִיחֱזֵי כִּי מוּמָא. בְּמַתְנִיתָא תָּנָא: שֶׁהָיוּ חוֹבְטִין אוֹתוֹ בְּמַקְלוֹת, כְּדֶרֶךְ שֶׁעוֹשִׂין אוֹתוֹ לִפְנֵי עֲבוֹדָה זָרָה. אָמַר לָהֶם: עַד מָתַי אַתֶּם מַאֲכִילִין נְבֵילוֹת לַמִּזְבֵּחַ! נְבֵילוֹת?! הָא שָׁחֵיט לְהוּ! אֶלָּא טְרֵיפוֹת, שֶׁמָּא נִיקַּב קְרוּם שֶׁל מוֹחַ. עָמַד וְהִתְקִין לָהֶם טַבָּעוֹת בַּקַּרְקַע. § "עַד יָמָיו הָיָה פַּטִּישׁ מַכֶּה בִּירוּשָׁלַיִם". § בְּחוּלּוֹ שֶׁל מוֹעֵד. § "כׇּל יָמָיו לֹא הָיָה אָדָם צָרִיךְ לִשְׁאוֹל עַל הַדְּמַאי". § כִּדְאָמְרַן. §

מתני' מִשֶּׁבָּטְלָה סַנְהֶדְרִין [ה]בָּטֵל הַשִּׁיר מִבֵּית הַמִּשְׁתָּאוֹת, שֶׁנֶּאֱמַר: °"בַּשִּׁיר לֹא יִשְׁתּוּ יָיִן" וגו'. מִשֶּׁמֵּתוּ נְבִיאִים הָרִאשׁוֹנִים — בָּטְלוּ אוּרִים וְתוּמִּים. מִשֶּׁחָרַב בהמ"ק — בָּטֵל הַשָּׁמִיר, וְנוֹפֶת צוּפִים, וּפָסְקוּ אַנְשֵׁי אֲמָנָה מִיִּשְׂרָאֵל, שֶׁנֶּאֱמַר: °"הוֹשִׁיעָה ה' כִּי גָמַר חָסִיד" וגו'. רשב"ג אוֹמֵר, *הֵעִיד ר' יְהוֹשֻׁעַ: מִיּוֹם שֶׁחָרַב בהמ"ק אֵין יוֹם שֶׁאֵין בּוֹ קְלָלָה, וְלֹא יָרַד הַטַּל לִבְרָכָה, וְנִיטַּל טַעַם הַפֵּירוֹת. ר' יוֹסֵי אוֹמֵר: אַף נִיטַּל שׁוּמַּן הַפֵּירוֹת. ר' שִׁמְעוֹן בֶּן אֶלְעָזָר אוֹמֵר: הַטׇּהֳרָה נָטְלָה אֶת (*הַטַּעַם וְאֶת) הָרֵיחַ, הַמַּעַשְׂרוֹת נָטְלוּ אֶת שׁוּמַּן הַדָּגָן. (א) וַחֲכָמִים אוֹמְרִים: הַזְּנוּת וְהַכְּשָׁפִים כִּילּוּ אֶת הַכֹּל. §

גמ' וּמִמַּאי דְּמִשֶּׁבָּטְלָה סַנְהֶדְרִי כְּתִיב? אָמַר רַב הוּנָא בְּרֵיהּ דְּרַב יְהוֹשֻׁעַ: דְּאָמַר קְרָא °"זְקֵנִים מִשַּׁעַר שָׁבָתוּ בַּחוּרִים מִנְּגִינָתָם". אָמַר רַב: ◦אוּדְנָא דְּשָׁמְעָא זִמְרָא תֵּיעָקַר. אָמַר רָבָא: זִמְרָא בְּבֵיתָא — חוּרְבָּא בְּסִיפָּא, שֶׁנֶּאֱמַר: °"קוֹל יְשׁוֹרֵר בַּחַלּוֹן חֹרֶב בַּסַּף כִּי אַרְזָה עֵרָה". מַאי "כִּי אַרְזָה עֵרָה"? אָמַר ר' יִצְחָק: (ב) *בַּיִת *הַמְסוּבָּךְ בַּאֲרָזִים עִיר הוּא?! אֶלָּא, אֲפִי' בַּיִת *הַמְסוּבָּךְ בַּאֲרָזִים מִתְרוֹעֵעַ. אָמַר רַב אַשִׁי: שְׁמַע מִינַּהּ, כִּי מַתְחִיל חוּרְבָּא — בְּסִיפָּא מַתְחִיל, שֶׁנֶּאֱמַר: "חֹרֶב בַּסַּף", וְאִיבָּעֵית אֵימָא, מֵהָכָא — °"וּשְׁאִיָּה יוּכַּת שָׁעַר". אָמַר מָר בַּר רַב אַשִׁי: לְדִידִי *חֲזֵי לֵיהּ, וּמְנַגַּח כִּי תוֹרָא. אָמַר רַב הוּנָא: זִמְרָא דְּנַגָּדֵי וּדְבַקָּרֵי — שָׁרֵי, *דְּגַרְדָּאֵי — אֲסִיר. רַב הוּנָא בַּטֵּיל זִמְרָא, קָם מְאָה אַוָּזֵי בְּזוּזָא, וּמֵאָה סְאָה חִיטֵּי בְּזוּזָא וְלָא אִיבְּעֵי. אֲתָא רַב חִסְדָּא זַלְזֵיל בֵּיהּ, אִיבְּעָאֵי אַוָּזָא בְּזוּזָא וְלָא מִשְׁתַּכַּח. אָמַר רַב יוֹסֵף: זָמְרֵי גַּבְרֵי וְעָנְיָ נָשֵׁי — פְּרִיצוּתָא, זָמְרֵי נָשֵׁי וְעָנְיָ גַּבְרֵי — כְּאֵשׁ בִּנְעוֹרֶת. לְמַאי נַפְקָא מִינַּהּ — לְבַטּוֹלֵי הָא מִקַּמֵּי הָא. אָמַר ר' יוֹחָנָן: כׇּל הַשּׁוֹתֶה בְּאַרְבָּעָה מִינֵי זֶמֶר — מֵבִיא חָמֵשׁ פּוּרְעָנִיּוֹת לָעוֹלָם, שֶׁנֶּאֱמַר: °"הוֹי מַשְׁכִּימֵי בַבֹּקֶר שֵׁכָר יִרְדֹּפוּ מְאַחֲרֵי בַנֶּשֶׁף יַיִן יַדְלִיקֵם, וְהָיָה כִנּוֹר וָנֶבֶל תֹּף וְחָלִיל וָיַיִן מִשְׁתֵּיהֶם וְאֵת פֹּעַל ה' לֹא יַבִּיטוּ", מַה כְּתִיב אַחֲרָיו: °"לָכֵן גָּלָה עַמִּי מִבְּלִי דָעַת" — שֶׁגּוֹרְמִין גָּלוּת לָעוֹלָם, "וּכְבוֹדוֹ מְתֵי רָעָב" — שֶׁמְּבִיאִין רָעָב לָעוֹלָם, "וַהֲמוֹנוֹ צִחֵה צָמָא" — שֶׁגּוֹרְמִין לַתּוֹרָה שֶׁתִּשְׁתַּכַּח מִלּוֹמְדֶיהָ, °"וַיִּשַּׁח אָדָם וַיִּשְׁפַּל אִישׁ" — שֶׁגּוֹרְמִין שִׁפְלוּת לְשׂוֹנְאוֹ שֶׁל הקב"ה, *וְאֵין "אִישׁ" אֶלָּא הַקָּדוֹשׁ ב"ה, שֶׁנֶּאֱמַר: °"ה' אִישׁ מִלְחָמָה". "וְעֵינֵי גְבֹהִים תִּשְׁפַּלְנָה" — שֶׁגּוֹרְמִין שִׁפְלוּת שֶׁל יִשְׂרָאֵל. וּמַה כְּתִיב אַחֲרָיו — "לָכֵן הִרְחִיבָה

רש"י

וַאֲנַן יָהֲבִי לֵיהּ לַכֹּהֲנִים. דְּקַנְסִינְהוּ עֶזְרָא, כִּדְאָמְרִי' בִּיבָמוֹת (דף פו:). וְכֵיוָן דְּאֵינָן נוֹתְנִין כְּתִקְנָן אֵין יְכוֹלִין לוֹמַר "וְגַם נְתַתִּיו לַלֵּוִי כְּכׇל מִצְוָתְךָ". תְּחִילָּה. "וְנָתַתָּ לַלֵּוִי" — זֶה מַעֲשֵׂר רִאשׁוֹן, "לַגֵּר" — זֶה מַעֲשַׂר עָנִי, "בִּשְׁעָרֶיךָ" — זֶה מַעֲשֵׂר שֵׁנִי, דִּכְתִיב: "לֹא תוּכַל לֶאֱכוֹל בִּשְׁעָרֶיךָ" (דברים יב). אַף הוּא. יוֹחָנָן כֹּהֵן גָּדוֹל. טֶבֶל וּתְרוּמַת מַעֲשֵׂר עֲוֹן מִיתָה. בְּ"אֵלּוּ הֵן הַנִּשְׂרָפִין" (סנהדרין פג.) יָלְפִי' לַהּ. וּכְשֶׁאַתֶּם לוֹקְחִין מֵעַם הָאָרֶץ, וְהֵם לֹא הִפְרִישׁוּ אֶלָּא תְּרוּמָה — עוֹדֶנּוּ טֶבֶל לְמַעַשְׂרוֹת, וְאַתֶּם נֶעֱנָשִׁים מִיתָה. מַפְרִישׁ תְּרוּמַת מַעֲשֵׂר וְנוֹתְנָהּ לַכֹּהֵן. מַפְרִישׁ כׇּל הַמַּעַשְׂרוֹת מִמֶּנָּה לְהוֹצִיא מִידֵי טֶבֶל, וְאַחַר כָּךְ מַפְרִישׁ מִתּוֹךְ מַעֲשֵׂר רִאשׁוֹן תְּרוּמַת מַעֲשֵׂר, מַה שֶׁעַל הַלֵּוִי לְהַפְרִישׁ — וְנוֹתְנוֹ לַכֹּהֵן. מִשּׁוּם דְּאִית בֵּיהּ עֲוֹן מִיתָה אַחְמוּר עֲלַיְיהוּ שֶׁלֹּא לְעַכְּבוּ אֶצְלוֹ וְלִמְכּוֹר לַכֹּהֵן כְּשֵׁם שֶׁהוּא מְעַכֵּב אֶצְלוֹ מַעֲשֵׂר רִאשׁוֹן וּמַעֲשַׂר עָנִי, וְאוֹמֵר: הַמּוֹצִיא מֵחֲבֵירוֹ עָלָיו הָרְאָיָה, גְּזֵירָה דִּלְמָא כִּי מַשְׁהֵי לֵיהּ גַּבֵּיהּ — אָכֵיל לֵיהּ. אֲבָל מַעֲשֵׂר רִאשׁוֹן וּמַעֲשַׂר עָנִי מוּתָּרִים לְזָרִים, וְאֵין בָּהֶן אֶלָּא גֶּזֶל כֹּהֵן, הִלְכָּךְ — הַמּוֹצִיא מֵחֲבֵירוֹ עָלָיו הָרְאָיָה. אַלְמָא אַפְרוּשֵׁי נַמִי לָא הָווּ מַפְרְשֵׁי, וְאַתְּ אָמַרְתְּ לְפִי שֶׁאֵין נוֹתְנִין אוֹתוֹ כְּתִקְנָן, הָא אַפְרוּשֵׁי מַפְרְשֵׁי לֵיהּ. תַּרְתֵּי תַּקִּין. לְעוֹלָם הַעֲבָרַת הוֹדָאוֹת מַעֲשֵׂר מִשּׁוּם שֶׁאֵינָם נוֹתְנִין אוֹתוֹ לַלְוִיִּם הוּא, וְהָא דְּתַנְיָא לְפִי שֶׁשָּׁלַח כו' — לָאו אַבִּיטֵּל אֶת הַוִּידּוּי קָאֵי, אֶלָּא אַגָּזַר עַל הַדְּמַאי קָאֵי. וְתַרְתֵּי תַּקָּנוֹת תִּקֵּן: בִּיטֵּל וִידּוּי שֶׁל חֲבֵרִים, אע"פ שֶׁמַּפְרִישִׁין אוֹתוֹ — לְפִי שֶׁאֵין נוֹתְנִין אוֹתוֹ כְּתִקּוּנוֹ. וְגָזַר עַל הַדְּמַאי עַל לוֹקֵחַ מֵעַם הָאָרֶץ, לְפִי שֶׁשָּׁלַח כו'. מְסָרְטִין. כְּשֶׁהָיוּ רוֹצִין לְהַפִּילוֹ לָאָרֶץ לְשׇׁחֲטוֹ. שֶׁיִּפּוֹל דָּם בְּעֵינָיו. וְאֵינוֹ רוֹאֶה, וְאֵינוֹ מִתְחַזֵּק כׇּל כָּךְ עַל רַגְלָיו. וְנוֹקְפִין — לְשׁוֹן "וְנִקַּף סִבְכֵי הַיַּעַר" (ישעיה י). חוֹבְטִין. לְהַפִּילוֹ לָאָרֶץ. וְנוֹקְפִין — לְשׁוֹן חֲבָטָה וּמַכָּה, כִּדְאָמְרִי': אֵין אָדָם מְנַקֵּף אֲפִי' אֶצְבָּעוֹ, דַּם נִיקּוּף מְרַצֶּה כְּדַם עוֹלָה (חולין דף ז:). טַבָּעוֹת. לְהַכְנִיס צַוַּאר בְּהֵמָה לְתוֹכוֹ. כִּדְאָמְרִינַן. שֶׁתִּיקֵּן שֶׁיְּהוּ כׇּל הַלּוֹקְחִין מַפְרִישִׁין, וְלֹא הָיָה אָדָם צָרִיךְ לִישָּׁאֵל לַחֲבֵירוֹ, חָבֵר שֶׁלָּקַח מֵעַם הָאָרֶץ: הִפְרַשְׁתָּ דְּמַאי? **מתני'** בַּשִּׁיר לֹא יִשְׁתּוּ יָיִן. וּבַגְּמָ' מְפָרֵשׁ מְנָא לָן דְּמִשֶּׁבָּטְלָה סַנְהֶדְרִין הוּא. נְבִיאִים הָרִאשׁוֹנִים. בַּגְּמָרָא מְפָרֵשׁ. נוֹפֶת צוּפִים. מְפָרֵשׁ בַּגְּמָ'. אַנְשֵׁי אֲמָנָה. בּוֹטְחִים בְּהַקָּבָּ"ה וְסוֹמְכִין עָלָיו לַעֲשׂוֹת טוֹב, וְאֵין דּוֹאֲגִין לְחִסָּרוֹן. **גמ'** אָמַר רַב יוֹסֵף. הָכִי קָאָמַר: וְכִי בַּיִת הַמְסוּבָּךְ בַּאֲרָזִים עִיר הוּא שֶׁלֹּא יְהֵא נוֹחַ לֵיחָרֵב?. מִתְרוֹעֵעַ. לְשׁוֹן עֵרָה, כְּמוֹ "עָרוּ עָרוּ" (תהלים קלז). בְּסִיפָּא מַתְחִיל. מֵאִסְקוּפַּת הַבַּיִת וּפְתָחָיו מַתְחִיל. וּשְׁאִיָּה. לְשׁוֹן בַּיִת הַשָּׁאָה מֵאֵין יוֹשֵׁב. וּמִתּוֹךְ כָּךְ שְׂעִירִים מְרַקְּדִים שָׁם, וּמְנַגְּחִין וְכוֹתְתִין אֶת שְׁעָרָיו. זִמְרֵי דְּנַגָּדֵי. מוֹשְׁכֵי סְפִינוֹת בְּחֶבֶל — שָׁרֵי, שֶׁאֵינוֹ אֶלָּא לְזָרְזָם בִּמְלַאכְתָּם. וּדְבַקָּרֵי. שֶׁמְּזַמְּרִין בְּשָׁעָה שֶׁחוֹרְשִׁין, וְאֵינוֹ אֶלָּא לְכַוֵּין אֶת הַשְּׁוָורִים לְתַלְמֵיהֶם, שֶׁהוֹלְכִין לְקוֹל הַשִּׁיר, דְּעָרֵב עֲלֵיהֶם. דְּגַרְדָּאֵי. אֵינוֹ אֶלָּא לִשְׂחוֹק. בָּטֵל זִמְרָא. גָּזַר עַל דּוֹרוֹ שֶׁלֹּא יְזַמְּרוּ בְּבָתֵּיהֶם וּבְבֵית מִשְׁתָּאוֹת. וְלָא אִיבְּעֵי. וְלֹא הָיוּ רוֹצִים לִקְנוֹתָם בְּכָךְ. זַלְזֵיל בָּהּ. וְלֹא הִקְפִּיד לִמְחוֹת בְּיָדָם. כְּאֵשׁ בִּנְעוֹרֶת. לְפִי שֶׁהָעוֹנֶה מַטֶּה אׇזְנוֹ לִשְׁמוֹעַ אֶת הַמְזַמֵּר לַעֲנוֹת אַחֲרָיו, וְנִמְצְאוּ הָאֲנָשִׁים נוֹתְנִים לִבָּם לְקוֹל הַנָּשִׁים. וְקוֹל בְּאִשָּׁה עֶרְוָה, כִּדְכְתִיב: "הַשְׁמִיעִנִי אֶת קוֹלֵךְ" (שיר ב), וּמַבְעִיר אֶת יִצְרוֹ כְּאֵשׁ בִּנְעוֹרֶת. אֲבָל זָמְרֵי גַּבְרֵי וְעָנְיָין נָשֵׁי — קְצָת פְּרִיצוּת יֵשׁ, דְּקוֹל בְּאִשָּׁה עֶרְוָה, אֲבָל אֵינוֹ מַבְעִיר יִצְרוֹ כׇּל כָּךְ, שֶׁאֵין הַמְזַמְּרִים מַטִּים אׇזְנָם לְקוֹל הָעוֹנִים. לְבַטּוֹלֵי הַאי מִקַּמֵּי הַאי. אִם אֵין שׁוֹמְעִין לָנוּ לְבַטֵּל אֶת שְׁנֵיהֶם, נַקְדִּים לְבַטֵּל אֶת זֶה שֶׁהוּא כְּאֵשׁ בִּנְעוֹרֶת. צִחֵה צָמָא. "לָמָּה" (שמות יז) מְתַרְגֵּם צְחוּתָא.

עין משפט נר מצוה

מט א מיי' פ"א מהל' מעשר הלכה ד:
נ ב מיי' פי"א מהלכות מעשר שני הלכה ז יב:
נא ג מיי' פ"ט מהלכ' מעשר הלכה א סמג עשין קלח:
נב ד מיי' שם הלכה ב:
נג ה מיי' פ"ה מהלכות תענית הלכה יד סמג עשין מד"ס ג טור ש"ע א"ח סי' תקס סעיף ג:

מסורת הש"ס

[תוספ' פי"ג] ב"מ ל. יומא ט.
[עי' תוס' שבת יג. ד"ה רבא]
[עי' תוס' יומא ט. ד"ה מעשר]
[תוספתא פי"ג]
תהלים מד
שם קא
[תוס' פי"ג ע"ש]
ישעיה כד
תהלים יב
[בירושלמי ל"ג]
איכה ה
צפניה ב
[עי' הגי' בע"י]
ישעיה כד
ב"ק כא.
שם ה
שם
שם
שמות טו

[במשנה שבמשניות איתא משום ר' יהושע וכ"ה לקמן בפיסקא]
נ"ל המסובך וכ"ה ברש"א
[גיר' הערוך בערך גרד ג' דגלדאי שהן עבדנין מפני שיש בזמר שלהן גדופין אסרן רב הונא]
[לעיל מב: סנהדרין לג. לו:]

הגהות הב"ח

(א) במשנה שומן הדגן (וחכמים אומרים) תא"מ ונ"ב ס"א ל"ג ליה [וכן בירושלמי ליתא]: (ב) גמ' אמר רב יצחק וכי בית:

גליון הש"ס

גמ' אודנא דשמעא. רי"ף פ"ה דברכות:

עין משפט
נר מצוה

נד א מיי' פ"א מהל' בית הבחירה הלכה ח סמג לאוין רל:

נה [ב הסמיט הרמב"ם ומלאתי שהמ"ל פ"ט מהל' כלי המקדש דין ז' תמה על זה]:

תורה אור

הרחיבה שאול נפשה ופערה פיה לבלי חק וירד הדרה והמונה ושאונה ועלז בה".§ "משמתו נביאים הראשונים".§ מאן נביאים הראשונים? אמר רב הונא: זה *דוד ושמואל ושלמה. רב נחמן אמר: בימי דוד, זימנין סליק וזימנין לא סליק, *שהרי שאל צדוק — ועלתה לו, שאל אביתר — ולא עלתה לו, שנאמר: °"ויעל אביתר". (ש"ב טו) מתיב רבה בר שמואל: °"ויהי (דה"ב כו) לדרוש אלהים (א) כל ימי זכריה המבין בראות אלהים". מאי לאו באורים ותומים? לא, בנביאים. ת"ש: משחרב בהמ"ק ראשון בטלו ערי מגרש, ופסקו אורים ותומים, ופסק מלך מבית דוד. ואם לחשך אדם לומר: °"ויאמר (עזרא ב) התרשתא להם אשר לא יאכלו מקדש הקדשים עד עמוד כהן לאורים ותומים" — [אמור לו:] כאדם שאומר לחבירו "עד שיחיו מתים ויבא משיח בן דוד"! אלא אמר רב נחמן בר יצחק: מאן נביאים הראשונים — לאפוקי מחגי זכריה ומלאכי, דאחרונים נינהו. דת"ר: *משמתו חגי זכריה ומלאכי נסתלקה רוח הקודש מישראל, ואע"פ כן היו משתמשים בבת קול. שפעם אחת היו מסובין בעליית בית גוריא ביריחו, נתנה עליהן בת קול מן השמים ואמרה: יש בכם אדם אחד שראוי שתשרה שכינה עליו, אלא שאין דורו ראוי לכך, נתנו עיניהם בהלל הזקן. וכשמת, הספידוהו: הי חסיד, הי עניו, תלמידו של עזרא! ושוב פעם אחרת היו מסובין בעלייה ביבנה, נתנה להן בת קול מן השמים ואמרה להן: יש בכם אדם א' שראוי שתשרה שכינה עליו, אלא שאין דורו זכאין לכך, נתנו עיניהם בשמואל הקטן. וכשמת, הספידוהו: הי עניו, הי חסיד, תלמידו של הלל! ואף הוא אמר בשעת מיתתו: שמעון וישמעאל לחרבא, וחברוהי לקטלא, ושאר עמא לביזא, ועקן סגיאין עתידין למיתי על עמא. ואף על ר' יהודה בן בבא בקשו לומר "הי חסיד, הי עניו", אלא שנטרפה שעה, שאין מספידין על הרוגי מלכות.§ "משחרב בהמ"ק בטל השמיר" כו'.§ ת"ר: *שמיר שבו בנה שלמה את בהמ"ק, שנא': °"והבית בהבנותו אבן שלמה מסע נבנה" — הדברים ככתבן, דברי ר' יהודה. אמר לו ר' נחמיה: וכי אפשר לומר כן? והלא כבר נאמר: °"כל אלה אבנים יקרות וגו' מגוררות במגרה"! אם כן מה ת"ל: "לא נשמע בבית בהבנותו" — אשהיה מתקין מבחוץ ומכניס מבפנים. אמר רבי: נראין דברי רבי יהודה °באבני מקדש, ודברי ר' נחמיה באבני ביתו. ור' נחמיה, שמיר למאי אתא? מיבעי ליה לכדתניא: [ב] אבנים הללו אין כותבין אותן בדיו, משום שנאמר: °"פתוחי חותם", ואין מסרטין עליהם באיזמל, משום שנאמר: "במלואותם". אלא כותב עליהם בדיו ומראה להן שמיר מבחוץ, והן נבקעות מאליהן, כתאינה זו שנבקעת בימות החמה ואינה חסירה כלום, וכבקעה זו שנבקעת בימות הגשמים ואינה חסירה כלום. ת"ר: *שמיר זה — ברייתו כשעורה, ומששת ימי בראשית נברא, ואין כל דבר קשה יכול לעמוד בפניו. במה משמרין אותו — כורכין אותו בספוגין של צמר, ומניחין אותו *באיטני של אבר מליאה סובי שעורין. אמר רבי אמי: °משחרב מקדש ראשון בטלה שירא פרנדא וזכוכית לבנה. תניא נמי הכי: משחרב מקדש ראשון *בטלה שירא פרנדא וזכוכית לבנה ורכב ברזל, וי"א: אף יין קרוש הבא משניר, הדומה כעיגולי דבילה.§ "ונופת צופים".§ מאי נופת צופים? אמר רב: סולת שצפה על גבי נפה, ודומה לעיסה שנילושה בדבש ושמן. ולוי אמר: שתי ככרות הנדבקות בתנור, ותופחות ובאות עד שמגיעות זו לזו. ורבי יהושע בן לוי אמר: זה דבש הבא מן *הציפיא. מאי משמע? כדמתרגם *רב ששת: כמא דנתזן דבריאתה ושייטן ברומי עלמא ומתיין דובשא מעישבי טורא. תנן התם: *כל הנצוק טהור — חוץ מדבש זיפים והצפיחים. מאי זיפים? אמר רבי יוחנן: דבש שמזייפין בו, וריש לקיש אמר: על שם מקומו, כדכתיב: °"זיף וטלם ובעלות". כיוצא בדבר אתה אומר: °"בבא הזיפים ויאמרו לשאול הלא דוד" וגו'. מאי זיפים? אמר רבי יוחנן: בני אדם המזייפין דבריהם, ורבי אלעזר אומר: על שם מקומן, כדכתיב: "זיף וטלם ובעלות".§ "ופסקו אנשי אמנה".§ אמר רבי יצחק: אלו בני אדם שהן מאמינין בהקב"ה. דתניא, רבי אליעזר הגדול אומר: כל מי שיש לו פת בסלו ואומר "מה אוכל למחר" — אינו אלא מקטני אמנה. *והיינו דאמר ר' אלעזר: מאי דכתיב: °"כי מי בז ליום קטנות", מי גרם לצדיקים שיתבזבזו שולחנן לעתיד לבא — קטנות שהיה בהן, שלא האמינו בהקב"ה. רבא אמר: אלו קטני בני רשעי ישראל, שמבזבזין

הרחיבה שאול נפשה. לאחר שהביאו חמש פורעניות הללו לעולם — סופן נופלין בגיהנם. **זימנין סליק.** פעמים (ב) עולים בידם — שנענים, ופעמים שלא עלה בידם. שהרי כשברח דוד מפני אבשלום יצא מירושלים, שאל צדוק באורים ותומים — ועלתה לו, שהשיבוהו, ושאל אביתר — ולא עלתה לו, שנאמר: "ויעל אביתר" — שנסתלק מן הכהונה מפני שלא נענה באורים ותומים. והכי תניא בסדר עולם גבי ארון: וכשברחו מפני אבשלום יצא עמו, עד שעלה במעלה הזיתים ונשאל באורים ותומים, ונסתלק אביתר מן הכהונה גדולה. נכנס צדוק תחתיו, כדכתיב (שמואל ב טו): "ויאמר המלך לצדוק השב את הארון" וגו'. **בימי זכריהו.** והוא בנו של יהוידע, שהיה בימי יואש. **ערי מגרש.** ערי לוים שהטעינן הכתוב מגרשות. **עד עמוד כהן וגו'.** אלמא הוו אורים בבית שני. **אמור לו.** לא שהיו אורים ותומים, אלא כאדם שאומר לחבירו כו'. אלמא כל ימי המקדש ראשון הוו!. **דתניא.** חגי זכריה ומלאכי נקראו אחרונים. **שמעון וישמעאל.** רבן שמעון שהיה נשיא, ורבי ישמעאל בן אלישע (ג) כהן גדול, שהרגתם מלכות יון. **לחרבא.** שעתידין ליהרג בחרב. **לקטלא.** לשאר מיתות, כגון רבי עקיבא שסרקו בשרו במסרקות פיפיות של ברזל, כדאמר בברכות (דף סא:), °ור' חנניה בן תרדיון שנשרף, ורבי יהודה בן בבא בלונביאות של ברזל, כדאמר בסנהדרין (דף יד.). **שאין מספידין על הרוגי מלכות.** מאימת המלך, לפיכך מיתו בידם. **דברים ככתבן.** כמשמען: אבן שלמה מסע — כמה שהסיעה מן ההר, ולא סיתתוה שוב בכלי ברזל. **והלא כבר נאמר מגוררות במגירה וגו'. שמיר למאי אתא.** דאמרי' במס' גיטין (דף סח.) שהביאו שמיר ע"י אשמדאי מלכא דשדאי. **אבנים הללו.** שבאפוד וחשן. **פתוחי חותם.** חקק משמע. **במלואותם.** שיהיו שלמות, שלא יחסרו מהם כלום. **ומראה להם שמיר.** על פני הדיו *כחרין האות. **איטני של אבר.** גובתא — מש"א בלע"ז. **שירא פרנדא.** מין משי הוא. **סולת צפה על גבי נפה.** מרוב שומנה מדבקת בדופני נפה, ודומים לעיסה חיה שנילושה ביין כו'. נופת — דבק הנפה, נופים — שנפה. **שתי ככרות הנדבקות כו'.** שהיתה ברכה מצויה בעיסה, וכשמדבקין ככרות בדופני התנור אחת בדופן זה ואחת בדופן זה שכנגדו, והן תפוחות — אנפלי"ר בלע"ז, עד שמגעת פני זו לזו. כלוף זה שגדל ומתפשט והולך ותולה באויר, כן אלו צפות ותפוחות באויר. **מן הצופים.** ההרים הגבוהים, שמשם צופה למרחוק. **מאי משמע.** מהיכא ילפת שדבש בא מן ההרים?. **כדמתרגם רב יוסף.** "כאשר תעשינה הדבורים"*. **כל הנצוק.** המערה מכלי טהור לכלי טמא — אין הקילוח מקרבן להיות חיבור, לטמא את מה שבתוך הכלי שהוא מערה ממנו. **חוץ מדבש זיפין.** שהוא עב מאד. והרי הוא כמחובר, שכשהקילוח פוסק הוא הולך מלמטה למעלה. והכי אמרינן *במדות. **הצפחת.** ברסק"א בלע"ז, שהן עבות (ד) ונכנסת השעוה עם הדבש. **שמזייפין בו.** מתוך שהוא טוב ועב — מערבין בו מים ויין, ואין נכרות בו. **שמזייפין.** שקרנים והולכי רכיל. **שמאמינים בהקדוש ברוך הוא.** לוותר ממונם לעני הדור מנוה, ולצדקה, ולהוצאת שבתות וימים טובים. **שיתבזו שולחנם לעתיד לבא.** שאין מקבלין שכר שלם, והכי משמע: כי מי בז ליום הבא את הצדיקים. **קטנות.** קטנות אמנה. **קטני רשעי בני ישראל.** שמתו כשהן קטנים. שמבזבזין

הגהות הב"ח

(א) גמ' לדרוש אלהים בימי זכריהו המבין בראות האלהים כצ"ל ותיבת כל נמחק: (ב) רש"י ד"ה זימנין סליק פעמים עולה בידם: (ג) ד"ה שמעון וכו' בן אלישע שהיה כ"ג: (ד) ד"ה הצפחת וכו' עבות ונכנסת השעוה:

גליון הש"ס

גמ' באבני מקדש. עי' במסכת תמיד פ"א ובדברי המפרש שם ד"ה אמר אביי דמתקנן ומייתי מעיקרא: **שם** משחרב מקדש ראשון וכו'. עי' שבת כ ע"ב תד"ה אנן חולין פד ע"ב ד"ה בזוגיתא: **רש"י** ד"ה (ד"ה) לקטלא ור"ח בן תרדיון וכו'. כדאיתא בע"ז דף ח ע"א:

[גיר' הערוך בטני פי' מן ושמת בטנא ערך טן ו']

[נ"ל הצופים וכ"מ בפרש"י וכ"א בתי"ע]

תהלים נד

[נ"ל שנאמר למען אנסנו הילך בתורתי כך איתא בילקוט רמז רכ"ח]

מסורת הש"ס

[ברש"י שבע"י בחרין]

[נ"ל שמואל ודוד כ"א בע"י]

[יומא עג: עי' שם ונ"ע]

דברים א

[נ"ל במכשירין פ"ה מ"ט]

סנהדרין יא. יומא ט. [תוספתא פי"ג]

[תוספתא פט"ו]

מלכים א ו

שם ז

שמות כח

[תוספתא פט"ו ע"ש]

[עי' תוס' שבת כ: ד"ה א ותוס' ב"מ כט: ד"ה בזכוכית וחולין פד: ד"ה בזוגיתא]

ס"א רב יוסף

מכשירין פ"ה מ"ט נזיר

יהושע טו

זכריה ד

תורה אור

שֶׁמְּבַזְבְּזִין דִּין אֲבִיהֶם לֶעָתִיד לָבוֹא. אוֹמְרִים לְפָנָיו: רִבּוֹנוֹ שֶׁל עוֹלָם, מֵאַחַר שֶׁאַתָּה עָתִיד לִיפָּרַע מֵהֶן – לָמָּה הִקְהִיתָה שִׁינֵּיהֶם בָּם? אָמַר ר' אֶילְעָא בַּר יְבֶרֶכְיָה: אִלְמָלֵא תְּפִלָּתוֹ שֶׁל דָּוִד הָיוּ כָּל יִשְׂרָאֵל מוֹכְרֵי רְבָב, שֶׁנֶּאֱמַר: °"שִׁיתָה ה' מוֹרָה לָהֶם". וא"ר אֶילְעָא בַּר יְבֶרֶכְיָה: אִלְמָלֵא תְּפִלָּתוֹ שֶׁל חֲבַקּוּק הָיוּ ב' תַּלְמִידֵי חֲכָמִים מִתְכַּסִּים בְּטַלִּית אַחַת וְעוֹסְקִין בַּתּוֹרָה, שֶׁנֶּאֱמַר: °"ה' שָׁמַעְתִּי שִׁמְעֲךָ יָרֵאתִי ה' פָּעָלְךָ בְּקֶרֶב שָׁנִים חַיֵּיהוּ", אַל תִּקְרָא "בְּקֶרֶב שָׁנִים" אֶלָּא "בְּקָרוֹב שְׁנַיִם". וְאָמַר ר' אֶילְעָא בַּר יְבֶרֶכְיָה: *שְׁנֵי תַלְמִידֵי חֲכָמִים הַמְהַלְּכִין בַּדֶּרֶךְ וְאֵין בֵּינֵיהֶן דִּבְרֵי תוֹרָה – רְאוּיִן לִישָּׂרֵף בָּאֵשׁ, שֶׁנֶּאֱמַר: °"וַיְהִי הֵמָּה הוֹלְכִים הָלוֹךְ וְדַבֵּר וְהִנֵּה רֶכֶב אֵשׁ" וגו'. טַעְמָא – דְּאִיכָּא דִּיבּוּר, הָא לֵיכָּא דִּיבּוּר – רְאוּיִן לִישָּׂרֵף. וא"ר אֶילְעָא בַּר יְבֶרֶכְיָה: שְׁנֵי ת"ח הַדָּרִין בְּעִיר אַחַת וְאֵין נוֹחִין זֶה לָזֶה בַּהֲלָכָה – אֶחָד מֵת וְאֶחָד גּוֹלֶה, שֶׁנֶּאֱמַר: °"לָנוּס שָׁמָּה רוֹצֵחַ אֲשֶׁר יִרְצַח אֶת רֵעֵהוּ בִּבְלִי דַעַת", וְאֵין דַּעַת אֶלָּא תּוֹרָה, שֶׁנֶּאֱמַר: °"נִדְמוּ עַמִּי מִבְּלִי הַדָּעַת". אָמַר ר' יְהוּדָה בְּרֵיהּ דְּר' חִיָּיא: כָּל ת"ח הָעוֹסֵק בַּתּוֹרָה מִתּוֹךְ הַדְּחָק – תְּפִלָּתוֹ נִשְׁמַעַת, שֶׁנֶּאֱמַר °"כִּי עַם בְּצִיּוֹן יֵשֵׁב בִּירוּשָׁלָיִם בָּכוֹ לֹא תִבְכֶּה חָנוֹן יָחְנְךָ לְקוֹל זַעֲקֶךָ כְּשָׁמְעָתוֹ עָנָךְ", וּכְתִיב בַּתְרֵיהּ: °"וְנָתַן (א) ה' לָכֶם לֶחֶם צַר וּמַיִם לָחַץ". ר' אֲבָהוּ אוֹמֵר: מַשְׂבִּיעִין אוֹתוֹ מִזִּיו שְׁכִינָה, שֶׁנֶּאֱמַר: °"וְהָיוּ עֵינֶיךָ רוֹאוֹת אֶת מוֹרֶיךָ". ר' אַחָא בַּר חֲנִינָא אָמַר: אַף אֵין הַפַּרְגּוֹד נִנְעָל בְּפָנָיו, שֶׁנֶּאֱמַר: °"וְלֹא יִכָּנֵף עוֹד מוֹרֶיךָ".§ "רשב"ג אוֹמֵר מִשּׁוּם ר' יְהוֹשֻׁעַ מִיּוֹם שֶׁחָרַב בהמ"ק אֵין" וכו'.§ אָמַר רָבָא: בְּכָל יוֹם וְיוֹם מְרוּבָּה קִלְלָתוֹ מִשֶּׁל חֲבֵירוֹ, שֶׁנֶּאֱמַר: °"בַּבֹּקֶר תֹּאמַר מִי יִתֵּן עֶרֶב וּבָעֶרֶב תֹּאמַר מִי יִתֵּן בֹּקֶר". הֵי בֹּקֶר? אִילֵימָא בֹּקֶר דִּלְמָחָר – מִי יָדַע מַאי הָוֵי? אֶלָּא דְּחָלֵיף. וְאֶלָּא עָלְמָא אַמַּאי קָא מְקַיֵּים? אַקְּדוּשָּׁה דְּסִידְרָא, וְאַ"יְהֵא שְׁמֵיהּ רַבָּא" דְּאַגַּדְתָּא, שֶׁנֶּאֱ': °"אֶרֶץ עֵפָתָה כְּמוֹ אֹפֶל צַלְמָוֶת וְלֹא סְדָרִים", הָא יֵשׁ סְדָרִים – תּוֹפִיעַ מֵאוֹפֶל.§ "וְלֹא יָרַד טַל לִבְרָכָה וְנִיטַּל טַעַם פֵּירוֹת" וכו'.§ תַּנְיָא, *ר"ש בֶּן אֶלְעָזָר אוֹמֵר: טָהֳרָה בִּטְּלָה טַעַם וְרֵיחַ, מַעֲשֵׂר בִּיטֵּל שׁוּמַּן דָּגָן. רַב הוּנָא אַשְׁכַּח תּוּמַרְתָּא דְּחִינוּנִיתָא, שַׁקְלָהּ כְּרַכָהּ בְּסוּדָרֵיהּ, אֲתָא רַבָּה בְּרֵיהּ, א"ל: מוֹרְחִינָא רֵיחָא דְּחִינוּנִיתָא. א"ל: בְּנִי, טָהֳרָה יֵשׁ בְּךָ. יָהֲבָהּ נִיהֲלֵיהּ. אַדְּהָכִי אֲתָא אַבָּא בְּרֵיהּ, שַׁקְלָהּ יָהֲבָהּ נִיהֲלֵיהּ. א"ל: בְּנִי, שִׂמַּחְתָּ אֶת לִבִּי וְהִקְהִיתָה אֶת שִׁינַּי. הַיְינוּ דְּאָמְרִי אֱינָשֵׁי: רַחֲמֵי דְּאַבָּא אַבְּנֵי, רַחֲמֵי דִּבְנֵי – אַבְּנֵי דְּהָווּ לֵיהּ. רַב אַחָא בַּר יַעֲקֹב אִיטַּפַּל בֵּיהּ בְּרַב יַעֲקֹב בַּר בְּרַתֵּיהּ. כִּי גְּדַל א"ל: אַשְׁקְיַין מַיָּא. אֲמַר לוֹ: לָאו בְּרִיךְ אֲנָא. וְהַיְינוּ דְּאָמְרִי אֱינָשֵׁי: רְבִי רְבֵי, בַּר בְּרַתָּךְ אֲנָא.§

מתני' *א בְּפּוּלְמוּס שֶׁל אַסְפַּסְיָינוּס גָּזְרוּ עַל עַטְרוֹת חֲתָנִים וְעַל הָאֵירוּס. בְּפּוּלְמוּס שֶׁל טִיטוּס גָּזְרוּ עַל עַטְרוֹת כַּלּוֹת, וְשֶׁלֹּא יְלַמֵּד אָדָם אֶת בְּנוֹ °יְוָונִית. בְּפּוּלְמוּס הָאַחֲרוֹן גָּזְרוּ שֶׁלֹּא תֵצֵא הַכַּלָּה בְּאַפִּרְיוֹן בְּתוֹךְ הָעִיר, וְרַבּוֹתֵינוּ הִתִּירוּ שֶׁתֵּצֵא הַכַּלָּה בְּאַפִּרְיוֹן בְּתוֹךְ הָעִיר. מִשֶּׁמֵּת ר"מ בָּטְלוּ מוֹשְׁלֵי מְשָׁלִים, מִשֶּׁמֵּת בֶּן עַזַּאי בָּטְלוּ הַשַּׁקְדָנִים, מִשֶּׁמֵּת בֶּן זוֹמָא בָּטְלוּ הַדַּרְשָׁנִים, מִשֶּׁמֵּת ר"ע בָּטַל כְּבוֹד הַתּוֹרָה, מִשֶּׁמֵּת ר' חֲנִינָא בֶּן דּוֹסָא בָּטְלוּ אַנְשֵׁי מַעֲשֶׂה, מִשֶּׁמֵּת ר' יוֹסֵי קְטַנְתָּא פָּסְקוּ חֲסִידִים. וְלָמָּה נִקְרָא שְׁמוֹ קְטַנְתָּא – שֶׁהָיָה קְטַנְתָּא שֶׁל חֲסִידִים. מִשֶּׁמֵּת רַבִּי יוֹחָנָן בֶּן זַכַּאי בָּטַל זִיו הַחָכְמָה, מִשֶּׁמֵּת ר"ג הַזָּקֵן *בָּטַל כְּבוֹד הַתּוֹרָה וּמֵתָה טָהֳרָה וּפְרִישׁוּת, מִשֶּׁמֵּת רַבִּי יִשְׁמָעֵאל בֶּן פָּאבִי בָּטְלָה זִיו הַכְּהוּנָּה, °מִשֶּׁמֵּת רַבִּי בָּטַל עֲנָוָה וְיִרְאַת חֵטְא.§ **[גמ'** ת"ר,] *ר' פִּנְחָס בֶּן יָאִיר אוֹמֵר: מִשֶּׁחָרַב בהמ"ק בּוֹשׁוּ חֲבֵרִים וּבְנֵי חוֹרִין, וְחָפוּ רֹאשָׁם, וְנִדַּלְדְּלוּ אַנְשֵׁי מַעֲשֶׂה, וְגָבְרוּ בַּעֲלֵי זְרוֹעַ וּבַעֲלֵי לָשׁוֹן, וְאֵין דּוֹרֵשׁ וְאֵין מְבַקֵּשׁ וְאֵין שׁוֹאֵל, עַל מִי לָנוּ לְהִשָּׁעֵן – עַל אָבִינוּ שֶׁבַּשָּׁמַיִם. ר"א הַגָּדוֹל אוֹמֵר: מִיּוֹם שֶׁחָרַב בֵּית הַמִּקְדָּשׁ שָׁרוּ חַכִּימַיָּא לְמֶהֱוֵי כְּסָפְרַיָּא, וְסָפְרַיָּא כְּחַזָּנַיָּא, וְחַזָּנַיָּא כְּעַמָּא דְּאַרְעָא, וְעַמָּא דְּאַרְעָא אָזְלָא

רש"י

שֶׁמְּבַזְבְּזִין דִּין אֲבִיהֶם. קוֹרְעִים דִּין אֲבִיהֶם. שֶׁכְּשֶׁבָּאִין לְדוּנָם אוֹמְרִים לְפָנָיו וכו'. הִקְהִיתָה שִׁינֵּיהֶם. לָמָּה הֶחֱלַלְתָּם וְלִעַרְתָּם עָלֵינוּ בְּמוֹתֵינוּ, וְנִפְרַעְתָּ מֵהֶם בְּחַיֵּיהֶם. מוֹכְרֵי רְבָב. רְבָב הוּא דָּבָר מָאוּס, כְּגוֹן חֵלֶב וְשׁוּמָן, וְנִדְבָּק בַּבְּגָדִים וְנִמְאָסִין, וְאֵין לְךָ אָדָם מִתְעַסֵּק בָּהֶם אֶלָּא עָנִי. שִׁיתָה ה' מוֹרָה לָהֶם. לְעֵיל מִינֵּיהּ כְּתִיב: "כִּי לֹא לָנֶצַח יִשָּׁכַח אֶבְיוֹן תִּקְוַת עֲנָוִים תֹּאבַד לָעַד שִׁיתָה ה' מוֹרָה לָהֶם" – תֵּן לָהֶם מָרוּת לְאוֹתָן עֲנִיִּים, עוֹשֶׁר, שֶׁיְּהוּ הַגּוֹיִם נוֹהֲגִין בָּהֶם כָּבוֹד, וְיֵדְעוּ הַגּוֹיִם שֶׁהֵן אֱנוֹשׁ וְאֵינָם אֱלֹהוּת, שֶׁאֵין כָּל הַכָּבוֹד וְהַגְּדוּלָּה שֶׁלָּהֶם. מִתְכַּסִּין בְּטַלִּית אַחַת. מִשּׁוּם עוֹנִי. בְּקֶרֶב שָׁנִים. אוֹתָהּ פְּעוּלָּה שֶׁלְּךָ, דְּהַיְינוּ דְּבַר תּוֹרָה, שֶׁהִיא בְּקֵירוּב שְׁנַיִם – שֶׁשְּׁנַיִם צְרִיכִין לְהִתְקָרֵב יַחַד בְּכִיסּוּי אֶחָד. חַיֵּיהוּ. רַפְּאֵהוּ, וְהַרְוַוח לָהֶם וְתֵן לָהֶם חַיּוּתָם. הֵמָּה הוֹלְכִים הָלוֹךְ וְדַבֵּר. בְּדִבְרֵי תוֹרָה. בְּאֵלִיָּהוּ וֶאֱלִישָׁע כְּתִיב. רְאוּיִן לִישָּׂרֵף. שֶׁעַל מְנָת כֵּן בָּא הָרֶכֶב אֵשׁ עֲלֵיהֶם. אֶחָד מֵת. ע"י חֲבֵירוֹ שֶׁהֲרָגוֹ בְּשׁוֹגֵג, וְזֶה גּוֹלֶה לְעָרֵי מִקְלָט. *וְאִם אֵין כָּאן מִיתָה – סִימָן לְמִיתָה, (ב) וְגָלוּת סִימָן לְגָלוּת, שֶׁאֶחָד מֵת וְאֶחָד גּוֹלֶה. בִּבְלִי דַעַת. עַל שֶׁלֹּא הָיָה לָהֶם דַּעַת לִהְיוֹת מְלַמְּדִין זֶה אֶת זֶה וּלְמֵדִין זֶה מִזֶּה. נִדְמוּ עַמִּי. וְסֵיפֵיהּ דִּקְרָא "וַתִּשְׁכַּח תּוֹרַת אֱלֹהֶיךָ". כִּי עַם בְּצִיּוֹן יֵשֵׁב. אֵלּוּ יוֹשְׁבֵי יְשִׁיבַת תּוֹרָה, וְסֵיפָא דִּקְרָא "חָנוֹן יָחְנְךָ לְקוֹל זַעֲקֶךָ". לֶחֶם צַר. בְּמִי הַכָּתוּב מְדַבֵּר – בְּמִי שֶׁמְּזוֹנוֹתָיו קָשִׁין עָלָיו, וְאעפ"כ יוֹשֵׁב וְעוֹסֵק בַּתּוֹרָה. וְהָיוּ עֵינֶיךָ וגו'. וְכֵן בַּתְרֵיהּ כְּתִיב: "וְלֹא יִכָּנֵף". פַּרְגּוֹד. מְחִיצָּה. לֹא יִכָּנֵף. לֹא יִתְכַּסֶּה מִמְּךָ בִּכְנַף בִּגְדוֹ וּמְחִיצָּתוֹ. דִּלְמָחָר. מִי יִתֵּן שֶׁיָּבֹא יוֹם. מִי יָדַע. אִם יִיטַב מִן הַלַּיְלָה. אֶלָּא דְּחָלֵיף. מִי יִתֵּן וְהָיָה זֶה, יוֹם הַבָּא כָּזֶה שֶׁעָבַר. אֶלָּא עָלְמָא אַמַּאי מְקַיֵּים. מֵאַחַר שֶׁהַקְּלָלָה הוֹלֶכֶת תָּמִיד וְרַבָּה. אַקְּדוּשָּׁה דְּסִידְרָא. סֵדֶר קְדוּשָּׁה. שֶׁלֹּא תִּקְּנוּהָ אֶלָּא שֶׁיְּהוּ כָּל יִשְׂרָאֵל עוֹסְקִין בַּתּוֹרָה בְּכָל יוֹם דָּבָר מוּעָט, שֶׁאוֹמֵר קְרִיאָתוֹ וְתַרְגּוּמוֹ, וַהֲרֵי כְּעוֹסְקִין בַּתּוֹרָה. וְכֵיוָן שֶׁנּוֹהֵג בְּכָל יִשְׂרָאֵל, בְּתַלְמִידִים וּבְעַמֵּי הָאָרֶץ, וְיֵשׁ כָּאן שְׁתַּיִם: קְדוּשַּׁת הַשֵּׁם וְתַלְמוּד הַתּוֹרָה – חָבִיב הוּא. וְכֵן "יְהֵא שְׁמֵיהּ רַבָּא מְבָרַךְ" שֶׁעוֹנִין אַחַר הָאַגָּדָה שֶׁהַדַּרְשָׁן דּוֹרֵשׁ בָּרַבִּים – בְּכָל שַׁבָּת הָיוּ נוֹהֲגִין כָּךְ, וְשָׁם הָיוּ נִקְבָּצִין כָּל הָעָם לִשְׁמוֹעַ, לְפִי שֶׁאֵינוֹ יוֹם שֶׁל מְלָאכָה, וְיֵשׁ כָּאן תּוֹרָה וְקִידּוּשׁ הַשֵּׁם. סְדָרִים. סִדְרֵי פָּרָשִׁיּוֹת דְּתוֹרָה. טָהֳרָה. שֶׁפָּסְקָה מִיִּשְׂרָאֵל. בִּיטְּלָה טַעַם. הַפֵּירוֹת, וְרֵיחָם. שֶׁמִּתּוֹךְ שֶׁהָיוּ טְהוֹרִים וְנוֹהֲגִין בְּטָהֳרָה – אַף הקב"ה מְטַהֵר פֵּירוֹתֵיהֶן מֵרֵיחַ רַע וּמִטַּעַם רַע. מַעֲשֵׂר בִּיטֵּל שׁוּמַּן דָּגָן. בַּעֲוֹן פִּיסּוּק מַעַשְׂרוֹת פָּסַק שׁוּמַּן הַדָּגָן, כִּשְׁמוֹ שֶׁל מַעֲשֵׂר דְּאִיקְרֵי חֵלֶב, כִּדְכְתִיב: "כֹּל חֵלֶב יִצְהָר" וגו' (במדבר יח). דְּחִינוּנִיתָא. שְׁמֵינָה, וְיֵשׁ בָּהּ רֵיחַ טוֹב, וּמִין תְּמָרִים הוּא לְעַצְמָן. טְהָרָה יֵשׁ בְּךָ. לְפִיכָךְ מְרִיחָהּ לְךָ, וְלֹא בָּטֵל הָרֵיחַ מֵאֶצְלְךָ. אֲתָא בְּרֵיהּ. דְּרַבָּה בַּר רַב הוּנָא. א"ל. רַב הוּנָא לִבְרֵיהּ. שִׂמַּחְתָּ אֶת לִבִּי. בְּטָהֳרָתְךָ. וְהִקְהִיתָה אֶת שִׁינַּי. שֶׁהֶרְאֵיתַנִי שֶׁאַהֲבָתְךָ עַל בִּנְךָ יוֹתֵר מֵעָלַי, שֶׁנָּטַלְתָּ מִמֶּנִּי וְנָתַתָּ לוֹ. רַחֲמֵי. אַהֲבָה. אִיטַּפַּל בֵּיהּ. גִּידְּלוֹ בְּבֵיתוֹ. רְבִי רְבֵי. גַּדֵּל גַּדֵּל אוֹתִי, וְאַעַ"פ כֵּן אֵינִי בִּנְךָ. בַּר בְּרַתָּךְ אֲנָא. וְאֵין עָלַי לְכַבֶּדְךָ כְּבֵן. מתני' בְּפּוּלְמוּס. חַיִל שֶׁהֵבִיא אַסְפַּסְיָינוּס עַל יְרוּשָׁלַיִם. עַטְרוֹת חֲתָנִים וְאֵירוּס. מְפָרֵשׁ בַּגְּמָרָא. בְּפּוּלְמוּס שֶׁל טִיטוּס. שֶׁהֵבִיא הוֹרְקָנוֹס אַחֲרִיסְתּוֹבְלוֹס אָחִיו. וּבֵין זֶה לָזֶה הָיוּ חֲמִשִּׁים וּשְׁתַּיִם שָׁנָה, כִּדְאָמַר בְּסֵדֶר עוֹלָם. עַטְרוֹת כַּלּוֹת. מְפָרֵשׁ בַּגְּמָרָא. בְּפּוּלְמוּס הָאַחֲרוֹן. הוּא שֶׁל חוּרְבַּן הַבַּיִת, וְשֶׁל טִיטוּס נַמִּי הֲוָה. בְּאַפִּרְיוֹן בְּתוֹךְ הָעִיר. שֶׁהָיוּ מוֹלִיכִין אוֹתָהּ מִבֵּית אָבִיהָ לְבֵית בַּעְלָהּ, וְאַפִּרְיוֹן שֶׁל מְעִילִים וְטַלִּיתוֹת מוּזְהָבוֹת מוּקָּפוֹת לָהּ. מוֹשְׁלֵי מְשָׁלוֹת. לָתֵת אוֹת אַמַּתְלָא וְטַעַם לַחָכְמָה לִיכָּנֵס בָּהּ בְּשַׁעֲרֵי בִּינָה. כְּגוֹן מִמְּשָׁלוֹת שׁוּעָלִים, דְּאָמַר בְּסַנְהֶדְרִין (דף לח:): כִּי הֲוָה דָּרֵישׁ ר"מ בְּפִירְקָא הֲוָה דָּרֵישׁ תִּילְתָּא שְׁמַעְתָּא, וְתִילְתָּא אַגָּדְתָּא, וְתִילְתָּא מַתְלֵי. שַׁקְדָנִים. שׁוֹקְדִין עַל דַּלְתוֹת בֵּית הַמִּדְרָשׁ לַיְלָה וָיוֹם, כִּדְאָמַר בִּיבָמוֹת (דף סג:): אֲבָל מָה אֶעֱשֶׂה שֶׁנַּפְשִׁי חָשְׁקָה בַּתּוֹרָה. הַדַּרְשָׁנִים. שֶׁהָיָה בָּקִי בְּטַעֲמֵי הַמִּקְרָאוֹת, כִּדְאָמַר: לֹא זָכִיתִי שֶׁתֵּאָמֵר יְצִיאַת מִצְרַיִם בַּלֵּילוֹת עַד שֶׁדְּרָשָׁהּ בֶּן זוֹמָא (ברכות דף יב:). בָּטַל כְּבוֹד תּוֹרָה. שֶׁהָיָה נוֹתֵן לִבּוֹ לִדְרוֹשׁ כָּל קוֹץ וְקוֹץ שֶׁל כָּל אוֹת, וְכ"ש תֵּיבוֹת יְתֵירוֹת וְאוֹתִיּוֹת יְתֵירוֹת, כְּגוֹן "בַּת" "וּבַת" אֲנִי דּוֹרֵשׁ (סנהדרין דף נא:). וְזֶהוּ כְּבוֹד תּוֹרָה גָּדוֹל, שֶׁאֵין בָּהּ דָּבָר לְבַטָּלָה. אַנְשֵׁי מַעֲשֶׂה. בָּטוּחַ בַּחֲשִׁיבוּתוֹ וְעוֹשֶׂה מַעֲשִׂים מוּפְלָאִים. כִּדְאָמַר בְּתַעֲנִית (דף כה.): נִמְטֵי כְּשׁוּרַיִךְ, יֹאמַר לַחוֹמֶץ וְיִדְלוֹק, וְלָעִזִּים לְהָבִיא זְאֵבִים בְּקַרְנֵיהֶם. קַטְנוּתָם שֶׁל חֲסִידִים. שֶׁהָיוּ הַחֲסִידִים הוֹלְכִים וְכָלִים, וְהוּא הָיָה מִקְּטַנֵּיהֶם וְסוֹפָן. זִיו הַחָכְמָה. זֶה לֹא יָדַעְנָא מַאי הִיא. מִשֶּׁמֵּת ר"ג הַזָּקֵן בָּטַל כְּבוֹד הַתּוֹרָה. בְּמַסֶּכֶת מְגִילָּה (דף כא.) אָמַר: שֶׁעַד שֶׁמֵּת הוּא הָיָה בְּרִיאוּת בָּעוֹלָם, וְלֹא הָיוּ לְמֵידִין תּוֹרָה אֶלָּא מְעוּמָּד. מִשֶּׁמֵּת הוּא – יָרַד חוֹלִי לָעוֹלָם, וְהוּצְרְכוּ לִלְמוֹד תּוֹרָה מְיוּשָּׁב. בָּטַל זִיו הַכְּהוּנָּה. שֶׁהָיָה חָכָם וְעָשִׁיר, וְכֹהֲנִים רַבִּים אוֹכְלִין עַל שׁוּלְחָנוֹ. וּבְנֵי חוֹרִין. מְיוּחָסִין. חָפוּ רֹאשָׁם. שֶׁגָּבְרָה יַד עַזֵּי פָנִים מַמְזֵרִים, שֶׁהֵם עֲשִׁירִים וְאֵלּוּ עֲנִיִּים. נִדַּלְדְּלוּ אַנְשֵׁי מַעֲשֶׂה. אֵין חָשׁ לָהֶם. וְאֵין דּוֹרֵשׁ. לְיִשְׂרָאֵל. וְאֵין מְבַקֵּשׁ. עֲלֵיהֶם רַחֲמִים. שָׁרוּ חַכִּימַיָּא. הִתְחִילוּ הַחֲכָמִים. סָפְרַיָּא. מְלַמְּדֵי תִינוֹקוֹת, שֶׁהֵם קְטַנִּים מִן הַחֲכָמִים. כְּעַמָּא דְּאַרְעָא. כְּעַמֵּי הָאָרֶץ.

אָזְלָא

עין משפט נר מצוה

נה א מיי' פ"ה מהל' תענית הלכה טו סמג עשין מד"ס ג טוש"ע א"ח סימן תקס סעיף ז:

מסורת הש"ס

תענית י: | נ"א ואם כן | [תוספתא פט"ו ע"ש] | גיטין ז. נדה סא: | מגילה כא. | רש"א | [גירסת ע"י רבי יהושע]

תורה אור (ציוני פסוקים בגליון): תהלים ט | חבקוק ג | מלכים ב ב | דברים ד | הושע ד | ישעיה ל | שם | שם | שם | דברים כח | איוב י

הגהות הב"ח

(א) גמ' ונתן לכם אדני לחם צר: (ב) רש"י ד"ה אחד וכו' סימן למיתה איכא וגלות:

גליון הש"ס

מתני' יוונית. עיין תוספות מנחות דף סד ע"ב ד"ה ארור וברא"ש פ"א מ"א דפאה: **שם** משמת רבי בטל ענוה. עיין תוספות כתובות דף קג ע"ב ד"ה אותו יום:

אָזְלָא *וְדַלְדְּלָה, וְאֵין שׁוֹאֵל וְאֵין מְבַקֵּשׁ, עַל מִי יֵשׁ לְהִשָּׁעֵן — עַל אָבִינוּ שֶׁבַּשָּׁמַיִם. *בְּעִקְּבוֹת מְשִׁיחָא חוּצְפָּא יִסְגֵּא, *וְיוֹקֶר יַאֲמִיר, הַגֶּפֶן תִּתֵּן פִּרְיָהּ, וְהַיַּיִן בְּיוֹקֶר, וּמַלְכוּת תֵּהָפֵךְ לְמִינוּת, וְאֵין תּוֹכַחַת. בֵּית וַעַד יִהְיֶה לִזְנוּת, וְהַגָּלִיל יֶחֱרַב, וְהַגַּבְלָן יִשּׁוֹם, וְאַנְשֵׁי הַגְּבוּל יְסוֹבְבוּ מֵעִיר לְעִיר וְלֹא יְחוֹנְּנוּ, וְחָכְמוֹת סוֹפְרִים תִּסְרַח, וְיִרְאֵי חֵטְא יִמָּאֲסוּ, וְהָאֱמֶת תְּהֵא נֶעְדֶּרֶת. [מיכה ז] *נְעָרִים פְּנֵי זְקֵנִים יַלְבִּינוּ, *זְקֵנִים יַעַמְדוּ מִפְּנֵי קְטַנִּים, בֵּן מְנַוֵּול אָב, בַּת קָמָה בְּאִמָּהּ, כַּלָּה בַּחֲמוֹתָהּ, אוֹיְבֵי אִישׁ אַנְשֵׁי בֵיתוֹ, פְּנֵי הַדּוֹר כִּפְנֵי הַכֶּלֶב, הַבֵּן אֵינוֹ מִתְבַּיֵּישׁ מֵאָבִיו, וְעַל מָה יֵשׁ לָנוּ לְהִשָּׁעֵן — עַל אָבִינוּ שֶׁבַּשָּׁמַיִם.§ **(גמ')** אָמַר רַב: לֹא שָׁנוּ אֶלָּא שֶׁל מֶלַח וְגָפְרִית, אֲבָל שֶׁל הֲדַס וְשֶׁל וֶורֶד — מוּתָּר. וּשְׁמוּאֵל אוֹמֵר: אַף שֶׁל הֲדַס וְשֶׁל וֶורֶד אָסוּר, שֶׁל קָנִים וְשֶׁל חֵילָת מוּתָּר. וְלֵוִי אָמַר: [א]אַף שֶׁל קָנִים וְשֶׁל חֵילָת אָסוּר. וְכֵן תָּנֵי לֵוִי בְּמַתְנִיתֵיהּ: אַף שֶׁל קָנִים וְשֶׁל חֵילָת אָסוּר.§ "וְעַל הָאִירוּס".§ מַאי אִירוּס? א"ר אֶלְעָזָר: טַבְלָא דְּחַד פּוּמָא. רַבָּה בַּר רַב הוּנָא עֲבַד לֵיהּ לִבְרֵיהּ טַנְבּוּרָא. אֲתָא אֲבוּהּ תַּבְרֵיהּ, אֲמַר לֵיהּ: מִיחֲלַף בְּטַבְלָא דְּחַד פּוּמָא. זִיל עֲבִיד לֵיהּ אַפּוּמָא דְּחַצְבָא, אוֹ אַפּוּמָא דְקְפִיזָא.§ "בַּפּוּלְמוּס שֶׁל טִיטוּס גָּזְרוּ עַל עַטְרוֹת כַּלּוֹת" וכו'.§ מַאי עַטְרוֹת כַּלּוֹת? אָמַר רַבָּה בַּר בַּר חָנָה אָמַר ר' יוֹחָנָן: עִיר שֶׁל זָהָב. תַּנְיָא נַמִי הָכִי: [ב]אֵיזֶהוּ עַטְרוֹת כַּלּוֹת — עִיר שֶׁל זָהָב. אֲבָל עוֹשֶׂה אוֹתָהּ כִּיפָּה שֶׁל מֵילָת. תָּנָא: אַף עַל חוּפַּת חֲתָנִים גָּזְרוּ. מַאי חוּפַּת חֲתָנִים? זְהוֹרִית הַמּוּזְהֶבֶת. תַּנְיָא נַמִי הָכִי: *אֵלּוּ הֵן חוּפַּת חֲתָנִים — זְהוֹרִית הַמּוּזְהֶבֶת, אֲבָל עוֹשֶׂה פַּפִּירִית וְתוֹלֶה בָּהּ כָּל מַה שֶּׁיִּרְצֶה.§ "וְשֶׁלֹּא יְלַמֵּד אֶת בְּנוֹ יְוָונִית".§ *ת"ר: כְּשֶׁצָּרוּ מַלְכֵי בֵית חַשְׁמוֹנַאי זֶה עַל זֶה הָיָה הוּרְקְנוֹס מִבַּחוּץ וְאַרִיסְטוֹבְלוֹס מִבִּפְנִים. בְּכָל יוֹם וָיוֹם הָיוּ מְשַׁלְשְׁלִין דִּינָרִים בְּקוּפָּה וּמַעֲלִין לָהֶן תְּמִידִים. הָיָה שָׁם זָקֵן אֶחָד שֶׁהָיָה מַכִּיר בְּחָכְמַת יְוָונִית. לָעַז לָהֶם בְּחָכְמַת יְוָונִית, אָמַר לָהֶן: כָּל זְמַן שֶׁעוֹסְקִים בַּעֲבוֹדָה — אֵין נִמְסָרִין בְּיֶדְכֶם. לְמָחָר שִׁלְשְׁלוּ לָהֶם דִּינָרִים בְּקוּפָּה וְהֶעֱלוּ לָהֶם חֲזִיר. כֵּיוָן שֶׁהִגִּיעַ לַחֲצִי חוֹמָה נָעַץ צִפָּרְנָיו (א) — נִזְדַּעְזְעָה א"י אַרְבַּע מֵאוֹת פַּרְסָה. אוֹתָהּ שָׁעָה [ג]אָמְרוּ: אָרוּר אָדָם שֶׁיְּגַדֵּל חֲזִירִים, וְאָרוּר אָדָם שֶׁיְּלַמֵּד לִבְנוֹ חָכְמַת יְוָונִית. וְעַל אוֹתָהּ שָׁנָה שָׁנִינוּ: מַעֲשֶׂה וּבָא עוֹמֶר מִגַּגּוֹת צְרִיפִים, וּשְׁתֵּי הַלֶּחֶם מִבִּקְעַת עֵין סוֹכֵר. אִינִי?! וְהָאָמַר רַבִּי: בְּא"י לְשׁוֹן סוּרְסִי לָמָּה? אֶלָּא אִי לְשׁוֹן הַקּוֹדֶשׁ אִי לְשׁוֹן יְוָונִית. וְאָמַר *רַב יוֹסֵף: בְּבָבֶל לְשׁוֹן אֲרַמִּי לָמָּה? אֶלָּא אוֹ לְשׁוֹן הַקּוֹדֶשׁ אוֹ לְשׁוֹן פַּרְסִי! לְשׁוֹן יְוָונִית לְחוּד וְחָכְמַת יְוָונִית לְחוּד. וְחָכְמַת יְוָונִית מִי אֲסִירָא? *וְהָאָמַר רַב יְהוּדָה אָמַר שְׁמוּאֵל מִשּׁוּם *רשב"ג: מַאי דִּכְתִיב: °"עֵינִי עוֹלְלָה לְנַפְשִׁי מִכֹּל בְּנוֹת עִירִי" — אֶלֶף יְלָדִים הָיוּ בְּבֵית אַבָּא, חֲמֵשׁ מֵאוֹת לָמְדוּ תּוֹרָה, וַחֲמֵשׁ מֵאוֹת לָמְדוּ חָכְמַת יְוָונִית, וְלֹא נִשְׁתַּיֵּיר מֵהֶן אֶלָּא אֲנִי כָּאן, וּבֶן אֲחִי אַבָּא בְּעַסְיָא. שָׁאנֵי שֶׁל בֵּית ר"ג, דִּקְרוֹבִין לַמַּלְכוּת הֲווּ. דְּתַנְיָא: [ד]מְסַפֵּר קוֹמִי — הֲרֵי זֶה מִדַּרְכֵי הָאֱמוֹרִי. אַבְטוֹלוֹס בֶּן רְאוּבֵן [ה]הִתִּירוּ (ב) לְסַפֵּר קוֹמִי, שֶׁהוּא קָרוֹב לַמַּלְכוּת. שֶׁל בֵּית רַבָּן גַּמְלִיאֵל הִתִּירוּ לָהֶן חָכְמַת יְוָונִית מִפְּנֵי שֶׁקְּרוֹבִין לַמַּלְכוּת.§ "בַּפּוּלְמוּס הָאַחֲרוֹן גָּזְרוּ שֶׁלֹּא תֵּצֵא כַּלָּה בָּאַפִּרְיוֹן" וכו'.§ מ"ט — מִשּׁוּם צְנִיעוּתָא.§ "מִשֶּׁמֵּת רַבָּן יוֹחָנָן בָּטְלָה הַחָכְמָה".§ ת"ר: *מִשֶּׁמֵּת רַבִּי אֱלִיעֶזֶר נִגְנַז ס"ת, מִשֶּׁמֵּת רַבִּי יְהוֹשֻׁעַ בָּטְלָה עֵצָה וּמַחֲשָׁבָה, מִשֶּׁמֵּת ר"ע בָּטְלוּ זְרוֹעֵי תוֹרָה וְנִסְתַּתְּמוּ מַעְיְינוֹת הַחָכְמָה, מִשֶּׁמֵּת רַבִּי אֶלְעָזָר בֶּן עֲזַרְיָה בָּטְלוּ עַטְרוֹת חָכְמָה, °שֶׁ"עֲטֶרֶת חֲכָמִים עָשְׁרָם". מִשֶּׁמֵּת רַבִּי חֲנִינָא בֶּן דּוֹסָא בָּטְלוּ אַנְשֵׁי מַעֲשֶׂה, מִשֶּׁמֵּת אַבָּא יוֹסֵי בֶּן קְטוֹנְתָא בָּטְלוּ חֲסִידִים, וְלָמָּה נִקְרָא שְׁמוֹ אַבָּא יוֹסֵי בֶּן קְטוֹנְתָא — שֶׁהָיָה מִקְּטַנֵּי חֲסִידִים. מִשֶּׁמֵּת בֶּן עַזַּאי בָּטְלוּ הַשַּׁקְדָנִין, מִשֶּׁמֵּת בֶּן זוֹמָא בָּטְלוּ הַדַּרְשָׁנִין, מִשֶּׁמֵּת רשב"ג עָלָה גּוֹבַאי וְרַבּוּ צָרוֹת, מִשֶּׁמֵּת רַבִּי הוּכְפְּלוּ צָרוֹת.§ "מִשֶּׁמֵּת רַבִּי בָּטְלָה עֲנָוָה וְיִרְאַת חֵטְא".§ אֲמַר לֵיהּ רַב יוֹסֵף לְתַנָּא: לָא תִּיתְנֵי עֲנָוָה, דְּאִיכָּא אֲנָא. [ו]אֲמַר לֵיהּ רַב נַחְמָן לְתַנָּא: לָא תִּיתְנֵי יִרְאַת חֵטְא, דְּאִיכָּא אֲנָא.§

רש"י

אָזְלָא וְנַוּוֹלָא. הוֹלְכִים וְדַלִּים וּמִתְנַוְּולִים. בְּעִקְּבוֹת הַמָּשִׁיחַ. בְּסוֹף הַגָּלוּת, לִפְנֵי בִּיאַת מָשִׁיחַ. וְהַיַּיִן בְּיוֹקֶר. שֶׁהַכֹּל עוֹסְקִין בְּמִשְׁתָּאוֹת. *וְאֵין תּוֹכָחָה. אֵין לְךָ אָדָם שֶׁיּוּכַל לְהוֹכִיחַ, שֶׁכּוּלָּם נִכְשָׁלִים בַּחֲטָאוֹת, וּכְשֶׁמּוֹכִיחִין אוֹמֵר לוֹ: אַתָּה כָּמוֹנִי. וּבֵית הַוַּועַד. שֶׁל חֲכָמִים יִהְיוּ לְבֵית זְנוּת, שֶׁכָּלוּ הַחֲכָמִים וְאֵין לוֹמֵד תּוֹרָה, וִיהֵא חָרֵב מֵאֵין אִישׁ, וּבַעֲלֵי זִימָּה מִתְגּוֹדְדִים שָׁם. מִפְּנֵי שֶׁחוּץ לָעִיר הָיוּ בָּתֵּי מִדְרָשׁוֹת שֶׁלָּהֶם. **גמ'** שֶׁל מֶלַח וְשֶׁל גָּפְרִית. עִנְיַן עֲטָרָה: עוֹשִׂין מֵאֶבֶן שֶׁל מֶלַח שֶׁהוּא צָלוּל כְּאֶבֶן הַבְּדוֹלַח, וְקוֹרִין שלייימי"א, וְצוֹבְעִין אוֹתָהּ כְּמִין צִיּוּרִין בְּגָפְרִית, כְּדֶרֶךְ שֶׁעוֹשִׂין בִּכְלֵי זָהָב וָכֶסֶף, וְקוֹרִין נאול"א. חֵילִית. ליסק"א, כְּמִין גּוֹמֶא הַגָּדֵל בַּמַּיִם. טַבְלָא דְּחַד פּוּמָא. זוּג שֶׁל עִינְבָּל אֶחָד, שֶׁמְּקַשְׁקְשִׁין בּוֹ לְשִׁיר בְּבֵית הַמִּשְׁתָּאוֹת. טַנְבּוּרָא. כָּךְ קוֹרִין אוֹתוֹ בִּלְשׁוֹן לַעַז — טַנְבּוּר. וְהוּא עָשׂוּי דָּפְנוֹתָיו עֲגוּלוֹת כְּעֵין נָפָה, וְקוֹשְׁרִין בְּדָפְנוֹתָיו חוּטִין שֶׁל בַּרְזֶל, וְשׁוֹטְחִין עַל פִּיו עוֹר כְּשֶׁהוּא לַח, וּמוֹתֵחַ, וְהוּא מִתְיַיבֵּשׁ שָׁם מֵאֵלָיו. וּכְשֶׁמַּכִּין עָלָיו בְּמַקֵּל דַּק הוּא מוֹצִיא קוֹל צָלוּל. וְיֵשׁ אוּמָּנִין שֶׁיּוֹדְעִין לְהַכּוֹת עָלָיו מַכָּה אַחַר מַכָּה כַּסֵּדֶר, עַד שֶׁנִּשְׁמַע כְּמִין שִׁיר. מִיחֲלַף בְּטַבְלָא דְּחַד פּוּמָא. זוּג שֶׁל עִינְבָּל שֶׁעוֹשִׂים בְּבֵית מִשְׁתָּאוֹת. דּוֹמֶה לוֹ בְּקוֹל, וְאָתֵי לְמֶעֱבַד הַהוּא דִּגְזוּר עֲלֵיהּ. קְפִיזָא. כְּלִי מַחֲזִיק ג' לוּגִּין. עִיר שֶׁל זָהָב. עֲטָרָה שֶׁל זָהָב וְעִיר שֶׁל זָהָב מְצוּיֶּירֶת עָלֶיהָ. כִּיפָּה. כְּמוֹ כּוֹבַע שֶׁל צֶמֶר לָבָן שֶׁקּוֹרִין פילטר"א. זְהוֹרִית הַמּוּזְהֶבֶת. טַלִּית צְבוּעָה שָׁנִי, וּבוֹ קְבוּעִין טַסֵּי זָהָב עַד שֶׁמַּעֲמִידִין אוֹתָהּ כְּמִין כִּיפָּה. אֲבָל עוֹשֶׂה הוּא פַּרִיפִיר. כְּמִין כִּיפָּה שֶׁל מַעְגְּלֵי עֵץ כְּמוֹ שֶׁאָנוּ עוֹשִׂין, וְתוֹלִין בָּהּ נְגִיפִין וּרְדִידֵי זָהָב, כְּמוֹ שֶׁאָנוּ עוֹשִׂין. חָכְמַת יְוָונִית. לְשׁוֹן חָכְמָה שֶׁמְּדַבְּרִים בּוֹ בְּנֵי פַּלָּטִין, וְאֵין שְׁאָר הָעָם מַכִּירִין בּוֹ. מַלְכֵי בֵּית חַשְׁמוֹנַאי. שְׁנֵי אַחִים שֶׁהָיוּ מִתְקוֹטְטִין עַל הַמְּלוּכָה, הוּרְקָנוֹס וְאַרִיסְטוֹבְּלוֹס. הָיָה הוּרְקָנוֹס מִבַּחוּץ. צָר עַל יְרוּשָׁלַיִם, וְהֵבִיא עִמּוֹ חַיִל רוֹמִיִּים. מְשַׁלְשְׁלִים לָהֶם דִּינָרֵי כֶסֶף בְּקוּפָּה. מִתְּרוּמַת הַלִּשְׁכָּה לִתְמִידִים.

הָיָה שָׁם זָקֵן אֶחָד. מִבִּפְנִים. לָעַז לָהֶם. לְאוֹתָן שֶׁבַּחוּץ. נָעַץ צִפָּרְנָיו נִזְדַּעְזְעָה. מֵחֲמַת הַמֶּלֶךְ, שֶׁנִּצְטַעֲרָה עַל חִילּוּל שְׁמוֹ. וְעַל אוֹתָהּ שָׁנָה שָׁנִינוּ כו'. שֶׁאוֹתָהּ שָׁנָה הֶחֱרִיבוּ הַחֲיָילוֹת אֶת הַזְּרָעִים שֶׁסְּבִיבוֹת מְדִינַת יְרוּשָׁלַיִם, וְהוּצְרַךְ לְהָבִיא אוֹתָהּ שָׁנָה אֶת הָעוֹמֶר מִגַּגּוֹת צְרִיפִים. וּבִשְׁאָר הַשָּׁנִים מִצְוַת הָעוֹמֶר לְהָבִיא מִן הַקָּרוֹב לִירוּשָׁלַיִם, כִּדְכְתִיב (ויקרא כג): "כַּרְמֶל (ג) תַּקְרִיבוּ" — שֶׁיְּהֵא הַזֶּרַע לַח וְהַכַּר מָלֵא מִמֶּנּוּ. וּכְשֶׁהוּא בָּא מֵרָחוֹק מִתְיַיבֵּשׁ וּמִתְמָעֵךְ, וְאֵין הַכַּר הַשִּׁבֹּלֶת מָלֵא מִן הַגַּרְעִין. לְשׁוֹן סוּרְסִי. קָרוֹב הוּא לִלְשׁוֹן אֲרַמִּי. וְאוֹמֵר אֲנִי שֶׁזֶּה לְשׁוֹן גְּמָרַת יְרוּשַׁלְמִי, וְאוּמּוֹת הָעוֹלָם קוֹרִין אוֹתוֹ לינג"א סוריי"א. אוֹ לְשׁוֹן יְוָונִי. שֶׁהָיוּ קְרוֹבִין לְאֶרֶץ יָוָן, וּלְשׁוֹן יָוָן יָפֶה מִזֶּה, וְהָיָה לוֹ לְסַפֵּר בּוֹ: מַאי דִּכְתִיב — לֹא גָּרַס, אֶלָּא ר"ש קָרָא מִקְרָא זֶה עַל עַצְמוֹ וְאָמַר שֶׁעָלָיו לְעוֹלֵל אֶת עֵינָיו בִּבְכִי יוֹתֵר מִן הַכֹּל. עוֹלְלָה. מְנַוּוֹלֶת אֶת (ד) עֵינַי. לְנַפְשִׁי. עַל נַפְשִׁי, מִפְּנֵי קוֹרוֹתַי. מְסַפֵּר קוֹמִי. שְׂעָרוֹ שֶׁלְּפָנָיו, וּמַנִּיחַ בְּלוֹרִית מֵאֲחוֹרָיו. מִדַּרְכֵי הָאֱמוֹרִי. שֶׁהֵן מַנִּיחִין בְּלוֹרִית לְשֵׁם עֲבוֹדָה זָרָה. נִגְנַז סֵפֶר תּוֹרָה. שֶׁהָיָה בַּעַל הֲלָכוֹת מִפִּי שְׁמוּעָה הַרְבֵּה, וּסְדוּרוֹת בְּפִיו כְּאִילּוּ כָּתוּב בְּסֵפֶר. כִּדְאָמַר בְּסַנְהֶדְרִין (דף סח.): הַרְבֵּה תּוֹרָה לָמַדְתִּי מֵרַבּוֹתַיי, וְלֹא עוֹד, אֶלָּא שֶׁאֲנִי שׁוֹנֶה שְׁלֹשֶׁת אֲלָפִים הֲלָכוֹת בִּנְטִיעוֹת קִישּׁוּאִין, וּשְׁלֹשׁ מֵאוֹת בְּבַהֶרֶת עַזָּה. עֵצָה וּמַחֲשָׁבָה. שֶׁהָיָה זָהִיר בִּדְרָשׁוֹת, וּבָקִי בַּהֲלָכוֹת וּבִתְשׁוּבַת הָאֶפִּיקוֹרְסִים וּלְהָבִין בִּרְמָזֵיהֶם, כִּדְאָמְרִי' בְּפ"ק דַּחֲגִיגָה (דף ה:): כִּי נָח נַפְשֵׁיהּ אָמְרוּ לֵיהּ רַבָּנַן: מַאי תֶּהֱוֵי עֲלַן מִמִּינַיִם? אָמַר לָהֶן: אָבְדָה עֵצָה מִבְּנֵי יִשְׂרָאֵל — נִסְרְחָה חָכְמָה שֶׁל אוּמּוֹת הָעוֹלָם. זְרוֹעֵי תּוֹרָה. עוֹמֶק סְבָרָא וְלִסְמוֹךְ טַעֲמֵי תּוֹרָה שֶׁבְּעַל פֶּה עַל מִדְרְשֵׁי הַמִּקְרָאוֹת וְאוֹתִיּוֹת הַיְּתֵרִים וּלְשׁוֹנוֹת הַמְּשֻׁנִּים בַּמִּקְרָא. רַבִּי אֶלְעָזָר בֶּן עֲזַרְיָה. עָשִׁיר הוּא כִּדְאָמְרִי' (שבת דף נד:): תְּרֵיסַר אַלְפֵי עֶגְלֵי הֲוָה מְעַשֵּׂר מֵעֶדְרֵיהּ כָּל שַׁתָּא. דְּאִיכָּא אֲנָא. שֶׁאֲנִי עַנְוְתָן.

הדרן עלך עגלה ערופה וסליקא לה מסכת סוטה

הדרן עלך עגלה ערופה וסליקא לה מסכת סוטה

יש נוסחאות כתוב במשנה מאמר זה (אכן התי"ט האריך להוכיח דליתא במשנה אלא בברייתא בע"ז דף כ:)

*רבי פנחס בן יאיר אומר (ס"א זהירות מביא לידי זריזות) וזריזות מביא לידי נקיות ונקיות מביאה לידי טהרה וטהרה מביאה לידי פרישות ופרישות מביאה לידי קדושה וקדושה מביאה לידי ענוה וענוה מביאה לידי יראת חטא ויראת חטא מביאה לידי חסידות וחסידות מביאה לידי רוח הקודש ורוח הקודש מביאה לידי תחיית המתים ותחיית המתים בא ע"י אליהו הנביא ז"ל במהרה בימינו יבא ויגאלנו כיר"א.§

עין משפט נר מצוה

(והמלכות. השולטת על רוב העולם תהא למינות נמשכים אחר טעות שלו ותלמידיו נקראו מינים העתק מדפוס אמשטרדם ישן)

נו א ב מיי' פ"ה מהלכ' תענית הלכה טו סמג עשין מד"ס ג טוש"ע א"ח סימן תקס סעיף ד:

נז ג מיי' פ"ה מהלכ' כ"מ הלכה ט סמג עשין סו טוש"ע ח"מ סי' תט סעיף ב:

נח ד מיי' פי"א מהלכ' ע"ז הלכה א סמג לאוין נ טוש"ע יו"ד סי' קעח סעיף א:

נט ה מיי' שם הלכה ג טוש"ע שם סעיף ב:

רש"א מ"ז

הגהות הב"ח

(א) גמ' נעץ לפרניו בחומה נזדעזעה א"י ד' מאות פרסה על ד' מאות פרסה אותה שעה כצ"ל וכן ברש"י: (ב) שם התירו לו לספר קומי: (ג) רש"י ד"ה ועל אותה וכו' לירושלים כדכתיב כרמל תקריב נ"ב עיין במנחות דף ס"ד: (ד) ד"ה עוללה מנוולת את עיני לנפשי:

גליון הש"ס

גמ' א"ל רב נחמן לתנא לא תיתני. עיין מגילה דף כח ע"ב רש"י ד"ה רנב"י:

[עי' תוס' ע"ז לב. ד"ה אבל]

[תוס' פט"ו]

[עמ"ש בס"ד על גליון ע"ז כ: עיקר הנוסחא ועיין עוד בירושלמי שקלים פרק ג דף ו עמוד א' דדריש לכל הנהו מקרא ואז תבין יסוד מאמר הלזה]

מסורת הש"ס

[גי' ע"י ומנוולה וכ"ה ברש"י שלפנינו]

סנהדרין לז.

ס"א והיוקר יעוות [עי' סנהדרין לז: ובפרש"י שם]

[בע"י הגירסא גדולים]

[תוס' פט"ו ע"ש]

ב"ק פב: מנחות סד:

[נ"ל רבי יוסי]

ב"ק פג. [גיטין נח. ע"ש ונ"ע ולפי גירסת רש"י ניחא]

איכה ג

משלי יד

The following paragraph is recited three times:

הדרן עלך מסכת סוטה והדרך עלן, דעתן עלך מסכת סוטה ודעתך עלן, לא נתנשי מנך מסכת סוטה ולא תתנשי מנן, לא בעלמא הדין ולא בעלמא דאתי.

יהי רצון מלפניך יהוה אלהינו ואלהי אבותינו, שתהא תורתך אמנותנו בעולם הזה, ותהא עמנו לעולם הבא. חנינא בר פפא, רמי בר פפא, נחמן בר פפא, אחאי בר פפא, אבא מרי בר פפא, רפרם בר פפא, רכיש בר פפא, סורחב בר פפא, אדא בר פפא, דרו בר פפא.

הערב נא יהוה אלהינו את דברי תורתך בפינו ובפי עמך בית ישראל, ונהיה אנחנו וצאצאינו (וצאצאי צאצאינו) וצאצאי עמך בית ישראל, כלנו יודעי
תהלים קיט שמך ולומדי תורתך לשמה. מאיבי תחכמני מצותך
כי לעולם היא־לי: יהי־לבי תמים בחקיך למען לא אבוש: לעולם לא־אשכח פקודיך כי־בם חייתני: ברוך אתה יהוה למדני חקיך: אמן אמן אמן סלה ועד.

מודים אנחנו לפניך יהוה אלהינו ואלהי אבותינו ששמת חלקנו מיושבי בית המדרש, ולא שמת חלקנו מיושבי קרנות. שאנו משכימים והם משכימים, אנו משכימים לדברי תורה, והם משכימים לדברים בטלים. אנו עמלים והם עמלים, אנו עמלים ומקבלים שכר, והם עמלים ואינם מקבלים שכר. אנו רצים והם רצים, אנו רצים לחיי העולם הבא, והם רצים לבאר
תהלים נה שחת, שנאמר: ואתה אלהים תורדם לבאר שחת
אנשי דמים ומרמה לא־יחצו ימיהם ואני אבטח־בך:

יהי רצון מלפניך יהוה אלהי, כשם שעזרתני לסים מסכת סוטה כן תעזרני להתחיל מסכתות וספרים אחרים ולסימם, ללמד וללמד לשמר ולעשות ולקים את כל דברי תלמוד תורתך באהבה, וזכות כל התנאים ואמוראים ותלמידי חכמים יעמד לי ולזרעי שלא תמוש התורה מפי ומפי זרעי וזרע זרעי
משלי ו עד עולם, ויתקיים בי: בהתהלכך תנחה אתך בשכבך
משלי ט תשמר עליך והקיצות היא תשיחך: כי־בי ירבו ימיך
משלי ג ויוסיפו לך שנות חיים: ארך ימים בימינה בשמאולה
תהלים כט עשר וכבוד: יהוה עז לעמו יתן יהוה יברך את־עמו
בשלום:

The following paragraph is recited three times:

הדרן We shall return to you, tractate *Sota,* and your glory is upon us. Our thoughts are upon you, tractate *Sota,* and your thoughts are upon us. We will not be forgotten from you, tractate *Sota,* and you will not be forgotten from us; neither in this world nor in the World-to-Come.

יהי רצון May it be Your will, Lord our God and God of our ancestors, that Your Torah will be our avocation in this world and will accompany us to the World-to-Come. Ḥanina bar Pappa, Ramei bar Pappa, Naḥman bar Pappa, Aḥai bar Pappa, Abba Mari bar Pappa, Rafram bar Pappa, Rakhish bar Pappa, Surḥav bar Pappa, Adda bar Pappa, Daru bar Pappa.

הערב נא Please, Lord our God, make the words of Your Torah sweet in our mouths and in the mouths of Your people, the house of Israel, so that we, our descendants (and their descendants), and the descendants of Your people, the house of Israel, may all know Your name and
study Your Torah for its own sake. Your commandments Psalms 119
make me wiser than my enemies, for they are ever with me. Let my heart be undivided in Your statutes, in order that I may not be put to shame. I will never forget Your precepts, for with them You have quickened me. Blessed are You, O Lord; teach me Your statutes. Amen, Amen, Amen, Selah, Forever.

מודים We give thanks before You, Lord Our God and God of our ancestors, that You have placed our lot among those who sit in the study hall and that you have not given us our portion among those who sit idly on street corners. We rise early and they rise early. We rise early to pursue matters of Torah and they rise early to pursue frivolous matters. We toil and they toil. We toil and receive a reward and they toil and do not receive a reward. We run and they run. We run to the life of the World-to-Come and they run to the pit of destruction,
as it is stated: But You, God, will bring them down into Psalms 55
the pit of destruction; men of blood and deceit shall not live out half their days; but as for me, I will trust in You.

יהי רצון May it be Your will, Lord my God, just as you have assisted me in completing tractate *Sota* so assist me to begin other tractates and books and conclude them to learn and to teach, to observe and to perform, and to fulfill all the teachings of Your Torah with love. And may the merit of all the *tanna'im* and *amora'im* and Torah scholars stand for me and my descendants so that the Torah will not move from my mouth and from the mouths of my descendants and the descendants of my
descendants forever. And may the verse: When you Proverbs 6
walk, it shall lead you, when you lie down, it shall watch over you; and when you awaken, it shall talk with you
be fulfilled in me. For in the Torah your days shall be Proverbs 9
multiplied, and the years of your life shall be increased.
Length of days is in her right hand; in her left hand are Proverbs 3
riches and honor. May the Lord give strength to His Psalms 29
people; the Lord will bless His people with peace.

The following קדיש *requires the presence of a* מנין.

יִתְגַּדַּל וְיִתְקַדַּשׁ שְׁמֵהּ רַבָּא
בְּעָלְמָא דְּהוּא עָתִיד לְאִתְחַדָּתָא
וּלְאַחֲיָאָה מֵתַיָּא, וּלְאַסָּקָא יָתְהוֹן לְחַיֵּי עָלְמָא
וּלְמִבְנֵא קַרְתָּא דִירוּשְׁלֵם, וּלְשַׁכְלָלָא הֵיכְלֵהּ בְּגַוַּהּ
וּלְמֶעְקַר פֻּלְחָנָא נֻכְרָאָה מֵאַרְעָא
וְלַאֲתָבָא פֻּלְחָנָא דִשְׁמַיָּא לְאַתְרֵהּ
וְיַמְלִיךְ קֻדְשָׁא בְּרִיךְ הוּא בְּמַלְכוּתֵהּ וִיקָרֵהּ
(נוסח ספרד: וְיַצְמַח פּוּרְקָנֵהּ וִיקָרֵב מְשִׁיחֵהּ)
בְּחַיֵּיכוֹן וּבְיוֹמֵיכוֹן וּבְחַיֵּי דְכָל בֵּית יִשְׂרָאֵל
בַּעֲגָלָא וּבִזְמַן קָרִיב, וְאִמְרוּ אָמֵן.

יְהֵא שְׁמֵהּ רַבָּא מְבָרַךְ לְעָלַם וּלְעָלְמֵי עָלְמַיָּא.

יִתְבָּרַךְ וְיִשְׁתַּבַּח וְיִתְפָּאַר וְיִתְרוֹמַם וְיִתְנַשֵּׂא
וְיִתְהַדָּר וְיִתְעַלֶּה וְיִתְהַלָּל
שְׁמֵהּ דְּקֻדְשָׁא בְּרִיךְ הוּא
לְעֵלָּא מִן כָּל בִּרְכָתָא
/בעשרת ימי תשובה: לְעֵלָּא לְעֵלָּא מִכָּל בִּרְכָתָא/
וְשִׁירָתָא, תֻּשְׁבְּחָתָא וְנֶחֱמָתָא, דַּאֲמִירָן בְּעָלְמָא
וְאִמְרוּ אָמֵן. (קהל: אָמֵן)

עַל יִשְׂרָאֵל וְעַל רַבָּנָן
וְעַל תַּלְמִידֵיהוֹן וְעַל כָּל תַּלְמִידֵי תַלְמִידֵיהוֹן
וְעַל כָּל מָאן דְּעָסְקִין בְּאוֹרַיְתָא
דִּי בְּאַתְרָא (בארץ ישראל: קַדִּישָׁא) הָדֵין, וְדִי בְּכָל אֲתַר וַאֲתַר
יְהֵא לְהוֹן וּלְכוֹן שְׁלָמָא רַבָּא
חִנָּא וְחִסְדָּא, וְרַחֲמֵי, וְחַיֵּי אֲרִיכֵי, וּמְזוֹנֵי רְוִיחֵי
וּפֻרְקָנָא מִן קֳדָם אֲבוּהוֹן דִּי בִשְׁמַיָּא
וְאִמְרוּ אָמֵן.

יְהֵא שְׁלָמָא רַבָּא מִן שְׁמַיָּא
וְחַיִּים (טוֹבִים) עָלֵינוּ וְעַל כָּל יִשְׂרָאֵל
וְאִמְרוּ אָמֵן.

Bow, take three steps back, as if taking leave of the Divine Presence, then bow, first left, then right, then center, while saying:

עֹשֶׂה שָׁלוֹם/ בעשרת ימי תשובה: הַשָּׁלוֹם/ בִּמְרוֹמָיו
הוּא יַעֲשֶׂה בְרַחֲמָיו שָׁלוֹם, עָלֵינוּ וְעַל כָּל יִשְׂרָאֵל
וְאִמְרוּ אָמֵן.

The following Kaddish requires the presence of a minyan.

Magnified and sanctified may His great name be,
in the world that will in future be renewed,
reviving the dead and raising them up to eternal life.
He will rebuild the city of Jerusalem
and in it re-establish His Temple.
He will remove alien worship from the earth
and restore to its place the worship of Heaven.
Then the Holy One, blessed be He,
will reign in His sovereignty and splendor.
May it be in your lifetime and in your days,
(*Nusaḥ Sepharad:* make His salvation flourish,
and hasten His messiah,)
and in the lifetime of all the House of Israel,
swiftly and soon – and say: Amen.

May His great name be blessed for ever and all time.

Blessed and praised,
glorified and exalted,
raised and honored,
uplifted and lauded
be the name of the Holy One,
blessed be He,
beyond any blessing,
song, praise and consolation uttered in the world –
and say: Amen.

To Israel, to the teachers,
their disciples and their disciples' disciples,
and to all who engage in the study of Torah,
in this (*in Israel add:* holy) place or elsewhere,
may there come to them and you great peace,
grace, kindness and compassion,
long life, ample sustenance and deliverance,
from their Father in Heaven –
and say: Amen.

May there be great peace from heaven,
and (good) life for us and all Israel –
and say: Amen.

Bow, take three steps back, as if taking leave of the Divine Presence, then bow, first left, then right, then center, while saying:

May He who makes peace in His high places,
in His compassion make peace for us and all Israel –
and say: Amen.

Koren Talmud Bavli
THE NOÉ EDITION

SOTA

Steinsaltz Center

KOREN

תלמוד בבלי

KOREN TALMUD BAVLI

THE NOÉ EDITION

סוטה

SOTA

Daf 32a through Daf 49b

COMMENTARY BY

Rabbi Adin Even-Israel Steinsaltz

EDITOR-IN-CHIEF

Rabbi Dr Tzvi Hersh Weinreb

SENIOR CONTENT EDITOR

Rabbi Dr Shalom Z Berger

EXECUTIVE EDITOR

Rabbi Joshua Schreier

STEINSALTZ CENTER

KOREN PUBLISHERS JERUSALEM

Supported by the Matanel Foundation

Koren Talmud Bavli, The Noe Edition
Vol. 18c: Tractate Sota, Daf 32a through Daf 49b
Paperback, ISBN, 978-965-7765-85-2

First Hebrew/English paperback edition, 2021

Koren Publishers Jerusalem Ltd.
PO Box 4044, Jerusalem 91040, ISRAEL
PO Box 8531, New Milford, CT 06776, USA
www.korenpub.com

Steinsaltz Center

Steinsaltz Center is the parent organization of institutions established by Rabbi Adin Even-Israel Steinsaltz

PO Box 45187, Jerusalem 91450 ISRAEL
Telephone: +972 2 646 0900, Fax +972 2 624 9454
www.steinsaltz-center.org

This book was published in cooperation with the Israel Institute for Talmudic Publications.

הִנֵּה יָמִים בָּאִים, נְאֻם אֲדֹנָי יֱהוִה, וְהִשְׁלַחְתִּי רָעָב בָּאָרֶץ,
לֹא־רָעָב לַלֶּחֶם וְלֹא־צָמָא לַמַּיִם, כִּי אִם־לִשְׁמֹעַ אֵת דִּבְרֵי יהוה.

Behold, days are coming – says the Lord God – I will send a hunger to the land, not a hunger for bread nor a thirst for water, but to hear the words of the Lord. (AMOS 8:11)

The Noé edition of the Koren Talmud Bavli
with the commentary of Rabbi Adin Even-Israel Steinsaltz
is dedicated to all those who open its covers
to quench their thirst for Jewish Knowledge,
in our generation of Torah renaissance.

This beautiful edition is for the young, the aged,
the novice and the savant alike,
as it unites the depth of Torah knowledge
with the best of academic scholarship.

Within its exquisite and vibrant pages,
words become worlds.

It will claim its place in the library of classics,
in the bookcases of the Beit Midrash,
the classrooms of our schools,
and in the offices of professionals and business people
who carve out precious time to grapple with its timeless wisdom.

For the Student and the Scholar

DEDICATED BY LEO AND SUE NOÉ

Steinsaltz Center

Executive Director, Steinsaltz Center

Rabbi Meni Even-Israel

Managing Editor

Rabbi Jason Rappoport

Senior Content Editor

Rabbi Dr. Shalom Z. Berger

Editors

Rabbi Dr. Joshua Amaru, *Coordinating Editor*
Rabbi Avishai Magence, *Content Curator*
Menucha Chwat
Rabbi Yehoshua Duker
Betzalel Philip Edwards
Rabbi Yonatan Shai Freedman
Rabbi Ayal Geffon
Nechama Greenberg
Rabbi Yonatan Kohn
Rabbi Jason Leib
Elie Leshem
Elisha Loewenstern
Yedidya Naveh
Jay Shapiro
Ami Silver
Ami Vick
Rabbi Binyamin Zimmerman

Copy Editors

Aliza Israel, *Coordinator*
Bracha Hermon
Ita Olesker
Debbie Ismailoff
Shira Finson
Ilana Sobel
Deena Nataf
Eliana Kurlantzick Yorav
Erica Hirsch Edvi
Nava Wieder

Language Consultants

Dr. Stephanie E. Binder, *Greek & Latin*
Rabbi Yaakov Hoffman, *Arabic*
Dr. Shai Secunda, *Persian*
Shira Shmidman, *Aramaic*

KOREN

Design & Typesetting

Dena Landowne Bailey, *Typesetting*
Tani Bayer, *Jacket Design*
Raphaël Freeman, *Design & Typography*

Images

Eliahu Misgav, *Illustration & Image Acquisition*
Daniel Gdalevich, *Illustration & Image Acquisition*

Introduction by the Publisher

The Talmud has sustained and inspired Jews for thousands of years. Throughout Jewish history, an elite cadre of scholars has absorbed its learning and passed it on to succeeding generations. The Talmud has been the fundamental text of our people.

Beginning in the 1960s, Rabbi Adin Even-Israel Steinsaltz שליט"א created a revolution in the history of Talmud study. His translation of the Talmud, first into modern Hebrew and then into other languages, as well the practical learning aids he added to the text, have enabled millions of people around the world to access and master the complexity and context of the world of Talmud.

It is thus a privilege to present the *Koren Talmud Bavli*, an English translation of the talmudic text with the brilliant elucidation of Rabbi Steinsaltz. The depth and breadth of his knowledge are unique in our time. His rootedness in the tradition and his reach into the world beyond it are inspirational.

Working with Rabbi Steinsaltz on this remarkable project has been not only an honor, but a great pleasure. Never shy to express an opinion, with wisdom and humor, Rabbi Steinsaltz sparkles in conversation, demonstrating his knowledge (both sacred and worldly), sharing his wide-ranging interests, and, above all, radiating his passion. I am grateful for the unique opportunity to work closely with him, and I wish him many more years of writing and teaching.

Our intentions in publishing this new edition of the Talmud are threefold. First, we seek to fully clarify the talmudic page to the reader – textually, intellectually, and graphically. Second, we seek to utilize today's most sophisticated technologies, both in print and electronic formats, to provide the reader with a comprehensive set of study tools. And third, we seek to help readers advance in their process of Talmud study.

To achieve these goals, the *Koren Talmud Bavli* is unique in a number of ways:

- The classic *tzurat hadaf* of Vilna, used by scholars since the 1800s, has been reset for great clarity, and opens from the Hebrew "front" of the book. Full *nikkud* has been added to both the talmudic text and Rashi's commentary, allowing for a more fluent reading with the correct pronunciation; the commentaries of *Tosafot* have been punctuated. Upon the advice of many English-speaking teachers of Talmud, we have separated these core pages from the translation, thereby enabling the advanced student to approach the text without the distraction of the translation. This also reduces the number of volumes in the set. At the bottom of each *daf*, there is a reference to the corresponding English pages. In addition, the Vilna edition was read against other manuscripts and older print editions, so that texts which had been removed by non-Jewish censors have been restored to their rightful place.
- The English translation, which starts on the English "front" of the book, reproduces the *menukad* Talmud text alongside the English translation (in bold) and commentary and explanation (in a lighter font). The Hebrew and Aramaic text is presented in logical paragraphs. This allows for a fluent reading of the text for the non-Hebrew or non-Aramaic reader. It also allows for the Hebrew reader to refer easily to the text alongside. Where the original text features dialogue or poetry, the English text is laid out in a manner appropriate to the genre. Each page refers to the relevant *daf*.

- Critical contextual tools surround the text and translation: personality notes, providing short biographies of the Sages; language notes, explaining foreign terms borrowed from Greek, Latin, Persian, or Arabic; and background notes, giving information essential to the understanding of the text, including history, geography, botany, archaeology, zoology, astronomy, and aspects of daily life in the talmudic era.
- Halakhic summaries provide references to the authoritative legal decisions made over the centuries by the rabbis. They explain the reasons behind each halakhic decision as well as the ruling's close connection to the Talmud and its various interpreters.
- Photographs, drawings, and other illustrations have been added throughout the text – in full color in the Standard and Electronic editions, and in black and white in the Daf Yomi edition – to visually elucidate the text.

This is not an exhaustive list of features of this edition, it merely presents an overview for the English-speaking reader who may not be familiar with the "total approach" to Talmud pioneered by Rabbi Steinsaltz.

Several professionals have helped bring this vast collaborative project to fruition. My many colleagues are noted on the Acknowledgments page, and the leadership of this project has been exceptional.

RABBI MENACHEM EVEN-ISRAEL, DIRECTOR OF THE STEINSALTZ CENTER, was the driving force behind this enterprise. With enthusiasm and energy, he formed the happy alliance with Koren and established close relationships among all involved in the work.

RABBI DR. TZVI HERSH WEINREB שליט״א, EDITOR-IN-CHIEF, brought to this project his profound knowledge of Torah, intellectual literacy of Talmud, and erudition of Western literature. It is to him that the text owes its very high standard, both in form and content, and the logical manner in which the beauty of the Talmud is presented.

RABBI JOSHUA SCHREIER, EXECUTIVE EDITOR, assembled an outstanding group of scholars, translators, editors, and proofreaders, whose standards and discipline enabled this project to proceed in a timely and highly professional manner.

RABBI MEIR HANEGBI, EDITOR OF THE HEBREW EDITION OF THE STEINSALTZ TALMUD, lent his invaluable assistance throughout the work process, supervising the reproduction of the Vilna pages.

RAPHAËL FREEMAN, EXECUTIVE EDITOR OF KOREN, created this Talmud's unique typographic design which, true to the Koren approach, is both elegant and user friendly.

It has been an enriching experience for all of us at Koren Publishers Jerusalem to work with the Steinsaltz Center to develop and produce the *Koren Talmud Bavli*. We pray that this publication will be a source of great learning and, ultimately, greater *avodat Hashem* for all Jews.

Matthew Miller, Publisher
Koren Publishers Jerusalem
Jerusalem 5772

Contents

For the vocalized Vilna Shas layout, please open as a Hebrew book.

Introduction to **Perek VII**

And it shall come to pass, when the Lord your God shall bring you into the land where you go to possess it, that you shall give the blessing on Mount Gerizim and the curse on Mount Ebal. Are they not beyond the Jordan, behind the way of the coming of the sun, in the land of the Canaanites that dwell in the Arabah, over against Gilgal, beside the oaks of Moreh?

(Deuteronomy 11:29–30)

Then his brother's wife shall draw near him in the presence of the Elders, and remove his shoe from off his foot, and spit in his face; and she shall speak and say: So shall be done to the man that does not build up his brother's house.

(Deuteronomy 25:9)

And you shall speak and say before the Lord your God: A wandering Aramean was my father, and he went down into Egypt, and sojourned there, few in number; and he became there a nation, great, mighty, and populous.

(Deuteronomy 26:5)

These shall stand on Mount Gerizim to bless the people, when you are passed over the Jordan: Simeon, and Levi, and Judah, and Issachar, and Joseph, and Benjamin; and these shall stand on Mount Ebal for the curse: Reuben, Gad, and Asher, and Zebulun, Dan, and Naphtali. And the Levites shall speak and say to all the men of Israel with a loud voice: Cursed is the man who makes a graven or molten image, an abomination unto the Lord, the work of the hands of the craftsman, and sets it up in secret. And all the people shall answer and say: Amen.

(Deuteronomy 27:12–15)

And Moses commanded them, saying: At the end of every seven years, in the Festival of the Sabbatical Year, in the festival of Sukkot, when all Israel comes to appear before the Lord your God in the place that He shall choose, you shall read this Torah before all Israel in their hearing. Assemble the people, the men and the women and the little ones, and your stranger that is within your gates, so that they may hear, and so that they may learn, and fear the Lord your God, and observe to perform all the words of this law.

(Deuteronomy 31:10–12)

This chapter, as well as the following chapters, lists a series of *halakhot* that are tangentially related to the *halakhot* of a *sota*. The chapter begins discussing whether various recitations mentioned in the Torah, including the warning and the oath administered by the priest to a *sota*, must be recited in Hebrew, or whether they may be recited in any language. Subsequently, the chapter discusses in detail several mitzvot that appear in the list of recitations that must be said in Hebrew. Despite the lack of an inherent connection between these issues and the tractate, tractate *Sota* became the primary source for their *halakhot*, since there is no tractate devoted to explaining these issues.

One such topic is the mitzvot that were incumbent upon the generation that entered Eretz Yisrael during the time of Joshua, such as setting up stones and writing the Torah upon them, and delivering the blessings and the curses on Mount Gerizim and Mount Ebal. As these *halakhot* pertain only to that generation, the discussion has no practical ramifications. However, the Gemara examines these *halakhot* as it analyzes all aspects of the Torah.

The chapter also discusses the Priestly Benediction extensively, describing the manner in which it is recited in the Temple and in synagogues.

Another topic considered in this chapter is the mitzva of assembly, where the king reads the Torah before the nation. The chapter discusses who reads from the Torah, what portions are read, and how the event takes place in practice.

מתני׳ אֵלּוּ נֶאֱמָרִין בְּכָל לָשׁוֹן: פָּרָשַׁת סוֹטָה, וּוִידּוּי מַעֲשֵׂר, קְרִיַּת שְׁמַע וּתְפִלָּה, וּבִרְכַּת הַמָּזוֹן, וּשְׁבוּעַת הָעֵדוּת וּשְׁבוּעַת הַפִּיקָּדוֹן.

MISHNA **These are recited**[N] **in any language,**[N] not specifically Hebrew: **The portion of** the warning and the oath administered by the priest to **a woman suspected by her husband of having been unfaithful** [*sota*];[H] **and the declaration of tithes,**[HB] which occurs after the third and the sixth years of the seven-year Sabbatical cycle, when one declares that he has given his tithes appropriately; ***Shema*;**[H] **and the** *Amida* **prayer;**[H] **and Grace after Meals;**[H] **and an oath of testimony,**[H] where one takes an oath that he does not have any testimony to provide on a given issue; **and an oath on a deposit,**[H] where one takes an oath that he does not have possession of another's deposit.

וְאֵלּוּ נֶאֱמָרִין בִּלְשׁוֹן הַקּוֹדֶשׁ: מִקְרָא בִּיכּוּרִים, וַחֲלִיצָה, בְּרָכוֹת וּקְלָלוֹת, בִּרְכַּת כֹּהֲנִים, וּבִרְכַּת כֹּהֵן גָּדוֹל, וּפָרָשַׁת הַמֶּלֶךְ, וּפָרָשַׁת עֶגְלָה עֲרוּפָה, וּמְשׁוּחַ מִלְחָמָה בְּשָׁעָה שֶׁמְּדַבֵּר אֶל הָעָם.

And these are recited only **in the sacred tongue,** Hebrew: **The recitation of** the verses that one recounts when bringing the **first fruits**[HB] to the Temple; **and** the recitations which form an element of **the ritual through which a *yavam* frees a *yevama* of her levirate bonds** [***ḥalitza***];[HB] the **blessings and curses** that were spoken on Mount Gerizim and Mount Ebal; **the Priestly Benediction;**[H] **and the blessing** on the Torah recited **by the High Priest** on Yom Kippur; **and the portion of** the Torah read by **the king**[H] at the assembly on *Sukkot* at the conclusion of the Sabbatical Year; **and the portion** recited during the ritual **of a heifer whose neck is broken,**[H] when a person is found killed in an area that is between two cities, and the murderer is unknown; **and the** speech of a priest who is **anointed for war**[H] **when he addresses the nation** before going out to battle.

NOTES

These are recited – **אֵלּוּ נֶאֱמָרִין**: *Tosafot* ask why the *tanna* lists only some of the examples that fall under this category while leaving out other examples. They answer in accordance with their version of the mishna, that the mishna's statement is: These are recited in their own language, and explain that this refers specifically to those recitations that must be in a language the person reciting understands. This excludes other recitations that may be recited in any language, but not because of an imperative to understand the text.

In any language – **בְּכָל לָשׁוֹן**: This is the version of Rashi. *Tosafot*, however, as well as the Jerusalem Talmud, have a different version of the text, which states: In their own language. *Tosafot* write that Rashi's version indicates that it does not matter what language is used, whereas the version that states: In their own language, implies that it must be a language that is understood by the one speaking it. However, Rashi apparently agrees that it must be a language that one understands; he simply holds that the novel element of this *halakha* is that there is no requirement that these statements be recited in Hebrew (see *Keren Ora*).

BACKGROUND

The declaration of tithes – **וִידּוּי מַעֲשֵׂר**: This declaration is stated on the last day of Passover of the fourth and seventh years of the Sabbatical cycle. It states that one's obligations with regard to *teruma* and the tithing of his produce were properly fulfilled. The text of this declaration is in Deuteronomy (26:13–15). During the Second Temple period, Yoḥanan the High Priest discontinued the practice of reciting this declaration due to a concern that since agricultural *halakhot* were not being properly observed, many of those making the declaration would not be speaking the truth.

First fruits – **בִּיכּוּרִים**: The first fruits of a new harvest are given to the priests (see Deuteronomy 26:1–11). During the period of the Temple, a farmer would select the first of the seven types of fruit with which Eretz Yisrael is favored (see Deuteronomy 8:8). He would bring them to the Temple in a basket, place them before the altar, and recite prayers of thanks to God. Afterward, the fruit was given to the priests and eaten under the same restrictions governing *teruma*. First fruits were brought to the Temple between the festivals of *Shavuot* and *Sukkot*. If they were not brought during that period, an extension was granted until Hanukkah. An entire tractate of the Mishna, *Bikkurim*, is devoted to the details of this mitzva.

Ḥalitza – **חֲלִיצָה**: *Ḥalitza* is the ceremony whereby a *yevama*, the widow of a man who died without children, is freed from the obligation to marry one of her deceased husband's brothers, referred to as a *yavam*, and is consequently allowed to remarry (see Deuteronomy 25:7–10). The term *ḥalitza* is derived from the central element of this ceremony, which involves the removal by the *yevama* of a special sandal from the foot of the *yavam*. *Ḥalitza* must be performed before a rabbinical court. The *halakhot* governing this ceremony are discussed in detail in tractate *Yevamot*.

HALAKHA

The portion of *sota* can be recited in any language – **פָּרָשַׁת סוֹטָה בְּכָל לָשׁוֹן**: The priest speaks to the woman in a language she understands, explaining that she is in her current situation due to her husband's warning and her seclusion with another man. He says to her in her own language: If a man did not sleep with you, etc. (Rambam *Sefer Nashim*, *Hilkhot Sota* 3:7).

The declaration of tithes – **וִידּוּי מַעֲשֵׂר**: The declaration of tithes may be recited in any language (Rambam *Sefer Zera'im*, *Hilkhot Ma'aser Sheni* 11:5).

Shema – **קְרִיַּת שְׁמַע**: One may recite *Shema* in any language, and just as one must be careful to pronounce the words accurately in Hebrew, so too, one must be careful to recite it precisely in another language. The *Mishna Berura* notes that while it is permitted to recite *Shema* in any language, the preferable way to fulfill the mitzva is to recite it in Hebrew, even if one does not understand the words (Rambam *Sefer Ahava*, *Hilkhot Keriat Shema* 2:10; *Shulḥan Arukh*, *Oraḥ Ḥayyim* 62:2).

***Amida* prayer** – **תְּפִלָּה**: If one is praying in a quorum of ten men, one may pray in any language that he desires. Otherwise, one must pray in Hebrew (Rif). Some say this is only the case when one is praying for his personal needs, but a fixed communal prayer may be recited in any language (Rabbeinu Yona). Others hold that even when praying for one's own needs one may pray in any language other than Aramaic, according to the subsequent Gemara (Rosh). Even a fixed communal prayer should preferably be recited in Hebrew. The *Mishna Berura* rules that a communal prayer should not be recited in another language on a regular basis (*Shulḥan Arukh*, *Oraḥ Ḥayyim* 101:4).

Grace after Meals – **בִּרְכַּת הַמָּזוֹן**: One may recite the Grace after Meals in any language. The *Mishna Berura* rules that it is preferable to recite it in Hebrew (Rambam *Sefer Ahava*, *Hilkhot Berakhot* 1:6; *Shulḥan Arukh*, *Oraḥ Ḥayyim* 185:1).

An oath of testimony – **שְׁבוּעַת הָעֵדוּת**: Witnesses are not liable to bring a sin-offering for falsely taking an oath of testimony unless the oath was administered to them in a language they understand (Rambam *Sefer Hafla'a*, *Hilkhot Shevuot* 9:12).

An oath on a deposit – **שְׁבוּעַת הַפִּיקָּדוֹן**: One is not liable to bring a sin-offering for falsely taking an oath on a deposit unless the oath was administered to him in a language he understands (Rambam *Sefer Hafla'a*, *Hilkhot Shevuot* 7:7).

The recitation of the verses of the first fruits – **מִקְרָא בִּיכּוּרִים**: The recitation over the first fruits must be performed in Hebrew, exactly as it is written in the Torah (Rambam *Sefer Zera'im*, *Hilkhot Bikkurim* 3:10).

Ḥalitza – **חֲלִיצָה**: Everything that the *yavam* and the *yevama* are required to recite during the *ḥalitza* ritual must be recited in Hebrew (Rambam *Sefer Nashim*, *Hilkhot Yibbum* 4:8; *Shulḥan Arukh*, *Even HaEzer* 169:29 and *Seder Ḥalitza* 48).

The Priestly Benediction – **בִּרְכַּת כֹּהֲנִים**: The Priestly Benediction may be recited only in Hebrew (Rambam *Sefer Ahava*, *Hilkhot Tefilla* 14:11; *Shulḥan Arukh*, *Oraḥ Ḥayyim* 128:14).

The portion read by the king – **פָּרָשַׁת הַמֶּלֶךְ**: When the king reads from the Torah during the assembly he must recite the blessings and the verses in Hebrew (Rambam *Sefer Korbanot*, *Hilkhot Ḥagiga* 3:5).

The portion of a heifer whose neck is broken – **פָּרָשַׁת עֶגְלָה עֲרוּפָה**: After the neck of the calf is broken, the elders of the city recite: "Our hands did not spill this blood, neither have our eyes seen it" (Deuteronomy 21:7), and the priests say: "Forgive, O Lord, your people, Israel" (Deuteronomy 21:8). All of this must be recited in Hebrew (Rambam *Sefer Nezikin*, *Hilkhot Rotze'aḥ* 9:3).

A priest who is anointed for war – **מְשׁוּחַ מִלְחָמָה**: A priest who is anointed for war stands on a high surface and calls out to the soldiers: Hear, O Israel, etc. The entire portion must be recited in Hebrew (Rambam *Sefer Shofetim*, *Hilkhot Melakhim* 7:3).

מִקְרָא בִּיכּוּרִים כֵּיצַד? ״וְעָנִיתָ וְאָמַרְתָּ לִפְנֵי ה׳ אֱלֹהֶיךָ״, וּלְהַלָּן הוּא אוֹמֵר: ״וְעָנוּ הַלְוִיִּם וְאָמְרוּ״, מַה לְּהַלָּן בִּלְשׁוֹן הַקּוֹדֶשׁ, אַף כָּאן בִּלְשׁוֹן הַקּוֹדֶשׁ.

How is it derived that the **recitation** when bringing the **first fruits** is recited specifically in Hebrew? When the Torah discusses this mitzva it states: **"And you shall speak and say before the Lord your God"** (Deuteronomy 26:5), **and below,** in the discussion of the blessings and curses, **it states: "And the Levites shall speak and say"** (Deuteronomy 27:14). **Just as there,** the Levites speak **in the sacred tongue, so too here,** the recitation is **in the sacred tongue.**

חֲלִיצָה כֵּיצַד? ״וְעָנְתָה וְאָמְרָה״, וּלְהַלָּן הוּא אוֹמֵר: ״וְעָנוּ הַלְוִיִּם וְאָמְרוּ״, מַה לְּהַלָּן בִּלְשׁוֹן הַקּוֹדֶשׁ, אַף כָּאן בִּלְשׁוֹן הַקּוֹדֶשׁ;

How is it derived that the recitation at a *ḥalitza* ceremony must be in Hebrew? The verse in the Torah portion discussing *ḥalitza* states: **"And she shall speak and say"** (Deuteronomy 25:9), **and below it states: "And the Levites shall speak and say"** (Deuteronomy 27:14). **Just as there,** the Levites speak **in the sacred tongue, so too here,** the recitation is **in the sacred tongue.**

רַבִּי יְהוּדָה אוֹמֵר: ״וְעָנְתָה וְאָמְרָה כָּכָה״, עַד שֶׁתֹּאמַר בַּלָּשׁוֹן הַזֶּה.

Rabbi Yehuda says: This can be derived from a different word in the verse: **"And she shall speak and say: So** shall it be done to the man that does not build up his brother's house" (Deuteronomy 25:9). The word "so" indicates that her statement is ineffective **unless she says** it **in these** exact **words.**

בְּרָכוֹת וּקְלָלוֹת כֵּיצַד? כֵּיוָן שֶׁעָבְרוּ יִשְׂרָאֵל אֶת הַיַּרְדֵּן, וּבָאוּ אֶל הַר גְּרִיזִים וְאֶל הַר עֵיבָל שֶׁבַּשּׁוֹמְרוֹן שֶׁבְּצַד שְׁכֶם שֶׁבְּאֵצֶל אֵלוֹנֵי מוֹרֶה, שֶׁנֶּאֱמַר: ״הֲלֹא הֵמָּה בְּעֵבֶר הַיַּרְדֵּן״ וגו׳, וּלְהַלָּן הוּא אוֹמֵר: ״וַיַּעֲבֹר אַבְרָם בָּאָרֶץ עַד מְקוֹם שְׁכֶם עַד אֵלוֹן מוֹרֶה״, מָה אֵלוֹן מוֹרֶה הָאָמוּר לְהַלָּן - שְׁכֶם, אַף אֵלוֹן מוֹרֶה הָאָמוּר כָּאן - שְׁכֶם.

How did the ceremony of the **blessings and curses** take place? **When the Jewish people crossed the Jordan River they came to Mount Gerizim and Mount Ebal, which are in Samaria along-side** the city of **Shechem, which is near the oaks of Moreh, as it is stated: "Are they not beyond the Jordan,** behind the way of the going down of the sun, in the land of the Canaanites that dwell in the Arabah, over against Gilgal, beside the oaks of Moreh?" (Deuteronomy 11:30), **and there it states: "And Abram passed through the land until the place of Shechem, until the oaks of Moreh"** (Genesis 12:6). **Just as the oaks of Moreh mentioned there** with regard to Abraham **are** close to **Shechem, so too, the oaks of Moreh mentioned here are** close to **Shechem.**

שִׁשָּׁה שְׁבָטִים עָלוּ לְרֹאשׁ הַר גְּרִיזִים וְשִׁשָּׁה שְׁבָטִים עָלוּ לְרֹאשׁ הַר עֵיבָל, וְהַכֹּהֲנִים וְהַלְוִיִּם וְהָאָרוֹן עוֹמְדִים לְמַטָּה בָּאֶמְצַע. הַכֹּהֲנִים מַקִּיפִין אֶת הָאָרוֹן וְהַלְוִיִּם אֶת הַכֹּהֲנִים וְכָל יִשְׂרָאֵל מִכָּאן וּמִכָּאן, שֶׁנֶּאֱמַר: ״וְכָל יִשְׂרָאֵל וּזְקֵנָיו וְשֹׁטְרִים וְשֹׁפְטָיו עֹמְדִים מִזֶּה וּמִזֶּה לָאָרוֹן״ וגו׳.

Six tribes ascended to the top of Mount Gerizim and six tribes ascended to the top of Mount Ebal, and the priests and the Levites and the Ark were standing at the bottom in the middle, between the two mountains. **The priests were surrounding the Ark and the Levites** were surrounding **the priests, and all** the rest of **the Jewish people** were standing on the mountains **on this side and on that side, as it is stated: "And all Israel, and their elders and officers, and their judges, stood on this side of the Ark and on that side** before the priests the Levites that bore the Ark of the Covenant of the Lord" (Joshua 8:33).

הָפְכוּ פְּנֵיהֶם כְּלַפֵּי הַר גְּרִיזִים וּפָתְחוּ בִּבְרָכָה: ״בָּרוּךְ הָאִישׁ אֲשֶׁר לֹא יַעֲשֶׂה פֶּסֶל וּמַסֵּכָה״, וְאֵלּוּ וָאֵלּוּ עוֹנִין ״אָמֵן״. הָפְכוּ פְּנֵיהֶם כְּלַפֵּי הַר עֵיבָל וּפָתְחוּ בִּקְלָלָה: ״אָרוּר הָאִישׁ אֲשֶׁר יַעֲשֶׂה פֶּסֶל וּמַסֵּכָה״, וְאֵלּוּ וָאֵלּוּ עוֹנִין ״אָמֵן״, עַד שֶׁגּוֹמְרִין בְּרָכוֹת וּקְלָלוֹת.

The Levites then **turned to face Mount Gerizim and opened with** the **blessing: Blessed be the man who does not make a graven or molten image** (see Deuteronomy 27:15), **and these** people **and those** people, i.e., the two groups standing on either mountain, **answered: Amen.** Then **they turned to face Mount Ebal and opened with** the **curse: "Cursed be the man who makes a graven or molten image"** (Deuteronomy 27:15), **and these** people **and those** people **answered: Amen.** They continued in this manner **until they completed** reciting all of the **blessings and curses.**

וְאַחַר כָּךְ הֵבִיאוּ אֶת הָאֲבָנִים וּבָנוּ אֶת הַמִּזְבֵּחַ, וְסָדוּהוּ בְּסִיד, וְכָתְבוּ עָלָיו אֶת כָּל דִּבְרֵי הַתּוֹרָה בְּשִׁבְעִים לָשׁוֹן, שֶׁנֶּאֱמַר: ״בַּאֵר הֵיטֵב״, וְנָטְלוּ אֶת הָאֲבָנִים וּבָאוּ

And afterward they brought the stones as commanded in the Torah, **and they built the altar and plastered it with plaster, and they wrote on it all of the words of the Torah**[N] **in seventy languages, as it is stated:** "And you shall write on the stones all the words of this law **clearly elucidated**" (Deuteronomy 27:8), indicating that it was to be written in every language. **And they** then **took the stones** from there **and came**

NOTES

All of the words of the Torah – **אֶת כָּל דִּבְרֵי הַתּוֹרָה**: According to the Ramban and Rabbeinu Baḥyel, this is to be taken literally; the entire Torah was written on these stones. In *Tiferet Yisrael* it is explained that for that to be the case, a miracle must have taken place, as otherwise it would impossible to write out the entire Torah on stones and in such a short period of time. Rav Se'adya Gaon is quoted in the Meiri and in *Tosefot Yom Tov* as explaining that they did not write out the entire Torah, but rather they wrote a list of the mitzvot, similar to the various lists of mitzvot composed by the sages of his time.

וְלָנוּ בִּמְקוֹמָן.

to Gilgal **and slept in their** lodging **place.**

גמ׳ פָּרָשַׁת סוֹטָה מְנָלַן? דִּכְתִיב: ״וְאָמַר הַכֹּהֵן לָאִשָּׁה״, בְּכָל לָשׁוֹן שֶׁהוּא אוֹמֵר.

GEMARA **From where** do we derive that **the portion** of the warning and the oath administered by the priest to **a *sota*** can be recited in any language?[N] **As it is written: "And the priest shall say to the woman"** (Numbers 5:21), which indicates: **In any language that he speaks.**

תָּנוּ רַבָּנַן: מַשְׁמִיעִין אוֹתָהּ בְּכָל לָשׁוֹן שֶׁהִיא שׁוֹמַעַת, עַל מָה הִיא שׁוֹתָה וּבַמֶּה הִיא שׁוֹתָה, עַל מָה נִטְמֵאת וּבַמֶּה הִיא נִטְמֵאת.

The Sages taught (*Tosefta* 2:1): The priest **informs** the *sota* **in any language that she can hear** and understand **for what** reason **she must drink** the bitter water of a *sota*, **and from what** vessel **she will drink, on account of what** actions **she is** considered to be **defiled and in what** way **she defiled herself.**

עַל מָה הִיא שׁוֹתָה? עַל עִסְקֵי קִינּוּי וּסְתִירָה. וּבַמֶּה הִיא שׁוֹתָה? בִּמְקֵידָה שֶׁל חֶרֶשׂ.

For what reason **must she drink** the bitter water? She must drink it **on account of the matter of** the **warning** given to her by her husband, **and** her subsequent **seclusion. And from what** vessel **does she drink?** She drinks **from a *mekeida***, a simple vessel, **of clay.**

עַל מָה נִטְמֵאת? עַל עִסְקֵי שְׂחוֹק וְיַלְדוּת, וּבַמֶּה הִיא נִטְמֵאת? בְּשׁוֹגֵג אוֹ בְּמֵזִיד, בְּאוֹנֶס [אוֹ] בְּרָצוֹן. וְכָל כָּךְ לָמָּה? שֶׁלֹּא לְהוֹצִיא לַעַז עַל מַיִם הַמָּרִים.

On account of what actions **is she** considered to be **defiled?** It is **on account of matters of levity and immaturity. And in what** way **did she defile herself?** The priest must explain to her that there is a difference between whether she acted **unwittingly or intentionally,** and whether she acted **due to circumstances beyond** her **control,** or whether she acted **willingly. And why** does **all of this** need to be explained to her? In order **not to cast aspersions on the bitter water** of a *sota*, as, if she committed adultery unwittingly or due to circumstances beyond her control, the water will not affect her.

״וִידּוּי מַעֲשֵׂר״. מְנָלַן? דִּכְתִיב: ״וְאָמַרְתָּ לִפְנֵי ה׳ אֱלֹהֶיךָ בִּעַרְתִּי הַקֹּדֶשׁ מִן הַבַּיִת״, וְיָלֵיף אֲמִירָה מִסּוֹטָה, בְּכָל לָשׁוֹן שֶׁהוּא אוֹמֵר.

From where do we derive that **the declaration of tithes**[N] may be recited in any language? **As it is written: "Then you shall say before the Lord your God: I have put away the hallowed things out of my house"** (Deuteronomy 26:13). **And derive** a verbal analogy **from** the **saying** mentioned in this verse, and the saying mentioned in the verse with regard to **a *sota*** (Numbers 5:21), that one is permitted to recite the declaration of tithes **in any language that he speaks.**

אֲמַר לֵיהּ רַב זְבִיד לְאַבַּיֵי: וְלֵילַף אֲמִירָה מִלְוִיִּם, מַה לְהַלָּן בִּלְשׁוֹן הַקּוֹדֶשׁ אַף כָּאן בִּלְשׁוֹן הַקּוֹדֶשׁ!

Rav Zevid said to Abaye: But let us derive a verbal analogy **from** the **saying** mentioned in the verse: "And the **Levites** shall speak and say" (Deuteronomy 27:14). **Just as there,** the Levites recited the blessings and curses **in the sacred tongue, so too here,** one must recite the declaration of tithes **in the sacred tongue.**

דָּנִין אֲמִירָה גְּרֵידְתָּא מֵאֲמִירָה גְּרֵידְתָּא, וְאֵין דָּנִין אֲמִירָה גְּרֵידְתָּא מֵעֲנִיָּיה וַאֲמִירָה.

Abaye answered: **One derives** a verbal analogy **from** the term **saying** in a verse where the word "say" appears **alone** and another instance where the word **saying** appears **alone. And one does not derive** a verbal analogy **from** the word **saying** when it appears **alone,** as it does in the verse about the declaration of tithes, and in a verse that mentions **speaking and saying,** such as the verse concerning the Levites.

תַּנְיָא, רַבִּי שִׁמְעוֹן בֶּן יוֹחַי אוֹמֵר: אָדָם אוֹמֵר שִׁבְחוֹ בְּקוֹל נָמוּךְ, וּגְנוּתוֹ – בְּקוֹל רָם;

The distinction between merely saying, and speaking and saying, is significant, as **it is taught** in a *baraita* that **Rabbi Shimon ben Yoḥai says: A person should say his** own **praise in a soft voice, and** say that which is to **his discredit in a loud voice.**

שִׁבְחוֹ בְּקוֹל נָמוּךְ – מִן וִידּוּי הַמַּעֲשֵׂר; גְּנוּתוֹ בְּקוֹל רָם – מִמִּקְרָא בִּיכּוּרִים.

That one should say **his praise in a soft voice** is derived **from** the portion of **the declaration of tithes,** where one declares that he has acted appropriately, and the verse does not state: And you shall speak. That one should say that which is to **his discredit in a loud voice** is derived **from the recitation of the first fruits,** concerning which the verse states: "And you shall speak and say" (Deuteronomy 26:5), i.e., it should be recited loudly. The portion recited when bringing the first fruits details the hardships that the Jewish people suffered and denigrates Laban the Aramean, who is a progenitor of the Jewish people.

NOTES

From where do we derive that the portion of a *sota* can be recited in any language – פָּרָשַׁת סוֹטָה מְנָלַן: *Tosefot HaRash* point out that the discussion in the mishna and the Gemara is predicated on the question, raised later in the Gemara, of whether the Torah must be recited in Hebrew in public readings in the synagogue, or if it can be recited in any language. They therefore say that the Gemara is difficult in any event: If the discussion is predicated on the assumption that the Torah may be recited in any language, then why is there a need to provide explanations for the recitations that may be recited in any language, as they simply follow the standard *halakha*? Conversely, if the Torah must be recited in Hebrew, why is it necessary to provide proof for those recitations that one is required to recite in Hebrew, as they simply follow the standard *halakha*?

They explain that according to the *tanna* of the mishna, the entire Torah may be recited in any language; this is apparent, as the mishna offers proof only for those recitations that must be recited in Hebrew. The Gemara, however, explains the *halakhot* of the mishna even according to the opinion that the Torah must be recited in Hebrew, and offers proof that in certain cases it is permitted to recite Torah verses in any language.

According to *Tosefot HaRosh*, the Gemara's discussion is an attempt to resolve this issue according to both opinions.

However, Rashi's commentary on the mishna seems to present a different opinion, as he explains that it is necessary for the mishna to state that the portion of a *sota* may be recited in any language, lest one compare it to the *ḥalitza* ceremony, which must be recited in Hebrew. This could indicate that according to Rashi, every one of the recitations cited in the mishna has a specific reason requiring that it be taught that it can be recited in any language.

Declaration of tithes – וִידּוּי מַעֲשֵׂר: It is explained in *Be'er Sheva* that it is necessary to offer a proof that the declaration of tithes may be recited in any language, as it is juxtaposed with the verses recited when bringing the first fruits, and one might have concluded that the declaration of tithes must be said in Hebrew, just like the recitation of the first fruits.

וּגְנוּתוֹ בְּקוֹל רָם? וְהָאָמַר רַבִּי יוֹחָנָן מִשּׁוּם רַבִּי שִׁמְעוֹן בֶּן יוֹחַי: מִפְּנֵי מָה תִּקְּנוּ תְּפִלָּה בְּלַחַשׁ? כְּדֵי שֶׁלֹּא לְבַיֵּישׁ אֶת עוֹבְרֵי עֲבֵירָה, שֶׁהֲרֵי לֹא חָלַק הַכָּתוּב מָקוֹם בֵּין חַטָּאת לְעוֹלָה!

The Gemara asks: **But** should one really say that which is to **his discredit in a loud voice? But didn't Rabbi Yoḥanan say in the name of Rabbi Shimon bar Yoḥai** himself: **For what** reason **did** the Sages **institute** that the *Amida* **prayer** should be recited **in a whisper?**[H] **So as not to embarrass transgressors** who confess their transgressions during their prayer. There is proof that transgressors should not be embarrassed, **as the verse** detailing where different offerings are slaughtered **does not differentiate** between the **place** where **a sin-offering** is slaughtered **and** the place where **a burnt-offering** is slaughtered, so that it will not be recognized when one is bringing a sin-offering and the sinner will not be embarrassed. This shows that one should also say that which is to his discredit quietly.

לָא תֵּימָא גְּנוּתוֹ אֶלָּא אֵימָא צַעֲרוֹ, כִּדְתַנְיָא: ״וְטָמֵא טָמֵא יִקְרָא״ – צָרִיךְ לְהוֹדִיעַ צַעֲרוֹ לָרַבִּים וְרַבִּים מְבַקְּשִׁים עָלָיו רַחֲמִים. וְכָל מִי שֶׁאֵירַע בּוֹ דָּבָר צָרִיךְ לְהוֹדִיעַ לָרַבִּים, וְרַבִּים מְבַקְּשִׁים עָלָיו רַחֲמִים.

The Gemara corrects the previous statement: **Do not say** that one should say that which is to **his discredit** in a loud voice; **rather, say** that one should publicize **his pain**[N] in a loud voice. **As it is taught** in a *baraita*: It is derived from the verse: **"And will cry: Impure, impure"** (Leviticus 13:45),[H] that a leper must publicize the fact that he is ritually impure. **He must announce his pain to the masses, and the masses will pray for mercy on his behalf. And** similarly, **anyone to whom** a painful **matter happens must announce it to the masses, and the masses will pray for mercy on his behalf.**

גּוּפָא, אָמַר רַבִּי יוֹחָנָן מִשּׁוּם רַבִּי שִׁמְעוֹן בֶּן יוֹחַי: מִפְּנֵי מָה תִּיקְּנוּ תְּפִלָּה בְּלַחַשׁ? שֶׁלֹּא לְבַיֵּישׁ אֶת עוֹבְרֵי עֲבֵירָה, שֶׁהֲרֵי לֹא חָלַק הַכָּתוּב מָקוֹם בֵּין חַטָּאת לְעוֹלָה.

The Gemara returns to **the** aforementioned matter **itself: Rabbi Yoḥanan said in the name of Rabbi Shimon bar Yoḥai: For what** reason **did** the Sages **institute** that **prayer** should be said **in a whisper?** It is **so as not to embarrass transgressors, as the verse does not differentiate** between the **place**[H] where **a sin-offering** is slaughtered **and** the place where **a burnt-offering** is slaughtered.

וְלָא? וְהָא אִיכָּא: דָּמִים, דַּם חַטָּאת לְמַעְלָה וְדַם עוֹלָה לְמַטָּה! הָתָם כֹּהֵן הוּא דְּיָדַע.

The Gemara asks: **But** is there really **no** differentiation between the places where a burnt-offering and a sin-offering are sacrificed? **But isn't there** a difference with regard to the place where the **blood** is sprinkled, as the **blood of a sin-offering is** sprinkled **above,**[H] on the upper half of the altar, **and** the **blood of a burnt-offering is** sprinkled **below,**[H] on its lower half? The Gemara answers: **There, the priest is the one who knows** what offering it is, but other people who are not standing there do not know.

וְהָאִיכָּא: חַטָּאת נְקֵבָה, עוֹלָה זָכָר! הָתָם מִיכַּסְיָא בְּאַלְיָה.

The Gemara asks: **But isn't there** a visibly apparent difference between the two offerings, as **a sin-offering is female** and **a burnt-offering is male?**[H] The Gemara answers: **There,** in the case of a sin-offering, its genitals are **covered by the tail**[B] and therefore the gender of the animal is not plainly obvious.

תֵּינַח כִּבְשָׂה, שְׂעִירָה מַאי אִיכָּא לְמֵימַר? הָתָם אִיהוּ דְּקָא מִיכְסִיף נַפְשֵׁיהּ, דְּאִיבָּעֵי לֵיהּ לְאִיתוּיֵי כִּבְשָׂה וְקָא מַיְיתֵי שְׂעִירָה.

The Gemara asks: That **works out well** if one brings **a female lamb** for a sin-offering, as its long tail covers its genitals. However, if one brings **a female goat,** which does not have a tail, **what can be said?** The Gemara answers: If one brings a female goat, **there he is the one who embarrasses himself, as he should have brought a female lamb** if he wanted to hide the fact that he sinned, **and** instead **he brought a female goat.** It is therefore not necessary to be concerned about his embarrassment.

חַטָּאת דַּעֲבוֹדָה זָרָה דְּלָא סַגִּי דְּלָאו שְׂעִירָה, מַאי אִיכָּא לְמֵימַר? הָתָם נִיכְסִיף וְנֵיזִיל, כִּי הֵיכִי דְּנִכַּפֵּר לֵיהּ.

The Gemara asks: With regard to **a sin-offering** that is brought **for idol worship, for which it does not suffice** to bring any animal **that is not a female goat,** as it is explicitly stated that in that case one must bring a female goat as a sin-offering, **what can be said?** The Gemara answers: **There,** due to the severity of the sin, **let him go and be embarrassed, so that** his sin **will be atoned for** through his embarrassment as well.

״קְרִיַּת שְׁמַע״. מְנָלַן? דִּכְתִיב: ״שְׁמַע יִשְׂרָאֵל״, בְּכָל לָשׁוֹן שֶׁאַתָּה שׁוֹמֵעַ.

§ The Gemara continues its discussion of the recitations that can be stated in any language. **From where do we** derive that ***Shema*** may be recited in any language? **As it is written: "Hear, O Israel"** (Deuteronomy 6:4), which is homiletically interpreted to mean that it can be recited **in any language that you** can **hear** and understand.

HALAKHA

The *Amida* prayer should be recited in a whisper – תְּפִלָּה בְּלַחַשׁ: One should recite the *Amida* prayer in a whisper, in a manner that is audible to his own ears but is inaudible to the ears of others. If one is unable to concentrate properly while praying silently, it is permitted for him to pray in a louder voice. However, this is the *halakha* only when one is praying alone; when praying with the community it is prohibited to do so because it will interrupt others. The Rema writes, based on the Jerusalem Talmud, that one is permitted to pray in a louder voice in order to teach the members of his family how to pray (Rambam *Sefer Ahava, Hilkhot Tefilla* 5:9; *Shulḥan Arukh, Oraḥ Ḥayyim* 101:2).

And will cry: Impure, impure – וְטָמֵא טָמֵא יִקְרָא: Not only lepers, but anyone who is ritually impure in a way that can be transmitted to others is obligated to publicize his impurity so that people will distance themselves from him (Rambam *Sefer Tahara, Hilkhot Tumat Tzara'at* 10:8).

The verse does not differentiate between the place, etc. – לֹא חָלַק הַכָּתוּב מָקוֹם וכו׳: Offerings of the most sacred order are slaughtered and their blood is collected on the northern side of the altar. There is no difference in this regard between a sin-offering, a guilt-offering, and a burnt-offering (Rambam *Sefer Avoda, Hilkhot Ma'aseh HaKorbanot* 5:2).

The blood of a sin-offering is sprinkled above – דַּם חַטָּאת לְמַעְלָה: The blood of a sin-offering that is eaten is sprinkled four times on the four corners of the upper half of the altar (Rambam *Sefer Avoda, Hilkhot Ma'aseh HaKorbanot* 5:7).

The blood of a burnt-offering is sprinkled below – דַּם עוֹלָה לְמַטָּה: The priest sprinkles the blood of a burnt-offering twice on two corners of the lower half of the altar (Rambam *Sefer Avoda, Hilkhot Ma'aseh HaKorbanot* 5:6).

A sin-offering is female and a burnt-offering is male – חַטָּאת נְקֵבָה עוֹלָה זָכָר: An animal brought for a burnt-offering must be male, whether it is a ram, a goat, or a bull. With the exception of a king or a High Priest, an individual brings as a sin-offering a female lamb or goat (Rambam *Sefer Avoda, Hilkhot Ma'aseh HaKorbanot* 1:8, 15).

NOTES

Rather say that one should publicize his pain – אֶלָּא אֵימָא צַעֲרוֹ: The Maharsha asks that if the purpose of publicizing one's pain is so that others will pray on his behalf, how does this explain the requirement to state the recitation of the first fruits loudly, as there one does not mention any personal pain, but merely notes the tribulations the Jewish people underwent in Egypt? The Maharsha gives an admittedly forced answer, that one who brings the first fruits mentions the tribulations the Jewish people underwent so that others will pray that he should not experience similar troubles in the future.

BACKGROUND

Tail – אַלְיָה: This refers to the thick, fatty tail of the breed of sheep found in Israel and in neighboring countries. The tails of these sheep cover them so that their genitals are not visible, especially when the sheep are young.

Fat-tailed sheep

תָּנוּ רַבָּנַן: קְרִיַּת שְׁמַע כִּכְתָבָהּ, דִּבְרֵי רַבִּי. וַחֲכָמִים אוֹמְרִים: בְּכָל לָשׁוֹן.

The Sages taught (*Tosefta* 7:7): ***Shema*** must be recited in Hebrew **as it is written;** this is **the statement of Rabbi** Yehuda HaNasi. **And the Rabbis say:** It may be recited **in any language.**

מַאי טַעְמָא דְּרַבִּי? אָמַר קְרָא: ״וְהָיוּ״, בַּהֲוָיָיתָן יְהוּ.

The Gemara asks: **What is the reason** for the opinion **of Rabbi** Yehuda HaNasi? **The verse states: "And** these words, which I command you this day, **will be** upon your heart" (Deuteronomy 6:6). "Will be" means **as they are, so shall they be.** They should remain unchanged, in their original language.

וְרַבָּנַן? אָמַר קְרָא: ״שְׁמַע״, בְּכָל לָשׁוֹן שֶׁאַתָּה שׁוֹמֵעַ.

The Gemara asks further: **And** what is the reason for **the** opinion of the **Rabbis?** The Gemara answers: **The verse states: "Hear,** O Israel" (Deuteronomy 6:4), which they explain to mean that *Shema* must be understood. Therefore, one may recite *Shema* **in any language that you** can **hear** and understand.

וְרַבָּנַן נַמִי הָא כְּתִיב ״וְהָיוּ״! הַהוּא, שֶׁלֹּא יִקְרָאֶנָּה לְמַפְרֵעַ.

The Gemara asks: **But** according to **the Rabbis as well, isn't it written: "And** these words **will be"?** The Gemara answers: From **that** it is derived **that one may not recite it out of order.**[H] One may not begin reciting *Shema* from the end, but only in the order in which it is written.

וְרַבִּי, שֶׁלֹּא יִקְרָאֶנָּה לְמַפְרֵעַ מְנָלֵיהּ? נָפְקָא לֵיהּ מִ״דְּבָרִים״, ״הַדְּבָרִים״. וְרַבָּנַן? ״דְּבָרִים״, ״הַדְּבָרִים״ לָא מַשְׁמַע לְהוּ.

The Gemara asks: **And from where does Rabbi** Yehuda HaNasi derive the *halakha* that **one may not recite it out of order?** The Gemara answers: Rabbi Yehuda HaNasi **derives it from** an additional emphasis in the verse "And the words [*hadevarim*], which I command you this day, will be upon your heart." The verse could have conveyed the same idea had it written: **Words,** without the definite article. However, it says **the words,** employing the definite article, teaching that it must be recited in the specific order in which it is written. **And the Rabbis do not learn anything from** the difference between **"words"** and **"the words."**

וְרַבִּי נַמִי הָכְתִיב: ״שְׁמַע״! הַהוּא מִיבְּעֵי לֵיהּ: לְהַשְׁמִיעַ לְאָזְנֶיךָ מַה שֶּׁאַתָּה מוֹצִיא מִפִּיךָ. וְרַבָּנַן סָבְרִי לָהּ כְּמַאן דְּאָמַר: הַקּוֹרֵא אֶת שְׁמַע וְלֹא הִשְׁמִיעַ לְאָזְנוֹ – יָצָא.

The Gemara asks: **But** according to **Rabbi** Yehuda HaNasi **as well, isn't** the word **"hear" written? He requires that for** the *halakha* that you must **have your ears hear**[H] **that which comes out of your mouth,** i.e., one must recite *Shema* audibly so he hears it while reciting it. **And** from where do **the Rabbis** derive that one must recite *Shema* audibly? The Rabbis do not accept this literal interpretation of the word *Shema*. Rather, they **hold according to the one who says: One who recites *Shema*** in a manner **inaudible to his** own **ears has fulfilled** his obligation. The Rabbis therefore interpret the word "hear" as referring to the language that one uses.

לֵימָא קָסָבַר רַבִּי:

The Gemara asks: **Shall we say that Rabbi** Yehuda HaNasi **holds**

HALAKHA

That one may not recite it out of order – שֶׁלֹּא יִקְרָאֶנָּה לְמַפְרֵעַ: One who recites *Shema* changing the order of the verses within a portion has not fulfilled the mitzva. However, if one recites the portions in a different order than that established by the Sages, although he has not followed the ordinance of the Sages, he has fulfilled the mitzva (Rambam *Sefer Ahava, Hilkhot Keriat Shema* 2:11; *Shulḥan Arukh, Oraḥ Ḥayyim* 64:1).

You must make your ears hear – לְהַשְׁמִיעַ לְאָזְנֶיךָ: One is required to recite *Shema* in a manner that is audible to his own ears *ab initio*. However, if he does not recite it in this manner, he has still fulfilled the mitzva, as long as he pronounces the words orally (Rambam *Sefer Ahava, Hilkhot Keriat Shema* 2:8; *Shulḥan Arukh, Oraḥ Ḥayyim* 62:3).

HALAKHA

A person should never request in the Aramaic language that his needs be met – לְעוֹלָם אַל יִשְׁאַל אָדָם צְרָכָיו בִּלְשׁוֹן אֲרַמִּית: Some say that even in a situation where an individual can ask for his needs in any language, he should not do so in Aramaic (*Shulḥan Arukh, Oraḥ Ḥayyim* 101:4).

כָּל הַתּוֹרָה בְּכָל לָשׁוֹן נֶאֶמְרָה, דְּאִי סָלְקָא דַּעְתָּךְ בִּלְשׁוֹן הַקּוֹדֶשׁ נֶאֶמְרָה, ״וְהָיוּ״ דִּכְתַב רַחֲמָנָא לָמָּה לִי?

that **the entire Torah may be recited in any language,**[N] **as, if it should enter your mind** to say **that** the entire Torah **may be recited** only **in the sacred tongue** and not in any other language, **why do I** need **that which the Merciful One writes:** "**And** these words, which I command you this day, **will be**"? If in fact it is prohibited for one to recite any portion of the Torah in a language other than Hebrew, then prohibiting the recitation of *Shema* in a language other than Hebrew is superfluous. Since the Torah specifically requires *Shema* to be recited in Hebrew, it must be because the rest of the Torah may be recited in any language.

אִיצְטְרִיךְ, מִשּׁוּם דִּכְתִיב ״שְׁמַע״.

The Gemara rejects this suggestion: This is not unquestionably so, as the phrase "and these words, which I command you this day, will be" **is necessary** in this case **because** "**hear**" is also **written.** Had it not said "and these words, which I command you this day, will be," it would have been derived from the word "hear" that *Shema* may be recited in any language, in accordance with the opinion of the Rabbis. Therefore, the phrase "and these words, which I command you this day, will be" is necessary.

לֵימָא קָסָבְרִי רַבָּנַן: כָּל הַתּוֹרָה כּוּלָּהּ בִּלְשׁוֹן קוֹדֶשׁ נֶאֶמְרָה, דְּאִי סָלְקָא דַּעְתָּךְ בְּכָל לָשׁוֹן, ״שְׁמַע״ דִּכְתַב רַחֲמָנָא לָמָּה לִי?

The Gemara asks: **Shall we say** that **the Rabbis hold** that **the entire Torah may be recited** only **in the sacred tongue** and not in any other language? **As, if it should enter your mind** to say **that** the Torah **may be recited in any language, why do I** need **that which the Merciful One writes: "Hear"?** It is permitted for one to recite the entire Torah in any language, rendering a specific requirement with regard to *Shema* superfluous.

אִיצְטְרִיךְ, מִשּׁוּם דִּכְתִיב ״וְהָיוּ״.

The Gemara rejects this: The word "hear" **is necessary** in any case, **because** "**and** these words, which I command you this day, **will be**" **is** also **written.** Had it not been for the word "hear," the Rabbis would have understood that it is prohibited to recite *Shema* in any other language, in accordance with the opinion of Rabbi Yehuda HaNasi. Therefore, the word "hear" is necessary.

״תְּפִלָּה״. רַחֲמֵי הִיא, כָּל הֵיכִי דְּבָעֵי מְצַלֵּי.

§ It is stated in the mishna that the *Amida* **prayer** may be recited in any language. The reason for this is that since prayer **is** a request for divine **mercy, one may pray in any way that one desires.**

וּתְפִלָּה בְּכָל לָשׁוֹן? וְהָאָמַר רַב יְהוּדָה: לְעוֹלָם אַל יִשְׁאַל אָדָם צְרָכָיו בִּלְשׁוֹן אֲרַמִּית, דְּאָמַר רַבִּי יוֹחָנָן: כָּל הַשּׁוֹאֵל צְרָכָיו בִּלְשׁוֹן אֲרַמִּי – אֵין מַלְאֲכֵי הַשָּׁרֵת נִזְקָקִין לוֹ, לְפִי שֶׁאֵין מַלְאֲכֵי הַשָּׁרֵת מַכִּירִין בִּלְשׁוֹן אֲרַמִּי!

The Gemara asks: **But** may **prayer** really be recited **in any language? But didn't Rav Yehuda say: A person should never request in the Aramaic language** that **his needs** be met,[H] **as Rabbi Yoḥanan said** that with regard to **anyone who requests in the Aramaic language** that **his needs** be met, **the ministering angels do not attend to him, as the ministering angels are not familiar** [*makkirin*] **with the Aramaic language?**[N]

NOTES

The entire Torah may be recited in any language – כָּל הַתּוֹרָה בְּכָל לָשׁוֹן נֶאֶמְרָה: The commentaries interpret this statement in various ways. All agree that the Torah was originally stated and written in Hebrew. However, the Gemara (*Shabbat* 88b) says that when the Torah was given on Mount Sinai, it was also heard in all seventy languages.

Citing Rav Hai Gaon, the early commentaries state that the dispute in the Gemara is with regard to whether the Torah was given to Moses in the other languages besides Hebrew with a specific text. Rabbeinu Ḥananel explains that the issue is whether or not a Torah scroll may be written in another language and still maintain its sanctity as a Torah scroll.

Rashi explains that the question is whether or not the Torah may be read publicly in the synagogue in a language other than Hebrew. *Tosefot HaRash* object to this explanation, claiming that since the public Torah reading is a rabbinic ordinance, one cannot say that it must be performed in Hebrew. Rashi's explanation is defended in *Be'er Sheva*, where it is explained that according to Rashi, the question is whether one who reads or studies the Torah in another language fulfills the mitzva of studying Torah, which is a mitzva by Torah law.

Tosefot HaRash, as well as *Tosafot* in tractate *Berakhot* (13b), explain that the Gemara is referring not to the rabbinic mitzva of reading the Torah in synagogue, but to those specific passages of the Torah that are required to be read by Torah law. The Meiri explains that the debate concerns whether or not the Torah was given for the purpose of being studied in any language.

The ministering angels are not familiar [*makkirin*] with the Aramaic language – אֵין מַלְאֲכֵי הַשָּׁרֵת מַכִּירִין בִּלְשׁוֹן אֲרַמִּי: There are several interpretations of this statement. *Tosafot* (*Shabbat* 12a) ask how it could be said that the angels do not understand Aramaic, as, if the angels know people's thoughts then they must understand every language. They answer that the meaning of the word *makkirin* is not: To be familiar, but rather: To value and honor. The statement therefore means that although the ministering angels understand Aramaic, it is not regarded highly by them. Some commentaries cite Rabbeinu Tam as the source of this interpretation. Others explain that the angels' lack of regard for Aramaic is due to its similarity to Hebrew; it is consequently viewed as a distortion of the Hebrew language (*Eliya Rabba*). Several challenges are raised against this interpretation.

The *Sefat Emet* explains that according to the *Zohar*, the angels do not understand all the thoughts of people; they understand only those thoughts that are revealed to them. The Maharsha cites an opinion that the angels do not understand any language other than Hebrew, and that Rabbi Yoḥanan mentions Aramaic in particular to teach that even Aramaic, which is very similar to Hebrew, and which is the language in which parts of the Torah and the books of the Bible are written, is nevertheless incomprehensible to the angels.

לָא קַשְׁיָא: הָא בְּיָחִיד, הָא בְּצִבּוּר.

The Gemara answers: This is **not difficult**, as **that** statement of Rabbi Yoḥanan is referring **to the** prayer of **an individual**, who needs the support of the angels, whereas **this** statement of the mishna is referring **to communal** prayer.[N]

וְאֵין מַלְאֲכֵי הַשָּׁרֵת מַכִּירִין בְּלָשׁוֹן אֲרַמִּי? וְהָתַנְיָא: יוֹחָנָן כֹּהֵן גָּדוֹל שָׁמַע בַּת קוֹל מִבֵּית קֹדֶשׁ הַקֳּדָשִׁים שֶׁהוּא אוֹמֵר נִצְּחוּ טַלְיָא דְּאָזְלוּ לַאֲגָחָא קְרָבָא לְאַנְטוֹכְיָא! וְשׁוּב מַעֲשֶׂה בְּשִׁמְעוֹן הַצַּדִּיק, שֶׁשָּׁמַע בַּת קוֹל מִבֵּית קֹדֶשׁ הַקֳּדָשִׁים שֶׁהוּא אוֹמֵר בְּטִילַת עֲבִידְתָּא דַּאֲמַר שַׂנְאָה לְאֵיתָאָה עַל הֵיכְלָא וְנֶהֱרַג גַּסְקַלְגַּס וּבָטְלוּ גְּזֵירוֹתָיו. וְכָתְבוּ אוֹתָהּ שָׁעָה וְכִוְּונוּ. וּבְלָשׁוֹן אֲרַמִּי הָיָה אוֹמֵר!

The Gemara asks: **And are the ministering angels not familiar with the Aramaic language? But isn't it taught** in a *baraita* (*Tosefta* 13:5): **Yoḥanan the High Priest heard a Divine Voice** emerging **from the House of the Holy of Holies that was saying: The youth who went to wage war in Antokhya have been victorious.**[B] And there was **another incident involving Shimon HaTzaddik,**[B] **who heard a Divine Voice** emerging **from the House of the Holy of Holies that was saying: The decree that the enemy intended to bring against the Temple is annulled, and Gaskalgas,** Caligula, **has been killed**[B] **and his decrees have been voided. And** people **wrote down that time** that the Divine Voice was heard, **and** later found that it **matched** exactly the moment that Caligula was killed. The Gemara concludes: **And** this Divine Voice **was speaking in the Aramaic language.**

אִי בָּעֵית אֵימָא: בַּת קוֹל שָׁאנֵי, דִּלְאַשְׁמוֹעֵי עֲבִידָא. וְאִי בָּעֵית אֵימָא: גַּבְרִיאֵל הֲוָה, דְּאָמַר מָר: בָּא גַּבְרִיאֵל וְלִימְּדוֹ שִׁבְעִים לָשׁוֹן.

The Gemara answers: **If you wish, say** that the **Divine Voice is different, as its purpose is to communicate** a message, and therefore it also communicates in Aramaic. **And if you wish, say** instead that **it was** the angel **Gabriel, as the Master said** with regard to Joseph: **Gabriel came and taught him seventy languages,** as he knows all of the languages, as opposed to the other angels, who do not.

"בִּרְכַּת הַמָּזוֹן". דִּכְתִיב: "וְאָכַלְתָּ וְשָׂבָעְתָּ וּבֵרַכְתָּ אֶת ה׳ אֱלֹהֶיךָ", בְּכָל לָשׁוֹן שֶׁאַתָּה מְבָרֵךְ.

§ It is stated in the mishna that **Grace after Meals**[N] may be recited in any language. **As it is written: "And you shall eat, and be satisfied, and bless the Lord your God"** (Deuteronomy 8:10). The word "bless" is homiletically interpreted to mean: **In any language that you bless.**

"שְׁבוּעַת הָעֵדוּת". דִּכְתִיב: "וְנֶפֶשׁ כִּי תֶחֱטָא וְשָׁמְעָה קוֹל אָלָה", בְּכָל לָשׁוֹן שֶׁהִיא שׁוֹמַעַת.

It is stated in the mishna that **an oath of testimony** may be said in any language, **as it is written: "And if anyone sins, in that he heard the voice of adjuration"** (Leviticus 5:1). The emphasis on hearing in the verse is interpreted to mean that it can be recited **in any language that a person hears,** i.e., understands.

שְׁבוּעַת הַפִּקָּדוֹן. אָתְיָא "תֶּחֱטָא", "תֶּחֱטָא" מִשְּׁבוּעַת הָעֵדוּת.

It is stated in the mishna that **an oath on a deposit** may be taken in any language. This **is derived** by means of a verbal analogy **from** the word **"sins"** (Leviticus 5:21) that appears in the portion of an oath on a deposit, and the word **"sins"** (Leviticus 5:1) that is mentioned in the portion of **an oath of testimony.**

NOTES

That is referring to the prayer of an individual whereas this is referring to communal prayer – הָא בְּיָחִיד, הָא בְּצִבּוּר: Rashi explains that the distinction between individual and communal prayer is that the Divine Presence dwells among a community in prayer. Therefore, a communal prayer does not require ministering angels to bring the prayers before God.

Grace after Meals – בִּרְכַּת הַמָּזוֹן: Rashi writes that the Gemara does not ask here: From where is it derived, because he asserts that there is no reason to say that Grace after Meals must be recited in Hebrew, and therefore there is no need to prove that it can be recited in other languages. However, *Tosafot* explain that without this proof, one could have derived from the blessings of the Levites at Mount Gerizim that here too, Grace after Meals must be recited in Hebrew.

BACKGROUND

The youth…have been victorious – נִצְּחוּ טַלְיָא: This story is related at length in the writings of Josephus (*Antiquities of the Jews*, XIII:5). When Yoḥanan Hyrcanus led a siege on the city of Samaria, which he eventually conquered and destroyed, the Syrian king Antiochus Cyzicenus came to the aid of the Samaritans. Yoḥanan sent his sons to fight Antiochus, whose army was reinforced by the Egyptian military, and they eventually defeated him. Josephus also writes that Yoḥanan the High Priest heard a heavenly voice emerging from the Holy of Holies saying that his children had been victorious in battle.

Shimon HaTzaddik – שִׁמְעוֹן הַצַּדִּיק: There were two High Priests, grandfather and grandson, who were both called Shimon ben Ḥonyo. It is unclear which of them is referred to as Shimon HaTzaddik, and it is possible that both shared this sobriquet, which means Shimon the righteous. Shimon HaTzaddik was one of the last members of the Great Assembly. Many stories of his righteousness appear throughout the Talmud. A contemporary of his, Shimon ben Sira, uttered unique words in his praise: The greatest of his brothers and the splendor of his people…who is concerned for his people and strengthens them in times of trouble…How splendid he is as he looks out from the Temple, and as he emerges from the inner chamber behind the curtain, like a star of light between trees, like a full moon during a Festival (Ben Sira 49).

Gaskalgas has been killed – נֶהֱרַג גַּסְקַלְגַּס: This statement is historically problematic for several reasons. Some explain, based on alternative versions of the text, that Gaskalgas is another name for the Roman emperor Gaius, also known as Caligula, who decreed sometime before he died that a statue in his likeness would be brought into the Temple and worshipped as a god. This caused an uproar among the Jews, and the Roman commissioner delayed carrying out the decree for some time. In the meantime, Caligula was killed in Rome and his decree was annulled.

If the Gemara is indeed referring to this story, as is evident from the parallel text in *Megillat Ta'anit*, then the Shimon HaTzaddik mentioned here is not the well-known Shimon HaTzaddik. Rather, it refers to Shimon Kitros, the High Priest who served during Caligula's reign. He was appointed by King Agrippa, apparently because he was widely accepted and beloved by the Jews due to his righteousness.

Bust of Gaius, also known as Caligula

"ואלו נאמרין בלשון הקודש: מקרא ביכורים וחליצה" כו' עד "מקרא ביכורים כיצד? "וענית ואמרת לפני ה' אלהיך", ולהלן הוא אומר: "וענו הלוים ואמרו אל כל איש ישראל", מה עניה האמורה להלן בלשון הקודש, אף כאן בלשון הקודש.

§ It is stated in the mishna: **And these are recited** only **in the sacred tongue: The recitation of** the verses that one recounts when bringing the **first fruits** to the Temple; **and *ḥalitza*...how** is it derived that the **recitation** when bringing the **first fruits** is recited specifically in Hebrew? When the Torah discusses this mitzva it states: **"And you shall speak and say before the Lord your God"** (Deuteronomy 26:5), **and below,** in the discussion of the blessings and curses, **it states: "And the Levites shall speak and say to all the men of Israel"** (Deuteronomy 27:14). **Just as there,** in the portion of the Levites, they speak **in the sacred tongue, so too here,** in the portion of the first fruits, the recitation is **in the sacred tongue.**

ולוים גופייהו מנלן? אתיא "קול" "קול" ממשה. כתיב הכא: "קול רם", וכתיב התם: "משה ידבר והאלהים יעננו בקול", מה להלן בלשון הקודש, אף כאן בלשון הקודש.

The Gemara asks: **And from where do we** derive that **the Levites themselves** answered in Hebrew? The Gemara answers: It is **derived from** a verbal analogy between the word **"voice"** that appears here, in the portion of the blessings and curses, and the word **"voice"** in the verse that relates to **Moses. It is written here: "With a loud voice"** (Deuteronomy 27:14), **and it is written there: "Moses spoke, and God answered him by a voice"** (Exodus 19:19). **Just as there,** the Ten Commandments were stated **in the sacred tongue, so too here,** the Levites spoke **in the sacred tongue.**

"חליצה כיצד" וכו'. ורבנן, האי "ככה" מאי עבדי ליה? מיבעי להו: לדבר שהוא מעשה מעכב.

It is stated in the mishna: **How** is it derived that the recitation at **a *ḥalitza*** ceremony must be in Hebrew? The verse states: "And she shall speak and say: So shall it be done to the man that doth not build up his brother's house" (Deuteronomy 25:9). Rabbi Yehuda derives this *halakha* from the phrase: "And she shall speak and say: So" (Deuteronomy 25:9). The Gemara asks: **And what do the Rabbis do with,** i.e., how do they interpret, **this** word **"so"? They require** it **to** teach that any **matter** detailed in the portion **that is an action is indispensable** to the *ḥalitza* ceremony, as the verse states: "So shall it be done." However, the other aspects of the ritual, e.g., the recitations, are not indispensable, and in their absence the ritual is valid after the fact.

ורבי יהודה? מ"כה" "ככה". ורבנן? "כה" "ככה" לא משמע להו.

And Rabbi Yehuda derives this *halakha* **from** the fact that the verse could have used the shorter form of the word **so** [***ko***], and instead uses the longer form of the word **so** [***kakha***]. He therefore derives both *halakhot* from this word. **And the Rabbis do not learn anything from** the difference between ***ko*** and ***kakha***.

Perek **VII**
Daf **33** Amud **b**

ורבי יהודה, האי "וענתה ואמרה" מאי עביד ליה? מיבעי ליה, לאגמורי ללוים דבלשון הקודש.

The Gemara asks: **And what does Rabbi Yehuda do with this** verse: **"And she shall speak and say,"** from which the Rabbis derive that the recitation at the *ḥalitza* ritual must be in Hebrew? The Gemara answers: **He requires it** in order **to teach** with regard **to the Levites that** they spoke **in the sacred tongue.** Whereas the Rabbis derive that the *ḥalitza* ritual is performed in Hebrew from a verbal analogy between the verses concerning *ḥalitza* and the verses about the Levites, Rabbi Yehuda derives that the Levites spoke in Hebrew due to this same verbal analogy, with *ḥalitza* serving as the source.

ולילף קול ממשה! "עניה", "עניה" גמיר, "קול", "קול" לא גמיר.

The Gemara asks: **But let** Rabbi Yehuda **derive** that the Levites spoke in Hebrew **from** a verbal analogy between the word **"voice"** that is written with regard to the Levites (Deuteronomy 27:14) and the word "voice" in the verse about **Moses** (Exodus 19:19). The Gemara answers: **He learned** the verbal analogy between **"speak"** and **"speak"** from his teacher, and **he did not learn** the verbal analogy between **"voice"** and **"voice"** from his teacher.

תניא נמי הכי, רבי יהודה אומר: כל מקום שנאמר "כה", "ככה", "ענייה ואמירה" – אינו אלא לשון הקודש; "כה" – "כה תברכו"; "ככה" – דחליצה, "ענייה ואמירה" – דלוים.

That is also taught in a *baraita*: **Rabbi Yehuda says: Every place where it is stated** in the Torah: **"So [*ko*],"** or: **"So [*kakha*],"** or where the language of **speaking and saying** is used, **it is** referring **only to the sacred tongue.** The word *ko* appears in the context of the Priestly Benediction: **"So [*ko*] you shall bless** the children of Israel" (Numbers 6:23). ***Kakha*** appears in the context **of the *ḥalitza*** ceremony (Deuteronomy 25:9). The language of **speaking and saying** appears in relation **to the Levites.**

"ברכות וקללות כיצד? כיון שעברו ישראל את הירדן" כו׳. תנו רבנן: "הלא המה בעבר הירדן" – מעבר לירדן ואילך, דברי רבי יהודה. "אחרי דרך מבוא השמש" – מקום שחמה זורחת.

§ It is stated in the mishna: **How** did the ceremony of the **blessings and curses** take place? **When the Jewish people crossed the Jordan River, etc. The Sages taught:** When the Jewish people were in Transjordan, the location of Mount Gerizim and Mount Ebal was described to them as follows: "Are they not beyond the Jordan, behind the way of the coming of the sun, in the land of the Canaanites that dwell in the Arabah, over against Gilgal, beside the oaks of Moreh?" (Deuteronomy 11:30). **"Are they not beyond the Jordan"** means **farther** west, **beyond the Jordan** River; this is **the statement of Rabbi Yehuda. "Behind the way of the coming of the sun"**; this is referring to **the place where the sun rises,** i.e., the east. In other words, they are at a distance from the Jordan River, which is in the east.

"בארץ הכנעני היושב בערבה" – אלו הר גריזים והר עיבל שיושבין בהם כותיים. "מול הגלגל" – סמוך לגלגל. "אצל אלוני מרה" – שכם. ולהלן הוא אומר: "ויעבר אברם בארץ עד מקום שכם עד אלון מורה", מה אלון מורה האמור להלן שכם, אף כאן שכם.

"In the land of the Canaanites that dwell in the Arabah"; this is referring to **Mount Gerizim and Mount Ebal, where the Samaritans**[B] now **live. "Over against Gilgal"**; this means **near Gilgal. "Beside the oaks of Moreh"**; this is referring to **Shechem. And** from where is it derived that this is Shechem? **There,** with regard to Abraham, the verse **states: "And Abram passed through the land until the place of Shechem, until the oaks of Moreh"** (Genesis 12:6). **Just as the oaks of Moreh stated there are** identified as **Shechem, so too here,** they are **Shechem.**

תניא, אמר רבי אלעזר ברבי יוסי: בדבר זה זייפתי ספרי כותיים. אמרתי להם: זייפתם תורתכם ולא העליתם בידכם כלום. שאתם אומרים אלוני מורה – שכם. אף אנו מודים שאלוני מורה שכם. אנו למדנוה בגזרה שוה, אתם במה למדתוה?

It is taught in a *baraita* that **Rabbi Elazar, son of Rabbi Yosei, said: In this matter, I proved the falsehood of the books of the Samaritans. I said to them: You forged your Torah**[B] by making additions to it, **and you have not gained anything** from it, as, **you** say that **the oaks of Moreh** is referring **to Shechem,** and **we too concede that the oaks of Moreh** is referring to **Shechem.** However, **we derived this by** means of **a verbal analogy** between verses. **You,** who do not use verbal analogies, **how did you derive it?**

רבי אלעזר אמר: "הלא המה בעבר הירדן" – סמוך לירדן. דאי מעבר הירדן ואילך, הלא כתיב: "והיה בעברכם את הירדן".

Rabbi Elazar disagrees with Rabbi Yehuda and **says: "Are they not beyond the Jordan"** means **near the Jordan** River, as, **if** it meant **farther** west **beyond the Jordan, isn't it written: "And it shall be when you have passed over the Jordan,** that you shall set up these stones which I command you this day, on Mount Ebal" (Deuteronomy 27:4)? This implies that Mount Ebal was near the location where the Jewish people crossed the Jordan.

"אחרי דרך מבוא השמש" – מקום שהחמה שוקעת. "בארץ הכנעני" – ארץ חוי היא.

"Behind the way of the coming of the sun," according to Rabbi Elazar, is referring to the **place where the sun sets,** in the west. This is distant from Shechem, which is in the center of Eretz Yisrael. Furthermore, the verse states: **"In the land of the Canaanites,"** and Shechem **is** located in the **land of the Hivites** (see Genesis 34:2).

"היושב בערבה" – והלא בין הרים וגבעות הן יושבין! "מול הגלגל" – והלא לא ראו את הגלגל!

Similarly, the phrase **"that dwell in the Arabah"** cannot be a description of the mountains known as Mount Gerizim and Mount Ebal that are next to Shechem; **aren't they situated among mountains and hills?** The description **"over against Gilgal"** is also difficult; **they could not see Gilgal** from Shechem, as it is far away. Rather, according to Rabbi Elazar, Mount Gerizim and Mount Ebal mentioned in the Torah are located closer to the Jordan River. They are not the mountains known by the same names that are located near Shechem.

BACKGROUND

Samaritans – כותים: These are the descendants of the nations displaced by Sennacherib, king of Assyria, and brought to settle in Eretz Yisrael. While initially they converted, over time they readopted their original religion, but they continued to fulfill several mitzvot (see II Kings, chapter 17). At the beginning of the Second Temple period, during the times of Ezra and Nehemiah, relations between the Samaritans and the Jews deteriorated. Later, the Samaritans established a center of worship on Mount Gerizim, as they claimed that the sanctity of that mountain was established by one of the Ten Commandments. Consequently, there was a very real possibility that their blessings and prayers, although somewhat similar to the Jewish liturgy, might include wording that is antithetical to Judaism.

Some generations of Jewish Sages recognized Samaritans as having the status of Jews. They went so far as to say: In the mitzvot that the Samaritans adopted, they are extremely exacting in their fulfillment, even more than the Jews are. Ultimately, as the Samaritans continued to distance themselves from the Jewish people in virtually every regard, they were accorded the legal status of gentiles.

You forged your Torah – זייפתם תורתכם: In addition to including many changes in the text, the scriptural scrolls of the Samaritans contain several essential differences in the narrative that all attempt to prove their claim that God's chosen place is Shechem and not Jerusalem. One of the most striking examples is the insertion of the blessings and curses of Mount Gerizim and Mount Ebal (Deuteronomy 11:29–30) as the ninth of the Ten Commandments. They also substituted for the tenth commandment the verse: "And it shall be when you have passed over the Jordan, that you shall set up these stones, which I command you this day, in mount Ebal, and you shalt plaster them with plaster. And there you shall build an altar to the Lord your God, an altar of stones" (Deuteronomy 27:4–5). However, according to their version, the altar must be built on Mount Gerizim, not on Mount Ebal. In light of this, the statement of Rabbi Elazar, son of Rabbi Yosei, can be better understood: Despite these changes to the text, they still have no basis for setting up an altar on Mount Gerizim, as it is necessary to establish the locations of these mountains based on a received tradition.

רַבִּי אֱלִיעֶזֶר בֶּן יַעֲקֹב אוֹמֵר: לֹא בָּא הַכָּתוּב אֶלָּא לְהַרְאוֹת לָהֶן דֶּרֶךְ בַּשְּׁנִיָּה כְּדֶרֶךְ שֶׁהֶרְאָה לָהֶן בָּרִאשׁוֹנָה. "דֶּרֶךְ" – בַּדֶּרֶךְ לְכוּ וְלֹא בְּשָׂדוֹת וּכְרָמִים. "הַיּוֹשֵׁב" – בַּיִּשּׁוּב לְכוּ וְלֹא בַּמִּדְבָּרוֹת. "בָּעֲרָבָה" – בָּעֲרָבָה לְכוּ וְלֹא בֶּהָרִים וּגְבָעוֹת.

Rabbi Eliezer ben Ya'akov says: The verse does not come to establish the location of Mount Gerizim and Mount Ebal. **Rather,** it comes **to show** the Jewish people **the way the second time,** when they were entering the land of Canaan, **like the way He showed them the first time,** when they left Egypt and a pillar of cloud went before them and made the terrain easier to transverse. The purpose of the verse is to instruct the Jewish people how to enter the land of Canaan with relative ease, despite the absence of the pillar of cloud. The word **"way"** instructs them to **go along** a pre-established **way, and not in fields and vineyards.** The phrase **"that dwell"** instructs them to **go in settled areas and not in the wilderness. "In the Arabah,"** which means plain, teaches them to **go in** the **plains and not over mountains and hills.**

תָּנוּ רַבָּנַן: כֵּיצַד עָבְרוּ יִשְׂרָאֵל אֶת הַיַּרְדֵּן? בְּכָל יוֹם אָרוֹן נוֹסֵעַ אַחַר שְׁנֵי דְּגָלִים וְהַיּוֹם נָסַע תְּחִילָּה, שֶׁנֶּאֱמַר: "הִנֵּה אֲרוֹן הַבְּרִית אֲדוֹן כָּל הָאָרֶץ עֹבֵר לִפְנֵיכֶם"; בְּכָל יוֹם וָיוֹם לְוִיִּם נוֹשְׂאִין אֶת הָאָרוֹן וְהַיּוֹם נְשָׂאוּהוּ כֹּהֲנִים, שֶׁנֶּאֱמַר: "וְהָיָה כְּנוֹחַ כַּפּוֹת רַגְלֵי הַכֹּהֲנִים נוֹשְׂאֵי אֲרוֹן ה'" וגו'.

§ **The Sages taught** (*Tosefta* 8:1): **How did the Jewish people cross the Jordan? Every day the Ark would travel behind** the **two flags** of Judah and Reuben, **but** on **that day** the Ark **traveled in front, as it is stated: "Behold, the Ark of the Covenant of the Lord of all the earth is passing before you"** (Joshua 3:11). **On every** other **day, the Levites would carry the Ark, but on this day the priests carried it, as is stated: "And when the soles of the feet of the priests that bear the Ark of the Lord,** the Lord of all the earth, **shall rest"** (Joshua 3:13).

תַּנְיָא: רַבִּי יוֹסֵי אוֹמֵר, בִּשְׁלֹשָׁה מְקוֹמוֹת נָשְׂאוּ כֹּהֲנִים אֶת הָאָרוֹן: כְּשֶׁעָבְרוּ אֶת הַיַּרְדֵּן, וּכְשֶׁהֵסֵיבּוּ אֶת יְרִיחוֹ, וּכְשֶׁהֶחֱזִירוּהוּ לִמְקוֹמוֹ.

It is taught in a *baraita* (*Tosefta* 8:2) that **Rabbi Yosei says: In three** different **places the priests carried the Ark.** They carried it **when** the Jewish people **crossed the Jordan, and when they surrounded Jericho** (Joshua 6:6), **and when they returned it to its** proper **place** in the Holy of Holies during the reign of King Solomon (1 Kings 8:6).

Perek **VII**
Daf **34** Amud **a**

וְכֵיוָן שֶׁנִּיטְבְּלוּ רַגְלֵי כֹּהֲנִים בַּמַּיִם חָזְרוּ הַמַּיִם לַאֲחוֹרֵיהֶם, שֶׁנֶּאֱמַר: "וּכְבוֹא נוֹשְׂאֵי הָאָרוֹן עַד הַיַּרְדֵּן וגו' וַיַּעַמְדוּ הַמַּיִם הַיֹּרְדִים מִלְמַעְלָה קָמוּ נֵד אֶחָד". וְכַמָּה גּוֹבְהָן שֶׁל מַיִם? שְׁנֵים עָשָׂר מִיל עַל שְׁנֵים עָשָׂר מִיל, כְּנֶגֶד מַחֲנֵה יִשְׂרָאֵל, דִּבְרֵי רַבִּי יְהוּדָה;

And once the feet of the priests were immersed in the water of the Jordan River, **the water flowed backward, as it is stated: "And when those carrying the Ark came to the Jordan** and the feet of the priests that bore the ark were dipped in the brink of the water, for the Jordan overflows all its banks all the time of harvest; **and the waters that came down from above stood, and rose up in one heap"** (Joshua 3:15–16). **And what was the height of the water?**[N] **Twelve *mil* by twelve *mil*, parallel to** the size of **the camp of the Jewish people** who were passing through the Jordan. This is **the statement of Rabbi Yehuda.**

אָמַר לוֹ רַבִּי אֶלְעָזָר בְּרַבִּי שִׁמְעוֹן: לִדְבָרֶיךָ, אָדָם קַל אוֹ מַיִם קַלִּים? הֱוֵי אוֹמֵר: מַיִם קַלִּים. אִם כֵּן בָּאִין מַיִם וְשׁוֹטְפִין אוֹתָן!

Rabbi Elazar, son of Rabbi Shimon, said to him: According to your statement, does **a person** move **faster or** does **water** move **faster? You must say** that **water** moves **faster**[B] than a person. **If** that is so, then before the camp of Israel crossed the river **the water would come and drown them,** as, after the water rose up to a height of twelve *mil* it then began flowing normally again.

NOTES

What was the height of the water – כַּמָּה גּוֹבְהָן שֶׁל מַיִם: This is Rashi's version of the text. The Maharsha prefers a different version of the text: How wide was the water? According to this version, Rabbi Yehuda meant that the water moved back twelve *mil* and left a dry space in the middle of the river, and then it returned afterward, as it is stated: "The Jordan turned backward" (Psalms 114:3).

BACKGROUND

Water moves faster – מַיִם קַלִּים: There is obviously no predetermined speed at which water travels, and in a river its speed will depend on the length and angle of the incline at which the water is flowing. However, although the section of the Jordan River that is near Jericho is relatively flat and the water does not flow at a high speed, it still moves faster than the speed at which people walk, and it certainly moves faster than an entire encampment of people weighed down with possessions and animals.

Jordan River near Jericho

אֶלָּא מְלַמֵּד, שֶׁהָיוּ מַיִם נִגְדָּשִׁין וְעוֹלִין כֵּיפִּין עַל גַּבֵּי כֵיפִּין יָתֵר מִשְּׁלֹשׁ מֵאוֹת מִיל, עַד שֶׁרָאוּ אוֹתָן כׇּל מַלְכֵי מִזְרָח וּמַעֲרָב, שֶׁנֶּאֱמַר: ״וַיְהִי כִשְׁמֹעַ כׇּל מַלְכֵי הָאֱמֹרִי אֲשֶׁר בְּעֵבֶר הַיַּרְדֵּן יָמָּה וְכׇל מַלְכֵי הַכְּנַעֲנִי אֲשֶׁר עַל הַיָּם אֵת אֲשֶׁר הוֹבִישׁ ה׳ אֶת מֵי הַיַּרְדֵּן מִפְּנֵי בְנֵי יִשְׂרָאֵל עַד עׇבְרָם וַיִּמַּס לְבָבָם וְלֹא הָיָה בָם עוֹד רוּחַ מִפְּנֵי בְּנֵי יִשְׂרָאֵל״.

Rather, this **teaches that the water gathered and rose in heaps upon heaps** to a height **of more than three hundred *mil*, until all the kings of the East and West saw it, as it is stated: "And it came to pass, when all the kings of the Amorites, that were beyond the Jordan westward, and all the kings of the Canaanites, that were by the sea, heard that the Lord had dried up the waters of the Jordan from before the children of Israel, until they were passed over, that their heart melted, neither was there spirit in them anymore, because of the children of Israel"** (Joshua 5:1).

וְאַף רָחָב הַזּוֹנָה אָמְרָה לִשְׁלוּחֵי יְהוֹשֻׁעַ: ״כִּי שָׁמַעְנוּ אֵת אֲשֶׁר הוֹבִישׁ ה׳ אֶת מֵי יַם סוּף״ וגו׳, וּכְתִיב: ״וַנִּשְׁמַע וַיִּמַּס לְבָבֵנוּ וְלֹא קָמָה עוֹד״ וגו׳.

And even Rahab the prostitute said to Joshua's messengers: "For we have heard how the Lord dried up the water of the Red Sea before you" (Joshua 2:10). **And it is written: "And as soon as we had heard it, our hearts melted, neither did there remain any more** spirit in any man, because of you" (Joshua 2:11). Evidently, the Canaanites were still terrified due to the splitting of the Red Sea, although that had taken place years earlier and in a distant location. It is understood from here how terrified they became when a similar miracle occurred close to where they lived.

עוֹדָם בַּיַּרְדֵּן, אָמַר לָהֶם יְהוֹשֻׁעַ: דְּעוּ עַל מָה אַתֶּם עוֹבְרִים אֶת הַיַּרְדֵּן, עַל מְנָת שֶׁתּוֹרִישׁוּ אֶת יוֹשְׁבֵי הָאָרֶץ מִפְּנֵיכֶם, שֶׁנֶּאֱמַר: ״וְהוֹרַשְׁתֶּם אֶת כׇּל יוֹשְׁבֵי הָאָרֶץ מִפְּנֵיכֶם״ וגו׳, אִם אַתֶּם עוֹשִׂין כֵּן – מוּטָב, וְאִם לָאו – בָּאִין מַיִם וְשׁוֹטְפִין אוֹתִיכֶם. מַאי ״אוֹתִיכֶם״? אוֹתִי וְאֶתְכֶם.

While the Jewish people **were still in the Jordan, Joshua said to them: Know for what** purpose **you are crossing the Jordan.** It is **in order to drive out the inhabitants of the land from before you, as it is stated: "And you shall drive out all the inhabitants of the land from before you"** (Numbers 33:52). **If you** will **do so,** then all is **well, but if not, water will come and drown *otikhem*.** The Gemara asks: **What** is the meaning of the word ***otikhem***? The Gemara explains: It is a combination of the words **me** [*oti*] **and you** [*etkhem*].

עוֹדָם בַּיַּרְדֵּן, אָמַר לָהֶן יְהוֹשֻׁעַ: ״הָרִימוּ לָכֶם אִישׁ אֶבֶן אַחַת עַל שִׁכְמוֹ לְמִסְפַּר שִׁבְטֵי יִשְׂרָאֵל״ וגו׳, וּכְתִיב: ״לְמַעַן תִּהְיֶה זֹאת אוֹת בְּקִרְבְּכֶם כִּי יִשְׁאָלוּן בְּנֵיכֶם מָחָר לֵאמֹר מָה הָאֲבָנִים הָאֵלֶּה לָכֶם״ וגו׳, סִימָן לַבָּנִים שֶׁעָבְרוּ אָבוֹת אֶת הַיַּרְדֵּן.

While **they were still in the Jordan, Joshua said to them: "Pick up every man of you a stone upon his shoulder, according to the number of the tribes of the children of Israel"** (Joshua 4:5). **And it is written: "That this may be a sign among you, that when your children ask in time to come, saying: What do you mean by these stones?"** (Joshua 4:6). This will be **a sign for the children that** their **ancestors crossed the Jordan.**

עוֹדָם בַּיַּרְדֵּן, אָמַר לָהֶן יְהוֹשֻׁעַ: ״שְׂאוּ לָכֶם מִזֶּה מִתּוֹךְ הַיַּרְדֵּן מִמַּצַּב רַגְלֵי הַכֹּהֲנִים הָכִין שְׁתֵּים עֶשְׂרֵה אֲבָנִים וְהַעֲבַרְתֶּם אוֹתָם עִמָּכֶם וְהִנַּחְתֶּם אוֹתָם בַּמָּלוֹן אֲשֶׁר תָּלִינוּ בוֹ הַלָּיְלָה״ וגו׳. יָכוֹל בְּכׇל מָלוֹן וּמָלוֹן? תַּלְמוּד לוֹמַר: ״אֲשֶׁר תָּלִינוּ בוֹ הַלָּיְלָה״.

While **they were still in the Jordan, Joshua said to them: "Take out of the midst of the Jordan, out of the place where the priests' feet stood, twelve stones made ready, and carry them over with you, and lay them down in the lodging place, where you shall lodge this night"** (Joshua 4:3). One **might** have thought that they were required to place these stones **at each and every lodging place** where they stayed. Therefore, **the verse states: "Where you shall lodge this night,"** meaning only on that night.

אָמַר רַבִּי יְהוּדָה: אַבָּא חֲלַפְתָּא וְרַבִּי אֱלִיעֶזֶר בֶּן מַתְיָא וַחֲנַנְיָא בֶּן חֲכִינַאי עָמְדוּ עַל אוֹתָן אֲבָנִים, וְשִׁיעֲרוּם, כׇּל אַחַת וְאַחַת שְׁקוּלָה כְּאַרְבָּעִים סְאָה, וּגְמִירִי, דְּטְעוּנָא דְּמִדְלֵי אִינִישׁ לְכַתְפֵּיהּ – תִּילְתָּא דִּטְעוּנֵיהּ הָוֵי.

Rabbi Yehuda says: Abba Ḥalafta, and Rabbi Eliezer ben Matya, and Ḥananya ben Ḥakhinai stood on those same stones that the Jewish people took from the Jordan, **and** they **measured them** and found that **each and every one weighed about forty *se'a*.**[B] **And it is learned** as a tradition **that a load that one can lift onto his shoulders is one-third of** the weight of the **load** that he can carry when others load it onto him.

מִכָּאן אַתָּה מְחַשֵּׁב לְאֶשְׁכּוֹל, שֶׁנֶּאֱמַר: ״וַיִּשָּׂאֻהוּ בַמּוֹט בִּשְׁנָיִם״. מִמַּשְׁמַע שֶׁנֶּאֱמַר ״בַּמּוֹט״, אֵינִי יוֹדֵעַ שֶׁבִּשְׁנַיִם? מַה תַּלְמוּד לוֹמַר ״בִּשְׁנָיִם״? בִּשְׁנֵי מוֹטוֹת.

From here you can calculate the size of **the cluster** of grapes that the spies carried together from Eretz Yisrael, **as it is stated: "And they carried it upon a pole between two"** (Numbers 13:23). **From the fact that it is stated** that they carried the cluster of grapes **"on a pole" do I not know that** it was carried **by two** people? That is the only way it can be carried on a pole. **What** is the meaning when **the verse states: "Between two"?** It means that the spies carried it **on two poles,** and four people carried the cluster of grapes together. From here it can be deduced that the weight of the cluster was 480 *se'a*.

BACKGROUND

Forty *se'a* – אַרְבָּעִים סְאָה: Even according to the smallest calculation of a *se'a*, this amounts to a volume of more than 300 ℓ, and the weight of this volume of stones would be around 400 kg.

LANGUAGE

Scales [*turtanei*] – טורטני: From the Greek τρυτάνη, *trutanē*, which refers to a scale. Here the Gemara is referring to a pole that is held up by another pole, similar to the rod of a scale.

Spies carrying the poles, according to different opinions

אמר רבי יצחק: טורטני וטורטני דטורטני, הא כיצד? שמנה נשאו אשכל, אחד נשא רימון ואחד נשא תאינה. יהושע וכלב לא נשאו כלום. אי בעית אימא: משום דחשיבי. ואי בעית אימא: שלא היו באותה עצה.

Rabbi Yitzḥak said: They were configured like upper rods of **scales** [*turtanei*][L] that are balanced on the lower rods of **scales,** i.e., there were not two but four poles. **How so? Eight** of the spies **carried** the **cluster** of grapes,[N] **one** of them **carried a pomegranate, and one carried a fig. Joshua and Caleb did not carry anything.** Why did Joshua and Caleb not carry anything? **If you wish, say** that it is **because they were** more **prominent** than the others and it was beneath their dignity to carry such a load. **And if you wish, say** instead **that they** did **not** take part **in the** wicked **counsel** of the spies, as the cluster of grapes was brought by the spies to scare the people.

פליגי בה רבי אמי ורבי יצחק נפחא, חד אמר: לדברי רבי יהודה,

§ **Rabbi Ami and Rabbi Yitzḥak Nappaḥa disagree with regard to** the dispute between the *tanna'im* as to the height of the water when the Jewish people crossed the Jordan. **One says: According to the statement of Rabbi Yehuda,** that the water stood at the height of twelve *mil*,

NOTES

Eight spies carried the cluster of grapes – שמנה נשאו אשכל: In contrast to the opinion of the Gemara, an entirely different description of the actions of the spies is found in *Tanna deVei Eliyahu*: Ten of the spies carried either a pomegranate or fig in their hands, and the remaining two spies carried a cluster of grapes on a pole. This description corresponds to the straightforward understanding of the verse.

NOTES

In my eyes but not in the eyes of the Omnipresent – בעיני ולא בעיניו של מקום: It is explained in the *Sifrei* that Moses also did not think that it was a good idea to send spies. However, he thought that if he would agree to send the spies, the Jewish people would understand that he was not hiding from them anything bad about Eretz Yisrael, and they would decide on their own that there was no need to send them.

כחנייתן עברו, לדברי רבי אלעזר ברבי שמעון – בזה אחר זה עברו.

the Jewish people **crossed** in the same formation **as they camped.** It was necessary for the water to stand only twelve *mil* high to allow for the entire encampment to pass through the Jordan. **According to the statement of Rabbi Elazar, son of Rabbi Shimon,** who said the water stood at a height of over three hundred *mil*, the water had to reach these heights to allow for enough time for everyone to cross the Jordan, as **they crossed one after the other.**

וחד אמר: בין מר ובין מר – כחנייתן עברו. מר סבר: אדם קל, ומר סבר: מים קלים.

And one says: According to **both** this **Sage and** that **Sage, they crossed** in the same formation **as they camped.** However, one **Sage,** Rabbi Yehuda, **holds** that **a person** moves **faster** than water, **and** one **Sage,** Rabbi Elazar son of Rabbi Shimon, **holds** that **water** moves **faster** than a person does.

"שלח לך אנשים" – אמר ריש לקיש: "שלח לך" – מדעתך, וכי אדם זה בורר חלק רע לעצמו? והיינו דכתיב: "וייטב בעיני הדבר", אמר ריש לקיש: "בעיני" – ולא בעיניו של מקום.

§ Since the Gemara mentioned the cluster of grapes that the spies brought back from Eretz Yisrael, it continues discussing the story of the spies. It is stated in the Torah that God told Moses: **"Send you men"** (Numbers 13:2). **Reish Lakish says: "Send you"** means that you should send them **at your own discretion** and not as a divine command. As, if it were a divine command, **does a person choose a bad portion for himself?** Since God knew the nature of these spies and that they would ultimately slander the land, He certainly would not have sent them Himself. **And this is** the meaning of **that which is written** in the passage where Moses retold the story of the spies: **"And it was good in my eyes"** (Deuteronomy 1:23), and **Reish Lakish says:** The implication of these words is that it seemed good **"in my eyes," but not in the eyes of the Omnipresent.**[N]

"ויחפרו לנו את הארץ" – אמר רבי חייא בר אבא: מרגלים לא נתכוונו אלא לבושתה של ארץ ישראל. כתיב הכא: "ויחפרו לנו את הארץ", וכתיב התם: "וחפרה הלבנה ובושה החמה" וגו'.

The Torah relates that the people asked Moses to send spies so **"that they may search the land for us"** (Deuteronomy 1:22). **Rabbi Ḥiyya bar Abba says:** When the Jewish people asked to send **spies, their intention was only to shame Eretz Yisrael. It is written here: "That they may search** [*veyaḥperu*] **the land for us," and it is written there: "Then the moon will be embarrassed** [*veḥafera*], **and the sun will be ashamed"** (Isaiah 24:23).

״וְאֵלֶּה שְׁמוֹתָם לְמַטֵּה רְאוּבֵן שַׁמּוּעַ בֶּן זַכּוּר״. אָמַר רַבִּי יִצְחָק, דָּבָר זֶה מָסוֹרֶת בְּיָדֵינוּ מֵאֲבוֹתֵינוּ: מְרַגְּלִים עַל שֵׁם מַעֲשֵׂיהֶם נִקְרְאוּ, וְאָנוּ לֹא עָלְתָה בְּיָדֵינוּ אֶלָּא אֶחָד: סְתוּר בֶּן מִיכָאֵל, סְתוּר – שֶׁסָּתַר מַעֲשָׂיו שֶׁל הַקָּדוֹשׁ בָּרוּךְ הוּא; מִיכָאֵל – שֶׁעָשָׂה עַצְמוֹ מָךְ.

The Torah states with regard to the spies: **"And these were their names: Of the tribe of Reuben, Shammua the son of Zaccur"** (Numbers 13:4). **Rabbi Yitzḥak says: This statement** that follows **is a tradition of ours** that was passed down to us **from our ancestors:** The **spies were named after their actions, but we have obtained** the interpretation of **only**[N] **one** name, the name of **"Sethur the son of Michael"** (Numbers 13:13). He is called **Sethur, as he hid [*satar*] the actions of the Holy One, Blessed be He.** In other words, he ignored the miracles that God performed for the Jewish people in Egypt and in the wilderness. He is called **Michael, as he made Him,** God, appear **weak [*makh*]** by saying that there was not enough food in the land for everyone.

אָמַר רַבִּי יוֹחָנָן, אַף אָנוּ נֹאמַר: נַחְבִּי בֶּן וָפְסִי, נַחְבִּי – שֶׁהֶחְבִּיא דְּבָרָיו שֶׁל הַקָּדוֹשׁ בָּרוּךְ הוּא; וָפְסִי – שֶׁפִּיסֵּעַ עַל מִדּוֹתָיו שֶׁל הַקָּדוֹשׁ בָּרוּךְ הוּא.

Rabbi Yoḥanan says: We can also say an interpretation of the name: **"Nahbi the son of Vophsi"** (Numbers 13:14): He is called **Nahbi, as he concealed [*heḥbi*] the statement of the Holy One, Blessed be He,** that the land is good, by delivering a distorted description of it. He is called **Vophsi, as he stomped [*pisse'a*] on the attributes of the Holy One, Blessed be He,** i.e., he did not believe in His promise to give Eretz Yisrael to the Jewish people.

״וַיַּעֲלוּ בַנֶּגֶב וַיָּבֹא עַד חֶבְרוֹן״ – ״וַיָּבֹאוּ״ מִבְּעֵי לֵיהּ! אָמַר רָבָא: מְלַמֵּד, שֶׁפֵּירַשׁ כָּלֵב מֵעֲצַת מְרַגְּלִים וְהָלַךְ וְנִשְׁתַּטֵּחַ עַל קִבְרֵי אָבוֹת. אָמַר לָהֶן: אֲבוֹתַי, בַּקְּשׁוּ עָלַי רַחֲמִים שֶׁאֶנָּצֵל מֵעֲצַת מְרַגְּלִים.

It is also stated with regard to the spies: **"And they went up into the south, and he came to Hebron"** (Numbers 13:22). Why is the phrase "and he came" written in the singular form? The verse **should have said: And they came. Rava says: This teaches that Caleb separated himself**[N] **from the counsel of** the other **spies and went and prostrated himself on the graves of the forefathers** in Hebron. **He said to them: My forefathers, pray for mercy for me so that I will be saved from the counsel of the spies.**

יְהוֹשֻׁעַ כְּבָר בִּקֵּשׁ מֹשֶׁה עָלָיו רַחֲמִים, שֶׁנֶּאֱמַר: ״וַיִּקְרָא מֹשֶׁה לְהוֹשֵׁעַ בִּן נוּן יְהוֹשֻׁעַ״ – יָהּ יוֹשִׁיעֲךָ מֵעֲצַת מְרַגְּלִים. וְהַיְינוּ דִּכְתִיב: ״וְעַבְדִּי כָלֵב עֵקֶב הָיְתָה רוּחַ אַחֶרֶת עִמּוֹ״ וגו׳.

The Gemara explains: **Joshua** did not go to the graves of the forefathers because **Moses had already prayed for mercy for him, as it is stated: "And Moses called Hoshea son of Nun Joshua [*Yehoshua*]"** (Numbers 13:16), meaning: **God will save you [*Ya yoshiakha*] from the counsel of the spies. And this is** the meaning of **that which is written: "But My servant Caleb, because he had another spirit with him,**[N] and has followed Me fully, him will I bring into the land where into he went" (Numbers 14:24), which implies that Caleb changed his mind over time. Joshua, however, was opposed to the intentions of the other spies from the outset.

״וְשָׁם אֲחִימָן שֵׁשַׁי וְתַלְמַי״ וגו׳. אֲחִימָן – מְיוּמָּן שֶׁבְּאֶחָיו; שֵׁשַׁי – שֶׁמֵּשִׂים אֶת הָאָרֶץ כִּשְׁחָתוֹת. תַּלְמַי – שֶׁמֵּשִׂים אֶת הָאָרֶץ תְּלָמִים תְּלָמִים.

The verse continues to state about Hebron: **"And Ahiman, Sheshai, and Talmai,** the children of Anak, were there" (Numbers 13:22). **Ahiman** was called by this name because he was the most **skilled [*meyumman*] among his brothers. Sheshai** was called by his name **because he would turn the land** that he treaded upon **into ditches [*sheḥatot*]** due to his large dimensions. **Talmai** was called this **because he would turn the land** that he treaded upon **into furrows** upon **furrows [*telamim*]** due to his weight.

דָּבָר אַחֵר: אֲחִימָן בָּנָה עֲנָת, שֵׁשַׁי בָּנָה אָלֻשׁ, תַּלְמַי בָּנָה תַּלְבּוּשׁ. ״יְלִידֵי הָעֲנָק״ – שֶׁמַּעֲנִיקִין חַמָּה בְּקוֹמָתָן.

Alternatively, their names signify another matter: **Ahiman** is the one who **built** the city of **Anat. Sheshai built** the city of **Alush. Talmai built** the city of **Talbush.**[B] The verse describes them as **"the children of Anak"** because they were so tall and large that it appeared **as if they were wearing [*ma'anikin*] the sun** as a necklace **due to their height.**

״וְחֶבְרוֹן שֶׁבַע שָׁנִים נִבְנְתָה״ – מַאי נִבְנְתָה? אִילֵּימָא נִבְנְתָה מַמָּשׁ, אֶפְשָׁר אָדָם בּוֹנֶה בַּיִת לִבְנוֹ קָטָן קוֹדֶם לִבְנוֹ גָּדוֹל? דִּכְתִיב: ״וּבְנֵי חָם כּוּשׁ וּמִצְרַיִם״ וגו׳!

The continuation of the verse states: **"Now Hebron was built seven years [*shanim*]** before Zoan of Egypt **[*Mitzrayim*]"** (Numbers 13:22). The Gemara asks: **What** is the meaning of the phrase **"was built"? If we say** that **it was actually built** seven years before Zoan, **would a person build a house for his younger son before** he builds one **for his older son?** Canaan was the youngest son of Ham, **as it is written: "And the sons of Ham: Cush, and Mizraim,** and Put, and Canaan" (Genesis 10:6). How then could Hebron, a city in the land of Canaan, have been built before Zoan, a city in the land of Egypt, occupied by the descendants of Mizraim?

NOTES

But we have obtained only, etc. – וְאָנוּ לֹא עָלְתָה בְּיָדֵינוּ וכו׳: In the *Midrash Tanḥuma* (*Ha'azinu* 7), similar explanations for the names of all of the spies are given, citing Rabbi Moshe HaDarshan.

This teaches that Caleb separated himself – מְלַמֵּד שֶׁפֵּירַשׁ כָּלֵב: The commentaries add proofs from the verses for this assertion that Caleb separated himself from the other spies and went to Hebron. The verse states: "And I will bring him to the land to which he went" (Numbers 14:24), and in the book of Joshua it is stated that Caleb asked specifically for Mount Hebron as his inheritance: "Now therefore give me this mountain, from which the Lord spoke in that day" (Joshua 14:12).

Another spirit with him – רוּחַ אַחֶרֶת עִמּוֹ: The Maharsha explains that as opposed to the other spies, who followed their animalistic spirit, Caleb followed his human spirit, or soul. Others explain that "another spirit" refers to the spirit of the forefathers accompanying him to save him from the counsel of the other spies (*Iyyun Ya'akov*; Rabbi David Luria). Alternatively, the word spirit is interpreted to mean direction, meaning that Caleb went in a different direction, so to speak, than did the other spies (*Sefat Emet*).

BACKGROUND

Anat, Alush, Talbush – עֲנָת, אָלֻשׁ, תַּלְבּוּשׁ: The locations of these cities are unknown. They were apparently located in Eretz Yisrael or nearby. It is possible that the city of Alush that is mentioned here is the place with the same name that is mentioned among the travels of the Jewish people in the wilderness (Numbers 33:13). It would also make sense that Anat refers to Anathoth, which is in the portion of Benjamin. There were apparently large stones in these places, possibly dolmens, that looked like they had been assembled by giants.

אֶלָּא שֶׁהָיְתָה מְבוּנָּה עַל אֶחָד מִשִּׁבְעָה בְּצוֹעַן. וְאֵין לְךָ טְרָשִׁים בְּכָל אֶרֶץ יִשְׂרָאֵל יָתֵר מֵחֶבְרוֹן, מִשּׁוּם דְּקָבְרִי בָּהּ שִׁיכְבֵי. וְאֵין לְךָ מְעוּלָּה בְּכָל הָאֲרָצוֹת יָתֵר מֵאֶרֶץ מִצְרַיִם, שֶׁנֶּאֱמַר: ״כְּגַן ה׳ כְּאֶרֶץ מִצְרַיִם״, וְאֵין לְךָ מְעוּלָּה בְּכָל אֶרֶץ מִצְרַיִם יָתֵר מִצּוֹעַן, דִּכְתִיב: ״כִּי הָיוּ בְצֹעַן שָׂרָיו״, וַאֲפִילּוּ הָכִי חֶבְרוֹן מְבוּנָּה אֶחָד מִשִּׁבְעָה בְּצוֹעַן.

Rather, the meaning of the verse is **that Hebron was seven times more fruitful** [*mevunna*][N] **than Zoan. And there is no stonier land**[B] **in Eretz Yisrael than Hebron.** This is evident **because they would bury the dead there,** just as the forefathers were buried there. This was done only in land that was not suitable for agriculture. **And of all the lands, there is none of a higher quality than the land of Egypt, as it is stated: "Like the garden of the Lord, like the land of Egypt"** (Genesis 13:10). **And there was no higher-quality** land **in all of the land of Egypt than Zoan, as it is written** with regard to Pharaoh's ministers, who would certainly have lived on the finest land in the country: **"For his princes are in Zoan"** (Isaiah 30:4). **And even so, Hebron was seven times more fruitful than Zoan.**

וְחֶבְרוֹן טְרָשִׁים הָוֵי? וְהָא כְּתִיב: ״וַיְהִי מִקֵּץ אַרְבָּעִים שָׁנָה וַיֹּאמֶר אַבְשָׁלוֹם אֶל הַמֶּלֶךְ אֵלְכָה נָּא״ וגו׳. וְאָמַר רַב אַוְיָא, וְאִיתֵימָא רַבָּה בַּר בַּר חָנָה: שֶׁהָלַךְ לְהָבִיא כְּבָשִׂים מֵחֶבְרוֹן. וְתַנְיָא: אֵילִים מִמּוֹאָב, כְּבָשִׂים מֵחֶבְרוֹן! מִינָּהּ! אַיְּידֵי דְּקָלִישָׁא אַרְעָא, עָבְדָה רָעְיָא וְשָׁמֵן קְנִיָּינָא.

The Gemara asks: **But is** the land in **Hebron** in fact **stony? But isn't it written: "And it came to pass at the end of forty years, that Absalom said to the king: I pray, let me go** and pay my vow, which I have vowed to the Lord, in Hebron" (II Samuel 15:7)? **And Rav Avya says, and some say** that it was **Rabba bar bar Ḥanan:** This means **that** Absalom **went to bring sheep** specifically **from Hebron. And it is taught** in a *baraita* (*Tosefta, Menaḥot* 9:13): One must bring the choicest animals to the Temple as offerings. **Rams** are brought **from Moab,**[H] and **sheep** are brought **from Hebron.** This indicates that Hebron has rich land where fat and healthy sheep are raised. The Gemara answers: **From this** very source it can be proven that Hebron is not suitable for agriculture. **Since the earth** there **is thin,**[B] **it produces** only grass for **grazing and fattens the livestock.**

״וַיָּשֻׁבוּ מִתּוּר הָאָרֶץ

The verse states: **"And they returned from spying out the land** at the end of forty days.

Perek VII
Daf 35 Amud a

וַיֵּלְכוּ וַיָּבֹאוּ״ – אָמַר רַבִּי יוֹחָנָן מִשּׁוּם רַבִּי שִׁמְעוֹן בֶּן יוֹחַי: מַקִּישׁ הֲלִיכָה לְבִיאָה, מַה בִּיאָה בְּעֵצָה רָעָה, אַף הֲלִיכָה בְּעֵצָה רָעָה.

And they went and they came" (Numbers 13:25–26). **Rabbi Yoḥanan says in the name of Rabbi Shimon ben Yoḥai:** This verse **likens** their **going** to their **coming. Just as** their **coming** back was **with wicked counsel, so too,** their **going** to Eretz Yisrael was **with wicked counsel.**[N]

״וַיְסַפְּרוּ לוֹ וַיֹּאמְרוּ בָּאנוּ״ וגו׳, וּכְתִיב: ״אֶפֶס כִּי עַז הָעָם״ – אָמַר רַבִּי יוֹחָנָן (סִימָן: אמ״ת לבד״ו לוי״ה) מִשּׁוּם רַבִּי מֵאִיר: כָּל לָשׁוֹן הָרָע שֶׁאֵין בּוֹ דְּבַר אֱמֶת בִּתְחִילָּתוֹ – אֵין מִתְקַיֵּים בְּסוֹפוֹ.

The Torah states: **"And they told him, and said: We came** to the land to which you sent us, and it also flows with milk and honey" (Numbers 13:27), **and** then **it is written: "However the people** that dwell in the land **are fierce"** (Numbers 13:28). Why did the spies praise the land and then slander it? **Rabbi Yoḥanan says** three statements **in the name of Rabbi Meir,** represented by the **mnemonic** device: **Truth, alone, borrowing.**[N] The first statement answers this question: **Any slander that does not begin with a truthful statement**[N] **ultimately does not stand,** i.e., it is not accepted by others.

NOTES

That Hebron was seven times more fruitful [*mevunna*] – שֶׁהָיְתָה מְבוּנָּה עַל אֶחָד מִשִּׁבְעָה: It is not surprising that Ham gave his youngest son an inheritance superior to the inheritance of his other sons, as there are many examples in the Bible of a father favoring his youngest son over the others. However, a father would first attend to the needs of his older sons before those of the youngest (*Iyyun Ya'akov*). According to this interpretation, when the verse states: "Now Hebron was built seven *shanim* before Zoan of Egypt," the phrase "seven *shanim*" does not mean seven years, but rather sevenfold, as in the word *mishne*, which means double (*HaKetav VehaKabbala*).

BACKGROUND

Stonier land – טְרָשִׁים: This refers to very hard land that cannot be worked and used for agriculture. Generally, this kind of land is found in rocky areas where even the earth between the stones is too hard to be used for agriculture.

The earth is thin – דְּקָלִישָׁא אַרְעָא: Grain needs very deep earth in order to grow. Crops are generally grown in land that is suitable for intensive working, while sheep generally graze on the stubble that is left after the crops are harvested. Although shallow earth that rests on top of stone is not suitable for growing crops, other plants that have shorter roots can grow in this kind of earth. The nutritional value of such plants will be greater than straw and fatten the animals that graze there.

HALAKHA

Rams from Moab – אֵילִים מִמּוֹאָב: One who brings an offering must bring from the choicest selection. Therefore, animals for sacrifices were brought from the places where the livestock was superior: Rams were brought from Moab, broad-shouldered sheep from Hebron, calves from the Sharon, and chicks from Har HaMelekh (Rambam *Sefer Avoda, Hilkhot Issurei Mizbe'aḥ* 7:1–2).

NOTES

So too their going was with wicked counsel – אַף הֲלִיכָה בְּעֵצָה רָעָה: One explanation of this statement is that just as their return to the wilderness was guided by wicked counsel, so too, their departure from the Valley of Eshkol was guided by wicked counsel (*Sefat Emet*). According to this explanation, Rashi's statement (see Numbers 13:3) that when the spies left for Eretz Yisrael they were considered upright and flawless does not contradict this statement, as they were righteous until they reached Eretz Yisrael.

The mnemonic truth, alone [*levado*], borrowing – סִימָן אמ״ת לבד״ו לוי״ה: This is a mnemonic for the statements said by Rabbi Yoḥanan in the name of Rabbi Meir in this tractate. The acronym should be: Truth, ensnared [*lekhado*], borrowing, as elsewhere (42b), Rabbi Yoḥanan quotes the statement of Rabbi Meir: His own mouth ensnared that wicked one, and in another place (46b) he quotes Rabbi Meir with regard to anyone who does not lend and borrows. However, Rabbi Yoḥanan quotes Rabbi Meir in another place (36b): His bow returned to its strength, so perhaps the mnemonic should include that and be: Truth, returned, ensnared, borrowing (*Heshek Shlomo*).

Slander that does not begin with a truthful statement – לָשׁוֹן הָרָע שֶׁאֵין בּוֹ דְּבַר אֱמֶת בִּתְחִילָּתוֹ: The commentaries ask: What did the spies lie about? The Maharsha explains that since the spies did not return with the basic food staples of wheat, barley, and olives, they implicitly told the people that the land did not produce sufficient food for sustenance. Furthermore, although the spies were not in Hebron, they nevertheless reported about the giants who lived there. Others explain that they lied in that they said: "The people that dwell in the land are fierce," even though the people of the land feared the Jewish people, as stated by Rahab (Joshua 2:10). Others suggest that they said Eretz Yisrael is "a land that eats its inhabitants" (Numbers 13:32), where people die frequently (see *Ir Binyamin*).

״וַיַּהַס כָּלֵב אֶת הָעָם אֶל מֹשֶׁה״ – אָמַר רַבָּה: שֶׁהֱסִיתָן בִּדְבָרִים.

The verse states: **"And Caleb stilled [*vayyahas*] the people toward Moses"** (Numbers 13:30). **Rabba says:** This means **that he persuaded them [*hesitan*] with** his **words.** *Vayyahas* and *hesitan* share the same root in Hebrew.

פָּתַח יְהוֹשֻׁעַ. דְּקָא מִשְׁתָּעֵי אָמְרִי לֵיהּ: דֵּין רֹאשׁ קְטִיעָה יְמַלֵּל?

How did he do so? **Joshua began** to address the people, and **as he was speaking they said to him: Should this** person, who has **a severed head,** as he has no children, **speak** to the people about entering Eretz Yisrael?

אֲמַר: אִי מִשְׁתָּעֵינָא אָמְרִי בִּי מִילְּתָא וְחָסְמִין לִי. אָמַר לָהֶן: וְכִי זוֹ בִּלְבַד עָשָׂה לָנוּ בֶּן עַמְרָם? סָבְרִי בִּגְנוּתֵיהּ קָא מִשְׁתָּעֵי, אִישְׁתִּיקוּ.

Caleb **said** to himself: **If I speak they will** also **say something about me and stop me** from speaking. He began to speak and **said to them: And is this** the **only** thing that **the son of Amram,** Moses, **has done to us? They thought** that he wanted **to relate** something **to the discredit of** Moses, and **they were silent.**

אֲמַר לְהוּ: הוֹצִיאָנוּ מִמִּצְרַיִם וְקָרַע לָנוּ אֶת הַיָּם וְהֶאֱכִילָנוּ אֶת הַמָּן. אִם יֹאמַר עֲשׂוּ סוּלָּמוֹת וַעֲלוּ לָרָקִיעַ, לֹא נִשְׁמַע לוֹ? ״עָלֹה נַעֲלֶה וְיָרַשְׁנוּ אֹתָהּ״ וגו׳.

He then **said to them: He took us out of Egypt, and split the sea for us, and fed us the manna. If he says** to us: **Build ladders and climb to the heavens, should we not listen to him? "We should go up at once,"** even to the heavens, **"and possess it"** (Numbers 13:30).

״וְהָאֲנָשִׁים אֲשֶׁר עָלוּ עִמּוֹ אָמְרוּ לֹא נוּכַל״ וגו׳ – אָמַר רַבִּי חֲנִינָא בַּר פַּפָּא: דָּבָר גָּדוֹל דִּבְּרוּ מְרַגְּלִים בְּאוֹתָהּ שָׁעָה, ״כִּי חָזָק הוּא מִמֶּנּוּ״ – אַל תִּקְרֵי ״מִמֶּנּוּ״ אֶלָּא ״מִמֶּנּוּ״: כִּבְיָכוֹל, אֲפִילּוּ בַּעַל הַבַּיִת אֵינוֹ יָכוֹל לְהוֹצִיא כֵּלָיו מִשָּׁם.

The verses continue: **"But the men that went up with him said: We are not able** to go up against the people; as they are stronger than us" (Numbers 13:31). **Rabbi Ḥanina bar Pappa says: The spies said a serious statement at that moment.** When they said: **"They are stronger," do not read** the phrase as: Stronger **than us [*mimmennu*],**[N] but **rather** read it as: Stronger **than Him [*mimmennu*],** meaning that **even the Homeowner,** God, **is unable to remove His belongings from there, as it were.** The spies were speaking heresy and claiming that the Canaanites were stronger than God Himself.

״אֶרֶץ אֹכֶלֶת יוֹשְׁבֶיהָ הִיא״ – דָּרַשׁ רָבָא, אָמַר הַקָּדוֹשׁ בָּרוּךְ הוּא: אֲנִי חֲשַׁבְתִּיהָ לְטוֹבָה וְהֵם חָשְׁבוּ לְרָעָה. אֲנִי חֲשַׁבְתִּיהָ לְטוֹבָה – דְּכָל הֵיכָא דְּמָטוּ, מֵת חֲשִׁיבָא דִּידְהוּ, כִּי הֵיכִי דְּנִיטְרְדוּ וְלָא לִשְׁאֲלוּ אַבַּתְרַיְיהוּ. וְאִיכָּא דְּאָמְרִי: אִיּוֹב נָח נַפְשֵׁיהּ, וְאִטְרִידוּ כּוּלֵּי עָלְמָא בְּהֶסְפֵּידָא. הֵם חָשְׁבוּ לְרָעָה – ״אֶרֶץ אֹכֶלֶת יוֹשְׁבֶיהָ הִיא״.

The spies said: **"It is a land that consumes its inhabitants"** (Numbers 13:32). **Rava taught: The Holy One, Blessed be He, said: I intended** the land to appear to consume its inhabitants **for** their own **good, but they considered** this proof that the land was **bad. I intended** it **for** their **good** by causing many people to die there so **that anywhere that** the spies **arrived, the most important of them died, so that** the Canaanites **would be preoccupied** with mourning **and would not inquire about them. And there are** those **who say** that God caused **Job to die** at that time, **and everyone** in Canaan **was preoccupied with** his **eulogy,** and did not pay attention to the spies. However, the spies **considered** this proof that the land was **bad** and said: **"It is a land that consumes its inhabitants."**

״וַנְּהִי בְעֵינֵינוּ כַּחֲגָבִים וְכֵן הָיִינוּ״ וגו׳ – אָמַר רַב מְשַׁרְשִׁיָּא: מְרַגְּלִים שַׁקְרֵי הָווּ. בִּשְׁלָמָא ״וַנְּהִי בְעֵינֵינוּ כַּחֲגָבִים״ – לְחַיֵּי, אֶלָּא ״וְכֵן הָיִינוּ בְּעֵינֵיהֶם״ מְנָא הָווּ יָדְעִי?

The spies said: **"And we were like grasshoppers in our own eyes, and so were we** in their eyes" (Numbers 13:33). **Rav Mesharshiyya says: The spies were liars. Granted,** to say: **"We were like grasshoppers in our own eyes," is well, but** to say: **"And so were we in their eyes," from where** could **they** have **known** this?

וְלָא הִיא, כִּי הָווּ מַבְרֵי אֲבֵילֵי, תּוּתֵי אַרְזֵי הָווּ מַבְרֵי. וְכִי חֲזֵינְהוּ, סָלְקוּ יָתְבִי בְּאִילָנֵי. שָׁמְעִי דְּקָאָמְרִי: קָחָזֵינַן אֱינָשֵׁי דְּדָמוּ לְקַמְצֵי בְּאִילָנֵי.

The Gemara responds: **But** that **is not so,** as **when** the Canaanites **were having the mourners' meal, they had the meal beneath cedar trees, and when** the spies **saw them they climbed up** the **trees and sat in** them. From there **they heard** the Canaanites **saying: We see people who** look **like grasshoppers in the trees.**

״וַתִּשָּׂא כָּל הָעֵדָה וַיִּתְּנוּ אֶת קוֹלָם וַיִּבְכּוּ״ – אָמַר רַבָּה אָמַר רַבִּי יוֹחָנָן: אוֹתוֹ הַיּוֹם עֶרֶב תִּשְׁעָה בְּאָב הָיָה. אָמַר הַקָּדוֹשׁ בָּרוּךְ הוּא: הֵן בָּכוּ בְּכִיָּה שֶׁל חִנָּם, וַאֲנִי אֶקְבַּע לָהֶם בְּכִיָּה לְדוֹרוֹת.

The verse states: **"And all the congregation lifted up their voice and cried"** (Numbers 14:1). **Rabba says** that **Rabbi Yoḥanan says: That day was the eve of the Ninth of Av,** and **the Holy One, Blessed be He, said:** On that day **they wept a gratuitous weeping, so I will establish** that day **for them** as a day of **weeping for** the future **generations.**

NOTES

Do not read, than us [*mimmennu*] but rather, than Him [*mimmennu*] – אַל תִּקְרֵי מִמֶּנּוּ אֶלָּא מִמֶּנּוּ: Rashi omits this sentence, as the expression: Do not read, generally indicates that a different vocalization is being suggested. Here, however, both readings are identical. According to the *Arukh*, the Gemara is pointing out that the verse does not use the term *mennu*, meaning: Than us; rather, it says *mimmennu*, meaning: Than him. Other commentaries explain that in Babylonia, the term *mimmennu* was written with different punctuation for: Than us, and: Than him. Therefore, the Gemara, which was written in Babylonia, is teaching that it should be read not with the punctuation that would render it: Stronger than us, but with the punctuation that would render it: Stronger than him (Dunash; Rabbi Avraham Ibn Ezra; Rashba).

NOTES

Their tongues were stretched out and fell upon their navels – **נִשְׁתַּרְבֵּב לְשׁוֹנָם וְנָפַל עַל טִיבּוּרָם**: The *Iyyun Ya'akov* explains that they received this punishment because they spoke slander about the land with their tongues and because Eretz Yisrael is called "the navel of the earth" (Ezekiel 38:12).

Because he relieved himself [*asa tzerakhav*] in its presence – **שֶׁעָשָׂה צְרָכָיו בְּפָנָיו**: Many commentaries ask how such a disgraceful thing could be said about Uzzah, especially in light of the Gemara's statement that he entered the World-to-Come. Some explain that he relieved himself far away from the Ark but was facing in its direction, which is prohibited (see *Iyyun Ya'akov*). Another explanation, based on a midrash, is that the expression *asa tzerakhav*, literally, cared for his needs, is a reference to the blessing one recites when donning his shoes in the morning: Who has provided me with all I need. In this context it refers to the fact that Uzzah put on his shoes in front of the Ark (see *Anaf Yosef*).

BACKGROUND

Diphtheria – **אַסְכָּרָה**: This is an infectious disease that causes the mucous membrane of the throat to swell and creates a choking feeling. It is common among young children, and until recently, with the invention of a vaccination against it, it was a fatal disease that caused its victims to die from choking. During the Second Temple period, people who served in the non-priestly watches would fast for one day each week, in the merit of which infants would not be afflicted with diphtheria.

״וַיֹּאמְרוּ כָּל הָעֵדָה לִרְגּוֹם אֹתָם בָּאֲבָנִים״, וּכְתִיב: ״וּכְבוֹד ה׳ נִרְאָה בְּאֹהֶל מוֹעֵד״ – אָמַר רַבִּי חִיָּיא בַּר אַבָּא: מְלַמֵּד, שֶׁנָּטְלוּ אֲבָנִים וּזְרָקוּם כְּלַפֵּי מַעְלָה.

The verse states: **"But all the congregation bade stone them with stones"** (Numbers 14:10), **and it is written** immediately afterward: **"When the glory of the Lord appeared in the Tent of Meeting"** (Numbers 14:10). **Rabbi Ḥiyya bar Abba says:** This **teaches that they took stones and threw them upward** as if to throw them at God.

״וַיָּמֻתוּ הָאֲנָשִׁים מוֹצִאֵי דִבַּת הָאָרֶץ רָעָה בַּמַּגֵּפָה״ – אָמַר רַבִּי שִׁמְעוֹן בֶּן לָקִישׁ: שֶׁמֵּתוּ מִיתָה מְשׁוּנָּה. אָמַר רַבִּי חֲנִינָא בַּר פַּפָּא, דָּרַשׁ רַבִּי שֵׁילָא אִישׁ כְּפַר תְּמַרְתָּא: מְלַמֵּד, שֶׁנִּשְׁתַּרְבֵּב לְשׁוֹנָם וְנָפַל עַל טִיבּוּרָם, וְהָיוּ תוֹלָעִים יוֹצְאוֹת מִלְּשׁוֹנָם וְנִכְנָסוֹת בְּטִיבּוּרָם, וּמִטִּיבּוּרָם וְנִכְנָסוֹת בִּלְשׁוֹנָם. וְרַב נַחְמָן בַּר יִצְחָק אָמַר: בְּאַסְכָּרָה מֵתוּ.

The verse states: **"And those men who brought out an evil report of the land, died by the plague before the Lord"** (Numbers 14:37). **Rabbi Shimon ben Lakish says:** This means **that they died an unusual death. Rabbi Ḥanina bar Pappa says** that **Rabbi Sheila Ish Kefar Temarta taught:** This **teaches that their tongues were stretched out** from their mouths **and fell upon their navels,**[N] **and worms were crawling out of their tongues and entering their navels, and** worms were likewise coming **out of their navels and entering their tongues.** This is the painful death that they suffered. **And Rav Naḥman bar Yitzḥak says: They died of diphtheria,**[B] which causes one to choke to death.

וְכֵיוָן שֶׁעָלָה הָאַחֲרוֹן שֶׁבְּיִשְׂרָאֵל מִן הַיַּרְדֵּן חָזְרוּ מַיִם לִמְקוֹמָן, שֶׁנֶּאֱמַר: ״וַיְהִי בַּעֲלוֹת הַכֹּהֲנִים נֹשְׂאֵי אֲרוֹן בְּרִית ה׳ מִתּוֹךְ הַיַּרְדֵּן נִתְּקוּ כַּפּוֹת רַגְלֵי הַכֹּהֲנִים אֶל הֶחָרָבָה וַיָּשֻׁבוּ מֵי הַיַּרְדֵּן לִמְקוֹמָם וַיֵּלְכוּ כִתְמוֹל שִׁלְשׁוֹם עַל כָּל גְּדוֹתָיו״.

§ The Gemara returns to discuss the entry of the Jewish people into Eretz Yisrael. **And once the last one of the Jewish people ascended out of the Jordan, the water returned to its place, as it is stated: "And it came to pass, as the priests that bore the Ark of the Covenant of the Lord came up out of the midst of the Jordan, as soon as the soles of the priests' feet were drawn up unto the dry ground, that the waters of the Jordan returned to their place, and went over all its banks, as it had before"** (Joshua 4:18). The Gemara understands that the priests who carried the Ark stood in the water until all of the Jewish people passed through the Jordan. Once all the Jewish people had reached the other side of the Jordan, the priests stepped back from the water and the Jordan returned to its natural state.

נִמְצָא אָרוֹן וְנוֹשְׂאָיו וְכֹהֲנִים מִצַּד אֶחָד וְיִשְׂרָאֵל מִצַּד אֶחָד. נָשָׂא אָרוֹן אֶת נוֹשְׂאָיו וְעָבַר, שֶׁנֶּאֱמַר: ״וַיְהִי כַּאֲשֶׁר תַּם כָּל הָעָם לַעֲבוֹר וַיַּעֲבֹר אֲרוֹן ה׳ וְהַכֹּהֲנִים לִפְנֵי הָעָם״.

It follows that **the Ark and its bearers and the priests** were **on one side** of the Jordan, the east side, **and** the rest of **the Jewish people** were **on the other side,** the west side. Subsequently, **the Ark carried its bearers** in the air **and crossed** the Jordan, **as it is stated: "When all the people were completely passed over, the Ark of the Lord passed on, and the priests, before the people"** (Joshua 4:11).

וְעַל דָּבָר זֶה נֶעֱנַשׁ עוּזָּא, שֶׁנֶּאֱמַר: ״וַיָּבֹאוּ עַד גֹּרֶן כִּידֹן וַיִּשְׁלַח עֻזָּא אֶת יָדוֹ לֶאֱחֹז אֶת הָאָרוֹן״. אָמַר לוֹ הַקָּדוֹשׁ בָּרוּךְ הוּא: עוּזָּא, נוֹשְׂאָיו נָשָׂא, עַצְמוֹ לֹא כָּל שֶׁכֵּן!

And over this matter Uzzah was punished for not taking proper care of the Ark, **as it is stated: "And when they came to the threshing floor of Chidon, Uzzah put forth his hand to hold the Ark;** for the oxen stumbled" (I Chronicles 13:9). **The Holy One, Blessed be He, said to him: Uzzah,** the Ark **carried its bearers** when it crossed the Jordan; **all the more so** is it **not** clear that it can carry **itself?**

״וַיִּחַר אַף ה׳ בְּעֻזָּה וַיַּכֵּהוּ שָׁם... עַל הַשַּׁל״ וגו׳ – רַבִּי יוֹחָנָן וְרַבִּי אֶלְעָזָר, חַד אָמַר: עַל עִסְקֵי שָׁלוּ, וְחַד אָמַר: שֶׁעָשָׂה צְרָכָיו בְּפָנָיו.

§ The verse states: **"And the anger of the Lord was kindled against Uzzah;** and God **smote him there for his error [*hashal*]"** (II Samuel 6:7). **Rabbi Yoḥanan and Rabbi Elazar** disagreed over the interpretation of this verse. **One says:** God smote him **for his forgetfulness [*shalo*],** because he did not remember that the Ark can carry itself. **And one says:** God smote him **because he** lifted the edges [*shulayyim*] of his garment in front of the Ark and **relieved himself in its presence.**[N]

״וַיָּמָת שָׁם עִם אֲרוֹן הָאֱלֹהִים״ – אָמַר רַבִּי יוֹחָנָן: עוּזָּא בָּא לָעוֹלָם הַבָּא, שֶׁנֶּאֱמַר: ״עִם אֲרוֹן הָאֱלֹהִים״, מָה אָרוֹן לְעוֹלָם קַיָּים, אַף עוּזָּא בָּא לָעוֹלָם הַבָּא.

The verse states: **"And he died there with the Ark of God"** (II Samuel 6:7). **Rabbi Yoḥanan says: Uzzah entered the World-to-Come, as it is stated: "With the Ark of God." Just as the Ark exists forever, so too, Uzzah entered the World-to-Come.**

״וַיִּחַר לְדָוִד עַל אֲשֶׁר פָּרַץ ה׳ פֶּרֶץ בְּעֻזָּה״ – אָמַר רַבִּי אֶלְעָזָר: שֶׁנִּשְׁתַּנּוּ פָּנָיו כַּחֲרָרָה.

The verse states: **"And David was displeased [*vayyiḥar*] because the Lord had broken forth upon Uzzah"** (II Samuel 6:8). **Rabbi Elazar says:** *Vayyiḥar* means **that his face changed** colors and darkened **like baked bread [*ḥarara*]** from displeasure.

אֶלָּא מֵעַתָּה, כָּל הֵיכָא דִּכְתִיב ״וַיִּחַר״ הָכִי נַמִי! הָתָם כְּתִיב ״אַף״, הָכָא לָא כְּתִיב ״אַף״.

The Gemara questions this statement: **If that is so, anywhere that** the word ***vayyiḥar* is written,** including when it is referring to God, should it be interpreted this way **as well?** The Gemara answers: **There, it is written:** "And **the anger** of the Lord was kindled [*vayyiḥar af*]" (II Samuel 6:7), whereas **here, the anger** [*af*] **is not written,** but only *vayyiḥar*. Therefore it is interpreted differently.

דָּרַשׁ רָבָא: מִפְּנֵי מָה נֶעֱנַשׁ דָּוִד? מִפְּנֵי שֶׁקָּרָא לְדִבְרֵי תוֹרָה זְמִירוֹת, שֶׁנֶּאֱמַר: ״זְמִרוֹת הָיוּ לִי חֻקֶּיךָ בְּבֵית מְגוּרָי״.

Rava taught: For what reason **was David punished** with Uzzah's death? He was punished **because he called matters of Torah: Songs, as it is stated: "Your statutes have been my songs in the house of my pilgrimage"** (Psalms 119:54).

אָמַר לוֹ הַקָּדוֹשׁ בָּרוּךְ הוּא: דִּבְרֵי תוֹרָה שֶׁכָּתוּב בָּהֶן ״הֲתָעִיף עֵינֶיךָ בּוֹ וְאֵינֶנּוּ״, אַתָּה קוֹרֵא אוֹתָן זְמִירוֹת? הֲרֵינִי מַכְשִׁילְךָ בְּדָבָר שֶׁאֲפִילּוּ תִּינוֹקוֹת שֶׁל בֵּית רַבָּן יוֹדְעִין אוֹתוֹ, דִּכְתִיב: ״וְלִבְנֵי קְהָת לֹא נָתָן כִּי עֲבֹדַת הַקֹּדֶשׁ״ וגו׳, וְאִיהוּ אַתְיֵיהּ בַּעֲגָלְתָא.

The Holy One, Blessed be He, said to him: Matters of Torah are so difficult and demanding **that it is written: "Will you set your eyes upon it? It is gone"** (Proverbs 23:5), i.e., one whose eyes stray from the Torah even for a moment will forget it, and **you call** them **songs?** For this reason **I will cause you to stumble in a matter that even schoolchildren know, as it is written** with regard to the wagons brought to the Tabernacle: **"And to the descendants of Kohath he did not give,**[N] **because the service of the holy things** belongs to them; they carry them upon their shoulders" (Numbers 7:9). **And** although the Ark clearly must be carried on people's shoulders, David erred and **brought it in a wagon.**[H]

״וַיַּךְ בְּאַנְשֵׁי בֵית שֶׁמֶשׁ כִּי רָאוּ בַּאֲרוֹן״ – מִשּׁוּם דְּרָאוּ וַיַּךְ אֱלֹהִים? רַבִּי אֲבָהוּ וְרַבִּי אֶלְעָזָר. חַד אָמַר: קוֹצְרִין וּמִשְׁתַּחֲוִים הָיוּ, וְחַד אָמַר: מִילֵּי נַמִי אֲמוּר.

§ When the Philistines returned the Ark during the period of Samuel, it is stated: **"And He smote of the men of Beit Shemesh because they had gazed upon the Ark of the Lord"** (I Samuel 6:19). The Gemara asks: **Because they gazed** upon it, **God smote** them? Why did their action warrant this punishment? **Rabbi Abbahu and Rabbi Elazar** disagreed with regard to the interpretation of the verse. **One says** that they were punished because **they were reaping** their crops **and prostrating themselves** at the same time; they did not stop working in reverence for the Ark. **And one says** that **they also spoke** denigrating **words:**

NOTES

And to the descendants of Kohath he did not give, etc. – וְלִבְנֵי קְהָת לֹא נָתַן וכו׳: The question arises, how could it be that David and the entire nation forgot something that was explicitly written in the Torah? One answer is that David thought that this mitzva pertained only to Israel's travels in the wilderness, when the Ark was carried on a regular basis, but it did not apply at this later time (*Keli Yakar*). Others explain, based on the tradition that Saul took the tablets during the war with the Philistines and brought them to Shiloh, that during the time of David, the Ark contained only the broken tablets. Consequently, David believed that the *halakhot* of carrying the Ark did not apply in this situation (*Zahav Sheva*). Another possibility is that because the Ark was already returned to them on a wagon by the Philistines, they believed it was permitted to transport the Ark in that manner.

HALAKHA

They carry them upon their shoulders and brought it in a wagon – בַּכָּתֵף יִשָּׂאוּ: When the Ark of the Covenant is carried from one place to another it may not be carried by an animal or on a wagon. Rather, it is a mitzva for people to carry it on their shoulders (Rambam *Sefer Avoda*, *Hilkhot Kelei HaMikdash* 2:12).

Perek **VII**
Daf **35** Amud **b**

מַאן אַמְרִיךְ (לְהָא) דְּאִימְרַיִית וּמַאן אָתָא עֲלָךְ דְּאִיפַּיְיסַתְּ.

Who angered you, i.e., the Ark, so much **that you became** so **angry** that you gave yourself into captivity? **And who came to you to appease you?**

״וַיַּךְ בָּעָם שִׁבְעִים אִישׁ חֲמִשִּׁים אֶלֶף אִישׁ״ – רַבִּי אֲבָהוּ וְרַבִּי אֶלְעָזָר, חַד אָמַר: שִׁבְעִים אִישׁ הָיוּ, וְכׇל אֶחָד וְאֶחָד שָׁקוּל כַּחֲמִשִּׁים אֶלֶף; וְחַד אָמַר: חֲמִשִּׁים אֶלֶף הָיוּ, וְכׇל אֶחָד וְאֶחָד שָׁקוּל כְּשִׁבְעִים סַנְהֶדְרִין.

The verse states: **"And He smote of the people seventy men, fifty thousand men"** (I Samuel 6:19).[N] **Rabbi Abbahu and Rabbi Elazar** disagree over the interpretation of the verse. **One says** that **there were seventy men, and each and every one** of them **was equivalent to fifty thousand** men. **And one says** that **there were fifty thousand men, and each and every one was equivalent to the seventy** men in **the Sanhedrin.**

״וַיְהִי כִּי צָעֲדוּ נֹשְׂאֵי אֲרוֹן ה׳ שִׁשָּׁה צְעָדִים וַיִּזְבַּח שׁוֹר וּמְרִיא״, וּכְתִיב: ״שִׁבְעָה פָרִים וְשִׁבְעָה אֵילִים״! אָמַר רַב פָּפָּא בַּר שְׁמוּאֵל: עַל כׇּל פְּסִיעָה וּפְסִיעָה – שׁוֹר וּמְרִיא; עַל כׇּל שֵׁשׁ וָשֵׁשׁ פְּסִיעוֹת – שִׁבְעָה פָרִים וְשִׁבְעָה אֵילִים.

With regard to David's journey with the Ark to Jerusalem, the verse states: **"And when they who carried the Ark of the Lord had gone six paces, he sacrificed an ox and a fatling"** (II Samuel 6:13). **And it is written** elsewhere that he sacrificed **"seven oxen and seven rams"** (I Chronicles 15:26). **Rav Pappa bar Shmuel says: For each and every step** David took, he sacrificed **an ox and a fatling,** and **for every six steps** that he took, he sacrificed **seven oxen and seven rams.**

אָמַר לֵיהּ רַב חִסְדָּא: אִם כֵּן, מִילֵּאתָ אֶת כׇּל אֶרֶץ יִשְׂרָאֵל בָּמוֹת! אֶלָּא אָמַר רַב חִסְדָּא: עַל כׇּל שֵׁשׁ וָשֵׁשׁ פְּסִיעוֹת – שׁוֹר וּמְרִיא; עַל כׇּל שִׁשָּׁה סְדָרִים שֶׁל שֵׁשׁ פְּסִיעוֹת – שִׁבְעָה פָרִים וְשִׁבְעָה אֵילִים.

Rav Ḥisda said to him: If that is so, and he sacrificed an offering for every step that he took, **you have filled all of Eretz Yisrael with altars,** as they had to build a new altar for each offering. **Rather, Rav Ḥisda said: For every six steps** he sacrificed **an ox and a fatling,** and **for every six sets of six steps** he sacrificed **seven oxen and seven rams.**

NOTES

Seventy men, fifty thousand men – שִׁבְעִים אִישׁ חֲמִשִּׁים אֶלֶף אִישׁ: It is explained in *Targum Yonatan* that the seventy elders of the nation died, and another fifty thousand from the rest of the nation died.

The Maharsha explains that the Gemara deviates from the simple meaning that 50,070 men died, as, if this were the correct meaning, the verse should have written: Seventy men and fifty thousand men. Furthermore, the repetition of the word "men" indicates that the seventy men were actually fifty thousand men, as the Gemara explains.

כְּתִיב: ״כִּידֹן״, וּכְתִיב: ״נָכוֹן״! אָמַר רַבִּי יוֹחָנָן: בַּתְּחִלָּה כִּידוֹן, וּלְבַסּוֹף נָכוֹן.

It is written that Uzzah died "when they came to the threshing floor of **Chidon**" (I Chronicles 13:9), **and** elsewhere **it is written** that it was "the threshing floor of **Nacon**" (II Samuel 6:6). **Rabbi Yoḥanan says: At first** the Ark was similar to **a javelin [*kidon*]**, as it caused Uzzah's death. **But ultimately,** after the people asked for forgiveness, it was **established [*nakhon*]**,[N] i.e., placed, in the house of Obed Edom, where it was a source of blessing.

נִמְצֵאתָ אַתָּה אוֹמֵר: שְׁלֹשָׁה מִינֵי אֲבָנִים הָיוּ; אֶחָד שֶׁהֵקִים מֹשֶׁה בְּאֶרֶץ מוֹאָב, שֶׁנֶּאֱמַר: ״בְּעֵבֶר הַיַּרְדֵּן בְּאֶרֶץ מוֹאָב הוֹאִיל מֹשֶׁה בֵּאֵר״ וגו׳, וּלְהַלָּן הוּא אוֹמֵר: ״וְכָתַבְתָּ עֲלֵיהֶן אֶת כָּל דִּבְרֵי הַתּוֹרָה הַזֹּאת״ וגו׳. וְאָתְיָא ״בֵּאֵר״, ״בַּאֵר״;

§ The Gemara returns to the discussion of how the Ark was brought into Eretz Yisrael. **You are found saying** that **there were three sets of stones. One** is a set **that Moses erected in the land of Moab, as it is stated: "Beyond the Jordan, in the land of Moab, Moses took upon himself to expound [*be'er*]** this law, saying" (Deuteronomy 1:5). **And it states there** with regard to the mitzva to erect the stones on Mount Ebal: **"And you shall write on the stones all the words of this law** clearly elucidated [*ba'er*]" (Deuteronomy 27:8). **It is derived** through a verbal analogy between the word ***"be'er"*** that appears with regard to Moses, and the word ***"ba'er"*** that appears with regard to the mitzva to write the Torah on the stones on Mount Ebal that Moses also wrote down the Torah on stones.

וְאֶחָד שֶׁהֵקִים יְהוֹשֻׁעַ בְּתוֹךְ הַיַּרְדֵּן, שֶׁנֶּאֱמַר: ״וּשְׁתֵּים עֶשְׂרֵה אֲבָנִים הֵקִים יְהוֹשֻׁעַ בְּתוֹךְ הַיַּרְדֵּן״; וְאֶחָד שֶׁהֵקִים בַּגִּלְגָּל, שֶׁנֶּאֱמַר: ״וְאֵת שְׁתֵּים עֶשְׂרֵה הָאֲבָנִים הָאֵלֶּה אֲשֶׁר לָקְחוּ״ וגו׳.

And there is **one** set **that Joshua erected in the Jordan, as it is stated: "Joshua also set up twelve stones in the midst of the Jordan,** in the place where the feet of the priests that bore the Ark of the Covenant stood, and they are there to this day" (Joshua 4:9). **And** there is **one** set **that** Joshua **erected in Gilgal, as it is stated: "And these twelve stones, which they took** out of the Jordan, Joshua set up in Gilgal" (Joshua 4:20).

תָּנוּ רַבָּנַן: כֵּיצַד כָּתְבוּ יִשְׂרָאֵל אֶת הַתּוֹרָה? רַבִּי יְהוּדָה אוֹמֵר: עַל גַּבֵּי אֲבָנִים כְּתָבוּהָ, שֶׁנֶּאֱמַר: ״וְכָתַבְתָּ עַל הָאֲבָנִים אֶת כָּל דִּבְרֵי הַתּוֹרָה הַזֹּאת״ וגו׳, וְאַחַר כָּךְ סָדוּ אוֹתָן בְּסִיד;

The Sages taught: How did the Jewish people write the Torah? Rabbi Yehuda says: They wrote it on stones, as it is stated: "And you shall write on the stones all the words of this law" (Deuteronomy 27:8). **And afterward they plastered them** over **with plaster.**

אָמַר לוֹ רַבִּי שִׁמְעוֹן: לִדְבָרֶיךָ, הֵיאַךְ לָמְדוּ אוּמּוֹת הָעוֹלָם תּוֹרָה? אָמַר לוֹ: בִּינָה יְתֵירָה נָתַן בָּהֶם הַקָּדוֹשׁ בָּרוּךְ הוּא, וְשִׁיגְּרוּ נוֹטֵירִין שֶׁלָּהֶן וְקִילְּפוּ אֶת הַסִּיד וְהִשִּׂיאוּהָ. וְעַל דָּבָר זֶה נִתְחַתֵּם גְּזַר דִּינָם לִבְאֵר שַׁחַת, שֶׁהָיָה לָהֶן לִלְמוֹד וְלֹא לָמְדוּ;

Rabbi Shimon said to him: According to your statement that they plastered over the writing, **how did the nations of the world study Torah? He said to him: The Holy One, Blessed be He, granted them an extra** degree of **understanding,**[N] **and they sent their scribes [*noteirin*]**,[L] **and they peeled off the plaster and copied it** down. **And on account of this matter their decree** to be sent **to the pit of destruction was sealed, as** once the Torah was in their possession **they should have studied** it, **and they did not study.**

רַבִּי שִׁמְעוֹן אוֹמֵר: עַל גַּבֵּי סִיד כְּתָבוּהָ, וְכָתְבוּ לָהֶן לְמַטָּה: ״לְמַעַן אֲשֶׁר לֹא יְלַמְּדוּ אֶתְכֶם לַעֲשׂוֹת כְּכֹל״ וגו׳. הָא לָמַדְתָּ, שֶׁאִם הָיוּ חוֹזְרִין בִּתְשׁוּבָה הָיוּ מְקַבְּלִין אוֹתָן.

Rabbi Shimon says: That is not what happened. Rather, the Jewish people **wrote** the text of the Torah **on top of** the **plaster, and they wrote below for** the gentiles to read that the verse commands the Jewish people to destroy the gentile inhabitants of Eretz Yisrael: **"Lest they teach you to do like all** their abominations" (Deuteronomy 20:18). **You derive** from the fact that they wrote this verse **that if** the gentiles who lived in Eretz Israel **would have repented,** the Jews **would have accepted them,** i.e., allowed them to live in Eretz Yisrael.

אָמַר רָבָא בַּר שֵׁילָא: מַאי טַעְמָא דְּרַבִּי שִׁמְעוֹן? דִּכְתִיב: ״וְהָיוּ עַמִּים מִשְׂרְפוֹת סִיד״, עַל עִסְקֵי סִיד.

Rava bar Sheila said: What is the reason for the opinion **of Rabbi Shimon? As it is written: "And the peoples shall be as the burnings of plaster"** (Isaiah 33:12). This is homiletically interpreted to mean that the nations were punished **on account of matters of plaster,** i.e., they did not study the Torah that was written on plaster.

וְרַבִּי יְהוּדָה? כִּי סִיד, מָה סִיד אֵין לוֹ תַּקָּנָה אֶלָּא שְׂרֵיפָה, אַף אוּמּוֹת הָעוֹלָם אֵין לָהֶם תַּקָּנָה אֶלָּא שְׂרֵיפָה.

The Gemara asks: **And** how does **Rabbi Yehuda,** who holds that the Torah was not written on plaster, interpret this verse? The Gemara answers: He explains that the gentiles are **like plaster; just as plaster has no remedy but burning,** i.e., it is created by burning stone, **so too, the nations of the world have no remedy other than burning** in Gehenna.

NOTES

At first a javelin [*kidon*] but ultimately established [*nakhon*] – בַּתְּחִלָּה כִּידוֹן וּלְבַסּוֹף נָכוֹן: According to one interpretation in the *Arukh*, the Gemara is saying that at first there was judgment [*din*] and then there was order [*nakhon*]. According to a second interpretation, *kidon* means tragedy or brokenness. Rashi suggests a similar explanation of the phrase, based on a verse from Job.

An extra degree of understanding – בִּינָה יְתֵירָה: According to the opinion that the entire Torah was written on the stones, the extraordinary expertise of these scribes was expressed through their ability to copy the Torah within a few hours, before the stones were plastered over (see *Tosafot*). Others explain that they managed to peel off the plaster from the stones without damaging the writing (*Yagel Ya'akov*). Another explanation is that although they could see only the plaster, the scribes understood that something important was written underneath, and peeled off the plaster to copy it (*Ben Yehoyada*).

LANGUAGE

Scribes [*noteirin*] – נוֹטֵירִין: From the Latin term notarius, which is perhaps borrowed from Greek. It refers to a scribe, a writer, or someone who copies official documents.

כְּמַאן אָזְלָא הָא דְּתַנְיָא: ״וְשָׁבִיתָ שִׁבְיוֹ״ – לְרַבּוֹת כְּנַעֲנִים שֶׁבְּחוּצָה לָאָרֶץ שֶׁאִם חוֹזְרִין בִּתְשׁוּבָה מְקַבְּלִין אוֹתָן?

In accordance with whose opinion is **that which is taught** in a *baraita*: The verse states: "When you go forth to battle against your enemies, and the Lord your God delivers them into your hands, **and you take them captive**" (Deuteronomy 21:10), implying that there is no obligation to destroy them, **to include** not only gentiles who are not Canaanites, but even **Canaanites that are** living **outside of Eretz** Yisrael,[N] **as, if they repent, they are accepted** and allowed to live in Eretz Yisrael.

NOTES

To include Canaanites that are living outside of Eretz Yisrael – לְרַבּוֹת כְּנַעֲנִים שֶׁבְּחוּצָה לָאָרֶץ: The early commentaries have different opinions with regard to the relationship of the Jews to Canaanites living in Eretz Yisrael, Canaanites living outside of Eretz Yisrael, and other gentile nations who want to make peace with the Jews. This issue is dependent on another debate with regard to the offer that Joshua sent to the inhabitants of Eretz Yisrael to make peace with the Jewish people, as discussed in the Jerusalem Talmud: Was this offer dependent merely on their acceptance of the political rule of the Jews, or did they also have to agree to cease idol worship and to observe the seven Noahide mitzvot? See a discussion of the different opinions in *Leḥem Mishne* (Rambam *Sefer Shofetim, Hilkhot Melakhim UMilḥemoteihem* 6:1). The differing opinions with regard to that issue are dependent upon the understanding of the dispute between Rabbi Yehuda and Rabbi Shimon. Several commentaries understand that the matter under discussion is whether or not there is a distinction with regard to the possibility of accepting Canaanites under Jewish rule between the Canaanites who lived in Eretz Yisrael and those who lived outside of Eretz Yisrael; other commentaries disagree. Furthermore, the reason behind the distinction requires clarification. It is possible that the verse stating: "You shall keep alive no one who breathes" (Deuteronomy 20:16), refers only to the Canaanites living in Eretz Yisrael, and only under certain circumstances. Alternatively, it is possible that once the Jewish people entered Eretz Yisrael, the Canaanites living there could no longer be trusted to accept the mitzvot.

Perek **VII**
Daf **36** Amud **a**

כְּמַאן? כְּרַבִּי שִׁמְעוֹן.

In accordance with whose opinion is the *baraita*? It is **in accordance with** the opinion of **Rabbi Shimon,** who holds that the verse: "You shall keep alive no one who breathes" (Deuteronomy 20:16), is not referring to the gentiles living outside of Eretz Yisrael, because there is no concern that the Jewish people will learn "to do like all their abominations" (Deuteronomy 20:18), as these Canaanites are not located in Eretz Yisrael.

בֹּא וּרְאֵה כַּמָּה נִסִּים נַעֲשׂוּ בְּאוֹתוֹ הַיּוֹם: עָבְרוּ יִשְׂרָאֵל אֶת הַיַּרְדֵּן, וּבָאוּ לְהַר גְּרִיזִים וּלְהַר עֵיבָל יָתֵר מִשִּׁשִּׁים מִיל, וְאֵין כָּל בְּרִיָּה יְכוֹלָה לַעֲמוֹד בִּפְנֵיהֶם. וְכָל הָעוֹמֵד בִּפְנֵיהֶם מִיָּד נִתְרָז, שֶׁנֶּאֱמַר: ״אֶת אֵימָתִי אֲשַׁלַּח לְפָנֶיךָ וְהַמֹּתִי אֶת כָּל הָעָם אֲשֶׁר תָּבֹא בָּהֶם״ וגו׳,

§ The Gemara continues to discuss the entrance of the Jewish people into Eretz Yisrael: **Come and see how many miracles were performed on that day:**[N] **The Jewish people crossed the Jordan, and they arrived at Mount Gerizim and Mount Ebal,** which are **more than sixty *mil*** from the river, **and** on that day **no entity was able to stand before them. And anyone who stood before them was immediately struck with diarrhea,**[N] **as it is stated: "I will send My terror before you, and will confound all the people that you encounter"** (Exodus 23:27).

וְאוֹמֵר: ״תִּפֹּל עֲלֵיהֶם אֵימָתָה וָפַחַד... עַד יַעֲבֹר עַמְּךָ ה׳״ – זוֹ בִּיאָה רִאשׁוֹנָה; ״עַד יַעֲבֹר עַם זוּ קָנִיתָ״ – זוֹ בִּיאָה שְׁנִיָּה.

And similarly, the verse **says: "Terror and dread falls upon them;** by the greatness of Your arm they are as still as a stone; **till Your people pass over, Lord"** (Exodus 15:16). **This** alludes to the **first arrival** of the Jewish people in Eretz Yisrael, during the period of Joshua. The verse continues: **"Till the people that You have gotten pass over"** (Exodus 15:16). **This** alludes to the **second arrival,** when the Jews returned to Eretz Yisrael from Babylonia after the destruction of the First Temple.

אֱמוֹר מֵעַתָּה: רְאוּיִין הָיוּ יִשְׂרָאֵל לַעֲשׂוֹת לָהֶם נֵס בְּבִיאָה שְׁנִיָּה כְּבִיאָה רִאשׁוֹנָה, אֶלָּא שֶׁגָּרַם הַחֵטְא;

Accordingly, **say from now** that **the Jewish people were worthy of having a miracle performed for them during the second arrival, just like** they were worthy of having miracles performed for them during **the first arrival, but** their **sin caused**[N] them to enter Eretz Yisrael through a natural process, with the permission of the kings of other nations.

NOTES

How many miracles were performed on that day – כַּמָּה נִסִּים נַעֲשׂוּ בְּאוֹתוֹ הַיּוֹם: This is the opinion of the mishna. However, the dissenting opinion of Rabbi Yishmael is cited in the Jerusalem Talmud, according to which the blessings and curses were recited fourteen years later, after Eretz Yisrael was conquered and divided among the tribes. See also the Maharsha, who points out that the blessings and curses appear in the book of Joshua only after the conquest of Jericho and the city of Ai.

Struck with diarrhea – מִיָּד נִתְרָז: According to Rashi, this is derived from the phrase "And I will confound." He explains that this means that their intestines were confounded and their function disrupted. In contrast, the Maharsha explains that it is derived from the phrase "I will send My terror," as diarrhea can be caused by feelings of fear.

Sin caused – שֶׁגָּרַם הַחֵטְא: Rashi explains that the sins referred to here are the sins of the Jews during the period of the First Temple. The Ya'avetz asks why a later generation would be punished for those sins, which they did not commit. He explains that the sin that the Gemara speaks of is the sin of marrying gentile women, based on the verses in the books of Ezra and Nehemiah that state that the generation that returned from Babylonia was guilty of this sin.

וְאַחַר כָּךְ הֵבִיאוּ אֶת הָאֲבָנִים וּבָנוּ אֶת הַמִּזְבֵּחַ וְסָדוּהוּ בְּסִיד, וְכָתְבוּ עֲלֵיהֶם אֶת כׇּל דִּבְרֵי הַתּוֹרָה בְּשִׁבְעִים לָשׁוֹן, שֶׁנֶּאֱמַר: ״בַּאֵר הֵיטֵב״;

The Gemara continues its description of the entrance into Eretz Yisrael during the period of Joshua: **And afterward they brought the stones and built the altar** on Mount Ebal, **and plastered** it over **with plaster, and wrote on** the stones **all of the words of the Torah in seventy languages, as it is stated:** "And you shall write on the stones all of the words of this law **clearly elucidated**" (Deuteronomy 27:8).

וְהֶעֱלוּ עוֹלוֹת וּשְׁלָמִים וְאָכְלוּ וְשָׁתוּ וְשָׂמְחוּ, וּבֵרְכוּ וְקִלְּלוּ, וְקִיפְּלוּ אֶת הָאֲבָנִים וּבָאוּ וְלָנוּ בְּגִלְגָּל, שֶׁנֶּאֱמַר: ״וְהַעֲבַרְתֶּם אוֹתָם עִמָּכֶם וְהִנַּחְתֶּם אוֹתָם בַּמָּלוֹן״.

And they sacrificed burnt-offerings and peace-offerings, and they ate and drank and celebrated, and they uttered the **blessings, and they uttered** the **curses, and they took** [***kippelu***][L] **the stones** with them, **and they arrived and slept in Gilgal, as it is stated: "And carry them over with you, and lay them down in the lodging place,** where you shall lodge this night" (Joshua 4:3).

יָכוֹל בְּכׇל מָלוֹן וּמָלוֹן? תַּלְמוּד לוֹמַר: ״אֲשֶׁר תָּלִינוּ בוֹ הַלָּיְלָה״, וּכְתִיב: ״וְאֵת שְׁתֵּים עֶשְׂרֵה הָאֲבָנִים הָאֵלֶּה אֲשֶׁר לָקְחוּ״ וגו׳.

One **might** have thought that they were required to place these stones **at each and every lodging place** where they stayed. Therefore, **the verse states: "Where you shall lodge this night,"** meaning only on that night. **And it is written: "And those twelve stones, which they took** out of the Jordan, Joshua set up in Gilgal" (Joshua 4:20).

תָּנָא: צִרְעָה לֹא עָבְרָה עִמָּהֶם. וְלֹא? וְהָא כְּתִיב: ״וְשָׁלַחְתִּי אֶת הַצִּרְעָה לְפָנֶיךָ״!

It is **taught** in a *baraita* (*Tosefta* 11:10): The **hornet** [***tzira***][L] **did not cross** the Jordan **with them.** The Gemara asks: **And** did it **not? But isn't it written: "And I will send the hornet before you,** which shall drive out the Hivites, and the Canaanites" (Exodus 23:28)?

אָמַר רַבִּי שִׁמְעוֹן בֶּן לָקִישׁ: עַל שְׂפַת יַרְדֵּן עָמְדָה וְזָרְקָה בָּהֶן מָרָה, וְסִימְּתָה עֵינֵיהֶן מִלְמַעְלָה וְסֵירְסָתָן מִלְּמַטָּה, שֶׁנֶּאֱמַר: ״וְאָנֹכִי הִשְׁמַדְתִּי אֶת הָאֱמֹרִי מִפְּנֵיהֶם אֲשֶׁר כְּגֹבַהּ אֲרָזִים גׇּבְהוֹ וְחָסֹן הוּא כָּאַלּוֹנִים וָאַשְׁמִיד פִּרְיוֹ מִמַּעַל וְשׇׁרָשָׁיו מִתָּחַת״ וגו׳.

Rabbi Shimon ben Lakish says: The hornet **stood on the banks of the Jordan and threw its venom at** the inhabitants of the land **and** it **blinded their eyes from above and castrated them from below, as it is stated: "Yet I destroyed the Amorites before them, whose height was like the height of the cedars, and they were strong as the oaks; yet I destroyed their fruit from above, and their roots from beneath"** (Amos 2:9).

רַב פַּפָּא אָמַר: שְׁתֵּי צְרָעוֹת הֲוַאי, חֲדָא דְּמֹשֶׁה וַחֲדָא דִּיהוֹשֻׁעַ, דְּמֹשֶׁה לָא עֲבַר, דִּיהוֹשֻׁעַ עֲבַר.

Rav Pappa said: There were two hornets. One was the hornet **of Moses,** which helped conquer the eastern side of the Jordan, **and one** was the hornet **of Joshua.** The hornet **of Moses did not** cross the Jordan, but the hornet **of Joshua did cross.**

״שִׁשָּׁה שְׁבָטִים עָלוּ לְרֹאשׁ הַר גְּרִיזִים כו׳. מַאי ״וְהַחֶצְיוֹ״? אָמַר רַב כָּהֲנָא: כְּדֶרֶךְ שֶׁחֲלוּקִין כָּאן, כָּךְ חֲלוּקִין בְּאַבְנֵי אֵפוֹד.

§ It is stated in the mishna: **Six tribes ascended to the top of Mount Gerizim,** as it is stated: "Half of them in front of Mount Gerizim and the half of them in front of Mount Ebal" (Joshua 8:33). The Gemara asks: **What** is the meaning of the term **"and the half of them"**? It seems to be referring to a division that already existed. **Rav Kahana says: The same way that** the tribes **were divided up here** on the mountains, **so** too **were they divided on the stones of the ephod,** a garment of the High Priest.

מֵיתִיבֵי: שְׁתֵּי אֲבָנִים טוֹבוֹת הָיוּ לוֹ לְכֹהֵן גָּדוֹל עַל כְּתֵיפָיו, אַחַת מִכָּאן וְאַחַת מִכָּאן, וּשְׁמוֹת שְׁנֵים עָשָׂר שְׁבָטִים כָּתוּב עֲלֵיהֶם, שִׁשָּׁה עַל אֶבֶן זוֹ וְשִׁשָּׁה עַל אֶבֶן זוֹ, שֶׁנֶּאֱמַר: ״שִׁשָּׁה מִשְּׁמוֹתָם עַל הָאֶבֶן הָאֶחָת״ וגו׳.

The Gemara **raises an objection** to this answer: **The High Priest had two precious stones** on the part of the ephod that rested **on his shoulders, one on this side and one on that side, and the names of the twelve tribes were written on them, six on this stone and six on that stone, as it is stated: "Six of their names on the one stone,** and the names of the six that remain on the other stone, according to their birth" (Exodus 28:10).

שְׁנִיָּה כְּתוֹלְדוֹתָם וְלֹא רִאשׁוֹנָה כְּתוֹלְדוֹתָם, מִפְּנֵי שֶׁיְּהוּדָה מוּקְדָּם. וַחֲמִשִּׁים אוֹתִיּוֹת הָיוּ, עֶשְׂרִים וְחָמֵשׁ עַל אֶבֶן זוֹ וְעֶשְׂרִים וְחָמֵשׁ עַל אֶבֶן זוֹ.

It is derived from the verse that only the names on the **second** stone were written **according to** the order of **their birth:** Gad, Asher, Issachar, Zebulun, Joseph, Benjamin. **But** the names on the **first** stone were **not** written **according to** the order of **their birth, as Judah was** written **first,** and afterward came Reuben, Simeon, Levi, Dan, and Naphtali. **And there were fifty letters** on the two stones of the ephod,[HB] **twenty-five** letters **on this stone and twenty-five on that stone.**

רַבִּי חֲנִינָא בֶּן גַּמְלִיאֵל אוֹמֵר:

Rabbi Ḥanina ben Gamliel says:

LANGUAGE

They took [*kippelu*] – קִיפְּלוּ: The root *kuf, peh, lamed* has a similar meaning to the root *khaf, peh, lamed*; its basic meaning is to fold. More broadly, the word has several meanings, among them to take or remove an object, as is the case here.

Hornet [*tzira*] – צִרְעָה: There are commentaries who maintain that this refers to a type of disease similar to leprosy (Ibn Ezra). However, most translators and commentaries explain that it is a type of flying insect. According to this interpretation, *tzira* refers to the large hornet of the species *Vespa orientalis* commonly known as the Oriental wasp. The sting of this hornet is very painful, especially if it attacks a sensitive part of the body. An attack of swarming hornets can even prove to be fatal.

Oriental wasp

HALAKHA

The stones of the ephod – אַבְנֵי הָאֵפוֹד: According to the Rambam the names on the stones of the ephod were written in the following manner: There were twenty-five letters on each stone; the stone that has Reuben's name on it was worn on the right shoulder, and the stone that has Simeon written on it was worn on the left shoulder (Rambam *Sefer Avoda, Hilkhot Kelei HaMikdash* 9:9).

BACKGROUND

The stones of the ephod – אַבְנֵי הָאֵפוֹד:

Replicas of the stones of the ephod according to the Rambam

לֹא כְּדֶרֶךְ שֶׁחֲלוּקִין בְּחוּמַּשׁ הַפְּקוּדִים חֲלוּקִין בְּאַבְנֵי אֵפוֹד, אֶלָּא כְּדֶרֶךְ שֶׁחֲלוּקִין בְּחוּמָּשׁ שֵׁנִי.

The names of the tribes were **not divided on the stones of the ephod the same way that they were divided in** the list found at the beginning of **the book of Numbers** (Numbers 1:1–15). **Rather** they were divided **the way that they were divided in the second book,** i.e., Exodus (Exodus 1:2–4).

כֵּיצַד? בְּנֵי לֵאָה כְּסִידְרָן, בְּנֵי רָחֵל אֶחָד מִכָּאן וְאֶחָד מִכָּאן, וּבְנֵי שְׁפָחוֹת בְּאֶמְצַע.

How were they written? On one stone, the names of **the sons of Leah** were written **in the order of their** birth: Reuben, Simeon, Levi, Judah, Issachar, and Zebulun. On the other stone **the sons of Rachel** were written. **One,** Benjamin, was written **on this side,** i.e., at the bottom of the list, **and one,** Joseph, was written **on that side,** i.e., at the top of the list. **And the children of the handmaids,** i.e., Bilhah and Zilpah, who were Dan, Naphtali, Gad, and Asher, were written on the second stone **in the middle.**

וְאֶלָּא מַאי אֲנִי מְקַיֵּים ״כְּתוֹלְדֹתָם״? כִּשְׁמוֹתָן שֶׁקָּרָא לָהֶן אֲבִיהֶן וְלֹא כַּשֵּׁמוֹת שֶׁקָּרָא לָהֶן מֹשֶׁה, רְאוּבֵן – וְלֹא רְאוּבֵנִי, שִׁמְעוֹן – וְלֹא שִׁמְעוֹנִי, דָּן – וְלֹא הַדָּנִי, גָּד – וְלֹא הַגָּדִי; תְּיוּבְתָּא דְּרַב כָּהֲנָא! תְּיוּבְתָּא.

But rather, if their names were not written in the order of their births, then **how do I establish** the meaning of the phrase: **"According to their birth"** (Exodus 28:10)? It means that their names were written **according to the names that their father,** Jacob, **called them, and not according to the names that Moses called them.** On the stones it said **Reuben, and not Reubenites; Simeon, and not Simeonites; Dan, and not Danites; Gad, and not Gadites.** This *baraita* contradicts Rav Kahana's opinion, as according to all of the opinions in the *baraita*, the division of the names on the ephod is not identical to the division of the tribes on Mount Gerizim and Mount Ebal. The Gemara confirms: **The refutation** of the opinion **of Rav Kahana is** in fact **a conclusive refutation.**

וְאֶלָּא מַאי ״וְהֶחֱצְיוֹ״? תָּנָא: חֶצְיוֹ שֶׁל מוּל הַר גְּרִיזִים מְרוּבֶּה מֵחֶצְיוֹ שֶׁל הַר עֵיבָל, מִפְּנֵי שֶׁלֵּוִי לְמַטָּה.

The Gemara asks: **Rather, what** is meant by the phrase: **"And the half of them** facing Mount Ebal" (Joshua 8:33)? It is **taught** in a *baraita*: The use of the definitive article in the verse indicates that the smaller half of the Jewish people was on Mount Ebal. **The half that was facing Mount Gerizim was larger than the half on Mount Ebal, because** the tribe of **Levi** was included in the group that was facing Mount Gerizim, and they remained **on the bottom** between the two mountains.

אַדְּרַבָּה, מִפְּנֵי שֶׁלֵּוִי לְמַטָּה בָּצְרִי לְהוּ! הָכִי קָאָמַר: אַף עַל פִּי שֶׁלֵּוִי לְמַטָּה בְּנֵי יוֹסֵף עִמָּהֶם, שֶׁנֶּאֱמַר: ״וַיְדַבְּרוּ בְּנֵי יוֹסֵף אֶת יְהוֹשֻׁעַ לֵאמֹר מַדּוּעַ נָתַתָּה לִּי נַחֲלָה גּוֹרָל אֶחָד וְחֶבֶל אֶחָד וַאֲנִי עַם רָב...וַיֹּאמֶר אֲלֵיהֶם יְהוֹשֻׁעַ אִם עַם רַב אַתָּה עֲלֵה לְךָ הַיַּעְרָה״.

The Gemara is puzzled by this statement: **On the contrary, because** the tribe of **Levi** remained **on the bottom they were fewer** in number. The Gemara answers: **This is what** the *baraita* **is saying: Although** the tribe of **Levi was on the bottom, the descendants of Joseph were among them,** and the tribe of Joseph was numerous, **as it is stated: "And the children of Joseph spoke to Joshua, saying: Why did you give me a single lot and one part for an inheritance, seeing I am a great people,** forasmuch as the Lord has blessed me thus, **and Joshua said to them: If you are a great people, you should go up to the forest"** (Joshua 17:14–15).

אֲמַר לְהֶן: לְכוּ וְהַחְבִּיאוּ עַצְמְכֶם בַּיְּעָרִים, שֶׁלֹּא תִּשְׁלוֹט בָּכֶם עַיִן הָרַע. אָמְרוּ לֵיהּ: זַרְעֵיהּ דְּיוֹסֵף לָא שָׁלְטָא בֵּיהּ עֵינָא בִּישָׁא, דִּכְתִיב: ״בֵּן פֹּרָת יוֹסֵף בֵּן פֹּרָת עֲלֵי עָיִן״, וְאָמַר רַבִּי אַבָּהוּ: אַל תְּהִי קוֹרֵא ״עֲלֵי עָיִן״ אֶלָּא ״עוֹלֵי עַיִן״.

The Gemara explains that Joshua **said to them: Go and hide yourselves in the forests, so that the evil eye will not have dominion over you,** as you are such a large number of people. The tribe of Joseph **said to him: The evil eye does not have dominion over the offspring of Joseph, as it is written: "Joseph is a fruitful vine, a fruitful vine by a fountain"** (Genesis 49:22), **and Rabbi Abbahu says: Do not read** the verse as saying: **"By a fountain** [*alei ayin*]";[N] **rather,** read it as: **Those who rise above** the evil **eye** [*olei ayin*], teaching that Joseph and his descendants are not susceptible to the evil eye.

רַבִּי יוֹסֵי בְּרַבִּי חֲנִינָא אָמַר, מֵהָכָא: ״וְיִדְגּוּ לָרֹב בְּקֶרֶב הָאָרֶץ״, מָה דָּגִים שֶׁבַּיָּם – מַיִם מְכַסִּין עֲלֵיהֶן וְאֵין הָעַיִן שׁוֹלֶטֶת בָּהֶן, אַף זַרְעוֹ שֶׁל יוֹסֵף אֵין הָעַיִן שׁוֹלֶטֶת בָּהֶן.

The Gemara cites an alternative source for the assertion that the evil eye holds no sway over Joseph and his descendants: **Rabbi Yosei, son of Rabbi Ḥanina, said** that it is derived **from here:** Jacob blessed Joseph's children and said: **"And let them grow** [*veyidgu*] **into a multitude in the midst of the earth"** (Genesis 48:16). **Just as** with regard to **fish** [*dagim*] **in the sea, waters cover them and the** evil **eye** therefore **has no dominion over them, so too,** with regard to **Joseph's descendants, the** evil **eye has no dominion over them.**

NOTES

By a fountain [*alei ayin*] – עֲלֵי עָיִן: Rabbeinu Ḥananel interprets this to mean: Leave [*ali*] us and go away, evil eye [*ayin*].

הָנֵי חֲמִשִּׁים אוֹתִיּוֹת – חֲמִשִּׁים נְכִי חֲדָא הָוְיָין! אָמַר רַבִּי יִצְחָק: יוֹסֵף הוֹסִיפוּ לוֹ אוֹת אַחַת, שֶׁנֶּאֱמַר: ״עֵדוּת בִּיהוֹסֵף שָׂמוֹ בְּצֵאתוֹ עַל אֶרֶץ מִצְרָיִם״.

The Gemara asks with regard to the *baraita* that contradicts Rav Kahana's opinion: **Are these** names of the tribes, which were written on the ephod, composed of a total of **fifty letters?** There **are** only **forty-nine. Rabbi Yitzḥak says: They added one letter to** the name of **Joseph** [*Yosef*] when it was written on the ephod, **as it is stated: "He appointed it in Joseph** [*Yehosef*] **for a testimony when He went forth against the land of Egypt"** (Psalms 81:6).

מַתְקִיף לָהּ רַב נַחְמָן בַּר יִצְחָק: ״כְּתוֹלְדֹתָם״ בָּעֵינַן! אֶלָּא, כָּל הַתּוֹרָה כּוּלָּהּ ״בִּנְיָמִן״ כְּתִיב, וְהָכָא ״בִּנְיָמִין״ שָׁלֵם, כִּדְכְתִיב: ״וְאָבִיו קָרָא לוֹ בִנְיָמִין״.

Rav Naḥman bar Yitzḥak objects to this: We require the names to be written **"according to their birth,"** and Joseph was not called *Yehosef* from birth. **Rather,** the explanation is as follows: Throughout **the entire Torah,** the name of **Benjamin is written** without a second letter *yod* between the letters *mem* and *nun*, **and here,** where he is born, **Benjamin** is written **in full,**[B] spelled with a second *yod*. **As it is written: "But his father called him Benjamin"** (Genesis 35:18). Therefore, his name was written on the ephod with a second *yod*, "according to his birth."

אָמַר רַב חָנָא בַּר בִּיזְנָא אָמַר רַבִּי שִׁמְעוֹן חֲסִידָא: יוֹסֵף שֶׁקִּידֵּשׁ שֵׁם שָׁמַיִם בְּסֵתֶר – הוֹסִיפוּ עָלָיו אוֹת אַחַת מִשְּׁמוֹ שֶׁל הַקָּדוֹשׁ בָּרוּךְ הוּא. יְהוּדָה שֶׁקִּידֵּשׁ שֵׁם שָׁמַיִם בְּפַרְהֶסְיָא – נִקְרָא כּוּלּוֹ עַל שְׁמוֹ שֶׁל הַקָּדוֹשׁ בָּרוּךְ הוּא.

§ **Rav Ḥana bar Bizna says** that **Rabbi Shimon Ḥasida says: Joseph, who sanctified the name of Heaven in private, had one letter of the name of the Holy One, Blessed be He,** the letter *heh*, **added to his** name. Whereas in the case of **Judah, who sanctified the name of Heaven in public** [*befarhesya*][L] at the Red Sea during the exodus from Egypt, merited that **his entire** name **is called by the name of the Holy One, Blessed be He,** as the entire four-letter name of God can be found within Judah's name.

יוֹסֵף מַאי הִיא? דִּכְתִיב: ״וַיְהִי כְּהַיּוֹם הַזֶּה וַיָּבֹא הַבַּיְתָה לַעֲשׂוֹת מְלַאכְתּוֹ״ – אָמַר רַבִּי יוֹחָנָן: מְלַמֵּד, שֶׁשְּׁנֵיהֶם לִדְבַר עֲבֵירָה נִתְכַּוְּונוּ. ״וַיָּבֹא הַבַּיְתָה לַעֲשׂוֹת מְלַאכְתּוֹ״ – רַב וּשְׁמוּאֵל, חַד אָמַר: לַעֲשׂוֹת מְלַאכְתּוֹ מַמָּשׁ, וְחַד אָמַר: לַעֲשׂוֹת צְרָכָיו נִכְנַס.

The Gemara explains: **What is** the situation where **Joseph** sanctified God's name in private? **As it is written: "And it came to pass on a certain day, when he went into the house to do his work"** (Genesis 39:11). **Rabbi Yoḥanan says:** This **teaches that both** Joseph and Potiphar's wife stayed in the house, as they **intended to** perform **a matter of sin.** With regard to the phrase **"when he went into the house to do his work,"**[N] **Rav and Shmuel** engage in a dispute with regard to its meaning. **One says:** It means that he went into the house **to do his work, literally. And one says: He entered** the house **in order to fulfill his** sexual **needs** with her.

״וְאֵין אִישׁ מֵאַנְשֵׁי הַבַּיִת״ וגו׳ – אֶפְשָׁר בַּיִת גָּדוֹל כְּבֵיתוֹ שֶׁל אוֹתוֹ רָשָׁע לֹא הָיָה בּוֹ אִישׁ? תָּנָא דְּבֵי רַבִּי יִשְׁמָעֵאל: אוֹתוֹ הַיּוֹם יוֹם חַגָּם הָיָה, וְהָלְכוּ כּוּלָּן לְבֵית עֲבוֹדָה זָרָה שֶׁלָּהֶם, וְהִיא אָמְרָה לָהֶן חוֹלָה הִיא. אָמְרָה: אֵין לִי יוֹם שֶׁנִּיזְקָק לִי יוֹסֵף כַּיּוֹם הַזֶּה.

The verse continues: **"And there was none of the men of the house** there within" (Genesis 39:11). The Gemara asks: **Is it possible** that in such **a large** and important **house like the house of that wicked man** that **no one was in there? The school of Rabbi Yishmael taught: That day was their festival day and they all went to their house of idol worship; and she told them** that **she was sick** and could not go, as **she said** to herself: **I have no day on which Joseph will attend to me like this day.**

״וַתִּתְפְּשֵׂהוּ בְּבִגְדוֹ לֵאמֹר״ וגו׳ – בְּאוֹתָהּ שָׁעָה בָּאתָה דְּיוֹקְנוֹ שֶׁל אָבִיו וְנִרְאֲתָה לוֹ בַּחַלּוֹן, אָמַר לוֹ: יוֹסֵף, עֲתִידִין אַחֶיךָ שֶׁיִּכָּתְבוּ עַל אַבְנֵי אֵפוֹד וְאַתָּה בֵּינֵיהֶם. רְצוֹנְךָ שֶׁיִּמָּחֶה שִׁמְךָ מִבֵּינֵיהֶם וְתִקָּרֵא רוֹעֵה זוֹנוֹת? דִּכְתִיב: ״וְרֹעֶה זוֹנוֹת יְאַבֶּד הוֹן״!

The verse states: **"And she caught him by his garment, saying:** Lie with me" (Genesis 39:12). **At that moment his father's image** [*deyokeno*][L] **came and appeared to him in the window.** The image **said to him: Joseph,** the names of **your brothers are destined to be written on the stones of the ephod, and you are** to be included **among them. Do you desire your name to be erased from among them, and to be called an associate** [*ro'eh*] **of promiscuous women? As it is written: "But he who keeps company with harlots wastes his riches"** (Proverbs 29:3), as he loses his honor, which is more valuable than wealth.

מִיָּד: ״וַתֵּשֶׁב בְּאֵיתָן קַשְׁתּוֹ״ – אָמַר רַבִּי יוֹחָנָן מִשּׁוּם רַבִּי מֵאִיר: שֶׁשָּׁבָה קַשְׁתּוֹ לְאֵיתָנוֹ. ״וַיָּפֹזּוּ זְרוֹעֵי יָדָיו״ – נָעַץ יָדָיו בְּקַרְקַע וְיָצְאָה שִׁכְבַת זַרְעוֹ מִבֵּין צִיפּוֹרְנֵי יָדָיו.

Immediately: "And his bow abode [*teishev*] **firm"** (Genesis 49:24). **Rabbi Yoḥanan says in the name of Rabbi Meir:** This means **that his bow,** i.e., his penis, **returned** [*shava*] **to its strength,** as he overcame his desire. The verse about Joseph continues: **"And the arms of his hands were made supple"** (Genesis 49:24), meaning that **he dug his hands into the ground and his semen was emitted between his fingernails.**[N]

BACKGROUND

Here Benjamin is written in full – הָכָא בִּנְיָמִין שָׁלֵם: The written form of the Torah as it appears in scrolls to this day lacks vowels. All Hebrew letters are consonants, but several letters occasionally serve as matres lectionis, Latin for mothers of reading, thereby contributing to the pronunciation of the words in which they appear. These letters are *alef*, *heh*, *vav*, and *yod*, which in the middle or end of a word might alter the sound and sometimes the meaning of the word. For example, the Hebrew name Benjamin can be written with two instances of the letter *yod*, or with only one. The former style is called *malei*, plene or full, and the latter is called *ḥaser*, defective.

LANGUAGE

Public [*parhesya*] – פַּרְהֶסְיָא: From the Greek παρρησία, *parrēsia*, meaning freedom of speech and free reign. The Sages use this word to refer to something that is done in public and is visible to all.

His image [*deyokeno*] – דְּיוֹקְנוֹ: This word is derived from Greek. Some explain that it comes from the word δείκανον, *deikanon*, which refers to an engraved or embroidered image. However, the *ge'onim* explain that it is a combination of two Aramaic words, *dio-ikonin*, from the Greek εἰκών, *eikon*, meaning image. The word therefore means a duplicate or copy of an image.

NOTES

His work – מְלַאכְתּוֹ: The Maharsha explains that the fact that the verse states: "His work," rather than stating work, or his master's work, implies that he went to the house for his own purposes.

From between his fingernails – מִבֵּין צִיפּוֹרְנֵי יָדָיו: Rav Hai Gaon explains that the term fingernails is not to be understood literally. Rather, it means that his semen emerged without him engaging in sexual intercourse with her (see *Ben Yehoyada*). Others have an alternative version of the text, according to which the Gemara states: His desire left him from between his fingernails. The meaning according to this version is apparently in accordance with the explanation of Rav Hai Gaon.

״מִידֵי אֲבִיר יַעֲקֹב״ – מִי גָּרַם לוֹ שֶׁיֵּחָקֵק עַל אַבְנֵי אֵפוֹד? אֶלָּא אֲבִיר יַעֲקֹב, ״מִשָּׁם רוֹעֶה אֶבֶן יִשְׂרָאֵל״ – מִשָּׁם זָכָה וְנַעֲשָׂה רוֹעֶה, שֶׁנֶּאֱמַר: ״רוֹעֵה יִשְׂרָאֵל הַאֲזִינָה נֹהֵג כַּצֹּאן יוֹסֵף״.

"By the hands of the Mighty One of Jacob" (Genesis 49:24): **Who caused his name to be etched onto the stones of the ephod?** It was **only the might of Jacob. "From there, from the Shepherd, the Stone of Israel"** (Genesis 49:24) means: **From there,** because of Joseph's ability to withstand this trial, **he merited to become a shepherd** [*ro'eh*] of the Jewish people, **as it is stated: "Listen, O Shepherd of Israel, who leads like the flock of Joseph"** (Psalms 80:2).

תַּנְיָא: הָיָה רָאוּי יוֹסֵף לָצֵאת מִמֶּנּוּ שְׁנֵים עָשָׂר שְׁבָטִים כְּדֶרֶךְ שֶׁיָּצְאוּ מִיַּעֲקֹב אָבִיו, שֶׁנֶּאֱמַר: ״אֵלֶּה תֹּלְדוֹת יַעֲקֹב יוֹסֵף״, אֶלָּא שֶׁיָּצָא שִׁכְבַת זַרְעוֹ מִבֵּין צִיפּוֹרְנֵי יָדָיו; וְאַף עַל פִּי כֵן יָצְאוּ מִבִּנְיָמִין אָחִיו, וְכוּלָּן נִקְרְאוּ עַל שְׁמוֹ, שֶׁנֶּאֱמַר: ״וּבְנֵי בִנְיָמִן בֶּלַע וָבֶכֶר וְאַשְׁבֵּל״ וגו׳.

It is taught in a *baraita*: **Joseph was deserving of having twelve tribes descend from him,** the same **as twelve tribes descended from his father Jacob, as it is stated: "These are the generations of Jacob, Joseph"** (Genesis 37:2). This implies that everything that happened to Jacob was destined to happen to Joseph. **However,** he did not merit this because **his semen was emitted from between his fingernails. And even so,** the offspring that were meant to descend from him **descended from his brother Benjamin,** who had ten sons. **And they were all named after** Joseph, **as it is stated: "And the sons of Benjamin: Bela, and Becher, and Ashbel,** Gera, and Naaman, Ehi, and Rosh, Muppim, and Huppim, and Ard" (Genesis 46:21).

״בֶּלַע״ – שֶׁנִּבְלַע בֵּין הָאוּמּוֹת; ״וָבֶכֶר״ – בְּכוֹר לְאִמּוֹ הָיָה; ״וְאַשְׁבֵּל״ – שֶׁשְּׁבָאוֹ אֵל; ״גֵּרָא״ – שֶׁגָּר בְּאַכְסַנְיוּת;

The Gemara explains how each name relates to Joseph: **Bela** was named after Joseph, **who was swallowed** [*nivla*] **among the nations. And Becher** received that name because Joseph **was the firstborn** [*bekhor*] **of his mother,** Rachel. **And Ashbel** received his name **because God sent** Joseph **into captivity** [*shevao El*] in Egypt. **Gera** was named after Joseph, **who dwelled** [*gar*] **in a foreign land** [*akhsaneyut*].[L]

״וְנַעֲמָן״ – שֶׁנָּעִים בְּיוֹתֵר, ״אֵחִי וָרֹאשׁ״ – אָחִי הוּא וְרֹאשִׁי הוּא. ״מֻפִּים וְחֻפִּים״ – הוּא לֹא רָאָה בְּחוּפָּתִי וַאֲנִי לֹא רָאִיתִי בְּחוּפָּתוֹ. ״וָאָרְדְּ״ – שֶׁיָּרַד לְבֵין אוּמּוֹת הָעוֹלָם; אִיכָּא דְּאָמְרִי: ״וָאָרְדְּ״ – שֶׁפָּנָיו דּוֹמִין לְוֶרֶד.

And Naaman was called that **because** Joseph **was extremely pleasing** [*na'im*]. **Ehi and Rosh** received these names, as Benjamin said: Joseph **is my brother** [*ahi*] **and my leader** [*roshi*]. Benjamin named his sons **Muppim**[N] **and Huppim,** as Benjamin said: Joseph **did not see my wedding canopy** [*huppa*] **and I did not see his wedding canopy. And Ard** was named after Joseph, **who descended** [*yarad*] **to** the lands of **the nations of the world. Some say** that the name **Ard** means **that** Joseph's **face was similar** in its beauty **to a rose** [*vered*].

אָמַר רַבִּי חִיָּיא בַּר אַבָּא אָמַר רַבִּי יוֹחָנָן, בְּשָׁעָה שֶׁאָמַר לוֹ פַּרְעֹה לְיוֹסֵף: ״וּבִלְעָדֶיךָ לֹא יָרִים אִישׁ אֶת יָדוֹ״ וגו׳, אָמְרוּ אִיצְטַגְנִינֵי פַּרְעֹה: עֶבֶד שֶׁלְּקָחוֹ רַבּוֹ בְּעֶשְׂרִים כֶּסֶף תַּמְשִׁילֵהוּ עָלֵינוּ? אָמַר לָהֶן: גִּנּוּנֵי מַלְכוּת אֲנִי רוֹאֶה בּוֹ.

Rabbi Hiyya bar Abba says that **Rabbi Yohanan says: When Pharaoh said to Joseph: "And without you no man shall lift up his hand** or his foot in all the land of Egypt" (Genesis 41:44), **Pharaoh's astrologers said: You will appoint a slave whose master bought him for twenty silver** coins **to rule over us? He said to them: I perceive royal characteristics** [*ginnunei malkhut*][L] **in him** and see that he was not initially a slave.

אָמְרוּ לוֹ: אִם כֵּן, יְהֵא יוֹדֵעַ בְּשִׁבְעִים לָשׁוֹן! בָּא גַּבְרִיאֵל וְלִימְּדוֹ שִׁבְעִים לָשׁוֹן. לָא הֲוָה קָגָמַר, הוֹסִיף לוֹ אוֹת אַחַת מִשְּׁמוֹ שֶׁל הַקָּדוֹשׁ בָּרוּךְ הוּא וְלָמַד, שֶׁנֶּאֱמַר: ״עֵדוּת בִּיהוֹסֵף שָׂמוֹ בְּצֵאתוֹ עַל אֶרֶץ מִצְרָיִם, שְׂפַת לֹא יָדַעְתִּי אֶשְׁמָע״. וּלְמָחָר, כָּל לִישָּׁנָא דְּאִישְׁתָּעֵי פַּרְעֹה בַּהֲדֵיהּ אַהֲדַר לֵיהּ.

They said to him: If that is so and he is a child of royalty, **he should know the seventy languages**[N] that all kings' children learn. The angel **Gabriel** then **came and taught him** the **seventy languages,** but **he could not learn** all of them. Gabriel then **added one letter,** the letter *heh*, to Joseph's name **from the name of the Holy One, Blessed be He, and** then **he** was able to **learn** the languages, **as it is stated: "He appointed it in Joseph** [*Yehosef*] **for a testimony, when he went forth against the land of Egypt, the speech of one that I did not know I heard"** (Psalms 81:6). **And the next day,** when he appeared before Pharaoh, in **every language that Pharaoh spoke** with **him, he answered him.**

אִישְׁתָּעֵי אִיהוּ בִּלְשׁוֹן הַקֹּדֶשׁ, לָא הֲוָה קָא יָדַע מַאי הֲוָה אָמַר. אֲמַר לֵיהּ: אַגְמְרִי! אַגְמְרֵיהּ וְלָא גְּמַר. אֲמַר לֵיהּ: אִישְׁתַּבַּע לִי דְּלָא מְגַלֵּית. אִישְׁתַּבַּע לוֹ.

Joseph then **spoke in the sacred tongue,** Hebrew, and Pharaoh **did not know what he was saying.** Pharaoh **said to him: Teach me** that language. **He taught him, but** he could **not learn** it. Pharaoh **said to him: Take an oath for my** benefit **that you will not reveal** that I do not know this language. **He took an oath for his** benefit.

LANGUAGE

Foreign land [*akhsaneyut*] – **אַכְסַנְיוּת**: This word is used here in an unusual fashion, as a derivative of the Greek ξένια, *xenia*, which refers to an alien, or foreigner or guest status.

Royal characteristics [*ginnunei malkhut*] – **גִּנּוּנֵי מַלְכוּת**: According to Rashi, this word is similar to the word color [*gavan*] and it is borrowed here to refer to a behavior or a mannerism of royalty. In *Arukh* the text reads *ginisi*, which is apparently derived from the Greek **γένεσις**, *genesis*, meaning origin or source. In this Gemara it means that Pharaoh saw signs that Joseph came from royal lineage.

NOTES

Muppim – **מֻפִּים**: The meaning of this name is not explained here. Rashi quotes the *Midrash Tanhuma*, which explains that Joseph studied from the mouth [*mippeh*] of Jacob the same way Jacob himself studied from his teachers. A similar interpretation is found in *Bereshit Rabba*, where it is also explained that the name Muppim is derived from the word beauty [*yofi*]. The explanation of *Targum Yonatan* is that Joseph was sold to Muf, another name for Egypt.

Seventy languages – **שִׁבְעִים לָשׁוֹן**: It appears from here that Hebrew is not counted as one of the seventy languages, and that the Jewish people are accordingly not counted as one of the seventy nations (*Tosefot HaRash*; *Tosefot HaRosh*).

כִּי אֲמַר לֵיהּ: ״אָבִי הִשְׁבִּיעַנִי לֵאמֹר״, אֲמַר לֵיהּ: זִיל אִיתַּשֵּׁיל אַשְּׁבוּעֲתָךְ. אֲמַר לֵיהּ: וְאִיתְשְׁלִי נַמִּי אַדִּידָךְ! וְאַף עַל גַּב דְּלָא נִיחָא לֵיהּ, אֲמַר לֵיהּ: ״עֲלֵה וּקְבֹר אֶת אָבִיךָ כַּאֲשֶׁר הִשְׁבִּיעֶךָ״.

Years later, **when** Joseph **said to** Pharaoh: **"My father made me swear, saying"** (Genesis 50:5) that I would bury him in Eretz Yisrael, Pharaoh **said to him: Go request** the dissolution **of your oath.** Joseph **said to him: And should I also request** dissolution for the oath that I took **for your** benefit? **And** consequently, **even though** Pharaoh **was not amenable** to letting Joseph go, he worried that Joseph would then request dissolution for the oath that he had taken for his benefit, and Pharaoh therefore **said to him: "Go up and bury your father according to what he made you swear"** (Genesis 50:6).

יְהוּדָה מַאי הִיא? דְּתַנְיָא, הָיָה רַבִּי מֵאִיר אוֹמֵר: כְּשֶׁעָמְדוּ יִשְׂרָאֵל עַל הַיָּם, הָיוּ שְׁבָטִים מְנַצְּחִים זֶה עִם זֶה, זֶה אוֹמֵר ״אֲנִי יוֹרֵד תְּחִלָּה לַיָּם״ וְזֶה אוֹמֵר ״אֲנִי יוֹרֵד תְּחִלָּה לַיָּם״. קָפַץ

§ **What** was the incident where **Judah** sanctified God's name in public? **As it is taught** in a *baraita* that **Rabbi Meir would say: When the Jewish people stood at the** Red **Sea, the tribes were arguing with one other. This one was saying: I am going into the sea first, and that one was saying: I am going into the sea first.** Then, in **jumped**

Perek **VII**
Daf **37** Amud **a**

NOTES

Tradition – קַבָּלָה: The term tradition, or the texts of tradition, refers to the Prophets and Writings sections of the Bible, as opposed to the Torah. Some explain that the term tradition is used to refer to matters whose status and sanctity are derived from oral tradition and not from the written Torah. Others explain that the statements of the Prophets are called tradition, *kabbala*, from the word *kevila*, meaning rebuke.

שִׁבְטוֹ שֶׁל בִּנְיָמִין וְיָרַד לַיָּם תְּחִילָּה, שֶׁנֶּאֱמַר: ״שָׁם בִּנְיָמִן צָעִיר רֹדֵם״. אַל תִּקְרֵי ״רֹדֵם״ אֶלָּא ״רֵד יָם״. וְהָיוּ שָׂרֵי יְהוּדָה רוֹגְמִים אוֹתָם, שֶׁנֶּאֱמַר: ״שָׂרֵי יְהוּדָה רִגְמָתָם״.

the tribe of Benjamin and descended into the sea first, as it is stated: "There is Benjamin, the youngest, ruling them [***rodem***]**"** (Psalms 68:28). **Do not read** it as: **"Ruling them** [***rodem***]**"; rather,** read it as: **Descending** [***red***] into **the sea** [***yam***]**. And the princes of** the tribe of **Judah were stoning them** [***rogmim otam***] for plunging in first and not in the proper order, **as it is stated** in the continuation of the verse: **"The princes of Judah, their council** [***rigmatam***]**"** (Psalms 68:28).

לְפִיכָךְ זָכָה בִּנְיָמִין הַצַּדִּיק וְנַעֲשָׂה אוּשְׁפִּיזְכָן לַגְּבוּרָה, שֶׁנֶּאֱמַר: ״וּבֵין כְּתֵפָיו שָׁכֵן״.

Therefore, Benjamin the righteous was privileged to serve as host to the Divine Presence of **the Almighty,** as the Temple was built in the territory of Benjamin, **as it is stated** in Moses' blessing for the tribe of Benjamin: "The beloved of the Lord shall dwell in safety by Him; He covers him all the day, **and He rests between his shoulders"** (Deuteronomy 33:12).

אָמַר לוֹ רַבִּי יְהוּדָה: לֹא כָּךְ הָיָה מַעֲשֶׂה, אֶלָּא זֶה אוֹמֵר ״אֵין אֲנִי יוֹרֵד תְּחִילָּה לַיָּם״ וְזֶה אוֹמֵר ״אֵין אֲנִי יוֹרֵד תְּחִילָּה לַיָּם״. קָפַץ נַחְשׁוֹן בֶּן עַמִּינָדָב וְיָרַד לַיָּם תְּחִילָּה, שֶׁנֶּאֱמַר: ״סְבָבֻנִי בְכַחַשׁ אֶפְרַיִם וּבְמִרְמָה בֵּית יִשְׂרָאֵל וִיהוּדָה עֹד רָד עִם אֵל״.

Rabbi Yehuda said to Rabbi Meir: **That is not how the incident** took place. **Rather, this tribe said: I am not going into the sea first, and that** tribe **said: I am not going into the sea first.** Then, in **jumped** the prince of Judah, **Nahshon ben Amminadab, and descended into the sea first,** accompanied by his entire tribe, **as it is stated: "Ephraim surrounds Me with lies and the house of Israel with deceit, and Judah is yet wayward toward God** [***rad im El***]**"** (Hosea 12:1), which is interpreted homiletically as: And Judah descended [*rad*] with God [*im El*].

וְעָלָיו מְפָרֵשׁ בַּקַּבָּלָה: ״הוֹשִׁיעֵנִי אֱלֹהִים כִּי בָאוּ מַיִם עַד נָפֶשׁ, טָבַעְתִּי בִּיוֵן מְצוּלָה וְאֵין מָעֳמָד וגו׳ אַל תִּשְׁטְפֵנִי שִׁבֹּלֶת מַיִם וְאַל תִּבְלָעֵנִי מְצוּלָה״ וגו׳.

And in this regard, the tradition,[N] i.e., the Writings, **explicates** Nahshon's prayer at that moment: **"Save me, God; for the waters are come in even unto the soul. I am sunk in deep mire, where there is no standing…let not the water flood overwhelm me, neither let the deep swallow me up"** (Psalms 69:2–3, 16).

בְּאוֹתָהּ שָׁעָה הָיָה מֹשֶׁה מַאֲרִיךְ בִּתְפִלָּה. אָמַר לוֹ הַקָּדוֹשׁ בָּרוּךְ הוּא: יְדִידַיי טוֹבְעִים בַּיָּם, וְאַתָּה מַאֲרִיךְ בִּתְפִלָּה לְפָנַי? אָמַר לְפָנָיו: רִבּוֹנוֹ שֶׁל עוֹלָם, וּמַה בְּיָדִי לַעֲשׂוֹת? אָמַר לוֹ: ״דַּבֵּר אֶל בְּנֵי יִשְׂרָאֵל וְיִסָּעוּ, וְאַתָּה הָרֵם אֶת מַטְּךָ וּנְטֵה אֶת יָדְךָ״ וגו׳.

At that time, Moses was prolonging his **prayer. The Holy One, Blessed be He, said to him: My beloved ones are drowning in the sea and you prolong your prayer to me?** Moses **said before Him: Master of the Universe, but what can I do?** God **said to him: "Speak to the children of Israel that they go forward. And you, lift up your rod and stretch out your hand"** (Exodus 14:15–16).

לְפִיכָךְ זָכָה יְהוּדָה לַעֲשׂוֹת מֶמְשָׁלָה בְּיִשְׂרָאֵל, שֶׁנֶּאֱמַר: ״הָיְתָה יְהוּדָה לְקָדְשׁוֹ יִשְׂרָאֵל מַמְשְׁלוֹתָיו״. מַה טַּעַם ״הָיְתָה יְהוּדָה לְקָדְשׁוֹ״ וְ״יִשְׂרָאֵל מַמְשְׁלוֹתָיו״? מִשּׁוּם דְּ״הַיָּם רָאָה וַיָּנֹס״.

For this reason, because Nahshon and the tribe of Judah went into the sea first, the tribe of **Judah merited to govern Israel, as it is stated: "Judah became His sanctuary, Israel His dominion.** The sea saw it and fled" (Psalms 114:2–3). The *baraita* interprets the verses in this manner: **What is the reason** that **Judah became His sanctuary and Israel** came under **His dominion?** It is **because "the sea saw it and fled."**

תַּנְיָא, רַבִּי אֱלִיעֶזֶר בֶּן יַעֲקֹב אוֹמֵר: אִי אֶפְשָׁר לוֹמַר לֵוִי לְמַטָּה, שֶׁכְּבָר נֶאֱמַר "לְמַעְלָה", וְאִי אֶפְשָׁר לוֹמַר "לְמַעְלָה", שֶׁכְּבָר נֶאֱמַר "לְמַטָּה".

§ The Gemara returns to discussing the blessing and curses. **It is taught** in a *baraita* (*Tosefta* 8:9) that **Rabbi Eliezer ben Ya'akov says: It is impossible to say** that the tribe of **Levi** stood **below,**[N] between the two mountains, **as it is already stated** that they were **above,** in the verse: "These shall stand on Mount Gerizim to bless the people when you have passed over the Jordan: Simeon and Levi and Judah" (Deuteronomy 27:12). **And it is impossible to say** that they stood **above** on the mountain **because it is already stated:** "And all of Israel, and their elders and officers, and their judges, stood on this side of the Ark and on that side before the priests the Levites" (Joshua 8:33). This shows that the Levites stood **below,** between the mountains, with the Ark.

הָא כֵּיצַד? זִקְנֵי כְהוּנָּה וּלְוִיָּה לְמַטָּה, וְהַשְּׁאָר לְמַעְלָה; רַבִּי יֹאשִׁיָּה אוֹמֵר: כָּל הָרָאוּי לְשָׁרֵת – לְמַטָּה, וְהַשְּׁאָר לְמַעְלָה.

How is **this** possible? Only **the Elders of the priesthood and the Levites** stood **below, and the rest** of the Levites stood **above** on the mountain. **Rabbi Yoshiya says: Any** Levite **who was fit to serve** in the Temple stood **below,** between the mountains, **and the rest** of the tribe, who were too young or too old to serve in the Temple, stood **above** on the mountain.

רַבִּי אוֹמֵר: אֵלּוּ וְאֵלּוּ לְמַטָּה הֵן עוֹמְדִים. הָפְכוּ פְּנֵיהֶם כְּלַפֵּי הַר גְּרִיזִים – וּפָתְחוּ בִּבְרָכָה, כְּלַפֵּי הַר עֵיבָל – וּפָתְחוּ בִּקְלָלָה. מַאי "עַל"? "עַל" – בְּסָמוּךְ,

Rabbi Yehuda HaNasi **says: Both** the Levites **and** the Israelites **were standing below. They turned to face Mount Gerizim and opened with a blessing,** and then they turned **toward Mount Ebal and opened with a curse.** Therefore, **what** is the meaning of the verse: "These shall stand **on** [*al*] Mount Gerizim to bless the people" (Deuteronomy 27:12)? **"*Al*"** means **adjacent to** the mountain but not actually on the mountain itself.

כִּדְתַנְיָא: "וְנָתַתָּ עַל הַמַּעֲרֶכֶת לְבוֹנָה זַכָּה" – רַבִּי אוֹמֵר: "עַל" – בְּסָמוּךְ. אַתָּה אוֹמֵר: "עַל" בְּסָמוּךְ, אוֹ אֵינוֹ אֶלָּא "עַל" מַמָּשׁ? כְּשֶׁהוּא אוֹמֵר: "וְסַכֹּתָ עַל הָאָרֹן", הֱוֵי אוֹמֵר: "עַל" – בְּסָמוּךְ.

As it is taught in a *baraita* that discusses the shewbread: "**And you shall put pure frankincense on** [*al*] **each row**" (Leviticus 24:7). **Rabbi** Yehuda HaNasi **says: "*Al*"** in this instance means **adjacent to.** Do **you say** that **"*al*"** means **adjacent to, or** perhaps it carries **only** its **literal** meaning of **"on"? When it says** in the verse: **"And you shall screen the Ark** [***al haAron***] with the curtain" (Exodus 40:3), the word "*al*" cannot mean on, as the curtain that separated the Sanctuary and the Holy of Holies was not placed on top of the Ark, but near it. Therefore, **you must say** that **"*al*"** means **adjacent to.**

"הָפְכוּ פְּנֵיהֶם כְּלַפֵּי הַר גְּרִיזִים וּפָתְחוּ בִּבְרָכָה" כו׳. תָּנוּ רַבָּנַן: בָּרוּךְ בִּכְלָל בָּרוּךְ בִּפְרָט, אָרוּר בִּכְלָל אָרוּר בִּפְרָט. לִלְמוֹד וּלְלַמֵּד לִשְׁמוֹר וְלַעֲשׂוֹת – הֲרֵי

§ It is stated in the mishna: **They turned to face Mount Gerizim and opened with a blessing:** Blessed be the man who does not make a graven or molten image (see Deuteronomy 27:15), and these people and those people, i.e., the two groups standing on either mountain, answered: Amen. Then they turned to face Mount Ebal and opened with the curse: "Cursed be the man who makes a graven or molten image" (Deuteronomy 27:15), and these people and those people answered: Amen. **The Sages taught** (*Tosefta* 8:10): The blessings and curses include **a general blessing** for one who fulfills the entire Torah, and **a particular blessing** for each individual statement mentioned in the blessings and curses. Likewise, there is **a general curse** for one who does not fulfill the entire Torah and **a particular curse** for each individual statement. And for each of the blessings and curses there is a mitzva **to learn and to teach,** and **to keep and to perform.**[N] **Consequently,**

NOTES

Levi stood below – לֵוִי לְמַטָּה: *Tosafot* quote an opinion found in the Jerusalem Talmud that like all the other tribes, the entire tribe of Levi stood at the top of the mountain. When the book of Joshua states that "the priests, the Levites" were standing near the Ark, it refers specifically to the priests, who are referred to in many places as the Levites.

To keep and to perform – לִשְׁמוֹר וְלַעֲשׂוֹת: Usually the term to keep means to be careful not to violate prohibitions, and to perform means to fulfill positive mitzvot. The Maharsha explains, based on the calculations stated in the continuation of the Gemara, that that cannot be the meaning here. He therefore explains the term to keep as referring to studying Mishna, in accordance with the Sages' interpretation of the term. In other words, one must strive not only to study the Torah, but also to remember it, or to keep it, through the study of Mishna. In *Iyyun Ya'akov* this expression is interpreted according to the Gemara in tractate *Eiruvin* (96a), which states concerning a similar phrase that when it is stated with regard to a positive mitzva, it is itself considered a positive mitzva, and when it is stated with regard to a prohibition, it is likewise considered a prohibition. Accordingly, to keep the mitzvot means to be extra careful and exacting in fulfilling the mitzvot, whether negative or positive.

אַרְבַּע. אַרְבַּע וְאַרְבַּע הֲרֵי שְׁמוֹנֶה. שְׁמוֹנֶה וּשְׁמוֹנֶה הֲרֵי שֵׁשׁ עֶשְׂרֵה. וְכֵן בְּסִינַי, וְכֵן בְּעַרְבוֹת מוֹאָב, שֶׁנֶּאֱמַר: ״אֵלֶּה דִבְרֵי הַבְּרִית אֲשֶׁר צִוָּה ה׳ אֶת מֹשֶׁה״ וגו׳, וּכְתִיב: ״וּשְׁמַרְתֶּם אֶת דִּבְרֵי הַבְּרִית הַזֹּאת״ וגו׳. נִמְצָא אַרְבָּעִים וּשְׁמוֹנֶה בְּרִיתוֹת עַל כָּל מִצְוָה וּמִצְוָה.

every mitzva contains **four** aspects. **Four** general aspects **and four** specific aspects add up to **eight. Eight** blessings **and eight**[N] curses add up to **sixteen. And so too at** Mount **Sinai, and so too at the plains of Moab, as it is stated: "These are the words of the covenant that the Lord commanded Moses** to make with the children of Israel in the land of Moab, besides the covenant that He made with them in Horeb" (Deuteronomy 28:69). **And it is written: "Observe therefore the words of this covenant"** (Deuteronomy 29:8). **It follows** that between the three events where sixteen covenants were made, God established **forty-eight covenants for each and every mitzva.**

רַבִּי שִׁמְעוֹן מוֹצִיא הַר גְּרִיזִים וְהַר עֵיבָל, וּמַכְנִיס אֹהֶל מוֹעֵד שֶׁבַּמִּדְבָּר.

Rabbi Shimon excludes Mount Gerizim and Mount Ebal from this list because only some of the mitzvot were mentioned there, **and he includes** instead the covenant at **the Tent of Meeting in the desert.**

וּבִפְלוּגְתָּא דְּהָנֵי תַּנָּאֵי; דְּתַנְיָא, רַבִּי יִשְׁמָעֵאל אוֹמֵר: כְּלָלוֹת נֶאֶמְרוּ בְּסִינַי וּפְרָטוֹת בְּאֹהֶל מוֹעֵד; רַבִּי עֲקִיבָא אוֹמֵר: כְּלָלוֹת וּפְרָטוֹת נֶאֶמְרוּ בְּסִינַי, וְנִשְׁנוּ בְּאֹהֶל מוֹעֵד, וְנִשְׁתַּלְּשׁוּ בְּעַרְבוֹת מוֹאָב,

The Gemara explains: **And** it is **in the dispute** between **these** ***tanna'im*** that they disagree, **as it is taught** in a *baraita* (*Tosefta* 8:11): **Rabbi Yishmael says: General statements were said at Sinai,** i.e., Moses received general mitzvot at Sinai, including the Ten Commandments. **And** the **details** of the mitzvot were explained to Moses at a later time **in the Tent of Meeting. Rabbi Akiva says:** Both **general statements and** the **details** of mitzvot **were said at Sinai, and** later **repeated in the Tent of Meeting, and** reiterated **a third time** by Moses to the Jewish people **in the plains of Moab.** Rabbi Shimon holds in accordance with his teacher, Rabbi Akiva, and counts Mount Sinai and the Tent of Meeting Tent as two distinct places where all of the mitzvot were given.

וְאֵין לְךָ כָּל דְּבַר מִצְוָה וּמִצְוָה שֶׁכְּתוּבָה בַּתּוֹרָה, שֶׁלֹּא נִכְרְתוּ עָלֶיהָ אַרְבָּעִים וּשְׁמֹנֶה בְּרִיתוֹת.

The *baraita* concludes: **And there is no mitzva written in the Torah for which forty-eight covenants were not established.**

רַבִּי שִׁמְעוֹן בֶּן יְהוּדָה אִישׁ כְּפַר עַכּוֹ אָמַר מִשּׁוּם רַבִּי שִׁמְעוֹן: אֵין לְךָ מִצְוָה וּמִצְוָה שֶׁכְּתוּבָה בַּתּוֹרָה, שֶׁלֹּא נִכְרְתוּ עָלֶיהָ אַרְבָּעִים וּשְׁמֹנֶה בְּרִיתוֹת שֶׁל שֵׁשׁ מֵאוֹת אֶלֶף וּשְׁלֹשֶׁת אֲלָפִים וַחֲמֵשׁ מֵאוֹת וַחֲמִשִּׁים.

Rabbi Shimon ben Yehuda Ish Kefar Akko said in the name of Rabbi Shimon: There is no mitzva written in the Torah for which forty-eight covenants were not established 603,550 times, corresponding to the population of the Jewish people in the desert. This is because each member of the Jewish people received the covenant both for himself and as a guarantor for the rest of the Jewish people.

אָמַר רַבִּי: לְדִבְרֵי רַבִּי שִׁמְעוֹן בֶּן יְהוּדָה אִישׁ כְּפַר עַכּוֹ, שֶׁאָמַר מִשּׁוּם רַבִּי שִׁמְעוֹן: אֵין לְךָ כָּל מִצְוָה וּמִצְוָה שֶׁבַּתּוֹרָה, שֶׁלֹּא נִכְרְתוּ עָלֶיהָ אַרְבָּעִים וּשְׁמֹנֶה בְּרִיתוֹת שֶׁל שֵׁשׁ מֵאוֹת אֶלֶף וּשְׁלֹשֶׁת אֲלָפִים וַחֲמֵשׁ מֵאוֹת וַחֲמִשִּׁים. נִמְצָא לְכָל אֶחָד וְאֶחָד מִיִּשְׂרָאֵל שֵׁשׁ מֵאוֹת אֶלֶף וּשְׁלֹשֶׁת אֲלָפִים וַחֲמֵשׁ מֵאוֹת וַחֲמִשִּׁים.

Rabbi Yehuda HaNasi **says: According to the statement of Rabbi Shimon ben Yehuda Ish Kefar Akko, who spoke in the name of Rabbi Shimon, there is no mitzva in the Torah for which forty-eight covenants were not established 603,550 times; it follows** that **for every one of the Jewish people** there were **603,550** covenants.

NOTES

Eight and eight – שְׁמוֹנֶה וּשְׁמוֹנֶה: Rashi explains that the first eight are the four aspects of the covenant, i.e., the general and particular blessings and curses, as they relate to learning and teaching the Torah; and the second eight are those four aspects as they relate to keeping and performing the Torah. The Maharsha questions why this would be a logical way to divide the total into two groups of eight, as opposed to one group of sixteen. He therefore explains that the first eight are the general and particular blessings as they relate to learning, teaching, keeping, and performing the Torah; and the second eight are the general and particular curses as they relate to the lack of fulfillment of the same (see *Iyyun Ya'akov*).

מַאי בֵּינַיְיהוּ? אֲמַר רַב מְשַׁרְשְׁיָא: עָרְבָא וְעָרְבָא דְּעָרְבָא אִיכָּא בֵּינַיְיהוּ.

The Gemara asks: **What is** the difference **between** the statements of Rabbi Shimon ben Yehuda Ish Kefar Akko and Rabbi Yehuda HaNasi? What does the statement of Rabbi Yehuda HaNasi add? **Rav Mesharshiyya said:** The matter of **a guarantor and a guarantor for a guarantor** is the difference **between them.** According to Rabbi Yehuda HaNasi, every Jew is not only rendered a guarantor for every other Jew, but he is also rendered a guarantor for every other Jew's responsibility as a guarantor. Therefore, according to his calculation, the number of covenants is multiplied again by 603,550.

דָּרַשׁ רַבִּי יְהוּדָה בֶּן נַחְמָנִי מְתוּרְגְּמָנֵיהּ דְּרַבִּי שִׁמְעוֹן בֶּן לָקִישׁ, כָּל הַפָּרָשָׁה כּוּלָּהּ לֹא נֶאֶמְרָה אֶלָּא בְּנוֹאֵף וְנוֹאֶפֶת:

§ **Rabbi Yehuda ben Naḥmani, the disseminator**[B] **of Rabbi Shimon ben Lakish, taught: The entire passage**[N] of the blessings and curses **is stated only** in reference **to an adulterer and adulteress.**

״אָרוּר הָאִישׁ אֲשֶׁר יַעֲשֶׂה פֶסֶל וּמַסֵּכָה״ וגו׳ – בְּ״אָרוּר״ סַגִּי לֵיהּ? אֶלָּא, זֶה הַבָּא עַל הָעֶרְוָה וְהוֹלִיד בֵּן, וְהָלַךְ לְבֵין אוּמּוֹת הָעוֹלָם וְעָבַד עֲבוֹדָה זָרָה, אֲרוּרִין אָבִיו וְאִמּוֹ שֶׁל זֶה שֶׁכָּךְ גָּרְמוּ לוֹ.

This is proved from the verse: **"Cursed is the man who makes a graven or molten image"** (Deuteronomy 27:15). **Is a curse a sufficient** consequence **for** the actions of an idol worshipper?[N] He has rebelled against the fundamental tenet of the Torah. **Rather, this** is referring to **one who engaged in sexual intercourse with a forbidden relative and bore** her a *mamzer* **son.** And the son, who is not allowed to marry a Jew of unflawed lineage, **went** to live **among the** other **nations of the world and engaged in idol worship. His father and mother are cursed for causing him** to worship idols. Likewise, the rest of the curses refer to sins that are the result of adultery.

תָּנוּ רַבָּנַן: ״וְנָתַתָּ אֶת הַבְּרָכָה עַל הַר גְּרִזִים וְאֶת הַקְּלָלָה״ וגו׳ – מַה תַּלְמוּד לוֹמַר? אִם לְלַמֵּד שֶׁתְּהֵא בְּרָכָה עַל הַר גְּרִזִים וּקְלָלָה עַל הַר עֵיבָל, הֲרֵי כְּבָר נֶאֱמַר: ״אֵלֶּה יַעַמְדוּ לְבָרֵךְ אֶת הָעָם עַל הַר גְּרִזִים״, וּכְתִיב: ״וְאֵלֶּה יַעַמְדוּ עַל הַקְּלָלָה בְּהַר עֵיבָל״! אֶלָּא לְהַקְדִּים בְּרָכָה לִקְלָלָה.

The Sages taught: "And you shall give the blessing on Mount Gerizim and the curse on Mount Ebal" (Deuteronomy 11:29). **Why** must **the verse state** this? **If** it is **to teach that the blessing must be** given **on Mount Gerizim and the curse on Mount Ebal, it is already stated: "These shall stand on Mount Gerizim to bless the people"** (Deuteronomy 27:12), **and it is written: "And these shall stand on Mount Ebal for the curse"** (Deuteronomy 27:13). **Rather,** the verse teaches that the proclamation of the **blessing must precede** the curse.

יָכוֹל יִהְיוּ כָּל הַבְּרָכוֹת קוֹדְמוֹת לַקְּלָלוֹת? תַּלְמוּד לוֹמַר: ״בְּרָכָה וּקְלָלָה״, בְּרָכָה אַחַת קוֹדֶמֶת לִקְלָלָה, וְאֵין כָּל הַבְּרָכוֹת קוֹדְמוֹת לַקְּלָלוֹת;

One **might** have thought that **all of the blessings** should **precede the curses.** Therefore, **the verse states "blessing" and "curse"** in the singular, to teach that **one blessing precedes** each **curse, but all of the blessings do not precede the curses.** The blessings and curses were recited alternately, first one blessing and then one curse.

וּלְהַקִּישׁ בְּרָכָה לִקְלָלָה, לוֹמַר לָךְ: מַה קְּלָלָה בִּלְוִיִּם אַף בְּרָכָה בִּלְוִיִּם, וּמַה קְּלָלָה בְּקוֹל רָם אַף בְּרָכָה בְּקוֹל רָם. וּמַה קְּלָלָה בִּלְשׁוֹן הַקּוֹדֶשׁ אַף בְּרָכָה בִּלְשׁוֹן הַקּוֹדֶשׁ. וּמַה קְּלָלָה בִּכְלָל וּפְרָט אַף בְּרָכָה בִּכְלָל וּפְרָט. וּמַה קְּלָלָה – אֵלּוּ וְאֵלּוּ עוֹנִין וְאוֹמְרִים ״אָמֵן״, אַף בְּרָכָה – אֵלּוּ וְאֵלּוּ עוֹנִין וְאוֹמְרִים ״אָמֵן״.

And furthermore, the verse comes **to juxtapose** the **blessing with the curse, to say to you** that **just as the curse** is recited **by** the **Levites, so too,** the **blessing** is uttered **by the Levites; and just as** the **curse** is proclaimed **loudly, so too,** the **blessing** is proclaimed **loudly; and just as** the **curse** is proclaimed **in the sacred tongue,** Hebrew, **so too,** the **blessing** is proclaimed **in the sacred tongue; and just as** the **curse** is proclaimed both **in general and in detail, so too,** the **blessing is** proclaimed **in general and in detail. And just as** after the **curse** is uttered, **both** groups of people on each mountain **respond and say amen, so too,** after the **blessing** is uttered, **both** groups **respond and say amen.**

מתני׳ בִּרְכַּת כֹּהֲנִים כֵּיצַד? בַּמְּדִינָה אוֹמֵר אוֹתָהּ שָׁלֹשׁ בְּרָכוֹת, וּבַמִּקְדָּשׁ – בְּרָכָה אַחַת; בַּמִּקְדָּשׁ אוֹמֵר אֶת הַשֵּׁם

MISHNA **How is the Priestly Benediction** recited? **In the country,** i.e., outside the Temple, the priest **recites** the verses as **three blessings,**[H] pausing between each verse while the people respond amen. **And in the Temple,** the priests recite all three verses as **one blessing,**[H] after which the people respond: Blessed be the Lord, God, the God of Israel, from eternity to eternity, as is the customary response to blessings in the Temple. **In the Temple,** the priest **utters the name** of God

BACKGROUND

The disseminator [*meturgeman*] – **מְתוּרְגְּמָנֵיהּ**: During talmudic times, it was common for the Sage to present his teachings quietly, oftentimes in Hebrew. The disseminator would translate [*tirgem*] and explain the teachings in Aramaic in an audible voice, so that the students would be able to listen and understand.

NOTES

The entire passage, etc. – **כָּל הַפָּרָשָׁה כּוּלָּהּ וכו׳**: The Maharsha asks: Is it necessary to reinterpret the entire passage of the blessings and curses just because it is difficult to explain a single verse? He suggests a different interpretation of the Gemara, according to which the word passage does not refer to all of the curses, but rather to that verse alone. Because it is separated from the other verses by a space in the Torah scroll, it is considered to be a distinct passage. However, the later commentaries point out that the Gemara's use of the expression: The entire passage, does not fit this interpretation well.

Is a curse a sufficient consequence for the actions of an idol worshipper – **בְּאָרוּר סַגִּי לֵיהּ**: The Maharsha explains that the Gemara is not saying that because idol worship is punishable by death, it is insufficient to say that someone who worships idols is cursed, as there are other sins mentioned in the curses that are also punishable by death, e.g., adultery.

Rather, the Gemara is saying that idol worship is the most fundamental form of heresy, and it is therefore not sufficient for one who commits this sin to be cursed in this world; he is excluded from life in the World-to-Come too. This is not true in the case of adultery or any of the other sins mentioned in the curses. Although they are grave sins that render one liable to receive the death penalty, the sinner can still have a share in the World-to-Come. This seems to be Rashi's understanding as well.

HALAKHA

In the country the priest recites the verses as three blessings – **בַּמְּדִינָה אוֹמֵר אוֹתָהּ שָׁלֹשׁ בְּרָכוֹת**: When the priests recite the Priestly Benediction outside of the Temple everyone present responds amen after each of the verses (Rambam *Sefer Ahava, Hilkhot Tefilla UVirkat Kohanim* 14:3; *Shulḥan Arukh, Oraḥ Ḥayyim* 128:13).

And in the Temple the priest recites one blessing – **וּבַמִּקְדָּשׁ בְּרָכָה אַחַת**: When the Priestly Benediction is recited in the Temple, the people do not respond amen after each verse. Rather, all of the verses are recited as a single blessing, and all of the people respond afterward: Blessed be the Lord, God, the God of Israel from eternity to eternity (Rambam *Sefer Ahava, Hilkhot Tefilla UVirkat Kohanim* 14:9).

ככתבו, ובמדינה – בכינויו; במדינה כהנים נושאים את ידיהן כנגד כתפיהן, ובמקדש – על גבי ראשיהן, חוץ מכהן גדול, שאינו מגביה את ידיו למעלה מן הציץ; רבי יהודה אומר: אף כהן גדול מגביה ידיו למעלה מן הציץ, שנאמר: "וישא אהרן את ידו אל העם ויברכם".

as it is written[H] in the Torah, i.e., the Tetragrammaton, **and in the country** they use **its substitute name** of Lordship. **In the country, the priests lift their hands** so they are **aligned with their shoulders**[H] during the benediction. **And in the Temple** they lift them **above their heads,**[H] **except for the High Priest, who does not lift his hands above the frontplate.**[B] Since the Tetragrammaton is inscribed on it, it is inappropriate for him to lift his hands above it. **Rabbi Yehuda says: Even the High Priest lifts his hands above the frontplate, as it is stated: "And Aaron lifted up his hands**[N] **toward the people and blessed them"** (Leviticus 9:22).

גמ׳ תנו רבנן: "כה תברכו" – בלשון הקודש. אתה אומר: בלשון הקודש, או אינו אלא בכל לשון? נאמר כאן "כה תברכו", ונאמר להלן: "אלה יעמדו לברך את העם", מה להלן בלשון הקודש, אף כאן בלשון הקודש;

GEMARA

The Sages taught: The mitzva given to the priests: **"So you shall bless** the children of Israel" (Numbers 6:23), is that they bless them **in the sacred tongue,**[H] Hebrew. **Do you say** that the benediction must be recited **in the sacred tongue, or** perhaps it may be recited **in any language?** The *baraita* answers: **It is stated here,** with regard to the Priestly Benediction: **"So you shall bless," and it is stated there,** with regard to the blessings and curses: **"These shall stand** on Mount Gerizim **to bless the people"** (Deuteronomy 27:12). There is a verbal analogy between these two usages of the word "bless": **Just as there,** the blessings and curses were recited **in the sacred tongue,** as stated above (33a), **so too here,** the Priestly Benediction is recited **in the sacred tongue.**

רבי יהודה אומר: אינו צריך, הרי הוא אומר: "כה", עד שיאמרו בלשון הזה.

Rabbi Yehuda says: It is not necessary to derive this from a verbal analogy, as **it says** with regard to the Priestly Benediction: **"Thus,"** which means that it is not recited correctly **unless they recite it in this** exact **language,** as it is written in the Torah.

תניא אידך: "כה תברכו" – בעמידה. אתה אומר: בעמידה, או אינו אלא אפילו בישיבה? נאמר כאן "כה תברכו", ונאמר להלן "אלה יעמדו לברך". מה להלן בעמידה, אף כאן בעמידה;

It is taught in **another** *baraita*: **"So you shall bless,"** means **while standing.**[H] **Do you say** that the benediction must be recited **while standing, or** perhaps it may **even** be recited **while sitting? It is stated here: "So you shall bless," and it is stated there,** with regard to the blessings and curses: **"These shall stand** on Mount Gerizim **to bless." Just as there,** the blessing was recited **while standing, so too here,** the priests must recite the Priestly Benediction **while standing.**

רבי נתן אומר: אינו צריך, הרי הוא אומר: "לשרתו ולברך בשמו", מה משרת בעמידה, אף מברך בעמידה. ומשרת גופיה מנלן? דכתיב: "לעמד לשרת".

Rabbi Natan says: It is not necessary to derive this from a verbal analogy, as **it says** in the verse: "At that time the Lord separated the tribe of Levi to bear the Ark of the Covenant of the Lord, to stand before the Lord **to minister to Him and to bless in His name"** (Deuteronomy 10:8). **Just as** a priest **performs the** Temple **service while standing,**[HN] **so too, he blesses while standing.** The Gemara asks: **And from where do we** derive that **he performs the service itself** while standing? **As it is written: "To stand to minister** in the name of the Lord" (Deuteronomy 18:5).

HALAKHA

In the Temple the priest utters the name of God as it is written – במקדש אומר את השם ככתבו: When the priests bless the nation in the Temple, they utter the Tetragrammaton as it is written, i.e., *yod, heh, vav, heh.* Outside of the Temple, they use the substitute name of Lordship. After the death of Shimon HaTzaddik, the priests ceased using the Tetragrammaton when blessing the nation, even in the Temple, so that no unworthy person would be taught the name. This is in accordance with the mishna here and the Gemara in tractate *Yoma*, 39b (Rambam *Sefer Ahava, Hilkhot Tefilla UVirkat Kohanim* 14:10–11).

Lift their hands so they are aligned with their shoulders – נושאים את ידיהן כנגד כתפיהן: When the priests bless the people they must lift their hands to the level of their shoulders. According to the esoterica, the right hand should be lifted slightly higher than the left one (Rambam *Sefer Ahava, Hilkhot Tefilla UVirkat Kohanim* 14:3; *Shulḥan Arukh, Oraḥ Ḥayyim* 128:12).

And in the Temple, above their heads – ובמקדש על גבי ראשיהן: When the priests recite the blessing in the Temple, they lift their hands above their heads, except for the High Priest, who does not lift his hands higher than the frontplate (Rambam *Sefer Ahava, Hilkhot Tefilla UVirkat Kohanim* 14:9).

So you shall bless, in the sacred tongue – כה תברכו בלשון הקודש: The priests may recite the Priestly Benediction only in Hebrew (Rambam *Sefer Ahava, Hilkhot Tefilla UVirkat Kohanim* 14:11; *Shulḥan Arukh, Oraḥ Ḥayyim* 128:14).

So you shall bless, while standing – כה תברכו בעמידה: The priests may recite the Priestly Benediction only while standing (Rambam *Sefer Ahava, Hilkhot Tefilla UVirkat Kohanim* 14:11).

Performs the Temple service while standing – משרת בעמידה: The Temple service must be performed while standing. Anyone who serves in the Temple while sitting has desecrated the sanctity of the Temple, and his service is invalid (Rambam *Sefer Avoda, Hilkhot Biat HaMikdash* 5:16).

BACKGROUND

Frontplate – ציץ: The frontplate of the High Priest was a plate of gold on which the words: "Sacred to the Lord" (Exodus 28:36), were engraved. This plate was tied to the forehead of the High Priest, adjacent to where his hairline began.

The frontplate was one of the eight priestly vestments that made up the raiment of the High Priest. It is one of the four vestments that are called the golden vestments. The High Priest would wear all eight vestments the year round, except during part of the Yom Kippur service, when he would wear only the four white vestments that all priests wore.

NOTES

As it is stated: And Aaron lifted up his hands, etc. – שנאמר וישא אהרן את ידו וכו׳: The mishna seems to imply that Rabbi Yehuda presents a proof from this verse for his opinion that the High Priest does lift his hands above the frontplate, as it is stated that Aaron lifted up his hands when he recited the blessing. However, in *Tosefot Yom Tov* and other commentaries, this understanding is found to be difficult. They explain that the verse is not a continuation of Rabbi Yehuda's statement. Rather, it is a proof for the principal ruling stated in the mishna, that the Priestly Benediction must be recited with lifted hands.

Just as a priest performs the Temple service while standing – מה משרת בעמידה: In *Tosefot HaRash, Tosefot HaRosh,* and other commentaries, other possible implications of this comparison between the service in the Temple and the Priestly Benediction are discussed. For example, they discuss whether a priest who became an apostate and then repented is again permitted to recite the benediction, or whether it is prohibited for him to do so just as he is prohibited from performing the Temple service. According to the Rambam, it is apparently prohibited. However, according to other commentaries, since the benediction is recited outside of the Temple, the priest should be allowed to recite it. Others draw a distinction between a priest who had merely become an apostate and one who engaged in idol worship.

תַּנְיָא אִידָךְ: ״כֹּה תְבָרְכוּ״ – בִּנְשִׂיאוּת כַּפַּיִם. אַתָּה אוֹמֵר: בִּנְשִׂיאוּת כַּפַּיִם, אוֹ אֵינוֹ אֶלָּא שֶׁלֹּא בִּנְשִׂיאוּת כַּפַּיִם? נֶאֱמַר כָּאן ״כֹּה תְבָרְכוּ״, וְנֶאֱמַר לְהַלָּן: ״וַיִּשָּׂא אַהֲרֹן אֶת יָדָו אֶל הָעָם וַיְבָרְכֵם״, מַה לְּהַלָּן בִּנְשִׂיאוּת כַּפַּיִם, אַף כָּאן בִּנְשִׂיאוּת כַּפַּיִם.

It is taught in another *baraita*: **"So you shall bless"** means **with lifted hands.** Do **you say** that the priests must recite the benediction **with lifted hands, or** perhaps they may recite it **without lifted hands? It is stated here: "So you shall bless," and it is stated there,** with regard to the dedication of the Tabernacle: **"And Aaron lifted up his hands toward the people and blessed them"** (Leviticus 9:22). **Just as there,** Aaron blessed the nation **with lifted hands, so too here,** the Priestly Benediction is recited **with lifted hands.**

קַשְׁיָא לֵיהּ לְרַבִּי יוֹנָתָן: אִי מַה לְּהַלָּן כֹּהֵן גָּדוֹל וְרֹאשׁ חוֹדֶשׁ וַעֲבוֹדַת צִבּוּר, אַף כָּאן כֹּהֵן גָּדוֹל וְרֹאשׁ חוֹדֶשׁ וַעֲבוֹדַת צִיבּוּר!

This *halakha* was **difficult for Rabbi Yonatan**[N] **to understand: If** this *halakha* is derived from the dedication of the Tabernacle, then why not also say: **Just as there,** the **High Priest** was the one who recited the blessing, **and** it was the **New Moon, and** the offerings that were brought were **a communal service, so too here,** the Priestly Benediction must be recited only by the **High Priest, and** on the **New Moon, and** when performing **a communal service?**

רַבִּי נָתָן אוֹמֵר: אֵינוֹ צָרִיךְ, הֲרֵי הוּא אוֹמֵר: ״הוּא וּבָנָיו כָּל הַיָּמִים״, מַקִּישׁ בָּנָיו לוֹ, מַה הוּא בִּנְשִׂיאוּת כַּפַּיִם אַף בָּנָיו בִּנְשִׂיאוּת כַּפַּיִם, וּכְתִיב: ״כָּל הַיָּמִים״, וְאִיתְקַשׁ בְּרָכָה לְשֵׁירוּת.

Rabbi Natan says: It is not necessary to derive from a verbal analogy that the Priestly Benediction is recited with lifted hands, as **it says** with regard to Aaron: "To stand to minister in the name of the Lord, **him and his sons forever"** (Deuteronomy 18:5). In this verse, **his sons are juxtaposed with him. Just as** Aaron recited the Priestly Benediction **with lifted hands, so too, his sons** recite the benediction **with lifted hands. And** furthermore, **it is written "forever,"** which indicates that it is referring not only to special occasions. **And** although the verse is not referring to the Priestly Benediction, the **benediction is juxtaposed to** the Temple **service** in another verse: "To minister to Him and to bless in His name" (Deuteronomy 10:8).

וְתַנְיָא אִידָךְ: ״כֹּה תְבָרְכוּ אֶת בְּנֵי יִשְׂרָאֵל״ – בְּשֵׁם הַמְפוֹרָשׁ. אַתָּה אוֹמֵר: בְּשֵׁם הַמְפוֹרָשׁ, אוֹ אֵינוֹ אֶלָּא בְּכִינּוּי? תַּלְמוּד לוֹמַר: ״וְשָׂמוּ אֶת שְׁמִי״, שְׁמִי הַמְיוּחָד לִי;

And it is taught in **another** *baraita*: **"So you shall bless the children of Israel"** means the blessing should be recited **with the ineffable name.** Do **you say** that the Priestly Benediction must be recited **with the ineffable name, or** perhaps **it is** recited **with only the substitute name,** *Adonai*? **The verse states: "So shall they put My name"** (Numbers 6:27), which means **My name that is unique to Me.**

יָכוֹל אַף בַּגְּבוּלִין כֵּן? נֶאֱמַר כָּאן: ״וְשָׂמוּ אֶת שְׁמִי״, וְנֶאֱמַר לְהַלָּן: ״לָשׂוּם אֶת שְׁמוֹ שָׁם״, מַה לְּהַלָּן בֵּית הַבְּחִירָה, אַף כָּאן בְּבֵית הַבְּחִירָה.

One **might** have thought that **even in the outlying areas,** outside the Temple, **this** ineffable name is used. **It is stated here,** with regard to the Priestly Benediction: **"So shall they put My name," and it is stated there,** with regard to the place one must sacrifice offerings: "The place that the Lord your God has chosen out of all your tribes **to put His name there"** (Deuteronomy 12:5). The verbal analogy teaches that **just as there,** the expression "to put His name there" is referring to **the Temple, so too here,** the mitzva of "so shall they put My name" applies **in the Temple** and not anywhere else.

רַבִּי יֹאשִׁיָּה אוֹמֵר: אֵינוֹ צָרִיךְ, הֲרֵי הוּא אוֹמֵר: ״בְּכָל הַמָּקוֹם אֲשֶׁר אַזְכִּיר אֶת שְׁמִי אָבוֹא אֵלֶיךָ״. בְּכָל מָקוֹם סָלְקָא דַּעְתָּךְ? אֶלָּא מִקְרָא זֶה מְסוֹרָס הוּא: בְּכָל מָקוֹם אֲשֶׁר אָבוֹא אֵלֶיךָ וּבֵרַכְתִּיךָ שָׁם אַזְכִּיר אֶת שְׁמִי. וְהֵיכָן אָבוֹא אֵלֶיךָ וּבֵרַכְתִּיךָ? בְּבֵית הַבְּחִירָה, שָׁם אַזְכִּיר אֶת שְׁמִי בְּבֵית הַבְּחִירָה.

Rabbi Yoshiya says: It is not necessary to derive this *halakha* from the verbal analogy, as it can be derived from a verse. **It says** in the verse: **"In every place where I cause My name to be mentioned I will come to you** and bless you" (Exodus 20:20). Does it **enter your mind** that this verse literally means that the Divine Presence will be revealed **everywhere? Rather, this verse** must be interpreted by **transposition.** It must be reordered and read as follows: **In every place where I will come to you and bless you, there I will cause My name to be mentioned.** Rabbi Yoshiya explains that God is stating: **And where will I come to you and bless you? In the Temple.** Therefore, he derives: **There, in the Temple, I will cause My name to be mentioned,** but the ineffable name is not mentioned elsewhere.

תַּנְיָא אִידָךְ: ״כֹּה תְבָרְכוּ אֶת בְּנֵי יִשְׂרָאֵל״ – אֵין לִי אֶלָּא בְּנֵי יִשְׂרָאֵל; גֵּרִים, נָשִׁים, וַעֲבָדִים מְשׁוּחְרָרִים מִנַּיִן? תַּלְמוּד לוֹמַר: ״אָמוֹר לָהֶם״, לְכוּלְּהוּ.

It is taught in **another** *baraita*: **"So you shall bless the sons of Israel"** (Numbers 6:23). **I have** derived **only** the *halakha* to bless **the sons of Israel. From where** do I derive the *halakha* of blessing **converts, women, and emancipated slaves? The verse states** immediately afterward: **"You shall say to them,"** meaning **to all of** the Jewish people.

NOTES

This ***halakha*** **was difficult for Rabbi Yonatan – קַשְׁיָא לֵיהּ לְרַבִּי יוֹנָתָן**: *Tosafot* explain that this statement is not part of the *baraita*. According to this explanation and according to the *Sifrei*, it seems that Rabbi Natan, who resolves the difficulty, is actually Rabbi Yonatan, who, after raising a difficulty with the source cited in the *baraita*, offers a different source.

תַּנְיָא אִידָךְ: "כֹּה תְבָרְכוּ" – פָּנִים כְּנֶגֶד פָּנִים. אַתָּה אוֹמֵר: פָּנִים כְּנֶגֶד פָּנִים, אוֹ אֵינוֹ אֶלָּא פָּנִים כְּנֶגֶד עוֹרֶף? תַּלְמוּד לוֹמַר: "אָמוֹר לָהֶם", כְּאָדָם הָאוֹמֵר לַחֲבֵירוֹ.

It is taught in another *baraita*: "So you shall bless," means that the priests must recite the Priestly Benediction **face-to-face**[H] with the congregation. **Do you say** that the Benediction must be recited **face-to-face, or** perhaps **it is only** recited with the **faces** of the priests **facing the back of the necks**[N] of the congregation? **The verse states: "You shall say to them,"** face-to-face, **like a person who is talking to another.**

תַּנְיָא אִידָךְ: "כֹּה תְבָרְכוּ" – בְּקוֹל רָם, אוֹ אֵינוֹ אֶלָּא בְּלַחַשׁ? תַּלְמוּד לוֹמַר: "אָמוֹר לָהֶם", כְּאָדָם שֶׁאוֹמֵר לַחֲבֵירוֹ.

It is taught in **another** *baraita*: **"So you shall bless"** means that the benediction must be recited **out loud. Or,** perhaps, **is it** recited **only in a whisper? The verse states: "You shall say to them," like a person who is talking to another.**

אָמַר אַבָּיֵי, נָקְטִינַן: לִשְׁנַיִם קוֹרֵא "כֹּהֲנִים", וּלְאֶחָד אֵינוֹ קוֹרֵא "כֹּהֵן", שֶׁנֶּאֱמַר: "אָמוֹר לָהֶם", לִשְׁנַיִם. וְאָמַר רַב חִסְדָּא, נָקְטִינַן: כֹּהֵן קוֹרֵא "כֹּהֲנִים", וְאֵין יִשְׂרָאֵל קוֹרֵא "כֹּהֲנִים", שֶׁנֶּאֱמַר: "אָמוֹר לָהֶם", אֲמִירָה

Abaye said: We have a tradition with regard to the prayer leader calling the priests to recite the Priestly Benediction: When there are **two** priests, **he calls: Priests,**[H] **but** when there is **one** priest **he does not call: Priest,**[N] **as it is stated: "You shall say to them,"** in plural, meaning **to** a minimum of **two** priests. **And Rav Ḥisda said: We have a tradition** that **a priest calls: Priests, but an Israelite does not call: Priests, as it is stated: "You shall say to them,"** which means that the **saying**

HALAKHA

Face-to-face – פָּנִים כְּנֶגֶד פָּנִים: The Priestly Benediction must be delivered face-to-face, with the priests and the people facing each other (Rambam *Sefer Ahava, Hilkhot Tefilla UVirkat Kohanim* 14:11; *Shulḥan Arukh, Oraḥ Ḥayyim* 128:10, 23).

When there are two priests, he calls: Priests – לִשְׁנַיִם קוֹרֵא כֹּהֲנִים: If there are a minimum of two priests, one of the congregants calls out to them: Priests, so that they may begin reciting the Priestly Benediction. The prayer leader himself may do this, and it is not considered an interruption of the prayer. There is a custom for him to raise his voice when he says the word: Priests, in the prayer that is recited prior to the Benediction (Rambam *Sefer Ahava, Hilkhot Tefilla UVirkat Kohanim* 14:8; *Shulḥan Arukh, Oraḥ Ḥayyim* 128:10).

NOTES

Facing the back of the necks – פָּנִים כְּנֶגֶד עוֹרֶף: According to Rashi, this means that the priests face the backs of the congregation. Rabbeinu Ḥananel explains this differently: The congregation faces the backs of the priests, and the priests face the Divine Presence.

But when there is one priest he does not call: Priest – וּלְאֶחָד אֵינוֹ קוֹרֵא כֹּהֵן: An opinion is cited in *Tosefot HaRosh* that this means that when there is only a single priest in the synagogue, he does not transgress by refraining from reciting the benediction. This is dependent on a dispute among the early commentaries over whether a single priest has an obligation to recite the benediction (Rambam; Meiri), or whether the obligation exists only when two priests are present (*Tosafot* on *Menaḥot* 44a).

Perek **VII**
Daf **38** Amud **b**

מִשֶּׁלָּהֶם תְּהֵא. וְהִילְכְתָא כְּוָותֵיהּ דְּאַבָּיֵי, וְלֵית הִילְכְתָא כְּוָותֵיהּ דְּרַב חִסְדָּא.

should be from them; one of the priests themselves should call: Priests. The Gemara concludes: **And the *halakha* is in accordance with** the opinion **of Abaye,** that when only one priest is present, the prayer leader does not call: Priest. **And the *halakha* is not in accordance with the opinion of Rav Ḥisda,**[NH] as an Israelite may also call: Priests.

(סִימָן: מתאו"ה לברכ"ה דוכ"ן בעבוד"ה כו"ס מכי"ר נהנ"ה בעגל"ה).

§ The Gemara cites **a mnemonic** device for the statements of Rabbi Yehoshua ben Levi: **Desires the benediction, platform, during the service, cup, recognize, derives benefit, from a heifer.**

אָמַר רַבִּי יְהוֹשֻׁעַ בֶּן לֵוִי: מִנַּיִן שֶׁהַקָּדוֹשׁ בָּרוּךְ הוּא מִתְאַוֶּה לְבִרְכַּת כֹּהֲנִים? שֶׁנֶּאֱמַר: "וְשָׂמוּ אֶת שְׁמִי עַל בְּנֵי יִשְׂרָאֵל וַאֲנִי אֲבָרְכֵם". וְאָמַר רַבִּי יְהוֹשֻׁעַ בֶּן לֵוִי: כׇּל כֹּהֵן שֶׁמְּבָרֵךְ מִתְבָּרֵךְ, וְשֶׁאֵינוֹ מְבָרֵךְ אֵין מִתְבָּרֵךְ, שֶׁנֶּאֱמַר: "וַאֲבָרְכָה מְבָרְכֶיךָ".

Rabbi Yehoshua ben Levi says: From where is it derived **that the Holy One, Blessed be He, desires the Priestly Benediction? As it is stated: "So shall they put My name upon the children of Israel, and I will bless them"** (Numbers 6:27). This shows that God waits for the priests to bless the people, and only then He Himself blesses them. **And Rabbi Yehoshua ben Levi says: Any priest who blesses**[H] the people **is blessed** from Heaven, **and one who does not bless** the people **is not blessed, as it is stated: "And I will bless those who bless you"** (Genesis 12:3).

NOTES

And the *halakha* is not in accordance with the opinion of Rav Ḥisda – וְלֵית הִילְכְתָא כְּוָותֵיהּ דְּרַב חִסְדָּא: The *halakha* is in accordance with the opposite opinion stated in the Jerusalem Talmud, which cites Rav Ḥisda in the opposite manner, that it is a mitzva for an Israelite to call up the priests. This is derived from the phrase "say to them," which is interpreted to mean that someone else should call up the priests. For this reason, the Rambam rules that ideally an Israelite should call up the priests.

HALAKHA

And the *halakha* is not in accordance with the opinion of Rav Ḥisda – וְלֵית הִילְכְתָא כְּוָותֵיהּ דְּרַב חִסְדָּא: The *halakha* is in accordance with the opinion cited in the Jerusalem Talmud that the priests should be called up by an Israelite *ab initio*. If the prayer leader is a priest, then an Israelite should stand next to him and call to the priests instead (Rambam *Sefer Ahava, Hilkhot Tefilla UVirkat Kohanim* 14:8; *Shulḥan Arukh, Oraḥ Ḥayyim* 128:22).

Any priest who blesses, etc. – כׇּל כֹּהֵן שֶׁמְּבָרֵךְ וכו׳: Any priest who does not bless the people of Israel is not blessed in return, and a priest who blesses the people is in turn blessed (Rambam *Sefer Ahava, Hilkhot Tefilla UVirkat Kohanim* 15:12).

וְאָמַר רַבִּי יְהוֹשֻׁעַ בֶּן לֵוִי: כׇּל כֹּהֵן שֶׁאֵינוֹ עוֹלֶה לַדּוּכָן, עוֹבֵר בִּשְׁלֹשָׁה עֲשֵׂה: ״כֹּה תְבָרְכוּ״, ״אָמוֹר לָהֶם״, ״וְשָׂמוּ אֶת שְׁמִי״.

And Rabbi Yehoshua ben Levi says: Any priest who does not ascend the platform[H] to recite the Priestly Benediction **violates three positive** mitzvot:[N] **"So you shall bless," "And you shall say to them"** (Numbers 6:23), and **"So shall they put My name"** (Numbers 6:27).

רַב אָמַר: חוֹשְׁשִׁין שֶׁמָּא בֶּן גְּרוּשָׁה אוֹ בֶּן חֲלוּצָה הוּא.

Rav says: One need be **concerned that** a priest who does not ascend to recite the Priestly Benediction **is perhaps the son** of a priest and a **divorced woman, or the son of** a priest and a ***yevama* who has performed *ḥalitza* [*ḥalutza*]**. Perhaps he does not ascend to recite the Priestly Benediction because he is disqualified from the priesthood.

וְלָא פְּלִיגִי: הָא דְּסָלֵיק לִפְרָקִים, הָא דְּלָא סָלֵיק לִפְרָקִים.

The Gemara comments: **And they do not disagree. This** statement of Rabbi Yehoshua ben Levi is referring to a case **where he ascends periodically.** Therefore, there is no reason to believe that he is disqualified from the priesthood, and the assumption is that he violates three positive mitzvot. Whereas **that** statement of Rav is referring to a case **where one does not ascend** to recite the Priestly Benediction even **periodically,** and therefore there is reason to suspect that he is disqualified from the priesthood.

וְאָמַר רַבִּי יְהוֹשֻׁעַ בֶּן לֵוִי: כׇּל כֹּהֵן שֶׁאֵינוֹ עוֹלֶה בַּעֲבוֹדָה – שׁוּב אֵינוֹ עוֹלֶה, שֶׁנֶּאֱמַר: ״וַיִּשָּׂא אַהֲרֹן אֶת יָדָיו אֶל הָעָם וַיְבָרְכֵם וַיֵּרֶד מֵעֲשֹׂת הַחַטָּאת וְהָעֹלָה וְהַשְּׁלָמִים״. מָה לְהַלָּן בַּעֲבוֹדָה, אַף כָּאן בַּעֲבוֹדָה.

And Rabbi Yehoshua ben Levi says: Any priest who does not ascend the platform **during** the blessing of **the Temple service**[HN] recited in the *Amida* prayer **may no longer ascend** to recite the benediction, **as it is stated: "And Aaron lifted up his hands toward the people and blessed them; and he came down from offering the sin-offering, and the burnt-offering, and the peace-offerings"** (Leviticus 9:22). **Just as there,** in the Tabernacle, Aaron lifted up his hands **during the service,** as evident from the fact that only after he blessed them does it say that he came down from sacrificing the offerings, **so too here,** in the *Amida* prayer, the Priestly Benediction is recited **during** the blessing of Temple **service.**

אִינִי? וְהָא רַבִּי אַמִּי וְרַבִּי אַסִּי סָלְקִי! רַבִּי אַמִּי וְרַבִּי אַסִּי מֵעִיקָּרָא הֲווֹ עָקְרִי כַּרְעַיְיהוּ, מִמְטָא לָא הֲוָה מָטוּ הָתָם, וּכְדְתָנֵי רַבִּי אוֹשַׁעְיָא: לֹא שָׁנוּ אֶלָּא שֶׁלֹּא עָקַר אֶת רַגְלָיו, אֲבָל עָקַר אֶת רַגְלָיו – עוֹלֶה.

The Gemara asks: **Is that so? But didn't** the priests **Rabbi Ami and Rabbi Asi ascend** after the blessing of the service? The Gemara answers: **Rabbi Ami and Rabbi Asi would begin walking** to the platform during the blessing of the service, but **they would not arrive there** until after the conclusion of this blessing. **And** this is sufficient **in accordance with what Rabbi Oshaya taught: They taught** that a priest may not recite the benediction if he did not ascend the platform during the blessing of Temple service **only** in a case **where he did not begin walking. But if he began walking** before the prayer leader finished the blessing, **he may ascend the platform** even after he has finished the blessing.

וּתְנַן נָמֵי: אִם הַבְטָחָתוֹ שֶׁנּוֹשֵׂא אֶת כַּפָּיו וְחוֹזֵר לִתְפִלָּתוֹ – רַשַּׁאי. וְהָוֵינַן בַּהּ: הָא לָא עָקַר! אֶלָּא דְּנָד פּוּרְתָּא, הָכָא נָמֵי דְּעָקַר פּוּרְתָּא.

And concerning this issue, **we also learned** in a mishna (*Berakhot* 34a): A priest who serves as prayer leader does not recite the Priestly Benediction, but **if he is certain that he can lift his hands**[H] and recite the benediction, **and** then **resume his prayer** without becoming confused, **he is permitted** to do so. **And we discussed it** and raised the following difficulty: If **he did not begin** walking to ascend the platform during the blessing of the service, how is it permitted for him to recite the benediction? **Rather,** it must be explained **that he moved slightly** to show that he also wanted to ascend the platform. **Here too,** the statement of Rabbi Oshaya is referring even to a case **where** the priest **uprooted** himself **slightly** from his place during the blessing of the service.

וְאָמַר רַבִּי יְהוֹשֻׁעַ בֶּן לֵוִי: אֵין נוֹתְנִין כּוֹס שֶׁל בְּרָכָה לְבָרֵךְ אֶלָּא לְטוֹב עַיִן, שֶׁנֶּאֱמַר: ״טוֹב עַיִן הוּא יְבֹרָךְ כִּי נָתַן מִלַּחְמוֹ לַדָּל״. אַל תִּיקְרֵי ״יְבֹרָךְ״ אֶלָּא ״יְבָרֵךְ״.

And Rabbi Yehoshua ben Levi says: One may give a cup of blessing to recite the blessing of Grace after Meals **only to** someone with **a good eye,** i.e., a generous person, **as it is stated: "One who has a good eye will be blessed [*yevorakh*],**[N] **for he gives of his bread to the poor"** (Proverbs 22:9). **Do not read it: "Will be blessed." Rather, read it: Will bless [*yevarekh*].**

HALAKHA

Any priest who does not ascend the platform – כׇּל כֹּהֵן שֶׁאֵינוֹ עוֹלֶה לַדּוּכָן: If a priest is in the synagogue when they call the priests or is told to ascend the platform for the blessing, and if he does not do so when there is no reason why he may not go up to recite the blessing, it is considered as if he had violated three positive mitzvot. The *Mishna Berura* notes that in truth he actually has violated only one positive mitzva (Rambam *Sefer Ahava, Hilkhot Tefilla UVirkat Kohanim* 15:12; *Shulḥan Arukh, Oraḥ Ḥayyim* 128:2).

Any priest who does not ascend during the blessing of the Temple service – כׇּל כֹּהֵן שֶׁאֵינוֹ עוֹלֶה בַּעֲבוֹדָה: Any priest who does not begin walking during the blessing of the Temple service in order to ascend to recite the Priestly Benediction may not recite the benediction during that prayer. If he did begin walking, even if he did not arrive at the platform until after the blessing of the Temple service, he may ascend and recite the benediction (Rambam *Sefer Ahava, Hilkhot Tefilla UVirkat Kohanim* 15:11; *Shulḥan Arukh, Oraḥ Ḥayyim* 128:8).

If he is certain that he can lift his hands, etc. – אִם הַבְטָחָתוֹ שֶׁנּוֹשֵׂא כַּפָּיו וכו׳: If the prayer leader is a priest, even if he is the only priest present, he may lift his hands and recite the Priestly Benediction only if he is certain that he can resume his prayer afterward without becoming confused. However, nowadays, as the prayer leader reads from a prayer book, the custom is that he recites the Priestly Benediction along with the other priests (Rambam *Sefer Ahava, Hilkhot Tefilla UVirkat Kohanim* 15:10; *Shulḥan Arukh, Oraḥ Ḥayyim* 128:20).

NOTES

Violates three positive mitzvot – עוֹבֵר בִּשְׁלֹשָׁה עֲשֵׂה: According to the Rambam, this does not mean that a priest who does not recite the Priestly Benediction actually violates three mitzvot. He violates only one mitzva, but the verse ascribes him blame tantamount to the transgression of three prohibitions.

Who does not ascend during the blessing of the Temple service – שֶׁאֵינוֹ עוֹלֶה בַּעֲבוֹדָה: In the Temple, the priests recite the benediction during the actual Temple service. However, in the *Amida* prayer, since the content of the benediction and of the blessing of Temple service are unrelated, the priests recite the benediction only after the blessings of the Temple service and thanksgiving, which are considered one and the same. Furthermore, the verse that states that Aaron blessed the people when he "came down from performing the sin-offering" indicates that the Priestly Benediction is recited after the Temple service (see Jerusalem Talmud *Berakhot* and Rabbi David Luria).

One who has a good eye will be blessed [*yevorakh*] – טוֹב עַיִן הוּא יְבֹרָךְ: This homiletic interpretation is apparently based on the identical spelling of the words *yevorakh*, will be blessed, and *yevarekh*, will bless. The Maharsha explains that one who recites the blessings is himself blessed. Therefore, it is appropriate for a generous person to recite the blessing, so that he will receive more blessing.

The Maharsha adds that the statement that one who is generous should recite the blessing applies to the Priestly Benediction as well, as the benediction should be recited with a generous attitude. For this reason, the blessing that the priests recite before the benediction includes the phrase: To bless His nation Israel with love. While the phrase: With love, is not mentioned in the Torah's description of the benediction, it is included in the blessing that the priests recite before the benediction to emphasize that the priests must deliver the blessing with a generous attitude toward the people.

וְאָמַר רַבִּי יְהוֹשֻׁעַ בֶּן לֵוִי: מִנַּיִן שֶׁאֲפִילּוּ עוֹפוֹת מַכִּירִין בְּצָרֵי הָעַיִן? שֶׁנֶּאֱמַר: "כִּי חִנָּם מְזֹרָה הָרָשֶׁת בְּעֵינֵי כׇּל בַּעַל כָּנָף".

And Rabbi Yehoshua ben Levi says: From where is it derived **that even birds recognize miserly** people[N] and do not eat the food they have set in bird traps? **As it is stated: "For in vain the net is spread**[N] **in the eyes of any bird"** (Proverbs 1:17).

וְאָמַר רַבִּי יְהוֹשֻׁעַ בֶּן לֵוִי: כׇּל הַנֶּהֱנֶה מִצָּרֵי הָעַיִן עוֹבֵר בְּלָאו, שֶׁנֶּאֱמַר: "אַל תִּלְחַם אֶת לֶחֶם רַע עָיִן וגו׳, כִּי כְּמוֹ שָׁעַר בְּנַפְשׁוֹ כֶּן הוּא אֱכוֹל וּשְׁתֵה יֹאמַר לָךְ" וגו׳. רַב נַחְמָן בַּר יִצְחָק אָמַר: עוֹבֵר בִּשְׁנֵי לָאוִין, "אַל תִּלְחַם" וְ"אַל תִּתְאָו".

And Rabbi Yehoshua ben Levi says: Anyone who derives benefit from miserly people transgresses a prohibition, as it is stated: "Do not eat the bread of one who has an evil eye, and do not desire his delicacies, **for as one that has reckoned within himself, so he is. He says to you: Eat and drink,** but his heart is not with you" (Proverbs 23:6–7). **Rav Naḥman bar Yitzḥak says: He transgresses two prohibitions,** as it says **"do not eat"** and also **"do not desire."**

וְאָמַר רַבִּי יְהוֹשֻׁעַ בֶּן לֵוִי: אֵין עֶגְלָה עֲרוּפָה בָּאָה אֶלָּא בִּשְׁבִיל צָרֵי הָעַיִן,

And Rabbi Yehoshua ben Levi says: When a person is found slain between two cities and it is not known who killed him, **a heifer whose neck is broken is brought.** This occurs **only because of miserly people.**

שֶׁנֶּאֱמַר: "וְעָנוּ וְאָמְרוּ יָדֵינוּ לֹא שָׁפְכוּ אֶת הַדָּם הַזֶּה". וְכִי עַל לִבֵּנוּ עָלְתָה שֶׁזִּקְנֵי בֵּית דִּין שׁוֹפְכֵי דָמִים הֵם? אֶלָּא, לֹא בָּא לְיָדֵינוּ וּפְטַרְנוּהוּ וְלֹא רְאִינוּהוּ וְהִנַּחְנוּהוּ. לֹא בָּא לְיָדֵינוּ וּפְטַרְנוּהוּ בְּלֹא מְזוֹנוֹת. לֹא רְאִינוּהוּ וְהִנַּחְנוּהוּ בְּלֹא לְוָיָה.

As it is stated: "And they shall speak and say: Our hands have not shed this blood" (Deuteronomy 21:7). **But did it enter our hearts** to think **that the Elders of the court are murderers?** Why it is necessary for them to publicize that they did not kill him? **Rather,** they must declare: It is **not** so that this victim **came to us and we dismissed him, and it is not** so that **we saw him and left him.** In other words, **he did not come to us and we** in turn **dismissed him without food,** and **we did not see him and** then **leave him without an escort.** It is miserly people who do not provide others with food and cause them to travel to places where they might be murdered.

אָמַר אַדָּא אָמַר רַבִּי שַׂמְלַאי: בֵּית הַכְּנֶסֶת שֶׁכּוּלָּהּ כֹּהֲנִים, כּוּלָּן עוֹלִין לַדּוּכָן. לְמִי מְבָרְכִין? אָמַר רַבִּי זֵירָא: לַאֲחֵיהֶם שֶׁבַּשָּׂדוֹת.

§ **Adda said** that **Rabbi Samlai says:** In **a synagogue that is** made up **entirely of priests,**[H] **everyone ascends the platform** to recite the Priestly Benediction. The Gemara asks: If the entire congregation is composed of priests, **for whom do they utter the blessing? Rabbi Zeira says:** They say the blessing **for their brethren who are in the fields.**[N]

אִינִי? וְהָתָנֵי אַבָּא בְּרֵיהּ דְּרַב מִנְיָמִין בַּר חִיָּיא: עַם שֶׁאֲחוֹרֵי כֹּהֲנִים אֵינָן בִּכְלַל בְּרָכָה! לָא קַשְׁיָא. הָא דַּאֲנִיסִי, הָא דְּלָא אֲנִיסִי.

The Gemara asks: **Is that so? But didn't Abba, son of Rav Minyamin bar Ḥiyya, teach** that the **people who are** standing **behind** the backs of **the priests**[H] **are not included in the** Priestly **Benediction?** The Gemara answers: That is **not difficult. This** is a case **where** the people **are compelled** to be in the fields because of their work, and they are therefore included in the benediction. Whereas **that** statement is referring to people **who are not compelled** to be away but still do not stand face-to-face with the priests. Consequently, they are not included in the benediction.

וְהָתָנֵי רַב שִׁימִי מִבִּירְתָא דְּשִׁיחוֹרֵי: בֵּית הַכְּנֶסֶת שֶׁכּוּלָּהּ כֹּהֲנִים, מִקְצָתָן עוֹלִין וּמִקְצָתָן עוֹנִין "אָמֵן"!

The Gemara asks: **But didn't Rav Shimi of Birte deShiḥorei teach** the following *baraita*: In **a synagogue that is** made up **entirely** of **priests, some of them ascend** to recite the benediction **and some of them answer amen?**

NOTES

Even birds recognize miserly people – אֲפִילּוּ עוֹפוֹת מַכִּירִין בְּצָרֵי הָעַיִן: The Maharsha explains that even though birds do not have the capacity for this awareness, God does not allow them to be trapped in the nets of misers. In addition, he provides a rational explanation of this statement. A generous person will sometimes put out food for birds without intending to trap them. For this reason, the birds come to eat the food that they place in their nets as well. This is not the case with miserly people.

For in vain the net is spread, etc. – כִּי חִנָּם מְזֹרָה הָרָשֶׁת וכו׳: Rashi explains that in context this verse pertains to people who steal, and it is understood that they do so because of their miserly nature. It should be noted that the subsequent verse states: "So are the ways of everyone who is greedy to gain profit; it takes away the life of its owners" (Proverbs 1:19).

For their brethren who are in the fields – לַאֲחֵיהֶם שֶׁבַּשָּׂדוֹת: It is explained in the Jerusalem Talmud (*Berakhot* 5:4), that with regard to their brethren in the fields, it makes no difference whether the people are facing the priests or not. It is also explained there that it is sufficient that the women and children who are in the synagogue answer amen after the priests when there are no other Israelite men present. However, it appears from the Gemara here that if possible, ten priests must answer amen. The later commentaries explain that when there are no people present in the synagogue to be blessed, the benediction is recited only by rabbinic institution (*Peri Megadim*). The reason for this ordinance is possibly so that the mitzva of the Priestly Benediction will not be forgotten in that synagogue (*Devar Shaul*).

HALAKHA

A synagogue that is made up entirely of priests – בֵּית הַכְּנֶסֶת שֶׁכּוּלָּהּ כֹּהֲנִים: In a synagogue that is made up entirely of priests, if there are only ten priests, they all ascend to recite the Priestly Benediction, and they bless their brethren who are working in the fields. If there are women and children in the synagogue, they answer amen after the blessing. If there are more than ten priests present, ten priests remain behind to answer amen, and the rest go up and recite the benediction (Rambam *Sefer Ahava, Hilkhot Tefilla UVirkat Kohanim* 15:9; *Shulḥan Arukh, Oraḥ Ḥayyim* 128:25).

The people who are standing behind the priests – עַם שֶׁאֲחוֹרֵי כֹּהֲנִים: People standing behind the priests are not included in the benediction. However, people standing in front of the priests or at their sides are included, even if there is an iron partition between them. Those who are working in the fields and cannot make it to the synagogue are also included in the benediction (Rambam *Sefer Ahava, Hilkhot Tefilla UVirkat Kohanim* 15:8; *Shulḥan Arukh, Oraḥ Ḥayyim* 128:24).

לא קשיא: הא דאישתייר בי עשרה, הא דלא אישתייר בי עשרה.

The Gemara answers: That is **not difficult. That** is a case **where,** if some of the priests recite the benediction, a quorum of **ten** priests still **remains**[N] to receive the benediction and answer amen. Therefore, only some of the priests ascend to recite the benediction. By contrast, **this** case, which Rabbi Simlai was referring to, is a case **where** a quorum of **ten does not remain** to answer amen, so it is better for all of the priests to ascend and bless the people working in the fields.

גופא, תנא אבא בריה דרב מנימין בר חייא: עם שאחורי כהנים אינן בכלל ברכה.

The Gemara returns to **the** matter **itself** cited above: **Abba, son of Rav Minyamin bar Ḥiyya, taught:** The **people who are** standing **behind the priests are not included in the benediction.**

פשיטא, אריכי באפי גוצי לא מפסקי; תיבה לא מפסקא; מחיצה מאי? תא שמע, דאמר רבי יהושע בן לוי: אפילו מחיצה של ברזל אינה מפסקת בין ישראל לאביהם שבשמים.

The Gemara raises several questions with regard to this statement: It **is obvious** that **tall people** standing **in front of short people do not interpose** between the priests and the shorter people with regard to the Priestly Benediction. Similarly, **a chest** or ark containing a Torah scroll **does not interpose** between the priests and the people. However, **what** is the *halakha* with regard to **a partition? Come** and **hear** an answer from **what Rabbi Yehoshua ben Levi said: Even an iron partition**[N] **does not interpose between the Jewish people and their Father in Heaven;** the people are included in the benediction.

איבעיא להו: צדדין, מהו? אמר אבא מר בר רב אשי: תא שמע, דתנן: נתכוון להזות לפניו

A dilemma was raised before the Sages: **What is** the *halakha* in the case of people who are standing to **the sides** of the priests? Are they included in the blessing? **Abba Mar bar Rav Ashi said: Come** and **hear** an answer, **as we learned** in a mishna (*Para* 12:2) with regard to the *halakha* of sprinkling the waters of purification on vessels that contracted ritual impurity imparted by a corpse: If one **intended to sprinkle** the water **forward**

NOTES

Where a quorum of ten remains – דאישתייר בי עשרה: It appears from here that in addition to the priests who recite the blessing, there must be another ten men present to answer amen. This is also the opinion of the *ge'onim*. However, according to the Rambam, the priests themselves count as part of the quorum of ten. The Meiri points out that according to this opinion there is no need for ten men to answer amen to the blessing (see *Baḥ*). The Rambam's opinion is perhaps based on the opinion found in the Jerusalem Talmud that the response of the women and children is counted in this situation.

Even an iron partition – אפילו מחיצה של ברזל: According to *Tosefot HaRash*, Rabbi Yehoshua ben Levi is not addressing whether the partition precludes one from being included in the prayer quorum, as a partition certainly forms a partition in that regard. Rather, he is saying that if there is a quorum in the synagogue, a person standing outside can fulfill his obligation by hearing the benediction being recited inside.

Perek **VII**
Daf **39** Amud **a**

והזה לאחריו, לאחריו והזה לפניו – הזאתו פסולה; לפניו והזה על צדדין שבפניו – הזאתו כשרה.

and instead **he sprinkled** it **backward,**[H] or if he intended to sprinkle the water **backward and** instead **he sprinkled** it **forward,** even if the water lands on vessels that require purification, **his sprinkling is invalid.** However, if one intended to sprinkle the water **forward and** instead **he sprinkled** it **forward to the sides,**[N] **his sprinkling is valid.** It is derived from here that one's sides are considered as though they were in front of him.

NOTES

Sides – צדדין: The reason that one's sides are considered like his front is that a person naturally has peripheral vision. Furthermore, according to the principle that the Priestly Benediction must be recited face-to-face, as one would converse with another, standing to the sides of the priests is also permitted, as people sometimes speak to one another while facing each other's sides (see *Devar Shaul*).

HALAKHA

If one intended to sprinkle water forward and instead he sprinkled it backward, etc. – נתכוון להזות לפניו והזה לאחריו וכו׳: One who sprinkles the waters of purification must intend to sprinkle it upon the person who is ritually impure in order to purify him. If one sprinkles the water without this intention, his action is invalid. The Ra'avad maintains that one's intention must be to sprinkle that particular person, but there is no requirement that one intend to purify him. If one intended to sprinkle forward and instead he sprinkled backward, or if he intended to sprinkle backward and instead sprinkled forward, his action is invalid. However, if one intended to sprinkle forward and instead he sprinkled the water to the side of where he was facing, his action is valid (Rambam *Sefer Tahara*, *Hilkhot Para Aduma* 10:7).

§ **Rava bar Rav Huna says: Once a Torah scroll has been opened,**[H] **it is prohibited to converse, even about a matter of *halakha*.**[N] **As it is stated:** "And Ezra opened the book in the sight of all the people, for he was above all the people, **and when he opened it, all the people stood up"** (Nehemiah 8:5), **and standing** is referring to **nothing other than silence, as it is stated: "And shall I wait, because they do not speak, because they stand still, and answer no more?"** (Job 32:16). **Rabbi Zeira** said that **Rav Ḥisda said:** The prohibition against conversing is derived **from here: "And the ears of all the people were attentive to the book of the law"** (Nehemiah 8:3). They were not listening to any other voice.

אמר רבא בר רב הונא: כיון שנפתח ספר תורה – אסור לספר אפילו בדבר הלכה, שנאמר: "ובפתחו עמדו כל העם", ואין עמידה אלא שתיקה, שנאמר: "והוחלתי כי לא ידברו כי עמדו לא ענו עוד". רבי זירא אמר רב חסדא, מהכא: "ואזני כל העם אל ספר התורה".

And Rabbi Yehoshua ben Levi says: Any priest who did not first **wash his hands**[H] **may not lift his hands** to recite the Priestly Benediction; **as it is stated: "Lift up [*se'u*] your hands in sanctity and bless the Lord"** (Psalms 134:2), which teaches that before reciting the benediction one must sanctify his hands by washing them.

ואמר רבי יהושע בן לוי: כל כהן שלא נטל ידיו לא ישא את כפיו, שנאמר: "שאו ידיכם קדש וברכו את ה'".

§ **Rabbi Elazar ben Shammua** was once **asked by his disciples: To what** do you attribute **your longevity? He said to them: In** all **my days, I never made a shortcut [*kappendarya*]**[L] through **a synagogue.**[H] **Nor did I** ever **stride over** the **heads of** the **sacred people,** i.e., I never stepped over people sitting in the study hall in order to reach my place, so as not to appear scornful of them. **And I never lifted my hands** for the Priestly Benediction **without** first reciting **a blessing.**

שאלו תלמידיו את רבי אלעזר בן שמוע: במה הארכת ימים? אמר להן: מימי לא עשיתי בית הכנסת קפנדריא, ולא פסעתי על ראשי עם קודש, ולא נשאתי כפי בלא ברכה.

The Gemara asks: **What blessing** does the priests recite[H] before the benediction? **Rabbi Zeira says** that **Rav Ḥisda says:** Blessed are You, Lord our God, King of the universe, **Who has sanctified us with the sanctity of Aaron and commanded us to bless His people, Israel, with love.**[N]

מאי מברך? אמר רבי זירא אמר רב חסדא: "אשר קדשנו בקדושתו של אהרן וצונו לברך את עמו ישראל באהבה".

NOTES

It is prohibited to converse even about a matter of *halakha* – אסור לספר אפילו בדבר הלכה: *Tosafot* and many other early commentaries, later commentaries, and halakhic authorities discuss the apparent contradiction between this *halakha* and the Gemara's story about Rav Sheshet, who would turn away from the Torah scroll and study. He reasoned: We are engaged in ours, the study of the Oral Torah, and they are engaged in theirs, listening to the Written Torah. The Rashbam explains that since Rav Sheshet turned away from the Torah scroll, he demonstrated that he was involved in something else and was therefore not subject to the prohibition against discussing other matters. Other commentaries explain that since Rav Sheshet was blind, he was exempt from participating in the public Torah reading and was permitted to be engaged with other matters. According to others, it is permitted to speak in a whisper (*Tosefot HaRosh*; *Sefer HaAgudda*). Alternatively, this prohibition applies only when there are not ten other men present who are listening to the reading (*Ba'al Halakhot Gedolot*). Another explanation is that this prohibition applies only where the custom is that the reader recites a blessing only at the beginning and at the end of the reading, as there is a concern that one who is talking will not hear the blessing after the reading (Meiri on *Berakhot*). However, according to most halakhic authorities, only someone who is constantly engaged in Torah study is permitted to do this, while it is prohibited for everyone else to do so.

To bless His people, Israel, with love – לברך את עמו ישראל באהבה: The question is raised in the *Be'er Sheva*: Where in the Torah is it taught that the benediction must be recited with love? The answer, based on the midrash, is that it is derived from the fact that the word "say" in the phrase: "Say to them" (Numbers 6:23), is written in full, including the letter *vav*. This teaches that the Priestly Benediction must not be recited haphazardly or in a rush; rather, it must be a full-hearted blessing. This is what is meant by the expression: With love.

LANGUAGE

Shortcut [*kappendarya*] – קפנדריא: The origin of this word appears to be the Latin term via compendaria, meaning shortcut, as in a shortcut through a courtyard or a house.

HALAKHA

Once a Torah scroll has been opened, etc. – כיון שנפתח ספר תורה וכו׳: Once the reader has begun reading from a Torah scroll, it is prohibited to speak, even about matters of Torah. According to the Rema and the Vilna Gaon, this is the *halakha* from the time the scroll has been opened, although the reading has not yet begun. One is permitted to speak in order to prevent a prohibition from being violated if this cannot be accomplished in any other way. There are authorities who permit quietly studying Torah, and others who permit this only to those who engage in Torah study all the time. According to the *Eliya Rabba*, with regard to this *halakha*, nobody nowadays is considered as having this status. However, one should not reprimand people who study by themselves during the reading.

During the public Torah reading, it is permitted for one to fulfill the requirement to read the Torah text of the weekly portion twice and the translation once. Some authorities maintain that even this is prohibited, as it is prohibited to engage in any activity during the Torah reading other than listening to it (*Peri Ḥadash*), unless one reads along with the reader word for word, so that he will still hear his reading (*Mishna Berura*). It is prohibited to speak even between the different sections of the reading, though the *Baḥ* rules leniently in this regard. So long as the Torah scroll is still open, one may not speak even after the reading has been completed (Rambam *Sefer Ahava*, *Hilkhot Tefilla* 12:9; *Shulḥan Arukh*, *Oraḥ Ḥayyim* 146:1–2).

Any priest who did not wash his hands, etc. – כל כהן שלא נטל ידיו וכו׳: A priest may not recite the Priestly Benediction without washing his hands, even if he already washed his hands upon getting up in the morning (*Shulḥan Arukh*). He must wash his entire hand with water up to the wrist, as is required before serving in the Temple (Rambam *Sefer Ahava*, *Hilkhot Tefilla* 15:5; *Shulḥan Arukh*, *Oraḥ Ḥayyim* 128:6).

I never made a shortcut through a synagogue – לא עשיתי בית הכנסת קפנדריא: It is prohibited to use a synagogue as a shortcut for getting from one place to another. If one needs to cut through a synagogue, he should sit for a short while in the synagogue and recite a verse or a *halakha*. It is permitted to pass through the synagogue without stopping to go to its courtyard (*Arukh HaShulḥan*). It is praiseworthy for one who enters a synagogue to pray to exit through an entrance other than the one he entered (Rambam *Sefer Ahava*, *Hilkhot Tefilla* 11:8; *Shulḥan Arukh*, *Oraḥ Ḥayyim* 151:5).

What blessing does the priest recite – מאי מברך: When the priests face the congregation to bless them, they first recite the following blessing: Blessed are You, Lord our God, King of the universe, Who has sanctified us with the sanctity of Aaron and commanded us to bless His people, Israel, with love (Rambam *Sefer Ahava*, *Hilkhot Tefilla* 14:12; *Shulḥan Arukh*, *Oraḥ Ḥayyim* 128:11).

כִּי עָקַר כַּרְעֵיהּ מַאי אָמַר? "יְהִי רָצוֹן מִלְּפָנֶיךָ ה׳ אֱלֹהֵינוּ, שֶׁתְּהֵא בְּרָכָה זוֹ שֶׁצִּוִּיתָנוּ לְבָרֵךְ אֶת עַמְּךָ יִשְׂרָאֵל, לֹא יְהֵא בָּהּ מִכְשׁוֹל וְעָוֹן". וְכִי מְהַדַּר אַפֵּיהּ מִצִּיבּוּרָא מַאי אָמַר? אַדְבְּרֵיהּ רַב חִסְדָּא לְרַב עוּקְבָא וְדָרַשׁ: "רִבּוֹנוֹ שֶׁל עוֹלָם, עָשִׂינוּ מַה שֶּׁגָּזַרְתָּ עָלֵינוּ, עֲשֵׂה עִמָּנוּ

The Gemara continues: When the priest **begins walking**[H] to the platform to recite the benediction, **what does he say?** The Gemara answers: **May it be Your will, Lord our God, that this blessing with which You have commanded us to bless Your people, Israel, shall not contain any stumbling block or iniquity.**[N] **And when** the benediction has been completed, **when he turns his face away from the congregation,**[H] **what does he say? Rav Ḥisda instructed Rav Ukva and taught** him that this is what he would say: **Master of the Universe, we have performed that which You decreed upon us. Do unto us**

NOTES

Stumbling block or iniquity – מִכְשׁוֹל וְעָוֹן: This expression seems to be out of place, as the priest recites the benediction in the exact wording that is required and says only positive words. Some commentaries explain that since the benediction is interpreted as a blessing of wealth, a person for whom this blessing is fulfilled might find that his newfound wealth brings with it spiritual trials (*Torat HaKenaot*). Others explain, based on the *Zohar*, that if there is a person in the congregation whom the priest hates, if he blesses him he may endanger himself. For this reason, the priest must pray that his blessing will not produce any stumbling block or iniquity (*Minḥa Ḥareva*).

HALAKHA

When the priest begins walking, etc. – כִּי עָקַר כַּרְעֵיהּ וכו׳: When the priests begin walking to ascend the platform, they say: May it be Your will, Lord our God, that this blessing with which You have commanded us to bless Your people, Israel, shall be a complete blessing, and shall not contain any stumbling block or iniquity from now and forever.

They prolong their recitation until the end of the blessing of the Temple service, so that the congregation answers amen to it along with the blessing (Rambam *Sefer Ahava*, *Hilkhot Tefilla* 14:12; *Shulḥan Arukh*, *Oraḥ Ḥayyim* 128:9).

When he turns his face away from the congregation – כִּי מְהַדַּר אַפֵּיהּ מִצִּיבּוּרָא: After the priests finish reciting the Priestly Benediction, the prayer leader continues with the blessing of: Grant peace. At this point, the priests turn away from the congregation toward the ark and pray: Master of the Universe, we have performed that which You decreed upon us; do unto us as You have promised. Look down from Your sacred holy habitation, from heaven, and bless Your people, Israel.

They prolong their recitation until the prayer leader finishes the blessing of: Grant peace, so that the congregation can answer amen to their prayer along with the blessing (Rambam *Sefer Ahava*, *Hilkhot Tefilla* 14:12; *Shulḥan Arukh*, *Oraḥ Ḥayyim* 128:15, and in the comment of Rema).

Perek **VII**
Daf **39** Amud **b**

מַה שֶּׁהִבְטַחְתָּנוּ, הַשְׁקִיפָה מִמְּעוֹן קָדְשְׁךָ מִן הַשָּׁמַיִם" וגו׳.

as You have promised us, namely: "So shall they put My name upon the children of Israel, and I will bless them" (Numbers 6:27). **"Look forth from your holy habitation, from heaven,** and bless Your people, Israel" (Deuteronomy 26:15).

אָמַר רַב חִסְדָּא: אֵין הַכֹּהֲנִים רַשָּׁאִים לָכוֹף קִישְׁרֵי אֶצְבְּעוֹתֵיהֶן עַד שֶׁיַּחְזְרוּ פְּנֵיהֶם מִן הַצִּבּוּר. אָמַר רַבִּי זֵירָא אָמַר רַב חִסְדָּא: אֵין הַקּוֹרֵא רַשַּׁאי לִקְרוֹת "כֹּהֲנִים" עַד שֶׁיִּכְלֶה "אָמֵן" מִפִּי הַצִּבּוּר;

§ **Rav Ḥisda says: The priests** who spread their hands open during the benediction **are not permitted to bend the joints of their fingers**[NH] **until they turn their faces away from the congregation** once they have completed the benediction. **Rabbi Zeira says** that **Rav Ḥisda says: The one who calls** the priests forward **is not permitted**[H] **to call out: Priests, until** the response **amen** to the blessing of thanksgiving **concludes from the mouths of the congregation,** in order to ensure that everyone will hear the voices of the priests.

HALAKHA

The priests are not permitted to bend the joints of their fingers – אֵין הַכֹּהֲנִים רַשָּׁאִים לָכוֹף קִישְׁרֵי אֶצְבְּעוֹתֵיהֶן: It is prohibited for the priests to bend their fingers while reciting the Priestly Benediction. Their fingers must be spread until they turn around to face the ark (Rambam *Sefer Ahava*, *Hilkhot Tefilla UVirkat Kohanim* 14:6; *Shulḥan Arukh*, *Oraḥ Ḥayyim* 128:16).

The one who calls the priests is not permitted, etc. – אֵין הַקּוֹרֵא רַשַּׁאי וכו׳: The one who calls the priests forward is not permitted to call out: Priests, until the congregation finishes answering amen to the blessing of thanksgiving. The priests are not permitted to begin their blessing until the caller finishes calling out: Priests. During the blessing itself, the congregation must wait for the priests to finish each verse before answering amen, and the priests must likewise wait for the congregation to finish answering amen before beginning the next verse. There is a discussion in the *Mishna Berura* concerning whether it is necessary to wait for the entire congregation or only for the majority to finish answering amen (Rambam *Sefer Ahava*, *Hilkhot Tefilla UVirkat Kohanim* 14:5; *Shulḥan Arukh*, *Oraḥ Ḥayyim* 128:18).

NOTES

To bend the joints of their fingers – לָכוֹף קִישְׁרֵי אֶצְבְּעוֹתָיו: This is the source for the *halakha* that the priests' fingers must be spread out while they are reciting the Priestly Benediction. Some of the *ge'onim* explain that the purpose is so that they appear to be shuddering in awe due to the Divine Presence that is resting upon them at this time. Another reason is that the priests would make a sign with their fingers to keep track of where they were in the blessing. The midrash and the *Pesikta deRav Kahana* teach that the priests create five spaces between their fingers, one space between the first two fingers and the second two fingers on each hand, one space between the thumb and first two fingers on each hand, and the space between the two thumbs, to allude to the revelation of the Divine Presence, as is expressed in the phrase in the verse (Song of Songs 2:9): "Peering through the lattice" (see *Tosefot HaRosh* and Abudirham).

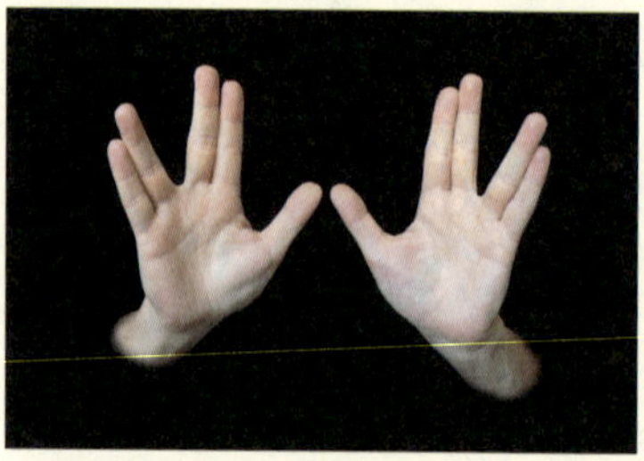

Position of the priests' hands during the Priestly Benediction

וְאֵין הַכֹּהֲנִים רַשָּׁאִין לְהַתְחִיל בִּבְרָכָה עַד שֶׁיִּכְלֶה דִּיבּוּר מִפִּי הַקּוֹרֵא; וְאֵין הַצִּבּוּר רַשָּׁאִין לַעֲנוֹת "אָמֵן" עַד שֶׁתִּכְלֶה בְּרָכָה מִפִּי הַכֹּהֲנִים; וְאֵין הַכֹּהֲנִים רַשָּׁאִין לְהַתְחִיל בִּבְרָכָה אַחֶרֶת עַד שֶׁיִּכְלֶה "אָמֵן" מִפִּי הַצִּבּוּר.

And for the same reason, **the priests are not permitted to begin** reciting **the benediction until the statement of the caller,** i.e., his announcement: Priests, **concludes from his mouth.**[N] **And the congregation is not permitted to answer amen until the blessing concludes from the mouths of the priests. And the priests are not permitted to begin** reciting **another blessing until** the response **amen** to the previous blessing **concludes from the mouths of the congregation.**

וְאָמַר רַבִּי זֵירָא אָמַר רַב חִסְדָּא: אֵין הַכֹּהֲנִים רַשָּׁאִין לְהַחֲזִיר פְּנֵיהֶם מִן הַצִּבּוּר עַד שֶׁיַּתְחִיל שְׁלִיחַ צִבּוּר בְּ"שִׂים שָׁלוֹם"; וְאֵינָן רַשָּׁאִין לַעֲקוֹר רַגְלֵיהֶם וְלֵילֵךְ עַד שֶׁיִּגְמוֹר שְׁלִיחַ צִבּוּר "שִׂים שָׁלוֹם".

And Rabbi Zeira says that **Rav Ḥisda says: The priests are not permitted to turn away**[H] **from the congregation** after they have completed the benediction **until the prayer leader begins** saying the blessing of: **Grant peace. And they are not permitted to uproot their feet and walk** away from the platform **until the prayer leader finishes** saying the blessing of: **Grant peace.**

וְאָמַר רַבִּי זֵירָא אָמַר רַב חִסְדָּא: אֵין הַצִּבּוּר רַשָּׁאִין לַעֲנוֹת "אָמֵן" עַד שֶׁתִּכְלֶה בְּרָכָה מִפִּי הַקּוֹרֵא; וְאֵין הַקּוֹרֵא רַשַּׁאי לִקְרוֹת בַּתּוֹרָה עַד שֶׁיִּכְלֶה "אָמֵן" מִפִּי הַצִּבּוּר; וְאֵין הַמְתַרְגֵּם רַשַּׁאי לְהַתְחִיל בַּתַּרְגּוּם עַד שֶׁיִּכְלֶה פָּסוּק מִפִּי הַקּוֹרֵא; וְאֵין הַקּוֹרֵא רַשַּׁאי לְהַתְחִיל בְּפָסוּק אַחֵר עַד שֶׁיִּכְלֶה תַּרְגּוּם מִפִּי הַמְתַרְגֵּם.

And in a similar vein, **Rabbi Zeira says** that **Rav Ḥisda says: The congregation is not permitted to answer amen** to the blessing recited over the Torah reading **until the blessing of the one reading** from the Torah **concludes from his mouth.**[H] **And the reader is not permitted to** begin **reading from the Torah until** the response **amen** to the preceding blessing **concludes from the mouths of the congregation. And the translator is not permitted**[H] **to begin the translation**[B] of the Torah reading **until** the reading of **the verse** from the Torah **concludes from the mouth of the reader. And the reader is not permitted to begin** reading **another verse until the translation concludes from the mouth of the translator.**

אָמַר רַבִּי תַּנְחוּם אָמַר רַבִּי יְהוֹשֻׁעַ בֶּן לֵוִי: הַמַּפְטִיר בַּנָּבִיא – צָרִיךְ שֶׁיִּקְרָא בַּתּוֹרָה תְּחִילָּה. וְאָמַר רַבִּי תַּנְחוּם אָמַר רַבִּי יְהוֹשֻׁעַ בֶּן לֵוִי: אֵין הַמַּפְטִיר רַשַּׁאי לְהַפְטִיר בַּנָּבִיא עַד שֶׁיִּגָּלֵל סֵפֶר תּוֹרָה.

Rabbi Tanḥum says that **Rabbi Yehoshua ben Levi says: The one who concludes with** a reading from **the Prophets** [*haftara*][H] **must first read** several verses **from the Torah.**[N] **And Rabbi Tanḥum says** that **Rabbi Yehoshua ben Levi says: The one who concludes is not permitted to conclude with** a reading from **the Prophets until the Torah scroll is furled.**[NH]

וְאָמַר רַבִּי תַּנְחוּם אָמַר רַבִּי יְהוֹשֻׁעַ בֶּן לֵוִי: אֵין שְׁלִיחַ צִבּוּר רַשַּׁאי לְהַפְשִׁיט אֶת הַתֵּיבָה בְּצִבּוּר, מִפְּנֵי כְּבוֹד צִבּוּר.

And Rabbi Tanḥum says that **Rabbi Yehoshua ben Levi says: The prayer leader is not permitted to uncover** the decorative covering[H] **of the ark in public, out of respect for the congregation.** It is inappropriate to have the congregation wait while doing this.

NOTES

Until the statement of the caller concludes from his mouth – שֶׁיִּכְלֶה דִּיבּוּר מִפִּי הַקּוֹרֵא: Rashi explains that this is referring to the prayer leader or someone else who calls out: Priests. Others explain that it is referring to the person who reads out loud the words of the Priestly Benediction for the priests to repeat. Accordingly, the Gemara states that the priests may not begin saying a word until this person finishes reading it to them (*Be'er Sheva*).

Must first read from the Torah – צָרִיךְ שֶׁיִּקְרָא בַּתּוֹרָה תְּחִילָּה: The Gemara in tractate *Megilla* explains that the one who concludes with a reading from the Prophets must first read several verses from the Torah out of respect for the Torah, so that is clear that there is nothing that is as important as the Torah itself.

Until the Torah scroll is furled – עַד שֶׁיִּגָּלֵל סֵפֶר תּוֹרָה: Rashi explains that this is so the person who is furling the scroll can also pay attention to the reading of the Prophets. An alternative explanation is that this is out of respect for the Torah, because if everyone listens immediately to the reading of the Prophets, the Torah scroll might be forgotten and left unfurled. Another reason that the Torah scroll must first be furled is so that the person reading from the Prophets does not appear to reciting a blessing over the Torah (*Be'er Sheva*).

BACKGROUND

Translation – תַּרְגּוּם: During the times of the Gemara and for many generations that followed, the custom was for an appointed translator to translate the Torah reading in the synagogue into Aramaic, verse by verse. The translation that was used was *Targum Onkelos*. Some early authorities insisted that this custom be continued even once most people no longer understood Aramaic. Nowadays, no congregation retains this custom, with the exception of the Yemenite Jews, who still translate the Torah reading into Aramaic.

HALAKHA

The priests are not permitted to turn away, etc. – אֵין הַכֹּהֲנִים רַשָּׁאִין לְהַחֲזִיר פְּנֵיהֶם וכו׳: The priests are not permitted to turn and face the ark until the prayer leader begins reciting the blessing of: Grant peace. They must stand in place without uprooting their feet until the prayer leader concludes this blessing. Some say that they must wait until the congregation has finished answering amen after this blessing. The Rema writes that this is the custom (Rambam *Sefer Ahava, Hilkhot Tefilla UVirkat Kohanim* 14:6; *Shulḥan Arukh, Oraḥ Ḥayyim* 128:16).

Until the blessing of the one reading concludes from his mouth – עַד שֶׁתִּכְלֶה בְּרָכָה מִפִּי הַקּוֹרֵא: The congregation may not answer amen until the person reading from the Torah finishes his blessing, and he in turn may not begin reading from the Torah until the congregation has finished answering amen (Rambam *Sefer Ahava, Hilkhot Tefilla UVirkat Kohanim* 12:6; *Shulḥan Arukh, Oraḥ Ḥayyim* 141:5).

The translator is not permitted – אֵין הַמְתַרְגֵּם רַשַּׁאי: The person who translates the Torah in the synagogue may not begin translating a verse until the reader finishes reading it, and the reader in turn must wait for the translator to finish before beginning the next verse (Rambam *Sefer Ahava, Hilkhot Tefilla UVirkat Kohanim* 12:11; *Shulḥan Arukh, Oraḥ Ḥayyim* 145:1).

The one who concludes with a reading from the Prophets – הַמַּפְטִיר בַּנָּבִיא: The person who is called up to read from the Prophets must first read from the Torah. It is enough for him to read only three verses. Usually he reads the last few verses of the Torah portion that was just read (Rambam *Sefer Ahava, Hilkhot Tefilla UVirkat Kohanim* 12:13; *Shulḥan Arukh, Oraḥ Ḥayyim* 282:4).

Until the Torah scroll is furled – עַד שֶׁיִּגָּלֵל סֵפֶר תּוֹרָה: The person who is called up to read from the Prophets may not begin reciting the blessing on the *haftara* until the Torah scroll has been completely furled, so that the one who is furling the Torah scroll can listen attentively to the reading of the *haftara*. The custom is to wait until the covering has been placed over the Torah scroll (Rambam *Sefer Ahava, Hilkhot Tefilla UVirkat Kohanim* 12:13; *Shulḥan Arukh, Oraḥ Ḥayyim* 147:7, 284:6; see *Peri Megadim*).

The prayer leader is not permitted to uncover the covering – אֵין שְׁלִיחַ צִיבּוּר רַשַּׁאי לְהַפְשִׁיט: The prayer leader may not remove the decorative covering of the ark as long as the congregation is in the synagogue (*Shulḥan Arukh, Oraḥ Ḥayyim* 148:1).

ואמר רבי תנחום אמר רבי יהושע בן לוי: אין הצבור רשאין לצאת עד שינטל ספר תורה ויניח במקומו; ושמואל אמר: עד שיצא.

And Rabbi Tanḥum says that Rabbi Yehoshua ben Levi says: The congregation is not permitted to leave[H] the synagogue after the Torah reading **until the Torah scroll has been taken**[NB] **and** prepared to be **returned to its place,** as the Torah scroll used to be stored near the synagogue. **And Shmuel said:** They may not leave **until** the Torah scroll is actually **taken out** of the synagogue, out of respect for the Torah scroll.

ולא פליגי: הא דאיכא פיתחא אחרינא, הא דליכא פיתחא אחרינא. אמר רבא, בר אהינא אסברה לי: "אחרי ה׳ אלהיכם תלכו".

The Gemara comments: **And they do not disagree** about the *halakha*. Rather, they were discussing different situations. **This** statement of Rabbi Yehoshua ben Levi is referring to a case **where there is another exit.** When the Torah scroll is being taken out of one exit, people may leave through the other exit. However, **that** statement of Shmuel is referring to a case **where there is no other exit,** and therefore the congregation must wait until the Torah is carried out. **Rava said:** The Sage **bar Ahina explained to me** that this *halakha* is derived from the verse: **"After the Lord your God you shall walk"** (Deuteronomy 13:5),[N] meaning that one must walk after the Torah scroll and not in front of it.

בזמן שהכהנים מברכים את העם, מה הן אומרים? אמר רבי זירא אמר רב חסדא: "ברכו ה׳ מלאכיו גברי כח וגו׳, ברכו ה׳ כל צבאיו משרתיו עושי רצונו, ברכו ה׳ כל מעשיו בכל מקמות ממשלתו ברכי נפשי את ה׳".

§ The Gemara continues to discuss the Priestly Benediction. **When the priests are blessing the people, what do** the people **say? Rabbi Zeira says that Rav Ḥisda says:** For each blessing that the priests recite, they respond with a blessing from Bible: **"Bless the Lord, His angels, mighty in strength** that fulfill His word, hearkening unto the voice of His word" (Psalms 103:20), **"Bless the Lord, all of His hosts, His ministers that do His pleasure"** (Psalms 103:21), and **"Bless the Lord, all of His works, in all places of His dominion, bless the Lord, O my soul"** (Psalms 103:22).

במוספי דשבתא מה הן אומרים? אמר רבי אסי: "שיר המעלות הנה ברכו את ה׳ כל עבדי ה׳" וגו׳, "שאו ידיכם קדש וברכו את ה׳", "ברוך ה׳ מציון שוכן ירושלם הללויה".

When the priests ascend a second time to bless the congregation **during the additional prayer of Shabbat, what do** the people **say?** It is not appropriate for them to repeat the same verses of praise that they recited previously. **Rabbi Asi said:** They say: **"A song of ascents. Behold, bless you the Lord, all you servants of the Lord,** that stand in the house of the Lord in the night seasons" (Psalms 134:1), **"Lift up your hands in sanctity and bless the Lord"** (Psalms 134:2), and **"Blessed be the Lord out of Zion, Who dwells at Jerusalem. Hallelujah"** (Psalms 135:21).

ולימא נמי: "יברכך ה׳ מציון", דכתיב בההוא ענינא! אמר יהודה בריה דרבי שמעון בן פזי: מתוך שהתחיל בברכותיו של הקדוש ברוך הוא, מסיים בברכותיו של הקדוש ברוך הוא.

The Gemara asks: **And let them also say** the third verse that appears right after the first two blessings: **"The Lord shall bless you out of Zion"** (Psalms 134:3), **as it is written in that** same **matter. Yehuda, son of Rabbi Shimon ben Pazi, says: Since** they **began with blessings of the Holy One, Blessed be He,** they must **end with a blessing of the Holy One, Blessed be He,** rather than reciting this verse, which is a blessing for the Jewish people.

במנחתא דתעניתא מאי אמרי? אמר רב אחא בר יעקב: "אם עונינו ענו בנו ה׳ עשה למען שמך", "מקוה ישראל מושיעו בעת צרה למה תהיה כגר בארץ" וגו׳, "למה תהיה כאיש נדהם כגבור לא יוכל להושיע" וגו׳.

The Gemara asks: When the priests ascend to recite the Priestly Benediction **during the afternoon prayer of a fast day, what do** the people **say? Rav Aḥa bar Ya'akov said:** They say: **"Though our iniquities testify against us, O Lord, work for Your name's sake"** (Jeremiah 14:7), **"The Hope of Israel, its savior in times of trouble, why should You be a stranger in the land** and as a wayfaring man that turns aside to tarry for a night?" (Jeremiah 14:8), and **"Why should You be like a man overcome, as a mighty man who cannot save?** Yet You, O Lord, are in the midst of us, and Your name is called upon us; leave us not" (Jeremiah 14:9).

HALAKHA

The congregation is not permitted to leave, etc. – אין הצבור רשאין לצאת וכו׳: The congregation may not leave the synagogue until the Torah scroll has been put away. However, an individual may leave as long as the majority of the congregation is present (Rema). When the Torah scroll is housed in another building, if the synagogue has only one exit, the congregation must wait until it is taken out and escort the Torah scroll to the place where it is kept. If there are two exits, it is permitted to leave the synagogue through the exit through which the Torah scroll will not be taken out. However, the congregation must still escort the Torah scroll to the place where it is kept. The Rema adds that when the Torah scroll is being carried to the ark, everyone in its path must escort it until it is returned to the ark (Rambam *Sefer Ahava, Hilkhot Tefilla UVirkat Kohanim* 12:24; *Shulḥan Arukh, Oraḥ Ḥayyim* 149:1).

NOTES

Until the Torah scroll has been taken – עד שינטל ספר תורה: The Rif quotes the opinion of the *ge'onim* that this is also the *halakha* when the Torah scroll remains in the synagogue. In any event, it is not respectful to the Torah scroll to leave the synagogue before it has been returned to its proper place.

After the Lord your God you shall walk – אחרי ה׳ אלהיכם תלכו: Because of this verse, several *ge'onim* maintain that one should move a bit from one's place to escort the Torah scroll as it is being carried away from the platform and returned to its place (Meiri; *Kiryat Sefer*).

BACKGROUND

Until the Torah scroll has been taken – עד שינטל ספר תורה: It seems from several discussions in the Gemara that oftentimes, and especially in villages, the synagogue was located at a significant distance from the city. In these cases, the Torah scroll was not kept in the synagogue's ark. Rather, for security, it was kept in a specially designated, closed room somewhat near the synagogue. Perhaps this was necessary because the synagogue was often kept open, with people coming in and out of it throughout the day, or because it was also used as a house of study or a school for children. Therefore, there was concern that someone would enter and steal the Torah scroll.

בִּנְעִילָה דְּיוֹמָא דְּכִיפּוּרֵי מַאי אָמַר? אָמַר מָר זוּטְרָא, וְאָמְרִי לַהּ בְּמַתְנִיתָא: ״הִנֵּה כִי כֵן יְבֹרַךְ גָּבֶר יְרֵא ה׳״, ״יְבָרֶכְךָ ה׳ מִצִּיּוֹן וּרְאֵה בְּטוּב יְרוּשָׁלָיִם כֹּל יְמֵי חַיֶּיךָ״, ״וּרְאֵה בָנִים לְבָנֶיךָ שָׁלוֹם עַל יִשְׂרָאֵל״.	**During the closing prayer** [*ne'ila*] **of Yom Kippur,** which also includes the Priestly Benediction, **what do** the people **say? Mar Zutra says, and some say** that this was taught **in a *baraita*: "Behold, surely thus shall the man who fears the Lord be blessed"** (Psalms 128:4), **"The Lord shall bless you out of Zion, and you shall see the good of Jerusalem all the days of your life"** (Psalms 128:5), and **"And see your children's children. Peace be upon Israel"** (Psalms 128:6).
הֵיכָן אוֹמְרָן? רַב יוֹסֵף אָמַר: בֵּין כׇּל בְּרָכָה וּבְרָכָה; וְרַב שֵׁשֶׁת אָמַר: בְּהַזְכָּרַת הַשֵּׁם.	The Gemara asks: **Where does** the congregation **say** these verses during the Priestly Benediction? **Rav Yosef says:** They are said **between each and every blessing. And Rav Sheshet says:** They are said **during the mention of the name** of God in each of the three blessings.
פְּלִיגִי בָּהּ רַב מָרִי וְרַב זְבִיד – חַד אָמַר: פְּסוּקָא לְקָבֵל פְּסוּקָא, וְחַד אָמַר: אַכָּל פְּסוּקָא אָמַר לְהוּ לְכוּלְּהוּ.	**Rav Mari and Rav Zevid disagree about** this matter. **One says:** The congregation recites one **verse** at a time, **corresponding to** the **verse** that the priests recite. **And one says: For every** single **verse** that the priests recite, the congregation **says all** three verses.
אָמַר רַבִּי חִיָּיא בַּר אַבָּא: כׇּל הָאוֹמְרָן בַּגְּבוּלִין אֵינוֹ אֶלָּא טוֹעֶה. אָמַר רַבִּי חֲנִינָא בַּר פָּפָּא: תֵּדַע דְּבַמִּקְדָּשׁ נַמִי לָא מִיבָּעֵי לְמֵימְרִינְהוּ, כְּלוּם יֵשׁ לְךָ עֶבֶד שֶׁמְּבָרְכִין אוֹתוֹ וְאֵינוֹ מַאֲזִין?	**Rabbi Ḥiyya bar Abba says: Anyone who recites** these verses **in the outlying areas,** i.e., outside the Temple, **is nothing other than mistaken** in his practice. **Rabbi Ḥanina bar Pappa said:** You should **know that in the Temple also** people **should not recite** these verses. **Do you have a servant who is being blessed and does not listen**[NH] to the blessing, but rather speaks at the same time?
אָמַר רַבִּי אַחָא בַּר חֲנִינָא: תֵּדַע דְּבַגְּבוּלִין נַמִי מִיבָּעֵי לְמֵימְרִינְהוּ, כְּלוּם יֵשׁ עֶבֶד שֶׁמְּבָרְכִין אוֹתוֹ וְאֵין מַסְבִּיר פָּנִים? אָמַר רַבִּי אַבָּהוּ: מֵרֵישׁ הֲוָה אָמֵינָא לְהוּ. כֵּיוָן דַּחֲזֵינָא לֵיהּ לְרַבִּי אַבָּא דְּמִן עַכּוֹ דְּלָא אָמַר לְהוּ, אֲנָא נַמִי לָא אָמֵינָא לְהוּ.	Conversely, **Rabbi Aḥa bar Ḥanina says:** You should **know that in the outlying areas one is also required to say** these verses. **Is there a servant who is being blessed and his face does not brighten?** Therefore, one must recite these verses to give thanks for receiving the Priestly Benediction. **Rabbi Abbahu**[P] **says: At first, I would recite** these verses, but **since I saw that Rabbi Abba of Akko**[P] **does not say them, I also do not recite them** anymore.
וְאָמַר רַבִּי אַבָּהוּ: מֵרֵישׁ הֲוָה אָמֵינָא עִינְוְתָנָא אֲנָא. כֵּיוָן דַּחֲזֵינָא לֵיהּ לְרַבִּי אַבָּא דְּמִן עַכּוֹ דַּאֲמַר אִיהוּ חַד טַעְמָא וַאֲמַר אָמוֹרֵיהּ חַד טַעְמָא וְלָא קָפֵיד, אָמֵינָא: לָאו עִינְוְתָנָא אֲנָא.	**And Rabbi Abbahu says: At first, I would say** to myself that **I was humble. Since I saw that Rabbi Abba of Akko himself stated one reason** for a matter, **and his interpreter stated one** other **reason** of his own rather than delivering the reason that Rabbi Abba stated, **and** yet Rabbi Abba **did not mind, I say** to myself that **I am not humble.**
וּמַאי עִינְוְתָנוּתֵיהּ דְּרַבִּי אַבָּהוּ? דְּאָמְרָה לַהּ דְּבֵיתְהוּ דְּאָמוֹרֵיהּ דְּרַבִּי אַבָּהוּ לִדְבֵיתְהוּ דְּרַבִּי אַבָּהוּ: הָא דִּידַן לָא צְרִיךְ לֵיהּ לְדִידָךְ, וְהַאי דְּגָחֵין וְזָקֵיף עֲלֵיהּ, יְקָרָא בְּעָלְמָא הוּא דְּעָבֵיד לֵיהּ. אֲזַלָא דְּבֵיתְהוּ וְאָמְרָה לֵיהּ לְרַבִּי אַבָּהוּ. אֲמַר לַהּ: וּמַאי נָפְקָא לִיךְ מִינַּהּ? מִינִּי וּמִינֵּיהּ יִתְקַלַּס עִילָּאָה.	The Gemara asks: **And what was the humility of Rabbi Abbahu?** The Gemara relates **that Rabbi Abbahu's interpreter's wife said to Rabbi Abbahu's wife: This one of ours,** i.e., my husband, **has no need for your** husband Rabbi Abbahu, as he could teach everything on his own. **And** the fact **that he bends over** to listen to Rabbi Abbahu, **and** then **stands up above him,** and repeats his words to the congregants **is merely to show respect for him.**[N] Rabbi Abbahu's **wife went and told** this **to Rabbi Abbahu. He said to her: And what difference does it make to you? Through me and through him the One above will be exalted,** and it does not matter which one of us is teaching.

NOTES

Do you have a servant who is being blessed and does not listen – כְּלוּם יֵשׁ לְךָ עֶבֶד שֶׁמְּבָרְכִין אוֹתוֹ וְאֵינוֹ מַאֲזִין: *Tosafot* raise a difficulty with the statement that one should not recite verses during the Priestly Benediction: The Sages created a prayer for ameliorating a bad dream, to be recited during the Priestly Benediction. They answer that reciting this prayer is permitted because the person who had a bad dream is in distress. Also, since the prayer concerning a bad dream is connected to the Priestly Benediction, as it seeks that the blessing be implemented with regard to the dream, it is not considered to be speaking about a separate matter. This is not true if one recites other verses that are not linked to the words of the blessing (*Be'er Sheva*, citing Maharil).

Is merely to show respect for him – יְקָרָא בְּעָלְמָא הוּא דְּעָבֵיד לֵיהּ: It seems that Rashi and the *Ein Ya'akov* have a different version of the text, which reads: Respect for the kingdom. Accordingly, the disseminator's wife explained that he showed respect for Rabbi Abbahu due to the latter's ties with the government and not because of his wisdom in Torah.

HALAKHA

Do you have a servant who is being blessed and does not listen – כְּלוּם יֵשׁ לְךָ עֶבֶד שֶׁמְּבָרְכִין אוֹתוֹ וְאֵינוֹ מַאֲזִין: One must remain silent and may not recite any verses while the priests are reciting their blessing, in accordance with the opinion of Rabbi Ḥiyya and Rabbi Abbahu. The Rema writes that in a place where the custom is that the priests sing during the blessing, it is customary for the congregation to recite verses during their singing, but it is still better not to recite anything. It is explained in the *Magen Avraham* and the *Taz* that if one recites verses, he should do so only while the prayer leader is calling out the words of the blessing to the priests. Others say that one should refrain from this as well, and it is the custom in many communities, including those who follow the customs of the Vilna Gaon and Chabad, not to say anything at all during the Priestly Benediction (Rambam *Sefer Ahava, Hilkhot Tefilla UVirkat Kohanim* 14:7; *Shulḥan Arukh, Oraḥ Ḥayyim* 128:26).

PERSONALITIES

Rabbi Abbahu – רַבִּי אַבָּהוּ: Rabbi Abbahu lived in the city of Caesarea and was very influential with the Roman authorities. Although he did not have an official position, he acted as the representative of the Jewish community. The house of the emperor referred to here is apparently the palace located in the city of Caesarea, where Rabbi Abbahu had an independent yeshiva.

Rabbi Abba of Akko – רַבִּי אַבָּא דְּמִן עַכּוֹ: An *amora* of Eretz Yisrael of the third generation of *amora'im*, Rabbi Abba may have been the leading Sage in the city of Akko at some point, but he then moved to the neighboring city of Caesarea. As the Gemara relates here, Rabbi Abba was impoverished and in debt, and Rabbi Abbahu's attempts to make him the head of the yeshiva were apparently not successful. He engaged in halakhic discourse with Rabbi Zeira, Rabbi Abbahu, and another Sage known as Rabbi Abba. Not many of his rulings have been preserved.

וְתוּ, רַבִּי אַבָּהוּ אִימְנוּ רַבָּנַן עֲלֵיהּ לְמִמְנְיֵיהּ בְּרֵישָׁא. כֵּיוָן דְּחַזְיֵיהּ לְרַבִּי אַבָּא דְּמִן עַכּוֹ דִּנְפִישִׁי לֵיהּ בַּעֲלֵי חוֹבוֹת, אֲמַר לְהוּ: אִיכָּא רַבָּה.

And furthermore, in another example of his humility, **the Sages were counted** and reached a decision **to appoint Rabbi Abbahu to be the head** of the yeshiva. **Since he saw that Rabbi Abba of Akko had many creditors** and was impoverished, he attempted to get him out of debt. **He said to them: There is** a man who is **greater** than me, Rabbi Abba.

רַבִּי אַבָּהוּ וְרַבִּי חִיָּיא בַּר אַבָּא אִיקְּלְעוּ לְהַהוּא אַתְרָא. רַבִּי אַבָּהוּ דָּרַשׁ בְּאַגַּדְתָּא, רַבִּי חִיָּיא בַּר אַבָּא דָּרַשׁ בִּשְׁמַעְתָּא. שַׁבְקוּהּ כּוּלֵּי עָלְמָא לְרַבִּי חִיָּיא בַּר אַבָּא וַאֲזוּל לְגַבֵּיהּ דְּרַבִּי אַבָּהוּ. חֲלַשׁ דַּעְתֵּיהּ. אֲמַר לֵיהּ: אֶמְשׁוֹל לְךָ מָשָׁל, לְמָה הַדָּבָר דּוֹמֶה? לִשְׁנֵי בְּנֵי אָדָם, אֶחָד מוֹכֵר אֲבָנִים טוֹבוֹת וְאֶחָד מוֹכֵר מִינֵי סִידְקִית, עַל מִי קוֹפְצִין? לֹא עַל זֶה שֶׁמּוֹכֵר מִינֵי סִידְקִית?

The Gemara relates another example of his humility: **Rabbi Abbahu and Rabbi Ḥiyya bar Abba happened** to come **to a certain place. Rabbi Abbahu taught** matters of ***aggada***, and at the same time **Rabbi Ḥiyya bar Abba taught *halakha*. Everyone left Rabbi Ḥiyya bar Abba and went to Rabbi Abbahu,** and Rabbi Ḥiyya **was offended.** Rabbi Abbahu **said to him,** to appease him: **I will tell you a parable: To what is this matter comparable?** It is comparable **to two people, one who sells precious stones and one** who **sells small items** [***sidkit***].[L] **Upon whom do** the customers **spring? Don't** they spring **upon the one who sells small items?** Similarly, you teach lofty and important matters that do not attract many people. Everyone comes to me because I teach minor matters.

כָּל יוֹמָא הֲוָה מְלַוֶּה רַבִּי חִיָּיא בַּר אַבָּא לְרַבִּי אַבָּהוּ עַד אוּשְׁפִּיזֵיהּ, מִשּׁוּם יְקָרָא דְּבֵי קֵיסָר. הַהוּא יוֹמָא אַלְוְיֵיהּ רַבִּי אַבָּהוּ לְרַבִּי חִיָּיא בַּר אַבָּא עַד אוּשְׁפִּיזֵיהּ. וַאֲפִילּוּ הָכִי לָא אִיתּוֹתַב דַּעְתֵּיהּ מִינֵּיהּ.

The Gemara relates that **every day Rabbi Ḥiyya bar Abba would escort Rabbi Abbahu to his lodging place** [***ushpizei***][L] **out of respect for the house of the emperor,** with which Rabbi Abbahu was associated. On **that day, Rabbi Abbahu escorted Rabbi Ḥiyya bar Abba to his lodging place, and even so,** Rabbi Ḥiyya bar Abba's **mind was not at ease with** Rabbi Abbahu and he felt insulted.

בִּזְמַן שֶׁשְּׁלִיחַ צִבּוּר אוֹמֵר ״מוֹדִים״, הָעָם מָה הֵם אוֹמְרִים? אָמַר רַב: ״מוֹדִים אֲנַחְנוּ לָךְ ה׳ אֱלֹהֵינוּ עַל שֶׁאָנוּ מוֹדִים לָךְ״; וּשְׁמוּאֵל אָמַר: ״אֱלֹהֵי כָּל בָּשָׂר עַל שֶׁאָנוּ מוֹדִים לָךְ״; רַבִּי סִימָאי אוֹמֵר: ״יוֹצְרֵנוּ יוֹצֵר בְּרֵאשִׁית עַל שֶׁאָנוּ מוֹדִים לָךְ״; נְהַרְדָּעֵי אָמְרִי מִשְּׁמֵיהּ דְּרַבִּי סִימָאי: ״בְּרָכוֹת וְהוֹדָאוֹת לְשִׁמְךָ הַגָּדוֹל עַל שֶׁהֶחֱיִיתָנוּ וְקִיַּימְתָּנוּ עַל שֶׁאָנוּ מוֹדִים לָךְ״; רַב אַחָא בַּר יַעֲקֹב מְסַיֵּים בָּהּ הָכִי: ״כֵּן תְּחַיֵּינוּ וּתְחָנֵּנוּ, וּתְקַבְּצֵנוּ וְתֶאֱסוֹף גָּלִיּוֹתֵינוּ לְחַצְרוֹת קָדְשֶׁךָ, לִשְׁמוֹר חוּקֶּיךָ וְלַעֲשׂוֹת רְצוֹנְךָ בְּלֵבָב שָׁלֵם, עַל שֶׁאָנוּ מוֹדִים לָךְ״.

§ The Gemara returns to discuss the response of the congregants to certain parts of the prayer service. **While the prayer leader is reciting** the blessing of: **We give thanks,**[N] **what do the people say? Rav says** that they say: **We give thanks to You, Lord our God, for** the merit of **giving thanks to You. And Shmuel says** that one should say: **God of all** living **flesh, for** the merit of **giving thanks to You. Rabbi Simai says** that one should say: **Our Creator, Who created** everything **in the beginning, for** the merit of **giving thanks to You.** The **Sages of Neharde'a**[B] **say in the name of Rabbi Simai** that one should say: We offer **blessings and praises to Your great name, for You have given us life and sustained us, for giving thanks to You. Rav Aḥa bar Ya'akov** would **finish** the blessing **as follows: So may You give us life, and show us favor, and collect us, and gather our exiles into Your sacred courtyards, in order to observe Your laws and to fulfill Your will wholeheartedly, for giving thanks to You.**

אָמַר רַב פָּפָּא: הִילְכָּךְ נֵימְרִינְהוּ לְכוּלְּהוּ.

Rav Pappa said: These Sages each added a different element to the prayer. **Therefore, we should** combine them together and **recite all of them.**[HN]

LANGUAGE

Small items [*sidkit*] **– סִידְקִית:** In this context, this term refers to small, inexpensive items, e.g., needles. There is a common term *maḥat sidkit*, which refers to a small sewing needle, as opposed to larger needles that are used to sew bags and other items. It is explained in the *Arukh* that this type of needle carries that appellation because it is used to sew up holes and cracks [*sedakim*].

The origin of the term *sidkit* may come from the fact that small items such as these are sold in small stores that are like cracks or holes in the wall. However, others explain that this name is derived from the word *sarakit*, saraceni in Latin, which refers to a nomadic Arabian tribe, as during the talmudic period members of this tribe had small booths set up where they used to sell objects such as these. Another version of the word, *sitkit*, is found in the *Arukh*.

Lodging place [*ushpiza*] **– אוּשְׁפִּיזָא:** From the Middle Persian term aspinj, meaning hotel or hospitality.

BACKGROUND

The Sages of Neharde'a – נְהַרְדָּעֵי: The Gemara states elsewhere that anonymous statements attributed to the Sages of Neharde'a refer to statements of Rav Ḥama of Neharde'a, who served as the head of the yeshiva of Neharde'a for several years following the passing of Rav Naḥman bar Yitzḥak. Apparently, Rav Ḥama was related to the family of the Exilarch and for a time served as his official scholar. It is also possible that he is the same Rav Ḥama who met with the king of Persia and discussed Torah matters with him.

HALAKHA

Therefore we should recite all of them – הִילְכָּךְ נֵימְרִינְהוּ לְכוּלְּהוּ: While the prayer leader is reciting the blessing of thanksgiving, the congregation says: We give thanks to You, the God of all living flesh…blessed be the God of thanksgiving. This is in accordance with the opinion of Rav Pappa, that all of the versions should be incorporated (Rambam *Sefer Ahava, Hilkhot Tefilla UVirkat Kohanim* 9:4; *Shulḥan Arukh, Oraḥ Ḥayyim* 127:1).

NOTES

While the prayer leader is reciting the blessing of: We give thanks – בִּזְמַן שֶׁשְּׁלִיחַ צִיבּוּר אוֹמֵר מוֹדִים: The reason that the congregation recites a prayer at this time is to acknowledge the great merit of being able to give thanks to God (*Devar Shaul*). The *ge'onim* write that the congregation's prayer immediately follows the prayer leader's blessing and is somewhat of an addition to it. The version in the Jerusalem Talmud and in the writings of several halakhic authorities closes with a full blessing: Blessed are You, Lord, the God of thanks. According to this version, it can be understood why the congregation does not need to listen to the recitation of the prayer leader; they recite their own blessing. It is also possible that the congregation is expected to listen to the prayer leader while reciting their blessing. It is stated in the Jerusalem Talmud that this blessing is recited in an undertone, and therefore it does not obstruct one's ability to hear the blessing of the prayer leader. Furthermore, the congregants can finish their prayer before the prayer leader and then answer amen to his blessing (*Devar Shaul*).

We should recite all of them – נֵימְרִינְהוּ לְכוּלְּהוּ: In *Masoret HaShas* it is explained that this reflects Rav Pappa's approach in other discussions (see *Berakhot* 59–60), where he rules that several opinions of the early Sages should be combined. Since this prayer is a combination of statements from several Sages, it is called: The Sages' blessing of thanksgiving (*Beit Yosef*). The name can also be explained as follows: Since the uneducated people did not know how to recite the prayers on their own and had to listen closely to the words of the prayer leader, this congregation's blessing of thanksgiving could be recited only by the scholars (*Eshel Avraham*).

Perek **VII**
Daf **40** Amud **b**

אָמַר רַבִּי יִצְחָק: לְעוֹלָם תְּהֵא אֵימַת צִבּוּר עָלֶיךָ, שֶׁהֲרֵי כֹּהֲנִים פְּנֵיהֶם כְּלַפֵּי הָעָם וַאֲחוֹרֵיהֶם כְּלַפֵּי שְׁכִינָה.

§ **Rabbi Yitzḥak says: The awe of the public should always be upon you,** i.e., one must always treat the public courteously. **As** when the **priests** bless the people they **face the people and their backs are toward the Divine Presence,** out of respect for the congregation.

רַב נַחְמָן אֲמַר, מֵהָכָא: "וַיָּקָם דָּוִיד הַמֶּלֶךְ עַל רַגְלָיו וַיֹּאמֶר שְׁמָעוּנִי אַחַי וְעַמִּי". אִם "אַחַי" לָמָּה "עַמִּי", וְאִם "עַמִּי" לָמָּה "אַחַי"? אָמַר רַבִּי אֶלְעָזָר, אָמַר לָהֶם דָּוִד לְיִשְׂרָאֵל: אִם אַתֶּם שׁוֹמְעִין לִי – אַחַי אַתֶּם, וְאִם לָאו – עַמִּי אַתֶּם, וַאֲנִי רוֹדֶה אֶתְכֶם בְּמַקֵּל.

Rav Naḥman said that this principle is derived **from here:**[N] **"Then King David stood up upon his feet, and said: Hear me, my brethren, and my people"** (1 Chronicles 28:2). Evidently, King David stood up to address the people rather than remain seated. **If** he said "**my brethren,**" why did he say "**my people**"? **And if** he said "**my people**" why did he say "**my brethren**"? **Rabbi Elazar says: David said to the Jewish people: If you listen to me, you are my brethren. And if** you do **not** listen to me willingly, **you are my people** and I am your king, **and I will rule over you** by force **with a staff.** This shows that if the nation acted properly, David would relate to them respectfully.

רַבָּנַן אָמְרִי, מֵהָכָא: דְּאֵין הַכֹּהֲנִים רַשָּׁאִין לַעֲלוֹת בְּסַנְדְּלֵיהֶן לַדּוּכָן, וְזֶהוּ אַחַת מִתֵּשַׁע תַּקָּנוֹת שֶׁהִתְקִין רַבָּן יוֹחָנָן בֶּן זַכַּאי; מַאי טַעְמָא? לָאו מִשּׁוּם כְּבוֹד צִבּוּר? אֲמַר רַב אַשִׁי: לָא, הָתָם שֶׁמָּא נִפְסְקָה לוֹ רְצוּעָה בְּסַנְדָּלוֹ וַהֲדַר אָזֵיל לְמִיקְטְרֵיהּ, וְאָמְרִי: בֶּן גְּרוּשָׁה אוֹ בֶּן חֲלוּצָה הוּא.

The Sages say that the importance of showing respect for the congregation is derived **from here:** The *halakha* is **that the priests are not permitted to ascend the platform** to recite the benediction **in their sandals,**[H] as is taught in a *baraita*. **And this** *halakha* **is one of nine ordinances that Rabban Yoḥanan ben Zakkai instituted. What is the reason** for this ordinance? **Is it not out of respect for the congregation,** as it would be disrespectful for the priests to display their dirty sandals in front of the congregants? **Rav Ashi said: No,** this is not the reason. **There,** in the *baraita*, the reason is a concern **lest a strap of his sandal break, and he** will therefore **return** to his place **to go tie it** and not ascend the platform in time for the benediction, **and** people will **say** that he was removed from the platform because he is disqualified from the priesthood, as he **is the son of** a priest and **a divorced woman or the son of** a priest and a ***ḥalutza*.**

"וּבַמִּקְדָּשׁ בְּרָכָה אַחַת" כו׳.

§ It is taught in the mishna: **And in the Temple,** the priests recite the three verses as **one blessing.**

וְכָל כָּךְ לָמָּה? לְפִי שֶׁאֵין עוֹנִין "אָמֵן" בַּמִּקְדָּשׁ.

The Gemara asks: **And why** does the practice in the Temple differ **so much** from outside the Temple? **Because one does not answer amen in the Temple,**[N] and therefore there is no pause between the blessings.

תָּנוּ רַבָּנַן: מִנַּיִן שֶׁאֵין עוֹנִין "אָמֵן" בַּמִּקְדָּשׁ? שֶׁנֶּאֱמַר: "קוּמוּ בָּרְכוּ אֶת ה׳ אֱלֹהֵיכֶם מִן הָעוֹלָם עַד הָעוֹלָם". וּמִנַּיִן שֶׁעַל כָּל בְּרָכָה וּבְרָכָה תְּהִלָּה? שֶׁנֶּאֱמַר: "וִיבָרְכוּ שֵׁם כְּבֹדֶךָ וּמְרוֹמַם עַל כָּל בְּרָכָה וּתְהִלָּה", עַל כָּל בְּרָכָה וּבְרָכָה תֵּן לוֹ תְּהִלָּה.

The Sages taught: From where is it derived **that one does not answer amen in the Temple? As it is stated: "Stand up and bless the Lord, your God, from everlasting to everlasting"** (Nehemiah 9:5). This blessing is recited instead of amen in the Temple. **And from where** is it derived **that for each and every blessing** in the Temple the people respond with these words of **praise? As it is stated: "And let them say: Blessed be Your glorious name, which is exalted above all blessing and praise"** (Nehemiah 9:5). This verse indicates that **for each and every blessing,** you should **give Him praise.**[N] However, those present do not respond amen.

NOTES

Rav Naḥman said that this principle is derived from here, etc. – רַב נַחְמָן אֲמַר מֵהָכָא וכו׳: According to Rashi, Rav Naḥman's proof is David's use of the term "brethren," which shows respect for the people. The Meiri as well as the Maharsha explain that the proof is from the fact that King David stood up in honor of the people. Accordingly, the subsequent interpretation of the phrase "my brethren and my people" is a separate matter that is mentioned here tangentially.

HALAKHA

The priests are not permitted to ascend the platform in their sandals – אֵין הַכֹּהֲנִים רַשָּׁאִין לַעֲלוֹת בְּסַנְדְּלֵיהֶן לַדּוּכָן: Ezra decreed that the priests must remove their shoes before ascending the platform. However, they need not remove their socks. Some rule stringently if the socks are made from leather (Rema). The custom is for the priests to remove their shoes for the Priestly Benediction, and while it would be preferable for the priests to be barefoot, the Mishna Berura notes that the custom is for the priests to leave on their socks to recite the blessing (Rambam *Sefer Ahava, Hilkhot Tefilla UVirkat Kohanim* 14:6; *Shulḥan Arukh, Oraḥ Ḥayyim* 128:5).

NOTES

Because one does not answer amen in the Temple – לְפִי שֶׁאֵין עוֹנִין אָמֵן בַּמִּקְדָּשׁ: The Maharsha explains that according to kabbalistic tradition one answers amen because the numerical value of its letters, 91, is equal to the sum of the numerical value of the Tetragrammaton, 26, and the name of Lordship, 65, and outside the Temple the name of Lordship is uttered instead of the Tetragrammaton. However, in the Temple, where the name of God itself is pronounced as it is written, it is not necessary to answer amen. It can also be explained that the word amen connotes acceptance and faith and is a prayer that the blessing will be accepted and come to fruition. This need not be said in the Temple, where the Divine Presence dwells.

Tosafot ask: Given that the Gemara (*Yoma* 35b) teaches that in the Temple, those hearing a blessing would say: Blessed be the name of His glorious kingdom forever and all time, how can the Gemara here state that the fact that those present did not answer amen means that there is no interruption between the blessings? They answer that since these words of praise are recited immediately upon hearing the name of God, they are recited in the middle and not at the end of the blessings. It is explained in *Tosefot Yom Tov* that although: Blessed be the name of His glorious kingdom forever and all time, is recited after most blessings in the Temple, it is not recited after the Priestly Benediction, as that is a blessing for the Jewish people and not for God.

For each and every blessing give Him praise – עַל כָּל בְּרָכָה וּבְרָכָה תֵּן לוֹ תְּהִלָּה: It seems from Rashi's commentary and from the Rambam (*Sefer Zemanim, Hilkhot Ta'anit* 4:15) that after each blessing in the Temple, the people would answer: Blessed be the name of His glorious kingdom forever and all time. However, elsewhere the Rambam writes that after the Priestly Benediction the people would answer: Blessed be the Lord, God, God of Israel, from eternity to eternity (*Sefer Ahava, Hilkhot Tefilla* 14:9).

מתני׳ בְּרָכוֹת כֹּהֵן גָּדוֹל כֵּיצַד? חַזַּן הַכְּנֶסֶת נוֹטֵל סֵפֶר תּוֹרָה וְנוֹתְנָהּ לוֹ לְרֹאשׁ הַכְּנֶסֶת, וְרֹאשׁ הַכְּנֶסֶת נוֹתְנָהּ לַסְּגָן, וְהַסְּגָן נוֹתְנָהּ לְכֹהֵן גָּדוֹל.

MISHNA How are **the blessings of the High Priest**[NH] recited on Yom Kippur? **The synagogue attendant**[B] **takes a Torah scroll and gives it to the head of the synagogue**[B] that stands on the Temple Mount, **and the head of the synagogue gives it to the deputy** High Priest, **and the deputy** High Priest **gives it to the High Priest.**

וְכֹהֵן גָּדוֹל עוֹמֵד וּמְקַבֵּל וְקוֹרֵא ״אַחֲרֵי מוֹת״ וְ״אַךְ בֶּעָשׂוֹר״, וְגוֹלֵל אֶת הַתּוֹרָה וּמַנִּיחָהּ בְּחֵיקוֹ, וְאוֹמֵר: יָתֵר מִמַּה שֶּׁקָּרִיתִי לִפְנֵיכֶם כָּתוּב כָּאן. ״וּבֶעָשׂוֹר״ שֶׁבְּחוּמַּשׁ הַפְּקוּדִים קוֹרֵא עַל פֶּה.

And the High Priest stands; and receives the Torah scroll; and **reads** the Torah portion beginning with the verse: **"After the death"** (Leviticus 16:1–34), **and** the portion beginning with the verse: **"But on the tenth"** (Leviticus 23:26–32); **and furls the Torah** scroll; **and places it on his bosom; and says: More than what I have read before you is written here. He** then **reads by heart** the portion beginning with: **"And on the tenth," from the book of Numbers** (see 29:7–11).

וּמְבָרֵךְ עָלֶיהָ שְׁמֹנֶה בְּרָכוֹת: עַל הַתּוֹרָה, וְעַל הָעֲבוֹדָה, וְעַל הַהוֹדָיָיה, וְעַל מְחִילַת הֶעָוֹן, וְעַל הַמִּקְדָּשׁ, וְעַל יִשְׂרָאֵל, וְעַל הַכֹּהֲנִים, וְעַל יְרוּשָׁלַיִם, וְהַשְּׁאָר תְּפִלָּה.

And after the reading the High Priest **recites** the following **eight blessings:** A blessing **concerning the Torah,**[N] **and concerning** the Temple **service, and concerning thanksgiving, and concerning forgiveness for iniquity, and concerning the Temple, and concerning the Jewish people, and concerning the priests, and concerning Jerusalem, and the rest of the prayer.**

גמ׳ שָׁמְעַתְּ מִינַּהּ: חוֹלְקִין כָּבוֹד לְתַלְמִיד בִּמְקוֹם הָרַב.

GEMARA The Gemara suggests: **You can learn from** the fact that the head of the synagogue and the deputy High Priest receive the Torah scroll before the High Priest that **honor may be given to a student in the presence of the teacher.**[H] Although the High Priest is considered everyone's teacher and master, honor was nevertheless extended to other individuals in his presence without fear of impugning the High Priest's honor.

אָמַר אַבָּיֵי: כּוּלָּהּ מִשּׁוּם כְּבוֹדוֹ דְּכֹהֵן גָּדוֹל הוּא.

Abaye said: A proof may not be adduced from here. Usually one does not show honor for a student in the presence of the teacher, but here the **entire** process **is for the honor of the High Priest.** The passing of the Torah scroll to people of increasing importance demonstrates that the High Priest is considered the most important of all those present.

״וְכֹהֵן גָּדוֹל עוֹמֵד וּמְקַבֵּל וְקוֹרֵא״ וכו׳. ״עוֹמֵד״, מִכְּלָל דְּיוֹשֵׁב הוּא? וְהָאָמַר מָר: אֵין יְשִׁיבָה בָּעֲזָרָה אֶלָּא לְמַלְכֵי בֵית דָּוִד בִּלְבַד, שֶׁנֶּאֱמַר: ״וַיָּבֹא הַמֶּלֶךְ דָּוִד וַיֵּשֶׁב לִפְנֵי ה׳ וַיֹּאמֶר מִי אָנֹכִי״ וגו׳!

It is stated in the mishna: **And the High Priest stands, and receives** the Torah scroll, **and reads** from it. The Gemara asks: From the fact that he stands, it can be understood **by inference** that until that point **he** had been **sitting. But didn't the Master say** (*Tosefta*, *Sanhedrin* 4:4) that **sitting in the** Temple **courtyard**[NH] is permitted **only for kings from the house of David, as it is stated: "Then King David went in, and sat before the Lord; and he said: Who am I,** O Lord God, and what is my house, that You have brought me thus far?" (II Samuel 7:18).

HALAKHA

The blessings of the High Priest – בְּרָכוֹת כֹּהֵן גָּדוֹל: When the High Priest comes to read from the Torah on Yom Kippur, he sits in the women's courtyard and all of the people stand before him. The synagogue attendant who serves on the Temple Mount takes a Torah scroll and gives it to the head of the synagogue, who then hands it to the deputy High Priest, who hands it to the High Priest himself. The High Priest receives the Torah scroll while standing and reads the portions beginning with the phrases "after the death of the two sons of Aaron" and "but on the tenth day of this seventh month" from the book of Leviticus. He then furls the Torah scroll and holds it in his bosom, and says: More than what I have read before you is written here. He then recites by heart the passage of "and on the tenth" from Numbers.

Before he begins reading, he recites the blessing that is recited in the synagogue before reading from the Torah. After he finishes reading, he recites the blessing recited after reading from the Torah and adds the following seven blessings: (1) the blessing of the Temple service; (2) the blessing of thanksgiving; (3) the prayer of: Forgive us, our Father, for we have sinned, concluding with: Who forgives the iniquities of His people, the house of Israel, with compassion; (4) a blessing that the Temple should remain standing and that the Divine Presence should dwell within it, concluding with: Who dwells in Zion; (5) a blessing for the Jewish people that God should redeem them and not abandon them, which closes with: Who chooses Israel; (6) a blessing that the priests' service and actions should find favor before God, which closes with: Who sanctifies the priests; (7) a standard prayer of supplication and request, concluding with: Lord, redeem Your people, Israel, for Your people, Israel, are in need of redemption. Blessed be You, Lord, Who hears prayer (Rambam *Sefer Avoda*, *Hilkhot Avodat Yom HaKippurim* 3:10–11).

Honor may be given to a student in the presence of the teacher – חוֹלְקִין כָּבוֹד לְתַלְמִיד בִּמְקוֹם הָרַב: One may not show honor for a student in the presence of his teacher, unless his teacher also shows him honor. The *Taz*, citing Rabbeinu Simḥa, notes that if the teacher is himself honored by his students being honored by others, then one may honor his students (Rambam *Hilkhot Talmud Torah* 5:8; *Shulḥan Arukh*, *Yoreh De'a* 242:21).

Sitting in the Temple courtyard – יְשִׁיבָה בָּעֲזָרָה: It is prohibited for one to sit in the Temple courtyard, with the exception of kings from the house of David (Rambam *Sefer Avoda*, *Hilkhot Beit HaBeḥira* 7:7).

NOTES

The blessings of the High Priest – בְּרָכוֹת כֹּהֵן גָּדוֹל: In *Tosefot HaRosh* it is pointed out that the Gemara offers no source for the *halakha* that these blessings must be recited in Hebrew. It is explained that perhaps the blessings are recited in Hebrew due to the special sanctity of Yom Kippur. Others explain that the expression: The blessings of the High Priest, does not refer to his blessings but rather to his reading of the Torah, which must certainly be in Hebrew, as it is read from a Torah scroll (*Tosefot Yom Tov*).

A blessing concerning the Torah – עַל הַתּוֹרָה: Rashi and other commentaries ask: Since there is also the standard blessing recited before the Torah is read, there should be nine blessings in total. Rashi answers that the Gemara is referring only to the eight blessings that are recited after the Torah reading. Other commentaries explain that although the wording of the blessings that are recited before and after the Torah reading are different from one another, they are considered to be a single unit and are therefore counted as one (see Meiri).

Sitting in the Temple courtyard – יְשִׁיבָה בָּעֲזָרָה: Some explain that the reason for this *halakha* is to show respect for the Temple. In addition, the expressions used in the Bible to describe the Temple service emphasize standing, such as: "To stand to serve" (Deuteronomy 18:5), and: "Who stand in the house of the Lord" (Jeremiah 28:5). Other commentaries claim that the verses that speak of Eli the priest sitting in the Temple courtyard show that this prohibition did not always exist; rather, it was instituted to honor the kingship of the house of David (see I Samuel 1:9; *Be'er Sheva*).

BACKGROUND

The synagogue attendant [*ḥazzan hakkeneset*] – חַזַּן הַכְּנֶסֶת: The word *ḥazzan* means primarily an attendant. Some say that it is derived from the root *ḥet*, *zayin*, *heh*, meaning seeing. In other words, a *ḥazzan* is one who watches over the synagogue and attends to its needs. Similarly, there were attendants in large study halls and courthouses who fulfilled this duty. In certain synagogues, the synagogue attendant also tutored young children or supervised their independent learning. He presumably would also lead prayer services, which is why over time this title was applied to a regular prayer leader.

The head of the synagogue – רֹאשׁ הַכְּנֶסֶת: The role of head of the synagogue continued for many generations and was called ἀρχισυνάγωγος, *archisunagogos*, in Greek. The head was in charge of the synagogue and oftentimes served as the leader of the community as well. It was a position of honor, and the one who held it wielded authority over the community or at least over those who prayed in his synagogue. In some places, the head of the synagogue had an honorary chair. During the Second Temple period, there was a synagogue on the Temple Mount. The Torah scrolls were kept there, and people would pray the regular communal prayers there.

כְּדְאָמַר רַב חִסְדָּא: בְּעֶזְרַת נָשִׁים, הָכָא נַמִי בְּעֶזְרַת נָשִׁים.

The Gemara answers: **As Rav Ḥisda said** in a similar context: This took place not in the Israelite courtyard, where the prohibition against sitting applies, but **in the women's courtyard. Here, too,** the reading was **in the women's courtyard,** where it is permitted to sit, as it does not have the sanctified status of the Temple itself.

מֵיתִיבִי: וְהֵיכָן קוֹרִין בּוֹ? בָּעֲזָרָה; רַבִּי אֱלִיעֶזֶר בֶּן יַעֲקֹב אוֹמֵר: בְּהַר הַבַּיִת, שֶׁנֶּאֱמַר:

The Gemara **raises an objection** from a *baraita* (*Tosefta* 7:13): **And where does** the High Priest **read** from the Torah scroll? He reads from it **in the** Temple **courtyard. Rabbi Eliezer ben Ya'akov says:** He reads from it **on the Temple Mount, as it is stated:**

Perek **VII**
Daf **41** Amud **a**

NOTES

One may skip when reading in the Prophets – מְדַלְּגִין בַּנָּבִיא: Rashi explains that it is permitted for one to skip passages in the Prophets but not in the Torah because the Torah describes the practical observance of mitzvot. It is possible that the listeners will either become distracted or confused when passages are skipped in the Torah and will not hear the relevant information.

However, if one is reading about a single topic and skips passages in a manner that does not create a recognizable interruption, the listeners will not become confused, and therefore it is permitted. It is also reasoned that the reading from the Prophets does not require the same degree of respect as the reading from the Torah, which teaches mitzvot and not only matters of prophecy and rebuke.

HALAKHA

One may skip sections in the Prophets – מְדַלְּגִין בַּנָּבִיא: One may skip sections when reading the *haftara* from the Prophets, but one may not skip sections when reading from the Torah. This is true if the two portions read from the Torah discuss two different topics, as there is a concern that the congregation will be confused. However, it is permitted to skip sections when both portions pertain to a single topic. When reading from the Prophets, it is permitted to skip even when both portions pertain to a different topic (Rambam *Sefer Ahava, Hilkhot Tefilla* 12:8; *Shulḥan Arukh, Oraḥ Ḥayyim* 144:1).

Such short length that the translator will not conclude – בִּכְדֵי שֶׁלֹּא יִפְסוֹק הַתּוּרְגְּמָן: One may skip a section during the Torah reading only if the delay caused is of such short length that the translator will still not conclude his translation (Rambam *Sefer Ahava, Hilkhot Tefilla* 12:13, citing *Ba'al Halakhot Gedolot*).

״וַיִּקְרָא בוֹ לִפְנֵי הָרְחוֹב אֲשֶׁר לִפְנֵי שַׁעַר הַמַּיִם״; אָמַר רַב חִסְדָּא: בְּעֶזְרַת נָשִׁים.

"And he read there before the broad place that was before the Gate of the Water" (Nehemiah 8:3). According to this opinion, the High Priest would read from the Torah in the Temple courtyard. **Rav Ḥisda says** in response: The *baraita* also means that the reading takes place **in the women's courtyard.**

״וְקוֹרֵא אַחֲרֵי מוֹת וְאַךְ בֶּעָשׂוֹר״. וּרְמִינְהִי: מְדַלְּגִין בַּנָּבִיא וְאֵין מְדַלְּגִין בַּתּוֹרָה!

§ It is taught in the mishna that the High Priest receives the Torah scroll **and reads** the Torah portion beginning with the verse: **"After the death"** (Leviticus 16:1), **and** the portion beginning with the verse: **"But on the tenth"** (Leviticus 23:26). Since these two portions are not adjacent to each other, the High Priest skips the section between the two portions. The Gemara **raises a contradiction** from a mishna (*Megilla* 24a): **One may skip** sections when reading the *haftara* **in the Prophets,**[NH] **but one may not skip** sections when reading **in the Torah.**

אָמַר אַבָּיֵי, לָא קַשְׁיָא: כָּאן בִּכְדֵי שֶׁיִּפְסוֹק הַתּוּרְגְּמָן, כָּאן בִּכְדֵי שֶׁלֹּא יִפְסוֹק הַתּוּרְגְּמָן.

Abaye said: This is **not difficult. There,** in the mishna in tractate *Megilla* that teaches that one may not skip, the intention is that one should not skip if the sections are so far apart from one another that the delay caused by doing so will be **of such length that the translator** who recites the Aramaic translation **will conclude** his translation before the next section is reached. However, in the case of the mishna **here,** it is permitted to skip verses because the two passages are in close proximity to one another. The delay caused is **of such** short **length that the translator will** still **not conclude**[H] his translation.

וְהָא עֲלַהּ קָתָנֵי: מְדַלְּגִין בַּנָּבִיא וְאֵין מְדַלְּגִין בַּתּוֹרָה. וְעַד כַּמָּה מְדַלְּגִין? עַד כְּדֵי שֶׁלֹּא יִפְסוֹק הַתּוּרְגְּמָן; מִכְּלָל דְּבַתּוֹרָה כְּלָל כְּלָל לָא!

The Gemara challenges this resolution: **But isn't it taught about** this mishna in a *baraita*: **One may skip** sections when reading **in the Prophets, but one may not skip** sections when reading **in the Torah. And how much may one skip** from one passage to another **in the Prophets?** One may skip when the section skipped is **of such** short **length that** when the furling of the scroll is completed **the translator will** still **not have concluded** his translation. **By inference,** when reading **in the Torah** one may **not** skip **at all.**

אֶלָּא אָמַר אַבָּיֵי, לָא קַשְׁיָא: כָּאן בְּעִנְיָן אֶחָד, כָּאן בִּשְׁנֵי עִנְיָנִין;

Rather, Abaye said another explanation: This is **not difficult.** In the mishna **here,** it is permitted to skip because both passages pertain **to a single topic. There,** in the mishna in tractate *Megilla* that teaches that one may not skip, the *halakha* is referring to a case where the passages pertain **to two** different **topics.**

וְהָתַנְיָא: מְדַלְּגִין בַּתּוֹרָה בְּעִנְיָן אֶחָד, וּבַנָּבִיא – בִּשְׁנֵי עִנְיָנִין, וְכָאן וְכָאן בִּכְדֵי שֶׁלֹּא יִפְסוֹק הַתּוּרְגְּמָן.

And this is **as it is taught** in a *baraita*: **One may skip** sections when reading **in the Torah** when both sections pertain **to a single topic, and in the Prophets** one may skip from one section to another even if they pertain **to two** different **topics. And** both **here and there,** one may skip only **when** the section skipped is **of such** short **length that** when the furling of the scroll is completed **the translator will** still **not have concluded** his translation.

וְאֵין מְדַלְּגִין מִנָּבִיא לְנָבִיא, וּבַנָּבִיא שֶׁל שְׁנֵים עָשָׂר מְדַלְּגִין, וּבִלְבַד שֶׁלֹּא יְדַלֵּג מִסּוֹף הַסֵּפֶר לִתְחִילָּתוֹ.

And one may not skip from one book of the **Prophets to** another book of the **Prophets,**[H] even if both pertain to the same topic. **But among** the books **of the Twelve Prophets**[N] **one may skip, provided that one does not skip from the end of the book to its beginning.**[H] Rather, if one wishes to read from several of the Twelve Prophets, he must read the passages in the order that they are written.

״וְגוֹלֵל אֶת הַתּוֹרָה וּמַנִּיחָהּ בְּחֵיקוֹ״ כו׳. וְכָל כָּךְ לָמָּה? שֶׁלֹּא לְהוֹצִיא לַעַז עַל סֵפֶר תּוֹרָה.

§ It is taught in the mishna: **And he furls the Torah** scroll, **and places it on his bosom,** and says: More than what I have read before you is written here. The Gemara comments: **And why** must he say **all of this?** It is **so as to not cast aspersions on** the **Torah scroll,** because people might think the portion that he read by heart is not written there.

״וּבֶעָשׂוֹר שֶׁבְּחוּמַּשׁ הַפְּקוּדִים קוֹרֵא עַל פֶּה״. וְלִיכְרְכֵיהּ לַסֵּפֶר וְלִיקְרֵי! אָמַר רַב הוּנָא בַּר יְהוּדָה אָמַר רַב שֵׁשֶׁת: לְפִי שֶׁאֵין גּוֹלְלִין סֵפֶר תּוֹרָה בְּצִבּוּר.

It is stated in the mishna that **he reads by heart** the portion beginning with: **"And on the tenth," from the book of Numbers** (29:7–11). The Gemara asks: **But let him furl the** Torah **scroll**[N] to that portion **and read** it from the text. **Rav Huna bar Yehuda says** that **Rav Sheshet says:** This is not done **because one may not furl**[N] **a Torah scroll in public,**[H] out of respect for the congregation.

וְלֵיתֵי סֵפֶר תּוֹרָה אַחֲרִינָא וְלִיקְרֵי! רַב הוּנָא בַּר יְהוּדָה אָמַר: מִשּׁוּם פְּגָמוֹ שֶׁל רִאשׁוֹן; רַבִּי שִׁמְעוֹן בֶּן לָקִישׁ אָמַר: לְפִי שֶׁאֵין מְבָרְכִין בְּרָכָה שֶׁאֵינָהּ צְרִיכָה.

The Gemara asks: **But** why not **let them bring another Torah scroll** that has previously been furled to that portion **and read** from it? **Rav Huna bar Yehuda says:** People might then mistakenly think that the second scroll was brought **due to a flaw** that was found **in the first** scroll.[H] **Rabbi Shimon ben Lakish says:** Another scroll is not brought **because** then the High Priest will need to recite an additional blessing over it, and **one may not recite a blessing that is unnecessary.**

וּמִי חָיְישִׁינַן לִפְגָמָא? וְהָאָמַר רַבִּי יִצְחָק נַפָּחָא: רֹאשׁ חֹדֶשׁ טֵבֵת שֶׁחָל לִהְיוֹת בְּשַׁבָּת – מֵבִיא שָׁלֹשׁ תּוֹרוֹת, וְקוֹרֵא אַחַת מֵעִנְיָינוֹ שֶׁל יוֹם, וְאַחַת שֶׁל רֹאשׁ חֹדֶשׁ, וְאַחַת בְּשֶׁל חֲנוּכָּה!

The Gemara questions Rav Huna bar Yehuda's answer: **But are we** really **concerned that** people will think that there is **a flaw** in the first scroll? **But didn't Rabbi Yitzḥak Nappaḥa say:** When **the New Moon of Tevet,** which always occurs during Hanukkah, **occurs on Shabbat, one brings three Torah** scrolls. **And he reads from one** scroll **the topic of the day,** i.e., the weekly portion; **and** from **one** scroll the portion **of the New Moon; and** from **one** scroll the portion **of Hanukkah.** It is apparent from the statement of Rabbi Yitzḥak Nappaḥa that many Torah scrolls may be used, and there is no concern that people will mistakenly think that one or more has a flaw.

תְּלָתָא גַּבְרֵי בִּתְלָתָא סִיפְרֵי לֵיכָּא פְּגָמָא; חַד גַּבְרָא בִּתְרֵי סִיפְרֵי אִיכָּא פְּגָמָא.

The Gemara answers: When **three men** read **from three scrolls, there is no** concern that people will think that one of the scrolls has **a flaw,** since people assume that it is befitting for each individual to read from his own scroll. However, when **one man** reads **from two** different Torah **scrolls, there is** a concern that people will think that the first scroll has **a flaw,** and they will not realize that this was done only to avoid forcing the community to wait while the scroll is furled.

HALAKHA

One may not skip from one book of the Prophets to another book of the Prophets – אֵין מְדַלְּגִין מִנָּבִיא לְנָבִיא: When reading from the Prophets, one may not skip from one book of Prophets to another, unless one is reading from the book of the Twelve Prophets. However, the *Mishna Berura* notes that contemporary halakhic authorities rule that since the custom in most congregations is to read without a translator, and since the readings from the Prophets are printed in their own book, nowadays it is permitted to skip from one book of Prophets to another during the reading (Rambam *Sefer Ahava, Hilkhot Tefilla* 12:13; *Shulḥan Arukh, Oraḥ Ḥayyim* 144:1).

Provided that one does not skip from the end of the book to its beginning – וּבִלְבַד שֶׁלֹּא יְדַלֵּג מִסּוֹף הַסֵּפֶר לִתְחִילָּתוֹ: In a situation where it is permitted to skip sections during the reading, this is permitted only so long as the passages are read in the proper order. It is prohibited to start at the end of a book and then return to the beginning. Nowadays, there is a dispute with regard to whether or not this prohibition is relevant. Some authorities rule that it is prohibited to skip from the end of a book to its beginning under any circumstances (*Magen Avraham*), while the *Peri Megadim* permits it when reading about a single topic within a single book of the Prophets (Rambam *Sefer Ahava, Hilkhot Tefilla* 12:13; *Shulḥan Arukh, Oraḥ Ḥayyim* 144:1).

One may not furl a Torah scroll in public – אֵין גּוֹלְלִין סֵפֶר תּוֹרָה בְּצִבּוּר: It is prohibited to furl a Torah scroll in public out of respect for the congregation, so that the congregation will not have to wait while it takes place. However, if there is only a single Torah scroll and it is necessary to read two different passages, the reading takes precedence and it is permitted to furl the scroll (Rambam *Sefer Ahava, Hilkhot Tefilla* 12:23; *Shulḥan Arukh, Oraḥ Ḥayyim* 144:3).

Due to a flaw that was found in the first scroll – מִשּׁוּם פְּגָמוֹ שֶׁל רִאשׁוֹן: It is prohibited to call up the same person to read from two different Torah scrolls, because it can cause people to mistakenly believe that a flaw was found in the first scroll. Therefore, it is prohibited to call up the same person to read the last portion in one Torah scroll and then to read the concluding verses that are read from a different Torah scroll. If someone was called up to read any portion other than the last one from the first Torah scroll, according to the *Magen Avraham* it is permitted to call him up to read the concluding verses that are read from the Torah from a different scroll. The *Baḥ* and others prohibit this. However, on Simḥat Torah, for several reasons it is permitted to call up a person to restart the Torah reading cycle from Genesis even if he was already called up to read from Deuteronomy (*Eliya Rabba*). It is permitted to call up three different people to read from three different scrolls, and there is no concern that people will mistakenly believe that a flaw was found in one of the scrolls (Rambam *Sefer Ahava, Hilkhot Tefilla* 12:23 and *Sefer Avoda, Hilkhot Avodat Yom HaKippurim* 3:10; *Shulḥan Arukh, Oraḥ Ḥayyim* 144:4).

NOTES

But among the books of the Twelve Prophets – וּבַנָּבִיא שֶׁל שְׁנֵים עָשָׂר: Although each book is of a different prophet, they are considered a single book in the Jewish canon. For this reason, it is permitted to skip from one to the other.

But let him furl the Torah scroll – וְלִיכְרְכֵיהּ לַסֵּפֶר: The following question is raised in *Tosefot HaRosh* and *Tosefot Yom Tov* on tractate *Yoma*: Previously, the Gemara had stated that one may not skip a section during the Torah reading. How can it now suggest furling the scroll and skipping to a distant section? In *Tosefot HaRosh*, it is explained that if the reader skips from one topic to another, even without a pause, it can create confusion among the listeners. However, if the listeners see that someone is rolling the Torah scroll, they understand that he is moving to another topic. They will remain attentive and not become distracted. For this reason, were it permitted to furl the Torah scroll in public, it would also be permitted to skip from one topic to another.

One may not furl, etc. – אֵין גּוֹלְלִין וכו׳: The *ge'onim* rule in accordance with the Jerusalem Talmud that if it is necessary to read two different topics, the scroll must be furled forward to the next passage. This can occur, for example, if the concluding verses read from the Torah pertain to the season, e.g., a festival, and are not part of the weekly portion, and there is no other Torah scroll available. However, it is preferable to do so privately and not in the presence of the congregation.

״וּמְבָרֵךְ עָלֶיהָ שְׁמוֹנֶה בְּרָכוֹת״ כּו׳. תָּנוּ רַבָּנַן: [מְבָרְכִין] עַל הַתּוֹרָה כְּדֶרֶךְ שֶׁמְּבָרְכִין בְּבֵית הַכְּנֶסֶת, וְעַל הָעֲבוֹדָה וְעַל הַהוֹדָאָה וְעַל מְחִילַת עָוֹן כְּתִיקְנָן, עַל הַמִּקְדָּשׁ בִּפְנֵי עַצְמוֹ, וְעַל הַכֹּהֲנִים בִּפְנֵי עַצְמָן, עַל יִשְׂרָאֵל בִּפְנֵי עַצְמָן, וְעַל יְרוּשָׁלַיִם בִּפְנֵי עַצְמָהּ.

§ It is taught in the mishna: **And after the reading the High Priest recites eight blessings. The Sages taught** that these are the eight blessings: **He recites a blessing concerning the Torah in the** usual **way one recites** a blessing in **the synagogue, and** he recites the three blessings **concerning the** Temple **service, and concerning thanksgiving, and concerning forgiveness for iniquity,** and all are recited **in accordance with their established forms** in the *Amida* prayer. He recites the blessing **concerning the Temple in and of itself,** the blessing **concerning the priests in and of itself,** the blessing **concerning the Jewish people in and of itself, and** the blessing **concerning Jerusalem in and of itself.**

״וְהַשְּׁאָר תְּפִלָּה״. תָּנוּ רַבָּנַן: הַשְּׁאָר תְּפִלָּה תְּחִנָּה רִנָּה וּבַקָּשָׁה שֶׁעַמְּךָ יִשְׂרָאֵל צְרִיכִין לִיוָּשַׁע, וְחוֹתֵם בְּ״שׁוֹמֵעַ תְּפִלָּה״. מִכָּאן וְאֵילָךְ, כׇּל אֶחָד וְאֶחָד מֵבִיא סֵפֶר תּוֹרָה מִתּוֹךְ בֵּיתוֹ וְקוֹרֵא בּוֹ. וְכׇל כָּךְ לָמָּה? כְּדֵי לְהַרְאוֹת חֲזוּתוֹ לָרַבִּים.

With regard to the end of the mishna, which states: **And the rest of the prayer, the Sages taught:** The text of **the rest of the prayer** is as follows: **A supplication,**[N] **a song, and a request that Your people, Israel, are in need of redemption. And he concludes** the blessing **with:** Blessed are You, Lord, **the One Who hears prayer. From this** point **forward, each and every person** present **brings a Torah scroll from his home and reads from it. And why** do all these people bring their personal Torah scrolls? Everyone brings his own **in order to show** its beautiful **appearance to the public,** as a way of showing fondness for the mitzva.

מתני׳ פָּרָשַׁת הַמֶּלֶךְ כֵּיצַד? מוֹצָאֵי יוֹם טוֹב הָרִאשׁוֹן שֶׁל חַג בַּשְּׁמִינִי בְּמוֹצָאֵי שְׁבִיעִית, עוֹשִׂין לוֹ בִּימָה שֶׁל עֵץ בָּעֲזָרָה וְהוּא יוֹשֵׁב עָלֶיהָ, שֶׁנֶּאֱמַר: ״מִקֵּץ שֶׁבַע שָׁנִים בְּמֹעֵד״ וגו׳.

MISHNA How is **the portion of** the Torah that is read **by the king**[N] recited[H] at the assembly, when all the Jewish people would assemble? At **the conclusion of the first day of the festival** of *Sukkot*, **on the eighth,** after **the conclusion of the Sabbatical Year, they make a wooden platform for** the king[H] **in the** Temple **courtyard, and he sits on it, as it is stated: "At the end of every seven years, in the Festival** of the Sabbatical Year" (Deuteronomy 31:10).

חַזַּן הַכְּנֶסֶת נוֹטֵל סֵפֶר תּוֹרָה וְנוֹתְנָהּ לְרֹאשׁ הַכְּנֶסֶת, וְרֹאשׁ הַכְּנֶסֶת נוֹתְנָהּ לַסְּגָן, וְהַסְּגָן נוֹתְנָהּ לְכֹהֵן גָּדוֹל, וְכֹהֵן גָּדוֹל נוֹתְנָהּ לַמֶּלֶךְ, וְהַמֶּלֶךְ עוֹמֵד וּמְקַבֵּל וְקוֹרֵא יוֹשֵׁב.

The synagogue attendant takes a Torah scroll and gives it to the head of the synagogue that stands on the Temple Mount. **And the head of the synagogue gives it to the deputy** High Priest, **and the deputy** High Priest **gives it to the High Priest, and the High priest gives it to the king. And the king stands, and receives** the Torah scroll, **and reads** from it while **sitting.**

NOTES

The rest of the prayer: A supplication – הַשְּׁאָר תְּפִלָּה תְּחִנָּה: It seems from Rashi's commentary in tractate *Yoma* (70a) and other commentaries that this is the actual wording of the blessing that the priest recites. However, the Rambam holds that this is not the wording itself but rather it is describing the elements of the prayer of the High Priest, i.e., he recites a prayer of supplication, a song, and a request to the best of his abilities. Accordingly, the only part of this prayer that has a set formula is the closing blessing.

The portion of the Torah read by the king – פָּרָשַׁת הַמֶּלֶךְ: This refers to the assembly, a special mitzva for the king to read portions of the Torah before the nation. Although the Torah itself does not explicitly state that this ceremony is a mitzva that the king must perform (see Rashi), some say that this detail is deduced from the verses of the mitzva, as Moses commanded Joshua to observe this mitzva (Deuteronomy 31:7–13), speaking in the singular: "You shall read this Torah before all Israel in their hearing" (Deuteronomy 31:11). It therefore appears to be a mitzva for Joshua, who was to be the king of the Jewish people. It can therefore be extrapolated that this is a mitzva for all the kings who come afterward (see *Tosefot Yom Tov*).

It is explained in *Sefer Yere'im* that there is proof for this from the fact that King Josiah read the Torah for the nation. Others explain that it was the Sages who instituted that this mitzva is incumbent upon the king to fulfill. When there is no king, the mitzva is not negated. Rather, the nation must gather together to hear the Torah read by the greatest Sage of the generation (*Tiferet Yisrael*).

Neither the Mishna nor the Gemara cites a source for the *halakha* that the mitzva is to read these passages in Hebrew. However, in the Rambam and *Tosefot HaRosh*, it is explained that it is derived from the words: "You shall read this Torah" (Deuteronomy 31:11), that the Torah must be read as it is written, in Hebrew.

HALAKHA

How is the portion of the Torah that is read by the king recited – פָּרָשַׁת הַמֶּלֶךְ כֵּיצַד: The Rambam writes: At the conclusion of the first day of *Sukkot* and at the beginning of the intermediate days, during the first year of the new Sabbatical cycle, the king reads from the Torah before the nation in the women's courtyard of the Temple. The king is permitted to read while sitting, but if he reads standing up, it is praiseworthy. He reads from the beginning of the book of Deuteronomy until after the portion of: "Hear, O Israel" (Deuteronomy 6:4–9). He then skips and reads the portion of: "And it shall come to pass, if you shall hearken" (Deuteronomy 11:13–21). He then reads from: "You shall tithe" (Deuteronomy 14:22), until the end of the portion of the blessings and curses (Deuteronomy 28). The *Leḥem Mishne* comments that the Rambam's version of the mishna apparently did not mention the passage concerning the appointment of a king (Rambam *Sefer Korbanot*, *Hilkhot Ḥagiga* 3:3).

They make a wooden platform for the king – עוֹשִׂין לוֹ בִּימָה שֶׁל עֵץ: For the king's public reading from the Torah, a wooden platform is constructed and placed in the middle of the women's courtyard. The king sits atop it with the entire nation gathered around him. The synagogue attendant takes a Torah scroll and gives it to the head of the synagogue, the head of the synagogue gives it to the deputy High Priest, the deputy High Priest gives it to the High Priest, and the High Priest then gives it to the king. The king recites the standard blessing before reading from the Torah, and after the reading he furls it and recites the blessing recited after reading from the Torah. He then adds seven blessings: A blessing concerning the Temple service; a blessing of thanksgiving; the blessing: You have chosen us, until: Who sanctifies Israel and the Festivals, which is recited in the Festival prayer service; a prayer over the Temple that closes with: Who dwells in Zion; a prayer for the Jewish people that concludes with: Who chooses Israel; and a prayer for the priests that concludes with: Who sanctifies the priests. Finally, the king recites words of prayer and plea, and ends with: Lord, redeem Your people, Israel, for Your people are in need of redemption. Blessed are You, Lord, Who hears prayer (Rambam *Sefer Korbanot*, *Hilkhot Ḥagiga* 3:4).

אַגְרִיפָּס הַמֶּלֶךְ עָמַד וְקִבֵּל וְקָרָא עוֹמֵד, וְשִׁבְּחוּהוּ חֲכָמִים. וּכְשֶׁהִגִּיעַ לְ״לֹא תוּכַל לָתֵת עָלֶיךָ אִישׁ נׇכְרִי״, זָלְגוּ עֵינָיו דְּמָעוֹת. אָמְרוּ לוֹ: אַל תִּתְיָרֵא, אַגְרִיפָּס, אָחִינוּ אַתָּה, אָחִינוּ אַתָּה.

King Agrippa[P] **arose, and received** the Torah scroll, **and read** from it while **standing, and the Sages praised him** for this. **And when** Agrippa **arrived at** the verse in the portion read by the king that states: **"You may not appoint a foreigner over you"** (Deuteronomy 17:15), **tears flowed from his eyes,** because he was a descendant of the house of Herod and was not of Jewish origin. The entire nation **said to him: Fear not, Agrippa. You are our brother, you are our brother.**

וְקוֹרֵא מִתְּחִילַּת ״אֵלֶּה הַדְּבָרִים״ עַד ״שְׁמַע״, וּ״שְׁמַע״, ״וְהָיָה אִם שָׁמֹעַ״, ״עַשֵּׂר תְּעַשֵּׂר״, ״כִּי תְכַלֶּה לַעְשֵׂר״, וּפָרָשַׁת הַמֶּלֶךְ וּבְרָכוֹת וּקְלָלוֹת, עַד שֶׁגּוֹמֵר כׇּל הַפָּרָשָׁה.

And the king **reads from the beginning of** Deuteronomy, from the verse that states: **"And these are the words"** (Deuteronomy 1:1), **until** the words: "Hear, O Israel" (Deuteronomy 6:4). **And** he then reads the sections beginning with: "Hear, O Israel" (Deuteronomy 6:4–9), **"And it shall come to pass, if you shall hearken"** (Deuteronomy 11:13–21), **"You shall tithe"** (Deuteronomy 14:22–29),[N] **"When you have made an end of the tithing"** (Deuteronomy 26:12–15), **and the passage concerning the** appointment of a **king** (Deuteronomy 17:14–20),[N] **and the blessings and curses** (Deuteronomy 28), **until he finishes the entire portion.**

בְּרָכוֹת שֶׁכֹּהֵן גָּדוֹל מְבָרֵךְ אוֹתָן – הַמֶּלֶךְ מְבָרֵךְ אוֹתָן, אֶלָּא שֶׁנּוֹתֵן שֶׁל רְגָלִים תַּחַת מְחִילַּת הֶעָוֹן.

The same **blessings that the High Priest recites** on Yom Kippur, **the king recites** at this ceremony, **but he delivers** a blessing **concerning the Festivals in place of** the blessing concerning **forgiveness for iniquity.**

גמ׳ בַּשְּׁמִינִי סָלְקָא דַּעְתָּךְ? אֵימָא: בַּשְּׁמִינִית.

GEMARA The mishna states that the assembly takes place on the eighth. The Gemara asks: Does it **enter your mind** that the assembly takes place **on the eighth** day of the festival of *Sukkot*? The mishna clearly states that the ceremony takes place at the conclusion of the first day of the Festival. Rather, **say** that it takes place **during the eighth** year of the Sabbatical cycle.

וְכׇל הָנֵי לְמָה לִי?

The verse describes in detail when the assembly takes place: "At the end of every seven years, in the Festival of the Sabbatical Year, in the festival of *Sukkot*, when all Israel comes to appear before the Lord your God" (Deuteronomy 31:10–11). The Gemara asks: **And why do I need all these** details?

צְרִיכִי, דְּאִי כְּתַב רַחֲמָנָא ״מִקֵּץ״, הֲוָה אָמִינָא נִימְנוּ מֵהָשְׁתָּא וְאַף עַל גַּב דְּלָא מִתְרַמֵּי בִּשְׁמִיטָּה. כְּתַב רַחֲמָנָא ״שְׁמִטָּה״;

The Gemara answers: All of these details **are necessary, as, if the Merciful One had written** only **"at the end**[N] of every seven years" (Deuteronomy 31:10), **I would have said** that **we count from now,** i.e., from when this was said, **and** that the tally of years begins from the fortieth year in the wilderness, **even though** by this calculation the assembly **would not occur in the Sabbatical Year.** Therefore, **the Merciful One writes: "The Sabbatical Year."**

וְאִי כְּתַב רַחֲמָנָא ״שְׁמִטָּה״, הֲוָה אָמִינָא בְּסוֹף שְׁמִיטָּה, כְּתַב רַחֲמָנָא ״בְּמֹעֵד״;

And if the Merciful One had written only the phrase: At the end of every seven years of the **"Sabbatical Year," I would have said** that it takes place **at the end of the Sabbatical Year.** Therefore, **the Merciful One writes: "In the Festival,"**[N] and the first Festival following the Sabbatical Year is in the month of Tishrei.

PERSONALITIES

King Agrippa – אַגְרִיפָּס הַמֶּלֶךְ: This refers to King Agrippa I, Julius Agrippa, who was the grandson of Herod (10 BCE–44 CE). Agrippa's father was Aristoblus, the son of Herod from his Hasmonean wife, Miriam, the daughter of Hyrcanus II. His mother was Berenice, the daughter of Herod's sister. He grew up in Rome in the house of the emperor, and there he befriended the emperor's family. He was a close friend of Gaius, who, upon being designated emperor, appointed Agrippa governor over a portion of Herod's kingdom. Agrippa later became one of the driving forces behind Claudius's appointment as emperor, who in turn installed him as ruler over the rest of Herod's kingdom, including the land of Judea. Upon arriving in Eretz Yisrael as king, Agrippa developed a relationship with the Sages of the Jewish people and publicly displayed his deep connection to them through observing the mitzvot scrupulously. The Sages praised him for this. Agrippa attempted to fortify Jerusalem by building an additional wall, which included some of the city's suburbs within the city's limits.

Since the Sages regarded Herod and his household as Canaanite slaves, Agrippa's status as a member of the Jewish people was questionable. Consequently, the Sages viewed the people's words, stating that he was their brother, as mere flattery (see 41b). Agrippa himself was also considered a dubious character. He was raised and educated in Rome among friends who were wanton in every regard, and as king he continued Herod's initiatives of encouraging Greek culture, at least in the gentile cities under his reign.

Coin bearing the profile of Agrippa I

NOTES

You shall tithe – עַשֵּׂר תְּעַשֵּׂר: Rashi and the Meiri explain that since the assembly takes place during the harvest season and everyone is obligated to separate tithes from the year's harvest, the king must remind the nation of this. It is explained in the Jerusalem Talmud that since the assembly takes place immediately after the Sabbatical Year, during which there are no tithes, the king must remind the people that they are now once more obligated to separate tithes.

And the passage concerning a king – וּפָרָשַׁת הַמֶּלֶךְ: According to most commentaries, the king reads the portions that discuss the tithes first and does not read the passage concerning the appointment of a king between them, despite the fact that this breaks the order of the verses, as they discuss a single topic. He then goes back and reads the passage concerning a king. The Rambam, however, rules differently. The early commentaries address the difficulty of how it is permitted for the king to skip from one passage to another in the Torah and then go backward in the Torah scroll and read about a different topic. Rashi explains that since there is no translator present, it does not cause an interruption. Some later commentaries understand this to mean that since the people are not individually obligated to hear the reading, as the purpose of the mitzva is to publicize the Torah in general, skipping passages is not problematic (see *Eshel Avraham*). It is explained in the Meiri that the honor of the king is given precedence over that of the congregation, and since the king is honored by the reading, he is therefore permitted to roll the scroll forward and backward to read from it (see *Tosefot Yom Tov*).

If the Merciful One had written only: At the end [*mikkeitz*] – אִי כְּתַב רַחֲמָנָא מִקֵּץ: The question arises: Why doesn't the Torah simply state: At the end [*mikkeitz*] of the Sabbatical Year, and eliminate any doubt that perhaps the verse is referring to a different tally of years? It is explained in *Tosafot HaRosh* that the word *mikkeitz* does not always refer to the very end of the period in question; it can also include the time period itself. Therefore, the Torah writes both "at the end [*mikkeitz*] of every seven years" and "in the Festival of the Sabbatical Year."

In the Festival – בְּמֹעֵד: *Tosafot* suggest that the phrase "in the Festival" indicates that the assembly takes place sometime in the middle of the Festival and not at the beginning. According to this opinion, that is why the assembly does not take place on the first day of *Sukkot*. The Rambam's Commentary on the Mishna offers a similar interpretation.

וְאִי כְּתַב "בְּמֹעֵד", הֲוָה אָמֵינָא מֵרֵישׁ שַׁתָּא, כְּתַב רַחֲמָנָא "בְּחַג הַסֻּכּוֹת";

And if the Torah **had written** only: "At the end of every seven years **in the Festival** of the Sabbatical Year," **I would have said** that it takes place **on** the festival of **Rosh Hashanah,** which is on the first day of Tishrei. Therefore, **the Merciful One** also **writes: "In the festival of** ***Sukkot.*"**

וְאִי כְּתַב רַחֲמָנָא "בְּחַג הַסֻּכּוֹת", הֲוָה אָמֵינָא אֲפִילּוּ יוֹם טוֹב אַחֲרוֹן. כְּתַב רַחֲמָנָא "בְּבוֹא כָל יִשְׂרָאֵל",

And if the Merciful One had written only: **"In the festival of** ***Sukkot,*"** **I would have said** that it could refer **even** to **the last** day of the **Festival.** Therefore, **the Merciful One** also **writes: "When all Israel comes"** (Deuteronomy 31:11),

מֵאַתְחַלְתָּא דְּמוֹעֵד.

implying that the assembly takes place **at the beginning of the Festival,** when the entire Jewish people comes to Jerusalem.

"וְחַזַּן הַכְּנֶסֶת נוֹטֵל סֵפֶר תּוֹרָה וְנוֹתְנוֹ לְרֹאשׁ הַכְּנֶסֶת". שְׁמַעַתְּ מִינַּהּ: חוֹלְקִין כָּבוֹד לְתַלְמִיד בִּמְקוֹם הָרַב! אָמַר אַבָּיֵי: כּוּלָּהּ מִשּׁוּם כְּבוֹדוֹ דְּמֶלֶךְ.

§ It is taught in the mishna: **And the synagogue attendant takes a Torah scroll and gives it to the head of the synagogue,** until it is eventually passed to the king. The Gemara suggests: **You can learn from** the fact that all of these dignitaries receive the Torah scroll before the king that **honor may be given to a student in the presence of the teacher. Abaye said:** A proof may not be adduced from here, as the **entire** process **is for the honor of the king,**[H] to show that he is removed from ordinary people by many ranks.

"וְהַמֶּלֶךְ עוֹמֵד וּמְקַבֵּל וְקוֹרֵא יוֹשֵׁב; אַגְרִיפַּס הַמֶּלֶךְ עָמַד וְקִיבֵּל וְקָרָא עוֹמֵד". עוֹמֵד, מִכְּלָל דְּיוֹשֵׁב? וְהָאָמַר מָר: אֵין יְשִׁיבָה בָּעֲזָרָה אֶלָּא לְמַלְכֵי בֵית דָּוִד בִּלְבַד, שֶׁנֶּאֱמַר: "וַיָּבֹא הַמֶּלֶךְ דָּוִד וַיֵּשֶׁב לִפְנֵי ה׳ וַיֹּאמֶר" וגו׳! כִּדְאָמַר רַב חִסְדָּא: בְּעֶזְרַת נָשִׁים, הָכָא נַמִי בְּעֶזְרַת נָשִׁים.

It is taught in the mishna: **And the king stands, and receives** the Torah scroll, **and reads** from it while **sitting. King Agrippa arose, and received** the Torah scroll, **and read** from it while **standing.** The Gemara asks: **By inference,** until that point he had been **sitting. But didn't the Master say** (*Tosefta, Sanhedrin* 4:4) that **sitting in the** Temple **courtyard** is permitted **only for kings from the house of David, as it is stated: "Then King David went in, and sat before the Lord; and he said:** Who am I?" (II Samuel 7:18). The Gemara answers: **As Rav Ḥisda said** in a similar context: This took place not in the Israelite courtyard, where the prohibition against sitting applies, but **in the women's courtyard. Here too,** the assembly was **in the women's courtyard.**[H]

"וְשִׁבְּחוּהוּ חֲכָמִים". "שִׁבְּחוּהוּ" מִכְּלָל דְּשַׁפִּיר עֲבַד? הָאָמַר רַב אָשֵׁי, אֲפִילּוּ לְמַאן דְּאָמַר: נָשִׂיא שֶׁמָּחַל עַל כְּבוֹדוֹ – כְּבוֹדוֹ מָחוּל, מֶלֶךְ שֶׁמָּחַל עַל כְּבוֹדוֹ – אֵין כְּבוֹדוֹ מָחוּל, שֶׁנֶּאֱמַר: "שׂוֹם תָּשִׂים עָלֶיךָ מֶלֶךְ", שֶׁתְּהֵא אֵימָתוֹ עָלֶיךָ!

It is stated in the mishna that King Agrippa read from the Torah while standing, **and the Sages praised him** for this. The Gemara asks: **From the fact** that **they praised him,** can it be concluded **that he acted appropriately? Didn't Rav Ashi say: Even according to the one who says** with regard to a ***Nasi*** **who relinquished** the **honor** due **him,**[H] **his honor is relinquished,** i.e., he may do so, with regard to **a king who relinquished** the honor due **him,**[H] **his honor is not relinquished, as it is stated: "You shall place a king over you"** (Deuteronomy 17:15). This is interpreted to mean **that his awe shall be upon you.** The Torah establishes that awe is an essential component of kingship, and it is not the prerogative of the king to relinquish it.

מִצְוָה שָׁאנֵי.

The Gemara answers: Since he relinquished his honor for the sake of **a mitzva,** this situation **is different** and does not dishonor him.

"וּכְשֶׁהִגִּיעַ לְלֹא תוּכַל לָתֵת". תָּנָא מִשְּׁמֵיהּ דְּרַבִּי נָתָן: בְּאוֹתָהּ שָׁעָה נִתְחַיְּיבוּ שׂוֹנְאֵי יִשְׂרָאֵל כְּלָיָיה, שֶׁהֶחֱנִיפוּ לוֹ לְאַגְרִיפַּס.

The mishna continues: **And when** Agrippa **arrived at** the verse: **"You may not appoint** a foreigner over you" (Deuteronomy 17:15), tears flowed from his eyes because he was a descendant of the house of Herod and was not of Jewish origin. The entire nation said to him: You are our brother. It is **taught in the name of Rabbi Natan: At that moment the enemies of the Jewish people,** a euphemism for the Jewish people, **were sentenced to destruction for flattering Agrippa.**

HALAKHA

The entire process is for the honor of the king – כּוּלָּהּ מִשּׁוּם כְּבוֹדוֹ דְּמֶלֶךְ: One may not show honor for a student in the presence of his teacher. However, if the teacher is honored through the honor that others give his students, then one may do so (Rambam *Sefer Korbanot, Hilkhot Ḥagiga* 3:4).

In the women's courtyard – בְּעֶזְרַת נָשִׁים: The portion of the king is read in the women's courtyard in the Temple, and the king is permitted to sit while he reads from the Torah if he so desires (Rambam *Sefer Korbanot, Hilkhot Ḥagiga* 3:4).

A *Nasi* who relinquished the honor due him – נָשִׂיא שֶׁמָּחַל עַל כְּבוֹדוֹ: If a Sage, a deputy *Nasi*, or a *Nasi* relinquishes the honor due to him, his honor is relinquished. Even so, it is still a mitzva to rise slightly in his presence and to show respect for him. The Shakh, citing the Smak, rules that nowadays, the *halakhot* of a *Nasi* or the deputy *Nasi* are not applicable (Rambam *Sefer HaMadda, Hilkhot Talmud Torah* 6:12; *Shulḥan Arukh, Yoreh De'a* 244:14).

A king who relinquished the honor due him – מֶלֶךְ שֶׁמָּחַל עַל כְּבוֹדוֹ: If a king relinquishes the honor due to him, his honor is not relinquished. There is still an obligation to honor him by Torah law (Rambam *Sefer Shofetim, Hilkhot Melakhim* 2:3).

אָמַר רַבִּי שִׁמְעוֹן בֶּן חֲלַפְתָּא: מִיּוֹם שֶׁגָּבַר אֶגְרוֹפָהּ שֶׁל חֲנוּפָּה, נִתְעַוְּותוּ הַדִּינִין וְנִתְקַלְקְלוּ הַמַּעֲשִׂים, וְאֵין אָדָם יָכוֹל לוֹמַר לַחֲבֵירוֹ ״מַעֲשַׂי גְּדוֹלִים מִמַּעֲשֶׂיךָ״.

Rabbi Shimon ben Ḥalafta says: From the day that the power of flattery prevailed, the judgment has become corrupted, and people's **deeds have become corrupted, and a person cannot say to another:**[N] **My deeds are greater than your deeds,** as everyone flatters one another and people no longer know the truth.

דָּרַשׁ רַבִּי יְהוּדָה בַּר מַעֲרָבָא, וְאִיתֵּימָא רַבִּי שִׁמְעוֹן בֶּן פָּזִי: מוּתָּר לְהַחֲנִיף לָרְשָׁעִים בָּעוֹלָם הַזֶּה, שֶׁנֶּאֱמַר: ״לֹא יִקָּרֵא עוֹד לְנָבָל נָדִיב וּלְכִילַי לֹא יֵאָמֵר שׁוֹעַ״, מִכְּלָל דְּבָעוֹלָם הַזֶּה שָׁרֵי.

Rabbi Yehuda of the West, Eretz Yisrael, **and some say Rabbi Shimon ben Pazi, taught: It is permitted to flatter wicked people**[N] **in this world, as it is stated** concerning the future: **"The vile person shall no longer be called generous, nor shall the churl be said to be noble"** (Isaiah 32:5). **By inference,** this indicates **that in this world it is permitted** to flatter them.

רַבִּי שִׁמְעוֹן בֶּן לָקִישׁ אָמַר, מֵהָכָא: ״כִּרְאֹת פְּנֵי אֱלֹהִים וַתִּרְצֵנִי״.

Rabbi Shimon ben Lakish said that this can be proven **from here.** Jacob said to Esau: "I have seen your face, **as one sees the face of angels, and you were pleased with me"** (Genesis 33:10). Jacob flattered him by comparing seeing him to seeing a divine vision.

וּפְלִיגָא דְּרַבִּי לֵוִי, דְּאָמַר רַבִּי לֵוִי: מָשָׁל שֶׁל יַעֲקֹב וְעֵשָׂו, לְמָה הַדָּבָר דּוֹמֶה? לְאָדָם שֶׁזִּימֵּן אֶת חֲבֵירוֹ וְהִכִּיר בּוֹ שֶׁמְּבַקֵּשׁ לְהוֹרְגוֹ, אָמַר לוֹ: טַעַם תַּבְשִׁיל זֶה שֶׁאֲנִי טוֹעֵם כְּתַבְשִׁיל שֶׁטָּעַמְתִּי בְּבֵית הַמֶּלֶךְ. אָמַר: יָדַע לֵיהּ מַלְכָּא. מִיסְתְּפֵי, וְלָא קְטִיל לֵיהּ.

The Gemara notes: **And** Rabbi Shimon ben Lakish, in interpreting Jacob's statement, **disagrees with Rabbi Levi, as Rabbi Levi says:** With regard to the interaction between **Jacob and Esau, to what is this matter comparable? To a person who invited another** to his home **and** the guest **realized that he wants to kill him.** The guest **said to him: The flavor of this dish that I taste is like a dish that I tasted in the king's house.** The host then **said** to himself: **The king** must **know him.** Therefore, **he was afraid and did not kill him.** Similarly, when Jacob told Esau that his face is like the face of an angel, he intended to let him know that he had seen angels, in order to instill fear in him so that Esau would not seek to harm him.

אָמַר רַבִּי אֶלְעָזָר: כׇּל אָדָם שֶׁיֵּשׁ בּוֹ חֲנוּפָּה – מֵבִיא אַף לָעוֹלָם, שֶׁנֶּאֱמַר: ״וְחַנְפֵי לֵב יָשִׂימוּ אָף״; וְלֹא עוֹד, אֶלָּא שֶׁאֵין תְּפִלָּתוֹ נִשְׁמַעַת, שֶׁנֶּאֱמַר: ״לֹא יְשַׁוְּעוּ כִּי אֲסָרָם״.

Rabbi Elazar says: Any person who has flattery in him brings wrath to the world, as it is stated: "But those with flattery in their hearts bring about wrath" (Job 36:13). **And moreover, his prayer is not heard, as it is stated** in that same verse: **"They do not cry for help when He binds them."**

(סִימָן: א״ף עוב״ר גיהנ״ם ביד״ו ניד״ה גול״ה.)

The Gemara cites **a mnemonic** device for the statements of Rabbi Elazar: **Wrath, fetus, Gehenna, in his hands, menstruating woman, exiled.**

וְאָמַר רַבִּי אֶלְעָזָר: כׇּל אָדָם שֶׁיֵּשׁ בּוֹ חֲנוּפָּה – אֲפִילּוּ עוּבָּרִין שֶׁבִּמְעֵי אִמָּן מְקַלְּלִין אוֹתוֹ, שֶׁנֶּאֱמַר: ״אֹמֵר לְרָשָׁע צַדִּיק אָתָּה יִקְּבֻהוּ עַמִּים יִזְעָמוּהוּ לְאֻמִּים״. וְאֵין קוֹב אֶלָּא קְלָלָה, שֶׁנֶּאֱמַר: ״לֹא קַבֹּה אֵל״, וְאֵין לְאוֹם אֶלָּא עוּבָּרִין, שֶׁנֶּאֱמַר: ״וּלְאֹם מִלְאֹם יֶאֱמָץ״.

And Rabbi Elazar says: Any person who has flattery in him, even fetuses in their mothers' wombs curse him, as it is stated: "He who says to the wicked: You are righteous, peoples shall curse him [*yikkevuhu*], **nations** [*leummim*] **shall execrate him"** (Proverbs 24:24); **and** ***kov***, the linguistic root of the word *yikkevuhu*, means **only a curse, as it is stated:** Balaam explained that he did not curse the Jewish people, as he said: "How can I curse [*ekkov*] **whom God has not cursed** [*kabbo*]?" (Numbers 23:8). **And** ***le'om*** is homiletically interpreted to mean **only fetuses, as it is stated** with regard to Jacob and Esau, when they were still in Rebecca's womb: **"And one people** [*le'om*] **shall be stronger than the other people** [*le'om*]" (Genesis 25:23).

וְאָמַר רַבִּי אֶלְעָזָר: כׇּל אָדָם שֶׁיֵּשׁ בּוֹ חֲנוּפָּה נוֹפֵל בְּגֵיהִנָּם, שֶׁנֶּאֱמַר: ״הוֹי הָאֹמְרִים לָרַע טוֹב וְלַטּוֹב רָע״ וגו׳. מַה כְּתִיב אַחֲרָיו? ״לָכֵן כֶּאֱכֹל קַשׁ לְשׁוֹן אֵשׁ וַחֲשַׁשׁ לֶהָבָה יִרְפֶּה״ וגו׳.

And Rabbi Elazar says: Any person who has flattery in him falls into Gehenna,[N] **as it is stated: "Woe to those who call evil good, and good evil"** (Isaiah 5:20). **What is written afterward? "Therefore, as the tongue of fire devours straw, and as the chaff is consumed by the flame"** (Isaiah 5:24), meaning that the people described in the earlier verse will end up burning like straw in the fires of Gehenna.

וְאָמַר רַבִּי אֶלְעָזָר: כׇּל הַמַּחֲנִיף לַחֲבֵירוֹ – סוֹף נוֹפֵל בְּיָדוֹ. וְאִם אֵינוֹ נוֹפֵל בְּיָדוֹ – נוֹפֵל בְּיַד בָּנָיו. וְאִם אֵינוֹ נוֹפֵל בְּיַד בָּנָיו – נוֹפֵל בְּיַד בֶּן בְּנוֹ, שֶׁנֶּאֱמַר: ״וַיֹּאמֶר יִרְמְיָה הַנָּבִיא [לַחֲנַנְיָה] אָמֵן כֵּן יַעֲשֶׂה ה׳, יָקֵם ה׳ אֶת דְּבָרֶיךָ״, וּכְתִיב:

And Rabbi Elazar says: Anyone who flatters another ultimately falls into his hands. And if he does not fall into his hands, he falls into his children's hands. And if he does not fall into his children's hands, he falls into his grandchild's hands,[N] **as it is stated: "Then the prophet Jeremiah said to Hananiah… Amen, the Lord should do so, the Lord should perform your words"** (Jeremiah 28:5–6). This was a form of flattery, as Jeremiah did not explicitly say that Hananiah was a false prophet. **And it is written:**

NOTES

And a person cannot say to another, etc. – וְאֵין אָדָם יָכוֹל לוֹמַר לַחֲבֵירוֹ וכו׳: One explanation of this statement is that since people wanted to flatter one another, no one would say: My deeds are greater than yours, lest the other person be insulted (Maharatz Ḥayyut). Others explain that since everyone was flattering each other, they would even flatter a lowly person and tell him that his deeds were good. Therefore, even those lowly people would not accept that others act in a more meritorious manner than they do (see *Meromei Sadeh*).

It is permitted to flatter wicked people, etc. – מוּתָּר לְהַחֲנִיף לָרְשָׁעִים וכו׳: The *ge'onim* write that it is permitted to flatter the wicked only when such behavior is unavoidable. The Jewish people were punished for flattering Agrippa because it was not necessary for them to do so. The Meiri explains that one may do so only provided that it does not involve a desecration of God's name. It is explained in *Be'er Sheva* that it is permitted to flatter a wicked person, but it is prohibited to praise a person for his wicked deeds, unless it can prevent a life-threatening situation (see *Nedarim* 22a). In *Sha'arei Teshuva*, Rabbeinu Yona rules stringently in this matter and prohibits flattering the wicked even in a dangerous situation.

Falls into Gehenna – נוֹפֵל בְּגֵיהִנָּם: The reasoning behind this statement is that since flattery corrupts people's judgment, it causes more wickedness in the world, and the flatterer is punished for causing this (*Iyyun Ya'akov*).

He falls into his grandchild's hands – נוֹפֵל בְּיַד בֶּן בְּנוֹ: This is alluded to in the verse itself, as the official who arrested Jeremiah is not referred to by his name and his father's name alone, which is the usual custom in the Bible; rather, he is referred to by the name of his grandfather, Hananiah, as well, demonstrating that there is a connection between Jeremiah's arrest and what had happened with Hananiah, the official's grandfather.

״וַיְהִי הוּא בְּשַׁעַר בִּנְיָמִן וְשָׁם בַּעַל פְּקִדֻת וּשְׁמוֹ יִרְאִיָּה בֶּן שֶׁלֶמְיָה בֶּן חֲנַנְיָה וַיִּתְפֹּשׂ אֶת יִרְמְיָהוּ הַנָּבִיא לֵאמֹר אֶל הַכַּשְׂדִּים אַתָּה נֹפֵל. וַיֹּאמֶר לוֹ יִרְמְיָהוּ שֶׁקֶר אֵינֶנִּי נֹפֵל אֶל הַכַּשְׂדִּים״ וגו׳. וּכְתִיב: ״וַיִּתְפֹּשׂ יִרְמְיָהוּ וַיְבִאֵהוּ אֶל הַשָּׂרִים״.

"And when he was in the gate of Benjamin, a captain of the ward was there, whose name was Irijah, the son of Shelemiah, the son of Hananiah; and he laid hold on Jeremiah the prophet, saying: You shall fall to the Chaldeans. Then Jeremiah said: It is false; I shall not fall to the Chaldeans" (Jeremiah 37:13–14). **And it is then written: "So Irijah laid hold on Jeremiah, and brought him to the princes"** (Jeremiah 37:14). Irijah was the grandson of Hananiah, and Jeremiah was punished by falling into his hands because he had flattered his grandfather.

וְאָמַר רַבִּי אֶלְעָזָר: כׇּל עֵדָה שֶׁיֵּשׁ בָּהּ חֲנוּפָּה – מְאוּסָה כְּנִדָּה, שֶׁנֶּאֱמַר: ״כִּי עֲדַת חָנֵף גַּלְמוּד״, שֶׁכֵּן בִּכְרַכֵּי הַיָּם קוֹרִין לְנִדָּה גַּלְמוּדָה. מַאי גַּלְמוּדָה? גְּמוּלָה מִבַּעְלָהּ.

And Rabbi Elazar says: Any congregation in which there is flattery is as repulsive as a menstruating woman,[N] **as it is stated: "For a flattering congregation shall be desolate [*galmud*]"** (Job 15:34), **and in the cities overseas**[B] **they call a menstruating woman *galmuda*.**[L] **What is the meaning of** the word ***galmuda*?** It means **separated [*gemula*] from her husband [*mibbala*].**

וְאָמַר רַבִּי אֶלְעָזָר: כׇּל עֵדָה שֶׁיֵּשׁ בָּהּ חֲנוּפָּה – לְסוֹף גּוֹלָה. כְּתִיב הָכָא: ״כִּי עֲדַת חָנֵף גַּלְמוּד״, וּכְתִיב הָתָם: ״וְאָמַרְתְּ בִּלְבָבֵךְ מִי יָלַד לִי אֶת אֵלֶּה וַאֲנִי שְׁכוּלָה וְגַלְמוּדָה גֹּלָה וְסוּרָה״ וגו׳.

And Rabbi Elazar says: Any congregation in which there is flattery is ultimately exiled. It is written here: "For a flattering congregation shall be desolate [*galmud*]" (Job 15:34), **and it is written there: "Then you will say in your heart: Who has begotten me these, seeing I have been bereaved of my children, and am solitary [*galmuda*], an exile, and wandering?"** (Isaiah 49:21). The verse states: "An exile," as an appositive to "*galmuda*," indicating that they are the same.

אָמַר רַבִּי יִרְמְיָה בַּר אַבָּא: אַרְבַּע כִּיתּוֹת אֵין מְקַבְּלוֹת פְּנֵי שְׁכִינָה: כַּת לֵיצִים, וְכַת חֲנֵיפִים, וְכַת שַׁקָּרִים, וְכַת מְסַפְּרֵי לָשׁוֹן הָרָע.

Rabbi Yirmeya bar Abba says: Four classes of people[N] **will not greet the Divine Presence: The class of cynics, and the class of flatterers, and the class of liars, and the class of slanderers.**

כַּת לֵיצִים, דִּכְתִיב: ״מָשַׁךְ יָדוֹ אֶת לֹצְצִים״; כַּת חֲנֵיפִים, דִּכְתִיב: ״כִּי לֹא לְפָנָיו חָנֵף יָבוֹא״; כַּת שַׁקָּרִים, דִּכְתִיב: ״דֹּבֵר שְׁקָרִים לֹא יִכּוֹן לְנֶגֶד עֵינָי״;

The proof for this statement is as follows: **The class of cynics, as it is written: "He draws His hand from cynics"** (Hosea 7:5), i.e., God does not want to be in their presence; **the class of flatterers, as it is written: "That a flatterer cannot come before Him"** (Job 13:16); **the class of liars, as it is written: "He who speaks falsehood shall not dwell before My eyes"** (Psalms 101:7).

כַּת מְסַפְּרֵי לָשׁוֹן הָרָע, דִּכְתִיב: ״כִּי לֹא אֵל חָפֵץ רֶשַׁע אָתָּה לֹא יְגֻרְךָ רָע״ – צַדִּיק אַתָּה ה׳ לֹא יָגוּר בִּמְגוּרְךָ רַע.

The class of slanderers will not greet the Divine Presence, **as it is written: "For You are not a god who has pleasure in wickedness, evil shall not sojourn with You"** (Psalms 5:5), which means: **You, the Lord, are righteous** and **evil shall not dwell** with You **in Your dwelling place.** "Evil" here is referring to slanderers, as is evident from the continuation of the chapter, which states: "For there is no sincerity in their mouth; their inward part is a yawning gulf, their throat is an open tomb, they make smooth their tongue" (Psalms 5:10).

הדרן עלך אלו נאמרין

NOTES

Repulsive as a menstruating woman – מְאוּסָה כְּנִדָּה: The ritual impurity of a menstruating woman is used throughout the Bible as a symbol for something repulsive from which everyone, including gentiles, distances himself (see Ezekiel 7:19, 36:17, and Lamentations 1:17).

Four classes of people, etc. – אַרְבַּע כִּיתּוֹת: The Maharsha explains that these classes all engage in sinful speech, and they presume that no one is aware of their actions. Additionally, it can be explained that the people in all four classes do not think that they are doing anything evil, as they are speaking the truth or they are not directly causing harm.

BACKGROUND

In the cities overseas – בִּכְרַכֵּי הַיָּם: This expression is understood by some scholars as referring to Caesarea or Cyprus. In fact, the stories in the Talmud that involve the cities overseas usually invoke them in order to solve a linguistic conundrum, since in cities overseas a certain word may be used with a specific meaning, or to describe an unusual occurrence, oftentimes a sin or an atypical halakhic practice. For this reason, it is likely that when the Sages used this term, they did so less to point to a geographic place and more to create a setting for pedagogical purposes.

LANGUAGE

Galmuda – גַּלְמוּדָה: It is not clear which cities used this term, or if it was used by Jews or gentiles. It is likely that the word *galmuda* is associated with a menstruating woman because of its Hebrew meaning of lonely and sad.

Summary of **Perek VII**

The determination whether or not each particular recitation discussed in the chapter must be said in Hebrew is derived from verses written in the context of each of these recitations. Nevertheless, there are apparently certain general similarities among the recitations that may be recited in any language in contrast to those that must be said in Hebrew: The recitations that require either the speaker or the listener to fully understand the statement may be recited in any language, whereas those that are part of a ritual or ceremony are required to be said in Hebrew. While the Mishna establishes that certain recitations, e.g., the *Amida* prayer and *Shema*, may be stated in any language, in practice it is accepted that one should recite them in Hebrew *ab initio*.

The chapter presented different opinions with regard to the details of the mitzvot that were incumbent upon the generation that entered Eretz Yisrael in the times of Joshua. Naturally, there is no room for halakhic ruling with regard to matters that already took place; the Sages can only describe what occurred. It is concluded that the generation that entered Eretz Yisrael set up three sets of stones upon which they wrote the Torah in seventy languages: In the Jordan River, at their place of lodging, and at the place where an altar was built. With regard to the blessings and curses, the chapter described that the priests and Levites, or some of them, stood between Mount Gerizim and Mount Ebal. They recited the blessings while facing Mount Gerizim and the curses while facing Mount Ebal.

There are some differences between the manner in which the Priestly Benediction was recited in the Temple and the manner in which it is recited in the synagogue. In the Temple, the priests said all three verses as one blessing, and they uttered the Tetragrammaton. In the synagogue, the congregation answers amen after each verse, and the substitute name of Lordship is used. Furthermore, in the Temple, the priests lifted their hands above their heads when reciting the blessing, and in the synagogue they lift their hands only to the height of their shoulders. The chapter also discussed other issues with regard to the Priestly Benediction, e.g., how the priests are called up to recite the blessing, how they stand while uttering the blessing, and what the congregation recites during the blessing.

This chapter is the source for most of the *halakhot* of the mitzva of assembly. The mitzva of assembly takes place every seven years, on the first intermediate day of the festival of *Sukkot* that takes place after a Sabbatical Year. The Sages derive that the Torah is read by the king while he is sitting or standing on a special wooden platform in the Temple courtyard. The king reads from parts of the book of Deuteronomy that contain warnings about the importance of fulfilling mitzvot and from some other sections that discuss mitzvot related to that time of year.

Introduction to **Perek VIII**

When you go forth to battle against your enemies, and see horses, and chariots, and a people more than you, you shall not be afraid of them; for the Lord your God is with you, who brought you up out of the land of Egypt. And it shall be, when you draw near to battle, that the priest shall approach and speak to the people. And he shall say to them: Hear Israel, you draw near today to battle against your enemies; let not your heart faint; fear not, nor be alarmed, and do not be terrified of them; for the Lord your God is He that goes with you, to fight for you against your enemies, to save you. And the officers shall speak to the people, saying: What man is there that has built a new house, and has not dedicated it? Let him go and return to his house, lest he die in the battle, and another man dedicate it. And what man is there that has planted a vineyard, and has not used the fruit thereof? Let him go and return unto his house, lest he die in the battle and another man use the fruit thereof. And what man is there that has betrothed a wife, and has not taken her? Let him go and return to his house, lest he die in the battle, and another man take her. And the officers shall speak further to the people, and they shall say: What man is there that is fearful and fainthearted? Let him go and return unto his house, lest his brethren's heart melt as his heart.

(Deuteronomy 20:1–8)

When a man takes a new wife, he shall not go out with the army, neither shall he be charged with any business; he shall be free for his house one year, and shall cheer his wife whom he has taken.

(Deuteronomy 24:5)

On the heels of topics discussed in the previous chapter, this chapter deals primarily with the preparations for battle, and the question of who is exempt from going out to war. The addresses of the priest and the officers are stated explicitly in the Torah; however, the details still require clarification.

Among the many issues raised are: Which priest gives this address? When and where does the priest address the ranks? What exactly is said by the priest, and what is said by the officers?

In addition, the chapter will clarify and define a number of terms and circumstances mentioned in the verses, among them: What is included in the word vineyard, what is considered a house, and which wife is considered a new wife. Similarly, the Gemara explores the definition of the "fearful and fainthearted." The Torah relates directly to those who are about to dedicate their homes, or enjoy their vineyards, or marry the women whom they have betrothed. In parallel, this chapter explores the status of those who have dedicated a home, begun to benefit from a vineyard, or married over the past year.

This chapter will also address the issue of determining which kind of war is subject to these exemptions. Do these terms apply equally in every manner of military campaign and activity, or are there certain wars for which these exemptions are inapplicable?

מתני׳ מְשׁוּחַ מִלְחָמָה בְּשָׁעָה שֶׁמְּדַבֵּר אֶל הָעָם – בִּלְשׁוֹן הַקּוֹדֶשׁ הָיָה מְדַבֵּר, שֶׁנֶּאֱמַר: ״וְהָיָה כְּקָרׇבְכֶם אֶל הַמִּלְחָמָה וְנִגַּשׁ הַכֹּהֵן״ – זֶה כֹּהֵן מְשׁוּחַ מִלְחָמָה. ״וְדִבֶּר אֶל הָעָם״ – בִּלְשׁוֹן הַקּוֹדֶשׁ.

MISHNA With regard to **the priest** who was **anointed for war, at the time that he would speak to the nation,**[NH] **he would speak** to them **in the sacred tongue,** Hebrew, **as it is stated: "And it shall be, when you draw near to the battle, that the priest shall approach** and speak to the people" (Deuteronomy 20:2). **This** priest identified in the verse is **the priest anointed for war,** the priest who is inaugurated specifically to serve this function. **"And speak to the people";** he addresses them **in the sacred tongue,** Hebrew.

״וְאָמַר אֲלֵיהֶם שְׁמַע יִשְׂרָאֵל״ וגו׳. ״עַל אוֹיְבֵיכֶם״ – וְלֹא עַל אֲחֵיכֶם, לֹא יְהוּדָה עַל שִׁמְעוֹן וְלֹא שִׁמְעוֹן עַל בִּנְיָמִין, שֶׁאִם תִּפְּלוּ בְּיָדָם יְרַחֲמוּ עֲלֵיכֶם, כְּמָה שֶׁנֶּאֱמַר: ״וַיָּקֻמוּ הָאֲנָשִׁים אֲשֶׁר נִקְּבוּ בְשֵׁמוֹת וַיַּחֲזִיקוּ בַשִּׁבְיָה וְכׇל מַעֲרֻמֵּיהֶם הִלְבִּישׁוּ מִן הַשָּׁלָל וַיַּלְבִּשׁוּם וַיַּנְעִלוּם וַיַּאֲכִלוּם וַיַּשְׁקוּם וַיְסֻכוּם וַיְנַהֲלוּם בַּחֲמֹרִים לְכׇל כּוֹשֵׁל וַיְבִיאוּם יְרֵחוֹ עִיר הַתְּמָרִים אֵצֶל אֲחֵיהֶם וַיָּשׁוּבוּ שֹׁמְרוֹן״ וגו׳. עַל אוֹיְבֵיכֶם אַתֶּם הוֹלְכִים, שֶׁאִם תִּפְּלוּ בְּיָדָם אֵין מְרַחֲמִין עֲלֵיכֶם.

The Torah dictates the priest's address: **"And he shall say to them: Hear Israel,** you draw near today to battle against your enemies; let not your heart faint; fear not, nor be alarmed, and do not be terrified of them" (Deuteronomy 20:3). The priest expounds: **"Against your enemies" and not against your brothers.**[N] This is **not** a war of the tribe of **Judah against Simon and not Simon against Benjamin, such that if you fall into their hands** your brothers **will have mercy on you, as it is stated** with regard to a war between Judah and Israel: **"And the men that have been mentioned by name rose up, and took the captives, and with the spoil clothed all that were naked among them, and arrayed them, and shod them, and gave them to eat and to drink, and anointed them, and carried all the feeble of them upon donkeys, and brought them to Jericho, the city of palm trees, unto their brethren; then they returned to Samaria"** (II Chronicles 28:15). Rather, **you are marching** to war **against your enemies, and if you fall into their hands, they will not have mercy on you.**

״אַל יֵרַךְ לְבַבְכֶם אַל תִּירְאוּ וְאַל תַּחְפְּזוּ״ וגו׳. ״אַל יֵרַךְ לְבַבְכֶם״ – מִפְּנֵי צַהֲלַת סוּסִים וְצִחְצוּחַ חֲרָבוֹת; ״אַל תִּירְאוּ״ – מִפְּנֵי הֲגָפַת תְּרִיסִין וְשִׁפְעַת הַקַּלְגַּסִּין; ״אַל תַּחְפְּזוּ״ – מִקּוֹל קְרָנוֹת; ״אַל תַּעַרְצוּ״ – מִפְּנֵי קוֹל צְוָוחוֹת;

The priest continues: **"Let not your heart faint; fear not, nor be alarmed,** and do not be terrified of them" (Deuteronomy 20:3). **"Let not your heart faint" due to the neighing of horses and the sharpening of** the enemy's **swords. "Fear not" due to the knocking of shields** [*terisin*][L] **and the noise of** their **boots** [*calgassin*].[NL] **"Nor be alarmed"** by **the sound of trumpets.**[B] **"Do not be terrified" due to the sound of shouts.**

״כִּי ה׳ אֱלֹהֵיכֶם הַהֹלֵךְ עִמָּכֶם״ – הֵם בָּאִין בְּנִצְחוֹנוֹ שֶׁל בָּשָׂר וָדָם וְאַתֶּם בָּאִים בְּנִצְחוֹנוֹ שֶׁל מָקוֹם. פְּלִשְׁתִּים בָּאוּ בְּנִצְחוֹנוֹ שֶׁל גׇּלְיָת. מֶה הָיָה סוֹפוֹ? לַסּוֹף נָפַל בַּחֶרֶב וְנָפְלוּ עִמּוֹ. בְּנֵי עַמּוֹן בָּאוּ בְּנִצְחוֹנוֹ שֶׁל שׁוֹבַךְ. מֶה הָיָה סוֹפוֹ? לַסּוֹף נָפַל בַּחֶרֶב וְנָפְלוּ עִמּוֹ. וְאַתֶּם אִי אַתֶּם כֵּן, ״כִּי ה׳ אֱלֹהֵיכֶם הַהֹלֵךְ עִמָּכֶם לְהִלָּחֵם לָכֶם״ וגו׳ – זֶה מַחֲנֵה הָאָרוֹן.

The priest explains why the soldiers need not be terrified. **"For the Lord your God is He that goes with you,** to fight for you against your enemies, to save you" (Deuteronomy 20:4). Remember that **they come to** war **championed by flesh and blood, and you are coming championed by the Omnipresent. The Philistines came championed by Goliath. What was his end? In the end, he fell by the sword, and they fell with him** (see I Samuel, chapter 17). **The Ammonites came championed by Shobach. What was his end? In the end, he fell by the sword, and they fell with him** (see II Samuel, chapter 10). **But as for you, you are not so,** reliant upon the strength of mortals: **"For the Lord your God is He that goes with you, to fight for you** against your enemies, to save you"; **this** verse is referring to the **camp of the Ark** of the Covenant that accompanies them out to war.

NOTES

At the time that he would speak to the nation – בְּשָׁעָה שֶׁמְּדַבֵּר אֶל הָעָם: According to the Meiri, a priest anointed for war would be appointed for each war, whether for wars whose mandate is a mitzva or optional wars. However, in the case of wars whose mandate is a mitzva, the priest would say only the words of encouragement, and he would not mention the other matters that do not relate to this.

And not against your brothers – וְלֹא עַל אֲחֵיכֶם: Some commentaries discuss whether or not the mishna is spelling out the content of the priest's speech. According to one opinion, the priest recites only the words written in the Torah, and the mishna is simply interpreting and explaining those verses for didactic purposes (*Be'er Sheva*). However, some understand that the priest would elaborate and interpret the verses.

The noise of [*shifat*] their boots – שִׁפְעַת הַקַּלְגַּסִּין: According to Rashi and the *Arukh*, based on the root *shin*, *peh*, *ayin*, meaning abundance, the menace identified here is the sheer volume of enemy soldiers. However, an alternative interpretation, based on the textual variant in which *shifat* is spelled *shin*, *yod*, *peh*, *tav*, argues it is the noise made by various weapons (Rambam's Commentary on the Mishna; Meiri).

LANGUAGE

Shields [*terisin*] – תְּרִיסִין: From the Greek θυρεός, *thureos*, which means, among other things, an elongated shield.

Boots [*calgassin*] – קַלְגַּסִּין: From the Latin caliga, which in its linguistic declension assumes the accusative form caligas, meaning shoe, specifically the combat boot of Roman soldiers. Apparently, the word was also used as a nickname for the soldiers themselves, both by the Sages and by the Romans; the nickname of the Emperor Caligula derives from this word. In this usage, the term implicitly refers to the men who wear combat boots.

BACKGROUND

Trumpets – קְרָנוֹת: The trumpets used by the Roman army were called cornua, and the soldier blowing one of the cornua was called a cornice.

Roman cornice

HALAKHA

When the priest anointed for war would speak – מְשׁוּחַ מִלְחָמָה בְּשָׁעָה שֶׁמְּדַבֵּר: When the army is organizing and preparing to go to war, the priest anointed for war stands on a high place and says to them in Hebrew: "Hear Israel, you draw near today to battle…For the Lord your God is the one that goes with you, to fight for you against your enemies, to save you" (Deuteronomy 20:3–4). Thereafter, the priest anointed for war says: "What man is there that has built a new house, and has not dedicated it? Let him go and return to his house, lest he die in the battle, and another man dedicate it. And what man is there that has planted a vineyard, and has not used the fruit thereof? Let him go and return unto his house, lest he die in the battle and another man use the fruit thereof. And what man is there that has betrothed a wife, and has not taken her? Let him go and return to his house, lest he die in the battle, and another man take her" (Deuteronomy 20:5–7).

One commentary wonders: Why does the priest anointed for war repeat those statements that he already said at the border? He answers that no one returns from the camp upon hearing of their release at the border until they hear it a second time, at the front (*Kesef Mishne*). An alternative opinion sides with Rashi's interpretation that the release is issued only one time, at the border, although the *Tosefta* seems to support the opinion of the Rambam (Rambam *Sefer Shofetim*, *Hilkhot Melakhim UMilhemoteihem* 7:3).

גמ׳ מַאי קָאָמַר? הָכִי קָאָמַר – שֶׁנֶּאֱמַר: ״וְדִבֶּר״, וּלְהַלָּן אוֹמֵר: ״מֹשֶׁה יְדַבֵּר וְהָאֱלֹהִים יַעֲנֶנּוּ בְקוֹל״, מַה לְּהַלָּן בִּלְשׁוֹן הַקּוֹדֶשׁ, אַף כָּאן בִּלְשׁוֹן הַקּוֹדֶשׁ.

GEMARA The Gemara clarifies an ambiguous point in the mishna: **What is it saying** when the mishna derives from the verse that the priest must address the people in Hebrew? The Gemara answers: **This is what** the mishna **is saying:** The ruling is derived from a verbal analogy, **as it is stated** here: **"And speak"** (Deuteronomy 20:2), **and there,** concerning the giving of the Torah, **it is stated: "Moses spoke and God answered him by a voice"** (Exodus 19:19). **Just as there,** the voice spoke **in the sacred tongue, so too here,** the priest speaks **in the sacred tongue.**

תָּנוּ רַבָּנַן: ״וְנִגַּשׁ הַכֹּהֵן וְדִבֶּר אֶל הָעָם״ – יָכוֹל כָּל כֹּהֵן שֶׁיִּרְצֶה? תַּלְמוּד לוֹמַר: ״וְדִבְּרוּ הַשֹּׁטְרִים״, מַה שּׁוֹטְרִים בִּמְמוּנֶּה, אַף כֹּהֵן בִּמְמוּנֶּה. וְאֵימָא: כֹּהֵן גָּדוֹל! דּוּמְיָא דְּשׁוֹטֵר, מַה שּׁוֹטֵר שֶׁיֵּשׁ מְמוּנֶּה עַל גַּבָּיו, אַף כֹּהֵן שֶׁיֵּשׁ מְמוּנֶּה עַל גַּבָּיו.

The Sages taught: "The priest shall approach and speak to the people" (Deuteronomy 20:2). One **might** have thought that **any priest who would want** to address the people may assume this role. To counter this idea, **the verse states: "And the officers shall speak"** (Deuteronomy 20:5). **Just as the officers** described are those who have been **appointed** to discharge their responsibilities, **so too, the priest** described is one who has been **appointed** for this role. The Gemara asks: **But** if so, why not **say** that **the High Priest** should deliver this address, as he is also appointed? The Gemara replies: The appointed priest must be **similar to** an appointed **officer. Just as an officer** is one **who has** someone else, i.e., a judge, with greater authority **appointed above him, so too, the priest** described must be one **who has** someone else, i.e., the High Priest, **appointed above him.**

כֹּהֵן גָּדוֹל נַמִי, הָאִיכָּא מֶלֶךְ עַל גַּבָּיו! בַּעֲבוֹדָתוֹ קָאָמַר. וְאֵימָא: סְגָן! סְגָן לָאו מְמוּנֶּה הוּא, דְּתַנְיָא, אָמַר רַבִּי חֲנִינָא סְגַן הַכֹּהֲנִים: לָמָּה סְגָן מְמוּנֶּה? שֶׁאִם אֵירַע בּוֹ פְּסוּל בְּכֹהֵן גָּדוֹל, נִכְנָס וּמְשַׁמֵּשׁ תַּחְתָּיו.

The Gemara rejects this answer: **The High Priest also** meets this qualification, as **there is the king above him,** and therefore, the High Priest should deliver the address. The Gemara clarifies: The caveat that one must have someone appointed above him **is saying** someone above him **in his function.** That there is a king is irrelevant to the station of the High Priest, who ranks highest in the priesthood. The Gemara suggests: **Then say** it may be **the deputy** High Priest, who is second to the High Priest; he should deliver the address. The Gemara answers: **The deputy is not an appointed** office, as this position has no particular function other than being a ready substitute for the High Priest. **As it is taught** in a *baraita*: **Rabbi Ḥanina, the deputy** High **Priest, says: To what** end is **the deputy appointed?** It is merely for the possibility **that if some disqualification befalls the High Priest,** the deputy **steps in and serves in his stead.** However, the deputy has no specific role of his own.

״וְאָמַר אֲלֵיהֶם שְׁמַע יִשְׂרָאֵל״. מַאי שְׁנָא ״שְׁמַע יִשְׂרָאֵל״? אָמַר רַבִּי יוֹחָנָן מִשּׁוּם רַבִּי שִׁמְעוֹן בֶּן יוֹחַי, אָמַר לָהֶן הַקָּדוֹשׁ בָּרוּךְ הוּא לְיִשְׂרָאֵל: אֲפִילּוּ לֹא קִיַּימְתֶּם אֶלָּא קְרִיאַת שְׁמַע שַׁחֲרִית וְעַרְבִית – אִי אַתֶּם נִמְסָרִין בְּיָדָם.

§ The Torah says about the priest anointed for war: **"And he shall say to them: Hear Israel"** (Deuteronomy 20:3). The Gemara asks: **What is different** in this setting that necessitates the usage of the phrase: **"Hear Israel"? Rabbi Yoḥanan said in the name of Rabbi Shimon ben Yoḥai: The Holy One, Blessed be He, said to the Jewish people: Even if you have not fulfilled** any mitzva **except reciting *Shema* of the morning and the evening, you** will **not be delivered into the hands** of your enemies. As an allusion to this promise, the priest's address borrows the phrase "Hear Israel," a phrase most familiar from the beginning of the recitation of *Shema*.

״אַל יֵרַךְ לְבַבְכֶם אַל תִּירְאוּ״ כו׳. תָּנוּ רַבָּנַן: פַּעֲמַיִים מְדַבֵּר עִמָּם, אַחַת בִּסְפָר וְאַחַת בְּמִלְחָמָה. בִּסְפָר מַה הוּא אוֹמֵר?

With respect to the mishna's comments about the verse: **"Let not your heart faint; fear not,** nor be alarmed, and do not be terrified of them" (Deuteronomy 20:3), **the Sages taught** (*Tosefta* 7:18): The priest **speaks with them twice,**[H] **one** time when they are gathered for war **at the border, and one** time when they are **on the battlefield** itself. When they are **at the border, what does he say?**

HALAKHA

The priest speaks with them twice – פַּעֲמַיִים מְדַבֵּר עִמָּם: The priest anointed for war addresses the nation twice. One time, at the border, when they are going out to war, he says to them: "And what man is there who has planted a vineyard." Another time, when they are preparing for battle, he says to them: "Hear Israel… do not be terrified" (Rambam *Sefer Shofetim*, *Hilkhot Melakhim UMilḥemoteihem* 7:2).

שִׁמְעוּ דִּבְרֵי מַעַרְכֵי הַמִּלְחָמָה, וְחִזְרוּ; בַּמִּלְחָמָה מַה הוּא אוֹמֵר? ״אַל יֵרַךְ לְבַבְכֶם אַל תִּירְאוּ וְאַל תַּחְפְּזוּ וְאַל תַּעַרְצוּ״, כְּנֶגֶד אַרְבָּעָה דְּבָרִים שֶׁאוּמּוֹת הָעוֹלָם עוֹשִׂין: מַגִּיפִין וּמְרִיעִין, צוֹוְחִין וְרוֹמְסִין.

Hear my words, the regulations of war, and consider who is fit to participate in the battle. **And return** home, all of you who are exempt from combat. **What does he say on the battlefield?**[N] **"Let not your heart faint; fear not, nor be alarmed, and do not be terrified of them"** (Deuteronomy 20:3). These four cautions **correspond to four actions done by the nations of the world:** They **clash** their weapons,[N] **and** they **blast** horns, they **shout, and** they **trample** heavily with their horses to frighten their adversaries.

״פְּלִשְׁתִּים בָּאוּ בְּנִצְחוֹנוֹ שֶׁל גָּלְיָת״ כו׳. גָּלְיָת – אָמַר רַבִּי יוֹחָנָן: שֶׁעָמַד בְּגִילּוּי פָּנִים לִפְנֵי הַקָּדוֹשׁ בָּרוּךְ הוּא, שֶׁנֶּאֱמַר: ״בְּרוּ לָכֶם אִישׁ וְיֵרֵד אֵלָי״, וְאֵין ״אִישׁ״ אֶלָּא הַקָּדוֹשׁ בָּרוּךְ הוּא, שֶׁנֶּאֱמַר: ״ה׳ אִישׁ מִלְחָמָה״. אָמַר הַקָּדוֹשׁ בָּרוּךְ הוּא: הֲרֵינִי מַפִּילוֹ עַל יַד בֶּן אִישׁ, שֶׁנֶּאֱמַר: ״וְדָוִד בֶּן אִישׁ אֶפְרָתִי הַזֶּה״.

The mishna recorded the particulars of the priest's address: **The Philistines came championed by Goliath.** The Gemara describes the battle between David and Goliath. What is implied by the name **Goliath? Rabbi Yoḥanan says:** The verse indicates **that he stood before the Holy One, Blessed be He, with brazenness** [*gilui panim*],[L] **as it is stated: "Choose yourselves a man [*ish*], and let him come down to me"** (I Samuel 17:8), and **man [*ish*]** is referring to **none other than the Holy One, Blessed be He, as it is stated: "The Lord is a man [*ish*] of war"** (Exodus 15:3). **The Holy One, Blessed be He, said: I will hereby fell him by the son of a man [*ben ish*],**[N] **as it is stated: "Now David was the son of that man [*ben ish*] of Ephrath"** (I Samuel 17:12).

אָמַר רַבִּי יוֹחָנָן מִשּׁוּם רַבִּי מֵאִיר: בִּשְׁלֹשָׁה מְקוֹמוֹת לְכָדוֹ פִּיו לְאוֹתוֹ רָשָׁע: אֶחָד – ״בְּרוּ לָכֶם אִישׁ וְיֵרֵד אֵלָי״; וְאִידָךְ – ״אִם יוּכַל לְהִלָּחֵם אִתִּי וְהִכָּנִי״ וגו׳; וְאִידָךְ, דְּקָאָמַר לֵיהּ לְדָוִד: ״הֲכֶלֶב אָנֹכִי כִּי אַתָּה בָא אֵלַי בַּמַּקְלוֹת״. דָּוִד נַמִי אֲמַר לֵיהּ: ״אַתָּה בָּא אֵלַי בְּחֶרֶב וּבַחֲנִית וּבְכִידוֹן״! הֲדַר אֲמַר לֵיהּ: ״וְאָנֹכִי בָא אֵלֶיךָ בְּשֵׁם ה׳ צְבָאוֹת אֱלֹהֵי (יִשְׂרָאֵל) מַעַרְכוֹת יִשְׂרָאֵל אֲשֶׁר חֵרַפְתָּ״.

Rabbi Yoḥanan said in the name of Rabbi Meir: In three instances, his own **mouth ensnared that wicked one** and unwittingly foretold his own downfall. **One** time he said: **"Choose yourselves a man, and let him come down to me,"** describing himself at the bottom. **And another** time, he said: **"If he is able to fight with me and kill me** then will we be your servants; but if I prevail against him, and kill him, then shall you be our servants, and serve us" (I Samuel 17:9). There, he supposed that his opponent would defeat him, before supposing that he, Goliath, would be victorious. Finally, **the other** time was **when he said to David** (I Samuel 17:43): **"Am I a dog, that you come to me with staves?"** The Gemara asks: But didn't David also speak in this manner? **David also said to him: "You come to me with a sword, and with a spear, and with a javelin"** (I Samuel 17:45). The Gemara answers: David **then said to him,** immediately afterward: **"But I come to you in the name of the Lord of hosts, the God of the armies of Israel, whom you have taunted"** (I Samuel 17:45).

״וַיִּגַּשׁ הַפְּלִשְׁתִּי הַשְׁכֵּם וְהַעֲרֵב״ – אָמַר רַבִּי יוֹחָנָן: כְּדֵי לְבַטְּלָן מִקְּרִיאַת שְׁמַע שַׁחֲרִית וְעַרְבִית. ״וַיִּתְיַצֵּב אַרְבָּעִים יוֹם״ – אָמַר רַבִּי יוֹחָנָן: כְּנֶגֶד אַרְבָּעִים יוֹם שֶׁנִּתְּנָה בָּהֶן תּוֹרָה.

The verse says: **"And the Philistine drew near morning and evening"** (I Samuel 17:16). **Rabbi Yoḥanan says:** He did this specifically **in order to prevent them from** completing **the recitation of *Shema*** in the required times of **morning and evening. "And** Goliath **presented himself forty days"** (I Samuel 17:16). **Rabbi Yoḥanan says:** These days **correspond to the forty days**[N] **over which the Torah was given,** as he wanted to do away with it.

״וַיֵּצֵא אִישׁ הַבֵּינַיִם מִמַּחֲנוֹת פְּלִשְׁתִּים״ וגו׳. מַאי ״בֵּינַיִם״? אֲמַר רַב: שֶׁמְּבוּנֶּה מִכָּל מוּם; וּשְׁמוּאֵל אֲמַר: בֵּינוֹנִי שֶׁבְּאֶחָיו; דְּבֵי רַבִּי שֵׁילָא אֲמַר: שֶׁהוּא עָשׂוּי כְּבִנְיָן; רַבִּי יוֹחָנָן אֲמַר: בַּר מֵאָה פַּפֵּי וַחֲדָא נַאנַאי.

The verse introduces Goliath: **"And a champion [*ish habeinayim*] went out from the camp of the Philistines,** named Goliath" (I Samuel 17:4). The Gemara asks: **What** is indicated by the term ***beinayim*? Rav said:** The word is related to the root *beit, nun, heh,* meaning build, and means **that he is built [*muvneh*]** perfectly and free **of any blemish. And Shmuel said:** The word is related to the word *bein,* meaning between, and means that he was **the middle [*beinoni*] among his brothers.**[N] A Sage **from the school of Rabbi Sheila said:** The word is related to the root *beit, nun, heh,* meaning build, and means **that he** was **made** strong **as a building [*binyan*]. Rabbi Yoḥanan said:** The word is related to the word *bein,* meaning between, and means that he was born from among many, as follows: He was **the son of one hundred fathers [*pappi*]**[L] **and one dog [*nanai*],**[L] as his mother engaged in sexual intercourse with one hundred men and a dog, and he was fathered from among them.

NOTES

What does he say on the battlefield – בַּמִּלְחָמָה מַה הוּא אוֹמֵר: The commentaries have pointed out that the order of events in the Gemara does not follow the order of the verses (*Devar Shaul*).

Clash their weapons – מַגִּיפִין: According to Rashi, this list omits the sharpening of swords and the marching because these serve a military purpose and are not merely forms of intimidation. Some explain that the trampling mentioned here refers to the sound of the soldiers' boots as they march.

The son of a man – בֶּן אִישׁ: Some explain that this refers to one who is still known by his father's name, as David was then still called: The son of Yishai (Riaf). Alternatively, this expression refers to one who is still young and has not yet reached the full strength of a grown man (*Iyyun Ya'akov*).

Correspond to the forty days – כְּנֶגֶד אַרְבָּעִים יוֹם: According to Rashi, the Jewish people were subject to forty days of Goliath's verbal abuse because of the forty days during which the giving of the Torah was delayed. The *Sefat Emet* writes that Goliath's intention was to prevent them from reciting *Shema* for forty days, after which they could no longer rectify their omission, in accordance with the assertion of the *Zohar* that a prayer that has been damaged for forty days can no longer be rectified.

The middle among his brothers – בֵּינוֹנִי שֶׁבְּאֶחָיו: According to the Maharal, this observation underscores that Goliath was the central and most important of his brothers.

LANGUAGE

Brazenness [*gilui panim*] – גִּילּוּי פָּנִים: This term, which literally means: Exposure of the face, denotes brazenness or impudence. Apparently, the turn of phrase derives from the fact that people often cover or hide their faces when they are embarrassed. As such, acting or speaking with a completely exposed face demonstrates a complete lack of shame.

Fathers [*pappi*] – פַּפֵּי: From the Greek πάππας, *pappas*, meaning father. The Gemara employs the term in its plural Aramaic form to mean many fathers.

Dog [*nanai*] – נַאנַאי: The commentaries agree that this word means dog, but its origin is uncertain. Presuming that the first *nun* in the word *nanai* was mistakenly written in place of the letter *kaf*, which it closely resembles, one opinion suggests that the proper text should be *cani*, from the Latin word canis, which is the source of the English word canine.

NOTES

As it is stated: And they lifted their voice, etc. – שֶׁנֶּאֱמַר: וַתִּשֶּׂנָה קוֹלָן וכו׳: Although Rava did not disclose a source for his claim that Orpah shed four tears, the commentaries suggest that the four tears are indicated in the text of the story.

According to Rashi, Orpah cried two separate times. The first time, the verse states: "And they lifted up their voice, and wept" (Ruth 1:9). The second time, after Naomi insisted that the women return to their own families, the verse states: "And they lifted up their voice, and wept again" (Ruth 1:14). Rashi learns from the term "again" that the verse is emphasizing they cried a second time. Presuming that Orpah cried from both eyes each time, Rashi concludes she shed four tears.

By contrast, the Maharsha finds evidence for four tears even without presuming that she cried from each eye, as follows: The first verse indicates one tear. In the second verse, the term "they lifted [*vatisena*]" is written in an abridged form, without an *alef*. Spelled *vav*, *tav*, *sin*, *nun*, *heh*, the word resembles the root for the word *shenayim*, meaning two, so that it implies two tears. As the second verse also states that they wept again, this implies an additional tear, which brings the total to four.

The half [*ḥetz*] of his spear – חֵץ חֲנִיתוֹ: Rashi explains that Rabbi Elazar bases his reading on the fact that the word spear [*ḥetz*] closely resembles the word half [*ḥetzi*].

"וְגָלְיָת שְׁמוֹ מִגַּת" – תָּנֵי רַב יוֹסֵף: שֶׁהַכֹּל דָּשִׁין אֶת אִמּוֹ כְּגַת. כְּתִיב: "מְעָרוֹת", וְקָרֵינַן "מַעַרְכוֹת" – תָּנֵי רַב יוֹסֵף: שֶׁהַכֹּל הֶעֱרוּ בְּאִמּוֹ.

The verse recounts that he was **"named Goliath, of Gath"** (I Samuel 17:4). **Rav Yosef taught:** This is **because everyone** would **thresh his mother** by cohabiting with her **like** people do in **a winepress** [*gat*], where everyone tramples. **It is written** that Goliath came from **"the caves** [*me'arot*] of the Philistines" (I Samuel 17:23), **but we read,** according to the Masoretic text: He came from among "the **ranks** [*ma'arkhot*] of the Philistines." What is meant by the written term *me'arot*? **Rav Yosef taught:** The word is related to the word *he'era*, meaning penetrated, and implies **that everyone penetrated** [*he'eru*], i.e., engaged in sexual intercourse **with, his mother.**

כְּתִיב: "הָרָפָה", וּכְתִיב: "עָרְפָּה" – רַב וּשְׁמוּאֵל; חַד אֲמַר: הָרָפָה שְׁמָהּ, וְלָמָּה נִקְרָא שְׁמָהּ עָרְפָּה? שֶׁהַכֹּל עוֹרְפִין אוֹתָהּ מֵאַחֲרֶיהָ; וְחַד אֲמַר: עָרְפָּה שְׁמָהּ, וְלָמָּה נִקְרָא שְׁמָהּ הָרָפָה? שֶׁהַכֹּל דָּשִׁין אוֹתָהּ כַּהֲרִיפוֹת, וְכֵן הוּא אוֹמֵר: "וַתִּקַּח הָאִשָּׁה וַתִּפְרֹשׂ...הַמָּסָךְ עַל פְּנֵי הַבְּאֵר וַתִּשְׁטַח עָלָיו הָרִפוֹת". וְאִי בָּעֵית אֵימָא, מֵהָכָא: "אִם תִּכְתּוֹשׁ אֶת הָאֱוִיל בַּמַּכְתֵּשׁ בְּתוֹךְ הָרִיפוֹת בַּעֱלִי".

It is written that Goliath's mother was: **"Harafa"** (II Samuel 21:16), **and** in another place **it is written: "Orpah"** (Ruth 1:4), and the Gemara will soon explain that this was the same woman. **Rav and Shmuel** engaged in a dispute concerning this matter. **One of them said: Her name was Harafa, and why is she called** by the **name Orpah?** It is **because everyone came at her from behind** [*orfin*] **her,** i.e., sodomized her. **And one of them said: Her name was Orpah, and why is she called** by the **name Harafa?** It is **because everyone threshed her like groats** [*harifot*], i.e., engaged in sexual intercourse with her, **and so it says** that this word means groats: **"And the woman took and spread the covering over the well's mouth, and strewed groats** [*harifot*] **thereon"** (II Samuel 17:19). **And if you wish,** you can **say from here: "Though you should crush a fool in a mortar with a pestle among groats** [*harifot*], yet will not his foolishness depart from him" (Proverbs 27:22).

"וְאֶת אַרְבַּעַת אֵלֶּה יֻלְּדוּ לְהָרָפָה בְּגַת וַיִּפְּלוּ בְיַד דָּוִד וּבְיַד עֲבָדָיו". מַאי נִינְהוּ? אֲמַר רַב חִסְדָּא: סַף, וּמָדוֹן, גָּלְיָת, וְיִשְׁבִּי בְּנוֹב.

The Gemara continues its discussion of the battle of David and Goliath. **"These four were born to Harafa in Gath; and they fell by the hand of David, and by the hand of his servants"** (II Samuel 21:22). The Gemara asks: **What** are the names of the four siblings mentioned here? **Rav Ḥisda said:** They are **Saph, and Madon, Goliath, and Ishbi in Nob** (see II Samuel 21:16–20).

"וַיִּפְּלוּ בְיַד דָּוִד וּבְיַד עֲבָדָיו" – דִּכְתִיב: "וַתִּשַּׁק עָרְפָּה לַחֲמוֹתָהּ וְרוּת דָּבְקָה בָּהּ". אָמַר רַבִּי יִצְחָק: אָמַר הַקָּדוֹשׁ בָּרוּךְ הוּא: יָבוֹאוּ בְּנֵי הַנְּשׁוּקָה וְיִפְּלוּ בְּיַד בְּנֵי הַדְּבוּקָה. דָּרַשׁ רָבָא: בִּשְׂכַר אַרְבַּע דְּמָעוֹת שֶׁהוֹרִידָה עָרְפָּה עַל חֲמוֹתָהּ, זָכְתָה וְיָצְאוּ מִמֶּנָּה אַרְבָּעָה גִּבּוֹרִים, שֶׁנֶּאֱמַר: "וַתִּשֶּׂנָה קוֹלָן וַתִּבְכֶּינָה עוֹד".

It says: **"And they fell into the hands of David and his servants."** Why? It is because of the acts of their forebears, **as it is written: "And Orpah kissed her mother-in-law, and Ruth cleaved to her"** (Ruth 1:14). **Rabbi Yitzḥak says: The Holy One, Blessed be He, said: The children of the one who kissed,** referring to the four giants descended from Orpah, **will come and fall into the hand of the children of the one who cleaved,** referring to David, who was descended from Ruth. **Rava taught: As a reward for the four tears that Orpah shed** in sadness **over her mother-in-law, she merited four mighty warriors descended from her, as it is stated: "And they lifted up their voice**[N] **and wept again"** (Ruth 1:14).

כְּתִיב: "חֵץ חֲנִיתוֹ", וְקָרֵינַן: "עֵץ חֲנִיתוֹ" – אָמַר רַבִּי אֶלְעָזָר: עֲדַיִין לֹא הִגִּיעָנוּ לַחֲצִי שִׁבְחוֹ שֶׁל אוֹתוֹ רָשָׁע. מִכָּאן שֶׁאָסוּר לְסַפֵּר בְּשִׁבְחָן שֶׁל רְשָׁעִים. וְלָא לִפְתַּח בֵּיהּ כְּלָל! לְאוֹדוּעֵי שִׁבְחֵיהּ דְּדָוִד.

It is written about Goliath: "And **the half** [*ḥetz*] **of his spear**[N] was like a weaver's beam" (I Samuel 17:7), **and we read,** according to the Masoretic tradition: "And **the shaft** [*etz*] **of his spear." Rabbi Elazar says:** The written version of the text demonstrates that **we have not yet reached half** [*ḥetzi*] **of the praise of that wicked** man. Only half of his spear was as long as a weaver's beam, but the Masoretic reading offers a less impressive description. It is learned **from here that it is prohibited to relate the praise of wicked people.** The Gemara asks: If so, **then** the verse **should not begin** by praising **him at all.** The Gemara answers: It was necessary in this case in order **to relate the praise of David,** who defeated Goliath.

"בְּנֵי עַמּוֹן בָּאוּ בְּנִצְחוֹנוֹ שֶׁל שׁוֹבַךְ" כו׳. כְּתִיב: "שׁוֹבַךְ", וּכְתִיב: "שׁוֹפַךְ" – רַב וּשְׁמוּאֵל; חַד אֲמַר: שׁוֹפַךְ שְׁמוֹ. וְלָמָּה נִקְרָא שְׁמוֹ שׁוֹבַךְ? שֶׁעָשׂוּי כְּשׁוֹבָךְ; וְחַד אֲמַר: שׁוֹבַךְ שְׁמוֹ. וְלָמָּה נִקְרָא שְׁמוֹ שׁוֹפַךְ? שֶׁכָּל הָרוֹאֶה אוֹתוֹ, נִשְׁפַּךְ לְפָנָיו כְּקִיתוֹן.

§ According to the mishna, the priest would say: **The Ammonites came championed by Shobach** (see II Samuel, chapter 10). In one account, his name **is written: "Shobach"** (II Samuel 10:18), **and** in another place **it is written: "Shophach"** (I Chronicles 19:18). **Rav and Shmuel** engaged in a dispute concerning this matter. **One** of them **said: His name was Shophach, and why is he called** by the **name Shobach?** It is **because he was built like a dovecote** [*shovakh*], as he was exceptionally tall. **And one of them said: His name was Shobach, and why is he called** by the **name Shophach?** It is **because anyone who would see him** would become terrified and his courage would be **spilled** [*nishpakh*] **before him like** water from **a jug.**

"אַשְׁפָּתוֹ כְּקֶבֶר פָּתוּחַ כֻּלָּם גִּבּוֹרִים" – רַב וּשְׁמוּאֵל, וְאָמְרִי לָהּ רַבִּי אַמִי וְרַבִּי אַסִי; חַד אָמַר: בְּשָׁעָה שֶׁזּוֹרְקִין חֵץ עוֹשִׂין אַשְׁפָּתוֹת אַשְׁפָּתוֹת שֶׁל חֲלָלִים. וְשֶׁמָּא תֹּאמַר שֶׁאוּמָּנִין בַּקְּרָב? תַּלְמוּד לוֹמַר: "כֻּלָּם גִּבּוֹרִים"; וְחַד אָמַר: בְּשָׁעָה שֶׁעוֹשִׂין צוֹרְכֵיהֶן עוֹשִׂין אַשְׁפָּתוֹת אַשְׁפָּתוֹת שֶׁל זֶבֶל. וְשֶׁמָּא תֹּאמַר מִפְּנֵי שֶׁחוֹלֵי מֵעַיִים הֵם? תַּלְמוּד לוֹמַר: "כֻּלָּם גִּבּוֹרִים".

The Gemara records a dispute concerning the enemy forces of Nebuchadnezzar. The prophet states: **"Their quiver [*ashpato*] is an open sepulcher, they are all mighty men"** (Jeremiah 5:16). **Rav and Shmuel, and some say Rabbi Ami and Rabbi Asi,** engaged in a dispute concerning the implication of the verse. **One of them said: When they shoot an arrow, they produce heaps and heaps [*ashpatot ashpatot*] of corpses. And lest you say that** they are **skilled in** the arts of **battle** but they are not particularly strong, **the verse states: "They are all mighty men." And one** of them **said: When they perform their needs,** i.e., relieve themselves, **they produce heaps and heaps [*ashpatot ashpatot*] of excrement,** which indicates they eat heartily, like mighty men. **And lest you say it is because they are ill** in their **intestines, the verse states: "They are all mighty men"** and are not ill.

אָמַר רַב מָרִי: שְׁמַע מִינַּהּ, הַאי מַאן דִּנְפִישׁ זִיבְלֵיהּ – חוֹלִי מֵעַיִים הוּא. לְמַאי נַפְקָא מִינַּהּ? לִיטְרַח בְּנַפְשֵׁיהּ.

Rav Mari said: Learn from this exchange that if there is **one whose excrement is abundant,**[B] **he is ill** in his **intestines.** The Gemara asks: **What difference is there** whether or not he is ill in his intestines? The Gemara answers: It is **so that** one who suffers these symptoms **will tend to himself** medically.

"דְּאָגָה בְלֶב אִישׁ יַשְׁחֶנָּה" – רַבִּי אַמִי וְרַבִּי אַסִי; חַד אָמַר: יַשְׁחֶנָּה מִדַּעְתּוֹ, וְחַד אָמַר: יְשִׂיחֶנָּה לַאֲחֵרִים.

In a similar vein, one is urged to relieve his distress. The verse states: **"If there is a care in the heart of a man, let him bend it [*yashḥena*]"** (Proverbs 12:25). **Rabbi Ami and Rabbi Asi** dispute the verse's meaning. **One said: He should force it [*yashena*] out of his mind.** He should remove his worries from his thoughts. **And one said:** It means **he should tell [*yesiḥena*]** his troubles **to others,**[N] which will relieve his anxiety.

"וְאַתֶּם אִי אַתֶּם כֵּן" כו'. וְכָל כָּךְ לָמָּה? מִפְּנֵי שֶׁהַשֵּׁם וְכָל כִּינּוּיוֹ

The mishna recounts the priest's address: **But you are not like them,** because, as the verse states: "For the Lord your God is He that goes with you, to fight for you against your enemies, to save you" (Deuteronomy 20:4). **And why** does the verse elaborate **so much** in spelling out the nature of God's attendance in battle? It is **because the** ineffable **name** of God **and all of His appellations**[N] that are written on the tablets

BACKGROUND

One whose excrement is abundant – הַאי מַאן דִּנְפִישׁ זִיבְלֵיהּ: Various intestinal illnesses prevent the intestines from properly absorbing nutrition and fats from food. Symptoms of these illnesses include diarrhea or other excessive discharge. Prolonged illness of this type may result in pronounced weight loss and a general decline in health.

NOTES

He should tell his troubles to others – יְשִׂיחֶנָּה לַאֲחֵרִים: The commentaries discuss what the sufferer gains by telling his troubles to others. According to one interpretation, others will pray for him and bring about the alleviation of his suffering (*Arukh*). According to another opinion, the listeners will offer the sufferer advice for how to deal with his troubles (Rashi on *Yoma* 75a). A third explanation suggests that one experiences a measure of relief from the mere act of sharing his distress with others and hearing their responses (Riaf).

The ineffable name of God and all of His appellations – הַשֵּׁם וְכָל כִּינּוּיָו: This matter is explored at some length in *Tosefot HaRosh*. Based on the opinion that there were two arks, the Rosh explains that each ark had a distinct function. The Ark of the Covenant, which held the second set of tablets, was left in the Holy of Holies in the Tabernacle. The other ark, a wooden ark initially fashioned by Moses for the purpose of holding the tablets, contained the shards of the original tablets that were broken at Mount Sinai. This second ark was the one carried out to war.

Once the Temple was built, the shards were transferred to the Ark of the Covenant. In their stead, the wooden ark, which was still carried out to war, held the ineffable name of God and His other appellations.

However, the Rosh notes that an opinion cited in the Jerusalem Talmud affirmed that there was only one ark. According to this opinion, the same Ark of the Covenant that normally rested in the Holy of Holies was also occasionally removed to be carried out to war.

Perek **VIII**
Daf **43** Amud **a**

מוּנָּחִין בָּאָרוֹן. וְכֵן הוּא אוֹמֵר: "וַיִּשְׁלַח אֹתָם מֹשֶׁה אֶלֶף לַמַּטֶּה לַצָּבָא אֹתָם וְאֶת פִּינְחָס". "אֹתָם" – אֵלּוּ סַנְהֶדְרִין; "פִּינְחָס" – זֶה מְשׁוּחַ מִלְחָמָה; "וּכְלֵי הַקֹּדֶשׁ" – זֶה אָרוֹן וְלוּחוֹת שֶׁבּוֹ; "וַחֲצֹצְרוֹת הַתְּרוּעָה" – אֵלּוּ הַשּׁוֹפָרוֹת.

were **resting in the Ark. And similarly, it says** in the verse with regard to the war against Midian: **"And Moses sent them, a thousand of every tribe, to the war, them and Pinehas** the son of Elazar the priest, to the war, with the holy vessels and the trumpets for the alarm in his hand" (Numbers 31:6). The verse is interpreted as follows: **"Them"; these are the Sanhedrin. "Pinehas"; he** was the priest **anointed for war. "And the holy vessels"; this is the Ark and the tablets**[N] **that were within it. "And the trumpets for the alarm"; these are the *shofarot*.**[N]

NOTES

And the holy vessels; this is the ark and the tablets – וּכְלֵי הַקֹּדֶשׁ, זֶה אָרוֹן וְלוּחוֹת: Some sources suggest other interpretations of this verse. According to one opinion, the verse refers to the vestments of the High Priest (*Tosefta* 7:17). In a variation on this opinion, Rashi suggests that the holy vessels mentioned are the Ark and the priest's frontplate (Rashi on Numbers 31:6).

These are the *shofarot* – אֵלּוּ הַשּׁוֹפָרוֹת: The Maharsha is at a loss to explain the Gemara's interpretation that the trumpets in the verse are referring to *shofarot*. He maintains that it should be self-evident that these trumpets are those identified elsewhere (Numbers, chapter 10) as meant for use in war. The Rashash, based on the Gemara (*Shabbat* 36a), suggests that the Gemara here is referring to the trumpets, but these trumpets were called *shofarot* at that time.

תָּנָא: לֹא לְחִנָּם הָלַךְ פִּינְחָס לַמִּלְחָמָה, אֶלָּא לִיפָּרַע דִּין אֲבִי אִמּוֹ, שֶׁנֶּאֱמַר: ״וְהַמְּדָנִים מָכְרוּ אֹתוֹ אֶל מִצְרַיִם״ וגו׳. לְמֵימְרָא, דְּפִינְחָס מִיּוֹסֵף אָתֵי, וְהָא כְּתִיב: ״וְאֶלְעָזָר בֶּן אַהֲרֹן לָקַח לוֹ מִבְּנוֹת פּוּטִיאֵל לוֹ לְאִשָּׁה״. מַאי לָאו דְּאָתֵי מִיִּתְרוֹ שֶׁפִּיטֵּם עֲגָלִים לַעֲבוֹדָה זָרָה? לָא, מִיּוֹסֵף שֶׁפִּיטְפֵּט בְּיִצְרוֹ.

A *tanna* **taught:** It was **not for nothing** that specifically **Pinehas went**[N] **to war** with Midian; **rather,** it was **to exact** the rightful **judgment of his mother's father,** Joseph, **as it is stated: "And the Midianites sold him into Egypt** to Potiphar, an officer of Pharaoh's" (Genesis 37:36). The Gemara asks: **Is this to say that Pinehas came,** on his mother's side, **from** the family of **Joseph? But it is written: "And Elazar, Aaron's son, took himself a wife from the daughters of Putiel;** and she bore him Pinehas" (Exodus 6:25). **What, is it not that** Pinehas **came from** the family of **Yitro, who** was also called Putiel because he **fattened** [*pittem*] **calves for idol worship?** They answer: **No;** he was descended **from Joseph, who mocked** [*pitpet*] **his desire** by resisting the advances of Potiphar's wife.

וַהֲלֹא שְׁבָטִים מְבַזִּין אוֹתוֹ: רְאִיתֶם בֶּן פּוּטִי זֶה, בֶּן שֶׁפִּיטֵּם אֲבִי אִמּוֹ עֲגָלִים לַעֲבוֹדָה זָרָה יַהֲרוֹג נָשִׂיא מִיִּשְׂרָאֵל! אֶלָּא, אִי אֲבוּהּ דְּאִימֵּיהּ מִיּוֹסֵף – אִימֵּיהּ דְּאִימֵּיהּ מִיִּתְרוֹ, וְאִי אִימֵּיהּ דְּאִימֵּיהּ מִיּוֹסֵף – אֲבוּהּ דְּאִימֵּיהּ מִיִּתְרוֹ. דַּיְקָא נַמִי, דִּכְתִיב: ״מִבְּנוֹת פּוּטִיאֵל״, תְּרֵי מַשְׁמַע. שְׁמַע מִינָּהּ.

The Gemara asks: **But is it not** the case that, according to an oral tradition, **the tribes** were **denigrating** Pinehas after he killed Zimri, saying: Did **you see this son of Puti, the son whose mother's father fattened cows for idol worship?** Should this man **kill a prince of Israel?** Evidently, his grandfather Puti was Yitro, not Joseph. The Gemara answers: **Rather,** Pinehas was descended from both Joseph and Yitro. **If his mother's father** descended **from Joseph, his mother's mother** descended **from Yitro. And if his mother's mother** descended **from Joseph, his mother's father** descended **from Yitro.** The Gemara confirms this resolution: The language **is also precise, as it is written:** Elazar took a wife **"from the daughters of Putiel,"** which **implies** that she came from **two** daughters of men named Putiel. The Gemara concludes: You may **learn from** the verse that this is so.

מתני׳ ״וְדִבְּרוּ הַשֹּׁטְרִים אֶל הָעָם לֵאמֹר מִי הָאִישׁ אֲשֶׁר בָּנָה בַיִת חָדָשׁ וְלֹא חֲנָכוֹ יֵלֵךְ וְיָשֹׁב לְבֵיתוֹ״ וגו׳ – אֶחָד הַבּוֹנֶה בֵּית הַתֶּבֶן, בֵּית הַבָּקָר, בֵּית הָעֵצִים, בֵּית הָאוֹצָרוֹת, אֶחָד הַבּוֹנֶה וְאֶחָד הַלּוֹקֵחַ, וְאֶחָד הַיּוֹרֵשׁ וְאֶחָד שֶׁנִּתַּן לוֹ מַתָּנָה.

MISHNA The mishna continues its discussion of the speech given before battle. **"And the officers shall speak to the people, saying: What man is there that has built a new house, and has not dedicated it? Let him go and return to his house,** lest he die in the battle, and another man dedicate it" (Deuteronomy 20:5). He is sent home if he is **one who builds**[H] **a storehouse for straw, a barn for cattle, a shed for wood,** or **a warehouse.** Similarly, it applies if he is **one who builds, or** if he is **one who purchases, or** if he is **one who inherits, or** if he is **one to whom** it is **given** as **a gift.** In all these instances, the man returns from the war encampment.

״וּמִי הָאִישׁ אֲשֶׁר נָטַע כֶּרֶם וְלֹא חִלְּלוֹ״ וגו׳ – אֶחָד הַנּוֹטֵעַ כֶּרֶם, וְאֶחָד הַנּוֹטֵעַ חֲמִשָּׁה אִילָנֵי מַאֲכָל, וַאֲפִילּוּ מֵחֲמֵשֶׁת הַמִּינִין, אֶחָד הַנּוֹטֵעַ וְאֶחָד הַמַּבְרִיךְ וְאֶחָד הַמַּרְכִּיב, וְאֶחָד הַלּוֹקֵחַ וְאֶחָד הַיּוֹרֵשׁ וְאֶחָד שֶׁנִּתַּן לוֹ מַתָּנָה.

The next verse states: **"And what man is there that has planted a vineyard, and has not used the fruit** thereof? Let him go and return unto his house, lest he die in the battle and another man use the fruit thereof" (Deuteronomy 20:6). He is sent home if he is **one who plants**[H] a whole **vineyard** of many vines, **or** if he is **one who plants** as few as **five fruit trees** of another variety, **and even** if these five are **from the five species.** The produce need not be all of one species. The same applies if he is **one who plants, or** if he is **one who layers** the vine, bending a branch into the ground so that it may take root and grow as a new vine, **or** if he is **one who grafts** different trees onto one another. **And** it applies if he is **one who purchases** a vineyard, **or** if he is **one who inherits** a vineyard, **or** if he is **one to whom** the vineyard **is given** as **a gift.**

״וּמִי הָאִישׁ אֲשֶׁר אֵרַשׂ אִשָּׁה״ וגו׳ – אֶחָד הַמְאָרֵס אֶת הַבְּתוּלָה וְאֶחָד הַמְאָרֵס אֶת הָאַלְמָנָה, אֲפִילּוּ שׁוֹמֶרֶת יָבָם, וַאֲפִילּוּ שָׁמַע שֶׁמֵּת אָחִיו בַּמִּלְחָמָה – חוֹזֵר וּבָא לוֹ. כָּל אֵלּוּ וְאֵלּוּ שׁוֹמְעִין דִּבְרֵי כֹּהֵן מַעַרְכֵי מִלְחָמָה וְחוֹזְרִין, וּמְסַפְּקִין מַיִם וּמָזוֹן, וּמְתַקְּנִין אֶת הַדְּרָכִים.

The next verse states: **"And what man is there that has betrothed a wife,** and has not taken her? Let him go and return to his house, lest he die in the battle, and another man take her" (Deuteronomy 20:7). He is sent home if he is **one who betroths**[H] **a virgin, or** if he is **one who betroths a widow.** This applies **even** if his *yevama*, his late brother's wife, is a **widow waiting for** him as **her** ***yavam*** to perform levirate marriage; **and even** if **he heard that his brother died in the war** and the widow begins to wait for him only then, **he returns and goes** home. **Each of these** men, although they are exempt, still **hear the address of the priest** and **the regulations of war** at the local camp, **and** thereafter **they return** to their respective homes. However, they still support the war effort, **and** they **provide water and food** for the soldiers **and repair the roads.**

NOTES

It was not for nothing that Pinehas went, etc. – **לֹא לְחִנָּם הָלַךְ פִּינְחָס וכו׳**: If, as the Gemara states, Pinehas was the priest anointed for war, there need not be any other reason for him to be selected to participate in the war; he simply went out to war in this appointed role. The *Tosefot HaRash* offers two resolutions. First, it is possible that this statement contradicts the previous one, stating that Pinehas was sent for the personal reason described here and not as the anointed priest. Alternatively, Pinehas was in fact the anointed priest, and this statement is suggesting why he was singled out for this role.

The Maharal insists that the selection of Pinehas was not meant, as it would seem at first glance, to allow him to settle a personal grievance. After all, this war was waged hundreds of years after Joseph was sold into slavery, and all the relevant parties were long dead. Rather, the fact that the Midianites had sold Joseph was relevant to this war only insofar as that event demonstrated a natural opposition between Midian, a nation characterized by promiscuity, and Joseph, a man characterized by sexual self-control. Joseph's descendant, Pinehas, shared his forebear's strong personal resistance to promiscuity, and he was therefore chosen to lead this campaign, whose objective was to avenge the Midianites' luring the Jewish people into crimes of promiscuity and idolatry.

HALAKHA

One who builds – **אֶחָד הַבּוֹנֶה**: If one has built a home, a barn for cattle, a shed for wood, or a warehouse, if it has the potential to serve as a domicile, he returns from the military ranks. This applies not only to one who has built the house himself but also to one who has purchased or inherited a house, or was given a house as a gift.

However, if he has built a gateway, a veranda, a balcony, or a house that is smaller than four by four cubits, he does not return from the military ranks. The *Kesef Mishne* suggests that the omission of a storehouse for straw from this list may be due to a scribal error (Rambam *Sefer Shofetim, Hilkhot Melakhim UMilḥemoteihem* 7:5).

One who plants – **אֶחָד הַנּוֹטֵעַ**: If one planted a vineyard or five fruit trees, even from five different species, he returns home from the military ranks. This applies equally whether he planted a tree, or bent a vine into the ground, or grafted different trees together. There is no difference whether one planted the trees himself or whether he bought them, or inherited them, or if a vineyard was given to him as a gift. However, one who planted four fruit trees or five non-fruit bearing trees does not return (Rambam *Sefer Shofetim, Hilkhot Melakhim UMilḥemoteihem* 7:6).

One who betroths – **אֶחָד הַמְאָרֵס**: If one betrothed a woman, whether she is a virgin or a widow, or if one is in line for a levirate marriage, he returns home from the military ranks (Rambam *Sefer Shofetim, Hilkhot Melakhim UMilḥemoteihem* 7:7).

וְאֵלּוּ שֶׁאֵינָן חוֹזְרִין: הַבּוֹנֶה בֵּית שַׁעַר, אַכְסַדְרָה וּמִרְפֶּסֶת; הַנּוֹטֵעַ אַרְבַּע אִילָנֵי מַאֲכָל, וַחֲמִשָּׁה אִילָנֵי סְרָק; הַמַּחֲזִיר אֶת גְּרוּשָׁתוֹ. אַלְמָנָה לְכֹהֵן גָּדוֹל, גְּרוּשָׁה וַחֲלוּצָה לְכֹהֵן הֶדְיוֹט, מַמְזֶרֶת וּנְתִינָה לְיִשְׂרָאֵל, בַּת יִשְׂרָאֵל לְמַמְזֵר וּלְנָתִין – לֹא הָיָה חוֹזֵר. רַבִּי יְהוּדָה אוֹמֵר: אַף הַבּוֹנֶה בַּיִת עַל מְכוֹנוֹ לֹא הָיָה חוֹזֵר. רַבִּי אֱלִיעֶזֶר אוֹמֵר: אַף הַבּוֹנֶה בֵּית לְבֵינִים בַּשָּׁרוֹן לֹא הָיָה חוֹזֵר.

And these are the men **who do not return** to their homes: **One who builds a gateway,**[B] or an enclosed veranda [*akhsadra*],[L] **or a balcony;**[B] or **one who plants** no more than **four fruit trees or** even **five** or more **non-fruit bearing trees;** or **one who remarries his divorced** wife.[H] Nor is there an exemption for one who has betrothed a woman whom he is not permitted to marry: With regard to **a widow** betrothed **to a High Priest**[N] (see Leviticus 21:7); **a divorcée or a** *yevama* who performed *ḥalitza* [*ḥalutza*], in lieu of entering into a levirate marriage, betrothed **to a common priest** (see Leviticus 21:13–15); **a** ***mamzeret*** **or a Gibeonite woman** betrothed **to an Israelite; or an Israelite woman** betrothed **to a** ***mamzer*** **or a Gibeonite** (see Deuteronomy 23:3); such a man **does not return** to his home. **Rabbi Yehuda says: Even one who rebuilds a house** as it stood originally **would not return. Rabbi Eliezer says: Even one who builds a** new **brick house in the Sharon would not return** because these houses are not stable and are expected to collapse periodically.

אֵלּוּ שֶׁאֵין זָזִין מִמְּקוֹמָן: בָּנָה בַּיִת וַחֲנָכוֹ, נָטַע כֶּרֶם וְחִלְּלוֹ, הַנּוֹשֵׂא אֶת אֲרוּסָתוֹ, הַכּוֹנֵס אֶת יְבִמְתּוֹ, שֶׁנֶּאֱמַר: "נָקִי יִהְיֶה לְבֵיתוֹ שָׁנָה אֶחָת". "לְבֵיתוֹ" – זֶה בֵּיתוֹ; "יִהְיֶה" – זֶה כַּרְמוֹ; "וְשִׂמַּח אֶת אִשְׁתּוֹ" – זוֹ אִשְׁתּוֹ; "אֲשֶׁר לָקָח" – לְהָבִיא אֶת יְבִמְתּוֹ. אֵין מַסְפִּיקִין לָהֶם מַיִם וּמָזוֹן וְאֵין מְתַקְּנִין אֶת הַדְּרָכִים.

These are the men **who do not** even **move from their places**[H] because they do not even report to the camp: One who **built a house and dedicated it** within the year; one who **planted a vineyard and used its fruit** for less than a year; one **who marries his betrothed** and **one who marries his** ***yevama,*** his brother's widow who must enter into a levirate marriage or perform *ḥalitza*, **as it is stated:** "When a man takes a new wife, he shall not go out with the army… **he shall be free for his house one year,** and shall cheer his wife whom he has taken" (Deuteronomy 24:5). The mishna interprets the verse as follows: **"For his house"; this** means **his house** that he built. **"He shall be"; this** term includes **his vineyard. "And shall cheer his wife"; this is his wife. "Whom he has taken";** this phrase comes **to include his** ***yevama,*** who is considered his wife with respect to this *halakha* although he has not yet married her. Those who are exempt for these reasons **do not** even **provide water and food** to the soldiers, **and they do not repair the roads.**

גמ׳ תָּנוּ רַבָּנַן: "וְדִבְּרוּ הַשֹּׁטְרִים" – יָכוֹל דְּבָרִים שֶׁל עַצְמָן? כְּשֶׁהוּא אוֹמֵר: "וְיָסְפוּ הַשֹּׁטְרִים" – הֲרֵי דְּבָרִים שֶׁל עַצְמָן אָמוּר. הָא מָה אֲנִי מְקַיֵּים "וְדִבְּרוּ הַשֹּׁטְרִים"? בְּדִבְרֵי מְשׁוּחַ מִלְחָמָה הַכָּתוּב מְדַבֵּר. הָא כֵּיצַד? כֹּהֵן מְדַבֵּר וְשׁוֹטֵר מַשְׁמִיעַ.

GEMARA **The Sages taught: "And the officers shall speak…** What man is there that has built a new house, and has not dedicated it? Let him go and return to his house, lest he die in the battle, and another man dedicate it" (Deuteronomy 20:5). One **might** have thought that they say **their own words** and that the priest does not issue these proclamations. However, **when it says: "And the officers shall** speak **further"** (Deuteronomy 20:8), **their own words are mentioned** only in this latter verse. Evidently, then, the priest is the speaker in the earlier verse. **How** then **do I realize** the meaning of: **"And the officers shall speak"** in the first verse? **The verse is speaking of the words of the** priest **anointed for war. How so? The priest speaks**[H] in an undertone, **and an officer calls out** the priest's words so that they are audible to the assembled.

BACKGROUND

Gateway – בֵּית שַׁעַר: The gateway mentioned here is a small structure built at the entryway of a courtyard. It is meant to delay people, so that they cannot enter suddenly and directly into the courtyard. Normally, it is a very small open structure whose back wall is the gate to the courtyard. If there was a guard, he would occasionally sit in the gateway. Nevertheless, it cannot be properly defined as a living space in any way because it is so small and open on one side.

Balcony [*mirpeset*] – מִרְפֶּסֶת: The Hebrew root of this word is *reish*, *peh*, *samekh*, which means tread or trample. The term indicates a wooden board or a stone structure built as an extension at the top of a staircase to provide access to apartments located on the upper floor of a house. As such, the balcony serves as a type of open hallway alongside the house.

Some passageways of this type are roofed, and they generally have some sort of wall to prevent people from falling. Nevertheless, even when the passage is largely enclosed, it is built to be a passageway and is not truly habitable.

LANGUAGE

Veranda [*akhsadra*] – אַכְסַדְרָה: From the Greek ἐξέδρα, *exedra*, denoting a roofed entrance in front of a home.

Veranda in front of an ancient Greek house in Delos, Greece

NOTES

A widow betrothed to a High Priest – אַלְמָנָה לְכֹהֵן גָּדוֹל: Some see this as proof that the priests were also commanded to participate in wars, although they do not have their own territory in Eretz Yisrael. However, some contend that the priests are merely permitted to volunteer, but they are not obligated to fight (*Birkei Yosef*; *Minḥa Ḥareva*).

HALAKHA

One who remarries his divorced wife – הַמַּחֲזִיר אֶת גְּרוּשָׁתוֹ: If one remarried his ex-wife or married a woman who is forbidden to him, e.g., a High Priest who married a widow or an Israelite who married a *mamzeret*, he does not return home from the ranks (Rambam *Sefer Shofetim*, *Hilkhot Melakhim UMilḥemoteihem* 7:8).

These are the men who do not even move from their places – אֵלּוּ שֶׁאֵין זָזִין מִמְּקוֹמָן: The following people do not go out to war at all and are not charged with any war-related tasks: One who built a house and dedicated it; one who married his betrothed; one who performed a levirate marriage; and one who redeemed the fruits of his vineyard. These people do not go out to war until one year after the enumerated events. Furthermore, not only do they not go out to war, but they also are not responsible for providing food and water to the soldiers, they do not guard the walls, and they do not contribute to the fortification of the city or to the military provisions (Rambam *Sefer Shofetim*, *Hilkhot Melakhim UMilḥemoteihem* 7:10–11).

The priest speaks – כֹּהֵן מְדַבֵּר: The priest who has been anointed for war says, in Hebrew: "Hear Israel…let not your heart faint…to save you," and another priest calls out his address to all the assembled. Then the priest anointed for war says: "What man is there that has built a new house, and has not dedicated it? Let him go and return to his house, lest he die in the battle, and another man dedicate it," and an officer calls out his statement to all the assembled. Thereafter, an officer arises and says: "What man is there that is fearful and fainthearted" and another officer calls out his words to all the assembled (Rambam *Sefer Shofetim*, *Hilkhot Melakhim UMilḥemoteihem* 7:3).

תָּנֵי חֲדָא: כֹּהֵן מְדַבֵּר וְשׁוֹטֵר מַשְׁמִיעַ. וְתַנְיָא אִידָךְ: כֹּהֵן מְדַבֵּר וְכֹהֵן מַשְׁמִיעַ. וְתַנְיָא אִידָךְ: שׁוֹטֵר מְדַבֵּר וְשׁוֹטֵר מַשְׁמִיעַ! אָמַר אַבָּיֵי: הָא כֵּיצַד? מִ״וְנִגַּשׁ״ וְעַד ״וְדִבְּרוּ״ – כֹּהֵן מְדַבֵּר וְכֹהֵן מַשְׁמִיעַ; מִ״וְדִבְּרוּ״ עַד ״וְיָסְפוּ״ – כֹּהֵן מְדַבֵּר וְשׁוֹטֵר מַשְׁמִיעַ. מִ״וְיָסְפוּ״ וְאֵילָךְ – שׁוֹטֵר מְדַבֵּר וְשׁוֹטֵר מַשְׁמִיעַ.

It is taught in **one** *baraita*: **A priest speaks, and an officer calls out** his words; **and it is taught** in **another** *baraita*: **A priest speaks and a priest calls out. And it is taught** in yet **another** *baraita*: **An officer speaks and an officer calls out. Abaye said:** How can **these** texts be reconciled? **From** the words: **"That** the priest **shall approach"** (Deuteronomy 20:2), **until** the words: **"And** the officers **shall speak"** (Deuteronomy 20:5), which consist of words of encouragement and inspiration, **a priest speaks** and another **priest calls out. From** the words **"and** the officers **shall speak" until** the words: **"And** the officers **shall** speak **further"** (Deuteronomy 20:8), which list various people who are to return home from the battle front because of happy occasions, **a priest speaks and an officer calls out. From** the words **"and** the officers **shall** speak **further" and on,** which address those who are fearful and fainthearted, **an officer speaks and** another **officer calls out.**

״מִי הָאִישׁ אֲשֶׁר בָּנָה בַּיִת חָדָשׁ״ כּו׳. תָּנוּ רַבָּנַן: ״אֲשֶׁר בָּנָה״ – אֵין לִי אֶלָּא אֲשֶׁר בָּנָה. לָקַח וְיָרַשׁ וְנִיתַּן לוֹ בְּמַתָּנָה מִנַּיִן? תַּלְמוּד לוֹמַר: ״מִי הָאִישׁ אֲשֶׁר בָּנָה״.

§ The mishna teaches that the officers announce: **"What man is there that has built**[N] **a new house,** and has not dedicated it? Let him go and return to his house, lest he die in the battle, and another man dedicate it" (Deuteronomy 20:5). **The Sages taught:** From the phrase **"That has built," I have** derived **only** that this applies to one **who has** literally **built** a house. **From where** do I derive that it includes one who **purchased, or inherited, or has been given** a house **as a gift? The verse states** broadly: **"What man is there that has built."** By not merely stating: One that has built, but using the expanded "what man is there that has built," the verse includes any of these circumstances.

״בַּיִת״ – אֵין לִי אֶלָּא בַּיִת. מִנַּיִן לְרַבּוֹת בֵּית הַתֶּבֶן וּבֵית הַבָּקָר וּבֵית הָעֵצִים וּבֵית הָאוֹצָרוֹת? תַּלְמוּד לוֹמַר: ״אֲשֶׁר בָּנָה״, מִכָּל מָקוֹם. יָכוֹל שֶׁאֲנִי מְרַבֶּה אַף הַבּוֹנֶה בֵּית שַׁעַר אַכְסַדְרָה וּמִרְפֶּסֶת? תַּלְמוּד לוֹמַר: ״בַּיִת״. מַה בַּיִת הָרָאוּי לְדִירָה, אַף כֹּל הָרָאוּי לְדִירָה.

From the term **"a house" I have** derived **only a house** in which people live. **From where** is it derived that the exemption is understood **to** also **include** one who builds **a storehouse for straw, a barn for cattle, a shed for wood, or a warehouse? The verse states: "That has built,"** which includes whatever one built, **in any case.** One **might** have thought that **I** should **include even one who builds a gateway,** or **an enclosed veranda, or a balcony;** however, **the verse states: "A house,"** which teaches that **just as a house** is, by definition, a structure that is **fit for living, so too,** this *halakha* applies to **every** structure that is potentially **fit for living,** although in practice it may be used for another purpose.

רַבִּי אֱלִיעֶזֶר בֶּן יַעֲקֹב אוֹמֵר: ״בַּיִת״ כְּמַשְׁמָעוֹ. ״לֹא חֲנָכוֹ״, ״וְלֹא חֲנָכוֹ״ – פְּרָט לְגַזְלָן. לֵימָא, דְּלָא כְּרַבִּי יוֹסֵי הַגְּלִילִי, דְּאִי רַבִּי יוֹסֵי הַגְּלִילִי, הָא אָמַר: ״וְרַךְ הַלֵּבָב״ – זֶה הַמִּתְיָירֵא

Rabbi Eliezer ben Ya'akov says: The word **"house"** is to be understood to mean, **as it indicates,** a building meant for human residence. With regard to the house for which a man may be sent back from the camp, since the verse does not state merely: **"And has not dedicated,"** but rather: **"And has not dedicated it,"** specifying the particular house to which the man is connected, the verse therefore **excludes a robber**[H] who does not own his house. The Gemara asks: **Shall we say** that this opinion is **not in accordance with** the opinion of **Rabbi Yosei HaGelili? As, if** it were in accordance with the opinion of **Rabbi Yosei HaGelili, didn't he say:** When the verse singles out the "fearful **and fainthearted"** (Deuteronomy 20:8), **this** is referring to **one who is afraid**

NOTES

What man is there that has built, etc. – **מִי הָאִישׁ אֲשֶׁר בָּנָה וכו׳**: The commentaries discuss precisely which term in the verse serves to include even one who has acquired a house through means other than building it himself. Rashi explains that the inclusion here is learned from the words "what man." The Rashash contends that the principle is learned from the term "that has." He adds that the word "house" has also been used elsewhere as an inclusive term. In the *Sifrei*, this derivation serves as the basis for the obligation to build a parapet even upon the roof of a structure that is not a domicile.

HALAKHA

Excludes a robber – **פְּרָט לְגַזְלָן**: One who has a new house or a vineyard returns home from the military ranks, whether he built it for himself or received it from someone else. However, one who stole either of these assets does not return (Rambam *Sefer Shofetim, Hilkhot Melakhim UMilḥemoteihem* 7:5–6).

Perek **VIII**
Daf **43** Amud **b**

מֵעֲבֵירוֹת שֶׁבְּיָדוֹ!

because of sins that he has. According to this interpretation, one who stole another's real estate should return home from war because of his guilt, which would seem to contradict the opinion of Rabbi Eliezer ben Ya'akov.

אֲפִילּוּ תֵּימָא רַבִּי יוֹסֵי הַגְּלִילִי, כְּגוֹן דַּעֲבַד תְּשׁוּבָה וִיהַב דְּמֵי. אִי הָכִי, הָוָה לֵיהּ לוֹקֵחַ, וְלִיהְדַּר! כֵּיוָן דְּמֵעִיקָּרָא בְּתוֹרַת גְּזֵילָה אֲתָא לִידֵיהּ – לָא.

The Gemara answers: **Even** if **you say** that this ruling is in accordance with the opinion of **Rabbi Yosei HaGelili,** Rabbi Eliezer ben Ya'akov still needs to exclude one in possession of a stolen house, as in a case **where one repented and gave money** to the owners of the house that he stole. Although in such a case he is not considered a criminal, the house was originally stolen, and therefore he must remain among the military ranks. The Gemara challenges this: **If so,** i.e., he repaid the owners, **he is** now a legal **purchaser** of the house **and he should return** from the military ranks. The Gemara answers: **Since initially** it **entered his possession with the status of stolen** property,[N] he does **not** return.

״וּמִי הָאִישׁ אֲשֶׁר נָטַע כֶּרֶם״ כו׳. תָּנוּ רַבָּנַן: ״אֲשֶׁר נָטַע״ – אֵין לִי אֶלָּא נָטַע. לָקַח וְיָרַשׁ וְנִיתַּן לוֹ בְּמַתָּנָה מִנַּיִן? תַּלְמוּד לוֹמַר: ״וּמִי הָאִישׁ אֲשֶׁר נָטַע״.

§ The Gemara continues its discussion of those who return from the ranks. **"And what man is there that has planted a vineyard,** and has not used the fruit thereof" (Deuteronomy 20:6). **The Sages taught:** From the phrase **"that has planted,"** I have derived **only** that it applies to one who actually **planted** a vineyard. **From where** is it derived that the military exemption likewise includes one who **purchased** it, one who **inherited** it, **and** one **to whom** it **was given as a gift? The verse states: "And what man is there that has planted."** By not merely stating: One that has planted, but using the expanded "what man is there that has planted," the verse includes any of these circumstances.

״כֶּרֶם״ – אֵין לִי אֶלָּא כֶּרֶם. מִנַּיִן לְרַבּוֹת חֲמִשָּׁה אִילָנֵי מַאֲכָל וַאֲפִילּוּ מִשְּׁאָר מִינִין? תַּלְמוּד לוֹמַר: ״אֲשֶׁר נָטַע״. יָכוֹל שֶׁאֲנִי מְרַבֶּה הַנּוֹטֵעַ אַרְבָּעָה אִילָנֵי מַאֲכָל, וַחֲמִשָּׁה אִילָנֵי סְרָק? תַּלְמוּד לוֹמַר: ״כֶּרֶם״.

From the specific term **"vineyard," I have derived only a vineyard; from where** do I derive that it comes **to include five fruit trees even from other species? The verse states: "That has planted,"** to include different types of trees. **Might I** include even **one who plants** only **four fruit trees and** one who plants **five** or more **non-fruit bearing trees? The verse states: "Vineyard."** The term excludes a quantity of trees that is too few to qualify as a vineyard, as well as trees that do not yield fruit at all.

רַבִּי אֱלִיעֶזֶר בֶּן יַעֲקֹב אוֹמֵר: ״כֶּרֶם״ כְּמַשְׁמָעוֹ. ״לֹא חִלֵּל״, ״וְלֹא חִלְּלוֹ״ – פְּרָט לְמַבְרִיךְ וּלְמַרְכִּיב. וְהָא אֲנַן תְּנַן: אֶחָד הַנּוֹטֵעַ וְאֶחָד הַמַּבְרִיךְ וְאֶחָד הַמַּרְכִּיב! אָמַר רַבִּי זֵירָא אָמַר רַב חִסְדָּא, לָא קַשְׁיָא: כָּאן בְּהַרְכָּבַת אִיסּוּר, כָּאן בְּהַרְכָּבַת הֶיתֵּר.

Rabbi Eliezer ben Ya'akov says: The word **"vineyard"** is to be understood **as it indicates,** and it is referring only to a grape vineyard. And since the verse does not state merely: **"And has not used** the fruit," but rather: **"And has not used** the fruit **thereof,"** it **excludes one who layers**[B] the vine or branch **and one who grafts**[BN] different trees onto one another. The Gemara asks: **But didn't we learn** in the mishna: He is released if he is **one who plants, or** if he is **one who layers, or** if he is **one who grafts** trees? **Rabbi Zeira said** that **Rav Ḥisda said:** This is **not difficult. Here,** in the case where one does not return from the ranks, the man has performed **forbidden grafting;**[N] **there,** in the case where one does return from the ranks, he has performed **permitted grafting.**[H]

BACKGROUND

Layering – הַבְרָכָה: This refers to an agricultural process, particularly common in grapevines, in which a growing tree branch is inserted into the ground in such a way that it will take root. After it takes root, the branch is severed from its tree. This is similar to the method of planting a shoot, but with the added advantage that it also receives nourishment from the original tree for a period of time.

Layering

Grafting – הַרְכָּבָה: Grafting is a method for maintaining and improving trees that dates back to antiquity. While the methods of grafting have been enhanced over time, the essential principles have not changed. Grafting consists of inserting a branch from one tree into a slit made in another tree for this purpose, although the precise techniques of connecting branch to tree vary among the different species of trees. It appears from the Talmud that grafting grapevines was particularly common at that time.

In talmudic times it was also common to graft trees while the branch remained connected to the original tree. This ensured that the grafted branches would not dry out in the event that the grafting did not succeed. The Gemara refers to this method as: A young tree that was entangled with an old tree.

HALAKHA

Permitted grafting – בְּהַרְכָּבַת הֶיתֵּר: If one grafts or layers a tree in such a way that it is subject to the prohibition of *orla*, he returns home from war (Rambam *Sefer Shofetim, Hilkhot Melakhim UMilḥemoteihem* 7:6).

NOTES

It entered his possession with the status of stolen property – בְּתוֹרַת גְּזֵילָה אֲתָא לִידֵיהּ: The Torah dictates that it is inappropriate to formally dedicate an item that has entered one's possession through a sin, as this cannot be classified as an unadulterated mitzva. Therefore, although one may now have full ownership of the property in question, he does not return from the military ranks for such a house (*Minḥa Ḥareva*).

One who layers and one who grafts – לְמַבְרִיךְ וּלְמַרְכִּיב: The majority of the discussion here revolves around grafting. Evidently, the Gemara does not dwell on the issue of layering because it has been established that as long as the layered branch is still being nourished by its tree it is not considered to be its own tree, and the years of *orla* are counted only from the point that this nourishment ceases (Meiri).

Rav Naḥman bar Yitzḥak's statement that follows can be understood to be an example of a case of forbidden layering.

Forbidden grafting [*harkavat issur*] – בְּהַרְכָּבַת אִיסּוּר: The early commentaries ask why the Gemara does not once again contend with the opinion of Rabbi Yosei HaGelili in this context. Rabbi Yosei HaGelili maintains that an individual may be released from the ranks because of the sins he has committed. If so, that should be the *halakha* in the case of one who has grafted trees in a forbidden manner, and he should be sent back for this reason.

According to one answer, one would not return from the ranks due to the sin of grafting. Although one in possession of stolen property would be sent back, the reason is because the thief has an obligation to rectify the sin by returning the stolen property. The same is true of all similar offenses. However, that is not true of forbidden grafting, for which one is not required to destroy the grafted tree, nor is he prohibited from deriving benefit from its fruit (*Tosefot HaRosh*).

An alternative opinion is suggested by the Maharsha. He posits that this may be a case in which the owner of the vineyard does not perform the sin himself; rather, a sharecropper or someone else executes the actual forbidden grafting. In such a case, the owner would not be sent back for his sin.

Some commentaries maintain that the Rambam understands the Gemara very differently, such that it obviates any connection to Rabbi Yosei HaGelili's opinion. Accordingly, the term *harkavat issur* does not mean forbidden grafting, but rather: Grafting subject to the prohibition of *orla*. Instead of understanding that this type of grafting is insufficient to allow one to return from the military ranks, the Rambam says that this is the only manner of grafting for which a man does return. For the other type of grafting, which is called permitted grafting, insofar as it has no restrictions of *orla*, there is no particular reason for its owner to leave the military ranks (*Kesef Mishne*).

הַאי הַרְכָּבַת הֶיתֵּר הֵיכִי דָּמֵי? אִילֵימָא יַלְדָּה בְּיַלְדָּה, תֵּיפוֹק לֵיהּ דְּבָעֵי מִיהֲדַר מִשּׁוּם יַלְדָּה רִאשׁוֹנָה! אֶלָּא יַלְדָּה בִּזְקֵינָה? וְהָאָמַר רַבִּי אַבָּהוּ: יַלְדָּה שֶׁסִּיבְּכָהּ בִּזְקֵינָה – בָּטְלָה יַלְדָּה בִּזְקֵינָה וְאֵין בָּהּ דִּין עָרְלָה!

The Gemara asks: With regard to **this permitted grafting, what are the circumstances? If we say** that it is **a young** tree grafted together **with** another **young** tree, then **let him derive** the *halakha* **that one must return** from the ranks **due to the first young** tree. One should be exempt because of his first tree, which is young, and the grafted tree is irrelevant. **Rather,** it is a case in which **a young** tree is grafted with **an old** tree. The Gemara objects: **But didn't Rabbi Abbahu say:** With regard to **a young** tree **that was entangled,** i.e., grafted, **with an old tree,**[NH] **the young** one **is negated by the old** one, **and the law of *orla***[B] does **not apply to it.** Therefore, the grafted tree should likewise lose its status as a young tree, and one in this situation should not return from the ranks.

אֲמַר רַבִּי יִרְמְיָה: לְעוֹלָם יַלְדָּה בְּיַלְדָּה, וּכְגוֹן דְּנָטַע לְהַהִיא קַמַּיְיתָא לְסַיָּיג וּלְקוֹרוֹת, דִּתְנַן: הַנּוֹטֵעַ לְסַיָּיג וּלְקוֹרוֹת – פָּטוּר מִן הָעָרְלָה.

Rabbi Yirmeya said: Actually, one returns home if he grafts **a young** tree **with** another **young** tree, **and** it is a case **in which he planted this first** one **for a fence or for beams,** so that he is exempt from battle only because of the second tree, which he grafts for fruit. **As we learned** in a mishna (*Orla* 1:1): In a case of **one who plants** a tree **for a fence or** to yield wood **for beams,**[H] the tree is **exempt from the** *halakhot* of **orla.**

וּמַאי שְׁנָא יַלְדָּה בִּזְקֵינָה דְּבָטְלָה, וּמַאי שְׁנָא יַלְדָּה בְּיַלְדָּה דְּלָא בָּטְלָה?

The Gemara asks: **And what is different** about the case of **a young** tree paired **with an old** tree such **that** the young tree **is negated, and what is different** about the case of a **young** tree being planted for fruit paired **with a young** tree planted for wood such **that** the fruit tree **is not negated?**

הָתָם אִי מִימְלִיךְ עֲלָהּ לָאו בַּת מִיהֲדַר הִיא, הָכָא אִי מִימְלִיךְ עֲלָהּ בַּת מִיהֲדַר הִיא, [דְּהָא מֵעִיקָּרָא לְפֵירֵי קַיְימָא], מִידֵּי דַּהֲוָה אַעָלוּ מֵאֵילֵיהֶן, דִּתְנַן: עָלוּ מֵאֵילֵיהֶן – חַיָּיבִין בְּעָרְלָה.

The Gemara answers: **There,** in the case of an older tree, **if one changes his mind about it** and wants it to be a young tree obligated in *orla*, **it cannot return** to its previous state, as he has grafted it. Therefore, it is exempt from the *halakhot* of *orla*. **Here,** when a tree is planted for wood, **if he changes his mind** and decides to grow it for fruit, **it can return** to its default state of being planted for fruit, **because initially it stands** to be used **for fruit.** Therefore, it is not exempt from the *halakhot* of *orla*. This ruling is **just as it is concerning** trees that **grew by themselves,**[H] which are subject to *orla* although they were not consciously planted for their fruit. **As we learned** in a mishna (*Orla* 1:2): Fruit trees that **grew by themselves are obligated in *orla*** although the landowner did not plant them himself.

וְלוֹקְמָהּ בְּכֶרֶם שֶׁל שְׁנֵי שׁוּתָּפִין, דְּהַאי הָדַר אַדִּידֵיהּ, וְהַאי הָדַר אַדִּידֵיהּ! אָמַר רַב פָּפָּא, זֹאת אוֹמֶרֶת: כֶּרֶם שֶׁל שְׁנֵי שׁוּתָּפִין – אֵין חוֹזְרִין עָלָיו מֵעַרְכֵי הַמִּלְחָמָה.

The Gemara asks: Why is there a need to establish the mishna as discussing a case where one planted the first tree for a fence or for beams? **But let** the mishna **be established** as referring **to a vineyard belonging to two partners,**[H] where the two trees involved in the grafting were co-owned by partners, and both trees were young. As in this case **this** one man **returns due to his** tree **and that** other man **returns due to his** tree. **Rav Pappa says:** Since the Gemara avoids the scenario of the vineyard belonging to partners in favor of discussing a case where one planted the first tree for a fence or for beams, **that is to say** if there is **a vineyard belonging to two partners,** evidently **they do not return for** the vineyard **from the ranks of** soldiers waging **war.**

NOTES

A young tree that was entangled with an old tree – יַלְדָּה שֶׁסִּיבְּכָהּ בִּזְקֵינָה: Rashi explains that this refers to removing a branch from a young tree and inserting it into an old tree. However, others maintain that the Gemara is talking about inserting the end of a branch into an old tree while it is still connected to the young tree. According to this opinion, the *halakha* of a detached branch is understood by way of an *a fortiori* inference: If a branch still attached to a young tree assumes the status of the old tree to which it is affixed, certainly a branch that is first detached assumes that status (*Tosefot HaRash*).

BACKGROUND

Orla – עָרְלָה: It is prohibited to eat or derive benefit from fruit that grows during the first three years after a tree has been planted (see Leviticus 19:23). This prohibition applies only to the fruit and not to the other parts of the tree. In addition, the prohibition does not apply to trees planted for a purpose other than to use their fruit, e.g., trees planted to serve as a property fence or as a wind buffer.

HALAKHA

A young tree that was entangled with an old tree – יַלְדָּה שֶׁסִּיבְּכָהּ בִּזְקֵינָה: When the branch of a young tree, which is subject to *orla*, is grafted to a tree that has completed its period of *orla*, the branch assumes the status of the older tree. In such a case, the branch's owner does not return from the ranks on account of the tree. However, if there were fruits on the young branch, those fruits are considered *orla* and remain forbidden, even if they grow significantly larger after the branch is grafted (Rambam *Sefer Zera'im, Hilkhot Ma'aser Sheni* 10:16; *Shulḥan Arukh, Yoreh De'a* 294:22).

One who plants a tree for a fence or for beams – הַנּוֹטֵעַ לְסַיָּיג וּלְקוֹרוֹת: If one plants a fruit tree intending to use it as a boundary around his field or to use its wood for building or for firewood, the tree is not subject to the prohibition of *orla*. This is the case provided that it is evident from its location or the way the tree is maintained that it is not being grown for fruit. If the owner eventually decides to use the tree for its fruit, he counts the years of *orla* retroactively from the time of planting (Rambam *Sefer Zera'im, Hilkhot Ma'aser Sheni* 10:2; *Shulḥan Arukh, Yoreh De'a* 294:23).

Trees that grew by themselves – עָלוּ מֵאֵילֵיהֶן: A tree that emerges by itself on private property is subject to the *halakhot* of *orla* (Rambam *Sefer Zera'im, Hilkhot Ma'aser Sheni* 10:5; *Shulḥan Arukh, Yoreh De'a* 294:27).

A vineyard belonging to two partners – כֶּרֶם שֶׁל שְׁנֵי שׁוּתָּפִין: If a vineyard is jointly owned, its owners do not return from the ranks for their vineyard. There is a dispute with regard to a home that is jointly owned. According to one opinion, since each owner presumably has his own private space in the house, each partner is considered a sole owner of a domicile (*Kesef Mishne*). However, it appears from the Jerusalem Talmud that joint owners of a home have the same status as joint owners of a vineyard (Rambam *Sefer Shofetim, Hilkhot Melakhim UMilḥemoteihem* 7:6 and *Leḥem Mishne* there).

ומאי שנא מחמשה אחין ומת אחד מהן במלחמה דכולן חוזרין? התם כל חד וחד קרינא ביה "אשתו", הכא כל חד וחד לא קרינא ביה "כרמו".

The Gemara asks: **And in what** way is the case of partners **different from** the following case: If there are **five brothers and one of them dies**[H] **in the war,** the *halakha* is **that they all return.** Just as each brother returns because of his shared responsibility to perform levirate marriage or *ḥalitza* for the widow, each partner should return for his share in the young tree that was grafted. The Gemara answers: **There, each and every one is considered** one who must return for **his wife,** as any of them could readily marry her. However, **here, each and every one is not considered** one who must return for **his vineyard** because it does not belong exclusively to either of them.

רב נחמן בר יצחק אמר: במבריך אילן בירק. והאי תנא הוא, דתניא: המבריך אילן בירק – רבן שמעון בן גמליאל מתיר משום רבי יהודה בן גמדא איש כפר עכו, וחכמים אוסרין.

Rav Naḥman bar Yitzḥak said: In accordance with the *baraita* mentioned above, one does not normally return for a grafted or layered tree. However, the mishna states that one does return for a grafted or layered tree **in** a case where **one layers a tree** and grafts it **with a vegetable** plant.[H] **And** that ruling **is** in accordance with **this** ***tanna***, Rabbi Yehuda ben Gamda, as cited in a *baraita*. **As it is taught** in a *baraita* (*Tosefta, Kilayim* 1:12): With regard to **one who layers a tree** and grafts it **with a vegetable** plant, the *tanna'im* engaged in a dispute concerning whether this kind of breeding is permitted. **Rabban Shimon ben Gamliel,** speaking **in the name of Rabbi Yehuda ben Gamda of the village of Akko, permits** one to do so, **and the Rabbis prohibit** it. Therefore, one would return from the ranks for a tree grafted to a vegetable plant, in accordance with the opinion of Rabbi Yehuda ben Gamda, although he would not return for the vegetable itself.

כי אתא רב דימי אמר רבי יוחנן: הא מני? רבי אליעזר בן יעקב היא. לא אמר רבי אליעזר בן יעקב התם "כרם" כמשמעו? הכא נמי "נטע" כמשמעו, נוטע – אין, מבריך ומרכיב – לא.

The Gemara offers another alternative resolution to the contradiction over whether one returns for a grafted tree. **When Rav Dimi came** from Eretz Yisrael, **he said** that **Rabbi Yoḥanan** said: In accordance with **whose** opinion **is this** statement, which says that one does not return for a grafted tree? **It is** the opinion of **Rabbi Eliezer ben Ya'akov.** He explains: **Didn't Rabbi Eliezer ben Ya'akov say there** in the *baraita* cited earlier: The word **vineyard** is to be understood **as it indicates,** i.e., that the exemption is only for a grape vineyard? **Here too,** the word **planted** is to be understood **as it indicates;** with regard to one who **plants, yes,** he does return, but **one who grafts or layers** a tree does **not** return.

כי אתא רב דימי אמר רבי יוחנן משום רבי אליעזר בן יעקב: ילדה פחותה מטפח – חייבת בערלה כל שנותיה, דמתחזיא כבת שתא. והני מילי שתים כנגד שתים ואחת יוצאה זנב, אבל כוליה כרם – קלא אית ליה.

§ After citing Rabbi Yoḥanan's interpretation of the opinion of Rabbi Eliezer ben Ya'akov, the Gemara cites a string of other rulings that Rabbi Yoḥanan said in the name of Rabbi Eliezer ben Ya'akov. **When Rav Dimi came** from Eretz Yisrael, **he said** that **Rabbi Yoḥanan** said **in the name of Rabbi Eliezer ben Ya'akov:** The Sages decreed that if there is **a young** grapevine **less than** one **handbreadth** tall,[HB] **it is obligated in** ***orla*** **all its years,** even after the three years mandated by the Torah, **because it appears like** a vine of **one year.** The Sages were concerned that if they permitted one to eat from such a vine, people would also eat true *orla*. **And this** prohibition **applies** to a very small section of **two** grapevines **opposite two** grapevines **and one** more vine **emerging** and growing between them, in the formation of **a tail. But** if the **entire vineyard** grows so short, **it** generates **publicity,** and people know that the vines are old enough to no longer be subject to *orla*.

HALAKHA

If there are five brothers and one of them dies – חמשה אחין ומת אחד מהן: If five brothers go to war, and one dies without leaving any children, all of the brothers return home. They all have the responsibility to perform levirate marriage or *ḥalitza* for the widow (Rambam *Sefer Shofetim, Hilkhot Melakhim UMilḥemoteihem* 7:7).

One layers a tree and grafts it with a vegetable plant – המבריך אילן בירק: If one grafts a tree with a vegetable plant, or a vegetable plant with a tree, he is liable to receive lashes (Rambam *Sefer Zera'im, Hilkhot Kilayim* 1:5; *Shulḥan Arukh, Yoreh De'a* 295:1).

A young grapevine less than one handbreadth tall – ילדה פחותה מטפח: If a tree is less than one handbreadth tall, even if it has been growing for many years, by rabbinic law the prohibition of *orla* still applies to it. This is only in the case of a single, isolated tree or a small vineyard of no more than two grapevines opposite two grapevines and one more vine growing between them. However, if there is an entire vineyard of such trees, they are exempt from *orla* after three years, because it is widely known that it is an older vineyard (Rambam *Sefer Zera'im, Hilkhot Ma'aser Sheni* 10:19; *Shulḥan Arukh, Yoreh De'a* 294:21).

BACKGROUND

A young grapevine less than one handbreadth tall – ילדה פחותה מטפח: This does not mean that the entire grapevine is shorter than one handbreadth, because such a grapevine, let alone a complete vineyard, cannot survive. The Gemara here is discussing a grapevine that, by itself or through training, has an extremely short trunk of less than a handbreadth. The leaves and clusters grow on vines stemming from this trunk, and these vines are cut and trained annually.

כִּי אֲתָא רַב דִּימִי אָמַר רַבִּי יוֹחָנָן מִשּׁוּם רַבִּי אֱלִיעֶזֶר בֶּן יַעֲקֹב: מֵת תּוֹפֵס אַרְבַּע אַמּוֹת לִקְרִיאַת שְׁמַע, דִּכְתִיב: "לֹעֵג לָרָשׁ חֵרֵף עֹשֵׂהוּ".

When Rav Dimi came from Eretz Yisrael, **he said** that **Rabbi Yoḥanan** said **in the name of Rabbi Eliezer ben Ya'akov: A corpse occupies four cubits**[H] with regard **to** the exemption from **the recitation of *Shema***, so that it is prohibited to recite *Shema* within this space, **as it is written** in the verse: **"Whoever mocks the poor blasphemes his Maker"** (Proverbs 17:5). Because the deceased cannot perform mitzvot, one who performs a mitzva in front of them is considered to be mocking them.

אָמַר רַבִּי יִצְחָק אָמַר רַבִּי יוֹחָנָן מִשּׁוּם רַבִּי אֱלִיעֶזֶר בֶּן יַעֲקֹב: חוֹרַגְתָּא הַגְּדֵילָה בֵּין הָאַחִין – אֲסוּרָה לִינָּשֵׂא לָאַחִין, דְּמִתְחַזְיָא כִּי אַחְתַּיְיהוּ. וְלָא הִיא, קָלָא אִית לֵיהּ לְמִילְּתָא.

Rabbi Yitzḥak says that **Rabbi Yoḥanan says in the name of Rabbi Eliezer ben Ya'akov:** With regard to a man's **stepdaughter who grows up among the brothers**[H] from a different marriage, she is eligible to be married to them in principle, because they are not actually her siblings. Nevertheless, she **is prohibited to be married to the brothers, because she appears as** though she is **their sister.** The Gemara comments: **And** that **is not so;** such a marriage is not prohibited because **the matter** generates **publicity,** and the public knows that they are not truly related.

וְאָמַר רַבִּי יִצְחָק אָמַר רַבִּי יוֹחָנָן מִשּׁוּם רַבִּי אֱלִיעֶזֶר בֶּן יַעֲקֹב: לֶקֶט שִׁכְחָה וּפֵאָה שֶׁעֲשָׂאָן בְּגוֹרֶן – הוּקְבְּעוּ לְמַעֲשֵׂר. אָמַר עוּלָּא: לֹא אָמְרַן אֶלָּא בְּשָׂדֶה, אֲבָל בָּעִיר – קָלָא אִית לֵיהּ לְמִילְּתָא.

And Rabbi Yitzḥak says that **Rabbi Yoḥanan says in the name of Rabbi Eliezer ben Ya'akov:** With regard to **gleanings** (Leviticus 19:9, 23:22), **forgotten** sheaves (Deuteronomy 24:19), **or produce in the corner**[H] **of the field which is given to the poor** [*pe'a*] (Leviticus 19:9, 23:22), three obligatory agricultural gifts that must be given to the poor, if one **gathered them into the threshing floor,** the produce **was** thereby **rendered** obligated **for tithes.** Although one does not take tithes from produce for the poor, onlookers are likely to presume that this is his own produce. **Ulla said: We stated** this *halakha* **only** when the granary is **in the field, but in the city, the matter** generates **publicity.** People see that the produce was gathered in small quantities from different places, and they know that this produce is for the poor. In that case, one need not separate tithes.

וְאָמַר רַבִּי יִצְחָק אָמַר רַבִּי יוֹחָנָן מִשּׁוּם רַבִּי אֱלִיעֶזֶר בֶּן יַעֲקֹב: יַלְדָּה הַפְּחוּתָה מִטֶּפַח – אֵינָהּ מְקַדֶּשֶׁת אֶת הַזְּרָעִים. וְהָנֵי מִילֵּי שְׁתַּיִם כְּנֶגֶד שְׁתַּיִם וְאַחַת יוֹצְאָה זָנָב, אֲבָל כּוּלֵּי כֶּרֶם – מְקַדֵּישׁ.

And Rabbi Yitzḥak says that **Rabbi Yoḥanan says in the name of Rabbi Eliezer ben Ya'akov:** If there is **a young** grapevine **less than** one **handbreadth**[H] tall, it **does not render the seeds** that are planted next to it **forbidden.**[N] Normally, diverse kinds of produce may not be planted in close proximity, but this vine is too small to qualify as a prohibited vineyard. The Gemara limits the scope of this statement: **And this statement** applies to a very small section of **two** grapevines **opposite two** grapevines **and one** more vine **emerging** and growing between them, in formation of **a tail. But** if the **entire vineyard** grows so short, a vine of this size does **render** the other seeds planted at its side **forbidden.**

וְאָמַר רַבִּי יִצְחָק אָמַר רַבִּי יוֹחָנָן מִשּׁוּם רַבִּי אֱלִיעֶזֶר בֶּן יַעֲקֹב:

And Rabbi Yitzḥak says that **Rabbi Yoḥanan says in the name of Rabbi Eliezer ben Ya'akov:**

HALAKHA

A corpse occupies four cubits, etc. – מֵת תּוֹפֵס אַרְבַּע אַמּוֹת וכו׳: One may not recite *Shema* or other sacred matters within four cubits of a corpse. Even if one already recited *Shema* in the vicinity of a corpse, he did not fulfill the mitzva and must recite it again properly. However, with regard to prayers and blessings, the halakhic authorities hold in accordance with the Ra'avad and maintain that whatever was recited need not be repeated (Rambam *Sefer Ahava, Hilkhot Keriat Shema* 3:2; *Shulḥan Arukh, Oraḥ Ḥayyim* 71:7).

A stepdaughter who grows up among the brothers – חוֹרַגְתָּא הַגְּדֵילָה בֵּין הָאַחִין: One may marry the daughter of his stepmother, even if the daughter grew up with him and his siblings; it is not necessary to be concerned for appearances, as it is widely known that they are not siblings (*Shulḥan Arukh, Even HaEzer* 15:11).

Gleanings, forgotten sheaves, or produce in the corner, etc. – לֶקֶט שִׁכְחָה וּפֵאָה וכו׳: Gleanings, forgotten sheaves, and produce in the corner of the field are exempt from tithes and Temple contributions, even if they were bundled together in a heap. If one brings them into a threshing floor, he must separate tithes and contributions as one does for any other crop. However, if the threshing floor is in the city, this produce is exempt (Rambam *Sefer Zera'im, Hilkhot Terumot* 2:9).

A young vine less than one handbreadth, etc. – יַלְדָּה הַפְּחוּתָה מִטֶּפַח וכו׳: If a grapevine is shorter than one handbreadth, it does not render seeds that are planted near it forbidden due to the prohibition of diverse kinds. This is true for an individual, isolated vine and even for a group of five vines that are growing together like a vineyard. But in the case of a large vineyard that is comprised of vines shorter than a handbreadth, such vines do render the seeds grown near them forbidden (Rambam *Sefer Zera'im, Hilkhot Kilayim* 6:4; *Shulḥan Arukh, Yoreh De'a* 296:22).

NOTES

It does not render the seeds forbidden – אֵינָהּ מְקַדֶּשֶׁת אֶת הַזְּרָעִים: A number of commentaries address a basic question relating to the Gemara's discussion: If this kind of growth is considered a proper grapevine, why doesn't it qualify as a forbidden growth among diverse kinds? Conversely, if it is not considered a proper vine, why should there be a prohibition of diverse kinds if this kind of vine fills the whole vineyard?

Rashi explains that this Gemara presumes that by Torah law, only hemp and arum seeds are subject to the prohibition of diverse kinds. Other seeds are prohibited only by rabbinic law (see *Menaḥot* 15b). Therefore, the Sages dictated the terms of the ban and applied it in the case of short vines, only where the short vines populate a complete vineyard.

The Rambam does not differentiate between different species of seeds, and he understands this *halakha* in another manner. According to one explanation, the Rambam holds that the parameters of this prohibition are *halakhot* transmitted to Moses at Sinai, which follow their own regulations. The Radbaz suggests two other possible explanations. First, a group of five vines does not qualify as a vineyard by Torah law; and when the Sages determined that such a group should be treated like a vineyard, they did not apply this categorization to a vineyard of exceedingly short vines. Alternatively, vines this short may not constitute a proper vineyard by Torah law, but the Sages decreed that they must be treated as a vineyard with respect to the prohibition of diverse kinds when a whole vineyard grows in this manner.

מֵת תּוֹפֵס אַרְבַּע אַמּוֹת לְטוּמְאָה. וְתָנָא תּוּנָא: חֲצַר הַקֶּבֶר, הָעוֹמֵד בְּתוֹכָהּ – טָהוֹר, וְהוּא שֶׁיְּהוּ בָּהּ אַרְבַּע אַמּוֹת, דִּבְרֵי בֵּית שַׁמַּאי. בֵּית הִלֵּל אוֹמְרִים: אַרְבָּעָה טְפָחִים; בַּמֶּה דְּבָרִים אֲמוּרִים – שֶׁפִּתְחָהּ מִלְמַעְלָה, אֲבָל פִּתְחָהּ מִן הַצַּד – דִּבְרֵי הַכֹּל אַרְבַּע אַמּוֹת.

A corpse occupies four cubits[NH] **with** regard to **impurity,** as the Sages decreed that one becomes impure when he stands within four cubits of a corpse. This measure protects priests and others who are forbidden to contract ritual impurity imparted by a corpse, so that they do not inadvertently become impure. **And the** ***tanna*** of the mishna **taught** in another mishna as well (*Oholot* 15:8): With regard to **a courtyard** adjacent to **a grave,**[HB] **one who stands within it is ritually pure, provided that there are four cubits** by four cubits **within it.** A courtyard this size constitutes its own space, according to **the statement of Beit Shammai. Beit Hillel say:** A space of **four handbreadths** by four handbreadths is enough. **In what** case **is this statement said?** Four handbreadths suffice **when the entrance** to the courtyard is **from above.** In such a case there is no concern that one will cover the grave with his body, and thereby become ritually impure, when entering the courtyard. **However,** if **its entrance is from the side, everyone agrees** the courtyard must be at least **four cubits** by four cubits in size.

כְּלַפֵּי לַיָּיא? אַדְּרַבָּה, מִן הַצַּד מִידְרִיד וְנָפֵיק, מִלְמַעְלָה אִי אֶפְשָׁר דְּלָא מַאֲהִיל! אֶלָּא, בַּמֶּה דְּבָרִים אֲמוּרִים – שֶׁפִּתְחָהּ מִן הַצַּד, אֲבָל פִּתְחָהּ מִלְמַעְלָה – אַרְבַּע אַמּוֹת; וְהָנֵי מִילֵּי חֲצַר הַקֶּבֶר, דִּמְסַיְּימָא מְחִיצָתָהּ, אֲבָל מֵת בְּעָלְמָא – תָּפֵיס.

The Gemara challenges the preceding resolution: **In which direction** [***kelapei layya***][L] is there a distinction between the positions of the entrance? **On the contrary,** if one enters **from the side,** he can **slip away** and **exit** without becoming impure. However, if one enters **from above it is impossible that** he will **not overlie the grave** over the course of climbing in and out of the courtyard. **Rather,** it should say: **In what** case **is this statement** of Beit Hillel, according to which four handbreadths by four handbreadths are enough, **said?** It is **when the entrance is from the side. However, if the entrance is from above,** then the courtyard must be at least **four cubits** by four cubits according to all opinions. The Gemara further qualifies: **And this statement** applies in **a courtyard** adjacent to **a grave whose partitions** are **delineated, but** if there is only **a corpse** lying about without any enclosures, it certainly **occupies** and affects a surrounding area of four cubits.

״מִי הָאִישׁ אֲשֶׁר אֵרַשׂ אִשָּׁה״ כּוּ׳. תָּנוּ רַבָּנַן: אֲשֶׁר אֵרַשׂ – אֶחָד הַמְאָרֵס אֶת הַבְּתוּלָה וְאֶחָד הַמְאָרֵס אֶת הָאַלְמָנָה וְאֶחָד שׁוֹמֶרֶת יָבָם. וַאֲפִילּוּ חֲמִשָּׁה אַחִין וּמֵת אֶחָד מֵהֶם בַּמִּלְחָמָה – כּוּלָּן חוֹזְרִין. ״לֹא לָקַח״, ״וְלֹא לְקָחָהּ״ – פְּרָט לְאַלְמָנָה לְכֹהֵן גָּדוֹל, גְּרוּשָׁה וַחֲלוּצָה לְכֹהֵן הֶדְיוֹט, מַמְזֶרֶת וּנְתִינָה לְיִשְׂרָאֵל, בַּת יִשְׂרָאֵל לְמַמְזֵר וּלְנָתִין.

§ The mishna teaches among the statements that were said before battle: **"What man is there that has betrothed a wife** and has not taken her? Let him go and return to his house" (Deuteronomy 20:7). **The Sages taught: "That has betrothed"** is referring to **one who betroths a virgin, and to one who betroths a widow, and to one** whose *yevama* **is a widow awaiting her** ***yavam,*** i.e., this man in the military ranks, to perform levirate marriage. **And even** if there are **five brothers, and one of them dies in the war, they all return** for the widow. In addition, the verse could have singled out one who has **not taken** a wife. When the verse specifies: **"and has not taken her,"** this **excludes** men in forbidden marriages: **A widow** who is betrothed **to a High Priest;** either **a divorcée or a** ***yevama*** **who performed** ***ḥalitza*** [***ḥalutza***], who is betrothed **to a common priest;** a ***mamzeret*** **or a Gibeonite woman** who is betrothed **to an Israelite;** or **an Israelite woman** who is betrothed **to a** ***mamzer*** **or to a Gibeonite.**

לֵימָא, דְּלָא כְּרַבִּי יוֹסֵי הַגְּלִילִי, דְּאִי רַבִּי יוֹסֵי הַגְּלִילִי, הָא אָמַר: ״הַיָּרֵא וְרַךְ הַלֵּבָב״ – זֶה הַמִּתְיָירֵא מֵעֲבֵירוֹת שֶׁבְּיָדוֹ!

The Gemara asks: **Shall we say** that this opinion is **not in accordance with** the opinion of **Rabbi Yosei HaGelili?** As, **if** it were in accordance with the opinion of **Rabbi Yosei HaGelili, he says:** When the verse singles out **"fearful and fainthearted"** (Deuteronomy 20:8), **this** is referring to **one who is afraid because of sins that he has.** According to this interpretation, one who marries a woman forbidden to him should return home from war because of his guilt, which seems to contradict the opinion mentioned above that such a man does not return from the ranks.

NOTES

A corpse occupies four cubits – מֵת תּוֹפֵס אַרְבַּע אַמּוֹת: Rabbeinu Yehonatan of Lunel maintains that this applies only to an exposed corpse, but not to a buried one. However, a dissenting opinion is presented in *Nimmukei Yosef.* The basic concern behind this *halakha* is that one may come too near to the dead body and extend either his whole body or a limb over the corpse. As such, the concern applies to a buried body in the same way that it applies to an exposed body, so long as there is no actual barrier separating the person from the corpse.

HALAKHA

A corpse occupies four cubits – מֵת תּוֹפֵס אַרְבַּע אַמּוֹת: A corpse, as well as a grave, imparts ritual impurity within the four cubits surrounding it, and a priest who enters into this space is liable to receive lashes for rebelliousness, commensurate with violating a rabbinic prohibition. However, if the corpse or grave is surrounded by a wall ten handbreadths high or by a ditch ten handbreadths deep, a priest need not distance himself more than four handbreadths. The *Shakh* rules that when the body is clearly in a temporary position, as in when it is carried on a bed, it does not affect the four cubits surrounding it (Rambam *Sefer Shofetim, Hilkhot Evel* 3:13; *Shulḥan Arukh, Yoreh De'a* 371:5).

A courtyard adjacent to a grave – חֲצַר הַקֶּבֶר: When there is a grave within a cave and a courtyard in front of the cave, if the courtyard is uncovered, one does not contract ritual impurity merely by standing inside the courtyard. Even if the courtyard is covered, one who enters into the courtyard does not contract ritual impurity, so long as the courtyard has an area of at least of four handbreadths by four handbreadths. According to the Ra'avad, the area of four by four handbreadths must be uncovered and adjacent to the cave. However, if the covered courtyard does not have this area of four by four handbreadths, one contracts ritual impurity merely by entering into the courtyard, in accordance with the opinion of Beit Hillel (Rambam *Sefer Tahara, Hilkhot Tumat Met* 6:9).

BACKGROUND

Courtyard adjacent to a grave – חֲצַר הַקֶּבֶר:

Grave with adjacent courtyard

LANGUAGE

In which direction [*kelapei layya*] – כְּלַפֵּי לַיָּיא: This expression of puzzlement is generally understood to mean: Directed to where? That is to say: Where are you facing, or, more simply: How are you thinking about the given matter? The question implies: You are looking at the matter backward. Accordingly, some of the *ge'onim* understood the expression as: Facing the tail [*kelapei aliya*], as if to say: You are facing the direction of the tail, like a person who is riding backward on an animal. In any case, the term is understood to indicate: You are saying the opposite of what is logical.

אֲפִילּוּ תֵּימָא רַבִּי יוֹסֵי הַגְּלִילִי, כִּדְרַבָּה, דְּאָמַר רַבָּה: לְעוֹלָם אֵינוֹ חַיָּיב עַד שֶׁיִּבְעוֹל. מַה טַּעַם "לֹא יִקָּח"? מִשּׁוּם "לֹא יְחַלֵּל", מִשּׁוּם הָכִי אֵינוֹ לוֹקֶה עַד שֶׁיִּבְעוֹל.

The Gemara answers: **Even if you say** that the ruling is in accordance with the opinion of **Rabbi Yosei HaGelili,** such a man does not return, **in accordance with** the opinion **of Rabba. As Rabba said:** A man is **never liable** for a forbidden marriage **until he engages in sexual intercourse** with his wife.[H] With regard to the forbidden marriages of a High Priest, the Torah states: "A widow, or a divorcée, or a profaned woman, or a harlot, these he shall not take… And he shall not profane his seed among his people" (Leviticus 21:14–15). **What is the reason** that **"he shall not take"** one of these women as a wife? It is **due to: "He shall not profane** his seed" by engaging in sexual intercourse. **Due to that** reason, **he is not flogged until he engages in sexual intercourse** with a woman who is forbidden to him. Therefore, even according to Rabbi Yosei HaGelili, one who merely betroths a forbidden wife might not return home from the ranks.

תָּנוּ רַבָּנַן: "אֲשֶׁר בָּנָה", "אֲשֶׁר נָטַע", "אֲשֶׁר אֵרַשׂ" – לִימְּדָה תּוֹרָה דֶּרֶךְ אֶרֶץ, שֶׁיִּבְנֶה אָדָם בַּיִת וְיִטַּע כֶּרֶם וְאַחַר כָּךְ יִשָּׂא אִשָּׁה. וְאַף שְׁלֹמֹה אָמַר בְּחָכְמָתוֹ: "הָכֵן בַּחוּץ מְלַאכְתֶּךָ וְעַתְּדָהּ בַּשָּׂדֶה לָךְ אַחַר וּבָנִיתָ בֵיתֶךָ". "הָכֵן בַּחוּץ מְלַאכְתֶּךָ" – זֶה בַּיִת; "וְעַתְּדָהּ בַּשָּׂדֶה לָךְ" – זֶה כֶּרֶם; "אַחַר וּבָנִיתָ בֵיתֶךָ" – זוֹ אִשָּׁה.

§ **The Sages taught** (*Tosefta* 7:20–21): The Torah states: "What man is there **that has built"** (Deuteronomy 20:5), and then **"that has planted"** (Deuteronomy 20:6), and finally **"that has betrothed"** (Deuteronomy 20:7). **The Torah** has **taught** a person **the desired mode of behavior:**[H] **A person should build a house,** then **plant a vineyard, and afterward marry a woman. And even** King **Solomon said in his wisdom: "Prepare your work outside, and make it fit for yourself in the field; and afterward build your house"** (Proverbs 24:27). The Sages explained: **"Prepare your work outside"; this** is **a house. "And make it fit for yourself in the field"; this is a vineyard. "And afterward you shall build your house"; this is a wife.**

דָּבָר אַחֵר: "הָכֵן בַּחוּץ מְלַאכְתֶּךָ" – זֶה מִקְרָא; "וְעַתְּדָהּ בַּשָּׂדֶה לָךְ" – זֶה מִשְׁנָה; "אַחַר וּבָנִיתָ בֵיתֶךָ" – זֶה גְּמָרָא. דָּבָר אַחֵר: "הָכֵן בַּחוּץ מְלַאכְתֶּךָ" – זֶה מִקְרָא וּמִשְׁנָה; "וְעַתְּדָהּ בַּשָּׂדֶה לָךְ" – זֶה גְּמָרָא; "אַחַר וּבָנִיתָ בֵיתֶךָ" – אֵלּוּ מַעֲשִׂים טוֹבִים. רַבִּי אֱלִיעֶזֶר בְּנוֹ שֶׁל רַבִּי יוֹסֵי הַגְּלִילִי אוֹמֵר: "הָכֵן בַּחוּץ מְלַאכְתֶּךָ" – זֶה מִקְרָא וּמִשְׁנָה וּגְמָרָא; "וְעַתְּדָהּ בַּשָּׂדֶה לָךְ" – אֵלּוּ מַעֲשִׂים טוֹבִים; "אַחַר וּבָנִיתָ בֵיתֶךָ" – דְּרוֹשׁ וְקַבֵּל שָׂכָר.

Alternatively, this verse may be understood as relating to Torah study: **"Prepare your work outside"; this** is the study of **Bible. "And make it fit for yourself in the field"; this** is the study of **Mishna. "Afterward you shall build your house"; this** is the study of **Gemara,** the analysis of and deliberation over the statements of the Sages. **Alternatively: "Prepare your work outside"; this** is the study of **Bible and Mishna. "And make it fit for yourself in the field"; this** is the study of **Gemara. "Afterward you shall build your house"; these** are **good deeds. Rabbi Eliezer, son of Rabbi Yosei HaGelili, says: "Prepare your work outside"; this** is the study of **Bible, and Mishna, and Gemara. "And make it fit for yourself in the field"; these** are **good deeds. "Afterward you shall build your house"; expound** upon new understandings of Torah **and receive reward,** which is possible only after the initial steps.

"וְאֵלּוּ שֶׁאֵינָן חוֹזְרִין: הַבּוֹנֶה בֵּית שַׁעַר" כו׳. תָּנָא: אִם הוֹסִיף בּוֹ דִּימוֹס אֶחָד – חוֹזֵר. רַבִּי אֱלִיעֶזֶר אוֹמֵר: אַף הַבּוֹנֶה בֵּית לְבֵנִים בַּשָּׁרוֹן לֹא הָיָה חוֹזֵר. תָּנָא: מִפְּנֵי שֶׁמְּחַדְּשִׁין אוֹתוֹ פַּעֲמַיִם בַּשָּׁבוּעַ.

§ The mishna teaches: **And these** are the men **who do not return** from the ranks: **One who builds a gateway,** or an enclosed veranda, or a balcony… Rabbi Yehuda says: Even one who rebuilds a house as it stood originally would not return. A Sage taught (*Tosefta* 7:18): **If** one **adds one** additional **row of stones** [*dimos*][L] to the original structure, **he returns** from the ranks. That is enough to render it a new building. The mishna further teaches: **Rabbi Eliezer says: Even one who builds** a new **brick house in the Sharon**[B] **would not return.** A Sage **taught:** This is **because** the owners **renew it twice in** a period of **seven years,**[N] and it is therefore not considered a permanent structure.

"וְאֵלּוּ שֶׁאֵין זָזִין מִמְּקוֹמָן: בָּנָה בַּיִת חָדָשׁ וַחֲנָכוֹ" וכו׳. תָּנוּ רַבָּנַן: "אִשָּׁה חֲדָשָׁה" – אֵין לִי אֶלָּא אִשָּׁה חֲדָשָׁה; אַלְמָנָה וּגְרוּשָׁה מִנַּיִן? תַּלְמוּד לוֹמַר: "אִשָּׁה", מִכָּל מָקוֹם; אִם כֵּן, מַה תַּלְמוּד לוֹמַר: "אִשָּׁה חֲדָשָׁה"? מִי שֶׁחֲדָשָׁה לוֹ, יָצָא מַחֲזִיר גְּרוּשָׁתוֹ שֶׁאֵין חֲדָשָׁה לוֹ.

§ The mishna teaches: **These** are the men **who do not** even **move from their places:** One who **built a house and dedicated it** within the year; one who planted a vineyard and used its fruit for less than a year; one who marries his betrothed and one who marries his *yevama*, as it is stated: "When a man takes a new wife, he shall not go out with the army, neither shall he be charged with any business; he shall be free for his house one year, and shall cheer his wife whom he has taken" (Deuteronomy 24:5). With respect to a new husband's exemption, **the Sages taught** a number of *halakhot* from this verse. From the term: **"A new wife" I have** derived **only** that a man returns only for **a new** virgin **wife. From where** do I derive that it applies to **a widow or a divorcée? The verse states: "A wife," in any case. If so, what** is the meaning when **the verse states: "A new wife?"** It is referring to **one who is new for him, excluding one who remarries his divorcée, who is not new to him.**

HALAKHA

Until he engages in sexual intercourse with his wife – עַד שֶׁיִּבְעוֹל: Even if a High Priest marries a widow, or a common priest marries a divorcée, lashes will not be administered until he engages in sexual intercourse with her (Rambam *Sefer Kedusha*, *Hilkhot Issurei Bia* 17:4).

The Torah has taught a person the desired mode of behavior – לִימְּדָה תּוֹרָה דֶּרֶךְ אֶרֶץ: The way of sensible people is first to find an occupation to provide income; then, to buy a residence; and, finally, to marry a wife. The Ya'avetz writes that even if one does not find a sufficient income, he must still fulfill the mitzva of marrying a wife, and he should not delay to the degree that he may succumb and engage in forbidden sexual intercourse (Rambam *Sefer HaMadda*, *Hilkhot Deot* 5:11).

LANGUAGE

Row of stones [*dimos*] – דִּימוֹס: From the Greek δόμος, *domos*, meaning, among other definitions, a row or a layer of bricks in a building.

BACKGROUND

Brick house in the Sharon – בֵּית לְבֵנִים בַּשָּׁרוֹן: Apparently, one of the complications in building a sturdy house in the Sharon was related to the sandy earth in the plains of Eretz Yisrael, known as the *shefela*. The unstable and shifting sand, combined with a high subterranean water level, hindered the digging of deep foundations and caused the walls of the buildings to crack. Consequently, the houses needed to be practically rebuilt from time to time. The situation was so dire that it seems it was not unheard of for the houses in the Sharon to completely collapse on their inhabitants.

NOTES

Twice in seven years [*shavua*] – פַּעֲמַיִם בַּשָּׁבוּעַ: The term *shavua* denotes a unit of seven. Most commentaries understand this to mean that the house is rebuilt twice in a single seven-year Sabbatical cycle, which is necessary because of the lay of the land and the type of bricks used in the construction. In a similar vein, the High Priest would pray specifically for the people of the Sharon that their houses would not become their graves.

תנו רבנן: "לא יצא בצבא" – יכול בצבא הוא דלא יצא, אבל יספיק מים ומזון ויתקן הדרכים? תלמוד לומר: "ולא יעבר עליו לכל דבר". יכול שאני מרבה אף הבונה בית ולא חנכו, נטע כרם ולא חללו, ארס אשה ולא לקחה? תלמוד לומר: "עליו", עליו אי אתה מעביר, אבל אתה מעביר על אחרים. ומאחר דכתב "לא יעבר", "לא יצא בצבא" למה לי? לעבור עליו בשני לאוין.

The Sages taught with regard to the verse: **"He shall not go out with the army"** (Deuteronomy 24:5); one **might** have thought it is **with the army that he does not go out, but** he does go to **supply water and food** to the army **and to repair the roads** for them. Therefore, **the verse states: "Neither shall he be charged with any business."** One **might** have thought **that I include even one who has built a house and has not dedicated it,** or **one who has planted a vineyard and has not used its fruit,** or **one who has betrothed a woman and has not taken her** as his wife? **The verse states:** "Neither shall **he** be charged with any business"; **you do not charge him with any responsibilities, but you do charge others.** The Gemara asks: **And since** the Torah **states: "Neither shall he be charged** with any business," **why do I** need to be taught: **"He shall not go out with the army"?** The Gemara answers: The Torah adds this clause **so that he will violate two prohibitions**[H] if he goes out to war: "He shall not go out with the army," and: "Neither shall he be charged."

מתני׳ "ויספו השטרים לדבר אל העם" וגו׳ – רבי עקיבא אומר: "הירא ורך הלבב" – כמשמעו, שאינו יכול לעמוד בקשרי המלחמה ולראות חרב שלופה. רבי יוסי הגלילי אומר: "הירא ורך הלבב" – זהו המתירא מן העבירות שבידו. לפיכך תלתה לו התורה את כל אלו שיחזור בגללן.

MISHNA The mishna continues its discussion of the speech given before battle. **"And the officers shall speak further to the people,** and they shall say: What man is there that is fearful and fainthearted? Let him go and return unto his house" (Deuteronomy 20:8). **Rabbi Akiva says: "That is fearful and fainthearted"**[H] is to be understood **as it indicates, that** the man is **unable to stand in the battle ranks**[N] **and to see a drawn sword** because it will terrify him. **Rabbi Yosei HaGelili says: "That is fearful and fainthearted"; this is one who is afraid because of the sins that he has;** he, too, returns. **Therefore, the Torah provided him** with **all these** additional reasons for exemption from the army so he can ascribe **his leaving to** one of **them.** In this way, the sinner may leave the ranks without having to publicly acknowledge that he is a sinner.

רבי יוסי אומר: אלמנה לכהן גדול, גרושה וחלוצה לכהן הדיוט, ממזרת ונתינה לישראל, בת ישראל לממזר ולנתין – הרי הוא "הירא ורך הלבב".

Rabbi Yosei says: With regard to one who has betrothed a woman forbidden to him, including **a widow** betrothed **to a High Priest; a divorcée or a** *yevama* **who performed** *ḥalitza* [*ḥalutza*] betrothed **to a common priest; a** *mamzeret* **or a Gibeonite woman** betrothed **to an Israelite;** or **a daughter of an Israelite** betrothed **to a** *mamzer* **or a Gibeonite; this** man **is he** whom the verse calls **"fearful and fainthearted."** He fears that his sin will jeopardize his safety in the war.

"והיה ככלת השטרים לדבר אל העם ופקדו שרי צבאות בראש העם" ובעקיבו של עם. מעמידין זקיפין לפניהם ואחרים מאחוריהם וכשילין של ברזל בידיהן. וכל המבקש לחזור – הרשות בידו לקפח את שוקיו

The mishna continues its discussion. The verse states: **"And it shall be, when the officers conclude speaking to the people, that captains of legions shall be appointed at the head of the people"** (Deuteronomy 20:9). The mishna adds: **As well as at the rear of the people.** The officers **station guards** [*zekifin*][HL] **in front of them,**[N] **and other** guards **behind them, and they have iron rods** [*kashilin*][L] **in their hands. And** with regard to **anyone who attempts to turn back** and flee from the war, the guard **has license to beat** [*lekape'aḥ*][L] **his legs**

HALAKHA

So that he will violate two prohibitions – לעבור עליו בשני לאוין: A newly married man does not go to war during the first year of marriage; he need not aid the soldiers, and he is not charged with the various obligations and taxes of the city. If he does become involved in these matters he violates two prohibitions: "He shall not go out with the army," and: "Neither shall he be charged" (Rambam *Sefer Shofetim, Hilkhot Melakhim UMilḥemoteihem* 7:11).

That is fearful and fainthearted – הירא ורך הלבב: If one is deemed incapable of standing among the military ranks, he may be considered fearful and fainthearted, thereby allowing him to return from war. This is in accordance with the opinion of Rabbi Akiva, whose opinions are preferred over those of his contemporaries (Rambam *Sefer Shofetim, Hilkhot Melakhim UMilḥemoteihem* 7:15).

Station guards – מעמידין זקיפין: After all of the exempted men leave the military ranks, the leaders of the army stand at the head of the nation and position stout guards behind every platoon. These guards are armed with iron rods, and they are permitted to beat the thighs of anyone who attempts to leave the ranks from that point onward (Rambam *Sefer Shofetim, Hilkhot Melakhim UMilḥemoteihem* 7:4).

NOTES

Battle ranks [*kishrei*] – קשרי המלחמה: Following Rashi's lead, the commentaries explain that the phalanx, or knots [*kishrei*] of the war, denotes groups of soldiers bound and tied together in battle. For Rabbi Akiva, the fearful and fainthearted soldier is the one who sees this mass of enemy soldiers and becomes terrified. According to the alternative text in the Jerusalem Talmud, the soldier fears the difficulty [*kishui*] of war.

Guards in front of them – זקיפין לפניהם: Both Rashi and the Meiri explain that guards are stationed in the front to support the fighters and help the fighters back to their feet in the event that they fall. Another row of guards behind the fighters serves the purpose of preventing soldiers from fleeing. According to an alternate opinion, the two rows of guards are there to ensure that no one deserts (*Arukh*).

LANGUAGE

Guards [*zekifin*] – זקיפין: The root *zayin, kuf, peh* means erect or cause to stand. The job of these *zekifin* is to stand steadfast at the edge of the military ranks and keep the soldiers standing together in place so that they will not flee and cause the ranks to collapse.

Iron rods [*kashilin*] – כשילין: This biblical word is also used in the Mishna, and it seems to refer to a type of heavy axe or pickaxe.

Beat [*lekape'aḥ*] – לקפח: This verb seems to be borrowed from the Aramaic root whose primary meaning is hit and break.

Perek **VIII**
Daf **44** Amud **b**

שתחילת ניסה נפילה, שנאמר: "נס ישראל לפני פלשתים וגם מגפה גדולה היתה בעם", ולהלן הוא אומר: "וינסו אנשי ישראל מפני פלשתים ויפלו חללים" וגו׳.

because the beginning of fleeing is a downfall on the battlefield, **as it is stated: "Israel has fled before the Philistines, and there has been also a great slaughter among the people"** (1 Samuel 4:17), **and likewise it says further on: "And the men of Israel fled from before the Philistines, and fell down slain** in Mount Gilboa" (1 Samuel 31:1).

בַּמֶּה דְּבָרִים אֲמוּרִים – בְּמִלְחֲמוֹת הָרְשׁוּת, אֲבָל בְּמִלְחֲמוֹת מִצְוָה – הַכֹּל יוֹצְאִין, אֲפִילּוּ חָתָן מֵחֶדְרוֹ וְכַלָּה מֵחוּפָּתָהּ; אָמַר רַבִּי יְהוּדָה: בַּמֶּה דְּבָרִים אֲמוּרִים – בְּמִלְחֲמוֹת מִצְוָה, אֲבָל בְּמִלְחֲמוֹת חוֹבָה – הַכֹּל יוֹצְאִין, אֲפִילּוּ חָתָן מֵחֶדְרוֹ וְכַלָּה מֵחוּפָּתָהּ.

The mishna adds: **In what** case **are** all of **these statements,** with regard to the various exemptions from war, **said?** They are said **with regard to elective wars. But in wars** whose mandate is **a mitzva, everyone goes,**[H] **even a groom from his room and a bride from her wedding canopy.**[N] **Rabbi Yehuda said: In what** case **are** all of **these statements,** with regard to the various exemptions from war, **said?** They are said **with regard to wars** whose mandate is **a mitzva. But in obligatory wars, everyone goes, even a groom from his room and a bride from her wedding canopy.**

גמ׳ מַאי אִיכָּא בֵּין רַבִּי יוֹסֵי לְרַבִּי יוֹסֵי הַגְּלִילִי? אִיכָּא בֵּינַיְיהוּ עֲבֵירָה דְּרַבָּנַן.

GEMARA The Gemara asks: With regard to their understanding that the "fearful and fainthearted" is referring to one harboring sins, **what** difference **is there between** the opinion of **Rabbi Yosei and** the opinion of **Rabbi Yosei HaGelili?** The Gemara answers: There is a practical difference **between them** with regard to **a sin** which violates a prohibition **by rabbinic law.** According to Rabbi Yosei HaGelili, one who has violated a rabbinic law returns home, whereas Rabbi Yosei maintains that one returns home only if he has violated a Torah law, as in the case of a priest who has married a divorcée.

כְּמַאן אָזְלָא הָא דְּתַנְיָא: שָׂח בֵּין תְּפִילָּה לִתְפִילָּה – עֲבֵירָה הִיא בְּיָדוֹ וְחוֹזֵר עָלֶיהָ מֵעוֹרְכֵי הַמִּלְחָמָה, כְּמַאן? כְּרַבִּי יוֹסֵי הַגְּלִילִי.

The Gemara asks: **In accordance with whose** opinion **is that which is taught** in a *baraita*: If one **spoke between** donning the **phylactery** of the arm **and** the **phylactery** of the head,[HN] he **has a sin on his hands, and due to** that sin **he returns from the ranks of** soldiers waging **war. In accordance with whose opinion** does this man return? It is **in accordance with** the opinion of **Rabbi Yosei HaGelili,** who maintains that one returns even due to a minor transgression.

מַאן תַּנָּא לְהָא דְּתָנוּ רַבָּנַן: שָׁמַע קוֹל קְרָנוֹת וְהִרְתִּיעַ, הֲגָפַת תְּרִיסִין וְהִרְתִּיעַ, צִחְצוּחַ חֲרָבוֹת וּמַיִם שׁוֹתְתִין לוֹ עַל בִּרְכָּיו – חוֹזֵר. כְּמַאן? לֵימָא, רַבִּי עֲקִיבָא הִיא וְלָא רַבִּי יוֹסֵי הַגְּלִילִי! בְּהָא אֲפִילּוּ רַבִּי יוֹסֵי הַגְּלִילִי מוֹדֶה, מִשּׁוּם דִּכְתִיב: ״וְלֹא יִמַּס אֶת לְבַב אֶחָיו כִּלְבָבוֹ״.

The Gemara asks: **Who** is the *tanna* who **taught this** *halakha* **that the Sages taught** in a *baraita*: If **one heard the sound of trumpets and trembled;** or he heard **the knocking of shields and** he **trembled;** or he heard **the sharpening of swords, and urine** was **trickling down his knees**[B] in fear, **he returns** from the battlefront. **In accordance with whose** opinion is this? **Shall we say** that **it is** the opinion of **Rabbi Akiva,** who interprets "fearful and fainthearted" literally, **and** it is **not** the opinion of **Rabbi Yosei HaGelili?** The Gemara answers: **In this** case **even Rabbi Yosei HaGelili** would **concede** that he should return, **because it is written:** "What man is there that is fearful and fainthearted? Let him go and return… **lest his brethren's heart melt as his heart**" (Deuteronomy 20:8). Someone so clearly frightened invariably spreads his fear to those around him.

HALAKHA

In wars whose mandate is a mitzva everyone goes – בְּמִלְחֲמוֹת מִצְוָה הַכֹּל יוֹצְאִין: Whatever is said with regard to the men who return from the ranks applies only to elective wars. However, everyone goes out to wars whose mandate is a mitzva, even a groom from his room and a bride from her wedding canopy (Rambam *Sefer Shofetim, Hilkhot Melakhim UMilḥemoteihem* 7:4).

If one spoke between donning the phylactery of the arm and the phylactery of the head – שָׂח בֵּין תְּפִילָּה לִתְפִילָּה: It is prohibited to speak between donning the phylactery of the arm and that of the head, and one who does so is required to recite the blessing: Blessed are You…about the mitzva of phylacteries. The custom of most Ashkenazim is to recite this blessing for the phylactery of the head *ab initio*, although they follow the blessing by saying: Blessed be the name of His glorious kingdom forever and all time. This utterance is commonly recited in order to avoid mentioning God's name in vain, and implicitly acknowledges that the blessing for the head phylactery may be superfluous. The Rema notes that according to this custom, if one spoke before donning the phylactery of the head, he must subsequently recite both of the blessings: Blessed are You…To don phylacteries, and: Blessed are You…about the mitzva of phylacteries (Rambam *Sefer Ahava, Hilkhot Tefillin* 4:6; *Shulḥan Arukh, Oraḥ Ḥayyim* 25:9).

BACKGROUND

Urine was trickling down his knees – מַיִם שׁוֹתְתִין לוֹ עַל בִּרְכָּיו: People may experience any of a number of common physiological responses when they enter a state of extreme fear. Aside from trembling or shaking, a common response is the loss of control over certain muscles. This may lead to the loss of control over the excretory system, causing either urination or defecation.

NOTES

A bride from her wedding canopy – כַּלָּה מֵחוּפָּתָהּ: Some commentaries find the mishna's statement surprising: Are we to understand from this singular, passing reference that women are supposed to go to war? They explain that the mishna does not say that the bride goes out to fight, but rather, that women are obligated to provide non-combat assistance in the war effort (Rashash; *Tiferet Yisrael*). Others write that the mishna does not mean to require women to participate in the war at all, asserting that the *tanna* is simply employing a turn of phrase from the Bible (see Joel 2:16).

If one spoke between donning the phylactery of the arm and the phylactery of the head – שָׂח בֵּין תְּפִילָּה לִתְפִילָּה: According to Rashi, this is a case of one who spoke between donning the phylactery of the arm and that of the head; his sin was that he did not subsequently recite a blessing for the phylactery of the head. However, many commentaries challenge Rashi's interpretation. One commentary contends that the omission of a blessing on the phylactery of the head cannot be the sin, as the mere act of speaking is a sin in that it forces one to recite an extra blessing unnecessarily (*Tosefot HaRosh*).

Early commentaries discuss this fundamental issue of whether the blessing for the phylactery of the head is always mandated. Sephardic authorities presume that the blessing is mandated only in the instance of an interruption between donning the phylactery of the arm and that of the head. By contrast, Rabbeinu Tam marshals a number of proofs to demonstrate that the blessing for the phylactery of the head is to be recited as a matter of course, even without any interruptions. Accordingly, this practice is accepted in most Ashkenazi communities. Significantly, according to this opinion, in the event of an interruption one is then required to recite two blessings over the phylactery of the head. Therefore, according to both opinions, an interruption requires an additional blessing to be said unnecessarily.

It seems that the Rambam understands, in contrast to Rashi's opinion, that the mere act of speaking between the donning of the two phylacteries is itself a sin. This is in accordance with the explanation of the Ran, which is as follows: Since the verse connects the two phylacteries: "And it shall be for a sign upon your hand, and for frontlets between your eyes" (Exodus 13:16), apparently the phylactery of the head must be donned immediately after that of the hand (*Keren Ora*).

"וְהָיָה כְּכַלֹּת הַשֹּׁטְרִים" כּו׳. הַאי "מִפְּנֵי שֶׁתְּחִילַּת נִיסָה נְפִילָה", "מִפְּנֵי שֶׁתְּחִילַּת נְפִילָה נִיסָה" מִבָּעֵי לֵיהּ! אֵימָא: "מִפְּנֵי שֶׁתְּחִילַּת נְפִילָה נִיסָה".

§ The mishna teaches: **"And it shall be, when the officers conclude** speaking to the people, that captains of legions shall be appointed at the head of the people" (Deuteronomy 20:9), and that the guards have the license to beat the legs of anyone who attempts to turn back and flee from the war, because the beginning of fleeing is a downfall. The Gemara is puzzled by the language of the mishna: **This** phrase: **Because the beginning of fleeing is a downfall,** appears to be backward. The mishna **should have** said the opposite: **Because the beginning of the downfall** is the act of **fleeing.** The Gemara concedes: Indeed, **say** that the mishna means: **Because the beginning of the downfall** is the act of **fleeing.**

"בַּמֶּה דְּבָרִים אֲמוּרִים – בְּמִלְחֲמוֹת הָרְשׁוּת" כּו׳. אָמַר רַבִּי יוֹחָנָן: רְשׁוּת דְּרַבָּנַן זוֹ הִיא מִצְוָה דְּרַבִּי יְהוּדָה; מִצְוָה דְּרַבָּנַן זוֹ הִיא חוֹבָה דְּרַבִּי יְהוּדָה.

The mishna teaches: **In what** case **are these statements said?** They are said **with regard to elective wars,** as opposed to obligatory wars or wars whose mandate is a mitzva. **Rabbi Yoḥanan says** concerning the various categories of war: The **elective** war referenced **by the Rabbis is** the same as a war whose mandate is **a mitzva** referenced **by Rabbi Yehuda,** and the war that is **a mitzva** mentioned **by the Rabbis is** the same as the **obligatory** war mentioned **by Rabbi Yehuda.** Therefore, Rabbi Yehuda is merely stating that the wars which the Rabbis call elective are to be seen as mandated by a mitzva.

אָמַר רָבָא: מִלְחֲמוֹת יְהוֹשֻׁעַ לִכְבּוֹשׁ – דִּבְרֵי הַכֹּל חוֹבָה; מִלְחֲמוֹת בֵּית דָּוִד לִרְוָוחָה – דִּבְרֵי הַכֹּל רְשׁוּת. כִּי פְּלִיגִי – לְמַעוּטֵי נׇכְרִים דְּלָא לֵיתֵי עֲלַייְהוּ: מָר קָרֵי לָהּ מִצְוָה, וּמָר קָרֵי רְשׁוּת; נָפְקָא מִינַּהּ לְעוֹסֵק בְּמִצְוָה שֶׁפָּטוּר מִן הַמִּצְוָה.

Rava said: With respect to **the wars** that **Joshua** waged[H] **to conquer** Eretz Yisrael, **all agree** that they were **obligatory.** With respect to **the wars** waged by **the House of** King **David for** the sake of **territorial expansion, all agree** that they were **elective** wars. **When they disagree,** it is with regard to preventative wars that are waged **to reduce the gentiles so** that they will **not come** and wage war **against them.** One **Sage,** Rabbi Yehuda, **called this** type of war **a mitzva, and** one **Sage,** the Rabbis, **called** it **an elective** war. There is **a practical difference** between these opinions with respect **to** the principle: **One who is engaged in a mitzva is exempt from** performing another **mitzva.**[B] According to Rabbi Yehuda, one fighting in this kind of war is exempt from performing another mitzva.

הדרן עלך משוח מלחמה

HALAKHA

The wars that Joshua waged – **מִלְחֲמוֹת יְהוֹשֻׁעַ**: At first a king is permitted to wage only those wars that are in fulfillment of a mitzva, e.g., a war against the seven Canaanite nations, against Amalek, or to save the Jewish people from an enemy who is attacking them. Thereafter, a king may wage wars that are elective, e.g., a war against other nations with the intention of expanding the boundaries of Eretz Yisrael (Rambam *Sefer Shofetim, Hilkhot Melakhim UMilḥemoteihem* 5:1 and *Leḥem Mishne* there).

BACKGROUND

One who is engaged in a mitzva is exempt from performing another mitzva – **הָעוֹסֵק בְּמִצְוָה פָּטוּר מִן הַמִּצְוָה**: According to the Gemara (*Sukka* 25a), one who is actively engaged in a mitzva is exempt from performing another mitzva. For example, one who is traveling to study Torah or to greet his teacher is exempt from the obligation to dwell in a *sukka*. The principle derives from the obligation to study Torah, which applies "when you sit in your house, and when you walk by the way" (Deuteronomy 6:7). The Sages understand that the mitzva is limited to times that one is involved in personal activities, and it does not apply when one is involved in performing a mitzva. The Rambam suggests that the underlying reason for this principle is that since one cannot distinguish between the respective weight of different mitzvot (see *Avot* 2:1), an individual is obligated to complete the mitzva in which he is involved before turning his attention to another.

Summary of **Perek VIII**

It has been determined that, in preparation for war, a singular priest is appointed to address the nation. This priest, who in several respects resembles the High Priest, is termed the priest anointed for war. While the nation is still within the borders of Eretz Yisrael, the priest anointed for war announces to the assembled that men in any of three circumstances are released from combat: "What man is there that has built a new house, and has not dedicated it? Let him go and return to his house, lest he die in the battle, and another man dedicate it. And what man is there that has planted a vineyard, and has not used the fruit thereof? Let him go and return unto his house, lest he die in the battle and another man use the fruit thereof. And what man is there that has betrothed a wife, and has not taken her? Let him go and return to his house, lest he die in the battle, and another man take her" (Deuteronomy 20:5–7). The officers repeat his words more audibly, and then they add the statement: "What man is there that is fearful and fainthearted?" (Deuteronomy 20:8), also sending home any man who is afraid in the face of battle.

When the ranks come to the battle front and are preparing to engage the enemy, the priest again addresses the people. First, he recites the verses: "Hear Israel, you draw near today to battle against your enemies; let not your heart faint; fear not, nor be alarmed, and do not be terrified of them; for the Lord your God is He that goes with you, to fight for you against your enemies, to save you" (Deuteronomy 20:3–4). Thereafter, the priest and the officers repeat the announcements from the first assembly.

With respect to the terms mentioned in the verses, a vineyard is defined as any group of five fruit-bearing trees, whether they have been newly planted, layered, or grafted. A house is defined as any permanent structure that is fit for a domicile. Finally, a new wife is defined as either one whom the man has betrothed or his recently widowed *yevama*, who is waiting for him to perform levirate marriage. In addition, the vineyard and the home need not be truly new but merely new to him, e.g., purchased or inherited. Furthermore, this *halakha* applies only if the assets in question are lawfully acquired or produced; if they are forbidden to him in some way he does not return home. With respect to the term "fearful and fainthearted," it has been resolved that the phrase should be understood literally, indicating one who is terrified or is emotionally unfit to participate in the war.

All of those who are exempt from the battle for any of the aforementioned reasons must nevertheless support the troops logistically, through repairing roads and providing food. By contrast, one who in the past year has built a new house and has

already dedicated it, has planted a new vineyard and has begun to enjoy its fruits, or who has married a new wife, is exempt from assisting the army altogether. Such a person is likewise exempt from all other communal work.

It has also been resolved that all these exemptions apply only to an elective war, which is a war the nation undertakes voluntarily in order to broaden its borders. However, when the Jewish people are fighting an obligatory war mandated by a mitzva for the sake of conquering Eretz Yisrael, fighting against Amalek, or fighting in self-defense against attackers, everyone is required to go to battle. In those circumstances as well, the priest anointed for war recites words of encouragement and inspiration before the battle.

Introduction to **Perek IX**

If one be found slain in the land which the Lord your God has given you to possess it, lying in the field, and it is not known who has smitten him; then your Elders and your judges shall come forth, and they shall measure unto the cities which are round about him that is slain. And it shall be, that the city that is nearest to the slain man, the Elders of that city shall take a heifer of the herd, that has not been worked with and that has not pulled a yoke. And the Elders of that city shall bring down the heifer into a hard valley, which may be neither worked nor sown, and shall break the heifer's neck there in the valley. And the priests the sons of Levi shall come near, for the Lord your God has chosen them to minister unto Him, and to bless in the name of the Lord; and every controversy and every stroke shall be according to their word. And all the Elders of that city, who are nearest unto the slain man, shall wash their hands over the heifer whose neck was broken in the valley. And they shall speak and say: Our hands did not spill this blood, nor did our eyes see. Forgive, Lord, Your people Israel, whom You have redeemed, and suffer not innocent blood to remain in the midst of Your people Israel. And the blood shall be forgiven them. So shall you put away the innocent blood from the midst of you, when you shall do that which is right in the eyes of the Lord.

(Deuteronomy 21:1–9)

This chapter covers two main topics. The first, which continues the theme of the previous chapters, is the ritual of the breaking of the heifer's neck. The chapter discusses the identity of the Elders who come to take the measurement. Who is defined as a slain victim for the purposes of this mitzva: Is it any murder victim, or could the definition be more limited? The Gemara also discusses other details of this ritual: From where the measurements are taken, and what type of city can be classified as the city closest to the victim. Furthermore, the Gemara examines the requirements in terms of the animal to be used: What is a heifer? What "work" disqualifies it? What does the Torah mean by "a hard valley"? How is the animal killed, and what *halakhot* apply to the place where it is killed?

This ritual is performed only if the identity of the murderer is unknown. This also requires clarification, e.g., what if there is conflicting testimony with regard to whether the murderer was seen, who is eligible to testify about this matter, what happens if the murderer is discovered during the performance of the ritual, and what happens if the murderer is discovered afterward.

The other main topic addressed in this chapter is the list of things that became null over the generations, due to either a deterioration in the performance of mitzvot, tragedies that happened to the Jewish people, or the death of specific Sages. Some of these changes had halakhic implications, both in the cessation of certain mitzvot and in the enactment of new decrees, while others were spiritual losses not linked to any specific mitzva.

מתני׳ עֶגְלָה עֲרוּפָה – בִּלְשׁוֹן הַקּוֹדֶשׁ, שֶׁנֶּאֱמַר: ״כִּי יִמָּצֵא חָלָל בָּאֲדָמָה...וְיָצְאוּ זְקֵנֶיךָ וְשֹׁפְטֶיךָ״. שְׁלֹשָׁה מִבֵּית דִּין הַגָּדוֹל שֶׁבִּירוּשָׁלַיִם הָיוּ יוֹצְאִין. רַבִּי יְהוּדָה אוֹמֵר: חֲמִשָּׁה, שֶׁנֶּאֱמַר: ״זְקֵנֶיךָ״ – שְׁנַיִם; ״וְשֹׁפְטֶיךָ״ – שְׁנַיִם, וְאֵין בֵּית דִּין שָׁקוּל, מוֹסִיפִין עֲלֵיהֶן עוֹד אֶחָד.

MISHNA In certain cases of unsolved murder, the Torah prescribes a ritual performed with **a heifer whose neck is broken.** During the course of this ritual, the judges say a confession **in the sacred tongue,**[H] Hebrew, **as it is stated** in the verse: **"If one be found slain in the land** which the Lord your God has given you to possess it, lying in the field, and it is not known who has smitten him; **then your Elders and your judges shall come forth"** (Deuteronomy 21:1–2). What is the procedure for this ritual? **Three members of the High Court** [**Sanhedrin**] **that is in Jerusalem**[B] **would go out** to see the corpse. **Rabbi Yehuda says: Five**[H] would go out, **as it is stated: "Your Elders,"** in the plural form, indicating at least **two;** and it is written: **"And your judges,"** in the plural form, indicating another **two** judges; **and a court may not** be comprised of **an even** number of judges because they need to be able to issue a majority ruling. Consequently, **they add to them one** more Elder.

נִמְצָא טָמוּן בַּגַּל, אוֹ תָלוּי בְּאִילָן, אוֹ צָף עַל פְּנֵי הַמַּיִם – לֹא הָיוּ עוֹרְפִין, שֶׁנֶּאֱמַר: ״בָּאֲדָמָה״ – וְלֹא טָמוּן בַּגַּל; ״נֹפֵל״ – וְלֹא תָלוּי בְּאִילָן; ״בַּשָּׂדֶה״ – וְלֹא צָף עַל פְּנֵי הַמַּיִם.

If the corpse **was found concealed**[H] **in a pile** of stones, **or hanging on a tree, or floating on the surface of the water,** then the judges **would not break the neck** of the heifer, **as it is stated:** "If one be found slain **in the land"** (Deuteronomy 21:1), **and not concealed in a pile** of stones;[N] **"lying"** on the ground **and not hanging on a tree; "in the field," and not floating on the surface of the water.**

נִמְצָא סָמוּךְ לַסְּפָר, אוֹ לְעִיר שֶׁרוּבָּהּ נׇכְרִים, אוֹ לְעִיר שֶׁאֵין בָּהּ בֵּית דִּין – לֹא הָיוּ עוֹרְפִין. אֵין מוֹדְדִין אֶלָּא לְעִיר שֶׁיֵּשׁ בָּהּ בֵּית דִּין.

If a corpse **was found close to the border**[H] of the country, **or** close **to a city in which the majority of its inhabitants are gentiles,**[N] **or** close **to a city that is without** a rabbinical **court** of twenty-three judges, then the judges **would not break the** heifer's **neck.** Additionally, the Elders **measure** the distance from the corpse **only to a city that has** a rabbinical **court**[H] with twenty-three judges.[B]

BACKGROUND

The High Court [Sanhedrin] that is in Jerusalem – בֵּית דִּין הַגָּדוֹל שֶׁבִּירוּשָׁלַיִם: The Sanhedrin, also referred to as the court of seventy-one, was the Jewish people's supreme legislative and religious body in antiquity. It met in the Chamber of Hewn Stone in the Temple courtyard and was vested with the power to decide all matters of national importance. Its enactments were binding on the entire nation, and it issued both permanent decrees and temporary regulations. It decided cases left undecided by the lower courts and was the final authority on *halakha*.

A lesser Sanhedrin – סַנְהֶדְרֵי קְטַנָּה: A lesser Sanhedrin is a court of twenty-three judges, which has the authority to try capital cases. Such courts were established in larger Jewish communities both in Israel and in the Diaspora.

NOTES

And not concealed in a pile of stones – וְלֹא טָמוּן בַּגַּל: The Meiri writes that this *halakha* excludes from the ritual not only a corpse found concealed in a pile of stones but also a corpse that had been concealed in any way, even in the earth.

In which the majority of its inhabitants are gentiles – שֶׁרוּבָּהּ גּוֹיִם: In the *Minḥat Ḥinnukh* the following objection is raised: If the majority of inhabitants of the city are gentiles, shouldn't the majority be followed, as it is in other cases? If so, the assumption should be that the victim was not killed by a Jew. Why, then, would the mishna need to teach this obvious *halakha*? The answer given there is that because of this objection, the Rambam reads the Gemara here in accordance with the text in the Jerusalem Talmud: A city in which there are gentiles. Consequently, the mishna is teaching the novelty that the ritual is not performed even in a case where there is a minority of gentiles in the nearest city.

HALAKHA

A heifer whose neck is broken, a confession in the sacred tongue – עֶגְלָה עֲרוּפָה בִּלְשׁוֹן הַקּוֹדֶשׁ: Both the confession of the city's Elders upon the broken neck of a heifer and the recitation of the priests (see Deuteronomy 21:8) may be recited only in Hebrew (Rambam *Sefer Nezikim, Hilkhot Rotze'aḥ UShmirat HaNefesh* 9:3).

Five – חֲמִשָּׁה: Five Elders from the great Sanhedrin in Jerusalem go to measure the distance from the corpse to the closest city. In the *Kesef Mishne* it is asked why the Rambam ruled in accordance with the opinion of Rabbi Yehuda and not in accordance with the unattributed opinion in the mishna that only three Elders go to measure the distance. It is answered: Since this issue is recorded as a dispute in tractate *Sanhedrin*, this is an unattributed opinion that is followed by a dispute. It therefore follows the principle that the *halakha* is in accordance with Rabbi Yehuda in his disputes with Rabbi Shimon. *Tosefot Yom Tov* explains that the Rambam based his ruling on the Jerusalem Talmud, which cites Rabbi Yehuda HaNasi as saying that the *halakha* follows Rabbi Yehuda in this case (Rambam *Sefer Nezikim, Hilkhot Rotze'aḥ UShmirat HaNefesh* 9:1).

The corpse was found concealed – נִמְצָא טָמוּן: If the corpse was found buried under a pile of stones, hanging from a tree, or floating in water, the ritual of breaking the heifer's neck is not performed (Rambam *Sefer Nezikim, Hilkhot Rotze'aḥ UShmirat HaNefesh* 9:11).

Was found close to the border – נִמְצָא סָמוּךְ לַסְּפָר: If the corpse was found close to a border or close to a city where gentiles live, measurements are not taken, and the ritual of breaking the heifer's neck is not performed (Rambam *Sefer Nezikim, Hilkhot Rotze'aḥ UShmirat HaNefesh* 9:5).

To a city that has a court – לְעִיר שֶׁיֵּשׁ בָּהּ בֵּית דִּין: The Elders measure the distance from the corpse only to a city that has a rabbinical court of twenty-three judges. Even if there is another city that is closer to the corpse, but it does not have a rabbinical court of twenty-three judges, it is not taken into consideration for the measurements (Rambam *Sefer Nezikim, Hilkhot Rotze'aḥ UShmirat HaNefesh* 9:4).

גמ׳ מַאי קָאָמַר? אֲמַר רַבִּי אַבָּהוּ: הָכִי קָאָמַר – שֶׁנֶּאֱמַר: ״וְעָנוּ וְאָמְרוּ״, וּלְהַלָּן הוּא אוֹמֵר: ״וְעָנוּ הַלְוִיִּם וְאָמְרוּ״ וגו׳, מָה עֲנִיָּיה הָאֲמוּרָה לְהַלָּן בִּלְשׁוֹן הַקּוֹדֶשׁ, אַף כָּאן בִּלְשׁוֹן הַקּוֹדֶשׁ.

GEMARA

The Gemara asks: **What is** the first sentence in the mishna **saying?** The mishna is attempting to prove that the verses read during the ritual of breaking a heifer's neck are to be recited in Hebrew, yet the verse does not offer any proof of this. **Rabbi Abbahu said** that **this is what** the mishna **is saying:** The confession is recited in Hebrew, **as it is stated** with regard to the ritual of the heifer whose neck is broken: **"And they shall speak and say"** (Deuteronomy 21:7), **and later it is stated** with regard to the curses stated on Mount Ebal: **"And the Levites shall speak and say"** (Deuteronomy 27:14). **Just as** the word **"speak" that is said later** with regard to the Levites is referring to a speech that **is** recited **in the sacred tongue, so too here** the declaration is recited **in the sacred tongue.**

וְסֵדֶר עֶגְלָה עֲרוּפָה כֵּיצַד? ״כִּי יִמָּצֵא חָלָל בָּאֲדָמָה...וְיָצְאוּ זְקֵנֶיךָ וְשֹׁפְטֶיךָ״. שְׁלֹשָׁה מִבֵּית דִּין הַגָּדוֹל שֶׁבִּירוּשָׁלַיִם הָיוּ יוֹצְאִין. רַבִּי יְהוּדָה אוֹמֵר: חֲמִשָּׁה וכו׳.

The mishna continues to answer the question of: **And how** is the ritual of the **heifer whose neck is broken ordered?** The mishna states: It is written in the Torah: **"If one be found slain in the land** which the Lord your God has given you to possess it, lying in the field, and it is not known who has smitten him; **then your Elders and your judges shall come forth,** and they shall measure unto the cities which are round about him that is slain" (Deuteronomy 21:1–2). **Three members of the High Court that is in Jerusalem would go forth. Rabbi Yehuda says: Five.**

תָּנוּ רַבָּנַן: ״וְיָצְאוּ זְקֵנֶיךָ וְשֹׁפְטֶיךָ״. ״זְקֵנֶיךָ״ – שְׁנַיִם; ״וְשֹׁפְטֶיךָ״ – שְׁנַיִם, וְאֵין בֵּית דִּין שָׁקוּל, מוֹסִיפִין עֲלֵיהֶן עוֹד אֶחָד – הֲרֵי כָּאן חֲמִשָּׁה, דִּבְרֵי רַבִּי יְהוּדָה; רַבִּי שִׁמְעוֹן אוֹמֵר: ״זְקֵנֶיךָ״ – שְׁנַיִם, וְאֵין בֵּית דִּין שָׁקוּל, מוֹסִיפִין עֲלֵיהֶן עוֹד אֶחָד – הֲרֵי כָּאן שְׁלֹשָׁה.

The Sages taught: "And your Elders and judges shall come forth." "Your Elders" indicates **two; "and your judges"** also indicates **two; and a court may not** be composed of **an even** number of judges,[N] so **they add to them one more** judge. Therefore, **there are five** judges. This is **the statement of Rabbi Yehuda. Rabbi Shimon says: "Your Elders"** indicates **two, and** as **a court may not** consist of **an even** number of judges **they add to them one more.** Therefore, **there are three.**

וְרַבִּי שִׁמְעוֹן נַמִּי הָא כְּתִיב: ״וְשֹׁפְטֶיךָ״! הַהוּא מִיבָּעֵי לֵיהּ: לִמְיוּחָדִין שֶׁבְּשׁוֹפְטֶיךָ. וְרַבִּי יְהוּדָה? מִ״זְּקֵנֵי״, ״זְקֵנֶיךָ״ נָפְקָא.

The Gemara asks: **But** according to **Rabbi Shimon as well, isn't it written: "And your judges"**; why does he not agree that this indicates a need for two more judges? The Gemara answers: **He requires that** additional word "Elders" in order **to** teach that they must be **the distinguished among your judges,** i.e., judges from the Sanhedrin. **And** how does **Rabbi Yehuda,** who derives from the phrase "and your judges" that there is a need for two additional judges, know that they need to be from the Sanhedrin? **He derives it from** an extra letter. The verse could have simply stated: **The Elders.** Instead, it adds a letter and states: **"Your Elders,"** to teach that they must be the distinguished among the Elders of Israel.

וְרַבִּי שִׁמְעוֹן? אִי כָּתַב רַחֲמָנָא ״זִקְנֵי״, הֲוָה אָמִינָא אֲפִילּוּ זִקְנֵי הַשּׁוּק, כָּתַב רַחֲמָנָא ״זְקֵנֶיךָ״; וְאִי כָּתַב רַחֲמָנָא ״זְקֵנֶיךָ״, הֲוָה אָמִינָא אֲפִילּוּ סַנְהֶדְרִי קְטַנָּה, כָּתַב רַחֲמָנָא ״וְשֹׁפְטֶיךָ״ – לִמְיוּחָדִין שֶׁבְּשׁוֹפְטֶיךָ.

And Rabbi Shimon could say: **If the Merciful One had written** in the Torah: **The Elders, I would say** that it includes **even the Elders of the marketplace,** meaning any honorable people. Therefore, **the Merciful One writes** in the Torah: **"Your Elders,"** to indicate specifically Torah Sages, who are revered by all. **And if the Merciful One had written** in the Torah only: **"Your Elders," I would say** that it includes **even** Elders from **a lesser Sanhedrin.** Therefore, **the Merciful One** also **writes: "And your judges," to** teach that they must be **the distinguished among your judges,** from the Great Sanhedrin.

וְרַבִּי יְהוּדָה? גָּמַר ״זִקְנֵי״, ״זִקְנֵי״ מִזִּקְנֵי הָעֵדָה. מַה לְּהַלָּן מְיוּחָדִין שֶׁבָּעֵדָה, אַף כָּאן מְיוּחָדִין שֶׁבָּעֵדָה.

And what is the source of **Rabbi Yehuda** that the judges may not come from a lesser Sanhedrin? **He derives** this *halakha* from a verbal analogy between **"Elders,"** written here, and **"Elders,"** written with regard to the offering that the Sanhedrin brings when the nation has sinned as a result of a mistaken ruling. This offering is brought by **"the Elders of the congregation"** (Leviticus 4:15). **Just as there,** "the Elders of the congregation" are **the distinguished among the congregation,** from the Great Sanhedrin, **so too, here** the verse is referring to **the distinguished among the congregation.**

NOTES

And a court may not be composed of an even number of judges – וְאֵין בֵּית דִּין שָׁקוּל: This is to prevent a dispute among the judges from becoming deadlocked. Although here the judges are taking measurements and not issuing judgment, it is still possible for them to disagree about how to measure and about the exact point from which they should measure (*Minḥa Ḥareva*).

אי גמר, לגמרה לכולה מילתא מהתם! "זקניך ושפטיך" למה לי? אלא וי"ו "ושפטיך" למניינא. ורבי שמעון?

The Gemara asks: **If he derives** this *halakha* from this verbal analogy, then **he should derive the entire matter from there,** including the requirement for five judges. If so, **why do I** need the phrase **"your Elders and your judges"? Rather,** it must be that Rabbi Yehuda does not derive the *halakha* from this verbal analogy. Instead, he understands that the phrase "your Elders" indicates two, and that "your judges" indicates that they must be the distinguished among your judges, and the letter ***vav*** in the phrase **"and your judges** [*veshofetekha*]**" is to** add two more to **the count** of the judges. **And Rabbi Shimon** does not accept this derivation

Perek **IX**
Daf **45** Amud **a**

וי"ו לא משמע ליה. (מאי קאמר רחמנא? המיוחדין שבשופטיך.) אלא מעתה, "ויצאו" – שנים; "ומדדו" – שנים, לרבי יהודה הרי כאן תשעה, לרבי שמעון הרי כאן שבעה!

because **he does not learn** anything from the letter ***vav***. Rather, **what is the Merciful One saying** in the Torah with the phrase "and your judges"? He is referring to **the distinguished that are among your judges.** The Gemara raises an objection: **However, if that is so,** if every plural form in the verse adds another two judges, then when it later states: **"And they shall go out,"** this should indicate another **two.** And: **"And they shall measure"** (Deuteronomy 21:2), should indicate yet another **two.** This means that **according to** the reasoning of **Rabbi Yehuda there are nine** judges enumerated **here,** while **according to** the reasoning of **Rabbi Shimon there are seven** judges enumerated **here.**

ההוא מיבעי ליה לכדתניא: "ויצאו" – הן ולא שלוחיהן, "ומדדו" – שאפילו נמצא בעליל לעיר היו מודדין, שמצוה לעסוק במדידה.

The Gemara responds: **He requires that** verse: "And they shall go out…and they shall measure," **for that which is taught** in a *baraita*: **"And they shall go out,"** serves to emphasize that **they** themselves go out, **and not their agents,**[H] i.e., they may not appoint an agent to measure the distance but must do it themselves. **"And they shall measure,"** teaches **that even** if the corpse **was found clearly** near **to** a particular **city**[H] **they would** nevertheless **measure** the distance, **as** it is **a mitzva to engage in** this act of **measurement.**

מתניתין דלא כרבי אליעזר בן יעקב, דתניא, רבי אליעזר בן יעקב אומר: "זקניך" – זו סנהדרין; "שפטיך" – זה מלך וכהן גדול; מלך, דכתיב: "מלך במשפט יעמיד ארץ"; כהן גדול, דכתיב: "ובאת אל הכהנים הלוים ואל השפט אשר יהיה" וגו'.

§ The Gemara comments: **The mishna is not in accordance with** the opinion of **Rabbi Eliezer ben Ya'akov, as it is taught** in a *baraita*: **Rabbi Eliezer ben Ya'akov says: "Your Elders," this is the Sanhedrin; "your judges," this is the king and the High Priest.** According to Rabbi Eliezer ben Ya'akov, the king and the High Priest need to participate in the ritual of breaking the neck of the heifer. From where is it learned that they are called judges? **A king** is called a judge, **as it is written: "A king by justice establishes the land"** (Proverbs 29:4). **A High Priest** is called a judge, **as it is written:** "If there arise a matter too hard for you in judgment…**And you shall come to the priests the Levites, and to the judge who shall be** in those days" (Deuteronomy 17:8–9).

איבעיא להו: רבי אליעזר בן יעקב – במלך וכהן גדול הוא דפליג, אבל בסנהדרי אי כרבי יהודה אי כרבי שמעון סבירא ליה? או דלמא בסנהדרי נמי פליג עד דאיכא כולה סנהדרי?

A dilemma was raised before the Sages: Is it so that **Rabbi Eliezer ben Ya'akov disagrees** only **with regard to a king and a High Priest,** contending that they too must be present at the measurement, **but** that **with regard to the Sanhedrin he holds either in accordance with** the opinion of **Rabbi Yehuda** that three Elders suffice **or in accordance with** the opinion of **Rabbi Shimon,** that five are needed? **Or, perhaps he also disagrees with regard to the Sanhedrin** and claims that the ritual is not performed **unless there is the entire Sanhedrin** participating.

HALAKHA

They and not their agents – הן ולא שלוחיהן: The Rambam does not write this *halakha* explicitly, although he does indicate that he rules this way. The later authorities discuss whether the Elders of the Sanhedrin must actually perform the measurement themselves or whether it suffices for them to be present for the measuring (Rambam *Sefer Nezikim, Hilkhot Rotze'aḥ UShmirat HaNefesh* 9:1).

Even if it was found clearly near a city – אפילו נמצא בעליל לעיר: Even if the victim is discovered adjacent to a particular city, it is nevertheless a mitzva to measure the distance from the corpse to all the surrounding cities (Rambam *Sefer Nezikim, Hilkhot Rotze'aḥ UShmirat HaNefesh* 9:1).

אמר רב יוסף, תא שמע: מצאן זקן ממרא אבי פגי והמרה עליהן, יכול תהא המראתו המראה? תלמוד לומר: "וקמת ועלית אל המקום", מלמד שהמקום גורם.

Rav Yosef said: Come and hear a proof from a *baraita*: If **a rebellious Elder**[N] **found** the Sanhedrin not in the Hewn Chamber, which was their usual place, but **in Beit Pagei,**[L] near Jerusalem, **and he rebelled against them** there, by teaching in opposition to their ruling, one **might** have thought **his rebellion should be** considered **a rebellion,** rendering him liable to punishment. **The verse** therefore **states: "And you shall arise and go up to the place"** (Deuteronomy 17:8), which **teaches that** it is **the place** where the Sanhedrin resides that **causes**[H] the *halakha* of a rebellious Elder to take effect.

דנפוק כמה? אילימא דנפוק מקצתן, דלמא הנך דאיכא גואי כוותיה סבירא להו! אלא פשיטא דנפוק כולהו.

The Gemara analyzes this statement: In this case, **how many** members of the Sanhedrin were there **who went out** to Beit Pagei? **If we say that** only **a minority of them went out,** why should he be considered a rebellious Elder? **Perhaps those** judges **who are inside** the Hewn Chamber **hold in accordance with his** opinion, which would mean that the Elder in question ruled with the majority. **Rather,** it **is obvious that they all went out.**

ולמאי? אי לדבר הרשות, מי מצו נפקי? והכתיב: "שררך אגן הסהר אל יחסר המזג", שאם נצרך אחד מהם לצאת, אם יש שם עשרים ושלשה כנגד סנהדרי קטנה – יוצא, ואם לאו – אינו יוצא!

The assumption that they all went out leads to the following question: **And for what** purpose did they all leave the Hewn Chamber? **If** it was **for an optional matter, may they leave? But isn't it written: "Your navel** [*shorerekh*] **is like a round goblet, let no mingled wine be wanting"** (Song of Songs 7:3).[NH] This verse is interpreted as referring to the Sanhedrin, the ministers [*sarei*] of Israel who sit in a semicircle, like half of a round goblet. The words "let no mingled wine be wanting" teach **that if one of** the great Sanhedrin **needed to leave,** then **if there are** still present in the Hewn Chamber **twenty-three** members, **corresponding** to the number of **a lesser Sanhedrin, he may leave; and if not, he may not leave.** This indicates that it is prohibited for the entire Sanhedrin to leave for an optional matter.

אלא פשיטא לדבר מצוה. למאי? לאו למדידת עגלה, ורבי אליעזר בן יעקב היא? אמר ליה אביי: לא, דלמא להוסיף על העיר ועל העזרות, כדתנן: אין מוסיפין על העיר ועל העזרות אלא בבית דין של שבעים ואחד.

Rather it **is obvious** that they left **for a matter of a mitzva. For what** particular mitzva did they venture out? **Is it not for the measurement** associated **with** the ritual of **the heifer, and it is** in accordance with the opinion of **Rabbi Eliezer ben Ya'akov?** This would prove that Rabbi Eliezer ben Ya'akov holds that the entire Sanhedrin goes out to measure the distance from the corpse to the nearby cities. **Abaye said to** Rav Yosef: **No,** this is not a proof, as **perhaps** they went out for a different mitzva, **to expand the city** of Jerusalem **or the courtyards** of the Temple, **as we learned** in a mishna (*Sanhedrin* 2a): **They may expand** the sanctified area of **the city** of Jerusalem **or** of **the** Temple **courtyards only**[H] **with the court of seventy-one.**

תניא כוותיה דרב יוסף: מצאן אבית פגי והמרה עליהן, כגון שיצאו למדידת עגלה או להוסיף על העיר ועל העזרות, יכול תהא המראתו המראה? תלמוד לומר: "וקמת ועלית", מלמד שהמקום גורם.

It **is taught** in a *baraita* **in accordance with** the opinion **of Rav Yosef,** that Rabbi Eliezer ben Ya'akov disagrees even with regard to the number of judges: If the rebellious Elder **found** the Sanhedrin **in Beit Pagei and rebelled against them, for example, if they went out for the measurement** of the ritual **of the heifer or to expand** the area of **the city or** that of **the courtyards,** one **might** have thought that **his rebellion should be a rebellion.** Therefore, **the verse states** with regard to the requirement to follow the rulings of the Sanhedrin: **"And you shall arise and go up to the place"** (Deuteronomy 17:8). This **teaches that the place causes** the *halakha* of a rebellious Elder to take effect, indicating that the entire Sanhedrin participates in the measurement of the distance from the corpse to the cities.

NOTES

A rebellious Elder – זקן ממרא: The rebellious Elder is a scholar who continues his dispute with the Sanhedrin even after the Sanhedrin has issued its ruling, in a matter of *halakha* that is written in the Torah and expounded by the Sages. Although he is not obligated to change his opinion, if he issues a practical ruling to others in opposition to that of the Sanhedrin, he is considered a rebellious Elder and is brought to Jerusalem, where he is executed by strangulation.

Let no mingled wine [*mazeg*] be wanting – אל יחסר המזג: A hint for this *halakha* is found in the fact that it was common for wine to be diluted [*mazug*] to a ratio of two-thirds water to one-third wine. Here too, one-third of the Sanhedrin must remain. Furthermore, the numerical value of the letters in *mazeg* is fifty, which indicates that the absence of fifty members of the Sanhedrin is prohibited, but that it is permitted for fewer than fifty to leave (*Tosefot HaRosh*; *Tosafot* on *Sanhedrin*).

LANGUAGE

Beit Pagei – בי פגי: There are several opinions as to the identity of this place. It seems that two different places were known by that name. Some say that *pagei* is related to the Greek φαγεῖν, *fagein*, meaning eat. According to this explanation, Beit Pagei means the place where one is allowed to eat the sanctified meat of offerings, as it is considered to be within the borders of Jerusalem (*Arukh*).

From other sources, it seems that this was the name of a neighborhood next to Jerusalem, perhaps called so due to the small figs that grew there, as the word *pag* means small. It was outside the borders of the city.

HALAKHA

Teaches that the place causes – מלמד שהמקום גורם: A scholar can become a rebellious Elder only if he disputes rulings of the Sanhedrin issued when they are seated in the Chamber of Hewn Stone (Rambam *Sefer Shofetim*, *Hilkhot Mamrim* 3:5).

Let no mingled wine be wanting – אל יחסר המזג: The full court of seventy-one does not have to sit in the Chamber of Hewn Stone at all times, but all must be present when the court is in session. The rest of the time, the judges may leave to attend to their business, as long as at least twenty-three remain. Before a judge leaves, he must make sure that he has left at least twenty-three others there (Rambam *Sefer Shofetim*, *Hilkhot Sanhedrin* 3:2).

They may expand the city…only, etc. – אין מוסיפין על העיר...אלא וכו׳: The size of Jerusalem and of the Temple courtyards may be increased only by means of the king, a prophet, the *Urim VeTummim*, and the Sanhedrin of seventy-one (Rambam *Sefer Avoda*, *Hilkhot Beit HaBeḥira* 6:11).

״נִמְצָא טָמוּן בְּגַל אוֹ תָּלוּי בְּאִילָן״. לֵימָא, מַתְנִיתִין רַבִּי יְהוּדָה הִיא וְלָא רַבָּנַן! דְּתַנְיָא: ״וְשָׁכַחְתָּ עֹמֶר בַּשָּׂדֶה״ – פְּרָט לְטָמוּן, דִּבְרֵי רַבִּי יְהוּדָה; וַחֲכָמִים אוֹמְרִים: ״בַּשָּׂדֶה״ – לְרַבּוֹת אֶת הַטָּמוּן!

§ The mishna teaches: If the corpse **was found concealed in a pile** of stones **or hanging on a tree,** they would not perform the ritual of the heifer. The Gemara suggests: **Let us say that the mishna is** in accordance with the opinion of **Rabbi Yehuda and not** in accordance with the opinion of **the Rabbis.** This is **as it is taught** in a *baraita* with regard to the *halakha* that sheaves of grain forgotten in the fields must be left for the poor: **"And you forget a sheaf in the field"** (Deuteronomy 24:19). This **excludes a concealed** sheaf; it is not considered forgotten and it may be collected by the owner, even if he did forget it. This is **the statement of Rabbi Yehuda. And the Rabbis say:** The phrase **"in the field"** serves **to include the concealed** sheaves, and these must be left for the poor. Rabbi Yehuda holds, like the ruling in the mishna here, that when the verse states "in the field" it excludes a concealed corpse.

אֲמַר רַב: אֲפִילּוּ תֵּימָא רַבָּנַן. הָכָא מֵעִנְיָינֵיהּ דִּקְרָא, הָתָם מֵעִנְיָינֵיהּ דִּקְרָא;

Rav said: You can **even say** that the mishna is in accordance with the opinion of **the Rabbis,** as **here** they expound the *halakha* **based on the context of the verse,** and **there** too they expound the *halakha* **based on the context of the verse.**

דִּכְתִיב: ״כִּי יִמָּצֵא חָלָל״, הֵיכָא דְּמִשְׁתַּכַּח; ״בָּאֲדָמָה״ – פְּרָט לְטָמוּן; וְהָתָם מֵעִנְיָינֵיהּ דִּקְרָא, דִּכְתִיב: ״כִּי תִקְצֹר קְצִירְךָ בְשָׂדֶךָ וְשָׁכַחְתָּ עֹמֶר״, שִׁכְחָה דּוּמְיָא דְּקָצִיר: מַה קָּצִיר בְּגָלוּי אַף שִׁכְחָה בְּגָלוּי. כְּתַב רַחֲמָנָא ״בַּשָּׂדֶה״ – לְרַבּוֹת אֶת הַטָּמוּן.

In this case, **as it is written: "If one be found slain"** (Deuteronomy 21:1), the default assumption is that the *halakha* applies no matter **where it is found.** When the verse then states: **"In the ground,"** it must be serving to **exclude** a matter, i.e., **a concealed** corpse. **And** similarly, **there,** in the case of forgotten sheaves, they also expound **based on the context of the verse, as it is written: "When you reap your harvest in your field, and you forget a sheaf"** (Deuteronomy 24:19). This indicates that **forgotten** sheaves **are similar to** those **of** the **harvest: Just as** the **harvest** is performed **with revealed** objects, i.e., the growing grain, **so too,** the *halakhot* of **forgetting** pertain **to revealed** sheaves. Consequently, when **the Merciful One writes** in the Torah **"in the field,"** it must be in order **to include the concealed** sheaves.[H]

לְרַבִּי יְהוּדָה נַמִי תֵּיפוֹק לֵיהּ מִשִּׁכְחָה דּוּמְיָא דְּקָצִיר! אִין הָכִי נַמִי.

In light of this explanation, the Gemara asks: **According to Rabbi Yehuda as well, let him derive** that covered sheaves are not included **from** the fact that **forgotten** sheaves **are similar to** those **of the harvest.** Why does he have to derive it from the words "in the field"? The Gemara answers: **Yes, it is indeed so,** he does not derive that *halakha* from the phrase "in the field."

וְאֶלָּא ״בַּשָּׂדֶה״ לָמָּה לִי? מִיבָּעֵי לֵיהּ: לְרַבּוֹת שִׁכְחַת קָמָה. וְרַבָּנַן, שִׁכְחַת קָמָה מְנָא לְהוּ? נָפְקָא לְהוּ מִ״כִּי תִקְצֹר קְצִירְךָ בְשָׂדֶךָ״.

The Gemara therefore inquires: **But** then **why do I** need the phrase **"in the field,"** which indicates either an exclusion or an inclusion? The Gemara answers: **He requires** it in order **to include the forgotten** stalks **of standing** grain.[H] Produce that one forgot to reap is considered forgotten, even if it is still attached to the ground. The Gemara asks: **And the Rabbis, from where** do they learn the *halakha* of **forgotten** stalks **of standing** grain? The Gemara answers: **They derive** it **from** the verse: **"When you reap your harvest in your field,** and you forget," which indicates that the *halakha* includes one who forgot to harvest part of his field.

וְרַבִּי יְהוּדָה – מִיבָּעֵי לֵיהּ לְכִדְרַבִּי אַבָּהוּ אָמַר רַבִּי אֶלְעָזָר, דְּאָמַר רַבִּי אַבָּהוּ אָמַר רַבִּי אֶלְעָזָר: פְּרָט לְשֶׁצָּפוּ עוֹמָרִין לְתוֹךְ שְׂדֵה חֲבֵירוֹ. וְרַבָּנַן – מִ״בַּשָּׂדֶה, בְּשָׂדְךָ״. וְרַבִּי יְהוּדָה – ״בַּשָּׂדֶה, בְּשָׂדְךָ״ לָא מַשְׁמַע לֵיהּ.

The Gemara asks: **And** what does **Rabbi Yehuda** derive from this verse? The Gemara answers: It is **necessary for him** in order **to** learn **that which Rabbi Abbahu says** that **Rabbi Elazar** says, **as Rabbi Abbahu says** that **Rabbi Elazar says:** This verse **excludes sheaves that floated**[H] through the air from his field **into another's field.** Such sheaves are not classified as forgotten and may be retrieved later by the owner. **And the Rabbis,** from where do they derive this *halakha*? They derive it **from** the fact that the verse could have stated: **In the field,** but instead states **"in your field,"** to include sheaves situated only in one's own field. The Gemara continues to ask: **And** what does **Rabbi Yehuda** learn from this phrase? The Gemara answers: **He does not learn** anything from the difference between: **In the field,** and **"in your field,"** as he holds it is not a significant difference.

HALAKHA

To include the concealed sheaves – לְרַבּוֹת אֶת הַטָּמוּן: Even a concealed sheaf is considered to be forgotten, in accordance with the opinion of the Rabbis (Rambam *Sefer Zera'im, Hilkhot Mattenot Aniyyim* 5:1).

To include the forgotten stalks of standing grain – לְרַבּוֹת שִׁכְחַת קָמָה: The *halakha* of forgetting applies to standing produce just as it does to cut produce. Therefore, if one forgot to harvest part of his field, the produce there belongs to the poor (Rambam *Sefer Zera'im, Hilkhot Mattenot Aniyyim* 1:6).

It excludes sheaves that floated – פְּרָט לְשֶׁצָּפוּ עוֹמָרִין: If sheaves were blown by the wind into the field of another and were left there by their owner, they are not considered to be forgotten, in accordance with the opinion of Rabbi Abbahu. If one forgot a sheaf after the wind dispersed his sheaves in his own field, it is classified as forgotten (Rambam *Sefer Zera'im, Hilkhot Mattenot Aniyyim* 5:5).

NOTES

Into another's field – לְתוֹךְ שְׂדֵה חֲבֵירוֹ: The early commentaries disagree over the reason for this *halakha*. Rashi indicates that they are not considered to be forgotten because one purposely does not take them, as he cannot be sure the sheaves belong to him. The Meiri maintains that it is a Torah edict that only sheaves located in one's own field can be considered forgotten, and that sheaves in the field of another are not classified as forgotten even if one knows that they are there. The *Devar Shaul* interprets Rav Yirmeya's inquiry as based on these two possibilities.

HALAKHA

A sheaf that had been held – עוֹמֶר שֶׁהֶחֱזִיק בּוֹ וכו׳: In a case where the owner of a field picked up a sheaf to take it to the city, placed it on another sheaf, and then forgot both sheaves, if he remembered the upper one before he came across it, the lower one is not considered to be forgotten. If not, the lower sheaf is considered to be forgotten.

This ruling follows the Jerusalem Talmud in tractate *Pe'a*. The Ra'avad maintains that the distinction between one who remembers and one who fails to do so applies only according to Rabbi Shimon, and is not accepted as *halakha* (Rambam *Sefer Zera'im*, *Hilkhot Mattenot Aniyyim* 5:4).

בָּעֵי רַבִּי יִרְמְיָה: צָפוּ עוֹמָרִין לְתוֹךְ שָׂדֵהוּ, מַהוּ? אֲוִיר שָׂדֶה כְּשָׂדֶה דָּמֵי, אוֹ לָאו כְּשָׂדֶה דָּמֵי?

Rabbi Yirmeya raises a dilemma: If sheaves floated into his field, i.e., if one sheaf landed on another sheaf or on another item, **what is the** *halakha*? Is the **airspace of a field considered to be like** it is the **field** itself, in which case one sheaf on top of another meets the legal requirements to be deemed forgotten? **Or,** is it **not considered like** the **field,** in which case one sheaf on top of another does not meet the legal requirements to be deemed forgotten?

אֲמַר לֵיהּ רַב כָּהֲנָא לְרַב פַּפִּי, וְאָמְרִי לָהּ רַב כָּהֲנָא לְרַב זְבִיד: תִּפְשׁוֹט לֵיהּ מִדְּרַבִּי אַבָּהוּ אָמַר רַבִּי אֶלְעָזָר, דְּאָמַר: פְּרָט לְשֶׁצָּפוּ עוֹמָרִין לְתוֹךְ שְׂדֵה חֲבֵירוֹ, דַּחֲבֵירוֹ – אִין, לְתוֹךְ שָׂדֵהוּ – לָא!

Rav Kahana said to Rav Pappi, and some say Rav Kahana said it **to Rav Zevid: Let him resolve** the dilemma **from the** statement **of Rabbi Abbahu,** who **says that Rabbi Elazar says:** This **excludes sheaves that floated into another's field.**[N] If they floated into **another's field, yes,** Rabbi Elazar said that they are not deemed forgotten, **but** if they floated **into his** own **field,** they are **not** discussed by Rabbi Elazar, and therefore they are deemed forgotten.

וְלִיטַעֲמִיךְ, לְתוֹךְ שְׂדֵה חֲבֵירוֹ – צָפוּ אִין, מוּנָּחִין לָא, וְהָא בָּעֵינַן ״בְּשָׂדְךָ״ וְלֵיכָּא!

The Gemara refutes this proof: **And according to your reasoning** that the *halakha* of the *baraita* is limited to the case stated, one could infer: In a case where the sheaves drifted **into another's field,** then if **they were floating, yes,** they are not deemed to be forgotten, but if **they were resting** directly on the ground in another's field, **no,** they are deemed to be forgotten. **But** this cannot be the *halakha*, as **we require** the sheaves to be **"in your field,"** and these sheaves are **not** in his field.

אֶלָּא, לְתוֹךְ שְׂדֵה חֲבֵירוֹ וַאֲפִילּוּ מוּנָּחִין, וְהַאי דְּקָאָמַר צָפוּ? דְּלָא מַשְׁכַּחַת לָהּ אֶלָּא בְּצָפוּ.

Rather, you must admit that the words: **Into another's field,** include not only those sheaves which are lying on other items, **but even** those **resting** directly on the ground. **And** the reason **that** Rabbi Abbahu **states: Floated,** is that **you find** a situation where sheaves end up in the field of another **only in** a case where **they floated** through the air and fell there. Since the term floated was not used to teach a *halakha*, no inference can be made from this *baraita* with regard to sheaves that floated in one's own field.

תָּא שְׁמַע: עוֹמֶר שֶׁהֶחֱזִיק בּוֹ לְהוֹלִיכוֹ לָעִיר, וְהִנִּיחוֹ עַל גַּבֵּי חֲבֵירוֹ וּשְׁכָחוֹ – הַתַּחְתּוֹן שִׁכְחָה, וְהָעֶלְיוֹן אֵינוֹ שִׁכְחָה. רַבִּי שִׁמְעוֹן בֶּן יְהוּדָה אוֹמֵר מִשּׁוּם רַבִּי שִׁמְעוֹן: שְׁנֵיהֶם אֵינָן שִׁכְחָה, הַתַּחְתּוֹן – מִפְּנֵי שֶׁהוּא טָמוּן, וְהָעֶלְיוֹן – מִפְּנֵי שֶׁהוּא צָף; עַד כָּאן לָא פְּלִיגִי אֶלָּא בְּתַחְתּוֹן, אֲבָל בְּעֶלְיוֹן – דִּבְרֵי הַכֹּל לָא הָוֵאי שִׁכְחָה.

The Gemara again attempts to resolve the dilemma: **Come** and **hear** a proof from a *baraita* (*Tosefta*, *Pe'a* 3:7): In the case of **a sheaf that had been held**[H] by its owner in order **to take it to the city, and he placed it on top of another** sheaf, **and he forgot** both sheaves, **the lower** sheaf is deemed to be **a forgotten sheaf, and the upper one is not** deemed to be **a forgotten sheaf. Rabbi Shimon ben Yehuda says in the name of Rabbi Shimon: Both of them are not** deemed to be **forgotten sheaves; the lower one because it is concealed, and the upper one because it is floating** and not directly touching the field. The Gemara points out: **They disagree only with regard to** the **lower** sheaf, **but with regard to** the **upper** one **all agree** that **it is not** deemed **a forgotten sheaf.** This demonstrates that a sheaf located in the airspace of the field is not deemed to be forgotten.

שָׁאנֵי הָתָם, כֵּיוָן דְּאַחֲזִיק בֵּיהּ, זָכָה בֵּיהּ. אִי הָכִי, מַאי אִירְיָא עַל גַּבֵּי חֲבֵירוֹ? אֲפִילּוּ בַּשָּׂדֶה נַמִי! אִין הָכִי נַמִי, וְהַאי דְּקָתָנֵי עַל גַּבֵּי חֲבֵירוֹ – מִשּׁוּם תַּחְתּוֹן.

The Gemara rejects this proof: **There it is different, as, since** the owner **had held it** to take it to the city, **he acquired it.** The reason it is not deemed to be a forgotten sheaf is not because it is not touching the field but because the owner had already acquired that particular sheaf before forgetting it. The Gemara raises an objection to this explanation: **If so, why specifically** state the case of a sheaf that was placed **on top of another? The same would hold true** in a case where one put the sheaf down directly **in the field as well,** as he has already acquired it. The Gemara answers: **Yes, it is indeed so, and** the reason **that** the *baraita* **teaches: On top of another,** is **due to the lower** sheaf rather than the upper one, in order to teach the dispute concerning the lower sheaf.

וְהָא ״מִפְּנֵי שֶׁהוּא צָף״ קָאָמַר! אֵימָא: ״מִפְּנֵי שֶׁהוּא כְּצָף״.

The Gemara asks: **But** Rabbi Shimon **said: Because it is floating.** How can one then say that the reason for his ruling is because the owner of the field has acquired it? The Gemara answers: **Say** instead: **Because it is like** it is **floating.** In other words, it is as though the upper sheaf had not been put down at all, but remains in the owner's hands.

אָמַר אַבָּיֵי: הֲרֵינִי כְּבֶן עַזַּאי בְּשׁוּקֵי טְבֶרְיָא! אֲמַר לֵיהּ הַהוּא מֵדְּרַבָּנַן לְאַבָּיֵי: שְׁנֵי חֲלָלִים זֶה עַל גַּבֵּי זֶה, מֵהֵיכָן הוּא מוֹדֵד?

The Gemara tells of a related incident. On one occasion **Abaye said: I am hereby** as sharp and expert **as ben Azzai,** who taught Torah **in the markets of Tiberias,** and am ready to answer any question that might be posed to me. **One of the Sages said to Abaye,** with regard to the ritual of the heifer whose neck is broken: If there were **two slain people** found **one on top of the other**[H] not precisely aligned, **from where does one measure** the distance to the surrounding cities?

מִין בְּמִינוֹ הָוֵי טָמוּן וּמִין בְּמִינוֹ לָא הָוֵי צָף, וּמֵעֶלְיוֹן מוֹדֵד? אוֹ דִּלְמָא מִין בְּמִינוֹ הָוֵי צָף וּמִין בְּמִינוֹ לָא הָוֵי טָמוּן, וּמִתַּחְתּוֹן מוֹדֵד?

The various aspects of the dilemma are as follows: **Is a substance** in contact **with** the **same** type of **substance** considered to be **concealed, and is a substance** in contact **with** the **same** type of **substance not** considered to be **floating,** which would mean that the lower, concealed corpse is ignored because one does not measure the distance from a concealed corpse, as taught in the mishna, **and one measures** the distance **from the upper one? Or perhaps a substance** in contact **with** the **same** type of **substance** is considered to be **floating, and a substance** in contact **with** the **same** type of **substance is not** considered to be **concealed, and he measures** the distance **from the lower one,** because it is not considered to be concealed, but not from the upper one, which is considered to be floating.

אוֹ דִּלְמָא מִין בְּמִינוֹ הָוֵי טָמוּן וּמִין בְּמִינוֹ הָוֵי צָף, וְלָא מִתַּחְתּוֹן מוֹדֵד וְלָא מֵעֶלְיוֹן מוֹדֵד?

Or perhaps a substance in contact **with** the **same** type of **substance is** considered to be **concealed, and a substance** in contact **with** the **same** type of **substance is** considered to be **floating, and he** therefore **does not measure** the distance **from the lower one nor does he measure** the distance **from the upper one.** According to this last option, in such a situation no measuring is done, and the ritual is not performed.

אֲמַר לֵיהּ:

Abaye **said to him:**

Perek **IX**
Daf **45** Amud **b**

תְּנֵיתוּהָ: עוֹמֶר שֶׁהֶחֱזִיק בּוֹ לְהוֹלִיכוֹ לָעִיר, וְהִנִּיחוֹ עַל גַּבֵּי חֲבֵירוֹ וּשְׁכָחוֹ – הַתַּחְתּוֹן שִׁכְחָה, וְהָעֶלְיוֹן אֵינוֹ שִׁכְחָה. רַבִּי שִׁמְעוֹן בֶּן יְהוּדָה אוֹמֵר מִשּׁוּם רַבִּי שִׁמְעוֹן: שְׁנֵיהֶן אֵינָן שִׁכְחָה, הַתַּחְתּוֹן – מִפְּנֵי שֶׁהוּא טָמוּן; וְהָעֶלְיוֹן – מִפְּנֵי שֶׁהוּא צָף. סַבְרוּהָ דְּהָנֵי תַּנָּאֵי כְּרַבִּי יְהוּדָה סְבִירָא לְהוּ, דְּאָמַר: ״בַּשָּׂדֶה״ – פְּרָט לְטָמוּן.

You learned it in the *baraita* (*Tosefta, Pe'a* 3:7): In the case of a **sheaf that had been held** by its owner in order **to take it to the city, and he placed it on top of another** sheaf, **and he forgot** both sheaves, **the lower** sheaf is deemed to be **a forgotten sheaf, and the upper one is not** deemed to be **a forgotten sheaf. Rabbi Shimon ben Yehuda says in the name of Rabbi Shimon: Both of them are not** deemed to be **forgotten sheaves; the lower one because it is concealed and the upper one because it is floating** and not directly touching the field. The Sages **assumed that these** ***tanna'im*** in the *baraita* basically **hold in accordance with** the opinion of **Rabbi Yehuda,** who **says** that the phrase **"in the field"** serves **to exclude a concealed** sheaf.

מַאי לָאו בְּהָא קָא מִיפַּלְגִי, דְּמָר סָבַר: מִין בְּמִינוֹ הָוֵי טָמוּן, וּמָר סָבַר: לָא הָוֵי טָמוּן!

The Gemara continues Abaye's statement: **What, is it not** the case **that they disagree about this, as one Sage,** Rabbi Shimon, **holds** that a **substance** in contact **with** the **same** type of **substance is** considered to be **concealed,** and therefore the lower sheaf is not deemed to be a forgotten sheaf, **and one Sage,** the Rabbis, **holds** that **it is not** considered to be **concealed,** which means it is deemed to be a forgotten sheaf. The same dispute would apply to the two corpses.

HALAKHA

Two slain people, one on top of the other – שְׁנֵי חֲלָלִים זֶה עַל גַּבֵּי זֶה: If two slain people were found on top of each other, the measurement is taken from the upper one. The Ra'avad states that this matter was left unresolved by the Gemara. The *Kesef Mishne* addresses this issue at length and concludes that the Rambam's ruling is that a substance in contact with the same type of substance is considered concealed, and only a corpse found on water is considered to be floating (Rambam *Sefer Nezikim, Hilkhot Rotze'aḥ UShmirat HaNefesh* 9:10).

NOTES

Slain but not strangled – חָלָל וְלֹא חָנוּק: The Meiri explains that if a person was found with indications that he died due to obstruction of the airways, there is always a possibility that he was not murdered but suffocated due to illness or choked to death. Based on *Tosafot* (*Nazir* 23b), some explain that the lexical meaning of "one slain [*ḥalal*]" is something cut, and that the phrase consequently refers only to one who was killed by means of cutting (see *Devar Shaul*). The Malbim claims that "*ḥalal*" means one whose blood was shed, as opposed to one who was strangled or died by other means.

HALAKHA

Slain but not strangled – חָלָל וְלֹא חָנוּק: The ritual of breaking the neck of the heifer is performed only if the victim was killed by being wounded, not if he was strangled. Likewise, the heifer is not brought if the victim was found in the throes of death, in accordance with the opinion of the Rabbis (Rambam *Sefer Nezikim, Hilkhot Rotze'aḥ UShmirat HaNefesh* 9:11).

לָא. אִי כְּרַבִּי יְהוּדָה סְבִירָא לְהוּ – דְּכוּלֵּי עָלְמָא מִין בְּמִינוֹ הָוֵי טָמוּן. וְהָכָא בִּפְלוּגְתָּא דְּרַבִּי יְהוּדָה וְרַבָּנַן קָמִיפַּלְגִי, דְּרַבָּנַן כְּרַבָּנַן, וְרַבִּי שִׁמְעוֹן בֶּן יְהוּדָה כְּרַבִּי יְהוּדָה.

The Gemara refutes this claim: **No, if they hold in accordance with** the opinion of **Rabbi Yehuda,** then it could be **that everyone agrees** that **a substance** in contact **with** the **same** type of **substance is** considered to be **concealed,** and they would maintain this with regard to the two corpses as well. **And here they disagree with regard to** the issue that is the subject of **the dispute of Rabbi Yehuda and the Rabbis,** in **that** the opinion of **the Rabbis** of this *baraita* is **in accordance with** the opinion of **the Rabbis** there, which claims that the *halakha* of a forgotten sheaf applies even to a concealed sheaf, **and Rabbi Shimon ben Yehuda** holds **in accordance with** the opinion of **Rabbi Yehuda,** who maintains that a concealed sheaf is exempt from the *halakha* of forgotten sheaves.

אִי הָכִי, מַאי אִירְיָא עַל גַּבֵּי חֲבֵירוֹ? אֲפִילּוּ בְּעָפָר וּבִצְרוֹר נַמִּי! אִין הָכִי נַמִּי, וּלְהוֹדִיעֲךָ כֹּחוֹ דְּרַבִּי יְהוּדָה, דְּאָמַר: אֲפִילּוּ מִין בְּמִינוֹ הָוֵי טָמוּן.

The Gemara asks: **If** that is **so,** that their dispute is with regard to the *halakha* of concealed sheaves, **why** did they **specifically** disagree in the case of a sheaf that was **on top of another** sheaf; **the same would hold true even** in a case where the sheaf was concealed **in dirt and pebbles?** The Gemara answers: **Yes, it is indeed so.** They disagree with regard to all concealed sheaves, **and** their dispute is stated with regard to a case of one sheaf on top of another in order **to convey to you the far-reaching** nature of the opinion **of Rabbi Yehuda, who says** that **even a substance** that is in contact **with** the **same** type of **substance is** considered **concealed.** Therefore, a substance concealed in a different type of matter is all the more so considered concealed.

תָּנוּ רַבָּנַן: "חָלָל" – וְלֹא חָנוּק, "חָלָל" – וְלֹא מְפַרְפֵּר, "בָּאֲדָמָה" – וְלֹא טָמוּן בְּגַל, "נֹפֵל" – וְלֹא תָּלוּי בְּאִילָן, "בַּשָּׂדֶה" – וְלֹא צָף עַל פְּנֵי הַמַּיִם. רַבִּי אֱלִיעֶזֶר אוֹמֵר: בְּכוּלָּן, אִם הָיָה חָלָל – עוֹרְפִין.

§ The Gemara returns to discuss when the ritual of breaking the neck of the heifer is performed. **The Sages taught,** expounding the verse "If one be found slain in the land which the Lord your God has given you to possess it, lying in the field" (Deuteronomy 21:1): **"Slain"** indicates one killed by a sword, **but not** one who was **strangled;**[NH] **"slain," but not** one who was found **twitching** in his death throes; **"in the land," but not concealed in a pile** of stones; **"lying," but not hanging on a tree; "in the field," but not floating on the surface of the water. Rabbi Elazar says: In all these** cases, **if** a person **was slain** by the sword, the judges **break the neck** of the heifer, and it does not matter where the corpse was found.

תַּנְיָא: אָמַר רַבִּי יוֹסֵי בַּר יְהוּדָה, אָמְרוּ לוֹ לְרַבִּי אֱלִיעֶזֶר: אִי אַתָּה מוֹדֶה שֶׁאִם הָיָה חָנוּק וּמוּטָל בְּאַשְׁפָּה שֶׁאֵין עוֹרְפִין? אַלְמָא "חָלָל" – וְלֹא חָנוּק; הָכָא נַמִּי "בָּאֲדָמָה" – וְלֹא טָמוּן בְּגַל, "נֹפֵל" – וְלֹא תָּלוּי בְּאִילָן, "בַּשָּׂדֶה" – וְלֹא צָף עַל גַּבֵּי מַיִם. וְרַבִּי אֱלִיעֶזֶר: "חָלָל" יְתֵירָא כְּתִיב.

It is taught in a *baraita*: **Rabbi Yosei bar Yehuda says** that the Sages **said to Rabbi Elazar: Do you not concede that if he was strangled and left in a garbage** heap, **that they do not break the** heifer's **neck? Apparently, "slain"** is a precise term that means slain **but not strangled.** If you accept that, **here too** the words **"in the land"** should indicate: In the land, **but not concealed in a pile** of stones; **"fallen"** should indicate: Fallen **but not hanging on a tree;** and **"in the field"** should indicate in the field **but not floating on the surface of the water. And Rabbi Elazar** holds that those other situations are not excluded, and that because in that first case the Torah **writes "slain" an extra** time in the next verse: "About him that is slain" (Deuteronomy 21:2), this repetition teaches that a victim of strangulation is not included in this *halakha*.

"נִמְצָא סָמוּךְ לַסְּפָר אוֹ לְעִיר שֶׁרוּבָּהּ נָכְרִים" כו׳. דִּכְתִיב: "כִּי יִמָּצֵא" – פְּרָט לְמָצוּי.

§ The mishna taught: If a corpse **was found close to the border** of the country **or** close **to a city in which the majority** of its inhabitants **are gentiles,** the judges would not break the heifer's neck, **as it is written: "If one be found** slain" (Deuteronomy 21:1). This **excludes** places where murdered bodies **are** commonly **found,** such as the aforementioned locations.

"אוֹ לְעִיר שֶׁאֵין בָּהּ בֵּית דִּין". דְּבָעֵינָא "זִקְנֵי הָעִיר", וְלֵיכָּא. "אֵין מוֹדְדִין אֶלָּא לְעִיר" כו׳. פְּשִׁיטָא, כֵּיוָן דְּתָנָא "לְעִיר שֶׁאֵין בָּהּ בֵּית דִּין", אֲנָא יָדַעְנָא דְּאֵין מוֹדְדִין אֶלָּא לְעִיר שֶׁיֵּשׁ בָּהּ בֵּית דִּין!

The mishna taught: **Or** if the victim was discovered close **to a city that is without** a rabbinical **court** of twenty-three judges, they would not measure the distance to that city. The Gemara explains: This is **because** the verse **requires "the Elders of that city"** (Deuteronomy 21:3), **and** this is **not** the case here; therefore the rite was not performed. The mishna also taught that the Elders **measure** the distance from the corpse **only to a city** that contains a rabbinical court of twenty-three judges. The Gemara asks: This **is obvious. Since** the mishna **taught** that they do not measure the distance **to a city that does not have** a rabbinical **court** of twenty-three judges, **I know** that **they measure** the distance **only to a city that has** a rabbinical **court** of twenty-three judges.

הָא קָא מַשְׁמַע לָן, כִּדְתַנְיָא: מִנַּיִן שֶׁאִם נִמְצָא סָמוּךְ לְעִיר שֶׁאֵין בָּהּ בֵּית דִּין, שֶׁמַּנִּיחִין אוֹתָהּ וּמוֹדְדִין לְעִיר שֶׁיֵּשׁ בָּהּ בֵּית דִּין? תַּלְמוּד לוֹמַר: ״וְלָקְחוּ זִקְנֵי הָעִיר הַהִיא״, מִכׇּל מָקוֹם.

The Gemara answers: **This** *tanna* **teaches us** the *halakha* **as it is taught** in a *baraita*: **From where** is it derived **that if** the corpse **was found close to a city that does not have** a rabbinical **court** of twenty-three judges, **that they leave** the city aside **and measure** the distance from the corpse **to a city that has** a rabbinical **court**[H] of twenty-three judges? **The verse states: "And the Elders of that city shall take"** (Deuteronomy 21:3), which indicates that the Elders of a city are involved **in any case,** and the measurement is taken even if it is not to the city closest to the body.

מתני׳ נִמְצָא מְכוּוָּן בֵּין שְׁתֵּי עֲיָירוֹת – שְׁתֵּיהֶן מְבִיאוֹת שְׁתֵּי עֲגָלוֹת, דִּבְרֵי רַבִּי אֱלִיעֶזֶר. וְאֵין יְרוּשָׁלַיִם מְבִיאָה עֶגְלָה עֲרוּפָה. נִמְצָא רֹאשׁוֹ בְּמָקוֹם אֶחָד וְגוּפוֹ בְּמָקוֹם אַחֵר – מוֹלִיכִין הָרֹאשׁ אֵצֶל הַגּוּף, דִּבְרֵי רַבִּי אֱלִיעֶזֶר; רַבִּי עֲקִיבָא אוֹמֵר: הַגּוּף אֵצֶל הָרֹאשׁ. מֵאַיִן הָיוּ מוֹדְדִין? רַבִּי אֱלִיעֶזֶר אוֹמֵר: מִטִּיבּוּרוֹ, רַבִּי עֲקִיבָא אוֹמֵר: מֵחוֹטְמוֹ. רַבִּי אֱלִיעֶזֶר בֶּן יַעֲקֹב אוֹמֵר: מִמָּקוֹם שֶׁנַּעֲשָׂה חָלָל, מִצַּוָּארוֹ.

MISHNA If the slain person **is found precisely between two cities,**[H] the inhabitants of **the two of them bring two heifers** total; this is **the statement of Rabbi Eliezer. And** the inhabitants of **Jerusalem do not bring a heifer**[H] **whose neck is broken,** even if Jerusalem is the city closest to the slain victim. If the **head of** the corpse **was found in one place and his body** was found **in a different place, they bring the head next to the body;** this is **the statement of Rabbi Eliezer. Rabbi Akiva says:** They bring **the body next to the head.**[H] **From where** on the body **would they measure** the distance? **Rabbi Eliezer says: From his navel. Rabbi Akiva says: From his nose.**[H] **Rabbi Eliezer ben Ya'akov says: From the place where he became a slain** person, which is **from the neck.**

גמ׳ מַאי טַעְמָא דְּרַבִּי אֱלִיעֶזֶר? קָסָבַר: אֶפְשָׁר לְצַמְצֵם, וּ״קְרוֹבָה״ – וַאֲפִילּוּ קְרוֹבוֹת.

GEMARA The Gemara explains: **What is the reasoning of Rabbi Eliezer,** that when a body is found precisely between two cities, the inhabitants of each city bring a heifer? His ruling is based on two factors. First, **he holds that it is possible to measure precisely** and that it is a real possibility to determine that both cities are exactly the same distance from the corpse. **And** second, he interprets the term **"That is nearest"** (Deuteronomy 21:3), to be referring not only to one city. It can **even** be understood as: **That are nearest,**[N] so that the *halakhot* apply to more than one city.

״וְאֵין יְרוּשָׁלַיִם מְבִיאָה עֶגְלָה עֲרוּפָה״. דְּאָמַר קְרָא: ״לְרִשְׁתָּהּ״, וְקָסָבַר: יְרוּשָׁלַיִם לֹא נִתְחַלְּקָה לִשְׁבָטִים.

The mishna taught: **And** the inhabitants of **Jerusalem do not bring a heifer whose neck is broken.** The Gemara explains: This is **because the verse states:** "If one be found slain in the land which the Lord your God has given **you to possess it"** (Deuteronomy 21:1), **and this** *tanna* **holds** that **Jerusalem was not divided among the tribes** in the division of Eretz Yisrael. It was not given as a possession to any particular person but belongs to all; therefore the *halakha* of the heifer whose neck is broken does not apply to it.

״נִמְצָא רֹאשׁוֹ בְּמָקוֹם״ כו׳. בְּמַאי קָמִיפַּלְגִי? אִילֵימָא לְעִנְיַן מְדִידָה קָמִיפַּלְגִי, הָא מִדְּקָתָנֵי סֵיפָא ״מֵאַיִן הָיוּ מוֹדְדִין״, מִכְּלָל דְּרֵישָׁא לָא בִּמְדִידָה עָסְקִינַן! אָמַר רַבִּי יִצְחָק: בְּמֵת מִצְוָה קָנָה מְקוֹמוֹ קָמִיפַּלְגִי,

§ With regard to the *halakha* of a corpse whose **head was found in one place** and its body elsewhere, the Gemara asks: **With regard to what** *halakha* **do they disagree? If we say they disagree with regard to** whether the **measurement** is taken from the head or the body, **from the fact that the latter clause teaches: From where would they measure** the distance, **it may be inferred that in the first clause we are not dealing with measurement. Rabbi Yitzhak said: They disagree with regard to** a different matter, the question of whether **a corpse with no one to bury it** [*met mitzva*][B] **acquires its place,**[H] meaning if an unattended corpse must be buried where it is found.

HALAKHA

Measure the distance to a city that has a rabbinical court – מוֹדְדִין לְעִיר שֶׁיֵּשׁ בָּהּ בֵּית דִּין: If the corpse was found near a city that does not have a court, the measurement is taken to a city that does have a court (Rambam *Sefer Nezikim, Hilkhot Rotze'aḥ UShmirat HaNefesh* 9:5).

Is found precisely between two cities – נִמְצָא מְכוּוָּן בֵּין שְׁתֵּי עֲיָירוֹת: If the corpse was found equidistant to two cities that contain an equal number of inhabitants, the inhabitants of the two cities bring in partnership a heifer whose neck is broken and make the following stipulation: The heifer belongs to the nearer city and the portion of the heifer owned by the farther city is given to the nearer one as a gift. They state this condition because it is impossible for any two things to be precisely equal (Rambam *Sefer Nezikim, Hilkhot Rotze'aḥ UShmirat HaNefesh* 9:8).

The inhabitants of Jerusalem do not bring a heifer – אֵין יְרוּשָׁלַיִם מְבִיאָה עֶגְלָה: Measurements are not taken from a corpse to Jerusalem because its inhabitants do not bring a heifer whose neck is broken, as Jerusalem was not given to any tribe as an inheritance (Rambam *Sefer Nezikim, Hilkhot Rotze'aḥ UShmirat HaNefesh* 9:4).

The body next to the head – הַגּוּף אֵצֶל הָרֹאשׁ: If the victim's head was found in one place and his body elsewhere, the body is brought to the head for burial there. Any *met mitzva* is treated in this manner, as the *halakha* follows Rabbi Akiva (Rambam *Sefer Nezikim, Hilkhot Rotze'aḥ UShmirat HaNefesh* 9:9).

From his nose – מֵחוֹטְמוֹ: The measurement is performed from the victim's nose, in accordance with Rabbi Akiva (Rambam *Sefer Nezikim, Hilkhot Rotze'aḥ UShmirat HaNefesh* 9:9).

A *met mitzva* acquires its place – מֵת מִצְוָה קָנָה מְקוֹמוֹ: One of the conditions Joshua stipulated with those inheriting the land was that a *met mitzva* acquires its place for the purpose of burial. However, if a corpse is found on the boundary between fields or in a city, it is removed to a cemetery. While the *halakha* of a *met mitzva* applies outside Eretz Yisrael as well, the *Shakh* notes that the common practice there is to take the corpse to a cemetery in all cases (Rambam *Sefer Nezikim, Hilkhot Nizkei Mammon* 5:3; *Shulḥan Arukh, Yoreh De'a* 364:3).

NOTES

That is nearest, even that are nearest – קְרוֹבָה וַאֲפִילּוּ קְרוֹבוֹת: Two related and conflicting *baraitot* are cited in tractate *Bekhorot*. According to one *baraita*, if the corpse is measured to be precisely between two cities, the ritual is not performed at all. The reason is that the *tanna* of that *baraita* holds that although it is possible to perform an exact measurement, the verse states: "That is nearest," and not: That are nearest, limiting the performance of the ritual to the inhabitants of one city.

The other *baraita* states that if the corpse is measured to be equidistant to the two closest cities then the inhabitants of both cities bring a single heifer in partnership and stipulate that the ritual is on behalf of whichever city is in truth nearer. The latter *baraita* holds that it is impossible to measure precisely, so the inhabitants of one city are obligated to bring the heifer, and it is uncertain which city it is. With regard to the exposition of the verse, Rashi points out that the singular form in the Torah is often used also in reference to an entire group or type.

BACKGROUND

A corpse with no one to bury it [*met mitzva*] – מֵת מִצְוָה: It is an important religious obligation to take part in the burial of the dead. If the deceased has no acquaintances or relatives to bury him, everyone is obligated to assist in his burial. The *halakha* is that a corpse with no one available to bury it acquires its place, i.e., the corpse is interred where it is found. However, if that place is not an honorable location the corpse is buried in the nearest cemetery. This religious duty is so important that even priests and nazirites, who are ordinarily prohibited from coming into contact with a corpse, may bury a *met mitzva* if there is no one else available to do so. Likewise, the obligation to bury this corpse takes precedence over nearly all other religious obligations.

וְהָכִי קָאָמַר: לְקוֹבְרוֹ קָנָה מְקוֹמוֹ. וְהֵיכָא דְּנִמְצָא רֹאשׁוֹ בְּמָקוֹם אֶחָד וְגוּפוֹ בְּמָקוֹם אַחֵר – מוֹלִיכִין הָרֹאשׁ אֵצֶל הַגּוּף, דִּבְרֵי רַבִּי אֱלִיעֶזֶר; רַבִּי עֲקִיבָא אוֹמֵר: הַגּוּף אֵצֶל הָרֹאשׁ. בְּמַאי קָמִיפַּלְגִי? מָר סָבַר: גּוּפֵיהּ בְּדוּכְתֵּיהּ נָפֵיל, רֵישָׁא דְּנָאדֵי וְנָפֵיל; וּמָר סָבַר: רֵישָׁא הֵיכָא דְּנָפֵיל נָפֵיל, גּוּפָא הוּא דְּדָהֵיט אָזֵיל.

And this is what the mishna **is saying:** With regard **to burying him,** the victim **acquires his place,** and he is buried there. The mishna continues: **And** in a case **where his head is found in one place and his body** is found **in a different place, they bring the head next to the body** and bury him there; this is **the statement of Rabbi Eliezer. Rabbi Akiva says:** They bring **the body next to the head.** The Gemara explains: **With regard to what do they disagree?** They both agree that he should be buried in the place where he was killed, but one **Sage,** Rabbi Eliezer, **holds** that **his body fell in its place,** and it was **the head that rolled away and fell. And** one **Sage,** Rabbi Akiva, **holds** that **his head fell where it fell,** and **it was the body that went and continued** onward. Therefore, the body is brought to the head.

״מֵאַיִן הָיוּ מוֹדְדִין?״ בְּמַאי קָמִיפַּלְגִי? מָר סָבַר: עִיקַּר חִיּוּתָא בְּאַפֵּיהּ, וּמָר סָבַר: עִיקַּר חִיּוּתָא בְּטִיבּוּרֵיהּ.

§ The mishna taught that there is a dispute concerning the question: **From where** on the body **would they measure** the distance? The Gemara asks: **With regard to what do they disagree?** One **Sage,** Rabbi Akiva, **holds:** A person's **life is** sustained **mainly in his nose,**[N] in his respiratory system. **And** one **Sage,** Rabbi Eliezer, **holds: His life is mainly in** the area of **his navel,** in his digestive system.

לֵימָא כִּי הָנֵי תַּנָּאֵי: מֵהֵיכָן הַוָּלָד נוֹצָר? מֵרֹאשׁוֹ. וְכֵן הוּא אוֹמֵר: ״מִמְּעֵי אִמִּי אַתָּה גוֹזִי״, וְאוֹמֵר: ״גָּזִּי נִזְרֵךְ וְהַשְׁלִיכִי״ וגו׳. אַבָּא שָׁאוּל אוֹמֵר: מִטִּיבּוּרוֹ, וּמְשַׁלֵּחַ שָׁרָשָׁיו אֵילָךְ!

The Gemara suggests: **Shall we say that these *tanna'im* are like those *tanna'im*,** who had a dispute as it is taught in a *baraita*: **From where is an embryo formed?**[N] **From its head, and so** the verse **states: "Out of my mother's womb You pulled me [*gozi*]"** (Psalms 71:6). **And** the proof that *"gozi"* is referring to the head is from the verse that **states: "Cut off [*gozi*] your hair, and cast it away"** (Jeremiah 7:29). In this verse, the term *gozi* relates to the hair of the head. **Abba Shaul says:** An embryo is formed **from its navel, and it sends its roots forth.** This dispute concerning the initial formation of an embryo also appears to depend on where the main source of life in a person is.

אֲפִילּוּ תֵּימָא אַבָּא שָׁאוּל. עַד כָּאן לָא קָאָמַר אַבָּא שָׁאוּל אֶלָּא לְעִנְיַן יְצִירָה, דְּכִי מִיתְצַר וָלָד – מִמְּצִיעָתֵיהּ מִיתְצַר, אֲבָל לְעִנְיַן חִיּוּתָא – דְּכוּלֵּי עָלְמָא בְּאַפֵּיהּ הוּא, דִּכְתִיב: ״כֹּל אֲשֶׁר נִשְׁמַת רוּחַ חַיִּים בְּאַפָּיו״ וגו׳.

The Gemara refutes this comparison: **You** can **even say** that both *tanna'im* of the mishna agree with **Abba Shaul,** as **Abba Shaul says** his opinion **only with regard to the forming** of an embryo, **that when an embryo is formed,** it is **formed from its middle. But with regard to life, everyone,** i.e., both *tanna'im* in the *baraita*, agree that **it is in his nose, as it is written: "All in whose nostrils was the breath of the spirit of life"** (Genesis 7:22).

״רַבִּי אֱלִיעֶזֶר בֶּן יַעֲקֹב אוֹמֵר: מִמָּקוֹם שֶׁנַּעֲשָׂה חָלָל, מִצַּוָּארוֹ״. מַאי טַעְמָא דְּרַבִּי אֱלִיעֶזֶר בֶּן יַעֲקֹב? כִּדְכְתִיב: ״לָתֵת אוֹתָךְ אֶל צַוְּארֵי חַלְלֵי רְשָׁעִים״.

The mishna taught another opinion. **Rabbi Eliezer ben Ya'akov says:** The distance should be measured **from the place where** the victim **became a slain** person,[N] **from his neck.** The Gemara poses a question: **What is the reason of Rabbi Eliezer ben Ya'akov?** The Gemara answers: **As it is written: "To lay you upon the necks of the wicked who are to be slain"** (Ezekiel 21:34), which shows that being slain occurs at the neck.

NOTES

Life is sustained mainly in his nose – עִיקַּר חִיּוּתָא בְּאַפֵּיהּ: The Jerusalem Talmud provides a different explanation of this dispute than the one offered here. The Gemara there explains that according to Rabbi Akiva the nose is the most important location on the body because facial identification is enabled by the structure of the center of the face. Conversely, Rabbi Eliezer holds that the navel is the most important location on the body because life is dependent on the internal organs, and the navel marks the center of the internal organs.

From where is an embryo formed – מֵהֵיכָן הַוָּלָד נוֹצָר: It could be explained that the dispute is how to categorize the growth of the embryo. On the one hand, when the cells begin to join and take shape, the head is the first part of the body to be recognizable. On the other hand, the fetus is sustained by means of the umbilical cord, so it could be said that its life begins there and spreads from there to the rest of the body.

From the place where he became a slain person – מִמָּקוֹם שֶׁנַּעֲשָׂה חָלָל: In other words, since the neck is mentioned in the description of a slain person, a slain victim is categorized by what occurred to his neck, even if he happened to have been fatally wounded on a different part of his body.

מתני׳ נִפְטְרוּ זִקְנֵי יְרוּשָׁלַיִם וְהָלְכוּ לָהֶן. זִקְנֵי אוֹתָהּ הָעִיר מְבִיאִין עֶגְלַת בָּקָר אֲשֶׁר לֹא מָשְׁכָה בְּעוֹל. וְאֵין הַמּוּם פּוֹסֵל בָּהּ. וּמוֹרִידִין אוֹתָהּ לְנַחַל אֵיתָן. ״אֵיתָן״ כְּמַשְׁמָעוֹ – קָשֶׁה. אַף עַל פִּי שֶׁאֵינוֹ אֵיתָן – כָּשֵׁר. וְעוֹרְפִין אוֹתָהּ בְּקוֹפִיץ מֵאֲחוֹרֶיהָ; וּמְקוֹמָהּ אָסוּר מִלִּזְרוֹעַ וּמִלַּעֲבוֹד, וּמוּתָּר לִסְרוֹק שָׁם פִּשְׁתָּן וּלְנַקֵּר שָׁם אֲבָנִים.

MISHNA The mishna continues to describe the ritual. After they would take the measurement, **the Elders of Jerusalem took their leave**[H] **and went away. The Elders of the city** that is closest to the corpse **bring a heifer from cattle, which has not pulled a yoke. But a blemish does not disqualify it,**[H] because, unlike the description of the red heifer, the Torah does not state that it must be without blemish. **And they bring it down to a stream** that is ***eitan***.[HN] ***Eitan*** in this context means **as the** word generally **indicates,** powerful. The stream must have a **forceful** flow. The mishna comments: **Even if it is not forceful, it is a valid** site for the ritual. **And they break the neck of** the heifer[NH] **from behind with a cleaver.**[L] **And** with regard to **its place,** where the heifer was standing when its neck was broken, **it is prohibited** for that ground **to be sown or to be worked, but** it is **permitted to comb flax there or to cut stones there.**

זִקְנֵי אוֹתָהּ הָעִיר רוֹחֲצִין אֶת יְדֵיהֶן בְּמַיִם בִּמְקוֹם עֲרִיפָה שֶׁל עֶגְלָה, וְאוֹמְרִים: ״יָדֵינוּ לֹא שָׁפְכוּ אֶת הַדָּם הַזֶּה וְעֵינֵינוּ לֹא רָאוּ״. וְכִי עַל דַּעְתֵּינוּ עָלְתָה שֶׁזִּקְנֵי בֵּית דִּין שׁוֹפְכֵי דָמִים הֵן? אֶלָּא, שֶׁלֹּא בָּא עַל יָדֵינוּ וּפְטַרְנוּהוּ (בְּלֹא מָזוֹן), וְלֹא רְאִינוּהוּ וְהִנַּחְנוּהוּ (בְּלֹא לְוָיָה).

The Elders of that city would then **wash**[H] **their hands in water in** the **place of the breaking of the neck of the heifer, and they would recite: "Our hands did not spill this blood, nor did our eyes see"** (Deuteronomy 21:7). The mishna explains: **But did it enter our minds that the Elders of the court are spillers of blood,** that they must make such a declaration? **Rather,** they mean to declare **that** the victim **did not come to us and** then **we let him take his leave without food, and we did not see him and** then **leave him** alone to depart **without accompaniment.** They therefore attest that they took care of all his needs and are not responsible for his death even indirectly.

LANGUAGE

Cleaver [*kofitz*] – קוֹפִיץ: From the Greek κοπίς, *kopis*, meaning a large knife with a thick blade. It was used for chopping in addition to cutting.

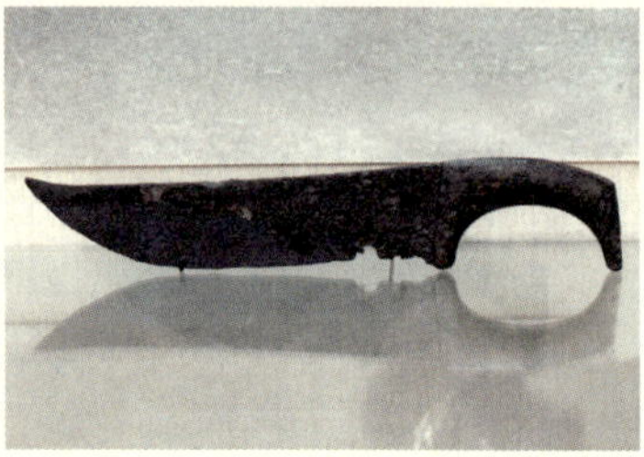

Ancient cleaver

HALAKHA

The Elders of Jerusalem took their leave, etc. – נִפְטְרוּ זִקְנֵי יְרוּשָׁלַיִם וכו׳: After the Elders measure the distances and determine the nearest city, the corpse is buried where it is, and the Elders of Jerusalem return to their place. Then, the Elders of the nearest city bring a heifer of cattle, paid for by the city's inhabitants (Rambam *Sefer Nezikim, Hilkhot Rotze'aḥ UShmirat HaNefesh* 9:2).

A blemish does not disqualify it – אֵין הַמּוּם פּוֹסֵל בָּהּ: A heifer whose neck is broken is not disqualified if it has a blemish. However, it is noted in the Jerusalem Talmud that if the animal has a condition that will cause it to die within twelve months [*tereifa*], it is disqualified (Rambam *Sefer Nezikim, Hilkhot Rotze'aḥ UShmirat HaNefesh* 10:2).

And they bring it down to a stream that is *eitan* – וּמוֹרִידִין אוֹתָהּ לְנַחַל אֵיתָן: The calf is brought down to a stream that flows forcefully (Rambam *Sefer Nezikim, Hilkhot Rotze'aḥ UShmirat HaNefesh* 9:2).

They break the neck of the heifer, etc. – עוֹרְפִין אוֹתָהּ וכו׳: The heifer's neck is broken from behind with a cleaver (Rambam *Sefer Nezikim, Hilkhot Rotze'aḥ UShmirat HaNefesh* 9:3).

The Elders of that city wash, etc. – זִקְנֵי אוֹתָהּ הָעִיר רוֹחֲצִין וכו׳: All Elders of the nearest city's court, even if there are one hundred of them, wash their hands in the place where the neck was broken. They recite there: "Our hands did not spill this blood, nor did our eyes see." The meaning of the passage is that they had not neglected to provide the victim with food and accompaniment (Rambam *Sefer Nezikim, Hilkhot Rotze'aḥ UShmirat HaNefesh* 9:3).

NOTES

Stream [*naḥal*] that is *eitan* – אֵיתָן: Most commentaries explain that *naḥal eitan* refers to a *naḥal*, a valley, that has water in the rainy season but is dry in the summer (Rashi; Rashbam; Rash; Ramban; Rosh). Accordingly, the term *eitan* means strong or firm, and is referring to land that is not able to be sown. The Rambam, however, holds that *naḥal eitan* refers to a stream that flows powerfully, with the term *eitan* referring to the strength of its current. According to this approach, the prohibition against sowing does not refer to the stream itself, which is not fit for sowing, but to its bank. The Radak accepts this interpretation, adding that the Elders would wash their hands with the water that flowed there.

And they break the neck of the heifer – וְעוֹרְפִין אוֹתָהּ: The wording of the mishna indicates that it does not matter who breaks the neck, as all are fit to do so. Rabbi Shimon in tractate *Menaḥot* states that the heifer's neck is broken by a priest, but the Rambam does not cite this minority opinion as *halakha* (Rashash).

וְהַכֹּהֲנִים אוֹמְרִים: ״כַּפֵּר לְעַמְּךָ יִשְׂרָאֵל אֲשֶׁר פָּדִיתָ ה׳ וְאַל תִּתֵּן דָּם נָקִי בְּקֶרֶב עַמְּךָ יִשְׂרָאֵל״. לֹא הָיוּ צְרִיכִין לוֹמַר ״וְנִכַּפֵּר לָהֶם הַדָּם״, אֶלָּא רוּחַ הַקּוֹדֶשׁ מְבַשַּׂרְתָּן: אֵימָתַי שֶׁתַּעֲשׂוּ כָּכָה – הַדָּם מִתְכַּפֵּר לָהֶם.

And the priests recite: "Forgive, Lord, Your people Israel, whom You have redeemed, and suffer not innocent blood to remain in the midst of Your people Israel" (Deuteronomy 21:8). **They did not have to recite**[H] the conclusion of the verse: **"And the blood shall be forgiven for them,"** as this is not part of the priests' statement, **but** rather **the Divine Spirit informs them:**[N] **When you shall do so, the blood is forgiven for you.**

גמ׳ וִיהֵא מוּם פּוֹסֵל בְּעֶגְלָה מִקַּל וָחוֹמֶר! וּמָה פָּרָה שֶׁאֵין הַשָּׁנִים פּוֹסְלוֹת בָּהּ – מוּם פּוֹסֵל בָּהּ, עֶגְלָה שֶׁשָּׁנִים פּוֹסְלוֹת בָּהּ – אֵינוֹ דִּין שֶׁיְּהֵא מוּם פּוֹסֵל בָּהּ! שָׁאנֵי הָתָם, דְּאָמַר קְרָא: ״אֲשֶׁר אֵין בָּהּ מוּם״, ״בָּהּ״ – מוּם פּוֹסֵל, וְאֵין מוּם פּוֹסֵל בְּעֶגְלָה.

GEMARA

With regard to the mishna's statement that the heifer is not disqualified by a blemish, the Gemara suggests: **And a blemish should disqualify in** the case of the **heifer, by** means of **an *a fortiori* inference: And if** in the case of the red heifer, **which is not disqualified** by **years,**[H] as it may be of any age, and yet **a blemish disqualifies it,**[H] then **a heifer** for this ritual, **which is disqualified by years,**[NH] as it is valid only until two years of age, **is it not logical that a blemish should disqualify it?** The Gemara answers: It **is different there,** in the case of the red heifer, **as the verse states: "Wherein [*bah*] has no blemish"** (Numbers 19:2). This serves as an exclusion and teaches that it is only **with regard to it [*bah*]** that **a blemish is disqualifying, but a blemish is not disqualifying with regard to** the **heifer** of the ritual of the breaking of the neck.

אֶלָּא מֵעַתָּה, לֹא יְהוּ שְׁאָר עֲבוֹדוֹת פּוֹסְלוֹת בָּהּ!

The Gemara asks: **However, if that is so,** if the word "*bah*" precludes a derivation by an *a fortiori* inference, then any **other labor** performed with the red heifer, apart from pulling a yoke, **should not disqualify it.** While the verse disqualifies a red heifer only if it pulled a yoke, as it states: "And upon which never came a yoke" (Numbers 19:2), a similar *a fortiori* inference could be learned from the heifer whose neck is to be broken to disqualify a red heifer that has performed any labor. However, since the verse states with regard to the heifer whose neck is to be broken: "That has not been worked with [*bah*]" (Deuteronomy 21:3), this indicates that labor is disqualifying only for "*bah*," a heifer whose neck is to be broken, but not for a red heifer.

אַלְמָה אָמַר רַב יְהוּדָה אָמַר רַב: הִנִּיחַ עָלֶיהָ עוֹדָה שֶׁל שַׂקִּין – פְּסוּלָה; וּבְעֶגְלָה – עַד שֶׁתִּמְשׁוֹךְ! שָׁאנֵי פָּרָה, דְּיָלְפִינַן ״עֹל״, ״עֹל״ מֵעֶגְלָה.

Why, then, does **Rav Yehuda say** that **Rav says:** If **he placed a bundle [*uda*]**[L] **of sacks**[N] **on** a red heifer,[H] the heifer is immediately **disqualified** from being used as the red heifer; **and as for the heifer** whose neck is broken, it is not disqualified by such labor **until it pulls** and moves the burden, as the verse states: "That has not pulled a yoke" (Deuteronomy 21:3). Why does bearing the weight of the bundle disqualify the red heifer? The Gemara explains: The *halakha* with regard to the red **heifer is different, as we learn** by a verbal analogy between the word **"yoke"** used with regard to the red heifer and the word **"yoke"**[B] used with regard **to the heifer** whose neck is broken that any labor disqualifies the former.

NOTES

But the Divine Spirit informs them – אֶלָּא רוּחַ הַקּוֹדֶשׁ מְבַשַּׂרְתָּן: The proof that this is not part of the priests' statement is that they speak in the form of a request, saying: "Forgive, Lord, Your people Israel" (Deuteronomy 21:8), whereas the last part of the verse states: "And it shall be forgiven," as a statement of fact. The verse is stating an assurance that if the Elders and judges perform the ritual properly, they will eventually find the killer and bring him to justice, which will fully atone for the crime. The *Targum Yonatan* and several *midrashim* explain similarly (Maharsha).

Which is disqualified by years – שֶׁשָּׁנִים פּוֹסְלוֹת בָּהּ: Rashi writes that a heifer to be used in the ritual of breaking the neck must be in its first year of life. However, the *halakha* appears to be otherwise, as that is the opinion of Rabbi Eliezer (*Para* 1:1), but the Rabbis maintain that it is a heifer until it is age two. The Rambam rules in accordance with the opinion of the Rabbis (Rashash).

A bundle [*uda*] of sacks – עוֹדָה שֶׁל שַׂקִּין: This translation follows Rashi. According to the Rambam, it refers to a type of sackcloth. The author of the *Arukh* asserts, citing the *ge'onim*, that *uda* is a kind of rope that is tied over sacks to prevent them from falling off an animal, as in the verse: "The Lord upholds [*me'oded*] the humble" (Psalms 147:6). He explains that Rabbi Yehuda is saying that not only does the bundle itself disqualify the animal, but the rope does as well. Rabbeinu Ḥananel similarly states that it refers to a kind of decorative belt, like the word *adi*, meaning an ornament, placed on the cow, in the manner of a donkey's girth.

BACKGROUND

Yoke [*ol*] – עֹל: A yoke is a bar, fashioned from wood or iron, that is placed on the shoulders of oxen or cows and then connected to a cart, a plowshare, or a threshing sledge. An *ol* is for one animal, whereas a yoke for two animals is called a *tzemed*. A yoke needs to be wide enough that it will not break during the performance of labor. This is why its width is important for commercial transactions, as the Gemara notes.

Two oxen with a single yoke

LANGUAGE

Bundle [*uda*] – עוֹדָה: The word seems to come from a root that means tying or the bundling of things. There is a similar word in Syriac and in Arabic, عدة, *'uddah*.

HALAKHA

They did not have to recite, etc. – לֹא הָיוּ צְרִיכִין לוֹמַר וכו׳: After the heifer's neck is broken, the priests recite: "Forgive, Lord, Your people Israel whom You have redeemed, and suffer not innocent blood to remain in the midst of Your people Israel" (Deuteronomy 21:8). They omit the conclusion of that verse: "And the blood shall be forgiven for them," as this is a promise by God that this ritual will serve to atone for them (Rambam *Sefer Nezikim, Hilkhot Rotze'aḥ UShmirat HaNefesh* 9:3).

The red heifer, which is not disqualified by years – פָּרָה שֶׁאֵין הַשָּׁנִים פּוֹסְלוֹת בָּהּ: The red heifer should be three or four years old, *ab initio*. It is valid even if it is older than this, but the priests do not wait that long to perform the ritual, in case it becomes disqualified by the growth of black hairs, as stated in tractate *Para* (Rambam *Sefer Tahara, Hilkhot Para Aduma* 1:1).

A blemish disqualifies it – מוּם פּוֹסֵל בָּהּ: All blemishes that disqualify sacred offerings disqualify the red heifer as well (Rambam *Sefer Tahara, Hilkhot Para Aduma* 1:7).

A heifer for this ritual, which is disqualified by years – עֶגְלָה שֶׁשָּׁנִים פּוֹסְלוֹת בָּהּ: The heifer whose neck is broken may be up to two years old. If it is two years and one day old it is disqualified, as stated here and in tractate *Para* (Rambam *Sefer Nezikim, Hilkhot Rotze'aḥ UShmirat HaNefesh* 10:2).

If he placed a bundle on it, etc. – הִנִּיחַ עָלֶיהָ עוֹדָה וכו׳: All types of labor disqualify the red heifer. The *halakha* with regard to a yoke is even more stringent. If a yoke is merely placed on an animal it disqualifies it, even if the yoke was not pulled. However, other forms of labor must actually be performed in order to be disqualifying. If one placed a garment or sackcloth on the animal, it is disqualified (Rambam *Sefer Tahara, Hilkhot Para Aduma* 1:7).

עֶגְלָה נַמִי תֵּיתֵי "עֹל", "עֹל" מִפָּרָה! הָא מִיעֵט רַחֲמָנָא "בָּהּ".

The Gemara raises an objection: If there is a verbal analogy between the red heifer and the heifer that will have its neck broken, then the *halakha* that a blemish should disqualify the heifer whose neck is broken **should also be derived** from the usage of **"yoke"** with regard to the heifer whose neck is broken and **from** the usage of **"yoke"** with regard **to** the red **heifer.** The Gemara answers: **The Merciful One has excluded** this possibility by placing in the verse the word **"*bah*,"** which indicates that disqualification due to blemish applies only to the red heifer and not to the heifer whose neck is broken.

בְּעֶגְלָה נַמִי כְּתִיב "בָּהּ"! הַהוּא מִיבָּעֵי לֵיהּ: לְמַעוּטֵי קָדָשִׁים דְּלָא פָּסְלָה בְּהוּ עֲבוֹדָה. סָלְקָא דַּעְתָּךְ אָמִינָא לֵיתֵי בְּקַל וָחוֹמֶר מֵעֶגְלָה: וּמָה עֶגְלָה שֶׁאֵין מוּם פּוֹסֵל בָּהּ – עֲבוֹדָה פּוֹסֶלֶת בָּהּ, קֳדָשִׁים שֶׁמּוּם פּוֹסֶלֶת בָּהֶן – אֵינוֹ דִּין שֶׁעֲבוֹדָה פּוֹסֶלֶת בָּהֶן.

The Gemara counters this claim: **In** the verse concerning **a heifer** whose neck is broken, the Torah **also writes "*bah*"**; it should be the case that forms of labor other than pulling a yoke are disqualifying only with regard to it and not with regard to the red heifer. The Gemara answers: **That** word **"*bah*" is required by** Rav Yehuda in order **to exclude sacred** offerings, i.e., **which are not disqualified by labor,**[H] and one may bring an animal that has been used for labor as an offering. **It might enter your mind to say** that this **should be derived by an *a fortiori* inference from a heifer** whose neck is broken, as follows: **And if** with regard to **a heifer** whose neck is broken, **which is not disqualified by a blemish, labor** nevertheless **disqualifies it,** then with regard to **sacred** offerings, **which are disqualified by a blemish,**[H] **is it not right that labor should disqualify them?** In order to counter this argument, the word "*bah*" teaches us that a sacred offering is not disqualified by labor.

אִיכָּא לְמִיפְרַךְ: מַה לְעֶגְלָה שֶׁכֵּן שָׁנִים פּוֹסְלוֹת בָּהּ! אַטּוּ קֳדָשִׁים מִי לֵיכָּא דְּפָסְלִי בְּהוּ שָׁנִים? כִּי אִיצְטְרִיךְ קְרָא – לְהָנַךְ קֳדָשִׁים דְּפָסְלָה בְּהוּ שָׁנִים.

With regard to this suggested *a fortiori* inference, the Gemara observes that **it can be refuted** in the following manner: **What** about the fact that **a heifer** whose neck is broken **is disqualified by years,** as once it reaches two years of age it is no longer classified as a heifer? As it is clear that the heifer whose neck is to be broken carries some restrictions that do not apply to sacred offerings, perhaps being disqualified by labor is another such restriction. The Gemara refutes this argument: **Is that to say that there are no sacred** offerings **that are disqualified by years?** There are several offerings that may be brought only in their first or second year, and **where the verse is necessary** to teach that sacred offerings are not disqualified by labor, it is with regard to **those sacred** offerings **that are disqualified by years.**

וְקָדָשִׁים דְּלָא פָּסְלָה בְּהוּ עֲבוֹדָה מֵהָכָא נָפְקָא? מֵהָתָם נָפְקָא: "עַוֶּרֶת אוֹ שָׁבוּר אוֹ חָרוּץ אוֹ יַבֶּלֶת אוֹ גָרָב אוֹ יַלֶּפֶת לֹא תַקְרִיבוּ אֵלֶּה לַה'" – אֵלֶּה אִי אַתָּה מַקְרִיב, אֲבָל אַתָּה מַקְרִיב קֳדָשִׁים שֶׁנֶּעֶבְדָה בָּהֶן עֲבוֹדָה! אִיצְטְרִיךְ, סָלְקָא דַּעְתָּךְ אָמִינָא הָנֵי מִילֵּי הֵיכָא דַּעֲבַד בָּהֶן עֲבוֹדַת הֶיתֵּר, אֲבָל עֲבוֹדַת אִיסּוּר – אֵימָא לִיתַּסְרוּ. צְרִיכָא.

The Gemara raises an objection: **But is the** *halakha* **that sacred** offerings **are not disqualified by labor derived from this** verse? **It is derived from elsewhere.** The verse states with regard to sacred offerings: **"Blind, or broken, or maimed, or having a wart, or scabbed, or scurvy, you shall not offer these to the Lord"** (Leviticus 22:22). This verse serves to create an exclusion, teaching that it is **these** that **you may not sacrifice, but you may sacrifice sacred** animals **that have been used for labor.** The Gemara answers: It **was necessary** to state the *halakha* twice. **It might enter your mind to say** that **this** *halakha*, that one may sacrifice animals that have been used for labor, **applies only** in a case where **they were used for permitted labor, but** if they were used for **prohibited labor,** e.g., on Shabbat, you might **say that it is prohibited** to bring **them** as offerings. In order to refute this argument, it is **necessary** to state the *halakha* again.

וְהָא נַמִי מֵהָכָא נָפְקָא: "וּמִיַּד בֶּן נֵכָר לֹא תַקְרִיבוּ אֶת לֶחֶם אֱלֹהֵיכֶם מִכָּל אֵלֶּה" – "אֵלֶּה" אִי אַתָּה מַקְרִיב, אֲבָל אַתָּה מַקְרִיב קֳדָשִׁים שֶׁנֶּעֶבְדָה בָּהֶן עֲבוֹדָה!

The Gemara poses another question: **But this** *halakha* that prohibited labor does not disqualify offerings **is also derived from here,** a verse with regard to the sacrifice of blemished animals: **"And from the hand of a stranger you shall not offer the bread of your God from any of these, because…** there is a blemish in them" (Leviticus 22:25). This verse emphasizes that it is only **"these,"** i.e., blemished animals, that **you may not sacrifice, but you may sacrifice sacred** animals **that have been used for labor.** Since this verse is discussing the possibility of accepting offerings from a gentile, who presumably also performed prohibited labor with the animal, this demonstrates that prohibited labor does not disqualify animals from being sacrificed as offerings.

HALAKHA

Sacred offerings, which are not disqualified by labor – קָדָשִׁים דְּלָא פָּסְלָה בְּהוּ עֲבוֹדָה: Offerings are not disqualified by the performance of labor (Rambam *Sefer Tahara, Hilkhot Para Aduma* 1:7).

Sacred offerings, which are disqualified by a blemish – קָדָשִׁים שֶׁמּוּם פּוֹסֶלֶת בָּהֶן: It is a positive mitzva for all offerings to be unblemished and of good quality. A blemished animal is disqualified from being used as an offering (Rambam *Sefer Avoda, Hilkhot Issurei Mizbe'aḥ* 1:1).

אִיצְטְרִיךְ, סָלְקָא דַּעְתָּךְ אָמִינָא הָנֵי מִילֵּי הֵיכָא דַּעֲבַד בָּהֶן כְּשֶׁהֵן חוּלִּין, אֲבָל עֲבַד בָּהֶן כְּשֶׁהֵן קֳדָשִׁים אֵימָא לִיתַּסְרוּ. צְרִיכָא.

The Gemara answers: It **was necessary** to teach this *halakha* a third time. **It might enter your mind to say: This** *halakha*, that labor does not disqualify offerings, **applies** only where **one performed labor with them when they were non-sacred** and afterward dedicated them as offerings, **but if one performed labor with them when they were** already **sacred** animals, you might **say that it is prohibited** to bring **them** as offerings. In order to refute this argument, it is **necessary** to teach this *halakha* in three separate places.

גּוּפָא, אָמַר רַב יְהוּדָה אָמַר רַב: הִנִּיחַ עָלֶיהָ עוֹדָה שֶׁל שַׂקִּין – פְּסוּלָה, וּבְעֶגְלָה – עַד שֶׁתִּמְשׁוֹךְ. מֵיתִיבֵי: ״עֹל״ – אֵין לִי אֶלָּא עוֹל; שְׁאָר עֲבוֹדוֹת מִנַּיִן? אָמַרְתָּ קַל וָחוֹמֶר: וּמָה עֶגְלָה שֶׁאֵין מוּם פּוֹסֵל בָּהּ – שְׁאָר עֲבוֹדוֹת פּוֹסְלוֹת בָּהּ, פָּרָה שֶׁמּוּם פּוֹסֵל בָּהּ – אֵינוֹ דִּין שֶׁשְּׁאָר עֲבוֹדוֹת פּוֹסְלִין בָּהּ.

§ The Gemara returns to discuss **the** matter **itself: Rav Yehuda says** that **Rav says:** If **one placed a bundle of sacks on** a red heifer, **it is disqualified. And** as **for a heifer** whose neck is broken, it is not disqualified **until it pulls** a burden. The Gemara **raises an objection** from a *baraita*: It states with regard to the red heifer: "That upon which never came **a yoke**" (Numbers 19:2). **I have** derived **only a yoke; from where** do I derive that other types of labor also disqualify the animal? **You** can **say** the following ***a fortiori*** inference: **And if** with regard to **a heifer** whose neck is broken, **which is not disqualified by a blemish, other** types of **labor disqualify it,** then with regard to a red **heifer, which is disqualified by a blemish, is it not right that other** types of **labor should disqualify it?**

וְאִם נַפְשְׁךָ לוֹמַר – נֶאֱמַר כָּאן ״עֹל״ וְנֶאֱמַר לְהַלָּן ״עֹל״: מַה לְּהַלָּן שְׁאָר עֲבוֹדוֹת פּוֹסְלוֹת בָּהּ, אַף כָּאן שְׁאָר עֲבוֹדוֹת פּוֹסְלוֹת.

And if it is your wish to say that this *a fortiori* inference is unsound, you can learn this *halakha* by a verbal analogy: **It is stated here,** with regard to the red heifer, **"yoke"** (Numbers 19:2), **and it is stated there,** with regard to the heifer whose neck is broken, **"yoke"** (Deuteronomy 21:3). **Just as there, other** types of **labor disqualify it, so too here,** in the case of the red heifer, **other** types of **labor disqualify** it.

מַאי ״אִם נַפְשְׁךָ לוֹמַר״? וְכִי תֵּימָא, אִיכָּא לְמִיפְרַךְ: מַה לְּעֶגְלָה שֶׁכֵּן שָׁנִים פּוֹסְלוֹת בָּהּ! אִי נַמִי, קֳדָשִׁים יוֹכִיחוּ, שֶׁמּוּם פּוֹסֵל בָּהֶן וְאֵין עֲבוֹדָה פּוֹסֶלֶת בָּהֶן!

The Gemara asks: **What** is the meaning of: **If it is your wish to say?** What potential problem with the *a fortiori* inference necessitates the verbal analogy? The Gemara explains: **And perhaps you would say** that the *a fortiori* inference **can be refuted** in the following manner: **What** is unique **about a heifer** whose neck is broken is **that it is disqualified by years,** which is not the case for a red heifer. **Alternatively,** one could suggest that **sacred** offerings **will prove** that this inference should not be made, **as a blemish is disqualifying with regard to them, but labor is not disqualifying with regard to them.**

נֶאֱמַר כָּאן ״עֹל״ וְנֶאֱמַר לְהַלָּן ״עֹל״, מַה לְּהַלָּן שְׁאָר עֲבוֹדוֹת, אַף כָּאן שְׁאָר עֲבוֹדוֹת. וּמִמָּקוֹם שֶׁבָּאתָה: מַה לְּהַלָּן עַד שֶׁתִּמְשׁוֹךְ, אַף כָּאן עַד שֶׁתִּמְשׁוֹךְ!

As the *a fortiori* inference can be refuted in either of these ways, there is a need for the verbal analogy: **It is stated here "yoke," and it is stated there "yoke." Just as there,** in the case of **a heifer** whose neck is broken, **other** types of **labor** disqualify it, **so too, other** types of **labor** disqualify a red heifer. The Gemara raises an objection to this verbal analogy: **And from the place that you came** you can offer an alternative exposition: **Just as below,** in the case of a heifer whose neck is broken, it is not disqualified by carrying a burden **until it pulls** the yoke, **so too here,** a red heifer should not be disqualified **until it pulls** the yoke, contrary to the statement of Rav.

תַּנָּאֵי הִיא, דְּאִיכָּא דְּמַיְיתֵי לָהּ מֵעֶגְלָה, אִיכָּא דְּמַיְיתֵי לָהּ מִגּוּפָהּ דְּפָרָה.

The Gemara answers the objection to the statement of Rav from the *baraita*: It **is** a dispute among ***tanna'im*, as there are those who cite** the source of **this** *halakha*, that labor disqualifies a red heifer, by verbal analogy **from a heifer** whose neck is broken, and therefore the red heifer is disqualified only if it pulls the burden. **There are** also **those who cite** the source of **this** *halakha* **from** a red **heifer itself,** and consequently they disqualify the red heifer even if it did not pull the yoke.

דְּתַנְיָא: ״עֹל״ – אֵין לִי אֶלָּא עוֹל; שְׁאָר עֲבוֹדוֹת מִנַּיִן? תַּלְמוּד לוֹמַר: ״אֲשֶׁר לֹא עָלָה עָלֶיהָ עֹל״, מִכָּל מָקוֹם; אִם כֵּן, מַה תַּלְמוּד לוֹמַר ״עֹל״? עוֹל פּוֹסֵל בֵּין בִּשְׁעַת עֲבוֹדָה בֵּין שֶׁלֹּא בִּשְׁעַת עֲבוֹדָה, שְׁאָר עֲבוֹדוֹת אֵין פּוֹסְלוֹת אֶלָּא בִּשְׁעַת עֲבוֹדָה.

This is **as it is taught** in a *baraita* with regard to a red heifer: From the term **"yoke" I have** derived **only** that **a yoke** disqualifies a red heifer; **from where** do I derive the **other** types of **labor? The verse states: "That upon which never came a yoke"** (Numbers 19:2). The verse could be read with a pause after the word "came," which would teach that it is disqualified **in any case,** no matter what labor was performed with it. **If so, what** is the meaning when **the verse states "yoke,"** if all forms of labor disqualify it? It teaches us that **a yoke** placed on the animal **disqualifies** it **whether** the yoke was on the animal **at the time of** performing **labor** or **whether** it was on the animal **not at the time of** performing **labor,** i.e., it was merely placed on the animal. However, **other** types of **labor** actions **disqualify** animals **only at the time of** actually performing **labor.**[N] Rav ruled in accordance with this opinion.

NOTES

At the time of performing labor – בִּשְׁעַת עֲבוֹדָה: In other words, the animal is disqualified only if the owner intended for the animal to do the action for the sake of labor, but not if it was done for any other reason. The Rambam writes, as an example, that if one brought the animal into the threshing area for a reason other than threshing, the threshing it performs incidentally while there does not disqualify the animal from being the red heifer. With regard to the carrying of a burden, however, it is disqualified even if one placed the yoke on the animal without intending it for work.

וְאֵימָא: "אֲשֶׁר לֹא עָלָה עָלֶיהָ" – כְּלָל; "עֹל" – פְּרָט; כְּלָל וּפְרָט אֵין בַּכְּלָל אֶלָּא מַה שֶּׁבַּפְּרָט, עוֹל – אִין, מִידֵּי אַחֲרִינָא – לָא! "אֲשֶׁר" – רִבּוּיָא הוּא.

The Gemara raises an objection: **And** perhaps one can **say** a different exposition of the verse: **"That upon which never came"** is **a generalization** that disqualifies the animal after any type of labor, while **"yoke"** is **a detail.** There is **a generalization and a detail,** and the principle of halakhic exposition in that case is that **there is nothing in the generalization other** than **what is in the detail.** Therefore, with regard to **a yoke, yes,** it will disqualify an animal from being used as a red heifer; but with regard to **anything else, no,** it will not disqualify the animal. The Gemara answers: **"That** upon which never came" **is an amplification,** and the addition of this term results in this verse not belonging to the category of generalizations and details.

וְתַנְיָא נַמִי גַּבֵּי עֶגְלָה כִּי הַאי גַּוְונָא: "עֹל" – אֵין לִי אֶלָּא עוֹל; שְׁאָר עֲבוֹדוֹת מִנַּיִן? תַּלְמוּד לוֹמַר: "אֲשֶׁר לֹא עֻבַּד בָּהּ", מִכׇּל מָקוֹם. אִם כֵּן, מַה תַּלְמוּד לוֹמַר "עֹל"? עוֹל פּוֹסֵל בֵּין בִּשְׁעַת עֲבוֹדָה בֵּין שֶׁלֹּא בִּשְׁעַת עֲבוֹדָה, שְׁאָר עֲבוֹדוֹת אֵין פּוֹסְלוֹת אֶלָּא בִּשְׁעַת עֲבוֹדָה.

The Gemara comments: **And a case like this is also taught in a** *baraita* **with regard to a heifer** whose neck is broken: From the word **"yoke" I have** derived **only** that **a yoke** disqualifies; **from where** do I derive the **other** types of **labor? The** same **verse states: "That has not been worked with"** (Deuteronomy 21:3), to teach that it is disqualified **in any case,** no matter what labor was performed with it. **If so, what** is the meaning when **the verse states** "yoke"? It serves to teach us that **a yoke** placed on the animal **disqualifies** it **whether** the yoke was on the animal **at the time of** performing **labor or whether** it was on the animal **not at the time of performing labor,** i.e., it was merely placed on the animal, whereas **other** types of **labor** actions **disqualify** animals **only at the time of** actually performing **labor.**

וְאֵימָא: "אֲשֶׁר לֹא עֻבַּד בָּהּ" – כְּלָל; "עֹל" – פְּרָט; כְּלָל וּפְרָט אֵין בַּכְּלָל אֶלָּא מַה שֶּׁבַּפְּרָט, עוֹל – אִין, מִידֵּי אַחֲרִינָא – לָא! "אֲשֶׁר" – רִבּוּיָא הוּא.

The Gemara raises an objection: **And** perhaps one can **say** a different exposition of the verse: **"That has not been worked with"** is **a generalization** that disqualifies the animal after any type of labor, while **"yoke"** is **a detail.** There is **a generalization and a detail,** and the principle of halakhic exposition in that case is that **there is nothing in the generalization other** than **what is in the detail,** which means: With regard to **a yoke, yes,** it will disqualify an animal, but with regard to **anything else, no,** it will not disqualify it. The Gemara answers: The phrase **"that** has not been worked with" **is an amplification,** and the addition of this term results in this verse not belonging to the category of generalizations and details.

אָמַר רַבִּי אַבָּהוּ, בְּעַי מִינֵּיהּ מֵרַבִּי יוֹחָנָן: מְשִׁיכַת עוֹל בְּכַמָּה? אֲמַר לִי: כִּמְלֹא עוֹל. אִיבַּעְיָא לְהוּ: לְאׇרְכּוֹ אוֹ לְרׇחְבּוֹ? אֲמַר לְהוּ הַהוּא מֵרַבָּנַן וְרַבִּי יַעֲקֹב שְׁמֵיהּ, לְדִידִי מִפָּרְשָׁא לִי מִינֵּיהּ דְּרַבִּי יוֹחָנָן: מְשִׁיכַת עוֹל לְרׇחְבּוֹ טֶפַח.

Rabbi Abbahu said: I asked of Rabbi Yoḥanan: This **pulling of a yoke** that disqualifies a heifer whose neck is broken, **with how much,** i.e., how far, must the animal pull the yoke for it to be disqualified? **He said to me:** Like the measure of the size of **a full yoke. A dilemma was raised before** the Sages: Does this mean according **to its length or** according **to its width? One of the Sages, and Rabbi Ya'akov was his name, said to them: It was explained to me personally by Rabbi Yoḥanan himself: The pulling of a yoke is** according **to its width,** which is **a handbreadth.**[HB]

וְלֵימָא טֶפַח! הָא קָא מַשְׁמַע לַן, שִׁיעוּרָא דְעוֹל טֶפַח הָוֵי. לְמַאי נָפְקָא מִינַּהּ? לְמִקָּח וּמִמְכָּר.

The Gemara poses a question: **And** since he stated a fixed measurement, **let him** merely **state: A handbreadth.** Why was it necessary to add that this is the width of a yoke? The Gemara answers: **This teaches us** that **the measure** of **a yoke** along its width **is a handbreadth. What difference is there** in knowing this fact? This teaches that **in** the case of **commercial transactions,** a buyer may retract his purchase if the yoke he was given is less than a handbreadth wide.

HALAKHA

Pulling of a yoke – מְשִׁיכַת עוֹל: All types of labor disqualify an animal from being the heifer whose neck is broken, similar to the *halakha* concerning the red heifer. The specification of an animal "that has not pulled a yoke" teaches that a yoke is disqualifying even if no labor was performed but the yoke was merely pulled a handbreadth (Rambam *Sefer Nezikim, Hilkhot Rotze'aḥ UShmirat HaNefesh* 10:3).

BACKGROUND

Handbreadth – טֶפַח: A handbreadth is one of the measures of length frequently used in the Talmud. According to some modern halakhic opinions, the length of a handbreadth is 9.6 cm, and according to others it is 8 cm.

NOTES

That did not produce fruit – שלא עשה פירות: The Maharsha writes, based on the Rambam, that an important aspect of the ritual of the breaking of the heifer's neck is the stimulation of public interest, as their involvement may lead to the discovery of the killer. Therefore, a young heifer is brought, in order to arouse the emotions of the observers.

אמר רבי יוחנן בן שאול: מפני מה אמרה תורה הביא עגלה בנחל? אמר הקדוש ברוך הוא: יבא דבר שלא עשה פירות ויערף במקום שאין עושה פירות, ויכפר על מי שלא הניחו לעשות פירות. מאי פירות? אילימא פריה ורביה, אלא מעתה, אזקן ואסרים הכי נמי דלא ערפינן! אלא מצות.

Rabbi Yoḥanan ben Shaul says: For what reason **did the Torah say to bring a heifer** whose neck is broken **to a stream? The Holy One, Blessed be He, said: Let something that did not produce fruit,**[N] i.e., a heifer that has not given birth, **come and** have its neck **be broken at** a stream that flows forcefully, which is **a place that does not produce fruit, and atone for** the murder of **one who was not given an opportunity to produce fruit.** The Gemara asks: **What** is this **fruit** that he was not given an opportunity to produce? **If we say** it refers to **being fruitful and multiplying,** i.e., that the killer prevented him from having more children, **but if that is so,** in the case **of an elderly person or a eunuch, so too** will you say **that we do not break** the heifer's neck because they could not have had any more children even had they lived? **Rather,** the fruit are **mitzvot,** as the killer deprived the victim of the opportunity to perform additional mitzvot.

"ומורידין אותה אל נחל איתן". "איתן" כמשמעו – קשה. תנו רבנן: מנין לאיתן שהוא קשה? שנאמר:

The mishna taught: **And they bring it down to a stream** that is ***eitan***. ***Eitan*** in this context means **as** the word generally **indicates,** forceful. **The Sages taught: From where** is it derived **that *eitan* is forceful?** It is **as** it **is stated:**

Perek **IX**
Daf **46** Amud **b**

NOTES

Eitan **means old** – איתן שהוא ישן: According to Rashi, this means that they should not perform the ritual at a place whose earth has been brought from elsewhere, but at a place that has had the same soil from time immemorial. Others, perhaps the Rambam among them, explain that it means that the route in which the stream flows has been consistent over time. The Jerusalem Talmud states that the requirement of a hard stream is a halakhic preference but it is not indispensable. If the valley or stream is not hard, or even if there is no valley or stream at all, the ritual may be performed in any hard place (see Meiri).

Nor sown – ולא יזרע: The *Sefer HaḤinnukh* writes that the place is left unsown in order that the murder not be forgotten in the generations to come.

BACKGROUND

The bird brought as a sin-offering – חטאת העוף: A bird is brought as a sin-offering in several situations. For example, it is brought by a woman who has given birth and by poor people in the case of a sliding-scale offering. When a bird is sacrificed as a sin-offering it is accompanied by a bird sacrificed as a burnt-offering. The bird sacrificed as a sin-offering is killed by the priest with his fingernail in a process called *melika*, or pinching.

"איתן מושבך ושים בסלע קנך", ואומר: "שמעו הרים את ריב ה׳ והאיתנים מסדי ארץ"; אחרים אומרים: מנין לאיתן שהוא ישן? שנאמר: "גוי איתן הוא, גוי מעולם הוא".

"Firm [*eitan*] is your dwelling-place, and your nest is set in the rock" (Numbers 24:21), **and it states: "Hear, O you mountains, the Lord's controversy, and the enduring rocks [*eitanim*], the foundations of the earth"** (Micah 6:2). The use of the word in these verses indicates that "*eitan*" means something hard, like a rock or a mountain. **Others say** a different explanation of the word *eitan*: **From where** is it derived **that *eitan* means old?**[N] **As** it **is stated: "It is an ancient [*eitan*] nation, a nation from of old"** (Jeremiah 5:15).

"ועורפין אותה בקופיץ מאחוריה". מאי טעמא? גמר "עריפה", "עריפה" מחטאת העוף.

§ The mishna taught: **And they break the neck [*orfin*]** of the heifer **from behind with a cleaver.** The Gemara explains: **What is the reason** that the Sages understood that the heifer is killed in this manner? They **derive** that the term ***arifa***, which describes what is done to the heifer, refers to breaking the back of the neck, **from** the term ***arifa*** stated with regard to the **bird** brought as **a sin-offering** (see Leviticus 5:8).[B]

"ומקומה אסור מלזרוע ומליעבד". תנו רבנן: "אשר לא יעבד בו ולא יזרע" – לשעבר, דברי רבי יאשיה; רבי יונתן אומר: להבא.

§ The mishna taught further: **And** with regard to **its place,** it is **prohibited** for that ground **to be sown or to be worked. The Sages taught:** The verse: **"Which may be neither worked nor sown"** (Deuteronomy 21:4)[N] is referring **to the past,** that is, a place which has not previously been worked or sown. This is **the statement of Rabbi Yoshiya. Rabbi Yonatan says:** It speaks **of the future,** meaning it is prohibited to sow or work the land from that point onward.

רבא אמר: להבא – דכולי עלמא לא פליגי, דכתיב: "ולא יזרע". כי פליגי – לשעבר: רבי יאשיה סבר: מי כתיב "ולא יעובד"? ורבי יונתן: מי כתיב "אשר לא נעבד"? ורבי יאשיה: "אשר" – לשעבר משמע. ורבי יונתן: "אשר" – רבויא הוא.

Rava said: As **for the future, everyone agrees** that it is prohibited to sow or work the land, **as it is written** "neither worked **nor sown"** in the future tense. **When they disagree** is with regard to **the past. Rabbi Yoshiya,** who disqualifies a place that was sown beforehand, **holds: Does it state: And shall not be worked,** in the form of a future command? **And Rabbi Yonatan** responds: **Does it state: And was not worked,** in the past tense? **And Rabbi Yoshiya** answers: The term **"which" indicates the past. And** as for **Rabbi Yonatan,** in his opinion the term **"which" is** a term of **amplification,** as will be explained later in the Gemara, and it is not referring to the past.

״וּמוּתָּר לִסְרוֹק שָׁם פִּשְׁתָּן וּלְנַקֵּר שָׁם אֲבָנִים״. תָּנוּ רַבָּנַן: ״אֲשֶׁר לֹא יֵעָבֵד בּוֹ וְלֹא יִזָּרֵעַ״ – אֵין לִי אֶלָּא זְרִיעָה. שְׁאָר עֲבוֹדוֹת מִנַּיִן? תַּלְמוּד לוֹמַר: ״אֲשֶׁר לֹא יֵעָבֵד בּוֹ״, מִכׇּל מָקוֹם.

§ The mishna taught: **But it is permitted to comb flax there**[H] **or to cut stones there. The Sages taught:** From the phrase **"which may be neither worked nor sown," I have** derived **only sowing; from where** do I derive that **other** types of **labor** are also prohibited? **The verse states: "Which may be neither worked,"** indicating that it may not be worked **in any manner.**

אִם כֵּן, מָה תַּלְמוּד לוֹמַר ״וְלֹא יִזָּרֵעַ״? לוֹמַר לָךְ: מָה זְרִיעָה מְיוּחֶדֶת שֶׁהִיא בְּגוּפָהּ שֶׁל קַרְקַע, אַף כׇּל שֶׁהוּא בְּגוּפָהּ שֶׁל קַרְקַע, יָצָא סְרִיקַת פִּשְׁתָּן וְנִיקּוּר אֲבָנִים שֶׁאֵינָן בְּגוּפָהּ שֶׁל קַרְקַע.

The *baraita* continues: **If so, why does the verse** also need to **state "nor sown"?** It is in order **to say to you: Just as sowing is unique** in that it is labor performed **on the land itself, so too, all** labor **that is** performed **on the land itself** is prohibited. This **excludes combing flax and cutting stones, which are not** done **on the land itself.**

וְאֵימָא: ״אֲשֶׁר לֹא יֵעָבֵד בּוֹ״ – כְּלָל; ״וְלֹא יִזָּרֵעַ״ – פְּרָט; כְּלָל וּפְרָט אֵין בִּכְלָל אֶלָּא מַה שֶּׁבִּפְרָט, זְרִיעָה – אִין, מִידֵּי אַחֲרִינָא – לָא! ״אֲשֶׁר״ – רִבּוּיָא הוּא.

The Gemara raises an objection: **And** perhaps one can **say** a different exposition: **"Which may be neither worked"** is **a generalization,** and **"nor sown" a detail.** When the Torah writes **a generalization and a detail, there is nothing in the generalization other** than **what is in the detail,** i.e., the detail serves to impose a limit on the generalization. Consequently, the verse is teaching that with regard to **sowing, yes,** it is prohibited, but with regard to **anything else, no,** it is not prohibited. The Gemara again answers: The term **"which" is an amplification,** and the addition of this term results in this verse not belonging to the category of generalizations and details.

״זִקְנֵי הָעִיר רוֹחֲצִין יְדֵיהֶן״ כּוּ׳. תָּנוּ רַבָּנַן: ״וְכֹל זִקְנֵי הָעִיר הַהִיא הַקְּרֹבִים אֶל הֶחָלָל יִרְחֲצוּ אֶת יְדֵיהֶם עַל הָעֶגְלָה הָעֲרוּפָה בַנָּחַל״ – שֶׁאֵין תַּלְמוּד לוֹמַר ״הָעֲרוּפָה״. וּמָה תַּלְמוּד לוֹמַר ״הָעֲרוּפָה״? עַל מְקוֹם עֲרִיפָתָהּ שֶׁל עֶגְלָה.

§ The mishna taught that **the Elders of the city** would then **wash their hands.**[N] **The Sages taught:** With regard to the verse: **"And all the Elders of that city, who are nearest to the slain man, shall wash their hands over the heifer whose neck was broken in the valley"** (Deuteronomy 21:6), one might have thought **that** there is **no** need for **the verse to state: "Whose neck was broken,"** because there is no heifer mentioned other than the one whose neck was broken. **And what** is the meaning when **the verse states: "Whose neck was broken"?** It serves to teach us that they wash their hands **over the place where the heifer's neck was broken.**

״וְאָמְרוּ יָדֵינוּ לֹא שָׁפְכוּ אֶת הַדָּם הַזֶּה וְעֵינֵינוּ לֹא רָאוּ״ – וְכִי עַל לִבֵּנוּ עָלְתָה שֶׁבֵּית דִּין שׁוֹפְכִין דָּמִים? אֶלָּא, לֹא בָּא לְיָדֵינוּ וּפְטַרְנוּהוּ בְּלֹא מְזוֹנוֹת, וְלֹא רְאִינוּהוּ וְהִנַּחְנוּהוּ בְּלֹא לְוָיָה.

The verse further states: **"And they shall say: Our hands did not spill this blood, nor did our eyes see"** (Deuteronomy 21:7). The mishna explains: **But did it enter our minds that** the Elders of **the court are spillers of blood,** that they must make such a declaration? **Rather,** they mean to declare: The victim **did not come to us and** then **we let him take his leave without food,**[N] **and we did not see him and** then **leave him** alone to depart **without accompaniment.** They therefore attest that they took care of all his needs and are not responsible for his death even indirectly.

HALAKHA

But it is permitted to comb…there, etc. – **וּמוּתָּר לִסְרוֹק שָׁם וכו׳**: It is permanently prohibited to sow or work the land on which the heifer's neck was broken. This ruling is accordance with Rabbi Yonatan, as the unattributed mishna follows his opinion. Anyone who works the land itself, e.g., by plowing, sowing, or planting, is liable to receive lashes. However, it is permitted to comb flax or to cut stones there, as all work that does not involve the land itself is permitted (Rambam *Sefer Nezikim, Hilkhot Rotze'aḥ UShmirat HaNefesh* 10:9).

NOTES

Wash their hands – **רוֹחֲצִין יְדֵיהֶן**: This is to signify that their hands are clean of any taint of the victim's blood (*Iyyun Ya'akov*).

And we let him take his leave without food – **וּפְטַרְנוּהוּ בְּלֹא מְזוֹנוֹת**: A different explanation of the mishna is stated in the Jerusalem Talmud, that the Sages of Eretz Yisrael hold that the Elders are referring to the killer rather than to the victim. In other words, they did not knowingly allow the killer to escape; rather, they were unaware of his identity. This explanation is supported by a variant text of the mishna that reads: And we did not let him take his leave, and did not leave him. It does not include the phrases: Without food, or: Without accompaniment. It is written in the Jerusalem Talmud that these phrases are a later addition and not part of the text of the mishna.

HALAKHA

There is coercion with regard to accompaniment – כּוֹפִין לְלְוָיָה: Just as the courts would compel the giving of charity they would enforce the duty of accompaniment, by appointing messengers to accompany those traveling from place to place. If the appointed messengers neglected their duty, they are considered like spillers of blood (Rambam *Sefer Shofetim, Hilkhot Evel* 14:3).

NOTES

One who accompanies by foot, etc. – מִי שֶׁעוֹשֶׂה לְוָיָה בְּרַגְלָיו וכו׳: The Maharsha explains that although one who provides verbal directions does assist the other, this does not guarantee that he will not get lost. By contrast, one who accompanies him by foot will lead him far enough to prevent him from going astray.

תַּנְיָא, הָיָה רַבִּי מֵאִיר אוֹמֵר: כּוֹפִין לְלְוָיָה, שֶׁשְּׂכַר הַלְּוָיָה אֵין לָהּ שִׁיעוּר, שֶׁנֶּאֱמַר: ״וַיִּרְאוּ הַשֹּׁמְרִים אִישׁ יוֹצֵא מִן הָעִיר וַיֹּאמְרוּ לוֹ הַרְאֵנוּ נָא אֶת מְבוֹא הָעִיר וְעָשִׂינוּ עִמְּךָ חָסֶד״, וּכְתִיב: ״וַיַּרְאֵם אֶת מְבוֹא הָעִיר״. וּמַה חֶסֶד עָשׂוּ עִמּוֹ? שֶׁכָּל אוֹתָהּ הָעִיר הָרְגוּ לְפִי חֶרֶב, וְאוֹתוֹ הָאִישׁ וּמִשְׁפַּחְתּוֹ שִׁלְּחוּ.

It is taught in a *baraita*: **Rabbi Meir would say: There is coercion with regard to accompaniment,**[H] i.e., one who does not want to accompany another is nevertheless required to do so, **as the reward for accompaniment is without measure.** The proof of the importance of accompaniment is from a verse, **as it is stated** with regard to when the Jewish people laid siege to the city of Bethel: **"And the watchers saw a man come out of the city, and they said to him: Show us, please, the entrance into the city, and we will deal kindly with you"** (Judges 1:24), **and it is written: "And he showed them the entrance to the city"** (Judges 1:25). **And what kindness did they perform with him?** It is **that they killed the entire city by the sword, but that man and his family they sent** free.

״וַיֵּלֶךְ הָאִישׁ אֶרֶץ הַחִתִּים וַיִּבֶן עִיר וַיִּקְרָא שְׁמָהּ לוּז הוּא שְׁמָהּ עַד הַיּוֹם הַזֶּה״. תַּנְיָא: הִיא לוּז שֶׁצּוֹבְעִין בָּהּ תְּכֵלֶת, הִיא לוּז שֶׁבָּא סַנְחֵרִיב וְלֹא בִּלְבְּלָהּ, נְבוּכַדְנֶצַּר וְלֹא הֶחֱרִיבָהּ, וְאַף מַלְאַךְ הַמָּוֶת אֵין לוֹ רְשׁוּת לַעֲבוֹר בָּהּ, אֶלָּא זְקֵנִים שֶׁבָּהּ בִּזְמַן שֶׁדַּעְתָּן קָצָה עֲלֵיהֶן – יוֹצְאִין חוּץ לַחוֹמָה וְהֵן מֵתִים.

The Gemara elaborates on the reward received in that story. The next verse states: **"And the man went to the land of the Hittites, and he built a city, and he called its name Luz; that is its name to this day"** (Judges 1:26). **It is taught** in a *baraita*: This **is the** city **Luz where sky blue** wool **is dyed.** It is the same city **Luz where,** although **Sennacherib came** and exiled many nations from place to place, he **did not disarrange** and exile **its** inhabitants; **Nebuchadnezzar,** who conquered many lands, **did not destroy it; and even the angel of death has no permission to pass through it. Rather, its Elders, when they have decided that they have reached the end** of life, **go outside the** city **wall and die.**

וַהֲלֹא דְּבָרִים קַל וָחוֹמֶר: וּמַה כְּנַעֲנִי זֶה, שֶׁלֹּא דִּיבֵּר בְּפִיו וְלֹא הָלַךְ בְּרַגְלָיו – גָּרַם הַצָּלָה לוֹ וּלְזַרְעוֹ עַד סוֹף כָּל הַדּוֹרוֹת, מִי שֶׁעוֹשֶׂה לְוָיָה בְּרַגְלָיו – עַל אַחַת כַּמָּה וְכַמָּה.

Are these **matters not** inferred ***a fortiori*: And if this Canaanite, who did not speak with his mouth** and explicitly tell them where the city entrance was, **and did not walk** with them **by foot,** but merely indicated the correct path to them, nevertheless **caused himself** to be **rescued and** also had the merit to provide rescue **for his descendants until the end of all generations,** then with regard to **one who accompanies** another **by foot,**[N] **all the more so** will his reward be great.

בַּמֶּה הֶרְאָה לָהֶם? חִזְקִיָּה אָמַר: בְּפִיו עִקֵּם לָהֶם, רַבִּי יוֹחָנָן אָמַר: בְּאֶצְבָּעוֹ הֶרְאָה לָהֶם. תַּנְיָא כְּוָותֵיהּ דְּרַבִּי יוֹחָנָן: בִּשְׁבִיל שֶׁכְּנַעֲנִי זֶה הֶרְאָה בְּאֶצְבָּעוֹ, גָּרַם הַצָּלָה לוֹ וּלְזַרְעוֹ עַד סוֹף כָּל הַדּוֹרוֹת.

After stating that the man did not openly guide those watching the city, the Gemara asks: **How did** that Canaanite **show them** the entrance to the city? **Ḥizkiyya says: He twisted his mouth for them,** i.e., he showed them the path to the city by moving his lips. **Rabbi Yoḥanan says: He showed them with his finger** alone. It **is taught** in a *baraita* **in accordance with** the opinion **of Rabbi Yoḥanan: Because this Canaanite showed** them **with his finger, he caused himself** to be **rescued and** merited rescue for **his descendants** as well, **until the end of all generations.**

אָמַר רַבִּי יְהוֹשֻׁעַ בֶּן לֵוִי: הַמְהַלֵּךְ בַּדֶּרֶךְ וְאֵין לוֹ לְוָיָה – יַעֲסוֹק בַּתּוֹרָה, שֶׁנֶּאֱמַר: ״כִּי לִוְיַת חֵן הֵם לְרֹאשֶׁךָ וַעֲנָקִים לְגַרְגְּרֹתֶךָ״. וְאָמַר רַבִּי יְהוֹשֻׁעַ בֶּן לֵוִי: בִּשְׁבִיל אַרְבָּעָה פְּסִיעוֹת שֶׁלִּוָּה פַּרְעֹה לְאַבְרָהָם, שֶׁנֶּאֱמַר: ״וַיְצַו עָלָיו פַּרְעֹה אֲנָשִׁים״ וגו׳, נִשְׁתַּעְבֵּד בְּבָנָיו אַרְבַּע מֵאוֹת שָׁנָה, שֶׁנֶּאֱמַר: ״וַעֲבָדוּם וְעִנּוּ אֹתָם אַרְבַּע מֵאוֹת שָׁנָה״. אָמַר רַב יְהוּדָה אָמַר רַב: כָּל הַמְלַוֶּה אֶת חֲבֵירוֹ אַרְבַּע אַמּוֹת בָּעִיר – אֵינוֹ נִיזּוֹק. רָבִינָא אַלְוְיֵהּ לְרָבָא בַּר יִצְחָק אַרְבַּע אַמּוֹת בָּעִיר, מְטָא לִידֵיהּ הֶיזֵּיקָא וְאִיתְּצִיל.

Rabbi Yehoshua ben Levi says: One who walks along the way without having someone to **accompany** him **should occupy himself with** words of **Torah, as it is stated** with regard to words of Torah: **"For they shall be a chaplet of grace to your head, and chains around your neck"** (Proverbs 1:9). **And Rabbi Yehoshua ben Levi** further **says: Due to four steps**[N] **that Pharaoh accompanied Abraham, as it is stated: "And Pharaoh gave men charge concerning him,** and they brought him on the way, and his wife, and all that he had" (Genesis 12:20), Pharaoh **enslaved** Abraham's **descendants** for **four hundred years, as it is stated: "And shall serve them, and they shall afflict them four hundred years"** (Genesis 15:13). **Rav Yehuda says** that **Rav says: Anyone who accompanies his friend four cubits in a city will come to no harm** by accompanying him. The Gemara relates: **Ravina accompanied Rava bar Yitzḥak four cubits in a city. He came close to harm, but he was saved.**

NOTES

Due to four steps – בִּשְׁבִיל אַרְבָּעָה פְּסִיעוֹת: The idea is not that these four steps caused the slavery, as Abraham was not liable to punishment for being accompanied. The decree of slavery was said to Abraham at the Covenant between the Pieces because he questioned God with regard to inheriting Eretz Yisrael. It was not said then which nation would enslave Abraham's descendants. Through his actions, Pharaoh earned the right to be the one to rule over them (Maharsha).

תָּנוּ רַבָּנַן: הָרַב לְתַלְמִיד – עַד עִיבּוּרָהּ שֶׁל עִיר; חָבֵר לְחָבֵר – עַד תְּחוּם שַׁבָּת; תַּלְמִיד לְרַב – אֵין לוֹ שִׁיעוּר. וְכַמָּה? אָמַר רַב שֵׁשֶׁת: עַד פַּרְסָה. וְלָא אֲמָרַן אֶלָּא רַבּוֹ שֶׁאֵינוֹ מוּבְהָק, אֲבָל רַבּוֹ מוּבְהָק – שְׁלֹשָׁה פַּרְסָאוֹת.

The Sages taught: A teacher accompanies **a student**[H] **until the outskirts of the city; a friend** accompanies **a friend until the Shabbat boundary** of that city, which is two thousand cubits; and for **a student** who accompanies his **teacher, there is no measure** to the distance he accompanies him. The Gemara asks: **And how far?**[N] The student is certainly not required to walk with him the entire way. **Rav Sheshet says: Up to a parasang** [*parsa*],[B] which is four *mil*. The Gemara comments: **And we said** this amount **only** with regard to one who is **not his most significant teacher, but** he accompanies **his most significant teacher,** who taught him most of his knowledge, **three parasangs.**

רַב כָּהֲנָא אַלְוְיֵהּ לְרַב שִׁימִי בַּר אַשִׁי מִפּוּם נַהֲרָא עַד בֵּי צִינְיָתָא דְּבָבֶל. כִּי מָטוּ הָתָם, אֲמַר לֵיהּ: וַדַּאי דְּאָמְרִיתוּ: הָנֵי צִינְיָתָא דְּבָבֶל מִשְּׁנֵי אָדָם הָרִאשׁוֹן אִיתְנְהוּ?

The Gemara relates a story about accompaniment: **Rav Kahana accompanied Rav Shimi bar Ashi from** the town of **Pum Nahara to the palm grove in Babylonia.**[L] **When they arrived there,** Rav Kahana **said to** Rav Shimi bar Ashi: Is it **true that** you say that **these palm trees of Babylonia have been** in this place **since the years of Adam the first** man?

אֲמַר לֵיהּ: אַדְכַּרְתַּן מִלְּתָא, דְּאָמַר רַבִּי יוֹסֵי בְּרַבִּי חֲנִינָא, מַאי דִּכְתִיב: "בְּאֶרֶץ לֹא עָבַר בָּהּ אִישׁ וְלֹא יָשַׁב אָדָם שָׁם"? וְכִי מֵאַחַר שֶׁלֹּא עָבַר הֵיכָן יָשַׁב? (וּמֵאַחַר שֶׁלֹּא יָשַׁב הֵיכָן עָבַר?) אֶלָּא, אֶרֶץ שֶׁגָּזַר עָלֶיהָ אָדָם הָרִאשׁוֹן לְיִשּׁוּב – נִתְיַשְּׁבָה, אֶרֶץ שֶׁלֹּא גָּזַר עָלֶיהָ אָדָם הָרִאשׁוֹן – לֹא נִתְיַשְּׁבָה.

Rav Shimi bar Ashi **said to him:** By mentioning Adam the first man **you reminded me of something that Rabbi Yosei, son of Rabbi Ḥanina, says: What is** the meaning of that **which is written: "Through a land that no man passed through, and where no person** [*adam*] **dwelt"?** (Jeremiah 2:6). This verse is difficult: **Since it** is a land **through which no man has passed, where would he dwell? And if he did not dwell, where did he pass?** Why does the verse add that no person has dwelled there? **Rather,** this is the meaning: Any **land** concerning **which Adam the first** man **decreed**[N] **that it would be a settled area, was settled;** but **a land** concerning **which Adam the first** man **did not decree that** it should be settled, **was not settled.**

רַב מָרְדְּכַי אַלְוְיֵהּ לְרַב אַשִׁי מֵהַגְרוֹנְיָא וְעַד בֵּי כֵּיפֵי, וְאָמְרִי לָהּ עַד בֵּי דּוּרָא.

The Gemara also relates that **Rav Mordekhai accompanied Rav Ashi from** the town of **Hagronya until Bei Keifei, and some say** that he accompanied him **until Bei Dura.**

אָמַר רַבִּי יוֹחָנָן מִשּׁוּם רַבִּי מֵאִיר: כׇּל שֶׁאֵינוֹ מְלַוֶּה וּמִתְלַוֶּה – כְּאִילּוּ שׁוֹפֵךְ דָּמִים, שֶׁאִילְמָלֵי לִיוּוּהוּ אַנְשֵׁי יְרִיחוֹ לֶאֱלִישָׁע לֹא גֵּירָה דּוּבִּים לַתִּינוֹקוֹת, שֶׁנֶּאֱמַר: "וַיַּעַל מִשָּׁם בֵּית אֵל וְהוּא עֹלֶה בַדֶּרֶךְ וּנְעָרִים קְטַנִּים יָצְאוּ מִן הָעִיר וַיִּתְקַלְּסוּ בוֹ וַיֹּאמְרוּ לוֹ עֲלֵה קֵרֵחַ עֲלֵה קֵרֵחַ".

The Gemara continues to discuss the importance of accompaniment. **Rabbi Yoḥanan says in the name of Rabbi Meir: Whoever does not accompany** another **or will not** allow himself to be **accompanied is like a spiller of blood** and is held responsible for any deaths that occur as a result of his inaction. The proof for this is **that had the inhabitants of Jericho accompanied Elisha, he would not have incited the bears to** attack **the children, as it is stated: "And he went up from there to Bethel, and as he was going up by the way, there came forth young lads out of the city and mocked him, and said to him: Go up, baldhead; go up, baldhead"** (II Kings 2:23). Had the residents of Jericho accompanied him, they would have sent away those youths and prevented what occurred next.

אָמְרוּ לוֹ: עֲלֵה שֶׁהִקְרַחְתָּ עָלֵינוּ אֶת הַמָּקוֹם. מַאי "וּנְעָרִים קְטַנִּים"? אָמַר רַבִּי אֶלְעָזָר: שֶׁמְּנוֹעָרִים מִן הַמִּצְוֹת; "קְטַנִּים" – שֶׁהָיוּ מִקְטַנֵּי אֲמָנָה. תָּנָא: נְעָרִים הָיוּ, וּבִזְּבְזוּ עַצְמָן כִּקְטַנִּים.

The Gemara proceeds to discuss this episode in detail, beginning with the meaning of the youths' taunt. **They said to him:** **Go up,** away from here, **for you have made the place bald,** i.e., bare, **for us.** They had previously earned their living by providing the city of Jericho with water. Elisha sweetened the city's own water, rendering their services unnecessary. The Gemara asks: **What is** the meaning of: **"Young lads [*ne'arim ketannim*]"?** One would have expected the verse to state either "young" or "lads," but not both. **Rabbi Elazar says:** The word "lads [*ne'arim*]" means that **they were shaken** empty **[*meno'arim*] of the mitzvot;** the word **"young [*ketannim*]"** means **that they were of little faith [*ketannei amana*],** as they had no trust that they would be able to earn their livelihood by any other means. The Sages **taught: They were lads,** that is, already of age, **but they disgraced themselves like young children.**

HALAKHA

A teacher accompanies a student, etc. – הָרַב לְתַלְמִיד וכו׳: A teacher is obligated to accompany his student until the outskirts of the city. A friend is accompanied to the Shabbat boundary of the city. A student accompanies his teacher for the distance of a parasang, or three parasangs in the case of his most significant teacher. The *Likkutei Halakhot* comments that the custom nowadays is to accompany guests a minimum of four cubits, as the assumption is that the visitor relinquishes his right to the strict requirement of accompaniment (Rambam *Sefer Shofetim, Hilkhot Evel* 14:3).

NOTES

There is no measure, and how far – אֵין לוֹ שִׁיעוּר. וְכַמָּה: This is puzzling, as if there is no measure, how can the Gemara inquire into how much it is? One suggestion is that the phrase: No measure, means no upper limit, i.e., he may accompany him as far as he wishes; there is, however, a minimum requirement of a parasang (*Eshel Avraham*). Others explain that when the Gemara states that the student's accompaniment has no measure, this means that there is no measure within the Shabbat boundaries of the city and one accompanies his teacher out of the city. The Gemara then questions how far out of the city he accompanies him and answers that he accompanies him to the distance of a parasang beyond the city's borders (*Shevut Ya'akov*; see *Meromei Sadeh*).

Any land…decreed, etc. – אֶרֶץ שֶׁגָּזַר וכו׳: Rav Shimi bar Ashi's explanation was therefore that when Rabbi Yosei said that those dates are from the time of Adam the first man, this was not to be taken literally. Rather, it meant that the place was designated for palm trees since the days of Adam the first man.

BACKGROUND

Parasang – פַּרְסָה: One parasang is equal to four *mil*. This equals 3.86 km according to Rav Ḥayyim Na'e and 4.63 km according to the Ḥazon Ish.

LANGUAGE

Palm grove [*bei tzinita*] in Babylonia – בֵּי צִינְיָתָא דְּבָבֶל: The word *tzinita*, in its various forms, can also be found in the Mishna. It is the name of a particular subspecies of palm tree. Here, it refers to a large forest of date-palms that grew near the ancient city of Babylonia.

BACKGROUND

Ne'oran – נְעוֹרָן: Also known today as Na'aran, this was a small city located near Jericho. In talmudic times, it was inhabited entirely by Jews, in contrast to Jericho, which had a mixed population. This city is now in ruins, though there are the remains of a beautiful synagogue there.

Plaited locks – בְּלוֹרִית: Many explanations have been suggested for the source of this term, mostly from Latin or Greek, yet none is entirely convincing. This hairstyle involved letting the hair on the sides and back of the head grow while tying and braiding them in different ways. The hair was later shaved in an idolatrous ritual.

NOTES

Literally saw – רָאָה מַמָּשׁ: The Maharsha explains that the problem with a literal reading of this verse is that cursing a Jew is prohibited by Torah law. For this reason, Rav stated that Elisha did not explicitly curse them but placed his eyes upon them, which was enough to cause them harm.

מַתְקִיף לַהּ רַב יוֹסֵף: וְדִלְמָא עַל שֵׁם מְקוֹמָן! מִי לָא כְּתִיב: ״וַאֲרָם יָצְאוּ גְדוּדִים וַיִּשְׁבּוּ מֵאֶרֶץ יִשְׂרָאֵל נַעֲרָה קְטַנָּה״, וְקַשְׁיָא לַן: נַעֲרָה וּקְטַנָּה! וְאָמַר רַבִּי פְּדָת: קְטַנָּה דְּמִן נְעוֹרָן! הָתָם לָא מְפָרֵשׁ מְקוֹמָהּ, הָכָא מְפוֹרָשׁ מְקוֹמָן.

Rav Yosef objects to this interpretation: **And perhaps** they were called *ne'arim* **after their place** of origin? **Isn't it written: "And** the Arameans had gone out in bands, **and had brought away captive from Eretz Yisrael a minor young woman** [*na'ara ketana*]" (II Kings 5:2), **and** this verse raised **a difficulty to us: A minor and a young woman;** how could she be both of these? **And Rabbi Pedat says** it means **a minor** girl **from** the town of **Ne'oran.**[B] This verse concerning the lads can be explained in a similar manner: They were young children from Ne'oran. The Gemara answers: These two cases are not comparable. **There** the verse **does not specify her place** of origin, so "*na'ara*" could mean from the town of Ne'oran; but **here** the verse **specifies their place** of origin, namely Jericho.

״וַיִּפֶן אַחֲרָיו וַיִּרְאֵם וַיְקַלְלֵם בְּשֵׁם ה׳״ – מָה רָאָה? אָמַר רַב: רָאָה מַמָּשׁ, כִּדְתַנְיָא, רַבָּן שִׁמְעוֹן בֶּן גַּמְלִיאֵל אוֹמֵר: כׇּל מָקוֹם שֶׁנָּתְנוּ חֲכָמִים עֵינֵיהֶם – אוֹ מִיתָה אוֹ עוֹנִי; וּשְׁמוּאֵל אָמַר: רָאָה שֶׁכּוּלָּן נִתְעַבְּרָה בָּהֶן אִמָּן בְּיוֹם הַכִּיפּוּרִים;

The verse further states with regard to the same incident: **"And he turned behind him and saw them, and he cursed them in the name of the Lord"** (II Kings 2:24). The Gemara asks: **What did he see?** There are four explanations offered. **Rav says:** He **literally saw,**[N] i.e., he stared and bored his eyes into them, **as it is taught** in a *baraita*: **Rabban Shimon ben Gamliel says: Wherever** it states **that the Sages placed their eyes** upon a certain person, they brought upon that person **either death or poverty. And Shmuel says: He saw** their essential nature, **that all their mothers became pregnant with them on Yom Kippur,** when conjugal relations are forbidden.

וְרַבִּי יִצְחָק נַפָּחָא אָמַר: בְּלוֹרִית רָאָה לָהֶן כְּגוֹיִים; וְרַבִּי יוֹחָנָן אָמַר: רָאָה שֶׁלֹּא הָיְתָה בָּהֶן לַחְלוּחִית שֶׁל מִצְוָה. וְדִלְמָא בְּזַרְעַיְיהוּ נִיהְוֵה הֲוָה! אָמַר רַבִּי אֶלְעָזָר: לֹא בָּם וְלֹא בְּזַרְעָם עַד סוֹף כׇּל הַדּוֹרוֹת.

And Rabbi Yitzḥak Nappaḥa says: He saw that **they had plaited locks**[B] grown on the back of their heads **like the gentiles. And Rabbi Yoḥanan says: He saw that they did not contain** even **a smidgen of a mitzva.** The Gemara raises an objection to this last interpretation of Rabbi Yoḥanan: **But** how could he curse them just because they did not have any mitzvot? **Perhaps their descendants would have** many mitzvot. **Rabbi Elazar says:** He saw that mitzvot would be found **neither in them nor in their descendants, through all generations.**

״וַתֵּצֶאנָה שְׁתַּיִם דֻּבִּים מִן הַיַּעַר וַתְּבַקַּעְנָה מֵהֶם אַרְבָּעִים וּשְׁנֵי יְלָדִים.״

The verse states: **"And two she-bears came out of the forest and tore forty-two children from them"** (II Kings 2:24).

Perek **IX**
Daf **47** Amud **a**

NOTES

Are frightened – דִּבְעִיתִי: Rashi explains that had there been no forest the bears would have been too frightened to attack the youths. The Maharsha, however, maintains that since the appearance of the bears was miraculous, ordinary animal behavior is irrelevant. Instead, he explains that if the bears would have attacked in the open, the lads would have seen them, become frightened, and ran away. The forest was therefore necessary to prevent them from observing the bears' approach.

רַב וּשְׁמוּאֵל, חַד אָמַר: נֵס, וְחַד אָמַר: נֵס בְּתוֹךְ נֵס. מַאן דְּאָמַר נֵס – יַעַר הֲוָה, דּוּבִּים לָא הֲווֹ; מַאן דְּאָמַר נֵס בְּתוֹךְ נֵס – לָא יַעַר הֲוָה וְלָא דּוּבִּים הֲווֹ. וְלֶיהֱוֵי דּוּבִּים וְלָא לֶיהֱוֵי יַעַר! דִּבְעִיתִי.

Rav and Shmuel had a dispute with regard to this episode. **One** says there was **a miracle, and one says** there **was a miracle within a miracle.** The Gemara explains: **The one who says** there was **a miracle** claims that **there was** already **a forest** in that place but **there were no bears,** and the miracle was the appearance of bears. **The one who says** it was **a miracle within a miracle** claims **that neither was there a forest nor were there bears** in that area. The Gemara asks with regard to the second opinion: Why was a double miracle required? **And let there be bears and no forest;** the forest served no role in the story, so why was it created? The Gemara explains: The forest was necessary, as bears **are frightened**[NB] to venture into open areas but will attack people in their natural habitat, a forest.

BACKGROUND

Are frightened – דִּבְעִיתִי: Despite the fact that bears are large, strong animals that are quite capable of killing people, it is not common for bears, especially the species that were found in Eretz Yisrael, to attack human beings. Generally, when a bear encounters a person it will turn aside and try to avoid confrontation. When a person enters the territory of the bear, especially the territory of a female bear protecting her young, the bear will overcome its fear of humans and will attack.

אָמַר רַבִּי חֲנִינָא: בִּשְׁבִיל אַרְבָּעִים וּשְׁנַיִם קָרְבָּנוֹת שֶׁהִקְרִיב בָּלָק מֶלֶךְ מוֹאָב, הוּבְקְעוּ מִיִּשְׂרָאֵל אַרְבָּעִים וּשְׁנַיִם יְלָדִים. אִינִי?

Rabbi Ḥanina says: Due to forty-two[N] offerings that Balak, king of Moab, brought when he tried to have Balaam curse the Jewish people, forty-two children were broken off from Israel, in that incident involving Elisha. The Gemara asks: Is that so? Was that the reward for his offerings?

וְהָאָמַר רַב יְהוּדָה אָמַר רַב: לְעוֹלָם יַעֲסוֹק אָדָם בְּתוֹרָה וּבְמִצְוֹת וְאַף עַל פִּי שֶׁלֹּא לִשְׁמָהּ, שֶׁמִּתּוֹךְ שֶׁלֹּא לִשְׁמָהּ בָּא לִשְׁמָהּ, שֶׁבִּשְׂכַר אַרְבָּעִים וּשְׁנַיִם קָרְבָּנוֹת שֶׁהִקְרִיב בָּלָק מֶלֶךְ מוֹאָב, זָכָה וְיָצְתָה מִמֶּנּוּ רוּת, שֶׁיָּצָא מִמֶּנּוּ שְׁלֹמֹה שֶׁכָּתוּב בֵּיהּ "אֶלֶף עֹלוֹת יַעֲלֶה שְׁלֹמֹה", וְאָמַר רַבִּי יוֹסֵי בֶּן חוֹנִי: רוּת בִּתּוֹ שֶׁל עֶגְלוֹן בְּנוֹ שֶׁל בָּלָק הָיְתָה! תַּאֲוָתוֹ מִיהָא לְקַלָּלָה הֲוֵי.

But didn't Rav Yehuda say that Rav says: A person should always engage in Torah study and in performance of mitzvot, even if he does so not for their own sake, as through such acts performed not for their own sake, one will come to perform them for their own sake. He proves the value of a mitzva done not for its own sake: As in reward for the forty-two offerings that Balak, king of Moab, brought, he merited that Ruth descended from him, from whom King Solomon descended, about whom it is written that he brought many offerings: "A thousand burnt-offerings did Solomon offer up" (I Kings 3:4). And Rabbi Yosei ben Ḥoni similarly says: Ruth was the daughter of Eglon, son of Balak. These Sages state that Balak's reward was to have Ruth descend from him, not that a number of Jewish people perish. The Gemara answers: His desire, in any event, was to curse the Jewish people, and his reward for sacrificing his offerings was that the curse was fulfilled in the incident involving Elisha, as well.

"וַיֹּאמְרוּ אַנְשֵׁי הָעִיר אֶל אֱלִישָׁע הִנֵּה נָא מוֹשַׁב הָעִיר טוֹב כַּאֲשֶׁר אֲדֹנִי רֹאֶה" וגו׳. וְכִי מֵאַחַר דְּמַיִם רָעִים וְאֶרֶץ מְשַׁכֶּלֶת, אֶלָּא מַה טּוֹבָתָהּ? אָמַר רַבִּי חָנִין: חֵן מָקוֹם עַל יוֹשְׁבָיו. אָמַר רַבִּי יוֹחָנָן, שְׁלֹשָׁה חִינּוֹת הֵן: חֵן מָקוֹם עַל יוֹשְׁבָיו, חֵן אִשָּׁה עַל בַּעְלָהּ, חֵן מִקָּח עַל מִקָּחוֹ.

The Gemara returns to discussing the incident involving Elisha: "And the men of the city said to Elisha: Behold, please, the situation of this city is pleasant, as my lord sees, but the water is bad and the land miscarries" (II Kings 2:19). The Gemara asks: But if the water is bad and the land causes women to miscarry, what is pleasant about it? Rabbi Ḥanin says: The grace of a place is upon its inhabitants, i.e., people are fond of their hometown despite its shortcomings. Rabbi Yoḥanan says: There are three graces that have a similar impact: The grace of a place upon its inhabitants; the grace of a woman upon her husband, despite her faults; and the grace of a purchased item upon its buyer, as one who has bought something views it in a positive light.

תָּנוּ רַבָּנַן, שְׁלֹשָׁה חֳלָאִין חָלָה אֱלִישָׁע: אֶחָד שֶׁגֵּירָה דוּבִּים בְּתִינוֹקוֹת, וְאֶחָד שֶׁדְּחָפוֹ לְגֵחֲזִי בִּשְׁתֵּי יָדַיִם, וְאֶחָד שֶׁמֵּת בּוֹ, שֶׁנֶּאֱמַר: "וֶאֱלִישָׁע חָלָה אֶת חָלְיוֹ אֲשֶׁר יָמוּת בּוֹ".

§ The Sages taught: Elisha fell ill three times. One was a punishment for inciting the bears to attack the children; and one was a punishment for pushing Gehazi away with both hands, without leaving him the option to return; and one was the sickness from which he died, as an expression of illness is stated three times in the verse about Elisha: "And Elisha became sick [*ḥala*] with his illness [*ḥolyo*] from which he would die" (II Kings 13:14). The root *ḥet*, *lamed*, *heh*, which indicates illness, is used twice in this verse, and it is stated once that Elisha will die.

תָּנוּ רַבָּנַן: לְעוֹלָם תְּהֵא שְׂמֹאל דּוֹחָה וְיָמִין מְקָרֶבֶת, לֹא כֶּאֱלִישָׁע שֶׁדְּחָפוֹ לְגֵחֲזִי בִּשְׁתֵּי יָדָיו, וְלֹא כִּיהוֹשֻׁעַ בֶּן פְּרַחְיָה שֶׁדְּחָפוֹ לְיֵשׁוּ הַנּוֹצְרִי מִתַּלְמִידָיו בִּשְׁתֵּי יָדָיו.

The Sages taught: It should always be the left, weaker, hand that pushes another away and the right, stronger, hand that draws him near. In other words, even when a student is rebuffed, he should be given the opportunity to return. This is not like Elisha, who pushed Gehazi away with both hands, and not like Yehoshua ben Peraḥya, who pushed Jesus the Nazarene, one of his students, away with both hands.

אֱלִישָׁע מַאי הִיא? דִּכְתִיב: "וַיֹּאמֶר נַעֲמָן הוֹאֵל קַח כִּכָּרָיִם", וּכְתִיב: "וַיֹּאמֶר אֵלָיו לֹא לִבִּי הָלַךְ כַּאֲשֶׁר הָפַךְ אִישׁ מֵעַל מֶרְכַּבְתּוֹ לִקְרָאתֶךָ הַעֵת לָקַחַת אֶת הַכֶּסֶף וְלָקַחַת בְּגָדִים וְזֵיתִים וּכְרָמִים וְצֹאן וּבָקָר וַעֲבָדִים וּשְׁפָחוֹת?"

The Gemara specifies: What was that incident with Elisha? As it is written: "And Naaman said: Pray, take talents" (II Kings 5:23). Naaman offered Gehazi payment for the help Elisha had given him, and when the verse recounts Elisha's words to Gehazi, it is written: "And he said to him: Did not my heart go, when the man turned back from his chariot to meet you? Is it a time to take money, and to take garments, and olives, and vineyards, and sheep, and oxen, and servants, and maidservants?" (II Kings 5:26). Here Elisha criticizes Gehazi for taking the payment.

NOTES

Due to forty-two, etc. – בִּשְׁבִיל אַרְבָּעִים וּשְׁנַיִם וכו׳: Balak's aim in bringing those offerings was to curse Israel and decrease their population, and this occurred with the death of those children (Maharsha).

וּמִי שָׁקֵיל כּוּלֵּי הַאי? כֶּסֶף וּבְגָדִים הוּא דְּשָׁקֵיל! אָמַר רַבִּי יִצְחָק: בְּאוֹתָהּ שָׁעָה הָיָה אֱלִישָׁע עוֹסֵק בִּשְׁמֹנָה שְׁרָצִים. אָמַר לוֹ: רָשָׁע! הִגִּיעַ עֵת לִיטּוֹל שְׂכַר שְׁמֹנָה שְׁרָצִים. ״וְצָרַעַת נַעֲמָן תִּדְבַּק בְּךָ וּבְזַרְעֲךָ לְעוֹלָם״. ״וְאַרְבָּעָה אֲנָשִׁים הָיוּ מְצֹרָעִים״ – אָמַר רַבִּי יוֹחָנָן: זֶה גֵּיחֲזִי וּשְׁלֹשֶׁת בָּנָיו.

The Gemara clarifies the criticism: **And did he take all that?** But it was only **money and garments that he took. Rabbi Yitzḥak says: At that time, Elisha was engaged in** the study of the topic of the **eight** impure **creeping animals.**[B] **He said** to Gehazi: **Wicked one, it is time** for you **to receive** now, in this temporal world, **the reward** for studying the topic of the **eight** impure **creeping animals.** This is why the verse lists eight items. The Gemara adds parenthetically that Elisha also said to Gehazi: **"And the leprosy of Naaman shall cleave to you and to your descendants forever"** (II Kings 5:27), and that the verse later states: **"Now there were four leprous men"** (II Kings 7:3), about whom **Rabbi Yoḥanan says: This is** referring **to Gehazi and his three sons.**

״וַיָּבֹא אֱלִישָׁע דַּמֶּשֶׂק״ – לְמָה הָלַךְ? אָמַר רַבִּי יוֹחָנָן: שֶׁהָלַךְ לְהַחֲזִירוֹ לְגֵיחֲזִי בִּתְשׁוּבָה, וְלֹא חָזַר. אָמַר לוֹ: חֲזוֹר בְּךָ! אָמַר לוֹ, כָּךְ מְקוּבְּלַנִי מִמְּךָ: כָּל מִי שֶׁחָטָא וְהֶחְטִיא אֶת הָרַבִּים – אֵין מַסְפִּיקִין בְּיָדוֹ לַעֲשׂוֹת תְּשׁוּבָה.

The verse states: **"And Elisha came to Damascus"** (II Kings 8:7). The Gemara asks: **For what** purpose did **he go** there? **Rabbi Yoḥanan says: He went to help Gehazi in repentance, but** Gehazi **would not** agree to **repent** from his evil ways. Elisha **said to him: Return from your** sins. Gehazi **said to him: This is** the tradition that **I received from you: Whoever sins and caused the masses to sin is not given the opportunity to repent.**

מַאי עֲבַד? אִיכָּא דְּאָמְרִי: אֶבֶן שׁוֹאֶבֶת תָּלָה לוֹ לְחַטַּאת יָרָבְעָם וְהֶעֱמִידוֹ בֵּין שָׁמַיִם לָאָרֶץ. וְאִיכָּא דְּאָמְרִי: שֵׁם חָקַק לָהּ אַפּוּמָהּ, וְהָיְתָה אוֹמֶרֶת ״אָנֹכִי״, וְ״לֹא יִהְיֶה לְךָ״.

The Gemara asks: **What did** Gehazi **do** that caused the masses to sin? **There are** those **who say** that **he hung a magnetic rock**[B] **on Jeroboam's calf,** the golden calf that Jeroboam established as an idol, and used a magnet to pull the calf off the ground so that **he suspended it between heaven and earth,** i.e., caused it to hover above the ground. This seemingly miraculous occurrence caused the people to worship it even more devoutly. **And there are** those **who say: He engraved** the sacred **name on its mouth, and it would say: "I am** the Lord your God" **and: "You shall not have** other gods" (Exodus 20:2). The idol would quote the two prohibitions from the Ten Commandments against idol worship, causing people to worship it even more devoutly.

וְאִיכָּא דְּאָמְרִי: רַבָּנַן דָּחָה מִקַּמֵּיהּ, דִּכְתִיב: ״וַיֹּאמְרוּ בְנֵי הַנְּבִיאִים אֶל אֱלִישָׁע הִנֵּה נָא הַמָּקוֹם אֲשֶׁר אֲנַחְנוּ יֹשְׁבִים שָׁם לְפָנֶיךָ צַר מִמֶּנּוּ״, מִכְּלָל דְּעַד הָאִידָּנָא לָא הֲוָה דָּחֵיק.

And there are those **who say:** Gehazi **pushed the Sages** away **from** coming **before him,** preventing them learning from Elisha, **as it is written,** after the aforementioned incident: **"And the sons of the prophets said to Elisha, behold this place where we are staying before you is too cramped for us"** (II Kings 6:1). This proves **by inference that until that time** the place **was not cramped,** as Gehazi would turn people away.

יְהוֹשֻׁעַ בֶּן פְּרַחְיָה מַאי הִיא? כִּדַהֲוָה קָא קָטֵיל יַנַּאי מַלְכָּא לְרַבָּנַן שִׁמְעוֹן בֶּן שָׁטַח אַטְמִינְהוּ אַחְתֵּיהּ. רַבִּי יְהוֹשֻׁעַ בֶּן פְּרַחְיָה אֲזַל עֲרַק לַאֲלֶכְּסַנְדְּרִיָּא שֶׁל מִצְרַיִם. כִּי הֲוָה שְׁלָמָא שְׁלַח לֵיהּ שִׁמְעוֹן בֶּן שָׁטַח: מִנִּי יְרוּשָׁלַיִם עִיר הַקּוֹדֶשׁ לָךְ אֲלֶכְּסַנְדְּרִיָּא שֶׁל מִצְרַיִם: אֲחוֹתִי, בַּעְלִי שָׁרוּי בְּתוֹכֵךְ, וַאֲנִי יוֹשֶׁבֶת שׁוֹמֵמָה! אֲמַר: שְׁמַע מִינָּהּ הֲוָה לֵיהּ שְׁלָמָא.

The Gemara returns to the incident in which **Yehoshua ben Peraḥya** turned away Jesus the Nazarene: **What is** this incident? **When King Yannai was killing the Sages,**[B] **Shimon ben Shataḥ was hidden by his sister,** Yannai's wife, while **Rabbi Yehoshua ben Peraḥya went** and **fled to Alexandria of Egypt.**[B] **When peace was made** between Yannai and the Sages, **Shimon ben Shataḥ sent him** the following letter: **From myself, Jerusalem the holy city, to you, Alexandria of Egypt. My sister, my husband dwells within you, and I am sitting desolate.** Rabbi Yehoshua ben Peraḥya **said:** I can **learn from it that there is peace,** and I can return.

כִּי אֲתָא אִיקְּלַע לְהַהוּא אוּשְׁפִּיזָא. קָם קַמַּיְיהוּ בִּיקָרָא שַׁפִּיר, עָבְדִי לֵיהּ יְקָרָא טוּבָא. יָתֵיב וְקָא מִשְׁתַּבַּח: כַּמָּה נָאָה אַכְסַנְיָא זוֹ! אֲמַר לֵיהּ יֵשׁוּ הַנּוֹצְרִי: רַבִּי, עֵינֶיהָ טְרוּטוֹת! אֲמַר לֵיהּ: רָשָׁע, בְּכָךְ אַתָּה עוֹסֵק! אַפֵּיק אַרְבַּע מֵאָה שִׁיפּוּרֵי, וְשַׁמְּתֵיהּ. כָּל יוֹמָא אֲתָא לְקַמֵּיהּ, וְלָא קַבְּלֵיהּ.

When he came back to Eretz Yisrael, Rabbi Yehoshua **arrived at a certain inn.** The innkeeper **stood before him, honoring him considerably,** and overall **they accorded him great honor.** Rabbi Yehoshua ben Peraḥya then **sat and was praising** them by saying: **How beautiful is this inn. Jesus the Nazarene,**[B] one of his students, **said to him: My teacher,** but the **eyes** of the innkeeper's wife **are narrow** [*terutot*].[L] Rabbi Yehoshua ben Peraḥya **said to him: Wicked one, is this what you are engaged in,** gazing at women? **He brought out four hundred** ***shofarot*** **and excommunicated him. Every day** Jesus **would come before him, but he would not accept his** wish to return.

BACKGROUND

The eight creeping animals – שְׁמֹנָה שְׁרָצִים: These are eight creeping animals, small mammals and lizards, whose carcasses impart ritual impurity upon contact (Leviticus 11:29–30). As there is no clear oral tradition with regard to the identity of these animals, determination of their identity involves educated conjecture. Even commonly accepted identifications, such as the dab lizard [*tzav*] and the mouse [*akhbar*], are subject to debate, and the Talmud's description of these animals is insufficient to provide definitive identifications.

Magnetic rock – אֶבֶן שׁוֹאֶבֶת: People were already aware in ancient times that certain compounds, such as iron oxide, attract chunks of iron. The use of ruses such as this to purport to demonstrate the power of idols was common in that time and in the Near East, especially in Egypt.

King Yannai was killing the Sages – קָא קָטֵיל יַנַּאי מַלְכָּא לְרַבָּנַן: King Yannai, who tended, as did his father, toward the camp of the Sadducees, had an open break with the Sages after his defeat in the battle with the Nabateans. According to Josephus (Antiquities of the Jews, book 13), the split was deepened after he refused to perform the ritual of the water libation in the Temple. He was then pelted with *etrogim* from the crowd that was present there, and he had his army kill those who were in the Temple. This led to a civil war, lasting several years. After Yannai was victorious in this war, he killed many of his opponents, including many of the leaders of the Pharisees. Several of those leaders, Rabbi Yehoshua ben Peraḥya among them, escaped to outside Eretz Yisrael, while others, among them Rabbi Shimon ben Shataḥ, hid within Eretz Yisrael. Although there was a period of calm in the later years of Yannai's reign, it seems that only after his death, when control had passed into the hands of the Pharisees, did all of the Sages return to Eretz Yisrael.

Alexandria of Egypt – אֲלֶכְּסַנְדְּרִיָּא שֶׁל מִצְרַיִם: Since there were many cities in Asia and Africa that were called Alexandria, the Gemara specified that this refers to the Alexandria in Egypt. There was a large and important Jewish community in Alexandria for many generations, and its central synagogue was famous for its tremendous size. Many of the great Sages visited there and discussed many issues that arose in connection with that community. This community was apparently destroyed in the cruel crushing of the Jewish rebellion in the years 66 and 115 CE.

Jesus the Nazarene – יֵשׁוּ הַנּוֹצְרִי: Many scholars, first and foremost several of the Tosafists, have pointed out that Rabbi Yehoshua ben Peraḥya and Yannai lived, at the latest, around the year 76 BCE. This means that it is impossible that the Jesus referred to in the story was the founder of Christianity. He must have been a different person with the same name. It may be that the other talmudic references to Jesus are to this person, or it may be that some of those references are to the founder of Christianity.

LANGUAGE

Narrow [*terutot*] – טְרוּטוֹת: It may be that the source of this word is from the Greek δηρός, *dēros*, which means long or excessively long. It may also be from the Latin teretis, which means with rounded corners, smooth, or polished. In this context, it seems to mean that her eyes were extremely narrow.

יוֹמָא חַד הֲוָה קָרֵי קְרִיַּת שְׁמַע, אֲתָא לְקַמֵּיהּ. הֲוָה בְּדַעְתֵּיהּ לְקַבּוֹלֵיהּ. אַחֲוֵי לֵיהּ בִּידֵיהּ. סָבַר מִדְחָא דָּחֵי לֵיהּ. אֲזַל זְקַף לְבֵינְתָא פְּלַחָא. אֲמַר לֵיהּ: חֲזוֹר בְּךָ! אֲמַר לֵיהּ: כָּךְ מְקוּבְּלַנִי מִמְּךָ, כָּל הַחוֹטֵא וּמַחֲטִיא אֶת הָרַבִּים – אֵין מַסְפִּיקִין בְּיָדוֹ לַעֲשׂוֹת תְּשׁוּבָה. דְּאָמַר מָר: יֵשׁוּ הַנּוֹצְרִי כִּישֵּׁף וְהֵסִית וְהִדִּיחַ וְהֶחְטִיא אֶת יִשְׂרָאֵל.

One day, Rabbi Yehoshua ben Peraḥya **was reciting** ***Shema*** when Jesus **came before him. He intended to accept him** on this occasion, so **he signaled to him with his hand** to wait. Jesus **thought he was rejecting him** entirely. He therefore **went and stood up a brick**[B] **and worshipped it** as an idol. Rabbi Yehoshua ben Peraḥya **said to him: Return from your** sins. Jesus **said to him: This is** the tradition that **I received from you: Anyone who sins and causes the masses to sin is not given the opportunity to repent.** The Gemara explains how he caused the masses to sin: **For the Master said: Jesus the Nazarene performed sorcery, and he incited** the masses, **and subverted** the masses, **and caused the Jewish people to sin.**

תַּנְיָא, רַבִּי שִׁמְעוֹן בֶּן אֶלְעָזָר אוֹמֵר: יֵצֶר, תִּינוֹק וְאִשָּׁה, תְּהֵא שְׂמֹאל דּוֹחָה וְיָמִין מְקָרֶבֶת.

It is taught in a *baraita* that **Rabbi Shimon ben Elazar says:** With regard to the evil **inclination, to a child, and to a woman,**[N] **the left** hand **should reject**[N] **and the right** hand should **welcome.** If one pushes too forcefully, the damage might be irreversible.

מתני׳ נִמְצָא הַהוֹרֵג, עַד שֶׁלֹּא נֶעֶרְפָה הָעֶגְלָה – תֵּצֵא וְתִרְעֶה בָּעֵדֶר. מִשֶּׁנֶּעֶרְפָה הָעֶגְלָה – תִּקָּבֵר בִּמְקוֹמָהּ, שֶׁעַל סָפֵק בָּאתָה מִתְּחִילָּתָהּ, כִּיפְּרָה סְפֵיקָהּ וְהָלְכָה לָהּ. נֶעֶרְפָה הָעֶגְלָה וְאַחַר כָּךְ נִמְצָא הַהוֹרֵג – הֲרֵי זֶה יֵהָרֵג.

MISHNA **If the killer is found**[H] **before the heifer's neck was broken,** the heifer **shall go out and graze among the herd.**[N] It is not considered sacred at all, and it may rejoin the other animals. If the killer is found **from** the time **when the heifer's neck was broken,** even if the rest of the ritual has not yet been performed, it is prohibited to benefit from the animal, despite the killer having been found; it **should be buried in its place.** This is **because** the heifer **initially came for uncertainty,** as the killer was unknown, and **it atoned for its uncertainty and left,** i.e., it fulfilled its purpose of bringing atonement and is considered a heifer whose neck is broken in all regards. **If the heifer's neck was broken and afterward the killer was found, he is killed.** The ritual does not atone for him.

עֵד אֶחָד אוֹמֵר: ״רָאִיתִי אֶת הַהוֹרֵג״, וְעֵד אֶחָד אוֹמֵר: ״לֹא רָאִיתָ״; אִשָּׁה אוֹמֶרֶת: ״רָאִיתִי״, וְאִשָּׁה אוֹמֶרֶת: ״לֹא רָאִית״ – הָיוּ עוֹרְפִין. עֵד אֶחָד אוֹמֵר: ״רָאִיתִי״, וּשְׁנַיִם אוֹמְרִים: ״לֹא רָאִיתָ״ – הָיוּ עוֹרְפִין. שְׁנַיִם אוֹמְרִים: ״רָאִינוּ״, וְאֶחָד אוֹמֵר לָהֶן: ״לֹא רְאִיתֶם״ – לֹא הָיוּ עוֹרְפִין.

If one witness says: I saw[H] **the killer,**[N] **and one** other **witness says: You did not see** him; or **if a woman says: I saw, and** another **woman says: You did not see, they would break the neck** of the heifer, as without clear testimony about the identity of the killer the ritual is performed. Similarly, if **one witness says: I saw** the killer, **and two** witnesses **say: You did not see,**[H] **they would break the neck of the heifer,** as the pair is relied upon. If **two** witnesses **say: We saw**[H] the killer, **and one** witness **says to them: You did not see, they would not break the neck** of the heifer, as there are two witnesses to the identity of the killer.

מִשֶּׁרַבּוּ הָרוֹצְחָנִין – בָּטְלָה עֶגְלָה עֲרוּפָה. מִשֶּׁבָּא אֱלִיעֶזֶר בֶּן דִּינַאי, וּתְחִינָה בֶּן פְּרִישָׁה הָיָה נִקְרָא – חָזְרוּ לִקְרוֹתוֹ בֶּן הָרַצְחָן.

The mishna further states: **From** the time **when murderers proliferated,**[H] **the** ritual of the **heifer whose neck is broken was nullified.** The ritual was performed only when the identity of the murderer was completely unknown. Once there were many known murderers, the conditions for the performance of the ritual were no longer present, as the probable identity of the murderer was known. **From** the time **when Eliezer ben Dinai,**[P] **who was also called Teḥina ben Perisha,**[N] **came, they renamed him: Son of a murderer.** This is an example of a publicly known murderer.

BACKGROUND

Stood up a brick – זְקַף לְבֵינְתָא: It is not known if this was a common form of idol worship, or if he, in anger, simply picked up an item at hand. There are bricks that have been found with the image of idols carved into them, and perhaps in this incident he took a brick that had the image of an idol on it.

NOTES

Evil inclination, a child, and a woman – יֵצֶר, תִּינוֹק וְאִשָּׁה: Most understand the term evil inclination to be referring to sexual desire. The *ge'onim* explain that if one attempts to repress his sexual desire entirely, he will be unable to sustain this in the long term and will end up transgressing actual prohibitions. The Meiri similarly writes that a person cannot maintain the sublimation of his sexual desire, as it is an essential part of human nature. Others state that a person should not suppress sexual desire completely, as it is necessary to populate the world (see Rashi).

The left should reject, etc. – שְׂמֹאל דּוֹחָה וכו׳: The inference is that one should use the weaker hand for rejecting, indicating that it should not be done with full force (see *Iyyun Ya'akov*).

Shall go out and graze among the herd – תֵּצֵא וְתִרְעֶה בָּעֵדֶר: Rashi writes, based on *Karetot* 25a, that the *tanna* of this mishna disagrees with the opinion that it is prohibited to benefit from a heifer whose neck is broken from the time it is brought down to the valley, even before being killed, and that is why it may rejoin the flock. The Jerusalem Talmud, however, states the reverse, that this mishna offers support for the opinion that the heifer is forbidden while it is yet alive, as the term: Shall go out, indicates that it was previously sacred and now goes back to its previous, non-sacred status. The Rambam cites both rulings as *halakha*: It is prohibited to benefit from the heifer once it enters the valley and it may go out to graze.

I saw the killer – רָאִיתִי אֶת הַהוֹרֵג: The wording of the mishna indicates that the ritual is not performed if a witness merely saw the killer, even if he does not know who he is. However, it is stated in the Jerusalem Talmud that the witness must be aware of the identity of the killer, and *Tosefot HaRosh* explains similarly.

Teḥina ben Perisha, etc. – וּתְחִינָה בֶּן פְּרִישָׁה וכו׳: *Tosefot Yom Tov* expresses puzzlement at this, as it is unclear from the mishna why this man was given two names. He therefore prefers a version of the text according to which the mishna discusses two people, Eliezer ben Dinai and someone else named Teḥina ben Perisha, the latter of which was later called son of a murderer. Other commentaries explain that he was first called ben Dinai because he would sue [*mitdayen*] and fight people, and later he was given the nickname of ben Perisha, as he was separated [*parush*] and estranged from human society. When his behavior deteriorated further, they simply called him: Son of a murderer (*Tiferet Yisrael*). Alternatively, he was initially dubbed Teḥina ben Perisha because he acted for the sake of Heaven, as *teḥina* means supplication and *perishut* means asceticism, but when he became corrupt they called him son of a murderer (*Ben Yehoyada*).

PERSONALITIES

Ben Dinai – בֶּן דִּינַאי: Ben Dinai, or ben Dunai, is also mentioned as a famous murderer in tractate *Ketubot*. He is also mentioned by his contemporary, Josephus Flavius, who tells that ben Dinai led a band of armed robbers and murderers in the Galilee for twenty years, until the Romans, using subterfuge, captured him and brought him to judgment in Rome. Although it is not explicitly stated, it seems, based on the context of Josephus's writings, that ben Dinai was also active politically, a type of partisan leader who fought against the Roman rule. This would also explain why he was brought to Rome for judgment and not judged in Eretz Yisrael.

HALAKHA

If the killer is found – נִמְצָא הַהוֹרֵג: If the killer is found before the heifer's neck is broken, it goes out to graze with the rest of the herd. If he is found after the breaking of the neck, the animal is buried where it is, as it was brought only due to uncertainty in the first place. The killer is executed even if he is found after the heifer's neck was broken (Rambam *Sefer Nezikim*, *Hilkhot Rotze'aḥ UShmirat HaNefesh* 10:8).

One witness says: I saw, etc. – עֵד אֶחָד אוֹמֵר רָאִיתִי וכו׳: In a case where one witness said: I saw the killer, while another witness contradicts his claim, saying: You did not see him, if the two witnesses came to the court together, the ritual would be performed (Rambam *Sefer Nezikim*, *Hilkhot Rotze'aḥ UShmirat HaNefesh* 9:13).

And two say: You did not see – וּשְׁנַיִם אוֹמְרִים לֹא רָאִיתָ: If one witness came and said: I saw the killer, and two others said to him: You did not see him, they would break the neck of the heifer (Rambam *Sefer Nezikim*, *Hilkhot Rotze'aḥ UShmirat HaNefesh* 9:14).

And two say: We saw, etc. – שְׁנַיִם אוֹמְרִים רָאִינוּ וכו׳: If two witnesses said: We saw the killer, and one other witness said: You did not see him, they would not break the neck of the heifer (Rambam *Sefer Nezikim*, *Hilkhot Rotze'aḥ UShmirat HaNefesh* 9:14).

From the time when murderers proliferated – מִשֶּׁרַבּוּ הָרוֹצְחָנִין: Once murderers openly proliferated, the ritual of the heifer whose neck is broken was nullified, as the court would not perform the ritual if anyone saw the killer, and it is assumed that someone must have witnessed him (Rambam *Sefer Nezikim*, *Hilkhot Rotze'aḥ UShmirat HaNefesh* 9:12).

משֶׁרַבּוּ הַמְנָאֲפִים – פָּסְקוּ הַמַּיִם הַמָּרִים, וְרַבִּי יוֹחָנָן בֶּן זַכַּאי הִפְסִיקָן, שֶׁנֶּאֱמַר: "לֹא אֶפְקוֹד עַל בְּנוֹתֵיכֶם כִּי תִזְנֶינָה וְעַל כַּלּוֹתֵיכֶם כִּי תְנָאַפְנָה כִּי הֵם" וגו'.

The mishna teaches a similar occurrence: **From the time when adulterers proliferated,**[H] the performance of the ritual of **the bitter waters was nullified;** they would not administer the bitter waters to the *sota*. **And** it was **Rabbi Yoḥanan ben Zakkai** who **nullified it, as** it **is stated: "I will not punish your daughters when they commit harlotry, nor your daughters-in-law when they commit adultery; for they** consort with lewd women" (Hosea 4:14), meaning that when the husbands are adulterers, the wives are not punished for their own adultery.

מִשֶּׁמֵּת יוֹסֵי בֶּן יוֹעֶזֶר אִישׁ צְרֵידָה וְיוֹסֵי בֶּן יְהוּדָה אִישׁ יְרוּשָׁלַיִם – בָּטְלוּ הָאֶשְׁכְּלוֹת, שֶׁנֶּאֱמַר: "אֵין אֶשְׁכּוֹל לֶאֱכוֹל בִּכּוּרָה אִוְּתָה נַפְשִׁי". יוֹחָנָן כֹּהֵן גָּדוֹל הֶעֱבִיר הוֹדָיַית הַמַּעֲשֵׂר; אַף הוּא בִּיטֵּל אֶת הַמְעוֹרְרִין וְאֶת הַנּוֹקְפִין.

From the time **when Yosei ben Yo'ezer of Tzereida and Yosei ben Yehuda of Jerusalem died, the clusters ceased,** i.e., they were the last of the clusters, as explained in the Gemara, **as** it **is stated: "There is no cluster to eat;**[N] **nor first-ripe fig that my soul desires"** (Micah 7:1). The mishna continues in the same vein: **Yoḥanan the High Priest took away the declaration of the tithe.** After his time, no one recited the passage about the elimination of tithes that had previously been said at the end of a three-year tithing cycle. **He also nullified** the actions of **the awakeners and the strikers** at the Temple.

HALAKHA

From the time when adulterers proliferated, etc. – מִשֶּׁרַבּוּ הַמְנָאֲפִים וכו׳: Once adulterous men openly proliferated, the Sanhedrin nullified the rite of the bitter waters, in reliance upon the prophet's words: "I will not punish your daughters when they commit harlotry, nor your daughters-in-law when they commit adultery." The Ramban writes that the waters would not be effective in testing a man's wife even if his son or a member of his household was an adulterer (Rambam *Sefer Nashim*, *Hilkhot Sota* 3:19).

NOTES

There is no cluster to eat – אֵין אֶשְׁכּוֹל לֶאֱכוֹל: In this verse, Micah laments that there are no more great people with whom he can associate, indicating that a great person is called a cluster.

Perek **IX**
Daf **47** Amud **b**

עַד יָמָיו הָיָה פַּטִּישׁ מַכֶּה בִּירוּשָׁלַיִם; וּבִימָיו אֵין צָרִיךְ לִשְׁאוֹל עַל הַדְּמַאי.

Until his days the hammer of smiths **would strike in Jerusalem** on the intermediate days of a Festival, but he banned the practice. **And** furthermore, **in his days there was no need to inquire about doubtfully tithed produce** [*demai*], as everyone was careful to tithe.

גמ׳ תָּנוּ רַבָּנַן: מִנַּיִן שֶׁאִם נֶעֶרְפָה הָעֶגְלָה וְאַחַר כָּךְ נִמְצָא הַהוֹרֵג, שֶׁאֵין פּוֹטֶרֶת אוֹתוֹ? תַּלְמוּד לוֹמַר: "וְלָאָרֶץ לֹא יְכֻפַּר לַדָּם אֲשֶׁר שֻׁפַּךְ בָּהּ כִּי אִם בְּדַם שֹׁפְכוֹ".

GEMARA **The Sages taught: From where** is it derived **that if the heifer's neck was broken and afterward the killer was found,** then the breaking of the neck **does not exempt him**[N] from punishment? **The verse states: "And the land shall not be atoned, for the blood that was spilled in it, but by the blood of he who spilled it"** (Numbers 35:33).

"עֵד אֶחָד אוֹמֵר רָאִיתִי אֶת הַהוֹרֵג" כו׳. טַעְמָא דְּמַכְחִישׁ לֵיהּ, הָא לָא מַכְחִישׁ לֵיהּ – עֵד אֶחָד מְהֵימַן.

The mishna taught that if **one witness says: I saw the killer,** and another testifies: You did not see him, they would break the heifer's neck. The Gemara infers: **The reason** they break the neck **is** because the second witness **contradicts him, but** if no one **contradicts him, one witness is relied upon,** and they do not break the heifer's neck.

מְנָהָנֵי מִילֵּי? דְּתָנוּ רַבָּנַן: "לֹא נוֹדַע מִי הִכָּהוּ", הָא נוֹדַע מִי הִכָּהוּ – אֲפִילּוּ אֶחָד בְּסוֹף הָעוֹלָם – לֹא הָיוּ עוֹרְפִין; רַבִּי עֲקִיבָא אוֹמֵר: מִנַּיִן לְסַנְהֶדְרִין שֶׁרָאוּ אֶחָד שֶׁהָרַג אֶת הַנֶּפֶשׁ וְאֵין מַכִּירִין אוֹתוֹ, שֶׁלֹּא הָיוּ עוֹרְפִין? תַּלְמוּד לוֹמַר: "וְעֵינֵינוּ לֹא רָאוּ", וַהֲלֹא רָאוּ.

From where are these matters derived? The Gemara answers that it is as **the Sages taught** in a *baraita*: It states with regard to the heifer whose neck is broken: **"It is not known who has smitten him"** (Deuteronomy 21:1). **Consequently,** if **it was known**[H] **who smote him, even** if it was only **one** person **at the end of the world**[N] who knew, **they would not break the neck** of the heifer. **Rabbi Akiva says: From where** is it derived **that** if the members of the **Sanhedrin** themselves **saw one** person **kill someone, but they do not recognize him,** then **they would not break the neck** of the heifer? **The verse states: "Nor did our eyes see"** (Deuteronomy 21:7), **and** did they **not see?** Seeing the murder alone obviates the need for the performance of the ritual.

הַשְׁתָּא דְּאָמְרַתְּ עֵד אֶחָד מְהֵימַן, אִידַּךְ חַד הֵיכִי מָצֵי מַכְחִישׁ לֵיהּ? וְהָאָמַר עוּלָּא: כׇּל מָקוֹם שֶׁהֶאֱמִינָה תּוֹרָה עֵד אֶחָד הֲרֵי כָּאן שְׁנַיִם, וְאֵין דְּבָרָיו שֶׁל אֶחָד בִּמְקוֹם שְׁנַיִם! אָמַר לָךְ עוּלָּא, תְּנִי: לֹא הָיוּ עוֹרְפִין. וְכֵן אָמַר רַבִּי יִצְחָק, תְּנִי: לֹא הָיוּ עוֹרְפִין.

The Gemara poses a question: **Now that you have said** that in this case **one witness is relied upon,** if so, **how is the other one able to contradict him? Didn't Ulla say: Wherever the Torah relies on one witness, there is** the equivalent of the testimony of **two** witnesses **here,** and **the statement of one** witness **has no** standing **in a place where** it is contradicted by **two** witnesses. The Gemara answers: **Ulla** could have **said to you** that the text of the mishna should be emended and **teach** the mishna in this way: '**They would not break the neck** of the heifer. **And Rabbi Yitzḥak also said** to **teach: They would not break the neck.**

NOTES

Does not exempt him – שֶׁאֵין פּוֹטֶרֶת אוֹתוֹ: Why would one think the ritual of breaking the heifer's neck should exempt the murderer from punishment? One answer is that there are verses indicating that in the execution of a murderer there is also an element of bringing atonement for the land upon which the murder has taken place. It might be thought that the ritual of the breaking the heifer's neck could obviate this need, and as for the punishment of the murderer, that could be left to the hand of God. The mishna needs to teach that this is not the case, and the court still needs to execute him (*Devar Shaul*).

Even one at the end of the world – אֲפִילּוּ אֶחָד בְּסוֹף הָעוֹלָם: Although the murderer cannot be convicted based on the testimony of a lone witness, the ritual of the heifer whose neck is broken is performed only if the murderer's identity is not known by anyone. The later commentaries discuss the issue of how the court would know that there is one witness at the end of the world, and whether the court can rely on mere rumor in this matter (*Naḥal Eitan*).

HALAKHA

Consequently if it was known, etc. – הָא נוֹדַע וכו׳: If the identity of the murderer was known they would not break the heifer's neck (Rambam *Sefer Nezikin*, *Hilkhot Rotze'aḥ UShmirat HaNefesh* 9:11).

וְרַבִּי חִיָּיא אָמַר, תְּנֵי: הָיוּ עוֹרְפִין. וּלְרַבִּי חִיָּיא קַשְׁיָא דְּעוּלָּא! לָא קַשְׁיָא: כָּאן בְּבַת אַחַת, כָּאן בְּזֶה אַחַר זֶה.

And Rabbi Ḥiyya said that one should **teach: They would break the neck.** The Gemara asks: **And according to Rabbi Ḥiyya,** the above ruling **of Ulla** is **difficult.** The Gemara answers: This is **not difficult,** as **here,** in the mishna, the case is discussing when two witnesses came **simultaneously,**[H] and therefore both of their testimonies are rejected; whereas **there,** with regard to the statement of Ulla, it is referring to a case when they testified **one after the other.** Ulla rules that once the testimony of the first witness has been accepted the testimony of the second witness cannot nullify it.

תְּנַן: עֵד אֶחָד אוֹמֵר ״רָאִיתִי אֶת הַהוֹרֵג״ וּשְׁנַיִם אוֹמְרִים ״לֹא רָאִיתָ״ – הָיוּ עוֹרְפִין; הָא חַד וְחַד – לֹא הָיוּ עוֹרְפִין. תְּיוּבְתָּא דְּרַבִּי חִיָּיא!

We learned in the mishna: If **one witness says: I saw the killer, and two say: You did not see, they would break the neck.** This cannot be stated just to teach us this *halakha,* as the fact that two witnesses override one witness is well known. The Gemara assumes that it is stated for the following inference: **Therefore,** if **one** testified, **and** the other **one** then testified, **they would not break the neck.** This appears to be **a conclusive refutation of Rabbi Ḥiyya,** who has the text of: They would break the neck.

וְלִיטַעֲמִיךְ, אֵימָא סֵיפָא: שְׁנַיִם אוֹמְרִים ״רָאִינוּ״ וְעֵד אֶחָד אוֹמֵר ״לֹא רְאִיתֶם״ – לֹא הָיוּ עוֹרְפִין; הָא חַד וְחַד – הָיוּ עוֹרְפִין!

The Gemara answers: **And according to your reasoning** that the mishna states its cases in order to teach an inference, **say the latter clause** of the mishna: If **two** witnesses **say: We saw, and one** witness **says: You did not see, they would not break the neck.** The Gemara makes an inference from this clause: **Therefore,** if **one** came **and** then the other **one** came, i.e., they did not come simultaneously, **they would break the neck.** The two inferences from the different clauses of the mishna consequently contradict one another, and the mishna needs to be explained differently.

אֶלָּא, מַתְנִיתִין כּוּלָּהּ בִּפְסוּלֵי עֵדוּת, וְכִדְרַבִּי נְחֶמְיָה, דְּאָמַר: כָּל מָקוֹם שֶׁהֶאֱמִינָה תּוֹרָה עֵד אֶחָד – הַלֵּךְ אַחַר רוֹב דֵּעוֹת, וְעָשׂוּ שְׁתֵּי נָשִׁים בְּאִישׁ אֶחָד כִּשְׁנֵי אֲנָשִׁים בְּאִישׁ אֶחָד.

Rather, the correct understanding is that **the entire mishna** is not dealing with valid witnesses and stating an obvious *halakha* in order to enable an inference, but instead it is dealing **with** people who are **disqualified** from **bearing witness** and is also teaching us a novel ruling. **And** the mishna is **in accordance with** the opinion **of Rabbi Neḥemya, who says: Wherever the Torah relies on one witness, follow the majority of opinions.** In other words, if the testimonies of two disqualified witnesses conflict, the court rules in accordance with the testimony provided by more witnesses, whether or not they are qualified to testify. **And they established** that with regard to the testimony of **two women,** who are usually disqualified from testifying, when they testify **against one man,** it should be **like** that of **two men against one man,** and the court will rule in accordance with the testimony of the two women.

וְאִיכָּא דְּאָמְרִי: כָּל הֵיכָא דַּאֲתָא עֵד אֶחָד כָּשֵׁר מֵעִיקָּרָא – אֲפִילּוּ מֵאָה נָשִׁים כִּי אֶחָד דָּמְיָין. וְהָכָא בְּמַאי עָסְקִינַן – כְּגוֹן דַּאֲתַאי אִשָּׁה מֵעִיקָּרָא, וְתַרְצָה לְדְרַבִּי נְחֶמְיָה הָכִי, רַבִּי נְחֶמְיָה אוֹמֵר: כָּל מָקוֹם שֶׁהֶאֱמִינָה תּוֹרָה עֵד אֶחָד – הַלֵּךְ אַחַר רוֹב דֵּעוֹת, וְעָשׂוּ שְׁתֵּי נָשִׁים בְּאִשָּׁה אַחַת כִּשְׁנֵי אֲנָשִׁים בְּאִישׁ אֶחָד, אֲבָל שְׁתֵּי נָשִׁים בְּאִישׁ אֶחָד – כִּי פַּלְגָא וּפַלְגָא דָּמֵי.

And there are those **who say** a different version of Rabbi Neḥemya's opinion: **Anywhere that one valid witness came**[H] **at the outset, even one hundred women** who later contradict him **are considered like one** witness, and do not override his testimony. **And with what are we dealing here** in the mishna? A case **where a woman came at the outset,**[H] and testified that she saw the killer. Then two other women arrived to contradict her statement. **And** according to this interpretation you must **emend the** statement **of Rabbi Neḥemya** so that it reads **like this: Rabbi Neḥemya says: Wherever the Torah relies on one witness, follow the majority of opinions. And they established** that **two women**[H] **against one woman** are **like two men against one man. But two women** in opposition **to one man** who is a valid witness **is like half** of a pair of witnesses **and half** of a pair of witnesses, and the mishna did not address that case.

HALAKHA

Here, simultaneously – **כָּאן בְּבַת אַחַת:** If one witness came and said: I saw the murderer, and another witness, who arrived together with the first, contradicts his claim and states: You did not see him, they would break the neck. If, however, the testimony of the first witness was accepted before the second one came and contradicted his claim, the court disregards the testimony of the second witness and they do not break the heifer's neck, in accordance with the opinion of Ulla (Rambam *Sefer Nezikin, Hilkhot Rotze'aḥ UShmirat HaNefesh* 9:13).

HALAKHA

Anywhere that one valid witness came, etc. – **כָּל הֵיכָא דַּאֲתָא עֵד אֶחָד כָּשֵׁר וכו׳:** If one witness came and said: I saw the murderer, and two women or other disqualified witnesses came and said: You did not see him, they do not break the heifer's neck (Rambam *Sefer Nezikin, Hilkhot Rotze'aḥ UShmirat HaNefesh* 9:15).

Where a woman came at the outset – **דַּאֲתַאי אִשָּׁה מֵעִיקָּרָא:** If a woman says: I saw the murderer, and another woman says: You did not see him, whether they came simultaneously or one after the other they would break the heifer's neck. The Ra'avad maintains that the court follows the first witness in that case even if the others are disqualified male witnesses (Rambam *Sefer Nezikin, Hilkhot Rotze'aḥ UShmirat HaNefesh* 9:14).

They established that two women, etc. – **עָשׂוּ שְׁתֵּי נָשִׁים וכו׳:** If two women or two disqualified witnesses say: We saw the murderer, and one valid witness says: You did not see him, they would break the heifer's neck. Even if one hundred disqualified witnesses were contradicted by a single valid witness, they are relied upon equally. The Ra'avad states that if the valid witness came before the court after the disqualified witnesses had testified, the court follows the majority opinion (Rambam *Sefer Nezikin, Hilkhot Rotze'aḥ UShmirat HaNefesh* 9:16).

HALAKHA

We follow the majority opinion – אזלינן בתר רוב דעות: If three invalid witnesses came and said: We saw the murderer, and four other invalid witnesses stated that the first group did not see him, they break the heifer's neck. The principle is that the court follows the majority opinion in a case of disqualified witnesses (Rambam *Sefer Nezikin, Hilkhot Rotze'aḥ UShmirat HaNefesh* 9:17).

ותרתי פסולי עדות למה לי? מהו דתימא: כי אזלינן בתר רוב דעות – לחומרא, אבל לקולא – לא. קא משמע לן.

The Gemara poses a question on these two interpretations of the mishna: **And why do I** need **two** cases in the mishna to teach the *halakha* that the majority opinion of **those disqualified** from **bearing witness** is followed? The Gemara explains: It is necessary, **lest you say** that **when we follow the majority opinion**[H] in the case of invalid witnesses, this is when it results in a decision **to be stringent** and require the performance of the ritual. **But** when it results in a decision **to be lenient** and say that the ritual is not required, we do **not** follow the majority opinion, and the performance of the ritual is required even if there is one witness saying that the killer was not seen. Therefore, the mishna **teaches us** that there is no difference in this regard, and the majority opinion is followed in any case.

״משרבו הרוצחין״ כו׳. תנו רבנן: משרבו הרוצחנין – בטלה עגלה ערופה, לפי שאינה באה אלא על הספק. משרבו הרוצחנין בגלוי – בטלה עגלה ערופה.

§ The mishna taught that **from** the time **when murderers proliferated,** the ritual of the heifer whose neck is broken was nullified. **The Sages taught: From** the time **when murderers proliferated,** the ritual of **the heifer whose neck is broken was nullified, because it comes only for** a case involving **uncertainty** with regard to the identity of the murderer. Therefore, **when there was an increase of murderers** acting **openly**[N] so that their identities were known, the ritual of **the heifer whose neck is broken was nullified.**

״משרבו הנואפין״ כו׳. תנו רבנן: ״ונקה האיש מעון״, בזמן שהאיש מנוקה מעון – המים בודקין את אשתו. אין האיש מנוקה מעון – אין המים בודקין את אשתו. ואומר: ״לא אפקוד על בנותיכם כי תזנינה״ כו׳.

The mishna also taught that **from** the time **when adulterers proliferated,**[N] the performance of the ritual of the bitter water of a *sota* was nullified. **The Sages taught:** It states: **"And the man shall be cleared of transgression,** and that woman shall bear her transgression" (Numbers 5:31), which indicates that **when the man is clear of transgression the waters evaluate** if **his wife** was unfaithful, but **if the man is not clear of transgression the waters do not evaluate** if **his wife** was unfaithful. **And it states: "I will not punish your daughters when they commit harlotry,** nor your daughters-in-law when they commit adultery; for they consort with lewd women, and they sacrifice with prostitutes; and the people that is without understanding is distraught" (Hosea 4:14).

מאי ״ואומר״? וכי תימא, עון דידיה – אין, דבניה ודבנתיה – לא, תא שמע: ״לא אפקוד על בנותיכם כי תזנינה ועל כלותיכם כי תנאפנה״.

The Gemara clarifies: **What is** the purpose of the addition of: **And it states?** What is lacking in the exposition from the verse of the Torah? The Gemara explains: **And if you would say** that based on the verse: "And the man shall be cleared of transgression," the *halakha* would be that with regard to **his transgression, yes,** it will cause the waters to be ineffective, but the transgression **of his sons and daughters**[N] does **not** impact the effectiveness, **come** and **hear** the verse: **"I will not punish your daughters,"** i.e., I will not punish your wives, due to your daughters, **"when they commit harlotry, nor your daughters-in-law when they commit adultery."**

וכי תימא, עון אשת איש – אין, עון דפנויה – לא, תא שמע: ״כי הם עם הזונות יפרדו ועם הקדשות יזבחו״ וגו׳.

And if you would say: With regard to the **transgression of** adultery with **a married woman, yes,** it will cause the waters to be ineffective, but the **transgression of** one who engaged in sexual intercourse with **an unmarried woman** does **not** impact the effectiveness, **come** and **hear** the continuation of the verse: **"For they consort with lewd women, and they sacrifice with prostitutes."**

NOTES

Murderers acting openly – הרוצחנין בגלוי: The reason for the ritual of the heifer whose neck is broken is in order to help discover the killer's identity, so that the court can then bring him to justice. The Gemara (*Avoda Zara* 8b) teaches that once murder became commonplace the courts no longer applied the death penalty. Therefore, the ritual was nullified, as it could no longer serve its purpose (Rashash).

When adulterers proliferated, etc. – משרבו הנואפין וכו׳: The Jerusalem Talmud states that the verse "And the woman shall be a curse in the midst of her people" (Numbers 5:27) indicates that the *sota* ritual is performed only in a society where an act of adultery would be cause for the transgressor to be cursed by all. When adultery became commonplace and this objective was no longer achievable, the ritual was nullified. The Rambam follows the explanation of the Gemara here, which says that the increase of adulterers caused the bitter water of the *sota* frequently to be ineffective. Since this led people to doubt the power of the bitter water, Rabban Yoḥanan ben Zakkai relied on the words of the prophet Hosea and nullified the ritual.

Of his sons and daughters, etc. – דבניה ודבנתיה וכו׳: Why should the transgressions of the members of the household be reflective of whether the head of the household has transgressed? The Meiri explains that if a person sees the members of his household acting improperly and fails to reprimand them, this raises suspicion that he too is lax with regard to the same transgression. The *Tosefot HaRosh* states that if he does not object, he is considered a partner to their deeds and is therefore a sinner himself.

מַאי "וְעָם לֹא יָבִין יִלָּבֵט"? אָמַר רַבִּי אֶלְעָזָר, אָמַר לָהֶם נָבִיא לְיִשְׂרָאֵל: אִם אַתֶּם מַקְפִּידִין עַל עַצְמְכֶם – מַיִם בּוֹדְקִין נְשׁוֹתֵיכֶם, וְאִם לָאו – אֵין הַמַּיִם בּוֹדְקִין נְשׁוֹתֵיכֶם.

The Gemara turns its attention to the end of the verse. **What is the** meaning of: **"And the people that is without understanding is distraught"? Rabbi Elazar says: The prophet said to the Jewish people: If you are particular about yourselves, the water evaluates your wives; but if not, the water does not evaluate your wives.** This would make people distraught, as they would not know how to overcome their suspicion if they are concerned that their wives have been unfaithful.

מִשֶּׁרַבּוּ בַּעֲלֵי הֲנָאָה – נִתְעַוְּתוּ הַדִּינִין, וְנִתְקַלְקְלוּ הַמַּעֲשִׂים, וְאֵין נוֹחַ בָּעוֹלָם. מִשֶּׁרַבּוּ רוֹאֵי פָּנִים בַּדִּין – בָּטֵל "לֹא תָגוּרוּ", וּפָסַק "לֹא תַכִּירוּ", וּפָרְקוּ עוֹל שָׁמַיִם וְנָתְנוּ עֲלֵיהֶם עוֹל בָּשָׂר וָדָם.

§ The Gemara cites statements similar to those of the mishna. **From** the time **when those who accept benefit**[N] from others **proliferated, the laws became twisted and deeds became corrupted, and there was no comfort in the world. From** the time **when those who look at the faces** of the litigants **in judgment,** in order to rule based on the appearance of the litigants, **proliferated,** the fulfillment of the verse: **"You shall not fear** the face of any man" (Deuteronomy 1:17), **ceased, and** the fulfillment of the verse: **"You shall not respect** faces in judgment" (Deuteronomy 1:17), **halted, and they removed the yoke of Heaven** from themselves, **and placed upon themselves the yoke of flesh and blood.**

מִשֶּׁרַבּוּ לוֹחֲשֵׁי לְחִישׁוֹת בַּדִּין – רַבָּה חֲרוֹן אַף בְּיִשְׂרָאֵל, וְנִסְתַּלְּקָה הַשְּׁכִינָה, מִשּׁוּם שֶׁנֶּאֱמַר: "בְּקֶרֶב אֱלֹהִים יִשְׁפֹּט". מִשֶּׁרַבּוּ "אַחֲרֵי בִצְעָם לִבָּם הֹלֵךְ" – רַבּוּ "הָאוֹמְרִים לָרַע טוֹב וְלַטּוֹב רָע". מִשֶּׁרַבּוּ "הָאוֹמְרִים לָרַע טוֹב וְלַטּוֹב רָע" – רַבּוּ "הוֹי הוֹי" בָּעוֹלָם.

From the time **when those who whisper whisperings in judgment,** advising judges surreptitiously, **proliferated, fierce anger proliferated in Israel, and the Divine Presence departed, because it is stated:** "God stands in the congregation of God; **in the midst of the judges He judges"** (Psalms 82:1). The Divine Presence that dwells among judges leaves if they judge improperly. **From** the time **when** those who are referred to in the verse: **"Their heart goes after their covetousness"** (Ezekiel 33:31), **proliferated, "Those who say to evil good, and to good evil"** (Isaiah 5:20) **proliferated,** i.e., those who treat wicked people as though they were righteous proliferated as a result. **From** the time **when** the fulfillment of the verse: **"Those who say to evil good, and to good evil," proliferated,** the cry of: **Woe, woe, proliferated in the world.** There was an increase in troubles that cause people to cry out.

מִשֶּׁרַבּוּ מוֹשְׁכֵי הָרוֹק – רַבּוּ הַיְּהִירִים, וְנִתְמַעֲטוּ הַתַּלְמִידִים, וְהַתּוֹרָה חוֹזֶרֶת עַל לוֹמְדֶיהָ. מִשֶּׁרַבּוּ הַיְּהִירִים – הִתְחִילוּ בְּנוֹת יִשְׂרָאֵל לְהִנָּשֵׂא לַיְּהִירִים, שֶׁאֵין דּוֹרֵינוּ רוֹאֶה אֶלָּא לַפָּנִים.

From the time **when those who** show their arrogance by **drawing** out **spittle**[N] **proliferated,** the number of **haughty people** in general **proliferated, and the** number of **students decreased,** as they would say haughtily that there was nothing left for them to learn, **and the Torah** needs to **go around to** seek **those who study it,** as people do not learn of their own initiative. Furthermore, **from** the time **when haughty people proliferated, the daughters of Israel began marrying haughty men, as our generation looks only at the face,** i.e., the external aspects of a person, and ignores the inner aspects of a person.

אִינִי? וְהָאָמַר מָר: הַאי מַאן דְּמַיְּהַר, אֲפִילּוּ אַאִינְשֵׁי בֵּיתֵיהּ לָא מִיקַּבַּל, שֶׁנֶּאֱמַר: "גֶּבֶר יָהִיר וְלֹא יִנְוֶה", לֹא יִנְוֶה אֲפִילּוּ בְּנָוֶה שֶׁלּוֹ! מֵעִיקָּרָא קָפְצָה עֲלֵיהּ, לְסוֹף מִיתְזִיל עֲלַיְיהוּ.

The Gemara raises a difficulty: **Is that so?** Do women wish to marry arrogant men? **But didn't the Master say: One who is haughty is not even accepted by the members of his household, as it is stated: "The haughty man abides not"** (Habakkuk 2:5)? **"Abides [*yinaveh*] not"** means that **even in his abode [*naveh*],** he is not accepted. The Gemara explains: **Initially, she jumps at** the chance to marry **him,** because he appears to be a great person to her, but **in the end,** once she gets to know him, **he is demeaned in her eyes.**

NOTES

Those who accept benefit – בַּעֲלֵי הֲנָאָה: Rashi explains that this means people who are enslaved to their pleasures, even permitted pleasures. Such a person will not have the dedication needed to render accurate judgments. The Maharsha maintains that it refers to judges who derive benefit from the money of people in their community, as this will prevent them from analyzing their cases in a fair manner. This interpretation fits in well with the other examples listed by the Gemara.

Drawing out spittle – מוֹשְׁכֵי הָרוֹק: Rashi writes that this means that they would extend their spittle. He probably means that they were excessively particular about their manners, and would even attempt to spit in a way that seemed to them to be dignified. Others explain it, based on a similar Arabic expression, to mean those who do not keep their word.

משֶׁרַבּוּ מְטִילֵי מְלַאי עַל בַּעֲלֵי בָתִּים – רַבָּה הַשּׁוֹחַד וְהַטָּיַית מִשְׁפָּט, וּפָסְקָה טוֹבָה. מִשֶּׁרַבּוּ "מְקַבְּלֵנִי טוֹבָתְךָ" וּ"מַחֲזִקְנִי טוֹבוֹתֶיךָ" – רַבּוּ "אִישׁ הַיָּשָׁר בְּעֵינָיו יַעֲשֶׂה", שְׁפָלִים הוּגְבָּהוּ וְהַגְּבוֹהִים הוּשְׁפָּלוּ, וּמַלְכוּתָא אָזְלָא וְנָוְלָא. מִשֶּׁרַבּוּ צָרֵי עַיִן וְטוֹרְפֵי טֶרֶף – רַבּוּ מְאַמְּצֵי הַלֵּב וְקוֹפְצֵי יָדַיִם מִלְּהַלְווֹת, וְעָבְרוּ עַל מַה שֶּׁכָּתוּב בַּתּוֹרָה: "הִשָּׁמֶר לְךָ פֶּן" וגו'.

The *baraita* continues: **From** the time **when there was an increase** in those who **placed upon homeowners** the obligation to designate the profits from **merchandise** for the upkeep of judges, **bribery and corruption of judgment proliferated and good ceased. From** the time **when** those judges and leaders who say: **I accept your favor, and: I hold your favor, proliferated,** the fulfillment of the verse: **"Every man did that which was right in his eyes"** (Judges 17:6), **proliferated. Lowly ones were raised and lofty ones were lowered, and the monarchy is increasingly on the decline. From** the time **when misers and those greedy for profit**[N] **proliferated, those hardened of heart and who closed their hands from lending proliferated, and they transgressed that which is written in the Torah:** "You shall not harden your heart, nor shut your hand from your needy brother… **Guard yourself in case** there is a base thought in your heart… and you do not give him" (Deuteronomy 15:7, 9).

מִשֶּׁרַבּוּ "נְטוּיוֹת גָּרוֹן וּמְשַׂקְּרוֹת עֵינָיִם" – רַבּוּ מַיִם הַמָּרִים, אֶלָּא שֶׁפָּסְקוּ. מִשֶּׁרַבּוּ מְקַבְּלֵי מַתָּנוֹת – נִתְמַעֲטוּ הַיָּמִים וְנִתְקַצְּרוּ הַשָּׁנִים, דִּכְתִיב: "וְשׂוֹנֵא מַתָּנֹת יִחְיֶה". מִשֶּׁרַבּוּ זְחוּחֵי הַלֵּב – רַבּוּ מַחֲלוֹקֶת בְּיִשְׂרָאֵל. מִשֶּׁרַבּוּ תַּלְמִידֵי שַׁמַּאי וְהִילֵּל שֶׁלֹּא שִׁימְּשׁוּ כָּל צוֹרְכָּן – רַבּוּ מַחֲלוֹקֶת בְּיִשְׂרָאֵל, וְנַעֲשֵׂית תּוֹרָה כִּשְׁתֵּי תוֹרוֹת. מִשֶּׁרַבּוּ מְקַבְּלֵי צְדָקָה מִן הַנָּכְרִי – הָיוּ יִשְׂרָאֵל לְמַעְלָה וְהֵם לְמַטָּה, יִשְׂרָאֵל לְפָנִים וְהֵם לְאָחוֹר.

From the time **when** women with **"stretched-forth necks and wanton eyes"** (Isaiah 3:16) **proliferated, the bitter waters** of a *sota* **proliferated,** as more people were suspected of committing adultery; **but they** eventually **ceased** when licentiousness became too widespread. **From** the time **when those who accept gifts proliferated, the days decreased and the years shortened, as it is written: "And he who hates gifts lives"** (Proverbs 15:27). **From** the time **when those with boastful** [***zehuhei***][L] **hearts proliferated, dispute proliferated in Israel. From** the time **when the students of Shammai and Hillel**[P] **who did not serve** their Rabbis **sufficiently**[N] **proliferated, dispute proliferated in Israel, and the Torah became like two Torahs. From** the time **when those who accept charity from gentiles**[N] **proliferated, the Jewish people were above and they below; the Jewish people ahead and they behind.** This last statement is a euphemism; it was the Jewish people that were below and behind, but the Gemara did not want to say so explicitly.

"מִשֶּׁמֵּת יוֹסֵי בֶּן יוֹעֶזֶר" כו'. מַאי אֶשְׁכּוֹלוֹת? אָמַר רַב יְהוּדָה אָמַר שְׁמוּאֵל: אִישׁ שֶׁהַכֹּל בּוֹ. "יוֹחָנָן כֹּהֵן גָּדוֹל הֶעֱבִיר הוֹדָיַית הַמַּעֲשֵׂר" כו'. מַאי טַעֲמָא? אָמַר רַבִּי יוֹסֵי בְּרַבִּי חֲנִינָא: לְפִי שֶׁאֵין נוֹתְנִין אוֹתוֹ כְּתִיקּוּנוֹ, דְּרַחֲמָנָא אָמַר דְּיָהֲבִי לַלְוִיִּם,

§ The mishna taught that **from** the time **when Yosei ben Yo'ezer died** the clusters ceased. The Gemara poses a question: **What is the meaning of clusters** [***eshkolot***]?[L] **Rav Yehuda says** that **Shmuel says:** It means **a man who contains all** [***ish shehakol bo***] elements of Torah and mitzvot. The mishna further taught that **Yoḥanan the High Priest took away the declaration of the tithe.** The Gemara poses a question: **What is the reason** he did this? **Rabbi Yosei, son of Rabbi Ḥanina, says: Because they did not give** the tithe **in the proper manner**[H] as stated by the Torah. In what way is that? **As the Merciful One states** in the Torah **that they should give** the first tithe **to the Levites,**

NOTES

Those greedy for profit – טוֹרְפֵי טֶרֶף: According to the Maharsha, this refers to people who deprive others of their livelihood, including those who raise the prices of basic necessities or engage in other such practices.

Who did not serve sufficiently – שֶׁלֹּא שִׁימְּשׁוּ כָּל צוֹרְכָּן: Shammai and Hillel themselves disagreed in only three or four cases. With the increase of students who misinterpreted their Rabbi's teachings, two schools of thought were formed who disputed many issues of *halakha*.

Those who accept charity from gentiles – מְקַבְּלֵי צְדָקָה מִן הַנָּכְרִי: Accepting handouts from gentiles constitutes a desecration of the Divine Name, as it indicates that the Jewish people cannot, or will not, support their own poor, and are in need of others. When many people act in this manner, the Jewish people's image as a whole is tarnished.

LANGUAGE

Boastful [*zehuhei*] – זְחוּחֵי: Other versions of the text read *zehuhei*. The root of this word is to be haughty or boastful, similar to the Arabic زهي, *zuhiya*.

Clusters [*eshkolot*] – אֶשְׁכּוֹלוֹת: The comparison of Sages to a cluster is made in other places as well (see *Ḥullin* 92a). Shmuel here added to the comparison through the exposition of *Eshkol* to mean *ish kol*, meaning a man with all. Some say that this word also alludes to the Greek σχολή, *scholē*, meaning study or logic. It is also the source of the English word scholar.

PERSONALITIES

The students of Shammai and Hillel – תַּלְמִידֵי שַׁמַּאי וְהִילֵּל: Shammai and Hillel, the last of the pairs of Sages, lived about one hundred years prior to the destruction of the Temple, at the beginning of Herod's reign. Shammai and Hillel were noted as having different personalities. Shammai took a severe approach and held others to a high standard in terms of their actions and motivation (see, e.g., *Shabbat* 31a). Nevertheless, it was Shammai who coined the phrase: One should receive all people with a pleasant countenance (*Avot*, chapter 1). Hillel, by contrast, treated himself and others in an easygoing manner, and exhibited extreme flexibility to avoid conflict. While Shammai and Hillel themselves engaged in only a handful of halakhic disputes, *tanna'im* who studied at the academies they established, known as Beit Shammai and Beit Hillel, did not attend to their masters as much attention as necessary and engaged in many more disputes (see *Sanhedrin* 88b).

HALAKHA

Because they did not give it in the proper manner – לְפִי שֶׁאֵין נוֹתְנִין אוֹתוֹ כְּתִיקּוּנוֹ: The gifts from one's produce must be separated in the proper order or else the owner cannot recite the declaration. If he gave, for instance, the second tithe before the first one, he cannot recite it. During the period when the first tithe was given to the priests instead of the Levites they would not recite the declaration, as the verse was not fulfilled in the proper manner (Rambam *Sefer Zera'im*, *Hilkhot Ma'aser Sheni* 11:13).

ואנן קא יהבינן לכהנים.

and we give it to the priests.[H] Ezra penalized the Levites for not ascending with him from Babylonia to Eretz Yisrael by taking away their right to the first tithe. Consequently, the owner of the produce can no longer recite the declaration of tithes, which includes the statement: "I have done according to all that You have commanded me" (Deuteronomy 26:14), as he did not give the tithe to the Levites.

ולודי אשאר מעשרות! אמר ריש לקיש: כל בית שאין מתודה על מעשר ראשון, שוב אין מתודה על שאר מעשרות. מאי טעמא? אמר אביי: הואיל ופתח בו הכתוב תחילה.

The Gemara asks: **And let him** at least **declare** that he donated **the other tithes** in the proper manner. **Reish Lakish said: Any house that does not state the declaration**[H] **about** the **first tithe can no longer state the declaration of the other** types of **tithes.** The Gemara asks: **What is the reason** for this? **Abaye said: Because the written** verse **began** the declaration **with** the tithe given to the Levites: "And I also gave it to the Levite, and to the stranger, to the orphan, and to the widow, in accordance with all Your mitzvot that You commanded me" (Deuteronomy 26:13). If he cannot say the first part of the declaration, he cannot say the rest.

מכלל דאפרושי הוו מפרשי, והא תניא: אף הוא ביטל את הוידוי וגזר על הדמאי, לפי ששלח בכל גבול ישראל וראה שאין מפרישין אלא תרומה גדולה בלבד, ומעשר ראשון ומעשר שני מקצתן מעשרין ומקצתן אין מעשרין.

The Gemara poses a question: The fact that Rabbi Yoḥanan canceled the declaration of tithes proves **by inference that they would separate** tithes in his days. **But isn't it taught** (*Tosefta* 13:10): **He,** Yoḥanan the High Priest, **also canceled the declaration** of tithes **and decreed with regard to doubtfully tithed produce** [*demai*]?[N] Why did he issue this decree? **Because he sent** messengers **throughout** the land, to **all the borders of** Eretz **Yisrael**[H] to investigate, **and saw that they would separate only *teruma gedola*,**[N] and as for **first tithe and second tithe, some** people **would tithe and some** people **would not tithe.**

אמר להם: בני, בואו ואומר לכם: כשם שתרומה גדולה יש בה עון מיתה, כך תרומת מעשר וטבל יש בהן עון מיתה.

He said to them: My sons, come and I will tell you something: **Just as the** *halakhot* of ***teruma gedola*** include **a transgression punishable by death** at the hand of God, as one who ate produce from which *teruma* has not been separated is punished with death from Heaven, **so too,** the ***teruma* of the tithe,** the portion the Levites must separate from their first tithe and give to priests, **and untithed produce,** these include **a transgression punishable by death** at the hand of God, if the produce is eaten without the tithes having been taken.

עמד והתקין להם: הלוקח פירות מעם הארץ – מפריש מהן מעשר ראשון ומעשר שני, מעשר ראשון מפריש ממנה תרומת מעשר ונותנה לכהן. ומעשר שני עולה ואוכלו בירושלים. מעשר ראשון ומעשר עני – המוציא מחבירו עליו הראיה!

Realizing that it was uncertain with regard to whether or not people were separating tithes, **he arose and instituted an ordinance for them**[H] with regard to doubtfully tithed produce: **One who purchases produce from an *am ha'aretz*,** which may or may not have been tithed, **must separate from** the produce **first tithe and second tithe** due to the uncertainty as to whether or not the *am ha'aretz* separated them. As for **first tithe, he** then **separates *teruma* of the tithe from it and gives it to a priest, and** with regard to **second tithe, he goes up and eats it in Jerusalem.** However, with regard to the giving of **first tithe** to the Levite, **and the poor man's tithe,** which can be eaten by anyone, as the Levites and the poor only have monetary rights to the produce, **the burden of proof rests upon the claimant.** Since the Levites and the poor cannot prove that these tithes had not already been set aside by the *am ha'aretz*, they cannot force the buyer to give them those tithes.

תרתי תקן, ביטל וידוי דחבירים, וגזר על דמאי של עמי הארץ.

In any case, the Gemara proves from the *baraita* that not all people would separate tithes in the time of Yoḥanan the High Priest. The Gemara answers: **He instituted two ordinances: He canceled the declaration of tithes of those devoted to the meticulous observance of mitzvot** [***ḥaverim***], especially *halakhot* of *teruma* and tithes, **and he decreed with regard to doubtfully tithed produce** purchased **from *amei ha'aretz*,** because they may not have separated tithes at all.

HALAKHA

And we give it to the priests – ואנן קא יהבינן לכהנים: Ezra penalized the Levites of his time for not ascending to Jerusalem with him, decreeing that they should not receive the first tithe but that it should go to the priests instead. The Radbaz and the *Kesef Mishne* both state that the decree applied only in Ezra's time, but afterward the tithe could be given either to the Levites or the priests (Rambam *Sefer Zera'im, Hilkhot Ma'asrot* 1:4).

Any house that does not state the declaration, etc. – כל בית שאין מתודה וכו׳: One may recite the declaration of tithes only if none of the gifts remain in his possession, as it is stated: "I have cleared the sacred things from my house" (Deuteronomy 26:13). The Rambam indicates that not only does holding on to the first tithe preclude the recitation of the declaration, but one may not recite the declaration if he has failed to give any of the gifts in the proper manner (Rambam *Sefer Zera'im, Hilkhot Ma'aser Sheni* 11:7).

He sent throughout the land, to all the borders of Eretz Yisrael, etc. – שלח בכל גבול ישראל וכו׳: In the days of Yoḥanan the High Priest, the Sanhedrin conducted an investigation and found that all were careful to separate *teruma gedola*, but some *amei ha'aretz* were lax in the proper separation of both the first and second tithes and the tithe for the poor. Consequently, they decreed that only *ḥaverim* could be relied upon with regard to tithes, and the produce of *amei ha'aretz* was considered doubtfully tithed and could not be eaten until it was tithed by the new owner. Such produce is called *demai* (Rambam *Sefer Zera'im, Hilkhot Ma'asrot* 9:1).

He arose and instituted an ordinance for them, etc. – עמד והתקין להם וכו׳: The Sages decreed that one must separate the *teruma* of the tithe from doubtfully tithed produce, as its consumption is punished by death from Heaven. One must likewise set aside the second tithe. Since it is eaten by the owner, he incurs no financial loss by doing so. However, the first tithe and the poor man's tithe are not given from doubtfully tithed produce, as it is not certain that they have not been separated by the *am ha'aretz*, and the burden of proof rests upon the claimant (Rambam *Sefer Zera'im, Hilkhot Ma'asrot* 9:2).

NOTES

And decreed with regard to doubtfully tithed produce [*demai*] – וגזר על הדמאי: The standard explanation of the word *demai* is that it is an acronym of the Aramaic *da mai*, meaning: This, what is it? In other words, is this produce tithed or not? The eponymous tractate in the order of *Zera'im* is devoted to the *halakhot* of doubtfully tithed produce, which addresses issues such as which doubtfully tithed produce requires tithing, and who is believed when they claim to have separated tithes in the proper manner. The general practice with regard to doubtfully tithed produce is to assume most *amei ha'aretz* do separate tithes properly, but nevertheless a decree was instituted due to the minority who neglected to do so.

Only *teruma gedola* – תרומה גדולה בלבד: The reason why they would separate *teruma gedola* is because they would have to give only a small amount, generally 2 percent, and according to Torah law even a single grain will exempt an entire pile. Another reason why they viewed *teruma gedola* differently is because it has special sanctity, as the *halakhot* of ritual purity apply to it from the moment it has been separated and it is prohibited to non-priests. By contrast, since tithes can be eaten like regular produce, the *amei ha'aretz* did not consider them to be sacred. They were also not concerned for the general prohibition of untithed produce, and ignored the fact that the first tithe contains within it the *teruma* of the tithe, which must be given to a priest and has the status of *teruma* in all regards.

״וְאַף הוּא בִּיטֵּל אֶת הַמְעוֹרְרִים״. מַאי מְעוֹרְרִים? אָמַר רַחֲבָה: בְּכָל יוֹם וְיוֹם שֶׁהָיוּ עוֹמְדִים לְוִיִּם עַל דּוּכָן וְאוֹמְרִים: ״עוּרָה לָמָּה תִישַׁן ה׳״. אָמַר לָהֶן: וְכִי יֵשׁ שֵׁינָה לִפְנֵי הַמָּקוֹם? וַהֲלֹא כְּבָר נֶאֱמַר: ״הִנֵּה לֹא יָנוּם וְלֹא יִישָׁן שׁוֹמֵר יִשְׂרָאֵל״! אֶלָּא, בִּזְמַן שֶׁיִּשְׂרָאֵל שְׁרוּיִין בְּצַעַר וְאוּמּוֹת הָעוֹלָם בְּנַחַת וְשַׁלְוָה, לְכָךְ נֶאֱמַר: ״עוּרָה לָמָּה תִישַׁן ה׳״.

§ The mishna further taught: **He also nullified** the actions of **the awakeners.** The Gemara poses a question: **What are awakeners? Rahava says: On each and every day when the Levites stood on the platform** in the Temple **they** would **say: "Awake, why do you sleep, O Lord?"** (Psalms 44:24). Therefore, they were called awakeners. Yoḥanan the High Priest **said to them: Does the Omnipresent sleep,** that you call upon Him to awaken? **But isn't it already stated: "Behold, He that keeps Israel neither slumbers nor sleeps"** (Psalms 121:4)? **Rather, when the Jewish people are in a state of suffering, and the nations of the world are in** a state of **calm and serenity,** it is **with regard to this** that it **is stated: "Awake, why do you sleep, O Lord?"** If the verse were to be recited every morning it would be interpreted in the wrong way, so Yoḥanan the High Priest therefore canceled the daily recitation of this verse.

״וְאֶת הַנּוֹקְפִים״. מַאי נוֹקְפִים? אָמַר רַב יְהוּדָה אָמַר שְׁמוּאֵל: שֶׁהָיוּ מְסָרְטִין לָעֵגֶל בֵּין קַרְנָיו כְּדֵי שֶׁיִּפּוֹל דָּם בְּעֵינָיו. אֲתָא אִיהוּ בָּטֵיל, מִשּׁוּם דְּמֶיחֱזֵי כִּי מוּמָא.

The mishna also taught that Yoḥanan the High Priest canceled **the strikers.** The Gemara asks: **What** are **strikers? Rav Yehuda says** that **Shmuel says:** They are those **who would scratch the calf** being prepared for slaughter as an offering **between its horns, in order that blood should fall in its eyes,** so that the animal would not see and resist being slaughtered. **He came** and **nullified** this practice, **because it looked like** they are causing **a blemish.**

בְּמַתְנִיתָא תָּנָא: שֶׁהָיוּ חוֹבְטִין אוֹתוֹ בְּמַקְלוֹת, כְּדֶרֶךְ שֶׁעוֹשִׂין אוֹתוֹ לִפְנֵי עֲבוֹדָה זָרָה. אָמַר לָהֶם: עַד מָתַי אַתֶּם מַאֲכִילִין נְבֵילוֹת לַמִּזְבֵּחַ! נְבֵילוֹת? הָא שָׁחֵיט לְהוּ! אֶלָּא טְרֵיפוֹת, שֶׁמָּא נִיקַּב קְרוּם שֶׁל מוֹחַ, עָמַד וְהִתְקִין לָהֶם טַבָּעוֹת בַּקַּרְקַע.

A different explanation of strikers **was taught in a** *baraita* (*Tosefta* 13:9): They are those **who would beat** the calf **with sticks,** to stun it before it was slaughtered, **in the manner that they do it before idols.** Yoḥanan the High Priest **said to them: Until when will you feed unslaughtered animal carcasses to the altar?** The Gemara asks: Are these animal carcasses actually **unslaughtered animal carcasses? They were slaughtered,** i.e., they did not die of their own accord. **Rather,** he said that the beatings would cause them to become **like animals with a wound that will cause them to die within twelve months [*tereifot*],** as **perhaps** these beatings will **perforate the membrane surrounding the brain,** which would make the calf a *tereifa*. **He** therefore **arose and instituted an ordinance for them** to put **rings**[B] **in the ground** with which they could secure the animals, thereby making it easier to slaughter the animals without having to scratch them between the horns or hit them with sticks.

״עַד יָמָיו הָיָה פַּטִּישׁ מַכֶּה בִּירוּשָׁלַיִם״. בְּחוּלּוֹ שֶׁל מוֹעֵד.

The mishna stated that **until the days** of Yoḥanan the High Priest **the hammer** of smiths **would strike in Jerusalem.** The Gemara explains: This is referring **to the intermediate days of a Festival.** Though certain types of labor are permitted on those days, the banging of a hammer was outlawed, as the noise it made would detract from the feeling of sanctity of the day.

״כָּל יָמָיו לֹא הָיָה אָדָם צָרִיךְ לִשְׁאוֹל עַל הַדְּמַאי״ – כִּדְאֲמָרַן.

They further taught that in **all of his days a person did not need to inquire with regard to doubtfully tithed produce.** The Gemara notes that this is **like that** which **we stated** above, that he instituted an ordinance with regard to the tithing of doubtfully tithed produce.

מתני׳ מִשֶּׁבָּטְלָה סַנְהֶדְרִין – בָּטֵל הַשִּׁיר מִבֵּית הַמִּשְׁתָּאוֹת, שֶׁנֶּאֱמַר: ״בַּשִּׁיר לֹא יִשְׁתּוּ יָיִן״ וגו׳.

MISHNA This mishna continues with the list of items that were nullified. **From** the time **when the Sanhedrin ceased**[N] **song** was also **nullified from the places of feasts,**[H] i.e., it was no longer permitted to sing at a feast where wine was served, **as it is stated: "With song they shall not drink wine"** (Isaiah 24:9).

מִשֶּׁמֵּתוּ נְבִיאִים הָרִאשׁוֹנִים – בָּטְלוּ אוּרִים וְתוּמִּים. מִשֶּׁחָרַב בֵּית הַמִּקְדָּשׁ – בָּטֵל הַשָּׁמִיר, וְנוֹפֶת צוּפִים, וּפָסְקוּ אַנְשֵׁי אֲמָנָה מִיִּשְׂרָאֵל, שֶׁנֶּאֱמַר: ״הוֹשִׁיעָה ה׳ כִּי גָמַר חָסִיד״ וגו׳.

From the time **when the early prophets died the** *Urim VeTummim* **was nullified. From** the time **when the** Second **Temple was destroyed the** *shamir* worm **ceased** to exist **and** also **the sweetness of the honeycomb,** as the verse says with regard to the laws of the Torah: "More to be desired are they than gold, indeed, than much fine gold; sweeter also than honey and the honeycomb" (Psalms 19:11). **And men of faith ceased from** being among **the** Jewish **people, as it is stated: "Help, Lord, for the pious man is finished;** for the faithful fail from among the children of men" (Psalms 12:2).

BACKGROUND

Rings – טַבָּעוֹת: These rings, described in the mishna in tractate *Middot* and elsewhere, were large, fashioned out of metal, and attached to the ground. Prior to slaughter, the animal's head would be put through the ring and the animal would be tied. This would enable the slaughtering to be done in an unhurried manner, without endangering the one doing the slaughtering and without fear of the act being disqualified. There were twenty-four rings, one for each priestly watch.

Rings in the Temple courtyard

NOTES

From the time when the Sanhedrin ceased – מִשֶּׁבָּטְלָה סַנְהֶדְרִין: The Jerusalem Talmud offers other reasons, not derived from the Bible, for this *halakha*. One explanation is that the authority of the Sanhedrin was sufficient to make sure people did not sing songs with ribald lyrics at parties with wine. After the dissolution of the Sanhedrin, the Sages saw that people were singing improper songs at these parties and consequently banned them entirely. The Gemara there also adds that in the time of the Sanhedrin, the Sages would institute additional days of rejoicing when the Jewish people were saved from trouble. Once the Sanhedrin was dissolved, these days could no longer be instituted.

HALAKHA

Song was also nullified from the places of feasts, etc. – בָּטֵל הַשִּׁיר מִבֵּית הַמִּשְׁתָּאוֹת וכו׳: The Sages decreed that one may not play musical instruments or anything that produces the sound of music intended for enjoyment. The Rema writes that some authorities hold that the prohibition applies only to people, such as kings, who habitually listen to music, in addition to the prohibition with regard to drinking houses. It is also prohibited to listen to such instruments. These prohibitions are in commemoration of the destruction of the Temple. For the same reason it is prohibited even to sing, even without instruments, while drinking wine. The Baḥ, in accordance with the Gemara, rules stringently that one may not sing even if he is not drinking wine.

The custom throughout all of Israel is to sing and recite praises over wine to express thanks for the kindness of God. If singing is performed for the sake of a mitzva, such as at a feast for a circumcision or at a wedding, then all of the above is permitted (Rema). The halakhic authorities of our generation discuss the practical applications of this *halakha* (Rambam *Sefer Zemanim*, *Hilkhot Ta'anit* 5:14; *Shulḥan Arukh*, *Oraḥ Ḥayyim* 560:3).

רבן שמעון בן גמליאל אומר, העיד רבי יהושע: מיום שחרב בית המקדש – אין יום שאין בו קללה, ולא ירד הטל לברכה, וניטל טעם הפירות. רבי יוסי אומר: אף ניטל שומן הפירות. רבי שמעון בן אלעזר אומר: הטהרה – נטלה את הטעם ואת הריח. המעשרות – נטלו את שומן הדגן. וחכמים אומרים: הזנות והכשפים כילו את הכל.

Rabban Shimon ben Gamliel says that **Rabbi Yehoshua testified: From the day the Temple was destroyed there is no day that does not include** some form of **curse. And** since then **the dew has not descended for blessing, and the taste has been removed from fruit. Rabbi Yosei says:** Since then, **the fat of fruit has also been removed. Rabbi Shimon ben Elazar says:** Since then, the lost **purity has removed the taste and the aroma** from fruit; **the tithes** that were not separated **have removed the fat of the grain. And the Sages say: Promiscuity and witchcraft have consumed it all.**

גמ׳ וממאי דמשבטלה סנהדרי כתיב? אמר רב הונא בריה דרב יהושע, דאמר קרא: ״זקנים משער שבתו בחורים מנגינתם״!

GEMARA The Gemara poses a question with regard to the first clause of the mishna: **And from where** is it derived **that** the verse: "With song they shall not drink wine" (Isaiah 24:9) **is written** about the period **from the** time **when the Sanhedrin was nullified? Rav Huna, son of Rav Yehoshua, said:** From **that** which **the verse states: "The Elders have ceased from the gate, the young men from their music"** (Lamentations 5:14). This indicates that the dissolution of the Sanhedrin, who are the Elders from the gate, is linked to the end of the young men singing.

אמר רב: אודנא דשמעא זמרא תיעקר. אמר רבא: זמרא בביתא חורבא בסיפא, שנאמר: ״קול ישורר בחלון חרב בסף כי ארזה ערה״.

Rav said: The **ear that hears song should be uprooted,** as it is prohibited to listen to music after the destruction of the Temple. **Rava said:** If there is **song in a house** there will be **destruction on the threshold, as it is stated: "Voices shall sing in the windows; desolation shall be in the doorposts; for its cedar work shall be uncovered"** (Zephaniah 2:14).

מאי ״כי ארזה ערה״? אמר רבי יצחק: בית המסובך בארזים עיר הוא? אלא אפילו בית המסובך בארזים מתרועע. אמר רב אשי: שמע מינה, כי מתחיל חורבא בסיפא מתחיל, שנאמר: ״חרב בסף״. ואיבעית אימא, מהכא: ״ושאיה יכת שער״. אמר מר בר רב אשי: לדידי חזי ליה, ומנגח כי תורא.

The word "uncovered" [*era*] could be read to mean: Its city [*ira*]. The Gemara asks: **What is the meaning of: For its cedar work** shall be its city? Furthermore, **Rabbi Yitzḥak** wondered when **he said: Is a house interlaced with cedars** not as strong as **a city,** and therefore not threatened by desolation? **Rather,** it means that **even a house interlaced with cedars will become unstable** [*mitroe'a*] if song is heard there. **Rav Ashi said: Learn from it that when the destruction starts** it **starts with the threshold, as it is stated: "Desolation shall be in the posts." And if you wish, say** instead that they derive this idea **from here:** "In the city is left desolation, **and the gate is smitten unto ruin** [***she'iyya***]"[NB] (Isaiah 24:12). The term "ruin" here is referring to the destructive demon known as *She'iyya*, who strikes the gate first. **Mar bar Rav Ashi said: I saw it,** this *She'iyya*, **and it was goring** and wreaking havoc **like an ox.**

אמר רב הונא: זמרא דנגדי ודבקרי – שרי, דגרדאי – אסיר. רב הונא בטיל זמרא. קם מאה אווזי בזוזא ומאה סאה חיטי בזוזא ולא איבעי. אתא רב חסדא זלזיל ביה, איבעאי אווזא בזוזא ולא משתכח.

Rav Huna said: The **song of those who pull ships**[N] **and lead the herd**[B] **is permitted,** for their singing assists them to establish a rhythm in their work. However, that **of weavers is forbidden,** as they sing only for their own enjoyment. The Gemara relates that subsequently, **Rav Huna nullified** all types of **song,** and this led to a general blessing: The price of **one hundred ducks stood at a dinar, and one hundred *se'a* of wheat at a dinar, and there was no desire** for them even at such a cheap price, due to their great abundance. Later, when **Rav Ḥisda came and belittled** this prohibition, people began to sing again. As a result, prices increased greatly, and this led to a situation whereby one **wanted** a single **duck for one dinar and it could not be found.**

BACKGROUND

The gate is smitten unto ruin [*she'iyya*] – שאיה יכת שער: According to the *ge'onim*, who say that *she'iyya* refers to a type of woodworm, the reason why the destruction begins at the entrance to the house is that the door and its posts are generally made of wood. The destruction caused by the woodworm weakens the posts, causing the upper beams, whose weight is not properly supported, to collapse. The woodworms' burrowing can sound like a constant rapping, perhaps suggesting the comparison to the ramming of an ox.

Those who pull ships and lead the herd – נגדי ודבקרי: In inland rivers and streams, particularly when there was a need to travel against the current, there were several strategies employed to assist those directing the boat. Small boats, and some large ships, would use oars. Medium sized cargo ships would be pulled by ropes, and there was a path on the riverbank designated for those who pulled the ropes. Those who pulled the ropes, as well as those who plowed with oxen, would sing in order to set a specific pace to their walking. It was important for all those pulling the ropes to be working in unison. In tractate *Pesaḥim* (112b), there is an example of one of these rhythmic songs.

Roman relief of slaves pulling a boat containing wine barrels

NOTES

The gate is smitten unto ruin [*she'iyya*] – שאיה יכת שער: In a responsum of one of the *ge'onim*, perhaps Rav Hai Gaon, it states that the *she'iyya* is a type of a worm that eats through wood, and that is what Mar bar Rav Ashi was referring to when he claimed to have seen it.

The song of those who pull ships, etc. – זמרא דנגדי וכו׳: According to Rashi, the factor that determines the permissibility of the singing is whether the singing aids the labor. Those who pull ships or lead the herd must work in a steady rhythm, so their song is allowed. The weavers do not require singing to help them in their work, so it is prohibited. This would mean that an active reason is needed to permit singing. The *ge'onim*, however, explain that the difference lies in the content of the songs. They explain that Rav Huna listened to the songs of those pulling ships and leading the herd and found nothing inappropriate, whereas the songs of weavers and tanners included licentious verses, and that is why he banned them. According to this, the default opinion is that singing is permitted.

NOTES

With four types of instruments – בְּאַרְבָּעָה מִינֵי זֶמֶר: Despite the fact that the verse singles out four particular instruments, Rav Se'adya Gaon explained that the prohibition applies to all instruments, and the verse mentions only those that are most important.

אֲמַר רַב יוֹסֵף: זָמְרֵי גַּבְרֵי וְעָנֵי נָשֵׁי – פְּרִיצוּתָא; זָמְרֵי נָשֵׁי וְעָנֵי גַּבְרֵי – כְּאֵשׁ בִּנְעוֹרֶת. לְמַאי נַפְקָא מִינָּהּ? לְבַטּוֹלֵי הָא מִקַּמֵּי הָא.

Rav Yosef said: If **men sing and women respond,** this is **licentiousness.** If **women sing and men respond,** it causes the evil inclination to burn **as if** one were setting **fire to chips** of kindling. The Gemara poses a question: **What difference is there?** Rav Yosef indicates that in any case both are prohibited. The Gemara answers: **To nullify one before the other,** i.e., if it is impossible to ban singing entirely, they should at least stop the most problematic form.

אָמַר רַבִּי יוֹחָנָן: כָּל הַשּׁוֹתֶה בְּאַרְבָּעָה מִינֵי זֶמֶר – מֵבִיא חָמֵשׁ פּוּרְעָנִיּוֹת לָעוֹלָם, שֶׁנֶּאֱמַר: ״הוֹי מַשְׁכִּימֵי בַבֹּקֶר שֵׁכָר יִרְדֹּפוּ מְאַחֲרֵי בַנֶּשֶׁף יַיִן יַדְלִיקֵם, וְהָיָה כִנּוֹר וָנֶבֶל תֹּף וְחָלִיל וָיַיִן מִשְׁתֵּיהֶם וְאֵת פֹּעַל ה׳ לֹא יַבִּיטוּ״.

Rabbi Yoḥanan says: Anyone who drinks wine **with** the accompaniment of **four types of instruments**[N] **brings five** types of **retribution to the world, as it is stated: "Woe to them who rise early in the morning, that they may follow strong drink; who tarry late into the night, until wine inflames them. And the harp and the psaltery, the drum and the pipe and wine, are at their feasts, but they do not regard the work of the Lord"** (Isaiah 5:11–12).

מַה כְּתִיב אַחֲרָיו? ״לָכֵן גָּלָה עַמִּי מִבְּלִי דָעַת״ – שֶׁגּוֹרְמִין גָּלוּת לָעוֹלָם; ״וּכְבוֹדוֹ מְתֵי רָעָב״ – שֶׁמְּבִיאִין רָעָב לָעוֹלָם; ״וַהֲמוֹנוֹ צִחֵה צָמָא״ – שֶׁגּוֹרְמִין לַתּוֹרָה שֶׁתִּשְׁתַּכַּח מִלּוֹמְדֶיהָ; ״וַיִּשַּׁח אָדָם וַיִּשְׁפַּל אִישׁ״ – שֶׁגּוֹרְמִין שִׁפְלוּת לְשׂוֹנְאוֹ שֶׁל הַקָּדוֹשׁ בָּרוּךְ הוּא. וְאֵין ״אִישׁ״ אֶלָּא הַקָּדוֹשׁ בָּרוּךְ הוּא, שֶׁנֶּאֱמַר: ״ה׳ אִישׁ מִלְחָמָה״; ״וְעֵינֵי גְבֹהִים תִּשְׁפַּלְנָה״ – שֶׁגּוֹרְמִין שִׁפְלוּת שֶׁל יִשְׂרָאֵל.

After listing the sin of those who drink wine with musical accompaniment, the verse states their punishment: **What is written afterward? "Therefore, My people have gone into captivity, for want of knowledge"** (Isaiah 5:13), meaning **that they cause exile to the world; "and their honorable men are famished"** (Isaiah 5:13), **as they bring famine to the world; "and their multitude are parched with thirst"** (Isaiah 5:13), **that they cause the Torah,** which is compared to water, **to be forgotten by those who learn it. "And mankind is bowed down, and man is humbled"** (Isaiah 5:15), **that they cause the enemy of the Holy One, Blessed be He,** i.e., God Himself, **to be brought down, as "man"** in the phrase "and man is humbled" means **nothing other** than **the Holy One, Blessed be He,** as it is stated: **"The Lord is a man of war"** (Exodus 15:3). The verse continues: **"And the eyes of the lofty are humbled"** (Isaiah 5:15), **that they cause the Jewish people to be brought down.** These are the five retributions.

וּמַה כְּתִיב אַחֲרָיו? ״לָכֵן

And what punishment **is written afterward** for the people who drank wine with musical accompaniment? **"Therefore,**

NOTES

There were times an answer rose up, etc. – זִימְנִין סָלֵיק וכו׳: The precise description of the way the *Urim VeTummim* was constructed is unclear, and various interpretations are offered by the biblical commentaries. The standard explanation is that the ephod and the breastplate themselves were only part of the *Urim VeTummim*, and that a different part, perhaps what is called the *tummim*, consisted of a parchment inscribed with names of God, which was inserted between the folds of the breastplate. The Gemara in *Yoma* 73a–b explains that the *Urim VeTummim* were not used mechanically; rather, the priest required the help of the Divine Spirit in order to understand and interpret what he saw properly. The discussion of the Gemara indicates that the occasional inability to receive a response from the *Urim VeTummim* was a sign that this device was gradually being removed from Israel (see Maharsha).

הִרְחִיבָה שְּׁאוֹל נַפְשָׁהּ וּפָעֲרָה פִיהָ לִבְלִי חֹק וְיָרַד הֲדָרָהּ וַהֲמוֹנָהּ וּשְׁאוֹנָהּ וְעָלֵז בָּהּ״.

the netherworld has enlarged her desire, and opened her mouth without measure, and down goes their glory and their tumult and their uproar, and he who rejoices among them" (Isaiah 5:14). Their punishment is that they shall descend into the netherworld.

״מִשֶּׁמֵּתוּ נְבִיאִים הָרִאשׁוֹנִים״. מַאן ״נְבִיאִים הָרִאשׁוֹנִים״? אָמַר רַב הוּנָא: זֶה דָּוִד וּשְׁמוּאֵל וּשְׁלֹמֹה. רַב נַחְמָן אָמַר: בִּימֵי דָּוִד זִימְנִין סָלֵיק וְזִימְנִין לָא סָלֵיק, שֶׁהֲרֵי שָׁאַל צָדוֹק – וְעָלְתָה לוֹ, שָׁאַל אֶבְיָתָר – וְלֹא עָלְתָה לוֹ, שֶׁנֶּאֱמַר: ״וַיַּעַל אֶבְיָתָר״.

§ The mishna taught: **From** the time **when the early prophets died,** the *Urim VeTummim* was nullified. The Gemara poses a question: **Who** are **the early prophets? Rav Huna says: This is** referring to **David, and Samuel, and Solomon,** and after their death the *Urim VeTummim* was no longer used. **Rav Naḥman said: In the days of David** there were **times** an answer **rose up**[N] for them from the *Urim VeTummim* **and** there were **times** an answer **did not rise up,** i.e., they did not receive an answer. The proof for this is **that Tzadok,** the High Priest in David's time, **asked** the *Urim VeTummim* **and** an answer **rose up for him,** whereas **Abiathar asked and** an answer **did not rise up for him, as it is stated: "And Abiathar went up"** (II Samuel 15:24), and he was removed from serving as the High Priest as a result.

מְתִיב רַבָּה בַּר שְׁמוּאֵל: ״וַיְהִי לִדְרֹשׁ אֱלֹהִים בִּימֵי זְכַרְיָהוּ הַמֵּבִין בִּרְאֹת הָאֱלֹהִים״. מַאי לָאו בְּאוּרִים וְתוּמִּים! לָא, בִּנְבִיאִים.

Rabba bar Shmuel raises an objection: The verse states concerning Uzziah: **"And he set himself to seek God in the days of Zechariah, who had an understanding of the vision of God"** (II Chronicles 26:5). **What, is** the verse **not** stating that Uzziah would seek God by asking questions **of the** ***Urim VeTummim***, despite the fact that he lived after the time of Solomon? The Gemara rejects this claim: **No,** he would seek God by asking questions **of** the **prophets,** but not of the *Urim VeTummim*.

תָּא שְׁמַע: מִשֶּׁחָרַב בֵּית הַמִּקְדָּשׁ רִאשׁוֹן בָּטְלוּ עָרֵי מִגְרָשׁ, וּפָסְקוּ אוּרִים וְתוּמִּים, וּפָסַק מֶלֶךְ מִבֵּית דָּוִד.

The Gemara suggests: **Come and hear** a proof from a *baraita* (*Tosefta* 13:2) with regard to when the *Urim VeTummim* ceased: **From the time when the First Temple was destroyed, the cities with fields** that were allocated to the Levites **were nullified,**[N] **and the *Urim VeTummim* ceased, and the monarchy ceased from the house of David.**

וְאִם לְחָשְׁךָ אָדָם לוֹמַר: ״וַיֹּאמֶר הַתִּרְשָׁתָא לָהֶם אֲשֶׁר לֹא יֹאכְלוּ מִקֹּדֶשׁ הַקֳּדָשִׁים עַד עֲמֹד כֹּהֵן לְאוּרִים וּלְתֻמִּים״! אֱמוֹר לוֹ: כְּאָדָם שֶׁאוֹמֵר לַחֲבֵירוֹ ״עַד שֶׁיִּחְיוּ מֵתִים וְיָבֹא מָשִׁיחַ בֶּן דָּוִד״!

And if a person would whisper to you saying that the *Urim VeTummim* was still extant, as it states with regard to when the Second Temple first stood: **"And the Tirshatha said to them that they should not eat of the most sacred things, until there stood a priest with the *Urim VeTummim*"** (Ezra 2:63), which seems to indicate that they merely had to wait until the Second Temple was built for the reappearance of the *Urim VeTummim*; you should **say to him** that this is not referring to an expectation of a short-term development, but it is **like a person who says to his friend,** with regard to something that will occur in the distant future: **Until the dead live and the Messiah,** the son of **David, comes.** In any case, the *baraita* indicates that the *Urim VeTummim* ceased only from the time when the First Temple was destroyed, and not in the time of Solomon.

אֶלָּא אָמַר רַב נַחְמָן בַּר יִצְחָק: מַאן נְבִיאִים הָרִאשׁוֹנִים? לְאַפּוּקֵי מֵחַגַּי זְכַרְיָה וּמַלְאָכִי, דְּאַחֲרוֹנִים נִינְהוּ; דְּתָנוּ רַבָּנַן: מִשֶּׁמֵּתוּ חַגַּי זְכַרְיָה וּמַלְאָכִי נִסְתַּלְּקָה רוּחַ הַקּוֹדֶשׁ מִיִּשְׂרָאֵל, וְאַף עַל פִּי כֵן הָיוּ מִשְׁתַּמְּשִׁים בְּבַת קוֹל,

Rather, Rav Naḥman bar Yitzḥak said: Who are the early prophets, with regard to whom it states that use of the *Urim VeTummim* ceased immediately after their death? This term early prophets serves **to exclude Haggai, Zechariah, and Malachi,** who **are the latter prophets.** The *Urim VeTummim* was used throughout the First Temple period, up to, but not including, their time. **As the Sages taught** in a *baraita* (*Tosefta* 13:3): **From** the time **when Haggai, Zechariah, and Malachi died the Divine Spirit departed from the Jewish people,** as these three were considered to be the last prophets. **And even** after the Urim VeTummim ceased to exist, they would **nevertheless** still **make use of a Divine Voice** to receive instructions from Above, even after this time.

שֶׁפַּעַם אַחַת הָיוּ מְסוּבִּין בַּעֲלִיַּית בֵּית גּוּרְיָא בִּירִיחוֹ, נִתְּנָה עֲלֵיהֶן בַּת קוֹל מִן הַשָּׁמַיִם וְאָמְרָה: יֵשׁ בָּכֶם אָדָם אֶחָד שֶׁרָאוּי שֶׁתִּשְׁרֶה שְׁכִינָה עָלָיו, אֶלָּא שֶׁאֵין דּוֹרוֹ רָאוּי לְכָךְ. נָתְנוּ עֵינֵיהֶם בְּהִלֵּל הַזָּקֵן. וּכְשֶׁמֵּת, הִסְפִּידוּהוּ: הֵי חָסִיד, הֵי עָנָיו, תַּלְמִידוֹ שֶׁל עֶזְרָא!

For on one occasion the Sages **were reclining in the upper story**[B] **of the house of Gurya in Jericho. A Divine Voice from Heaven was issued to them, and it said: There is one person among you for whom it is fitting that the Divine Presence should rest upon him** as a prophet, **but his generation is not fit for it;** they do not deserve to have a prophet among them. The Sages present **directed their gaze to Hillel the Elder.**[P] **And when he died, they eulogized him** in the following manner: **Alas pious one, alas humble one, student of Ezra.**

וְשׁוּב פַּעַם אַחֶרֶת הָיוּ מְסוּבִּין בַּעֲלִיָּיה בְּיַבְנֶה, נִתְּנָה לָהֶן בַּת קוֹל מִן הַשָּׁמַיִם וְאָמְרָה לָהֶן: יֵשׁ בָּכֶם אָדָם אֶחָד שֶׁרָאוּי שֶׁתִּשְׁרֶה שְׁכִינָה עָלָיו, אֶלָּא שֶׁאֵין דּוֹרוֹ זַכָּאִין לְכָךְ. נָתְנוּ עֵינֵיהֶם בִּשְׁמוּאֵל הַקָּטָן. וּכְשֶׁמֵּת, הִסְפִּידוּהוּ: הֵי עָנָיו, הֵי חָסִיד, תַּלְמִידוֹ שֶׁל הִלֵּל.

And again, on another occasion several generations later, the Sages **were reclining in an upper story** of a house **in Yavne,** and **a Divine Voice from Heaven was issued to them, and said: There is one person among you for whom it is fitting that the Divine Presence should rest upon him, but his generation is not fit for it.** The Sages present **directed their gaze to Shmuel HaKatan.**[P] **And when he died, they eulogized him** in the following manner: **Alas humble one, alas pious one, student of Hillel.**

וְאַף הוּא אָמַר בִּשְׁעַת מִיתָתוֹ: שִׁמְעוֹן וְיִשְׁמָעֵאל לְחַרְבָּא, וְחַבְרוֹהִי לְקַטְלָא, וּשְׁאָר עַמָּא לְבִיזָּא, וְעָקָן סַגִּיאִין עֲתִידִין לְמֵיתֵי עַל עַמָּא. וְאַף עַל רַבִּי יְהוּדָה בֶּן בָּבָא בִּקְּשׁוּ לוֹמַר ״הֵי חָסִיד, הֵי עָנָיו״, אֶלָּא שֶׁנִּטְרְפָה שָׁעָה, שֶׁאֵין מַסְפִּידִין עַל הֲרוּגֵי מַלְכוּת.

And he too, Shmuel HaKatan, **said** the following statement of divinely inspired prediction **at the time of his death: Shimon,** i.e., Rabban Shimon ben Gamliel, **and Yishmael,**[P] i.e., Rabbi Yishmael ben Elisha the High Priest, are slated **for the sword, and their colleagues for killing, and the rest of the people for plunder, and great troubles are destined to befall the people.** The Gemara relates: **And they also sought to say about Rabbi Yehuda ben Bava,**[P] when eulogizing him: **Alas pious one, alas humble one, but the moment was disturbed** and they could not do so. That is because **eulogies are not given for those killed by the monarchy,** which was Rabbi Yehuda ben Baba's fate, in order not to arouse the monarchy's wrath.

NOTES

The cities with fields that were allocated to the Levites were nullified – בָּטְלוּ עָרֵי מִגְרָשׁ: The reason for this appears to be that these cities were connected to the settlement of the tribes of Israel in their portions of Eretz Yisrael, as each tribe would set aside some cities with fields for the Levites or priests. As the destruction of the Temple led to the nullification of the division of the land between the tribes, the *halakha* of these cities was no longer kept.

BACKGROUND

In the upper story – בַּעֲלִיָּיה: Meetings held by the Sages in the attics of homes are mentioned many times in the Talmud. These meetings were held when there was a need for privacy, or even secrecy. This could be due to either limitations placed on the authority of the Sages by the gentile government, or the desire to hold discussions out of the public eye with regard to issues that were significant to the masses.

PERSONALITIES

Hillel the Elder – הִלֵּל הַזָּקֵן: Hillel the Elder and his colleague Shammai were the last of the *zugot*, the pairs of *tanna'im* who led the Sanhedrin throughout much of the Second Temple period. Hillel served as *Nasi* of the Sanhedrin and Shammai was the deputy *Nasi*, approximately one hundred years prior to the destruction of the Second Temple, at the beginning of Herod's reign. Tradition has it that Hillel began as an impoverished student who took on menial labor in order to pay to attend the lectures of Shemaya and Avtalyon. Ultimately, the Gemara compares him to Ezra the Scribe, crediting him with reestablishing Torah study at a period in history when it was being forgotten (*Sukka* 20a). His disciples were praised as well.

According to the Gemara, Hillel the Elder had eighty students. Thirty of them were worthy of having the Divine Presence rest upon them as it did for Moses, thirty were worthy of the sun standing still for them as it did for Joshua, and twenty were considered to be average, with the greatest among them Yonatan ben Uzziel and the least among them Rabban Yoḥanan ben Zakkai (*Sukka* 28a).

Shmuel HaKatan – שְׁמוּאֵל הַקָּטָן: Shmuel HaKatan was a *tanna* living at the time of the destruction of the Second Temple. Even the earlier generations were unsure why he was called *hakatan*, meaning the small one. Some say it was because he acted humbly toward others; others say it was because he was only a bit lower in his spiritual level than the prophet Samuel. Due to his humble personality, he was selected to compose the blessing against heretics in the *Amida* prayer, for no one would suspect him of harboring personal antagonism toward the subjects of that blessing.

Shimon and Yishmael – שִׁמְעוֹן וְיִשְׁמָעֵאל: Shimon is Rabban Shimon ben Gamliel the First, and Yishmael is Rabbi Yishmael, the High Priest. According to the tradition found in the Midrash, they were both executed by the Roman government, probably due to their positions of prominence within the Jewish community, which was in a state of rebellion at the time. The difference between these two and the others killed is that they were executed by the sword as an official government action, while the others were killed either during or at the end of the siege.

Rabbi Yehuda ben Bava – רַבִּי יְהוּדָה בֶּן בָּבָא: Rabbi Yehuda ben Bava was one of the *tanna'im* active during the period between the destruction of the Second Temple and the destruction of the city of Beitar. He began his studies while the Temple was still standing, but was most active during the years when the Sanhedrin was located in Yavne. His testimonies and other teachings are mentioned in many sources.

Rabbi Yehuda ben Bava was famous for his piety. In fact, there is a tradition that whenever it says: An incident occurred with a pious person, it is referring to either Rabbi Yehuda ben Bava or to Rabbi Yehuda ben Ilai. According to the Gemara in tractate *Sanhedrin*, he was cruelly executed by the Romans after ordaining five Sages to serve as judges. It was said that if not for him, the *halakhot* of fines would have disappeared from among Israel. According to calculations, he must have been over the age of ninety when he died.

LANGUAGE

Scalpel [*izemel*] – אִיזְמֵל: From the Greek σμίλη, *smilē*, meaning a knife used for cutting and carving, a surgeon's knife, or a knife used in pruning branches.

Ancient Roman scalpel

Tufts [*sefogin*] – סְפוֹגִין: From the Greek σπόγγος, *spongos*, meaning sponge. This is a type of marine organism, *Spongia officionalis*, that is taken from the ocean and used in bathing. The word was extended to mean anything soft like a sponge.

Live sponge

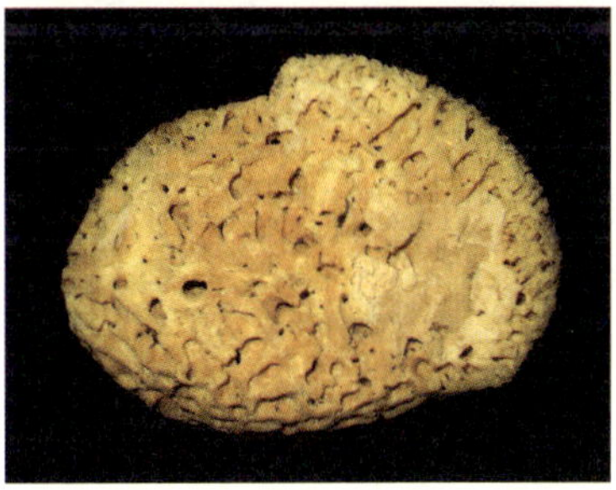

Skeleton of sponge

Vessel [*itenei*] – אִיטְנֵי: There are several opinions with regard to both the origin of this word and its meaning. Some say it is from the Greek, and some say it is a variant form of the Aramaic *udnei*, which is a vessel with a handle. Others say it is an Aramaic variant of the Hebrew *teneh*, small basket, which may in turn be derived from the Akkadian.

BACKGROUND

A leaden vessel – אִיטְנֵי שֶׁל אֲבָר: The assumption underlying all of the details here is that the *shamir* would break only hard substances. Therefore, it was wrapped in tufts of wool and pieces of barley bran, both of which are soft, and it was put into a container made of lead, a soft metal.

״מִשֶּׁחָרַב בֵּית הַמִּקְדָּשׁ בָּטֵל הַשָּׁמִיר״ כו׳. תָּנוּ רַבָּנַן: שָׁמִיר – שֶׁבּוֹ בָּנָה שְׁלֹמֹה אֶת בֵּית הַמִּקְדָּשׁ, שֶׁנֶּאֱמַר: ״וְהַבַּיִת בְּהִבָּנֹתוֹ אֶבֶן שְׁלֵמָה מַסָּע נִבְנָה״ – הַדְּבָרִים כִּכְתָבָן, דִּבְרֵי רַבִּי יְהוּדָה.

§ The mishna taught: **From** the time **when the** First **Temple was destroyed the *shamir* ceased** to exist. **The Sages taught:** This ***shamir*** is the creature **with which Solomon built the Temple, as it is stated: "For the house, when it was built, was built of whole stone from the quarry"** (I Kings 6:7). Now **these words** should be understood exactly **as they are written,** that King Solomon took whole stones and shaped them by having the *shamir* do the cutting. This is **the statement of Rabbi Yehuda.**

אָמַר לוֹ רַבִּי נְחֶמְיָה: וְכִי אֶפְשָׁר לוֹמַר כֵּן? וַהֲלֹא כְּבָר נֶאֱמַר: ״כׇּל אֵלֶּה אֲבָנִים יְקָרֹת וגו׳ מְגֹרָרוֹת בַּמְּגֵרָה״! אִם כֵּן, מַה תַּלְמוּד לוֹמַר: ״לֹא נִשְׁמַע בַּבַּיִת בְּהִבָּנֹתוֹ״? שֶׁהָיָה מַתְקִין מִבַּחוּץ וּמַכְנִיס מִבִּפְנִים. אָמַר רַבִּי: נִרְאִין דִּבְרֵי רַבִּי יְהוּדָה בְּאַבְנֵי מִקְדָּשׁ, וְדִבְרֵי רַבִּי נְחֶמְיָה בְּאַבְנֵי בֵּיתוֹ.

Rabbi Neḥemya said to him: And is it possible to say so? But isn't it already stated: "All these were costly stones, according to the measures of hewn stones, **sawed with saws"** (II Kings 7:9), which indicates that saws, which are iron implements, were used to shape the stones? **If so, what** is the meaning when **the verse states:** "And hammer, ax, and any tool of iron **were not heard in the house when it was being built"** (I Kings 6:7)? It means **that he would prepare** the stones **outside**[H] the Temple Mount using tools, **and bring** them **inside** already cut, so that no iron tools were used inside the Temple itself. **Rabbi** Yehuda HaNasi **said: The statement of Rabbi Yehuda** that no iron tools were used **appears** to be correct **with regard to the Temple stones, and the statement of Rabbi Neḥemya** that tools were used appears to be correct **with regard to the stones of the** king's own **house.**

וְרַבִּי נְחֶמְיָה, שָׁמִיר לְמַאי אֲתָא? מִיבָּעֵי לֵיהּ לִכְדְתַנְיָא: אֲבָנִים הַלָּלוּ אֵין כּוֹתְבִין אוֹתָן בִּדְיוֹ, מִשּׁוּם שֶׁנֶּאֱמַר: ״פִּתּוּחֵי חוֹתָם״. וְאֵין מְסָרְטִין עֲלֵיהֶם בְּאִיזְמֵל, מִשּׁוּם שֶׁנֶּאֱמַר: ״בְּמִלּוּאֹתָם״,

The Gemara poses a question: **And** according to **Rabbi Neḥemya,** who maintains that they used iron tools even in the cutting of the stones for the Temple, **for what** purpose **did the *shamir* come?** The Gemara answers: **It** was **necessary for that which is taught** in a *baraita*: **These stones**[H] in the breastplate and ephod, upon which were inscribed the names of the tribes, **they may not be written on with ink, because it is stated: "Like the engravings of a signet"** (Exodus 28:21), which means the names must be engraved onto the stones. **And they may not be scratched on with a scalpel [*izemel*],**[L] **because it is stated: "In their full settings"** (Exodus 28:20), indicating that the stones must be complete and not missing any of their mass.

אֶלָּא כּוֹתֵב עֲלֵיהֶם בִּדְיוֹ, וּמַרְאֶה לָהֶן שָׁמִיר מִבַּחוּץ וְהֵן נִבְקָעוֹת מֵאֲלֵיהֶן, כִּתְאֵינָה זוֹ שֶׁנִּבְקַעַת בִּימוֹת הַחַמָּה וְאֵינָהּ חֲסֵירָה כְּלוּם, וּכְבִקְעָה זוֹ שֶׁנִּבְקַעַת בִּימוֹת הַגְּשָׁמִים וְאֵינָהּ חֲסֵירָה כְּלוּם.

The *baraita* continues: **Rather,** one **writes** the letters **on them in ink, and shows them,** i.e., he places the ***shamir*** close to the ink markings **from outside,** without having it touch the stones, **and they split** open along the lines of the ink **of their own accord, like this fig that splits in the summer without losing anything** of its mass, **and like this** field in **a valley that cracks in the rainy season without losing anything** of its mass. The *shamir* was used in this way for these engravings.

תָּנוּ רַבָּנַן: שָׁמִיר זֶה בְּרִיָּיתוֹ כִּשְׂעוֹרָה, וּמִשֵּׁשֶׁת יְמֵי בְרֵאשִׁית נִבְרָא, וְאֵין כׇּל דָּבָר קָשֶׁה יָכוֹל לַעֲמוֹד בְּפָנָיו. בַּמֶּה מְשַׁמְּרִין אוֹתוֹ? כּוֹרְכִין אוֹתוֹ בִּסְפוֹגִין שֶׁל צֶמֶר, וּמַנִּיחִין אוֹתוֹ בְּאִיטְנֵי שֶׁל אֲבָר מְלֵיאָה סוּבֵּי שְׂעוֹרִין.

The Sages taught: This *shamir*, its size is that of a barleycorn, and it was created in the six days of creation, and nothing hard can withstand it. In what is it kept, so that it will not break everything in the vicinity? **They wrap it in tufts [*sefogin*]**[L] **of wool and place it in a leaden vessel [*itenei*],**[BL] **full of barley bran,** which is soft and will not be broken by the *shamir*.

HALAKHA

He would prepare the stones outside, etc. – שֶׁהָיָה מַתְקִין מִבַּחוּץ וכו׳: The Sanctuary and the Courtyard should be constructed, if possible, with large stones. The stones may not be cut and chiseled on the Temple Mount itself, but all preparations must be performed outside of the Temple Mount. They are then brought into the building, in accordance with Rabbi Neḥemya (Rambam *Sefer Avoda, Hilkhot Beit HaBeḥira* 1:8; see *Kesef Mishne*).

These stones, etc. – אֲבָנִים הַלָּלוּ וכו׳: The Rambam omits this *halakha*, to the surprise of the *Mishne LaMelekh*, who cites the Ramban's opinion that this *halakha* applies to the stones of the breastplate but not to those of the ephod. Perhaps the Rambam is of the opinion that this is only a mitzva *ab initio*, but is not an indispensable requirement (Rambam *Sefer Avoda, Hilkhot Kelei HaMikdash* 9:7, in the *Mishne LaMelekh*).

אָמַר רַבִּי אַמִי: מִשֶּׁחָרַב מִקְדָּשׁ רִאשׁוֹן – בָּטְלָה שִׁירָא פְּרַנְדָּא, וּזְכוּכִית לְבָנָה. תַּנְיָא נָמֵי הָכִי: מִשֶּׁחָרַב מִקְדָּשׁ רִאשׁוֹן – בָּטְלָה שִׁירָא פְּרַנְדָּא, וּזְכוּכִית לְבָנָה, וְרֶכֶב בַּרְזֶל; וְיֵשׁ אוֹמְרִים: אַף יֵין קָרוּשׁ הַבָּא מִשְּׂנִיר, הַדּוֹמֶה כְּעִיגּוּלֵי דְבֵילָה.

§ **Rabbi Ami says: From** the time **when the First Temple was destroyed, shiny [*peranda*]**[L] **silk [*shira*]**[NL] **and white glass ceased** to exist. **This is also taught** in a *baraita*: **From** the time **when the First Temple was destroyed, shiny silk, white glass,**[B] **and iron chariots ceased; and some say that even congealed wine**[B] **that comes from Senir,** the Hermon, **which is similar to round fig cakes** after it congeals, ceased to exist as well.

״וְנוֹפֶת צוּפִים״. מַאי נוֹפֶת צוּפִים? אָמַר רַב: סוֹלֶת שֶׁצָּפָה עַל גַּבֵּי נָפָה, וְדוֹמָה לְעִיסָּה שֶׁנִּילּוֹשָׁה בִּדְבַשׁ וָשֶׁמֶן; וְלֵוִי אָמַר: שְׁתֵּי כִכָּרוֹת הַנִּדְבָּקוֹת בַּתַּנּוּר, וְתוֹפְחוֹת וּבָאוֹת עַד שֶׁמַּגִּיעוֹת זוֹ לָזוֹ; וְרַבִּי יְהוֹשֻׁעַ בֶּן לֵוִי אָמַר: זֶה דְּבַשׁ הַבָּא מִן הַצִּיפִּיָא. מַאי מַשְׁמַע? כִּדְמְתַרְגֵּם רַב שֵׁשֶׁת: כְּמָא דְנָתְזָן דְּבָרְיָאתָא וְשָׁיְטָן בְּרוּמֵי עָלְמָא וּמַתְיָין דּוּבְשָׁא מֵעִישְׂבֵּי טוּרָא.

The mishna taught: And the **sweetness of the honeycomb [*nofet tzufim*]** also ceased when the First Temple was destroyed. The Gemara asks: **What is *nofet tzufim*? Rav says: Fine flour that floats** up and remains **on the top of the sieve [*nafa*], which is similar** in taste **to dough kneaded with honey and oil. And Levi says** that *nofet tzufim* is the term for **two loaves stuck together in an oven, which keep swelling until they reach each other. And Rabbi Yehoshua ben Levi says: This is honey that comes from elevated areas [*tzipiyya*].**[N] The Gemara explains: **From where** may it be inferred that this is what *nofet tzufim* is? **As Rav Sheshet would translate** the words: "As the bees do" (Deuteronomy 1:44): **Like the bees spread out and fly all over the world and bring honey from mountainous plants.** Similarly, Rabbi Yehoshua ben Levi states that honey comes from elevated areas.

תְּנַן הָתָם: כָּל הַנִּצּוֹק טָהוֹר, חוּץ מִדְּבַשׁ זִיפִים וְהַצַּפִּיחִים. מַאי זִיפִים? אָמַר רַבִּי יוֹחָנָן: דְּבַשׁ שֶׁמְּזַיְּיפִין בּוֹ; וְרֵישׁ לָקִישׁ אָמַר: עַל שֵׁם מְקוֹמוֹ, כְּדִכְתִיב: ״זִיף וָטֶלֶם וּבְעָלוֹת״.

We learned in a mishna **there** (*Makhshirin* 5:9): **Anything that is poured** remains **ritually pure.** In other words, even if a liquid is poured into a ritually impure utensil, the stream of the liquid does not defile the contents that remain in the ritually pure utensil from which they were poured, **apart from *zifim* honey and wafer** batter. These substances are too viscous to be considered liquids. The Gemara asks: **What is** the meaning of ***zifim*? Rabbi Yoḥanan says: Honey** of such rare quality that **they could falsify [*mezayyefin*] it,**[B] by diluting it with other substances, and it would not be noticed. **And Reish Lakish says:** It is named **after its place, as it is written: "Ziph and Telem and Bealoth"** (Joshua 15:24).

כְּיוֹצֵא בַּדָּבָר אַתָּה אוֹמֵר: ״בְּבוֹא הַזִּיפִים וַיֹּאמְרוּ לְשָׁאוּל הֲלֹא דָוִד״ וגו׳. מַאי זִיפִים? אָמַר רַבִּי יוֹחָנָן: בְּנֵי אָדָם הַמְזַיְּיפִין דִּבְרֵיהֶם; וְרַבִּי אֶלְעָזָר אוֹמֵר: עַל שֵׁם מְקוֹמָן, כְּדִכְתִיב: ״זִיף וָטֶלֶם וּבְעָלוֹת״.

Similarly, you can **say** with regard to the verse: **"When the *zifim* came and said to Saul, does not David** hide himself with us" (Psalms 54:2). **What is** the meaning of ***zifim***, mentioned in this verse? **Rabbi Yoḥanan says:** It means **people who would falsify [*hamzayyefin*] their words. And Rabbi Elazar says:** They are called **after their place, as it is written: "Ziph and Telem and Bealoth."**

״וּפָסְקוּ אַנְשֵׁי אֲמָנָה״. אָמַר רַבִּי יִצְחָק: אֵלּוּ בְּנֵי אָדָם שֶׁהֵן מַאֲמִינִין בְּהַקָּדוֹשׁ בָּרוּךְ הוּא; דְּתַנְיָא, רַבִּי אֱלִיעֶזֶר הַגָּדוֹל אוֹמֵר: כָּל מִי שֶׁיֵּשׁ לוֹ פַּת בְּסַלּוֹ וְאוֹמֵר ״מָה אוֹכַל לְמָחָר״ – אֵינוֹ אֶלָּא מִקְּטַנֵּי אֲמָנָה.

§ The mishna states that from the time when the Second Temple was destroyed **men of faith ceased. Rabbi Yitzḥak says: These are people who believe in the Holy One, Blessed be He,** and place their trust in Him in all their ways. **As it is taught** in a *baraita*: **Rabbi Eliezer the Great says** that **whoever has bread in his basket** to eat today **and says: What shall I eat tomorrow,** meaning he does not know how he will acquire bread for tomorrow, **he is nothing other** than **from those of little faith.** One must trust in God to provide him with his sustenance.

וְהַיְינוּ דַּאֲמַר רַבִּי אֶלְעָזָר, מַאי דִּכְתִיב: ״כִּי מִי בַז לְיוֹם קְטַנּוֹת״? מִי גָּרַם לַצַּדִּיקִים שֶׁיִּתְבַּזְבְּזוּ שׁוּלְחָנָן לֶעָתִיד לָבֹא? קַטְנוּת שֶׁהָיְתָה בָּהֶן, שֶׁלֹּא הֶאֱמִינוּ בְּהַקָּדוֹשׁ בָּרוּךְ הוּא. רָבָא אָמַר: אֵלּוּ קְטַנֵּי בְּנֵי רִשְׁעֵי יִשְׂרָאֵל,

And this is what Rabbi Elazar said: What is the meaning of that **which is written: "For who plunders the day of small things"**[N] (Zechariah 4:10)? **What caused the table,** i.e., the reward, **of the righteous to be plundered,** meaning wasted, **in the future?** It was **the small-mindedness they possessed.** And what is this small-mindedness? **That they did not believe in the Holy One, Blessed be He,** with a complete faith. **Rava said:** Who plunders the day of small things? **These are the small children of the wicked ones of the Jewish people,** who die young,

LANGUAGE

Shiny [*peranda*] – פְּרַנְדָּא: There are several theories with regard to the origin of this word, although apparently it comes from the Persian parund, a type of elaborate silk.

Silk [*shira*] – שִׁירָא: From the Greek σηρικόν, *sērikon*, meaning silk.

NOTES

Shiny silk – שִׁירָא פְּרַנְדָּא: According to Rashi this means a type of silk. Following this opinion, the *Tosefot HaRosh* states that the Gemara does not mean that this substance ceased to exist entirely, as elsewhere the Gemara mentions that it was used by *amora'im*. Rather, it became rarer than in earlier times.

Comes from elevated areas [*tzipiyya*] – הַבָּא מִן הַצִּיפִּיָא: The *Tosefot Yom Tov*, citing Rabbi Ovadya Bartenura and others, maintains that *tzipiyya* is the name of a place. This name had been *Zofim* in biblical times, but it changed over the course of time. Many commentaries explain *tzufim* not as a name but as a general word for mountains. The Rambam in his Commentary to the Mishna indicates that *tzufim* is the name of an excellent type of honey.

Who plunders the day of small things – מִי בַז לְיוֹם קְטַנּוֹת: This exposition appears to be based on the fact that the vowel of the word *baz* is not a *kamatz*, as would be the case if it were derived from the root *beit, vav, zayin*, to despise, but a *pataḥ*, which indicates that it stems from the root *beit, zayin, zayin*, to plunder.

BACKGROUND

White glass – זְכוּכִית לְבָנָה: Apparently, this means totally transparent glass. Even though glassmaking is an ancient art, it was difficult to manufacture transparent glass due to the presence of impurities in the raw materials. White glass is mentioned throughout the ages as being an expensive type of glass.

Congealed wine – יֵין קָרוּשׁ: In the Hermon region they would congeal wine by placing it in snow. This would cause the wine to appear like a cake of pressed figs. This may have been done as a means of preservation, or to raise the alcohol content of the wine, as some of the water in the wine would freeze separately, leaving the latter more concentrated.

Honey that they could falsify it – דְּבַשׁ שֶׁמְּזַיְּיפִין בּוֹ: The higher the concentration of sugar in honey, the easier it is to add other substances, such as flour, without there being a noticeable impact on the honey's taste. After the honey absorbs the additives, it is difficult to differentiate between unadulterated honey and the inferior product.

שֶׁמְּבַזְבְּזִין דִּין אֲבִיהֶם לֶעָתִיד לָבוֹא. אוֹמְרִים לְפָנָיו: רִבּוֹנוֹ שֶׁל עוֹלָם, מֵאַחַר שֶׁאַתָּה עָתִיד לִיפָּרַע מֵהֶן, לָמָּה הִקְהִיתָה שִׁינֵּיהֶם בָּם!

who plunder, i.e., destroy, **their fathers' future judgment.** When God sits in judgment of their parents, these children **say before Him:**[N] **Master of the Universe, because You were destined to exact punishment from** our fathers in the World-to-Come for their wickedness, **why did You blunt their teeth with** the death of their children in their lifetimes? In this way, the death of their children atones for the fathers.

אָמַר רַבִּי אֶילְעָא בַּר יְבֶרֶכְיָה: אִלְמָלֵא תְּפִלָּתוֹ שֶׁל דָּוִד הָיוּ כׇּל יִשְׂרָאֵל מוֹכְרֵי רְבָב, שֶׁנֶּאֱמַר: "שִׁיתָה ה׳ מוֹרָה לָהֶם". וְאָמַר רַבִּי אֶילְעָא בַּר יְבֶרֶכְיָה: אִלְמָלֵא תְּפִלָּתוֹ שֶׁל חֲבַקּוּק הָיוּ שְׁנֵי תַּלְמִידֵי חֲכָמִים מִתְכַּסִּים בְּטַלִּית אַחַת וְעוֹסְקִין בַּתּוֹרָה, שֶׁנֶּאֱמַר: "ה׳ שָׁמַעְתִּי שִׁמְעֲךָ יָרֵאתִי ה׳ פׇּעׇלְךָ בְּקֶרֶב שָׁנִים חַיֵּיהוּ". אַל תִּקְרָא "בְּקֶרֶב שָׁנִים" אֶלָּא "בִּקְרוֹב שְׁנַיִם".

§ **Rabbi Ile'a bar Yeverekhya says: If it were not for the prayer of David** for Israel to have sustenance, **all Israel would be sellers of fat** [*revav*],[N] i.e., involved in debased occupations, **as it is stated: "Place for them mastery, O Lord"** (Psalms 9:21), that is, may God grant them dignity. **And Rabbi Ile'a bar Yeverekhya** also **says: If it were not for the prayer of Habakkuk,**[N] **two Torah scholars would have to cover themselves with a single cloak** due to poverty **and engage in Torah study** dressed that way, **as it is stated: "Lord, I heard Your report and was afraid; O Lord, revive Your work in the midst of the years"** (Habakkuk 3:2). **Do not read: "In the midst** [*bekerev*] **of the years** [*shanim*]**," but in the closeness** [*bikrov*] **of two** [*shenayim*]. In other words, Habakkuk prayed that God would nullify His decree of two Torah scholars having to share a single cloak.

וְאָמַר רַבִּי אֶילְעָא בַּר יְבֶרֶכְיָה: שְׁנֵי תַּלְמִידֵי חֲכָמִים הַמְהַלְּכִין בַּדֶּרֶךְ וְאֵין בֵּינֵיהֶן דִּבְרֵי תוֹרָה – רְאוּיִן לִישָּׂרֵף בָּאֵשׁ, שֶׁנֶּאֱמַר: "וַיְהִי הֵמָּה הֹלְכִים הָלוֹךְ וְדַבֵּר וְהִנֵּה רֶכֶב אֵשׁ" וגו׳. טַעְמָא דְּאִיכָּא דִּיבּוּר, הָא לֵיכָּא דִּיבּוּר – רְאוּיִן לִישָּׂרֵף.

And Rabbi Ile'a bar Yeverekhya says: In the case of **two Torah scholars who are walking along the way and there are no words of Torah between them,** but they are conversing about other matters, **they are deserving of being burned in fire. As it is stated** with regard to Elijah and his disciple Elisha: **"And it was as they walked along, talking, that behold, there appeared a chariot of fire** and horses of fire, which parted them both asunder" (II Kings 2:11). **The reason** they were not burned by the chariot of fire is **that there was speech** exchanged between them, which presumably was words of Torah, **but if there had been no speech, they** would have been **deserving of being burned** by the chariot.

וְאָמַר רַבִּי אֶילְעָא בַּר יְבֶרֶכְיָה: שְׁנֵי תַּלְמִידֵי חֲכָמִים הַדָּרִין בְּעִיר אַחַת וְאֵין נוֹחִין זֶה לָזֶה בַּהֲלָכָה – אֶחָד מֵת וְאֶחָד גּוֹלֶה, שֶׁנֶּאֱמַר: "לָנֻס שָׁמָּה רוֹצֵחַ אֲשֶׁר יִרְצַח אֶת רֵעֵהוּ בִּבְלִי דַעַת", וְאֵין דַּעַת אֶלָּא תּוֹרָה, שֶׁנֶּאֱמַר: "נִדְמוּ עַמִּי מִבְּלִי הַדָּעַת".

And Rabbi Ile'a bar Yeverekhya says: If there are **two Torah scholars who reside in the same city and they are not pleasant to each other with regard to** ***halakha***, but are constantly fighting, **one** of them **will die**[N] and the other **one will be exiled. As it is stated: "That the manslayer might flee there, who slays his neighbor without knowledge"** (Deuteronomy 4:42), **and "knowledge"** means **nothing other** than **Torah, as it is stated: "My people are destroyed for lack of knowledge"** (Hosea 4:6).

אָמַר רַבִּי יְהוּדָה בְּרֵיהּ דְּרַבִּי חִיָּיא: כׇּל תַּלְמִיד חָכָם הָעוֹסֵק בַּתּוֹרָה מִתּוֹךְ הַדְּחָק – תְּפִלָּתוֹ נִשְׁמַעַת, שֶׁנֶּאֱמַר: "כִּי עַם בְּצִיּוֹן יֵשֵׁב בִּירוּשָׁלָםִ בָּכוֹ לֹא תִבְכֶּה חָנוֹן יָחׇנְךָ לְקוֹל זַעֲקֶךָ כְּשׇׁמְעָתוֹ עָנָךְ", וּכְתִיב בָּתְרֵיהּ: "וְנָתַן ה׳ לָכֶם לֶחֶם צַר וּמַיִם לָחַץ".

Rabbi Yehuda, son of Rabbi Ḥiyya, says: With regard to **any Torah scholar who engages in Torah** study **while experiencing the pressure** of poverty, **his prayer is listened to, as it is stated: "For, O people that dwells in Zion at Jerusalem, you shall weep no more; He will surely be gracious to you at the voice of your cry. When He shall hear, He will answer you"** (Isaiah 30:19), **and after it is written: "And the Lord shall give you sparse bread and scant water"** (Isaiah 30:20). This verse indicates that those who sit and study Torah, that is, the people who dwell in Zion, and eat bread sparingly, will have their prayers answered by God.

רַבִּי אַבָּהוּ אוֹמֵר: מַשְׂבִּיעִין אוֹתוֹ מִזִּיו שְׁכִינָה, שֶׁנֶּאֱמַר: "וְהָיוּ עֵינֶיךָ רֹאוֹת אֶת מוֹרֶיךָ". רַבִּי אַחָא בַּר חֲנִינָא אָמַר: אַף אֵין הַפַּרְגּוֹד נִנְעָל בְּפָנָיו, שֶׁנֶּאֱמַר: "וְלֹא יִכָּנֵף עוֹד מוֹרֶיךָ".

Rabbi Abbahu says: A Torah scholar who engages in Torah study despite economic pressures **is satiated with the glory of the Divine Presence, as it is stated** in the same verse, above: **"And your eyes shall behold your Teacher."** **Rabbi Aha, son of Hanina, said: Even the** concealing **partition** [*pargod*][L] before the Divine Presence **is not locked before him, as it is stated: "And your Teacher shall not hide Himself anymore"** (Isaiah 30:20).

NOTES

They say before Him – אוֹמְרִים לְפָנָיו: According to Rashi, it is the small children who will state this claim. The Maharsha maintains that the fathers, when they are brought to judgment, will argue that they were already punished in their lifetimes by the death of their children. The language of the Gemara allows for both interpretations.

Sellers of fat [*revav*] – מוֹכְרֵי רְבָב: Rashi and many other commentaries explain that *revav* means fat, and the phrase sellers of fat is referring to people who eke out their living by selling items that dirty their hands. The *Arukh* maintains that *revav* means the dregs of wax, which explains the connection between this teaching and the previous one, which spoke of the cessation of the honey. Since the honey of *nofet tzufim* has ceased, the only element left of this product is the honeycomb, used for wax.

If it were not for the prayer of Habakkuk – אִלְמָלֵא תְּפִלָּתוֹ שֶׁל חֲבַקּוּק: The Maharsha explains that David's prayer was that those who deal in trade should not have to earn their livelihood in a demeaning manner, while Habakkuk prayed for the Torah scholars.

One will die – אֶחָד מֵת: As one of the Torah scholars is presumably greater than the other, the latter must submit to his authority and is not fully responsible for the topic of their conversation while walking. Since they are not equally guilty, their respective punishments differ as well (*Iyyun Ya'akov*).

LANGUAGE

Partition [*pargod*] – פַּרְגּוֹד: From the Greek παραγαύδης, *paragaudēs*, meaning a garment with a purple border, or the Latin paragauda, a laced border on a garment. Its origin is from the Persian pargad, which refers to the screen that divides the king from his palace retinue. The king would speak from behind the screen, and this is the basis for the borrowing of this term to describe a barrier in front of the Divine Presence.

״רַבָּן שִׁמְעוֹן בֶּן גַּמְלִיאֵל אוֹמֵר מִשּׁוּם רַבִּי יְהוֹשֻׁעַ: מִיּוֹם שֶׁחָרַב בֵּית הַמִּקְדָּשׁ אֵין״ וכו׳. אֲמַר רָבָא: בְּכׇל יוֹם וְיוֹם מְרוּבָּה קִלְלָתוֹ מִשֶּׁל חֲבֵירוֹ, שֶׁנֶּאֱמַר: ״בַּבֹּקֶר תֹּאמַר מִי יִתֵּן עֶרֶב וּבָעֶרֶב תֹּאמַר מִי יִתֵּן בֹּקֶר״. הֵי בֹּקֶר? אִילֵימָא בֹּקֶר דִּלְמָחָר – מִי יָדַע מַאי הָוֵי? אֶלָּא דְּחָלֵיף.

§ The mishna states that **Rabban Shimon ben Gamliel says in the name of Rabbi Yehoshua: From the day that the Temple was destroyed, there is no** day that does not include some form of curse. **Rava says: Each and every day is more cursed than the previous one, as it is stated** in the chapter detailing the curses in the book of Deuteronomy: **"In the morning you will say, would that it were evening, and in the evening you will say, would that it were morning"** (Deuteronomy 28:67). It is unclear **which morning** the verse means. **If we say** that in the evening he will wish it would be **the following morning, does he know what will be** the outcome of the next morning, which would cause him to yearn for its arrival? **Rather,** it must mean the morning **that has passed;** that is, in the evening they will pine for the previous morning, because their situation is continuously worsening.

וְאֶלָּא עָלְמָא אַמַּאי קָא מְקַיֵּים? אַקְּדוּשָּׁה דְּסִידְרָא וְאַ״יְּהֵא שְׁמֵיהּ רַבָּא״ דְּאַגַּדְתָּא, שֶׁנֶּאֱמַר: ״אֶרֶץ עֵיפָתָה כְּמוֹ אֹפֶל צַלְמָוֶת וְלֹא סְדָרִים״ – הָא יֵשׁ סְדָרִים, תּוֹפִיעַ מֵאוֹפֶל.

The Gemara poses a question: **But** if everything is deteriorating, **why does the world** continue to **exist?** The Gemara answers: **By the sanctification that** is said in the **order**[NB] of prayers, after the passage that begins: And a redeemer shall come to Israel, which includes the recitation and translation of the sanctification said by the angels, **and** by the response: **Let His great name** be blessed, etc., which is recited after the study **of** ***aggada*****.**[N] **As it is stated: "A land of thick darkness, as darkness itself; a land of the shadow of death, without any order"** (Job 10:22). **Therefore,** it can be inferred from this verse that if **there are orders** of prayer and study, the land **shall appear from** amidst **the darkness.**

״וְלֹא יָרַד טַל לִבְרָכָה, וְנִיטַּל טַעַם פֵּירוֹת״ וכו׳. תַּנְיָא, רַבִּי שִׁמְעוֹן בֶּן אֶלְעָזָר אוֹמֵר: טׇהֳרָה – בִּטְּלָה טַעַם וְרֵיחַ; מַעֲשֵׂר – בִּיטֵּל שׁוּמַּן דָּגָן.

§ The mishna taught that since the destruction of the Temple, **dew has not descended for a blessing, and the taste has been removed from fruit. It is taught** in a *baraita*: **Rabbi Shimon ben Elazar says:** The lost **purity has removed the taste and the aroma;**[N] the **tithes** that were not separated **have removed the fat of grain.**

רַב הוּנָא אַשְׁכַּח תּוּמַרְתָּא דְּחִינּוּנִיתָא. שְׁקָלַהּ כְּרָכַהּ בְּסוּדָרֵיהּ. אֲתָא רַבָּה בְּרֵיהּ. אֲמַר לֵיהּ: מוֹרְחִינָא רֵיחָא דְּחִינּוּנִיתָא, אֲמַר לֵיהּ: בְּנִי, טׇהֳרָה יֵשׁ בְּךָ. יְהַבָהּ נִיהֲלֵיהּ. אַדְּהָכִי אֲתָא אַבָּא בְּרֵיהּ, שְׁקָלַהּ יְהַבָהּ נִיהֲלֵיהּ. אֲמַר לֵיהּ: בְּנִי, שִׂמַּחְתָּ אֶת לִבִּי וְהִקְהִיתָה אֶת שִׁינַּי. הַיְינוּ דְּאָמְרִי אֱינָשֵׁי: רַחֲמֵי דְּאַבָּא – אַבְּנֵי, רַחֲמֵי דִּבְנֵי – אַבְּנֵיהוֹן לְהוּ. דְּהָווּ לֵיהּ.

The Gemara relates that **Rav Huna found a fragrant date.**[N] **He took it and wrapped it in his shawl. Rabba,**[P] **his son, came** and **said to him: I smell the aroma of a fragrant** date. Rav Huna **said to him: My son, there is** clearly **purity in you,** as you were able to notice the fragrance. **He gave it to him. Meanwhile, Abba,** Rabba's **son, arrived.** Rabba **took** the date **and gave it to** him. Rav Huna **said to** Rabba: **My son, you have made my heart rejoice** with your purity, **and you have blunted my teeth,** by showing your preference for your own son. The Gemara comments: **This** explains the folk saying **that people say: The love of a father is for the sons; the love of the sons is for their own sons,** more than for their father.

רַב אַחָא בַּר יַעֲקֹב אִיטַּפַּל בֵּיהּ בְּרַב יַעֲקֹב בַּר בְּרַתֵּיהּ. כִּי גָּדַל, אֲמַר לֵיהּ: אַשְׁקְיַין מַיָּא. אֲמַר לוֹ: לָאו בְּרִיךְ אֲנָא. וְהַיְינוּ דְּאָמְרִי אֱינָשֵׁי: רְבִי רְבִי, בַּר בְּרַתָּךְ אֲנָא.

The Gemara relates another incident: **Rav Aḥa bar Ya'akov took care of Rav Ya'akov, the son of his daughter,** who was an orphan. **When** the grandchild **grew up,** his grandfather once **said to him: Give me water to drink. He said to him: I am not your son,**[N] and I am not obligated in your honor as a son must honor his father. The Gemara again comments: **And this** explains the folk saying **that people say: Raise, raise** your grandchild, but in the end he will retort: **I am the son of your daughter,** and I do not have to take care of you.

PERSONALITIES

Rabba bar Rav Huna – רַבָּה בַּר רַב הוּנָא: Rabba bar Rav Huna was a third-generation *amora* in Babylonia. He merited to see Rav, and transmitted several *halakhot* in his name. He was a preeminent disciple of his father, Rav Huna, and there are several instances in the Talmud where Rav Huna gives practical halakhic guidance to his son. He was a judge in the city of Sura after the death of his father, a disciple-colleague of Rav Ḥisda, and a colleague of Rav Naḥman and Rava.

Rabba bar Rav Huna was wealthy and was close to the Exilarch, despite having several disagreements with him. He was known to be very modest. Upon his death he was brought to Eretz Yisrael for burial, and a text of a eulogy given for him is still extant.

The son mentioned here is Abba, who is the *amora* Rava, a shortened version of Rabbi Abba, son of Rabba bar Rav Huna. He was a fourth-generation *amora*, and his teachings are found throughout the Talmud.

NOTES

By the sanctification that is said in the order, etc. – אַקְּדוּשָּׁה דְּסִידְרָא וכו׳: The Maharsha explains that these two sections of prayer are said in Aramaic and were understood even by the masses. As these passages were recited in the prayers and after the study of *aggada*, which even simple people would join in, they constituted a praise of God and the study of Torah with the participation of the entire people.

Let His great name…after the study of ***aggada*** – יְהֵא שְׁמֵיהּ רַבָּא דְּאַגַּדְתָּא: Many authorities infer from this passage that the *kaddish* prayer is recited only after the study of *aggada*, as it is beloved upon people and is learned with joy (*Ben Yehoyada*). This is the basis for the widespread custom of adding the short aggadic statement: Rabbi Ḥananya ben Akashya says, after Torah study before the *kaddish* prayer. The *Melekhet Shlomo* discusses this issue, and concludes that the Gemara means that the *kaddish* prayer is said even after the study of *aggada*, and certainly after the study of *halakha*. The *Be'er Sheva* addresses this topic from a slightly different angle, and he too holds that according to the Rambam in the *Mishne Torah*, the *kaddish* prayer must be recited after all Torah study, both *halakha* and *aggada*.

Lost purity has removed the taste and the aroma, etc. – טׇהֳרָה בִּטְּלָה טַעַם וְרֵיחַ וכו׳: The Maharsha writes that the cessation of purity, which is something intangible, led to the removal of tastes and aromas, which similarly are not tangible. The cancellation of the physical tithes caused the removal of the fat of grain, as both the cause and the effect are material.

A fragrant date – תּוּמַרְתָּא דְּחִינּוּנִיתָא: The *Arukh* cites three explanations of this term. The first explanation is that it means a type of date that is especially fragrant. The second explanation is that it is referring to a place where good-quality dates were cultivated. The third explanation is that this was the name given to all first fruits, and in this particular case, to a date.

I am not your son – לָאו בְּרִיךְ אֲנָא: Some authorities prove from here that a grandson, or at least the son of a daughter, is not obligated to honor his grandfather as he would honor his father. The *Yad Melekh* points out that Rav Ya'akov certainly brought the glass of water to his grandfather; he pointed out to him only that the grandfather cannot demand that he do so in the same way that a father may demand of his son. This is the intention of the comment of Rashi, who writes: I am not obligated to honor you as a son, indicating that he is obligated to honor him to some degree.

BACKGROUND

The sanctification that is said in the order – אַקְּדוּשָּׁה דְּסִידְרָא: The sanctification of the order is the text of the sanctification recited by the angels, appearing in the books of Isaiah and Ezekiel, with its Aramaic translation interspersed between the verses. This is said during the prayer of: "And a redeemer will come to Zion," after the *Amida* prayer, in the morning. The reason for its placement there is not clear. Some *ge'onim* maintain that it was moved to the end of the prayer service in response to a government decree banning its recital. Others say that it is a remnant of an ancient custom to read sections from the prophets, together with their translations, after the morning service. That custom was discontinued, but this was instituted to replace it.

LANGUAGE

War [*pulemus*] – פּוּלְמוּס: From the Greek πόλεμος, *polemos*, meaning war or army.

HALAKHA

They decreed upon the crowns of bridegrooms – גָּזְרוּ עַל עַטְרוֹת חֲתָנִים: The Sages decreed that bridegrooms should not place crowns on their heads at all, as stated by Levi on 49b. They likewise prohibited brides from wearing crowns made of precious metals. This decree applied only to brides and grooms, but not to the rest of the population (Rambam *Sefer Zemanim, Hilkhot Ta'anit* 5:15; *Shulḥan Arukh, Oraḥ Ḥayyim* 560:4).

NOTES

From the time when Rabbi Akiva died, etc. – מִשֶּׁמֵּת רַבִּי עֲקִיבָא וכו׳: Rashi explains that the honor of the Torah here means Rabbi Akiva's technique of deriving *halakhot* from the crowns drawn above the letters in a Torah scroll. Deriving *halakhot* from the crowns increases the honor of Torah, as each small detail of the Torah is shown to be meaningful. Others add that Rabbi Akiva honored the Torah through his vast number of students (*Iyyun Ya'akov*).

מתני׳ בְּפוּלְמוּס שֶׁל אַסְפַּסְיָינוּס – גָּזְרוּ עַל עַטְרוֹת חֲתָנִים וְעַל הָאֵירוּס.

MISHNA **In the war [*pulemus*]**[L] **of Vespasian**[B] the Sages **decreed upon the crowns of bridegrooms,**[H] i.e., that bridegrooms may no longer wear crowns, **and upon the drums,** meaning they also banned the playing of drums.

בְּפוּלְמוּס שֶׁל טִיטוּס – גָּזְרוּ עַל עַטְרוֹת כַּלּוֹת, וְשֶׁלֹּא יְלַמֵּד אָדָם אֶת בְּנוֹ יְוָונִית.

In the war of Titus[B] they also **decreed upon the crowns of brides, and** they decreed **that a person should not teach his son Greek.**

בְּפוּלְמוּס הָאַחֲרוֹן – גָּזְרוּ שֶׁלֹּא תֵּצֵא הַכַּלָּה בְּאַפִּרְיוֹן בְּתוֹךְ הָעִיר, וְרַבּוֹתֵינוּ הִתִּירוּ שֶׁתֵּצֵא הַכַּלָּה בְּאַפִּרְיוֹן בְּתוֹךְ הָעִיר.

In the last war,[B] meaning the bar Kokheva revolt, **they decreed that a bride may not go out in a palanquin inside the city, but our Sages permitted a bride to go out in a palanquin inside the city,** as this helps the bride maintain her modesty.

מִשֶּׁמֵּת רַבִּי מֵאִיר – בָּטְלוּ מוֹשְׁלֵי מְשָׁלִים. מִשֶּׁמֵּת בֶּן עַזַּאי – בָּטְלוּ הַשַּׁקְדָּנִים. מִשֶּׁמֵּת בֶּן זוֹמָא – בָּטְלוּ הַדַּרְשָׁנִים. מִשֶּׁמֵּת רַבִּי עֲקִיבָא – בָּטֵל כְּבוֹד הַתּוֹרָה. מִשֶּׁמֵּת רַבִּי חֲנִינָא בֶּן דּוֹסָא – בָּטְלוּ אַנְשֵׁי מַעֲשֶׂה. מִשֶּׁמֵּת רַבִּי יוֹסֵי קַטְנוּתָא – פָּסְקוּ חֲסִידִים. וְלָמָּה נִקְרָא שְׁמוֹ קַטְנוּתָא? שֶׁהָיָה קַטְנוּתָא שֶׁל חֲסִידִים.

The mishna lists more things that ceased: **From** the time **when Rabbi Meir died, those who relate parables ceased;** from the time **when ben Azzai died, the diligent ceased;** from the time **when ben Zoma**[P] **died, the exegetists ceased;** from the time **when Rabbi Akiva died,**[N] **the honor of the Torah ceased; from** the time **when Rabbi Ḥanina ben Dosa**[P] **died, the men of** wondrous **action ceased; from** the time **when Rabbi Yosei the Small**[P] **died, the pious were no more. And why was he called the Small? Because he was the smallest of the pious,** meaning he was one of the least important of the pious men.

BACKGROUND

The war of Vespasian – פּוּלְמוּס שֶׁל אַסְפַּסְיָינוּס: This refers to the great rebellion that led to the destruction of the Second Temple. The war is named after Vespasian because he was the head of the Roman army for almost the entire war, from the year 67 CE until he was crowned emperor.

The war of Titus – פּוּלְמוּס שֶׁל טִיטוּס: The name of this war as it appears in the standard text can be explained, albeit in a forced way, if it is assumed that the Sages made a distinction between the first part of the war, in which Jerusalem was put under siege, and the second part, in which the Temple was destroyed. In the first part, Vespasian led the Roman army. There was a brief respite in the fighting, from the time when Nero was assassinated until Vespasian became emperor. The final stage of the war, in which Jerusalem and the Temple, as well as the rest of the fortresses held by the Jews, were destroyed, was carried out with Titus leading the Roman army.

Even disregarding the forced nature of this explanation, as it is difficult to classify these as two separate wars, this also does not account for the variant version of this statement found in *Seder Olam Rabba*. Therefore, it is preferable to accept the variant text found there and in other early sources, which reads: The war of Quietus. Lusius Quietus was the general of the emperor Trajan, who slaughtered many Jews in Syria and Babylonia during his battles with the Persians, in the year 114 CE. He was also later named the ruler over Eretz Yisrael. The decrees enacted by the Sages from the time of Trajan are mentioned elsewhere in the Talmud, and, according to this modified version of the text, those decrees are ascribed in this passage to his general Quietus.

The last war – פּוּלְמוּס הָאַחֲרוֹן: This refers to the bar Kokheva rebellion, which was the final large-scale battle in the time of the Mishna. This hard-fought war, which ended in the destruction of the city of Beitar and the killing of bar Kokheva in the year 135 CE, was accompanied by mass killings of the Jewish people. Estimates of the total killed run up to one million Jews. Following this, the land of Judah was desolate for many years.

PERSONALITIES

Ben Zoma – בֶּן זוֹמָא: This is Shimon ben Zoma, one of the great Sages who lived in the generation of the destruction of the Second Temple. He was a student of Rabbi Yehoshua, and a disciple-colleague of Rabbi Akiva. Shimon ben Zoma was considered to be one of the great Torah scholars of his generation, but, perhaps due to his young age, he was never officially ordained. He therefore was not given the title of Rabbi and was called after his father's name. Many statements, in both *halakha* and *aggada*, have been said in his name. He was particularly well known for his exegeses of biblical verses, which is why it was said that when ben Zoma died, the exegetists ceased.

Rabbi Ḥanina ben Dosa – רַבִּי חֲנִינָא בֶּן דּוֹסָא: Rabbi Ḥanina ben Dosa was a *tanna* who lived toward the end of the Second Temple period. He was a student of Rabban Yoḥanan ben Zakkai. Even as a student he was known for his righteousness and for being a miracle worker. Very few of his statements have been recorded, and those that have are primarily in the realm of *aggada*. He is known mainly through stories about his piety and his cleaving to God, his righteousness and his willingness to make do with a minimum of earthly possessions. Rabbi Ḥanina ben Dosa served as a symbol of the righteous man in all of his behaviors.

Rabbi Yosei the Small [*Katonta*] – רַבִּי יוֹסֵי קַטְנוּתָא: From this mishna it seems that the appellation *Katonta* was not his name, but rather a nickname he was given. From the Jerusalem Talmud (*Bava Kamma* 3:7) it can be seen that he had several names and nicknames. He was called, on occasion, Yosei the Babylonian, or Isi ben Yehuda, or Isi ben Akiva (see *Pesaḥim* 113b). He lived in the city Huzal in Babylonia, and moved from there to Eretz Yisrael to study under the students of Rabbi Akiva. His statements are mentioned throughout the Talmud and the halakhic midrash.

מִשֶּׁמֵּת רַבָּן יוֹחָנָן בֶּן זַכַּאי – בָּטַל זִיו הַחָכְמָה. מִשֶּׁמֵּת רַבָּן גַּמְלִיאֵל הַזָּקֵן – בָּטַל כְּבוֹד הַתּוֹרָה, וּמֵתָה טׇהֳרָה וּפְרִישׁוּת. מִשֶּׁמֵּת רַבִּי יִשְׁמָעֵאל בֶּן פָּאבִי – בָּטְלָה זִיו הַכְּהוּנָּה. מִשֶּׁמֵּת רַבִּי – בָּטַל עֲנָוָה וְיִרְאַת חֵטְא.

From the time **when Rabban Yoḥanan ben Zakkai died, the glory of wisdom ceased;**[N] **from** the time **when Rabban Gamliel the Elder died,**[N] **the honor of the Torah ceased, and purity and asceticism died. From** the time **when Rabbi Yishmael ben Pavi**[P] **died, the glory of the priesthood ceased; from the** time **when** Rabbi Yehuda HaNasi **died, humility and fear of sin ceased.**

גמ׳ תָּנוּ רַבָּנַן, רַבִּי פִּנְחָס בֶּן יָאִיר אוֹמֵר: מִשֶּׁחָרַב בֵּית הַמִּקְדָּשׁ – בּוֹשׁוּ חֲבֵרִים וּבְנֵי חוֹרִין, וְחָפוּ רֹאשָׁם. וְנִדַּלְדְּלוּ אַנְשֵׁי מַעֲשֶׂה, וְגָבְרוּ בַּעֲלֵי זְרוֹעַ וּבַעֲלֵי לָשׁוֹן, וְאֵין דּוֹרֵשׁ וְאֵין מְבַקֵּשׁ וְאֵין שׁוֹאֵל.

GEMARA **The Sages taught: Rabbi Pineḥas ben Ya'ir says: From** the time **when the** Second **Temple was destroyed, the *ḥaverim*** **and free men** of noble lineage **were ashamed,**[N] **and their heads were covered** in shame, **and men of action dwindled, and violent and smooth-talking men gained the upper hand, and none seek, and none ask, and none inquire** of the fear of Heaven.

עַל מִי לָנוּ לְהִשָּׁעֵן? עַל אָבִינוּ שֶׁבַּשָּׁמַיִם.

Upon whom is there **for us to rely?** Only **upon our Father in Heaven.**

רַבִּי אֱלִיעֶזֶר הַגָּדוֹל אוֹמֵר: מִיּוֹם שֶׁחָרַב בֵּית הַמִּקְדָּשׁ שָׁרוּ חַכִּימַיָּא לְמֶהֱוֵי כְּסָפְרַיָּא, וְסָפְרַיָּא כְּחַזָּנַיָּא, וְחַזָּנַיָּא כְּעַמָּא דְאַרְעָא, וְעַמָּא דְאַרְעָא

Rabbi Eliezer the Great says: From the day the Second **Temple was destroyed,** the generations have deteriorated: **Scholars have begun to become like scribes**[B] that teach children, **and scribes have become like beadles,**[B] **and beadles have become like ignoramuses, and ignoramuses**

NOTES

The glory of wisdom ceased – בָּטַל זִיו הַחָכְמָה: Rashi comments that he does not know to what the glory of wisdom is referring. The *Penei Moshe* and the *Be'er Sheva* explain that this is referring to Rabban Yoḥanan ben Zakkai's expertise in all areas of the Torah, major and minor alike. The Maharsha states that it is referring to his knowledge of all wisdom, whether Torah knowledge or other types of wisdom.

From the time when Rabban Gamliel the Elder died, etc. – מִשֶּׁמֵּת רַבָּן גַּמְלִיאֵל הַזָּקֵן וכו׳: The honor of the Torah stated here has a different meaning from that mentioned in reference to Rabbi Akiva. Some explain that until Rabban Gamliel died, students would stand while being taught Torah by their teacher. This honors the Torah, as it replicates the giving of the Torah at Sinai, where the entire nation stood. The *Arukh* explains that after Rabban Gamliel died, people stopped according the proper respect that is due to the Torah.

The *ḥaverim* and free men were ashamed – בּוֹשׁוּ חֲבֵרִים וּבְנֵי חוֹרִין: Rashi explains that the term free men is referring to those of honored lineage. When the Temple was destroyed, they lost their high status, as lineage was relevant mostly for the priestly service in the Temple and various governmental appointments.

PERSONALITIES

Rabbi Yishmael ben Pavi – רַבִּי יִשְׁמָעֵאל בֶּן פָּאבִי: Rabbi Yishmael ben Pavi, or ben Piavi, or ben Piakhi, was appointed to the position of High Priest by King Agrippa shortly before the destruction of the Second Temple. Although the Sages were not pleased with his family in general, as they would use their power to oppress others (see *Pesaḥim* 57a), they praise his good deeds. It seems that his family was very wealthy. There are those who claim that he is the High Priest known as: The son of Kimḥit, after his pious mother. If that is so, then he had brothers who also served in the position of High Priest. Rabbi Yishmael ben Pavi served as the High Priest for ten years and is listed among the few High Priests who performed the ritual of the red heifer.

BACKGROUND

Scribes – סָפְרַיָּא: The term scribes in this instance refers to those who taught Torah to children. In smaller towns, they would also serve as local scribes who would write documents for members of the community. Although they had to possess a modicum of Torah knowledge, they were not considered to be scholars. It was rare to find a true Torah scholar who was also a scribe.

Beadles – חַזָּנַיָּא: These were the people who took care of the synagogues, and who also, on occasion, would assist those who taught Torah to the children. Due to their involvement in caring for the synagogue, they had to possess more Torah knowledge than an ignoramus, but they were certainly not numbered among the scholars.

אָזְלָא וְדַלְדְּלָה, וְאֵין שׁוֹאֵל וְאֵין מְבַקֵּשׁ. עַל מִי יֵשׁ לְהִשָּׁעֵן? עַל אָבִינוּ שֶׁבַּשָּׁמַיִם.

are increasingly diminished, and none ask[N] **and none seek. Upon whom is there to rely?** Only **upon our Father in Heaven.**

בְּעִקְבוֹת מְשִׁיחָא – חוּצְפָּא יִסְגֵּא, וְיוֹקֶר יַאֲמִיר, הַגֶּפֶן תִּתֵּן פִּרְיָהּ וְהַיַּיִן בְּיוֹקֶר, וּמַלְכוּת תֵּהָפֵךְ לְמִינוּת, וְאֵין תּוֹכַחַת, בֵּית וַעַד יִהְיֶה לִזְנוּת. וְהַגָּלִיל יֶחֱרַב, וְהַגַּבְלָן יִשּׁוֹם, וְאַנְשֵׁי הַגְּבוּל יְסוֹבְבוּ מֵעִיר לְעִיר וְלֹא יְחוֹנָּנוּ.

He also said: **In the** times of the **approach of the Messiah,**[N] **impudence will increase and high costs will pile up.** Although **the vine shall bring forth its fruit,**[N] **wine will** nevertheless **be expensive. And the monarchy shall turn to heresy,**[B] **and** there will be **no** one to give **reproof** about this. **The meeting place** of the Sages **will become** a place of **promiscuity, and the Galilee shall be destroyed, and the Gavlan will be desolate,**[N] **and the men of the border shall go round from city to city** to seek charity, **but they will find no mercy.**

וְחָכְמוֹת סוֹפְרִים תִּסְרַח, וְיִרְאֵי חֵטְא יִמָּאֲסוּ, וְהָאֱמֶת תְּהֵא נֶעְדֶּרֶת. נְעָרִים פְּנֵי זְקֵנִים יַלְבִּינוּ, זְקֵנִים יַעַמְדוּ מִפְּנֵי קְטַנִּים, בֵּן מְנַוֵּול אָב, בַּת קָמָה בְּאִמָּהּ, כַּלָּה בַּחֲמוֹתָהּ. אוֹיְבֵי אִישׁ אַנְשֵׁי בֵיתוֹ. פְּנֵי הַדּוֹר כִּפְנֵי הַכֶּלֶב, הַבֵּן אֵינוֹ מִתְבַּיֵּישׁ מֵאָבִיו. וְעַל מָה יֵשׁ לָנוּ לְהִשָּׁעֵן? עַל אָבִינוּ שֶׁבַּשָּׁמַיִם.

And the wisdom of scribes will putrefy,[N] **and people who fear sin will be held in disgust, and the truth will be absent. The youth will shame the face of elders, elders will stand before minors.** Normal family relations will be ruined: **A son will disgrace a father; a daughter will rise up against her mother, a daughter-in-law against her mother-in-law. A man's enemies** will be **the members of his household. The face of the generation** will be **like the face of a dog;**[N] **a son will no** longer **be ashamed before his father. And upon what is there for us to rely?** Only **upon our Father in heaven.**

אָמַר רַב: לֹא שָׁנוּ אֶלָּא שֶׁל מֶלַח וְגָפְרִית, אֲבָל שֶׁל הֲדַס וְשֶׁל וֶורֶד – מוּתָּר. וּשְׁמוּאֵל אוֹמֵר: אַף שֶׁל הֲדַס וְשֶׁל וֶורֶד – אָסוּר; שֶׁל קָנִים וְשֶׁל חֵילָת – מוּתָּר. וְלֵוִי אָמַר: אַף שֶׁל קָנִים וְשֶׁל חֵילָת – אָסוּר. וְכֵן תָּנֵי לֵוִי בְּמַתְנִיתֵיהּ: אַף שֶׁל קָנִים וְשֶׁל חֵילָת – אָסוּר.

§ **Rav says** concerning the decree banning the wearing of crowns that **they taught** this *halakha* **only** with regard to crowns **of salt and sulfur, but** those **of myrtle and rose are permitted. And Shmuel says** that **even** crowns **of myrtle and rose are prohibited,** but those made **of reeds and bulrush are permitted. And Levi says: Even** crowns **of reeds and bulrush are prohibited. And likewise Levi teaches in his** *baraita*: **Even** those **of reeds and bulrush are prohibited.**

"וְעַל הָאִירוּס". מַאי אִירוּס? אָמַר רַבִּי אֶלְעָזָר: טַבְלָא דְּחַד פּוּמָא. רַבָּה בַּר רַב הוּנָא עֲבַד לֵיהּ לִבְרֵיהּ טַנְבּוּרָא. אֲתָא אֲבוּהּ תַּבְרֵיהּ. אֲמַר לֵיהּ: מִיחֲלַף בְּטַבְלָא דְּחַד פּוּמָא. זִיל עֲבִיד לֵיהּ אַפּוּמָא דַּחֲצָבָא אוֹ אַפּוּמָא דְּקְפִיזָא.

The mishna taught that the Sages decreed against the wearing of crowns for bridegrooms **and upon the drums.** The Gemara poses a question: **What is this drum** [*irus*]?[L] **Rabbi Elazar says: A drum with one mouth.** The Gemara relates a story involving this instrument: **Rabba bar Rav Huna made a tambourine for his son. His father,** Rav Huna, **came and broke it. He said to him:** This instrument will be **confused for a drum with one mouth,** and people will assume that a drum with one mouth is permitted. Instead, **go and make for him** a small drum **on the mouth of an earthen jug** [*ḥatzava*],[B] **or on the mouth of a** container used for measuring a *kefiza*,[L] a small measurement, which did not pose the concern of being confused with a drum with one mouth.

NOTES

And none ask, etc. – וְאֵין שׁוֹאֵל וכו׳: The *Tosefot Yom Tov* explains that none ask and none seek the other's welfare, as people stopped caring about each other. The *Tiferet Yisrael* analyzes the differences between asking, seeking, and inquiring. He explains that the mishna is discussing the people's lack of desire for the redemption.

In the approach of the Messiah – בְּעִקְבוֹת מְשִׁיחָא: This passage, and the far lengthier one in the last chapter of tractate *Sanhedrin*, describes the deterioration of the world in the era just before the arrival of the Messiah, how the Jewish people will be held in the lowest esteem, and that specifically this set of circumstances will be the springboard for the redemption.

The vine shall bring forth its fruit, etc. – הַגֶּפֶן תִּתֵּן פִּרְיָהּ וכו׳: Rashi and many other commentaries explains that despite the fact that the vine will produce its fruit and there will be plenty of wine, it will nevertheless be expensive, as the high prevalence of drunkards will increase demand to a higher level than the supply. Some say that the excessive drinking of wine will be as a result of people attempting to drown their sorrows in wine. A variant version of the text reads: High costs will be corrupted, meaning that the prices will not be dependent on supply and demand but will be manipulated by those in the marketplace. The mishna illustrates this with the example that wine will be plentiful but will still be expensive.

And the Gavlan will be desolate, etc. – וְהַגַּבְלָן יִשּׁוֹם וכו׳: The Gavlan is a border region in Eretz Yisrael, identified by some as the Golan Heights in modern-day Israel, or the area of Gevel in the northwestern part of the country (Ya'avetz). This explains the connection to the subsequent teaching about the men of the border, as the border region of Eretz Yisrael will be plundered and its members will go around seeking support and charity throughout the land. The *Yad Rama* cites a version of the text that reads: The parchment will be destroyed and the men of the parchment will travel from city to city. He explains that the parchment of the Torah scroll will no longer be valued, and the men of the parchment, scribes, will have to go around seeking charity, as their services will no longer be needed.

And the wisdom of scribes will putrefy [*tissaraḥ*] – וְחָכְמוֹת סוֹפְרִים תִּסְרַח: This means that wisdom will no longer retain its lofty status, and its value will increasingly depreciate, like something that has spoiled. Some commentaries connect the word *tissaraḥ* to "the overhanging [*seraḥ*] part" (Exodus 26:12), meaning that wisdom will be considered superfluous. Yet others explain homiletically that the scholars will patter on to no purpose, like something unnecessary, that extends and hangs over (see *Etz Yosef*).

The face of the generation will be like the face of a dog – פְּנֵי הַדּוֹר כִּפְנֵי הַכֶּלֶב: Rashi in tractate *Sanhedrin* explains that this means people will have no shame in front of each other. Maharsha on tractate *Sanhedrin* explains that people will falsely present themselves as loving each other. The *Etz Yosef* explains that this passage refers to either the brazen face of the leaders or to the miserly countenances of the wealthy. According to Rabbi Elḥanan Wasserman, the leaders of the generation will be compared to dogs, who run before their masters as though they were the ones leading, when in truth the master is actually in charge. Similarly, the leaders of the people will act as if they were making the decisions, whereas they are really following the will of the masses.

BACKGROUND

The monarchy shall turn to heresy – מַלְכוּת תֵּהָפֵךְ לְמִינוּת: This prediction of Rabbi Eliezer the Great, who lived in the generation of the destruction of the Second Temple and immediately after, was that the pagan Roman Empire would accept as their official religion the beliefs of those groups that had separated themselves from Judaism, among them the Christians. This was fulfilled nearly two hundred years later, in the time of the emperor Constantine.

Earthen jug [*ḥatzava*] – חֲצָבָא: The *ḥatzava* is a very large pottery vessel that had many uses. It was sometimes used as a bucket to draw water and sometimes for the storage of liquids or for soaking objects in liquid.

LANGUAGE

Drum [*irus*] – אירוס: Some believe that the origin of this word is based in its being used at the festivities surrounding a betrothal [*eirusin*]. Most commentaries hold the *irus*, *tavla*, and *tanbora* are all different types of the same instrument, a drum with skin on only one side. However, the Meiri writes that the *irus* was a wind instrument with only one opening, and would make a sound that was a cross between a trumpeting and a hum.

Kefiza – קְפִיזָא: The origin of this word is Iranian. In Middle Persian, the form is kabīz, which refers to a measurement of volume.

״בְּפוּלְמוּס שֶׁל טִיטוּס גָּזְרוּ עַל עַטְרוֹת כַּלּוֹת״ וכו׳. מַאי עַטְרוֹת כַּלּוֹת? אָמַר רַבָּה בַּר בַּר חָנָה אָמַר רַבִּי יוֹחָנָן: עִיר שֶׁל זָהָב. תַּנְיָא נַמִּי הָכִי: אֵיזֶהוּ עַטְרוֹת כַּלּוֹת? עִיר שֶׁל זָהָב, אֲבָל עוֹשֶׂה אוֹתָהּ כִּיפָּה שֶׁל מֵילָת.

They further taught that **in the war of Titus** the Sages **decreed upon the crowns of brides.** The Gemara clarifies: **What are the crowns of brides?**[H] **Rabba bar bar Ḥana says that Rabbi Yoḥanan says: A city of gold,**[B] a gold crown engraved with the design of a city, worn by women as an ornament. **This is also taught** in a *baraita*: **Which** are the **crowns of brides** that were forbidden? The crown of a bride is **a city of gold. However, one may make it as a cap of fine wool** [*meilat*].[L]

תָּנָא: אַף עַל חוּפַּת חֲתָנִים גָּזְרוּ. מַאי חוּפַּת חֲתָנִים? זְהוֹרִית הַמּוּזְהָבוֹת. תַּנְיָא נַמִּי הָכִי: אֵלּוּ הֵן חוּפַּת חֲתָנִים: זְהוֹרִית הַמּוּזְהָבוֹת, אֲבָל עוֹשֶׂה פַּפִּירִית וְתוֹלֶה בָּהּ כׇּל מַה שֶּׁיִּרְצֶה.

The Sage **taught:** The Sages **even decreed upon the canopy of grooms.** The Gemara asks: **What is** the type of **canopy of grooms** that was prohibited, as they certainly did not ban the marriage canopy. The Gemara answers: It means **the golden crimson** [*zehorit*][B] clothes, dyed red and crimson and decorated with gold, which they would hang on a marriage canopy. **This is also taught** in a *baraita*: **These are the canopy of grooms** the Sages banned: **The golden crimson** clothes. **But he may make a papyrus** [*papirit*][L] construction **and hang upon it whatever he wants,** even ornaments made of gold.

״וְשֶׁלֹּא יְלַמֵּד אֶת בְּנוֹ יְוָונִית״. תָּנוּ רַבָּנַן: כְּשֶׁצָּרוּ מַלְכֵי בֵּית חַשְׁמוֹנַאי זֶה עַל זֶה, הָיָה הוּרְקָנוֹס מִבַּחוּץ וְאַרִיסְטוֹבְּלוֹס מִבִּפְנִים. בְּכׇל יוֹם וָיוֹם הָיוּ מְשַׁלְשְׁלִין דִּינָרִים בְּקוּפָּה וּמַעֲלִין לָהֶן תְּמִידִים.

§ The mishna taught that during the war of Titus the Sages decreed **that a person should not teach his son Greek. The Sages taught** that this decree came about as a result of the following incident: **When the kings of the Hasmonean monarchy besieged**[B] **each other** in their civil war, **Hyrcanus was outside of** Jerusalem, besieging it, **and Aristoblus was inside. On each and every day they would lower dinars in a box** from inside the city, **and** those on the outside **would send up** animals for them to bring the **daily offerings** in the Temple.

HALAKHA

What are crowns of brides – מַאי עַטְרוֹת כַּלּוֹת: The crowns of brides that the Sages prohibited include only those made of precious metals, such as the city of gold (Rambam *Sefer Zemanim, Hilkhot Ta'anit* 5:15; *Shulḥan Arukh, Oraḥ Ḥayyim* 560:4).

LANGUAGE

Fine wool [*meilat*] – מֵילָת: From the Greek μηλωτή, *mēlotē*, meaning wool. There are those who claim that this word is associated with the island of Malta, where high-quality wool was produced.

Papyrus [*papirit*] – פַּפִּירִית: From the Greek πάπυρος, *papuros*, papyrus sedge plant, *Cyperus papyrus* L., which was used in the manufacturing of paper. In the context of the Gemara, it means a frame-like structure made of reeds that was used for the hanging of decorative or other objects.

BACKGROUND

City of gold – עִיר שֶׁל זָהָב: This was a piece of jewelry made of gold in the shape of a crown, with the image of the walls of a city engraved upon it. It was also known as a mural crown. Only very wealthy women wore such pieces. There was also a Jerusalem of Gold, fashioned in the same way.

Greek coin depicting a woman wearing a mural crown

Golden crimson [*zehorit*] – זְהוֹרִית הַמּוּזְהָבוֹת: *Zehorit* is a woven material, made of wool or silk, and dyed crimson. Crimson is produced from the eggs of *Kermes vermilio*, a scale insect found in trees. Crimson-dyed material was used in various items in the Temple, and for decorative purposes outside of the Temple. Golden crimson is a crimson-dyed, woven material decorated with golden strands.

When the kings of the Hasmonean monarchy besieged – כְּשֶׁצָּרוּ מַלְכֵי בֵּית חַשְׁמוֹנַאי: Before her death, Queen Shelomtzion appointed her son Hyrcanus the Second to serve as king. His brother, Aristoblus the Second, initiated a rebellion and took control of much of the country. Later, with the assistance and encouragement of Antipater, the father of Herod, Hyrcanus fielded an army that defeated the troops of Aristoblus and forced them to take refuge within the walls of Jerusalem. During the course of this siege, those inside Jerusalem were in need of sheep to continue the sacrificial rites in the Temple, and they paid large sums of money to those on the outside to supply them.

This story is also found in the works of Josephus (*Antiquities of the Jews* XIV:2), where he records that those in the city needed sheep for the Paschal offering, and promised the huge sum of one thousand drachma for each sheep. Josephus writes that there was an open, divine punishment for the treachery of the men of Hyrcanus in the form of a savage storm that tore through the land, damaging most of the crops. Perhaps this is what is alluded to in the expression: Eretz Yisrael shuddered, etc.

הָיָה שָׁם זָקֵן אֶחָד שֶׁהָיָה מַכִּיר בְּחָכְמַת יְוָנִית, לָעַז לָהֶם בְּחָכְמַת יְוָנִית, אָמַר לָהֶן: כׇּל זְמַן שֶׁעוֹסְקִים בַּעֲבוֹדָה, אֵין נִמְסָרִין בְּיֶדְכֶם. לְמָחָר שִׁלְשְׁלוּ לָהֶם דִּינָרִים בְּקוּפָּה וְהֶעֱלוּ לָהֶם חֲזִיר. כֵּיוָן שֶׁהִגִּיעַ לַחֲצִי חוֹמָה, נָעַץ צִפׇּרְנָיו נִזְדַּעְזְעָה אֶרֶץ יִשְׂרָאֵל אַרְבַּע מֵאוֹת פַּרְסָה.

A certain Elder was there, in Jerusalem, who was familiar with Greek wisdom.[B] He communicated to those on the outside by means of Greek wisdom, using words understood only by those proficient in Greek wisdom. He said to them: As long as they are engaged in the Temple service, they will not be delivered into your hands. Upon hearing this, on the following day, when they lowered dinars in a box, they sent up a pig to them. Once the pig reached halfway up the wall, it inserted its hooves into the wall and Eretz Yisrael shuddered four hundred parasangs.

אוֹתָהּ שָׁעָה אָמְרוּ: אָרוּר אָדָם שֶׁיְּגַדֵּל חֲזִירִים, וְאָרוּר אָדָם שֶׁיְּלַמֵּד לִבְנוֹ חׇכְמַת יְוָנִית; וְעַל אוֹתָהּ שָׁנָה שָׁנִינוּ: מַעֲשֶׂה וּבָא עוֹמֶר מִגַּגּוֹת צְרִיפִים, וּשְׁתֵּי הַלֶּחֶם מִבִּקְעַת עֵין סוֹכֵר.

When the Sages saw this, they said at that time:[N] Cursed is the person who raises pigs,[H] and cursed is the person who teaches his son Greek wisdom. And with regard to that year of civil war, in which the land was destroyed, we learned (*Menaḥot* 64b): An incident occurred in which the *omer*, the measure of barley brought as a communal offering on the sixteenth of Nisan, came from Gaggot Tzerifim,[B] and the two loaves offered on *Shavuot* came from the valley of Ein Sokher.[B]

אִינִי? וְהָאָמַר רַבִּי: בְּאֶרֶץ יִשְׂרָאֵל לָשׁוֹן סוּרְסִי לָמָּה? אֶלָּא אִי לְשׁוֹן הַקּוֹדֶשׁ אִי לָשׁוֹן יְוָנִית! וְאָמַר רַב יוֹסֵף: בְּבָבֶל לָשׁוֹן אֲרַמִּי לָמָּה? אֶלָּא אוֹ לְשׁוֹן הַקּוֹדֶשׁ אוֹ לָשׁוֹן פַּרְסִי!

It is understood from both the mishna and the *baraita* that it is prohibited to learn Greek. The Gemara raises a question: Is that so? But didn't Rabbi Yehuda HaNasi say: In Eretz Yisrael, why should people speak the tongue of Syriac [*Sursi*],[L] the Aramaic commonly spoken in Eretz Yisrael? Rather, they should speak either in the sacred tongue, Hebrew, or in the beautiful tongue of Greek. And Rav Yosef similarly said: In Babylonia, why should they speak in the vernacular tongue of Aramaic? Rather, they should speak either in the sacred tongue, Hebrew, or in the tongue of Persian, used by the authorities.

לָשׁוֹן יְוָנִית לְחוּד, וְחׇכְמַת יְוָנִית לְחוּד.

The Gemara answers that there is a difference: The Greek tongue is discrete and Greek wisdom is discrete,[N] and the Sages prohibited the latter but not the former.

וְחׇכְמַת יְוָנִית מִי אֲסִירָא? וְהָאָמַר רַב יְהוּדָה אָמַר שְׁמוּאֵל מִשּׁוּם רַבָּן שִׁמְעוֹן בֶּן גַּמְלִיאֵל, מַאי דִּכְתִיב: ״עֵינִי עוֹלְלָה לְנַפְשִׁי מִכֹּל בְּנוֹת עִירִי״? אֶלֶף יְלָדִים הָיוּ בְּבֵית אַבָּא, חֲמֵשׁ מֵאוֹת לָמְדוּ תּוֹרָה, וַחֲמֵשׁ מֵאוֹת לָמְדוּ חׇכְמַת יְוָנִית, וְלֹא נִשְׁתַּיֵּיר מֵהֶן אֶלָּא אֲנִי כָּאן וּבֶן אֲחִי אַבָּא בְּעַסְיָא!

The Gemara poses a question: And is Greek wisdom prohibited? But didn't Rav Yehuda say that Shmuel said in the name of Rabban Shimon ben Gamliel: What is the meaning of that which is written: "My eye affected my soul, due to all the daughters of my city" (Ecclesiastes 3:51)? There were a thousand children in my father's house, the princes' household. Five hundred of them learned Torah, and the other five hundred learned Greek wisdom, and there only remained of them, after the bar Kokheva revolt, me, here in Eretz Yisrael, and the son of my father's brother, who lives in Asia Minor [*Asya*].[L] The fact that Rabban Gamliel allowed half of his household to study Greek wisdom indicates that it is permitted.

BACKGROUND

Greek wisdom – חָכְמַת יְוָנִית: Based on several sources, it appears that Greek wisdom refers primarily to the knowledge of Greek culture, poetry, and literature. Homer's works were to be found in Jewish homes already in the time of the Mishna. The lingua franca of the region, even among the gentiles, was Hellenistic Greek, and not many people spoke classical Greek or were familiar with Greek culture. This enabled those possessing this knowledge to hint things to each other in a way that would not be understood by most of the bystanders.

Gaggot Tzerifim – גַּגּוֹת צְרִיפִים: An alternate version of the text reads: Gannot Tzerifim. Either way, this place is generally identified with modern-day Tzerifin, a name preserved in Arabic as صرفند العمار, *ṣarafand al-ʿamār*, which is a village east of Rishon LeZion, along the road from Ramla to Jaffa.

Ein Sokher – עֵין סוֹכֵר: The accepted identification of Ein Sokher is the valley called in Arabic سهل عسكر, *sahl ʿaskar*. It is located southwest of Mount Ebal, and the main road from Shechem to Jerusalem runs through it. The name is apparently derived from a deep well [*ein*] located in a neighboring village.

HALAKHA

Cursed is the person who raises pigs – אָרוּר אָדָם שֶׁיְּגַדֵּל חֲזִירִים: It is prohibited to raise pigs anywhere, even if one does so only in order to sell their skin and the like. It is unnecessary to state that it is prohibited to raise them to sell (Rambam *Sefer Nezikin*, *Hilkhot Nizkei Mamon* 5:9; *Shulḥan Arukh*, *Ḥoshen Mishpat* 409:2).

LANGUAGE

Syriac [*Sursi*] – סוּרְסִי: This is a modified form of the Greek σύρος, *suros*, meaning Syrian or of the land of Syria.

Asia Minor [*Asya*] – עַסְיָא: From the Greek Ἀσία, *Asia*, which is also the appellation for the region known as Asia Minor. Part of Asia Minor was a Roman province known as Asia. It seems that when using this term, the Sages were referring to a specific district, perhaps Cilicia, located in that region.

NOTES

That time, etc. – אוֹתָהּ שָׁעָה וכו׳: The early commentaries note that this *baraita* indicates that the decree against the study of Greek wisdom was instituted during the Hasmonean reign, whereas the mishna states that it occurred during the war of Titus, which occurred more than one hundred years later. The *Tosefot HaRosh* explains that initially, in the Hasmonean times, they did not ban the practice entirely but simply declared that one who teaches Greek wisdom to his children would be cursed. Later, after the war with Titus, they completely prohibited the study of Greek wisdom. However, the Rosh contends that if a practice was cursed by the Sages it would not require an additional prohibition. He explains that the decree from the time of the Hasmoneans was not observed by most people, and consequently they had to institute the decree a second time.

Greek wisdom is discrete – חָכְמַת יְוָנִית לְחוּד: The early commentaries explain that Greek wisdom does not include all forms of wisdom studied by the Greeks, for this would include almost all types of knowledge. Greek wisdom refers to the special way of expressing ideas through hints, or in a language that not all people can understand and use (Responsa of the Rashba; Responsa of the Rivash).

שָׁאנֵי שֶׁל בֵּית רַבָּן גַּמְלִיאֵל, דִּקְרוֹבִין לַמַּלְכוּת הָווּ; דְּתַנְיָא: מְסַפֵּר קוֹמֵי הֲרֵי זֶה מִדַּרְכֵי הָאֱמוֹרִי. אַבְטוּלוֹס בֶּן רְאוּבֵן הִתִּירוּ לְסַפֵּר קוֹמֵי, שֶׁהוּא קָרוֹב לַמַּלְכוּת; שֶׁל בֵּית רַבָּן גַּמְלִיאֵל הִתִּירוּ לָהֶן חָכְמַת יְוָונִית, מִפְּנֵי שֶׁקְּרוֹבִין לַמַּלְכוּת.

The Gemara answers: The members **of the house of Rabban Gamliel are different,** as **they were close to the monarchy,** and therefore had to learn Greek wisdom in order to converse with people of authority. **As it is taught** in a *baraita* (*Tosefta, Shabbat* 7:1): One who **cuts** his hair in the ***komi***[L] style,[H] which was the gentile fashion of cutting and wearing the hair, is considered to be acting in the **ways of the Amorites,** and it is prohibited to act in their way. However, **they permitted Avtolos**[L] **ben Reuven**[P] **to cut** his hair in the ***komi*** style, **as he is close to the monarchy,**[H] and similarly **they permitted the house of Rabban Gamliel** to study **Greek wisdom, because they are close to the monarchy.**

״בַּפּוּלְמוּס הָאַחֲרוֹן גָּזְרוּ שֶׁלֹּא תֵּצֵא כַּלָּה בְּאַפִּרְיוֹן״ וכו׳. מַאי טַעֲמָא? מִשּׁוּם צְנִיעוּתָא.

§ The mishna taught: **In the last war** the Sages **decreed that a bride may not go out in a palanquin** inside the city, but the later Sages permitted it. The Gemara explains: **What is the reason** they permitted this practice? **Due to modesty,** so that brides should not have to go out into the street and be seen by all.

״מִשֶּׁמֵּת רַבָּן יוֹחָנָן – בָּטְלָה הַחָכְמָה״. תָּנוּ רַבָּנַן: מִשֶּׁמֵּת רַבִּי אֱלִיעֶזֶר – נִגְנַז סֵפֶר תּוֹרָה. מִשֶּׁמֵּת רַבִּי יְהוֹשֻׁעַ – בָּטְלָה עֵצָה וּמַחֲשָׁבָה. מִשֶּׁמֵּת רַבִּי עֲקִיבָא – בָּטְלוּ זְרוֹעֵי תוֹרָה, וְנִסְתַּתְּמוּ מַעְיְינוֹת הַחָכְמָה.

The mishna taught that **from** the time **when Rabban Yoḥanan** ben Zakkai **died, wisdom ceased. The Sages taught: From** the time **when Rabbi Eliezer died,** it was as if **the Torah scroll had been interred,** as he had memorized many secrets of the Torah. **From** the time **when Rabbi Yehoshua died, council** and deliberate **thought ceased,** as he had the sharpest mind in Israel. **From** the time **when Rabbi Akiva died, the** powerful **arm of Torah,** meaning the exposition of all the details of Torah scripture, **ceased, and the fountains of wisdom were sealed.**

מִשֶּׁמֵּת רַבִּי אֶלְעָזָר בֶּן עֲזַרְיָה – בָּטְלוּ עֲטָרוֹת חָכְמָה, שֶׁעֲטֶרֶת חֲכָמִים עָשְׁרָם. מִשֶּׁמֵּת רַבִּי חֲנִינָא בֶּן דּוֹסָא – בָּטְלוּ אַנְשֵׁי מַעֲשֶׂה. מִשֶּׁמֵּת אַבָּא יוֹסֵי בֶּן קָטוֹנְתָּא – בָּטְלוּ חֲסִידִים. וְלָמָּה נִקְרָא שְׁמוֹ אַבָּא יוֹסֵי בֶּן קָטוֹנְתָּא? שֶׁהָיָה מִקְּטַנֵּי חֲסִידִים.

From the time **when Rabbi Elazar ben Azarya died, the crowns of wisdom ceased, as "the crown of the wise is their riches"** (Proverbs 14:24), and he was both a great Torah scholar and a very wealthy man. **From** the time **when Rabbi Ḥanina ben Dosa died, the men of** wondrous **deeds ceased. From** the time **when Abba Yosei ben Katonta died, the pious men ceased. And why was he called Abba Yosei ben Katonta? Because he was among the diminished** [***miktanei***] **of the pious people,**[N] i.e., he lived in an era when the pious had become few.

LANGUAGE

Komi – קוֹמֵי: From the Greek κόμη, *komē*, which means either hair or the tips of the hair. It is not clear what a haircut in the *komi* style looked like. It may have been a style where the hair all around the head was cut equally, without leaving any hair on the sides of the head.

Avtolos – אַבְטוּלוֹס: From the Greek εὔτολμος, *eutolmos*, meaning brave of heart.

PERSONALITIES

Avtolos ben Reuven – אַבְטוּלוֹס בֶּן רְאוּבֵן: Some identify him as Avtolomus, who was one of the teachers of Rabbi Yosei. It is not known when he lived. It may be that he had a connection with Rabbi Reuven ben Itzteroboli, about whom it is told (*Me'ila* 17a) that he would dress and style his hair like the gentiles in order to spend time in the halls of power, trying to avert decrees against the Jewish people. Avtolos ben Reuven seems to have filled a similar function.

HALAKHA

Cuts his hair in the *komi* style, etc. – מְסַפֵּר קוֹמֵי וכו׳: One is prohibited to follow gentile ways and customs. A person may not grow the locks of his hair in their fashions, nor shave off the sides and leave the hair in the middle, known in Aramaic as *belorit*, nor shave the hair above the face and leave it to grow long behind him (Rambam *Sefer HaMadda, Hilkhot Avoda Zara* 11:1; *Shulḥan Arukh, Yoreh De'a* 178:1).

As he is close to the monarchy – שֶׁהוּא קָרוֹב לַמַּלְכוּת: If one has close ties with the authorities and needs to dress and act like them, those practices that are prohibited for others as practices of the gentiles are permitted for him. The *Beit Yosef* explains that this is because the details of this prohibition are not specified in the Torah, and the Sages were granted the authority to prohibit and permit items not mentioned in the Torah, as the circumstances require (Rambam *Sefer HaMadda, Hilkhot Avoda Zara* 11:3; *Shulḥan Arukh, Yoreh De'a* 178:2).

NOTES

Among the diminished [*miktanei*] of the pious people – מִקְּטַנֵּי חֲסִידִים: This expression, as well as the corresponding phrase in the mishna, does not appear to be an expression of praise. Since the mishna and the *baraita* are listing praises of the various rabbis, several alternative explanations have been offered. The Meiri claims that Abba Yosei was the last of the pious ones, whose numbers were gradually dwindling. Conversely, the Rambam in his Commentary on the Mishna states that he was the root of the pious ones. Just as the root of a plant is relatively small in size and yet carries within it the potential for all of the growth that emerges from it, he too was the root of the pious ones in that he included all of their good traits within his character (see *Tosefot Yom Tov*).

מִשֶּׁמֵּת בֶּן עַזַּאי – בָּטְלוּ הַשַּׁקְדָנִין. מִשֶּׁמֵּת בֶּן זוֹמָא – בָּטְלוּ הַדַּרְשָׁנִין. מִשֶּׁמֵּת רַבָּן שִׁמְעוֹן בֶּן גַּמְלִיאֵל – עָלָה גוֹבַאי וְרַבּוּ צָרוֹת. מִשֶּׁמֵּת רַבִּי – הוּכְפְּלוּ צָרוֹת.

From the time **when ben Azzai died, the diligent ceased; from** the time **when ben Zoma died, the exegetists ceased. From** the time **when Rabban Shimon ben Gamliel died, locusts ascended** upon the land **and troubles proliferated. From** the time **when Rabbi** Yehuda HaNasi **died,** the **troubles multiplied.**[B]

מִשֶּׁמֵּת רַבִּי – בָּטְלָה עֲנָוָה וְיִרְאַת חֵטְא. אֲמַר לֵיהּ רַב יוֹסֵף לְתַנָּא: לָא תִּיתְנֵי עֲנָוָה, דְּאִיכָּא אֲנָא. אֲמַר לֵיהּ רַב נַחְמָן לְתַנָּא: לָא תִּיתְנֵי יִרְאַת חֵטְא, דְּאִיכָּא אֲנָא.

The final line of the mishna states that **from** the time **when Rabbi** Yehuda HaNasi **died, humility and fear of sin ceased. Rav Yosef said to the** ***tanna*** who reviewed the mishna: **Do not teach** that **humility** ceased, **for there is** still one who is humble, namely **me.**[N] **Rav Naḥman** similarly **said to the** ***tanna*** who reviewed the mishna: **Do not teach** that **fear of sin** ceased, **for there is** still one who fears sin, namely **me.**

הדרן עלך עגלה ערופה
וסליקא לה מסכת סוטה

BACKGROUND

From the time when Rabbi Yehuda HaNasi died the troubles multiplied – מִשֶּׁמֵּת רַבִּי הוּכְפְּלוּ צָרוֹת: In the time of Rabbi Yehuda HaNasi, not only were the Roman leaders enlightened and relatively moderate, there was even a warm, personal relationship between him and the emperor Antoninus. After Rabbi Yehuda HaNasi died there was a series of emperors who were not as wealthy as previous ones, and they began many speculative wars. Consequently they imposed many taxes on the Jews to help subsidize the wars. The general attitude of the Roman leadership toward the Jewish people also took a sharp turn for the worse, particularly with the rise of Christianity.

NOTES

For there is me – דְּאִיכָּא אֲנָא: It is surprising to find a Sage praising himself for his good qualities, especially that of humility. The Maharsha states that truth always takes precedence over politeness, and the Sages did not want something inaccurate to be taught. The *Ben Yehoyada* adds that they were concerned that the masses, who viewed the Sages as humble and fearing of sin, would conclude that the *baraita* was wrong. According to the *Sefat Emet*, these Sages were of the opinion that humility and fear of sin had not in fact ceased, and there were many such people still alive. As proof they stated: For there is me, and if even I possess this attribute, it must be possessed by many others who are greater than I.

Summary of **Perek IX**

The *halakhot* of the ritual of the heifer whose neck is broken were addressed in this chapter. When a murder victim is found and the identity of the murderer is not known, five members of the Great Sanhedrin in Jerusalem come to measure the distance from the body of the victim, specifically from his nose, to the nearest city. This act of measurement is an independent mitzva, and is performed even where there is no doubt which city is closest to the victim. They would measure only to a city that had a rabbinical court with twenty-three judges, and they would not measure to Jerusalem.

After it has been determined which city is closest to the victim, the Elders of that city bring a heifer to perform the ritual. This heifer cannot be older than two years of age and cannot have performed any work for its owner. However, it is not disqualified if it has a blemish. It is preferable that the heifer be brought to a stream with a strong flow of water. A priest then breaks the neck of the animal from behind using a cleaver, and the Elders of the city state a declaration that they were not responsible for the death, directly or indirectly. The land upon which the ritual is performed may not be farmed in any way.

The Sages inferred from the wording of the verse that the performance of the ritual is required only for one killed with a sword. The victim must be found in the open, lying on the ground, and not hanging, floating on water, or covered on the ground. The ritual is only performed when there is no testimony as to the identity of the murderer. Any testimony, even that of a person ordinarily disqualified from testifying, obviates the need for the performance of the ritual. If there is conflicting testimony, then if the witnesses are qualified, the statement of two overrides the statement of a single witness. If they are witnesses that are ordinarily disqualified, whichever testimony is backed by more witnesses is followed.

There are several mitzvot that were nullified over the years due to a deterioration in the behavior of the Jewish people. Among them are the ritual of the heifer whose neck is broken, the ritual of giving the bitter water to a *sota*, and the declaration of tithes. Several decrees were enacted over the years due to changes in the circumstances of the Jewish people, e.g., decrees to separate tithes from doubtfully tithed produce, to prohibit the playing of music, and to prohibit the study of Greek wisdom.

The Gemara also tells of other effects of the regression in the spiritual level of the Jewish people. The Divine Presence was not as tangibly felt after the destruction of the First Temple, and even less so after the destruction of the Second Temple. The death of certain Sages left a vacuum, as there was no one who manifested the qualities in which each Sage particularly excelled. This deterioration will continue until the time preceding the arrival of the Messiah, upon whose arrival the decline will be ameliorated.

Image **Credits**

All images are copyright © Koren Publishers Jerusalem Ltd., except:

p207 © Rogers Fund, 1914; **p210** © deror_avi; **p220** top image © MattiPaavola; **p220**, bottom image © **courtesy of the Temple Institute**; **p245** © adaptation of CNG by Mogador; **p253** © The Ermine Street Guard; **p259** © Bernard Gagnon; **p265** © Hanay; **p285** © Wolfgang Sauber; p 286 © John Gevers; **p304** © HaRav Menachem Makover, courtesy of *Harenu Bevinyano*; **p305** © JPS68; **p308** top image © Linda Spashett; **p308** middle image © Joaquim Garrabou; **p308** bottom image © H. Zell; **p315** © Marie-Lan Nguyen/CC-BY 2.5

My Notes

My Notes